高职高专工学结合课程改革规划教材

交通职业教育教学指导委员会
交通运输管理专业指导委员会 组织编写

Jizhuangxiang Yunshu Shiwu

集装箱运输实务

（第二版）

郝晓东 主 编
沈四林 副主编
黄 浩 主 审

人民交通出版社

内 容 提 要

本书是高职高专工学结合课程改革规划教材，是在各高等职业院校积极践行和创新先进职业教育思想和理念，深入推进“校企合作、工学结合”人才培养模式的大背景下，由交通职业教育教学指导委员会交通运输管理专业指导委员会根据新的教学标准和课程标准组织编写而成。

本书以对学习者的综合职业能力培养为主线，紧密结合当今集装箱运输实务操作实践，根据集装箱运输的基本过程和实操规范来进行编写。重点讲述了集装箱及其标准化，国际集装箱货物和集装箱货物的装载，江、洋集装箱联运，陆上、航空集装箱运输，集装箱码头业务，国际集装箱运输进出口货运业务，国际集装箱运输多式联运，危险货物国际集装箱运输，集装箱货运事故及处理，以及物联网在集装箱运输中的应用等内容。

本书可作为高等教育物流管理、工商管理等经济管理类专业的教材，也可作为大物流从业人员的培训教材。

图书在版编目(CIP)数据

集装箱运输实务/郝晓东主编. —2 版. —北京：人民交通出版社，2012. 9

高职高专工学结合课程改革规划教材

ISBN 978-7-114-10050-5

Ⅰ. ①集… Ⅱ. ①郝… Ⅲ. ①集装箱运输—高等职业教育—教材 Ⅳ. ①U169

中国版本图书馆 CIP 数据核字(2012)第 203824 号

高职高专工学结合课程改革规划教材

书　　名： 集装箱运输实务（第二版）

著 作 者： 郝晓东

责任编辑： 夏　迎

出版发行： 人民交通出版社

地　　址： (100011) 北京市朝阳区安定门外外馆斜街 3 号

网　　址： http://www.ccpress.com.cn

销售电话： (010) 59757973

总 经 销： 人民交通出版社发行部

经　　销： 各地新华书店

印　　刷： 北京鑫正大印刷有限公司

开　　本： 787×1092　1/16

印　　张： 23

字　　数： 577 千

版　　次： 2007 年 7 月　第 1 版
2012 年 9 月　第 2 版

印　　次： 2018 年 8 月　第 2 版　第 3 次印刷　总第 6 次印刷

书　　号： ISBN 978-7-114-10050-5

印　　数： 12001—13000 册

定　　价： 58.00 元

编审委员会

序

为了适应我国高职高专教育发展及其对教育改革和教材建设的需要，在全国交通职业教育教学指导委员会的指导下，根据2011年颁布的交通运输类主干专业《物流管理专业教学标准与课程标准》（适应于高等职业教育），我们组织高职高专教学第一线的优秀教师和企业专家合作编写物流管理专业系列教材（第二版），其中部分作者来自国家级示范性职业院校。

为了做好此项工作，2011年8月5～8日在青海省西宁市召开了全国交通教育交通运输管理专业指导委员会工作扩大会议，启动了新一轮规划教材的建设工作，邀请物流企业的专家共同参与教材建设（原则上要求副主编由企业专家担任），采取主编负责制。为了保证本套教材的出版质量，我们在全国范围内选聘成立"高职高专工学结合课程改革规划教材编审委员会"，确定了编写5门核心课程和12门专门化方向课程的教材主编、副主编和参编。2011年9月23～25日在北京召开了由全国交通教育交通运输管理专业指导委员会主办、人民交通出版社承办的高职物流管理专业教材编写大纲审定会议，编审委员会审议通过了17种教材的编写大纲以及具体编写进度要求。2012年3月23日、5月4日、5月5日在上海分三批对17种教材进行了审稿、定稿。本套教材按照"任务引领、项目驱动、能力为本"的原则编写，突出应用性、针对性和实践性的特点，并重组系列教材结构，力求反映高职高专课程和教学内容体系改革方向，反映当前物流企业的新理念、新技术、新工艺和新方法，注重理论知识的应用和实践技能的培养，在兼顾理论和实践内容的同时，避免片面强调理论知识的系统性，理论知识以应用为目的，以必需、够用为尺度，尽量体现科学性、先进性和广泛性，以利于学生综合素质的形成和科学思维方式与创新能力的培养。

本套教材包括：《物流信息技术应用》《运输管理实务》《仓储管理实务》《物流市场营销技术》《供应链管理实务》5门专业核心课程教材，《集装箱运输实务》《货物配送实务》《国际货运代理》《物料采购与供应管理》等12门专门化方向课程教材。突出以就业为导向、以企业工作需求为出发点的职业教育特色。在内容上，注重与岗位实际要求紧密结合，与职业资格标准紧密结合；在形式上，配套提供多媒体教学课件，作为教材的配套资料上传到人民交通出版社网站供读者免费下载。本套教材既能满足物流管理专业人才培养的需要，也可供物流企业管理和技术人员阅读，还可作为在职人员的培训教材。

交通职业教育教学指导委员会
交通运输管理专业指导委员会
2012年5月

第二版前言 PREFACE

集装箱运输起步于20世纪50年代,60年代开始了国际标准化,70年代走向国际多式联运,此后迅速发展并从发达国家向发展中国家延伸,它的高标准、高效率、低成本、国际化被誉为"运输界的一场革命",80年代后伴随着我国的经济发展,集装箱运输作为现代化运输方式步入到快速发展期,时至今日我国的集装箱港口和水、陆、空运输从设备与运量来看都已进入到世界的前列。

本书是高职高专工学结合课程改革规划教材,是在各高等职业院校积极践行和创新先进职业教育思想和理念,深入推进"校企合作、工学结合"人才培养模式的大背景下,由交通职业教育教学指导委员会交通运输管理专业指导委员会根据新的教学标准和课程标准组织编写而成。

本书第一版名为《集装箱运输管理》,本版更名为《集装箱运输实务》。

本书全面系统地阐述了集装箱运输操作实务;重点讲述了集装箱运输的作业过程,并详细描述了作为一名集装箱运输操作人员所必须掌握的知识与技能,包括集装箱及其标准化,国际集装箱货物和集装箱货物的装载,江、洋集装箱联运,陆上、航空集装箱运输,集装箱码头业务,国际集装箱运输进出口货运业务,国际集装箱运输多式联运,危险货物国际集装箱运输,国际集装箱货运事故处理以及物联网在集装箱运输中的应用等内容。本教材在编写过程中,突出以下特点:

(1)充分汲取各高职高专院校在探索培养高等技术应用型人才方面取得的成功经验和教学成果,从岗位实务操作入手,确定课程内容。

(2)切实贯彻落实"管用、够用、适用、突出实务"的教学指导思想,注重理论与实践环节的工学结合,突出作业流程及其相关作业功能的可操作性描述。教材从国际化、现代化物流系统理念出发,依据现时集装箱运输操作方法与技术手段的发展,着重阐述了集装箱运输的实际业务,突出教材的实用性与可操作性,能更好地满足高职高专层次的教学需要。

(3)注重引入现代集装箱运输产业发展中的新技术,突出业务流程和操作环节,提供分析与解决问题的方法和能力。同时结合现代集装箱运输业着力发展增值服务的趋势,增加了危险货物国际集装箱运输以及物联网在集装箱运输中的应用等内容。本教材共分十二个部分:第一、二部分为集装箱运输概论、集装箱及其标准化;第三部分为国际集装箱货物和集装箱货物的装载;第四部分为江、洋集装箱联运;第五、六部分为陆上、航空集装箱运输;第七部分为集装箱码头业务;第八部分为国际集装箱运输进出口货运业务;第九部分为国际集装箱运输多式联运;第十部分为危险货物国际集装箱运输;第十一部分为集装箱货运事故及处理;第十二部分为物联网在集装箱运输中的应用。

本书由上海交通职业技术学院郝晓东主编,中海集团、上海海事职业技术学院沈四林担任副主编。具体编写分工为:河南交通职业技术学院梁俊鹏编写第一、二部分;王磊编写第三、四部分;四川交通职业技术学院骆勇编写第五部分;郝晓东编写第六、八、九部分;沈四林编写第七、十、十一、十二部分。全书由郝晓东、沈四林统编定稿。本书由江西交通职业技术学院黄浩担任主审。

本书在编写过程中借鉴、引用了大量的国内外文献与集装箱运输企业运营实务的成功经验，在此对相关作者和企业表示真诚的感谢。由于编者水平有限，加之编写时间仓促，书中难免存在疏漏和不足之处，恳请广大同行和读者批评指正，以便今后逐步完善。

编　者

2012 年 5 月

第一版前言 PREFACE

进入21世纪，随着经济全球化的发展，物流业作为国民经济的动脉和基础产业起着越来越重要的作用，各级政府和企业都把发展物流业作为提高竞争能力和提高企业核心竞争力的重要手段。现代物流理念、先进的物流技术逐步引入到经济建设和企业经营管理之中。物流业作为一个独立的产业迅速崛起，同时也促进了物流教育的发展。为提高物流运作和管理水平，解决人才制约物流产业发展的瓶颈，加强国际物流、物流管理、仓储配送、物流运输、企业运输、物流营销、物流信息处理等技能型人才的培养，已是推动物流行业发展的关键。

为了实现人才培养目标，适应物流行业的发展要求，贯彻《国务院关于大力发展职业教育的决定》精神，培养面向生产、建设、服务和管理第一线需要的物流行业的高技能人才，推动课程建设与改革，加强教材建设，交通职业教育教学指导委员会交通运输管理专业指导委员会根据物流管理专业人才培养要求，组织全国交通职业技术院校的教师编写了物流管理专业规划教材，供高等职业院校物流管理及其相关专业教学使用。

本套教材全面、系统、科学地阐述了现代物流学的相关理论、方法和应用技术，突出以就业为导向，以能力为本位，以企业工作需求为出发点的职业教育特色，在内容上注重与岗位实际要求紧密结合，与职业资格标准紧密结合，体现了教材的科学性、系统性、应用性、前瞻性和通俗性。本套教材既满足了物流管理专业人才培养的需要，也可供物流企业管理和技术人员阅读，还可作为在职人员的培训教材。

《集装箱运输管理》是高职高专院校物流管理专业规划教材之一，内容包括：集装箱运输的特点、发展概况、系统构成，集装箱及运输箱务管理，集装箱货物及其装载，集装箱水路运输组织，集装箱码头管理与装卸作业，集装箱进出口货运业务与单证，集装箱铁路、公路、航空运输组织，国际集装箱多式联运，集装箱运费计算。

参加本书编写工作的有：浙江交通职业技术学院李佑珍（编写第一章，第二章第二节，第三章，第五章第二节，第六章，第八章第三节）、颜文华（编写第四、九章），山东交通职业技术学院侯维春（编写第二章第一、三节，第五章第一、三节），四川交通职业技术学院孙尚斌（编写第七章，第八章第一、二节）。全书由李佑珍担任主编，颜文华担任副主编，福建交通职业技术学院江明光担任主审。

本套教材在编写过程中参阅和引用了国内外有关物流科学的论著和资料，不论文后是否列出，在此，对这些文献的作者和译者表示由衷的感激和诚挚的谢意。限于作者水平有限，书中不妥之处在所难免，恳请专家和读者给予批评指正。

交通职业教育教学指导委员会
交通运输管理专业指导委员会
2007.5

目 录 CONTENTS

任务一　集装箱运输概论

内容简介

集装箱运输引起运输行业一场重要的革命。集装箱最大的成功就在于它的标准化以及根据标准化建立了一整套的运输体系。集装箱运输能够让一个装载几十吨的庞然大物实现标准化，并且以此为基础逐步实现全球范围内的船舶、港口、航线、公路、中转站、装卸设备、多式联运相配套的运输生产系统，进一步影响多种制造行业与经济领域，是运输领域发生的奇迹之一。集装箱运输管理是交通运输、现代物流管理专业必须学习的核心课程。这部分内容是让同学们了解集装箱运输的起源与发展，深刻理解驱动集装箱运输发展的主要因素，深刻理解集装箱运输的优越性，从总体观点上来掌握集装箱运输系统，从局部观点上来分析构成集装箱运输系统的关键要素。

教学目标

1. 知识目标

(1) 了解集装箱运输的历史和集装箱运输的优越性；

(2) 掌握促使集装箱运输发展的经济规律；

(3) 掌握集装箱运输系统要素及运输系统总体。

2. 技能目标

(1) 初步掌握运输需求与运输供给的分析方法和集装箱运输系统调研；

(2) 设计和组织集装箱运输问题与问题解决的对策表；

(3) 能用系统分析的方法来分析集装箱运输系统。

案例导入

集装箱运输在我国粮食运输中的应用

目前，我国的粮食生产综合能力已经大体稳定在4.5亿~5亿t的水平，商品粮占其中的25%~30%；全国有粮库6万多个，库存粮食2.5亿多吨；粮食加工企业近2.1万家，年生产能力1.88亿t。由于近几年连续对农业生产进行结构调整，我国的粮、棉、油生产已经逐渐表现出向优势产区集中的趋势，粮食的品种和质量也呈多元化发展趋势；粮食流通总体上表现出量大、点多、面广、生化特性强的特点，而我国的粮食流通工作仍停留在低水平发展阶段，流通效率低、流通成本高，很难与这一发展趋势相适应，因此，建立现代化的粮食物流体系已经成为我国农业发展的必然要求。

粮食物流是指粮食在生产、收购、储存、运输、加工和销售服务的整个过程中的实体运动以及在流通环节的一切增值活动。它包含粮食运输、仓储、装卸、包装、配送、加工和信息应用，是一条完整产业链。粮食物流在全社会物流中占有较大的比重，仅粮食运输和货物周转量在全国各类物资运量中就名列前茅。粮食运输是粮食物流中的关键环节,它关系着粮食物流系统的效率和经济效益,而粮食集装箱运输就是这一领域的一个新的发展趋势。

我国目前的粮食流通主要有包粮流通和散粮流通两类,以包粮流通方式为主。用麻袋将农民生产的粮食装运到基层粮库,经过检验、过秤、拆包等过程后堆放在仓库中,需要外运时,再由人工或机械灌包、称量、装车运到火车站或者码头,到达目的地后,人工装卸、搬运和入库。包粮流通中间环节多,工作效率低下,需要大量的包装材料和人力。以吉林省为例,每年仅运输玉米就需麻袋6000万~8000万条,占用资金2亿元左右。虽然通过在车站和码头安装装卸搬运机械可以在一定程度上降低工人的劳动强度,但是无法从根本上解决包粮流通系统中由多环节搬运造成的低效率和粮食散落浪费大等缺陷。

我国的散粮流通曾经在20世纪六七十年代进行了两次尝试,但是由于当时政治、经济等各方面条件的限制,未能得到持续的推广和发展。到了20世纪90年代初,为了加入WTO,与世界先进的粮食流通技术和体系接轨,我国开始了粮食流通方式的转变,即从传统的包粮流通向散粮流通改变,开展了"利用世界银行贷款,改善中国粮食流通"的粮食流通骨干体系建设项目。现在这些项目已经全面进入运行阶段。农民生产的粮食运到基层粮库,计量后以散装形式通过各种输送设备入库储存。仓库内有各种检测设备来保证储粮的安全。外运时,粮食通过自流或者输送机械出仓、计量、装车外运。散粮流通的主要优点是机械化程度高、作业效率高、节约包装费和包装运费,具有较好的规模经济效益。

但是散粮流通也存在各种缺点:多次装卸造成粮食受损、品质降低。粮食系统中有这样一句话:"谷物每装卸一次,质量等级就会下降一个档次",粮食散装装卸更是如此。车船的空载返回、港口压船和作业淡季的设备闲置带来巨大的无形损失,为能够调集足够存货支付的港口支流费用,大宗存货占用的大量资金和为此支付的利息,为了防止粉尘爆炸实施控制措施的费用等,都占用了大量的流动资金。最重要的一点是:散粮流通的前期投资巨大,建成后的维修和保养费也是一笔不小的开支。尤其,我国刚刚在粮食流通中实行散粮流通,作业水平较低,储备库布点不科学、仓容量不足、仓储保管技术落后、机械化程度不高。因此,散粮流通的优势不能得到充分的发挥。

粮食集装箱运输中,集装箱作为粮食的包装物和运输工具的一个组成部分。在农村或基层粮库中,将农民生产的粮食直接装入集装箱封好,集装箱可以选择通用集装箱或者是专用粮食集装箱,如果是通用集装箱,则应当进行适当的处理,保证密封,然后将集装箱运到火车站或集装箱码头,再运往全国各地的用户手中或国外的买主手中。运输粮食的集装箱同样也可以参与集装箱运输系统,进入整个社会的大物流体系中,因此不需要另外建设专业的粮食集装箱运输系统,节省了大量的建设费用。与包粮流通和散粮流通比较,粮食集装箱运输具有以下优点:

(1)使用机械化作业,减轻了工人的劳动强度;节约人力,装卸效率大大提高。(2)手续简化,减少了运输环节上的理货交接程序;利用集装箱多式联运,缩短在途时间,保证市场供应。(3)适应粮食多品种、小批量以及多种质量等级运输的要求,可以采用公路、铁路和水路等不同的运输工具,满足不同的时间要求。(4)不必另建专用的粮食流通设施,充分利用现有的通用集装箱装卸设备,大大减少基本建设投资。(5)不受恶劣气候条件的限制,可以全天候作业,保证车船正常运输。(6)节约包装材料和包装费用、减少粮食损耗和经济损失、保证运输安全。(7)实行"门到门"运输,提高服务质量。

粮食运输无论是选择包粮流通、散粮流通或是集装箱运输,成本都是一个非常重要的影响因素，因为任何经营者的经营活动都是为了获得一定的经济利益。通常情况下，集装箱运输的价格和费用相对较高，那么在运输粮食时，集装箱运输在成本上是否具有竞争力呢？

第一，仅考虑运输成本，与包粮流通相比，集装箱运输在成本上有一定的优势。如果粮食的年发运量是10万t，包装运输全程的费用平均为157元/t，而集装箱运输则可以节约31.76元/t，运费为125.24元/t。与散粮流通相比，集装箱运输的成本要高一点，如从北美运送粮食到亚太地区的费率，集装箱比散装直接成本要高10%～30%。但是，随着集装箱船队规模的扩大、粮食收购单位购置集装箱并组成集装箱租赁库、集装箱运输系统的成熟，运费可能进一步降低。

第二，在设备投资方面，粮食集装箱运输有很大的优势。在我国，散粮流通的主要运输工具是L18型散粮专用火车车厢和散粮专用汽车。L18型散粮专用火车车厢价格为每辆23万元，载质量60t，而散粮专用汽车有两种，分别为载质量8t、17.2万元，载质量10t、22万元。如果不考虑用于牵引集装箱的牵引车、挂车和汽车，国际通行的20ft标准集装箱单价只有1.55万元，载质量25t的多用途干散货集装箱单价1.875万元。而且粮食生产季节性强，粮食专用系统通常在旺季才能发挥作用，在淡季就被闲置起来，如果用集装箱运输完成旺季时增加的作业量，就可以节省一部分投资，而集装箱在完成旺季的粮食运输任务后，还可以进行其他的运输活动。

第三，随着计算机技术、电子数据交换、互联网及条形码技术等的发展，过去粮食散运的分等方法在降低交易成本、减少办公事务和信息处理等方面的各种优点正在逐渐消失，而分等方法的缺点却日益突出，如最低共同品质否定了优质优价、一般性品质不能满足精确的特定品质要求、无法提供保持同一性的粮食。而现代信息系统与粮食集装箱运输却相辅相成，现代信息系统推动了粮食集装箱运输的发展，粮食集装箱运输也可以充分利用现代信息系统的优势进行网上交易，满足不同客户的需求。比如，用集装箱分别装运不同质量等级的小麦，面粉制造厂就能根据每个集装箱上条形码标明的小麦品种和正确的品质特征分别取出搭配进行面粉加工，节省了许多冗余的中间环节和费用。

第四，粮食系统中产品品种越多，供应线上存货数量就越多，品种多则平均作业规模小，采用集装箱就更加有利。目前，我国在粮食生产中大力推行"订单农业"，就是粮食收购单位在种植前就与农民签订合同，决定了农民粮食生产的品种和数量，粮食生产出来后直接被该单位收购。这种新型的粮食生产方式说明我国粮食生产已经走向市场化，也决定了粮食生产必然随着消费者需求的多变，而趋向多品种、小规模。在消费者愿意为多品种、高质量付出的较高代价能够弥补由于集装箱运输可能带来的高成本的情况下，灵活、及时的集装箱运输对于这些粮食收购单位来说无疑是最佳选择。

第五，费用不仅仅存在于运输过程中，而是存在于整个粮食物流系统中，粮食集装箱运输在降低整个粮食物流系统的成本方面更具有优势。将粮食从农村送到港口成本最低的方法就是大宗散装运输，但是这个方法把很高的存货占有和储存费用强加给了买方，而采用集装箱运输，运输费用可能高于大宗散装运输，却会抵消买方的存货占有和储存费用，降低粮食物流系统的总成本。只有降低最终客户的总成本，才能使供应链内的每个成员都从中获利。据有关专家估计，采用集装箱运输粮食的周转时间要比散装缩短近70%。周转时间的缩短为买方带来的好处是缩短订货周期、大量减少库存、降低生产成本、提高农产品的竞争能力，同时也使卖方能够尽快收回资金，加快资金流通速度。

引导思路

(1)为什么要投入大量的精力与财力来进行粮食集装箱运输?

(2)集装箱运输有哪些优势?

项目一　集装箱运输的起源与发展

教学要点

(1)了解集装箱运输的发展过程和趋势;

(2)了解集装箱运输在国民经济中的作用和地位。

教学方法

可采用讲授、情境教学、案例教学和分组讨论等方法。

一、集装箱运输的起源

要了解集装箱运输的起源,就必须分析集装箱产生的时代背景。在任何一个社会阶段,运输生产者都试图能够运送更多的多种多样的货物,或者说,运输生产者要增加运输收入,就必须扩展可运输货物的种类与数量,增加运输里程,同时提高运输价格。当运输价格保持不变时,运输生产者试图把一切有形的物品都能够作为货物来输送,他们的愿望受到外形不一、体积不一、比重不一、性质不一的货物与具体的运送车辆的形状和结构不匹配的制约。运输生产者要保证所运输货物的安全性,就必须提供适合各种各样货物的承载环境,同时也要满足不同的运输车辆、装卸机械的几何尺寸和结构强度的要求。这种居于中间的对货物满足承载要求、对车辆满足装卸搬运要求的媒介,这种连接运输生产与运输供给的媒介物,就是集装箱产生的根本原因。这种思想在过去一百多年来的运输社会一直存在着,在未来的运输领域、物流领域还会长期存在下去。我们可以引用恩格斯说过的话"社会一旦有技术上的需要,则这种需要就会比十所大学更能把科学推向前进"。运输需求是推动集装箱运输发展的根本动力。

所以,我们可以总结如下:运输需求虽然是一种派生需求,集装箱运输仍然是一种派生需求,但是运输需求仍然是推动运输生产进步的强大动力。集装箱是一种运输媒介,集装箱运输仍然是一种运输形式,集装箱运输是运输供给者更好匹配运输需求者需要的产物,在过去的一百多年内,集装箱适合了生产者的需要,使运输生产者能更好地满足运输需求者的要求,从而得到了蓬勃的发展。在未来的30年或50年内,也就是在同学们可看到的未来,这种推动运输生产的动力仍然会发挥作用,但是随着社会需求的不断变化,集装箱的物理尺寸、结构强度、材料会发生形式上的变化。同学们想一想,这种推动运输进步的动力表现在什么方面呢?

运输生产者既然能用集装箱来作为运输的中间载体,运输生产者就一定会得到某种利益。第一,能够首先满足运输需求,扩大运输对象的种类与提高运输对象的数量,这样能够增加运输收入;第二,集装箱满足了货物运输安全的需要,集装箱的气密性与水密性,使箱内货物与箱外环境隔离开来,保证了货物质量;第三,集装箱具有一定的结构强度,这样可以保证它能够反复被使用,运输生产者每使用一次,集装箱的购置成本就摊薄一次,使用的次数越多,购置成本摊薄得就越显著,所以,集装箱运输增加了运输生产者对于集装箱的购置成本,但是随着集装箱的反复使用,初始购置成本会进一步摊薄;第四,集装箱的使用可以提高装卸工作的效率,缩短集装箱船舶停靠港口的时间,减少停靠费用(大型船舶在码头停靠是按秒计费的);第五,在多式联运方兴未艾的今日世界,集装箱作为载体能够连接多种现代化的运输方式。

我们来把集装箱与集装箱运输描述一下。集装箱是一种具有足够强度、便于反复使用的大型标准化载货容器,它作为货物与运输、装卸设备的中间媒介,连接了货物世界与搬运装卸世界;集装箱运输就是将货物装在集装箱内,以集装箱作为一个货物集合或成组单元,进行运输、装卸、搬运的运输工艺与运输组织形式。下面我们来看具体的内容。

一种事物的产生往往是从某种想法开始的。据说,在19世纪初,英国的安德森(James Anderson)博士就提出了集装箱运输的设想。1830年,在英国铁路上首先出现了一种装煤的容器,接着出现了在铁路上使用容器来装运件杂货。件杂货又叫件杂货物,是可以以件计量的货物,英文叫General Cargo,也就是普通货物。件杂货物又可以分为包装货和裸装货,包装货就是可以用包、袋、箱等包装起来运输的货物,裸装货就是没有包装或者无法包装的货物。举例来说明:钢材及钢材制品、铁及铁制品、各种纸类、棉花、天然橡胶、皮革制品、服装制品、塑料制品、袋装水泥、袋装化肥、袋装粮食、机械设备、文具、日用品、木材及木材制品、玻璃及玻璃制品、工艺品等都可以称为件杂货。1845年,英国铁路上开始出现载货车厢,它可以看作是最早使用的集装箱。

有一位日本人对运输活性也就是货物被运输的难易程度进行了研究,他认为把货物放在一个箱子内,要比把这个货物放在地上容易运输;如果再把装有货物的箱子放在某种可以转动的托盘上,则这个货物更容易被运输。这位日本人的研究有一定的价值,但是他并没有把集装箱运输放在整个运输系统来看待。

直到20世纪初期,英国铁路才正式使用简陋的集装箱运输。这种新的运输方式在英国采用以后,很快在欧洲推广开来。1926年这种新型的运输方式传到德国,1928年传到了法国。到20世纪50年代中期,美国有人提出集装箱运输应该实行"海陆联运",才真正开始了现代意义上的集装箱运输,集装箱运输的优势也开始展现出来。

从上面的文字中,我们应当看到:西方发达国家由于完成工业革命较早,他们的工业革命产生的一个结果就是集装箱的出现与集装箱运输的发展。

由于件杂货本身的特点(如外形不一、体积不一、货物的密度不一等),要提高装卸效率,首先要摆脱沉重与低效的人力装卸状况。而要摆脱依赖人力的装卸,于是就出现了"成组运输"。要提高运输效率,就是要提高运输设备的静载质量利用系数、提高货箱的地面积利用率、容积利用率,于是,对早期的箱子的改进工作就导致"成组运输"的出现。成组运输就是利用一定的方法,把多个不同的分散的单件货物组合在一起,成为一个规格化、标准化的大运输单位而进行的运输。成组运输需要一个容器,来匹配货物与运输车辆,借助于容器把货物与车辆有效地联系起来。成组运输的表现就是托盘运输与集装箱运输。

以容器为媒介的成组运输的进一步改进,就是货物的集装箱化。因为当工业社会要求在更大的世界范围内、更多的生产者把越来越多的商品输送到更多国家的更多的消费者手中时，工业社会需要多种运输方式的联合运输，而集装箱又成为在不同的运输方式之间进行连接的强有力的纽带。因此，集装箱运输的出现，引发了世界运输史上的一次大变革。

1956年，美国人马克林创办的海陆联运公司开始了大型集装箱船环航世界的计划。以此为起点，海上集装箱运输逐步成为国际贸易中通用的运输方式。这其中的原因在于地球表面的地理特征——地球表面水多，适合航运，由于这么多的水域把不同地域的人们分隔开来，人们自然地就会把大量的创造力放在航运的发展上。所以，迄今为止，能代表集装箱运输的行业就是国际航运业。大型的集装箱运输公司几乎都从事国际航运业。

讲到集装箱的起源可以说有很多故事，它们多数是来自西方国家，我们也无法去考证其细节的真伪。我们只要“取其事，精其要”即可。同学们不要把上面的一段文字作为学习重点，因为这是在回顾过去，回顾过去是为了发现集装箱运输形成的驱动要素，看一看这些要素在未来的岁月里能否推动集装箱运输的发展。对学习运输管理的同学来说，展望未来远远比回顾过去重要，我们如果引用邓小平的名句“教育要面向世界、面向未来、面向现代化”，就可以体会到一代伟大人物对教育的深刻理解。

二、集装箱运输的发展

国际标准化组织在1961年成立了有关集装箱的专门委员会，也就是ISO/TC104委员会。该委员会对集装箱的定义如下。

集装箱是一种运输设备，它应具备以下要求：

(1)具有足够的强度，可长期反复使用；

(2)适用于一种或多种运输方式的运送，途中转运时箱内货物不需换装；

(3)具有快速装卸和搬运的装置，特别是便于从一种运输方式转移到另一种运输方式；

(4)便于货物装满和卸空；

(5)内部具有$1m^3$及$1m^3$以上的容积。

集装箱运输就是把货物装在集装箱内进行运送的运输方式。集装箱运输的发展，首先要研究经济社会运输需求的变化及其变化的内在规律，其次要研究运输生产力的形成要素及其发展的内在规律，再次研究运输生产的不断发展如何适应运输需求的不断变化。把这三方面研究清楚的话，就可以指导目前与未来的运输实践。如果能够深入研究的话，同学们可以研究铁路运输史、世界航运史、公路运输史。研究集装箱运输需求非常重要，如果你们了解面向对象的程序设计OOP和统一建模语言UML的话，就会发现这是过去十年、未来十年最重要的信息管理领域。因为今日世界的大多数运输管理系统使用了面向对象的设计方法。

集装箱运输在发展过程中还有一个重要的问题就是集装箱的标准化问题。无论发达国家或是发展中国家，正在进行标准、技术的激烈竞争。“一流国家卖标准，二流国家卖技术，三流国家卖产品”，在运输领域，某些创造能力强的国家以知识产权来要挟许多发展中国家，致使这些发展中国家付出巨大的经济代价。我们国家一方面要鼓励创造、保护知识产权，另一方面要与不公正的、过度的知识产权保护作斗争。

集装箱运输虽然是一种现代化的运输方式，但其发展却经历了漫长的过程。我们站在

2011 年的时间段上，把集装箱运输的发展分为以下几个阶段（当然了，这样的划分方法在未来会发生变化）：

1. 集装箱运输发展的初始阶段（19 世纪初～1966 年）

集装箱运输起源于英国。早在 1801 年，英国的詹姆斯·安德森博士已提出将货物装入集装箱进行运输的构想。1845 年英国铁路曾使用载货车厢互相交换的方式，视车厢为集装箱，使集装箱运输的构想得到初步应用。19 世纪中叶，在英国的兰开夏郡（英国英格兰西北部的郡）已出现运输棉纱、棉布的一种带活动框架的载货工具，这是集装箱的雏形。

正式使用集装箱来运输货物是在 20 世纪初期。1966 年以前，虽然集装箱运输取得了一定的发展，但在该阶段集装箱运输仅限于欧美一些先进国家，主要从事铁路运输、沿海运输；船型以改装的半集装箱船为主，其典型船舶的装载量不过 500TEU，TEU 即 TWENTY－FOOT EQUIVALENT UNIT，翻译过来是指 20ft 标准集装箱（即：长 20ft × 宽 8ft × 高 8ft6in，内容积为 5.69m × 2.13m × 2.18m，配货毛重一般为 17.5t，体积为 24～26m^3），也称国际标准箱单位。TEU 通常用来表示船舶装载集装箱的能力，也是集装箱和港口吞吐量的重要统计、换算单位。船的速度也较慢。箱型主要采用断面为 8ft × 8ft，长度分别为 24ft、27ft、35ft 的非标准集装箱，部分使用了长度为 20ft 和 40ft 的标准集装箱；箱的材质开始以钢质为主，到后期出现了铝质箱；船舶装卸以船用装卸桥为主，只有极少数专用码头上有岸边装卸桥；码头装卸工艺主要采用海陆联运公司开创的底盘车方式，跨运车刚刚出现；集装箱运输的经营方式是仅提供港到港的服务。

以上这些特征说明，在 1966 年以前集装箱运输还处于初始阶段，集装箱的装卸设备、运输设备，集装箱运输半径有一定的发展，其优越性得以初步显示，这为以后集装箱运输的发展打下了良好的基础。

2. 集装箱运输的发展阶段（1967～1983 年）

自 1966 年以来，集装箱运输的优越性越来越被人们认可，以陆路运输为主导的铁路集装箱运输发展很快，以海上运输为主导的国际集装箱运输发展迅速，国际贸易取得了很大的发展，致使世界交通运输业进入集装箱运输时代。

1970 年，集装箱船舶的行踪已遍布全球范围，也就是集装箱运输半径显著增加，集装箱运输遍及全球主要地区。随着海上集装箱运输的发展，许多港口建设专用集装箱船泊位，世界集装箱船专用泊位到 1983 年已增至约 983 个。世界主要港口的集装箱吞吐量在 20 世纪 70 年代的年增长率达到 15%。专用泊位的前沿均装备了集装箱装卸桥。码头堆场上轮胎式龙门起重机、跨运车等机械设备得到了普遍应用。随着港口基础设施建设的不断推进、港口集装箱搬运装卸设备的不断改善，更重要的是，业务管理系统也随之得以改善，传统的件杂货运输管理方法得到了全面改革，与先进运输方式相适应的集装箱运输管理信息体系逐步形成，信息处理系统得到了更广泛的应用，一些相关的国际公约也随之产生。1980 年 5 月在日内瓦召开了国际多式联运会议，通过了《联合国国际货物多式联运公约》。

在 20 世纪 70 年代中期，中东石油危机的影响导致集装箱运输发展速度放缓，石油危机是因为世界经济或各国经济受到石油价格的变化，所产生的经济危机。人们公认的第一次石油危机发生在 1973 年，第二次石油危机发生在 1979 年，石油输出国组织成为世界上控制石油价格的关键组织，通过缩减产量减少出口抬高油价，致使世界石油价格显著增长，进一步影响世界经济。当然，同学们可以了解到，目前中东地区是世界的物流中心，它是连接亚洲与欧洲海上贸易的通道，也是全世界的能源中心。当一个国家只有宝玉而没有宝剑的时候，该国迟早就会被西方强盗国家侵略。我们中国的发展，需要中东石油资源的支持。也就是说，我国政府不希望看到高涨的石油价格。

在这一阶段，许多新工艺、新机械、新箱型、新船型以及现代化管理措施涌现出来，集装箱运输系统得到了整体发展。这段时期可称为集装箱运输的发展阶段。

同学们要明确的是，在这一阶段，集装箱发展阶段主要是集装箱运输系统的整体发展，导致集装箱运输管理系统主动或被动的发展。人的智力资源得以释放，导致了管理水平与技术水平的提高。

3.集装箱运输的成熟阶段(1984年以后)

1984年以后，世界航运市场摆脱了石油危机所带来的影响，集装箱运输又重新走上稳定发展的道路。集装箱运输已遍及世界上所有的海运国家，随着集装箱运输进入成熟阶段。世界海运货物的集装箱化已成为不可阻挡的发展趋势。成熟阶段的主要标志是集装箱运输船舶、码头泊位、装卸机械、集运疏运的道路桥梁等硬件设施日益完善，集装箱运输管理的思想、方法、手段越来越现代化，更重要的是，集装箱运输半径显著增加，在更大的世界范围内借助于运输活动满足了来自不同地方的组织的运输需求。到目前为止，集装箱运输系统仍然在不停地发展之中。集装箱运输进入成熟阶段的特征主要表现在以下两个方面：

(1)运输基础设施与设备的成套技术趋于完善。

首先在运输设备方面，干线全集装箱船向全自动化、大型化发展，出现了第三代和第四代集装箱船。一些大航运公司纷纷使用大型船舶组织了环球航线。其次在运输设施方面，为了适应大型船停泊和装卸作业的需要，港口大型、自动化的岸边集装箱装卸桥也得到了进一步发展。第三，表现为环球航线的开辟，许多长距离的跨洋运输航线、沿海运输航线、内河运输航线组成了多层次的集装箱运输网络。第四，为了便于集散货物，使集装箱运输从港口向内陆延伸，一些国家对内陆集疏运的公路、铁路和中转场站以及车辆、船舶进行了大量的配套建设。第五，在运输管理方面，实现了管理方法的科学化、管理手段的现代化。

(2)开始进入多式联运阶段。

多式联运是指由两种及两种以上的交通运输工具相互衔接、转运而共同完成的运输过程。实现多种运输方式的联合运输是现代交通运输的发展方向，因为多式联运能更好地为发货人、收货人提供高质量的服务。集装箱运输在这方面具有独特优势。经济发达国家由于建立和完善了集装箱的综合运输系统，使集装箱运输突破了传统运输方式的"港到港"概念，综合利用各种运输方式的优点，为货主提供"门到门"的优质运输服务，从而使集装箱运输的优势得到充分发挥。"门到门"运输是指由托运人负责装载的集装箱，在托运人的货仓或工厂仓库交承运人验收后，承运人负责全程运输，直到收货人的货仓或工厂仓库交箱为止的运输过程。"门到门"运输能更好地服务发货人、收货人，刺激供需双方的经贸活动。

世界各国集装箱运输的发展是不平衡的。集装箱运输是资本密集、技术密集、管理技术要求高、对智力资源要求高的产业，一些经济发达的国家集装箱运输已经进入成熟阶段，一些发展中国家还处于集装箱运输的发展阶段，少数经济落后国家还处于集装箱运输的起步阶段。发展中国家必须吸收先进国家的先进技术和管理经验，才能适应国际贸易发展的需要。我们国家如何才能赶上并超越经济发达国家的集装箱运输系统与运输管理水平，是我们学习现代运输管理的专业人员应该承担的重大责任之一。

三、集装箱运输在我国内地的发展

我国内地的集装箱运输起步于1973年。1973年9月开始用件杂货船从天津、上海载运小型集装箱至日本的横滨、大阪、神户。我国港口集装箱运输起步虽然很晚，但自1978年后，增长势头却很迅猛。这种迅猛的增长势头表现在以下方面：

(1)集装箱港口数量增长很快，航线不断增多。

(2)港口吞吐量迅速上升，港口腹地的集运疏运系统明显改善。

(3)集装箱码头的设施设备发展迅速。我国主要集装箱港口，在泊位配机量、集装箱桥吊的大型化程度、集装箱码头的管理现代化程度、装卸工艺水平等方面，与世界先进港口的水平迅速接近。

(4)集装箱运输的法律法规得到加强。

1990年12月国务院颁布了《中华人民共和国海上国际集装箱运输管理规定》，这是我国集装箱运输的第一部综合性法规。

1992年，全国人民代表大会常务委员会颁布《中华人民共和国海商法》，1992年交通部颁布了《中华人民共和国海上国际集装箱运输管理规定实施细则》。1997年交通部与铁道部联合发布《国际集装箱多式联运管理规则》。2001年交通部制定了《中华人民共和国国际海运条例》。2002年，国家经贸委、交通部、外经贸部、铁道部、海关总署、国家质量检验总局等联合颁布了《加快我国集装箱运输的若干意见》。

这些法律法规的依次出台，规范了集装箱运输市场。下面以中远集装箱运输有限公司为例来了解集装箱运输的发展。

1978年，中国远洋运输(集团)总公司(简称中远)所属“平乡城”轮船装载着162只集装箱，鸣笛驶往澳大利亚的悉尼和墨尔本。这一刻，也标志着中国的远洋运输事业正式跨入了集装箱运输时代。

1.紧跟国际发展趋势，全力发展集装箱运力

中远发展集装箱运输事业是从上海远洋运输公司开始的，当初，上海远洋运输公司只是将原有的杂货船、散货船进行改造，在船舶甲板上装载部分集装箱，与当时国际上使用的全集装箱船运输模式还存在着较大差距。从20世纪80年代起，上海远洋运输公司紧跟国际远洋运输发展趋势，对船队结构进行大幅度调整，由过去单纯增加船舶吨位，逐步向船队结构的完善合理发展，增添集装箱船、多用途船，减少普通散杂货船。

从1979年开始，上海远洋运输公司先后向日本订购建造8艘载箱量分别为430TEU和753TEU滚装船。1982年9月至1985年12月，又先后在联邦德国、日本和我国国内船厂分别承接了22艘集装箱船，全部投入集装箱班轮运输。1987~1992年又增加15艘，其中载箱量2700TEU的5艘第三代集装箱船是代表当时最新科技的全集装箱船舶。

1997年，经交通部批准和上海市政府支持，中远决定对航运体制进行资产重组，在上海成立中远集装箱运输有限公司(简称中远集运)，负责中远集装箱船队的统一经营与管理，中远集装箱运输事业再一次进入发展的高速跑道。

从1997年开始，中远集运在运力提升上屡破纪录：1997年1月8日，公司承接了5446TEU的“鲁河”轮，该船不仅是中国第一艘第五代超巴拿马型全集装箱船，也是当时中国

最大、全球领先的科技含量最高的全集装箱船舶。2004年,5艘当时国内最大的8000TEU全集装箱船加盟。2006年,承接5艘9449TEU船舶投入运营,再一次刷新了国内集装箱船舶规模纪录。2007年12月28日,中远与江苏新扬子造船有限公司签订16+4艘4250TEU巴拿马型集装箱船建造合同,为改革开放以来国内最大一笔金额的一次性购船合约。2007年8月9日,10000TEU集装箱船"中远亚洲"轮在天津港首航欧洲,该船是中国最大的集装箱船舶。2008年4月3日,"中远大洋洲"轮命名交付仪式在南通中远川崎船厂码头隆重举行,这是中国自己建造的第一艘10000TEU集装箱船。2008年4月23日,中远一次投资近百亿订造8艘13350TEU集装箱船,这在中国远洋发展史上尚属首次。

多年来,随着国家进出口贸易的快速增长,中远集装箱运力从1978年半集装箱船舶仅7艘,滚装船3艘,总的运载能力仅为931TEU,全年运载集装箱2187TEU,发展到2007年,公司拥有全集装箱船舶143艘,总箱位为43.4万TEU,居全球第六位,运载集装箱766.3万TEU,其中重箱运量为570.89万TEU。

2.不断打造基于中国本土的全球运输网络

20世纪80年代,全球集装箱航线基本上都被国际班轮控制着,中远发展集装箱运输事业伊始,便将运力提升与调整航线和运行组织工作同步启动、同步发展,实行定船、定线、定班期运行,开辟了基于中国本土的全球运输网络。

1978年9月26日,中远开辟上海至澳大利亚集装箱班轮航线。1981年1月,中远"张家口"轮离开国内首航美国旧金山,开辟了第一条中美集装箱班轮航线。1981年6月,"抚顺城"轮自上海港装载集装箱首航神户,开辟了中日集装箱班轮航线。1982年,中远开辟了第一条中欧集装箱班轮航线。1986年年初,中远根据系统工程的原理,进行"环太平洋集装箱运输网络工程"的设计,将环太平洋沿岸的15个国家和地区的40多个港口的外贸货物像"血液"一样通畅地流到"躯体"的各个部位,组织成一个集装箱运输干支线交叉衔接的运输网络。

此后,中远根据航线、货源和船舶情况又多次对班轮航线进行调整,不断提高船舶运输效率,特别是1988年4月,将香港—美西线集装箱班轮改为星期班(每星期固定时间开出一艘船),受到货主欢迎,国外媒体更是惊呼"中国航运正在大踏步赶了上来"。1999年,中远集运在中日航线上注入"绿色快航"概念,将航线服务精确到小时,同时推出班期、交货、中转、通信、证书传递、专人服务和货物跟踪保证,真正做到"当天到货、当天超市上架"。

进入21世纪以来,中远集运将目光瞄准航运业中的"高端服务"——快速交货服务(H.D.S.)——定时开航、定时到港、定时交货。实现船到港2h以后即可提货,将海运服务提升到准空运水平,从而吸引了一大批如三菱商事、AIT、TRADIA、NOHHI、日通运输等大型企业。

2005年开始,中远不断完善支线运输网络,相继开辟环渤海湾内支线、东南亚—澳大利亚周班快航、马尼拉—中国香港航线、环亚得里亚海支线、中国—红海周班航线等一大批支线网络的铺设,还开拓了中美洲、红海、黑海、中东、菲律宾、越南,以及南沙、汕头等新兴市场。同时,公司还首次尝试与国际资班轮的地区合作,先后与日本川崎、阳明公司等公司开展航线合作,经营成本得到了显著降低,企业服务覆盖面进一步扩大。

2007年10月30日,为降低北美内陆转运通道对于美国铁路公司的依赖,"中远安特卫普"轮靠上加拿大罗伯特太子港集装箱码头,2007年11月1日2点30分,该港有史以来第一个集装箱,也是公司第一个到达该港的集装箱安全卸下。这条全新转运路径的开辟,促使美国BNSF铁路公司推迟了合约年度的费率上涨,并且给予费率上一定幅度的优惠。据测算，截至2007年8月底，该航线共计减少成本支出超过4000万美元。2008年7月19日，“中远长滩”轮挂靠该港，从而提前一年实现了两组航线直挂鲁波特王子港。

为降低受巴拿马运河宽度的桎梏，2008年7月7日，“中远悉尼”轮挂靠巴拿马Balboa码头，通过高速铁路网络将集装箱转运至大西洋侧码头，同时还将该服务辐射至加勒比地区及南美洲东岸部分地区。这标志着船舶不通过巴拿马运河，而经巴拿马铁路连接太平洋和大西洋之间的全新服务模式已全面展开，此举将有利于规避运河拥挤带来的风险和大大减少过运河费用。

3. 科技创新为集装箱运输事业插上腾飞的翅膀

20世纪90年代以来，随着计算机技术的迅猛发展，特别是信息技术的突破，无纸贸易、电子商务等技术对人类经济和社会生活的改变正如火如荼地进行着。中远也逐步在科学技术和信息系统建设上不断发力。

1998年以来，中远陆续在船舶调度、生产统计、财务管理上引进了计算机应用系统。随后还陆续对财务系统、统计系统加以完善和再开发，大大压缩了人工统计、分析工作，不仅显著地减少了数据错误，还极大地提高了相关部门的工作效率。

但由于上述系统是独立开发，相互没有关联，相关数据产生后，还需人工比对和校正，对公司整体工作效率并没有带来明显的促进，还不能适应全球营销一体化的服务要求，1998年年中，中远启动了新系统建设工作，完成了中远集运全球信息战略规划。

2000年11月11日，中远引进IRIS－2系统，到2003年，全球各地区的IRIS－2系统的切换工作顺利完成。中远依据数据管理的安全性、数据处理的及时性及信息共享的需要，又分别架构了MIS（管理信息系统）、EDI（全球数据交换平台）、电子商务和容灾管理系统等多个子系统。经过多年的引入、消化、再开发，该系统指导和监督生产经营、提高管理水平的作用日趋显现。目前中远集运生产经营的所有体系，均纳入正规渠道，形成了全球信息的高度集成——总部与现场操作的高度集成，装港与卸港的高度集成，货流与箱管的高度集成。实现了对舱位和合同进行细分管理、在线订舱、远程提单打印等功能。2003年，中远集运依托IRIS－2系统的高度集成性，将客户关心的数据进行综合、集成后，在国内第一家推出船公司的电子商务平台（www. coscon. com），涵盖了船舶动态、集装箱动态、在线订舱、远程提单打印等功能，其快捷的查询界面、详细的集成数据，获得客户的一致好评。

2002年，中远开展了SAP财务管理系统的开发应用，通过项目组与外方顾问经过近7个月的并肩作战，先后完成了内部顾问培训、用户访谈、业务蓝图设计、系统客户化配置、集成测试、最终客户培训、上线准备等一系列工作。到2002年11月8日，SAP财务系统正式启用，财务人员全面使用该系统处理日常财务业务。

2004年，随着船舶现代化程度的不断提升，中远开始研发船舶全球动态监控系统，将船舶航行过程中涉及的卫星通信系统、船舶局域网、船舶管理信息系统、电子海图、船舶自动识别系统（AIS）以及陆地通信网络、机关办公网络等诸多方面的技术糅合在一个系统中，采用多路船位数据调用、船舶AIS设备远程数据传输功能（LRF）实际应用、多系统数据共享叠加和不同电子海图数据兼容、岸基主动调取船舶数据等多项技术为国际业内首创，2005年投入试运行。

4. 数十年如一日的履约先锋

1995年，国家开始探索航运业的安全管理体系时，中远集运是第一个引入这个体系的企业。2001年开始在全世界范围内推行《国际船舶和港口设施保安规则》（ISPS保安规则），中远是国内第一家引入该体系的航运公司。

2005年，根据集团的统一部署，公司将推进履行全球契约和编制可持续发展报告，列入年度重要议事日程；采取了细致而有力的措施，在公司质量、环境、安全管理体系上，系统地融入了企业社会责任管理因素，搭建了全面的企业社会责任管理体系，形成了履行全球契约的体系保证。公司成立可持续发展委员会，研究和决策相关事务，以确保中远集运可持续发展战略和目标得以实现。中远集运在成立相应组织的基础上，制定了详细而又周密的推进计划，从时间进度、工作内容、主要目标和责任部门等方面进行策划和部署，以确保相关任务得到有效落实并按要求推进工作。

根据《企业社会责任管理体系标准》要求，在中远集运现有综合管理体系三本主手册的基础上，组织力量编写中远集运"社会责任管理手册"，特别对人权、劳工关系和反贪污等相关要求做了规定。在综合管理体系原有程序基础上，新增企业社会责任体系的七个程序文件，并对原有程序文件也按要求作了修改和完善。修改员工手册、信访条例等操作文件，增加有关人权和劳工关系的条款，并将社会责任管理体系和综合管理体系进行了整合。基于资产核心地位和创新管理基础，中远集运作为中远集团履行全球契约的试点单位，独立发布了《年度可持续发展报告》。

30年来，几代中远人以"求是创新、图强报国"的精神，使中远集装箱运输事业从无到有、由弱到强，克服了种种困难，用自己的心血和汗水打造了一支技术先进、性能优良、名列世界前茅的集装箱班轮船队，培养了一支思想好、作风硬、业务精的远洋人才队伍，为国家远洋运输事业和国家经贸的发展作出了重要贡献。

改革开放使中国从世界汲取了丰富的营养，也使得国家的发展与世界同频共振。中远集装箱运输事业发展的30年历程吸取了改革开放的精髓，30年来，公司不断吸取先进的技术，坚持开放性和包容性，公司订造的第一艘全集装箱船，就是利用国外贷款、利用国外技术在国外制造的。

凭借改革开放的东风，中远集装箱运输事业不断利用国际国内两个市场、两种资源来发展自己，在技术引进中，在文化交流中，在全方位的竞争合作中，在碰撞中不断学习、不断发展。从成立初期的国家投资到改革开放后贷款造船，再到2005年在香港上市、2006年在上海上市，公司摆脱了"输血"发展的模式，走向了依托市场、利用资本市场供血发展的良性发展循环。

为适应公司船舶大型化的经营模式，适应新的环境和情况，达到航线资源的充分、合理、科学地利用，使之配置科学化，使公司效益达到最大化，2007年10月19日，正值党的十七大召开期间，公司正式推出《公司战略发展研究报告》。明确了未来五年的发展目标："拥有和控制的运力超过100万TEU，成为亚洲第一、进入全球第一梯队，规模与创效能力相适应的世界一流集装箱公司"。

总体上讲，集装箱运输在我国的发展势头非常良好。第一，我国经济已进入快速发展的轨道，经济增长将极大刺激集装箱运输工作量的增长。第二，集装箱船正向大型化、专业化方向发展。第三，集装箱码头不断现代化。第四，集装箱箱形向大型化、专业化、标准化方向发展，适箱货比例迅速上升，刺激集装箱运输发展。第五，集装箱多式联运会进一步发展与完善。第六，集装箱运输管理信息系统逐步实现信息化、现代化。第七，我国的行政管理体制和法律、法规建设，也正在向有利于集装箱运输的方向发展。随着国力上升，我国加大了对基础设施投资的力度，使集装箱运输发展的客观基础加强。可以预见，集装箱运输的进一步发展会导致运输生产进一步在更高的质量水平上满足经济社会的运输需求，提高集装箱运输企业的核心竞争力，从而提高我国的综合国力。

项目二 集装箱运输系统

教学要点

(1)掌握集装箱运输的功能和种类；

(2)掌握集装箱运输系统的构成。

教学方法

可采用讲授、情境教学、案例教学和分组讨论等方法。

一、集装箱运输的特点与优越性

集装箱运输是一种先进的现代化运输方式。与传统的件杂货运输方式相比，它具有运输效率高、经济效益好及服务质量优的特点。以件杂货为对象的运输活动，运输质量差，货物在运输过程中倒装、搬运次数多、货损货差严重，人工劳动强度大，货物装卸时间长。正因如此，集装箱运输在世界范围内得到了飞速发展，已成为世界各国保证国际贸易的最优运输方式。集装箱运输的特点表现在以下方面：

(1)集装箱运输是一种“门到门”运输活动。

这里的“门到门”，一端是指发货企业的“仓库”，另一端是指收货企业的“仓库”。所谓“门到门”运输，就是从产品供给方将最终消费品生产完毕，装入集装箱后，不管进行多长距离、多么复杂的运输，途中货物不再进行任何装卸与倒载，一直到收货方指定的收货地点，再卸下直接进入收货位置。当然，在运输途中，承载货物的集装箱可以从一种车辆换装到另一种车辆。

(2)集装箱运输是一种多种运输方式联合的运输活动。

要更好地为收货人和发货人服务，也可以说，运输企业要全心全意地为收货人和发货人服务，或者说，运输企业要集中精力提高货物运输质量，把在不同地域的生产者与消费者更有效地联系起来，需要提供“门到门”服务，这种要求决定了需要多种运输方式联合从事运输生产活动。

(3)集装箱运输方式是一种高效率的运输方式。

主要表现为集装箱的装卸时间短，能实现装卸作业的现代化。在青岛港许振超装卸组，在装卸船作业中一个集装箱装卸循环时间已低于90s。

(4)集装箱是一种屏蔽了所运货物外形差异的运输方式。

货物装入集装箱之后，其物理、化学特性全部被掩盖了，而具有标准化的外形尺寸与重量，为运输过程中大型专用设备和工具的使用和自动化生产创造了最基本的条件。与件杂货运输相比，集装箱运输对于运输作业现代化、运输管理现代化具有特别重要的意义。

集装箱运输的优越性体现在以下方面：

(1)扩大了成组单元，降低了装卸成本，提高了装卸效率，以机械设备作业替代人工装卸作业，降低了劳动强度。在装卸作业中，装卸成组单元越大，装卸成本越低，装卸效率越高。这个论断可以在经济学上得到解释。

(2)减少货损、货差，保证了货物的安全，保证货物在运输途中不发生物理性质、化学性质的改变，承运人能做到从发货人手中拿到什么样的货物，能够原样不变地把货物交给收货人，提高了货物运输质量。货物装入集装箱后，在整个运输过程中不再倒载，减少了装卸搬运的次数，就大大减少了货损、货差，所以，对于质量要求高的货物，集装箱运输有特别重要的意义。

(3)缩短货物在途时间，降低物流成本。这是物流时间管理的重要方面，现代许多运输活动都是基于时间而展开的竞争，流通时间短是运输企业的核心竞争要素，货物在途时间短，可以缩短货物转化为资金的时间周期，减少生产企业的资金成本。

(4)节省货物运输包装费用。散装货物集装箱化后，货物自身的包装强度可减弱，包装费用可以降低。

(5)减少货物运输费用。集装箱运输可以节省运输环节的货物装卸费用。由于货物安全性提高，运输过程中运输保险费用也相应下降。

集装箱运输的缺点主要表现在以下几方面：

(1)集装箱运输行业是资本高度密集型的行业。

集装箱运输系统是专门化的运输系统，它包括专用的集装箱码头、专用的装卸设备、专用的船舶与车辆，还需要大量的集装箱，这些设施与设备投资巨大，营运费用高，一般的企业没有如此庞大的资金实力。所以，从事集装箱运输的门槛较高，尤其对于航海运输、铁路运输来说，大量的资金往往需要金融财团的支持与政府的辅助。这种高的投资门槛导致跨大洋的集装箱运输市场是一个寡头市场，对中国来讲，铁路集装箱运输市场是一个完全垄断市场，公路集装箱运输是一个垄断竞争市场。中国开放的领域越来越多，开放的步伐越来越快，不同行业的市场形态也在发生变化。

(2)集装箱运输属于技术密集型行业。

技术密集型行业需要较高的智力资源，高智力资源能保证较高的技术水平与管理水准，它需要高效率的、高质量的技术人才和管理人才的成长机制，也需要适应现代集装箱运输系统的高素质的产业工人，而这些并非是一朝一夕就能完成的。

(3)集装箱是一个中间载体，集装箱运输是一种派生需求。

集装箱要同时为件杂货和不同系统的运输工具、装卸设备服务，集装箱运输要为来自世界各地的发货人、收货人服务，那么，集装箱调空里程如何减少或避免，集装箱的生产量如何与集装箱的需求量在世界范围内或在局部地区如何匹配，这是由于集装箱的出现而派生的一些主要问题。

二、集装箱运输系统的构成

系统是指为实现某些特定目标而构成的相互关联的一个集合体。系统论是研究系统的一般模式、结构和规律的学科，系统论研究各种系统的共同特征，用数学方法定量地描述其功能，寻求并确立适用于一切系统的原理、原则和数学模型，是具有逻辑和数学性质的一门科学。

系统论的核心思想是系统的整体观念。系统论创始人贝塔朗菲强调,任何系统都是一个有机的整体,它不是各个部分的机械组合或简单相加,系统的整体功能是各要素在孤立状态下所没有的。我们可以借用"整体大于部分之和"的这句名言来说明系统的整体性,反对那种认为要素性能好,整体性能一定好,以局部说明整体的机械论的观点。系统论同时认为,系统中各要素不是孤立地存在着,每个要素在系统中都处于一定的位置上,起着特定的作用。系统各要素之间相互关联,构成了一个不可分割的整体。系统要素是系统整体中的要素,如果将要素从系统整体中割离出去,它将失去要素的作用。

系统论的基本思想方法,就是把所研究和处理的对象,当作一个系统,分析系统的结构和功能,研究系统、要素、环境三者的相互关系和变动的规律性,并用优化系统的观点来看问题。系统论的任务,不仅在于认识系统的特点和规律,更重要的还在于利用这些特点和规律去控制、管理、改造或创造一个系统,使系统的存在与发展合乎人的需要。

系统理论的出现,使人类的思维方式发生了深刻的变化。在系统论出现以前,人们研究问题,一般是把事物分解成若干部分,抽象出最简单的因素来,然后再以部分的性质去说明复杂事物。这种方法着眼于局部或要素,是几百年来在特定范围内行之有效、人们最熟悉的思维方法。但是它不能如实地说明事情的整体性,不能反映事物之间的联系和相互作用,它只适应认识较为简单的事物,而不胜任于对复杂问题的研究。在现代科学的整体化和高度综合化发展的趋势下,在人类面临许多规模巨大、关系复杂、参数众多的复杂问题面前,就显得无能为力了。正当传统分析方法束手无策的时候,系统分析方法却能站在时代前列,高屋建瓴,综观全局,为现代复杂问题提供了有效的思维方式,系统论反映了现代社会发展的趋势,它的理论和方法能够在集装箱运输领域得到广泛的应用。

下面我们结合系统理论来讨论集装箱运输系统。

集装箱运输系统是指集装箱运输全过程所涉及的各个业务环节的集合,包括集装箱运输航线、集装箱码头、集装箱运输工具、集装箱装卸设备、集装箱运输信息系统、适箱货物、集装箱、集装箱运输从业人员、集装箱运输法规与制度、集运疏运系统等要素,把这些要素整合起来形成一定的生产能力,从而满足经济社会的运输需要。集装箱运输系统的基本构成要素是:

1. 适箱货物

这里面的问题是货物与集装箱的匹配。有些货物比较适合用集装箱来承载,有些货物需要借助某种转换工具来适合集装箱承载,有些货物不适合集装箱来承载。所以,从货物与集装箱的匹配关系来看,运输企业一直在提高货物的集装箱化水平,以便于集装箱能承载更多种类的货物。

并不是所有的货物都适合于集装箱运输。从是否适用于集装箱运输的角度,可以把货物可分成四类:A 类货物称为"最适箱货物",这些货物的物理性质与化学性质适合于装箱,并且货物价值高、承受运价能力大;B 类货物称为"适于装箱货",这些货物的物理性质与化学性质基本适合于装箱,并且货物可以承受较高的运价;C 类货物称为"可装箱但不经济的装箱货",这些货物的物理性质与化学性质基本适合于装箱,但是这些货物难于承受较高的运价;D 类货物称为"不适于装箱货",这些货物的物理性质与化学性质基本不适合于装箱。我们所指的适箱货源,主要是 A 类、B 类货物。

做好适箱货源的组织工作,提高组货工作质量,为集装箱运输提供充足与稳定的货源,是集装箱运输组织的重中之重。在这个行业内,有人说,那些帮助集装箱运输公司组织货源的人员，就是帮助公司赚钱的人员，那些帮助集装箱运输公司进行生产组织与运作的人员，是帮助公司省钱的人。总之，无论"赚钱"的人或"省钱"的人，都是集装箱运输公司的精英人员。货物是一个世界，集装箱运输既要为货物服务，也要为站在货物背后的人员与组织服务。

2. 集装箱

集装箱是另一个世界。简言之，集装箱就是集装箱运输的基本单元。在集装箱运输系统中，集装箱要为货物提供内部的承载环境，同时在外观上要适应装卸设备与运输工具的要求。在过去，集装箱已经发生了许多变化；在未来，集装箱世界仍然要发生许多变化，在这种变化的过程中，运输需求是主动的要素，运输需求的变化促使集装箱本身在发生变化，也就是说，集装箱的变化是从属于运输需求的变化的。同学们学习运输管理的一个主要方向是深入思考经济社会中运输需求的变化及其相关要素，哪家运输企业掌握了运输需求，这家企业就会在竞争中处于主动地位。

这个世界中存在集装箱的消费者与集装箱的生产者及其交易行为，也衍生出集装箱租赁市场。这个世界中另一个重要的问题就是集装箱标准化的问题。在此不赘述。

3. 集装箱船舶与集装箱运输工具、装卸设备

集装箱运输船舶又是一个广阔的世界。在这个世界上，存在三个重要市场，分别为船舶的生产制造与消费市场、船舶租赁市场、船舶维修市场。这些市场是从事海上集装箱运输的基础，也是我国能够走向海洋时代的重要支柱产业，在未来几十年内，这是我国政府重点发展的战略优先领域。

铁路集装箱运输设备，中央政府曾经规划了全国的23个集装箱枢纽节点，规划了立足于全路的集装箱运输网络，随着我国高速铁路建设的日益推进，铁路上的集装箱运输设备会得到迅速发展。这个世界也存在两个主要市场，分别是运输车辆的生产与消费市场、运输设备的维修市场。

对于公路集装箱运输设备来讲，存在的主要的市场就是公路集装箱运输设备的生产制造与消费市场。对于搬运装卸设备，存在的主要市场是装卸搬运设备的生产制造与消费市场，这个市场比较独特，对于港口装卸设备来说，价格十分昂贵，比如一套岸壁集装箱装卸桥价格高达上千万元人民币，维护成本高昂。如何发挥这些设备的潜能或者说如何充分利用这些设备，是营运码头一项重要的任务。随着整个世界技术的进步，这些技术设备发生很大的变化，现在仍然在不断地改善。

4. 集装箱码头

集装箱港口是集装箱水路运输的两端。这里的主要市场是集装箱码头的需求与供给，因为码头在地理上具有垄断优势。对我国东部沿海地区来说，集装箱码头的运营可得到垄断利润。在目前的市场经济中，这个市场并没有充分竞争。随着集装箱港口腹地公路交通设施的不断完善，集运疏运系统的配套，相邻两个码头的替代性在加强。也就是说，交通运输网络的完善，会打破某些垄断行业在地理位置上的优势。

我国主要港口的货物吞吐量近年来与国际港口吞吐量比较，名列前茅。现代化的集装箱码头作业已高度专业化，码头前沿岸机配置、场地机械配置、堆场结构与装卸工艺配置均完全与装卸集装箱配套。

5. 集装箱货运站

集装箱货运站在整个集装箱运输系统中发挥了连接多种运输方式的重要作用，是一个必不可少的基本要素。集装箱货运站的主要职能是完成拼装货物的拆、装箱及交接、保管业务，并承担集装箱的堆存、修理、清扫等任务。

6. 集装箱码头堆场

集装箱码头堆场是集装箱货物集运的重点与疏运的起点，是集装箱交接货物的节点之一。堆场也是货物运输干线与货物运输支线的交汇点。

7. 集装箱运输信息管理系统

这是一个信息的世界，运输管理发展到今天就必须借助于信息系统来完成运输任务。对于集装箱运输企业，存在着信息管理系统；对于集装箱港口，也存在信息管理系统；对于铁路集装箱运输，也存在信息管理系统。这种信息管理系统存在于国家行政部门，也存在于具体的运输生产部门。信息管理系统的关键是采集信息和对信息的解读，主要的工具就是基于网络的企业级的数据库管理系统，它的前台主要是企业资源规划系统。对于学习运输管理的同学们来讲，后台的数据库管理系统是学习的重点，信息安全可以学习部分内容。同学们可以花大量的时间来学习数据库管理系统，信息安全技术是给少数人开设的高难度的课程。

运输管理信息系统是前台的信息系统，如果懂得集装箱运输的业务逻辑和数据库管理系统的话，对运输管理信息系统就很容易掌握了。

8. 集装箱运输法规

法规是运输世界必须具备的要素。正如任何社会都需要政府一样，运输世界必须有规范运输活动的规则。《联合国国际货物多式联运公约》、《集装箱安全公约》、《集装箱海关公约》等，是在联合国、国际商会等组织的协调下指定的。《中华人民共和国国际海运条例》、《中华人民共和国港口法》、《中华人民共和国海商法》等由交通部、国务院、全国人民代表大会颁布。

思考练习

(1) 集装箱运输产生的原因是什么?

(2) 简述中远集装箱运输有限公司的发展沿革。

(3) 集装箱运输的特点及优越性是什么?

(4) 集装箱运输系统的构成要素是什么?

(5) 了解现代生产理论在集装箱运输领域的应用。

(6) 分析讨论“运输业务、运输公司、运输管理、运输经理、运输价值”。

(7) 能否站在供应链管理的角度来分析集装箱运输? 若可以的话，与其他同学来讨论。

任务二 集装箱及其标准化

内容简介

了解集装箱及其类型、标准化和标志是学习集装箱运输管理课程的基础。这部分内容是让同学们了解集装箱运输的概念，深刻理解促使集装箱标准化的主要因素，从局部观点上来掌握集装箱如何与货物进行匹配、集装箱如何与运输设备进行匹配，从局部观点上来分析构成集装箱运输系统的关键要素。

教学目标

1. 知识目标

(1)了解集装箱运输的概念；

(2)掌握促使集装箱标准化的内在驱动因素；

(3)了解集装箱运输的标志；

(4)掌握集装箱的标准参数。

2. 技能目标

(1)初步掌握运输需求与运输供给的分析方法；

(2)会设计集装箱标准化问题与问题解决的对策表；

(3)能设计集装箱使用调查表；

(4)能用系统分析的方法来分析集装箱与其他系统要素的关系。

案例导入

平凡岗位创出国际标准——包起帆与集装箱货运电子标签系统

2011年12月，国家标准化管理委员会、交通运输部联合在京召开新闻宣介会，正式发布由全国劳模包起帆领衔研制的集装箱RFID货运标签系统成为国际标准，这也是第一个拥有自主知识产权的中国创新成果上升为国际标准。"标准是发明创新的根，只有把创新成果形成国际标准才有真正的生命力。创新离我们并不遥远，创新就在脚下。只要中国职工肯学习肯努力，平凡的岗位同样可以做出不平凡的业绩。"包起帆说。

1. 十年研制改变世界运输方式

包起帆的此项创新可追溯到十年前。那时，由于集装箱本身不载有任何信息，无法实时反映自身的变化，在运输过程中会发生不安全事件。如何解决这一问题，为留学欧洲的儿子寄月饼的过程给了包起帆创新的火花。月饼寄出了，他的心也就跟着月饼走了：不知道月饼到儿子那里了吗？现在已运到哪里了？他想到，如果在月饼上装上一个跟踪器不就可以知道了吗？

包起帆想到了刚刚开始步入人们视野的RFID电子标签技术，RFID为无线射频识别技术的英文缩写。他在企业中开展职工技术革新和合理化建议活动，有了"现代集装箱码头智能化生产管理系统"、"外高桥集装箱码头建设集成创新技术"、"集装箱自动化无人堆场"、"集装箱全程实时在线监控系统"、"现代港口物流服务示范工程"等创新项目。在此基础上，包起帆提出了用RFID技术来监控集装箱物流安全的想法。经过反复实验改进和不懈努力，包起帆团队终于研究成功了“集装箱电子标签系统”。

该系统是一种以集装箱为跟踪目标的“物联网”。集装箱锁扣上挂有电子标签，当集装箱被非法打开后，系统平台在网页上实时报警，同时发送邮件报警和手机短信报警，及时通知货主及相关人员。发货点、码头吊机、收货点等处均有读卡装置，系统平台与海上船舶、道路运输载货汽车信息平台的对接，实现了集装箱运输的全程实时跟踪。

用户可通过网站查询、邮件查询、手机短信了解集装箱在供应链各节点的时间、地点和路径。这样，相关方就能追溯物流全过程，界定责任者，适时调整供应链计划，通过“阳光物流”来提高运输质量、效率和效益。

2. 锲而不舍争得国际话语权

该项目诞生后得到了科技部、交通运输部及上海市科委等有关部门的重视。在经历了多条国际国内航线的应用考验，并在众多物流监控企业推广应用，其核心技术获得了两项美国专利和5项国家专利，并在2009年形成了国家标准(GB/T 23678—2009)。

在世界港航界制定的标准中，欧美国家长期把持着“游戏规则”的制定权。在此现状下，让中国标准成为国际标准，在国际舞台上争取中国的话语权的过程并不顺利。在国家标准化委员会的主导下，2007年4月釜山会议上，包起帆团队积极地向国际标准化组织递交了有关制定集装箱RFID国际标准的提案，2008年4月汉堡会议正式提出标准提案。2008年9月，包起帆代表中国国家标准化委员会起草的提案被否决了。2009年各路专家被邀请至上海进行码头考察，当年2月，包起帆团队又提交了新提案。2009年5月，国际标准化组织(ISO)通过投票表决，正式任命包起帆负责领导由九个国家的专家组成的工作组编写集装箱电子标签国际标准。

制定国际标准有相当规范的程序和要求，过去我们对此知之甚少，更不要说来牵头负责国际标准的制定。集装箱电子标签归入国际标准ISO/TC104工作组。该工作组有一大批资深专家，代表着各自国家的利益，在讨论制定国际标准时往往争得面红耳赤，有时甚至到了白热化的程度。在巴黎会议、华盛顿会议、圣地亚哥会议上，包起帆与各国代表反复较量，标准草案从认识、否定、再认识，被逐渐理解和不断完善。

2010年7月1日，集装箱电子标签作为国际可公开提供的规范，在日内瓦总部由ISO正式发布，这标志着中国物流和物联网领域在获准制定国际标准方面担纲主角。2011年11月26日经过国际标准化组织(ISO)的最后一轮投票获得通过，《ISO18186：货物集装箱－RFID货运标签系统》成为国际标准，这为今后中国创新成果逐步走向国际标准开创了一条新路。

引导思路

(1)为什么能通过“阳光物流”来提高运输的质量、效率和效益？

(2)集装箱电子标签的应用标志着中国物流和物联网领域在哪些领域的结合？

项目一　集装箱的概念

教学要点

(1)掌握集装箱的含义、尺寸和分类；

(2)掌握集装箱的结构和表述。

教学方法

可采用讲授、情境教学、案例教学和分组讨论等方法。

一、集装箱概述

1. 集装箱的定义

集装箱是指海、陆、空不同运输方式进行联运时用以装运货物的一种容器。在香港,人们把集装箱称为"货箱";在台湾,人们把集装箱称为"货柜";在英语系的国家称集装箱为Container。依此,从事货柜运输的公司,也就是集装箱运输公司。运输社会必须要给集装箱一个明确的定义。因为,这里面存在一个争论:集装箱属于货物还是属于运输设备?不同的国家与地区由于法律不同,在不同的运输条件下,有时认为集装箱是运输设备的一部分,有时认为集装箱属于货物。在一个不断追求科学的运输世界里,集装箱的定义是必须要给出的。

下面我们来看国际标准化组织给集装箱下的定义。国际标准化组织(ISO)对集装箱定义如下:

集装箱是一种运输设备;它具有足够的强度,可长期反复使用;它是为便于商品运送而专门设计的,在一种或多种运输方式下运输时,无需中途换装所载货物;它具有便于装卸和搬运的装置,特别是便于从一种运输方式转移到另一种运输方式;它便于货物装满或卸空;它内容积为 $1m^3$ 或 $1m^3$ 以上。这个定义被广泛采用,我国也采用这个定义。我们来分析这个定义。

首先,国际标准化组织明确集装箱是一种运输设备,是整个运输系统的一部分。这种运输设备仅仅就是一种容器,能够容纳可容的货物的一种容器。这种看得见、摸得着的货物容器,它的价值不在于它是什么,而在于它会怎样地被经济社会所使用,集装箱被运输社会所使用的结果,导致运输社会建立了一个以集装箱为核心、高度自动化的、低成本的、低复杂性的货物运输系统。从而,以集装箱为核心的运输系统显著降低了国际货物运输成本,改变了世界经济的形态。在工业社会里,对一个工业产品来说,生产者要提高商品的质量,往往会同时增加商品的成本。但是,对集装箱来说,在增加了货物运输质量的同时,却反而降低了货物的运输成本。在整个国际航运界普遍认为,或者说在事实上,影响国际航运成本的主要因素在于运输船舶的港口停靠作业,船舶纯航行过程的成本大约占总的航运成本的30%。在船舶的港口停靠作业中,装卸作业是影响运输成本的主要方面,在没有集装箱的时候,在码头,件杂货的装卸主要靠装卸工的体力来完成,装卸时间长、货物受损严重、支付的装卸费用高,由于装卸工作的不连续性,或者说,装卸工作时断时续,装卸工的工资与报酬成为运输成本的主要部分。引进集装箱以后,货物被"容器"与外部的机械世界隔离开来,有效地减少了货损、货差,保证了货物质量;同时以机器替代了大量的装卸工人,虽然增加了装卸设备的开支,但是显著降低了整体的装卸成本,也就是说,装卸设备开支的增加值远远小于装卸工人装卸报酬的减少值,同时又减少了装卸时间,这样可以减少轮船的靠港费用。轮船靠港时间的减少在轮船的使用寿命周期内给船公司提供了运送更多船次的货物的商业机会,轮船靠港时间的减少也会给港口当局提供了在有限时间内增加货船靠港次数的商业机会。更重要的是,当货物的运输成本减少的时候,或者说,货物的运输成本一旦锐减,货物的运输半径就会显著增加，把某种货物带到全球各个地方的可能性也会显著增加，这样一来，原有的经济秩序就会受到冲击，新的经济体系就会建立。以此为基础，相对于件杂货运输来说，以集装箱为核心的运输系统就会促进全球贸易，在集装箱运输系统的影响范围内，消费者可以得到比以往更多的商品选择的机会。在行业实践领域，一个共识是：货轮最好在工作日的早上去靠港装货或卸货。

其次，集装箱具有足够的强度是为了保证货物与货物相关的人员的劳动安全，提高货物的安全性与运输质量的可靠性；集装箱能长期反复被使用，可以分摊集装箱的初始购置成本，使用的次数越多，初始购置成本就分摊得越薄。集装箱是为便于商品运送而专门设计的，在一种或多种运输方式下运输时，无需中途换装所载货物，便于货物装满或卸空，说明的是集装箱要为各种各样的不同货物提供不同的内环境，但是要对运输工具、装卸设备提供相同的物理参数，以方便集装箱被抓举、被装卸、被固定。

最后，集装箱的容积与长、宽、高的尺寸可以认为是一个经济学问题。这些物理参数究竟是多少，一方面能更好地承载更多的货物，也就是有利于船公司“开源”；另一方面可以减少次数，也就是有利于船公司“节流”。经济社会一般都会做出选择的，选择的结果就是集装箱的标准化。

我们还要说明的是，一旦货物被容器屏蔽起来，容器内的货物就不容易被海关检查人员检查，对“不开箱就可以检查货物的技术”提出了挑战。集装箱尺寸的标准化仅仅是促进了集装箱装卸的机械化、自动化，运输社会要进一步提高运输服务质量，降低运输成本，缩短运输时间，或者说要进一步促使货物的集装箱化、增加货物的运输半径，使在不同地方的消费者与世界其他地方的生产者能有效地联系起来，需要给集装箱增加 CPU 芯片，使集装箱智能化，也即使集装箱能够有“眼睛”会看、有“耳朵”会听、有“嘴巴”会说、有“腿”会走动、有“脑袋”会思考。在未来三十年或更多的时间内，集装箱要具备高级智能，从而更彻底地为货物服务，为与以货物为中心的发货方、收货方、承运方、海关、保险公司等部门更好地服务。运输智能化是运输管理专业学生未来三十年内的主攻方向。

2. 集装箱的尺寸

(1) 集装箱外尺寸，包括集装箱永久性附件在内的集装箱外部最大的长、宽、高尺寸。它是确定集装箱能否在船舶、底盘车、货车、铁路车辆之间进行换装的主要参数，是各运输部门必须掌握的一项重要技术资料。

(2) 集装箱内尺寸，即集装箱内部的最大长、宽、高尺寸。高度为箱底板面至箱顶板最下面的距离，宽度为两内侧衬板之间的距离，长度为箱门内侧板量至端壁内衬板之间的距离。它决定集装箱内容积和箱内货物的最大尺寸。

(3) 集装箱内容积，即按集装箱内尺寸计算的装货容积。同一规格的集装箱，由于结构和制造材料的不同，其内容积略有差异。集装箱内容积是物资部门或其他装箱人必须掌握的重要技术资料。

(4) 集装箱计算单位(TEU)，又称 20ft 换算单位，是计算集装箱箱数的换算单位。目前各国大部分集装箱运输，都采用 20ft 和 40ft 长的两种集装箱。为使集装箱箱数计算统一化，把 20ft 集装箱作为一个计算单位，40ft 集装箱作为两个计算单位，以利统一计算集装箱的营运量。

以尺寸为依据，国际上常用的干货集装箱有：外尺寸为 20ft × 8ft × 8ft6in，简称 20 英尺货柜；外尺寸为 40ft × 8ft × 8ft6in，简称 40 英尺货柜；近年较多使用的外尺寸为 40ft × 8ft ×

9ft6in，简称 40 英尺高柜。

其他参数为：

20 英尺柜：内容积为 5.69m×2.13m×2.18m，配货毛重一般为 17.5t，体积为 24～26m³。

40 英尺柜：内容积为 11.8m×2.13m×2.18m，配货毛重一般为 22t，体积为 54m³。

40 英尺高柜：内容积为 11.8m×2.13m×2.72m，配货毛重一般为 22t，体积为 68m³。

要知道的是：1ft＝12in＝0.3048m。另外，对长、宽尺寸要求最严格，对箱子的高低尺寸稍有灵活性，你能发现其中的原因吗？

二、集装箱的标准化

集装箱标准按使用范围分，有国际标准、国家标准、地区标准和公司标准四种。

1. 国际标准集装箱

国际标准集装箱是指根据国际标准化组织 ISO/TC104 技术委员会制定的国际标准来建造和使用的国际通用的集装箱。集装箱标准化历经了一个复杂的发展过程。国际标准化组织 ISO/TC104 技术委员会自 1961 年成立以来，对集装箱国际标准作过多次补充、增减和修改，现行的国际标准可以查阅国际标准化组织的网站，先了解国际标准集装箱的外部尺寸。

目前通用的第 1 系列集装箱，其外部尺寸可分为以下类别：

(1) A 系列集装箱。这类集装箱长度均为 40ft，宽度均为 8ft，由于高度的不同可以分为四种：1AAA，高度为 9ft6in；1AA，高度为 8ft6in；1A，高度为 8ft；1AX，高度小于 8ft。

(2) B 系列集装箱。这类集装箱长度均为 30ft，宽度均为 8ft，由于高度不同可以分为四种：1BBB，高度为 9ft6in；1BB，高度为 8ft6in；1B，高度为 8ft；1BX，高度小于 8ft。

(3) C 系列集装箱。这类集装箱长度均为 20ft ，宽度均为 8ft，由于高度不同可以分为三种：1CC，高度为 8ft6in；1C，高度为 8ft；1CX，高度小于 8ft。

(4) D 系列集装箱。这类集装箱长度均为 10ft，宽度均为 8ft，由于高度不同可以分为两种：1D，高度为 8ft；1DX，高度小于 8ft。

为了使国际标准集装箱的内部能合适地装载托盘和一定数量货物，对于国际标准集装箱（主要为干货箱）也规定了内部尺寸标准，如表 2-1 所示。

国际标准集装箱内部尺寸标准（单位：mm）　　表 2-1

箱型	最小内部尺寸			最小箱门开口尺寸	
	H	W	L	H	W
1AAA			11998	2566	
1AA			11998	2261	
1A	外部尺寸减241		11998	2134	2286
1BBB			8931		
1BB		2330		2566	
1B			8931	2134	
1CC			5867	2261	
1C			5867	2134	
1D			2802	2134	

2. 国家标准集装箱

国家标准集装箱是各国政府参照国际标准并考虑本国的具体情况，而制定的本国的标准集装箱。我国现行国家标准《系列 1 集装箱分类、尺寸和额定质量》(GB/T 1413—2008)中规定了集装箱各种型号的外部尺寸、极限偏差及额定质量。

3. 地区标准集装箱

此类集装箱标准,是由地区组织根据该地区的特殊情况制定的。此类集装箱仅适用于该地区,如根据欧洲国际铁路联盟所制定的集装箱标准而建造的集装箱。

4. 公司标准集装箱

公司标准集装箱是某些大型集装箱运输公司,根据本公司的具体情况和条件而制定的标准集装箱。这类集装箱主要在该公司运输范围内使用。

此外,目前世界还有不少非标准集装箱。如非标准长度集装箱有马士基海陆公司的35ft 集装箱、美国总统轮船公司的 45ft 及 48ft 集装箱;非标准高度集装箱,主要有 9ft 和 9.5ft 两种高度集装箱;非标准宽度集装箱有 8.2ft 宽度集装箱等。由于经济效益的驱动,目前世界上 20ft 集装箱总重达 24ft 集装箱标准的越来越多,而且普遍受到欢迎。我们要说的一个现象是,在我们国家,许多行业,国家标准高于行业标准,行业标准高于企业或地方标准。在经济发达国家,许多标准是由公司推动的,许多先进的公司的标准高于国家标准。在这些先进国家,国家标准常常是基本的入门的标准。这样来对比的话,随着我国的经济的持续发展,我国许多标准的制定是否会发生一些变化呢?

三、集装箱的种类

集装箱可从不同角度进行分类。

1. 按规格尺寸分

目前,国际上通常使用的干货柜有:20ft 货柜、40ft 货柜及近年较多使用的 40ft 高柜。

除此之外,还有 45ft 高柜(内容积为:13.58m × 2.34m × 2.71m,配货毛重一般为 29t,体积为 86m^3)、20ft 开顶柜(内容积为 5.89m × 2.32m × 2.31m,配货毛重 20t,体积 31.5m^3)、40ft 开顶柜(内容积为 12.01m × 2.33m × 2.15m,配货毛重 30.4t,体积 65m^3)、20ft 平底货柜(内容积 5.85m × 2.23m × 2.15m,配货毛重 23t,体积 28m^3)、40ft 平底货柜(内容积12.05m × 2.12m × 1.96m,配货毛重 36t,体积 50m^3)。

2. 按用途分

按用途可分为常见的集装箱与特种集装箱。

三种常用的干货集装箱,如图 2-1 所示,它们的外尺寸和内容积如下。

图 2-1 常用的集装箱示意图

(1)20ft 集装箱。这种集装箱一般配装货物密度大的重货，配货毛重一般不允许超过 17.5t，有时载货量可以达到 20t，能容纳货物体积为 24～26m^3。

(2)40ft 集装箱。这种集装箱一般配装货物密度小的轻泡货，配货毛重一般不允许超过 22t，有时载货量可以达到 30t，能容纳货物体积约为 56m^3。

(3)40ft 加高集装箱。这种集装箱也配装轻泡货，配货毛重同样不允许超过 22t，有时载货量可以达到 20t，能容纳货物体积约为 68m^3。

除了这三种常用的集装箱，其他种类的集装箱一般被称为特种集装箱。现在我们就将特种集装箱做一下介绍。

(1)开顶式集装箱(如图 2-2)。这种集装箱的特点是箱顶可以方便地取下和装上。箱顶又有硬顶和软顶两种。硬顶用薄钢板制成，利用起重机械进行装卸作业。软顶一般用帆布、塑料布或涂塑布制成，开顶时只要向一端卷起就可以了。这种集装箱适用于装载大型货物和重货，如钢铁、木材、机械，特别是易碎的重货。利用吊机从顶部将货物吊入箱内不易损坏货物，而且也便于在箱内固定。

图 2-2　开顶集装箱示意图

(2)通风集装箱。通风集装箱的特点是在其侧壁或顶壁上设有若干供通风用的窗口，适用于装运有一定通风和防潮湿要求的杂货，如水果、蔬菜等。如果将通风窗口关闭，又可作为杂货箱用。

(3)框架式集装箱。这种集装箱的特点是没有箱顶和侧壁，甚至连端壁也去掉了，而只有底板和四个角柱的集装箱。这种集装箱可以从前后、左右及上方进行装卸作业，适合装载长大件和重件货物，如重型机械、钢材、木材、钢锭等。框架式集装箱不防水，怕水湿的货物不能装运，如图 2-3 所示。

图 2-3　框架式集装箱示意图

(4)平台式集装箱。这种集装箱比框架式集装箱更简化而只保留了底板。主要用于装卸长、重、大件货物。平台的长度和宽度与国际标准集装箱的箱底尺寸相同，可使用与其他集装箱相同的紧固件和起吊装置。这种集装箱的使用,打破了过去一直认为集装箱必须有一定容积的概念。

(5)冷藏集装箱。冷藏集装箱是以运输冷冻冷藏食品为主,能保持所设定低温的保温集装箱。它是专为运输鱼虾、肉类、新鲜水果、蔬菜等食品而特殊设计的。目前国际上采用的冷藏集装箱基本上分两种:一种是集装箱内带有冷冻机的叫机械式冷藏集装箱;另一种箱内没有冷冻机而只有隔热设备,集装箱的端壁上设有进气孔和出气孔,箱子装入船舱后,由船舶的冷冻装置供应冷气,叫做离合式冷藏集装箱,如图 2-4 所示。

图 2-4 冷藏集装箱示意图

(6)罐式集装箱。这种集装箱是专为装运液体货物,如酒类、汽油、化学品而设计的。它由罐体和框架两部分组成,罐体用于装载液体,框架用来支承和固定罐体。罐体的外壁采用保温材料以使罐体隔热,内壁一般要研磨抛光以避免液体残留在壁面。为了降低液体的黏度,罐体下部还设有加热器,罐体内部温度可以通过安装在其上部的温度计观察到。为了装卸的方便,罐顶设有装货口,罐底设有排出阀。装货时液体由罐顶部装货口进入,卸货时由排货孔流出,也可用吸管从顶部装货口吸出,如图 2-5 所示。

图 2-5 罐式集装箱示意图

(7)汽车集装箱。这种集装箱是专门装运小型汽车用的。其结构特点是没有侧壁,仅有框架和箱底。为了防止汽车在箱内滑动,箱底专门设有绑扎设备和防滑钢板。大部分汽车集装箱设计成上下两层,可以装载多辆小汽车。实际上,在运输商品车时,会增加一些防护措施。

(8)动物集装箱。这是一种专门用来装运鸡、鸭、猪、牛等活畜禽的集装箱。为了避免阳光照射,动物集装箱的箱顶和侧壁是用玻璃纤维加强塑料制成的。另外,为了保证箱内有比较新鲜的空气，侧面和端面都有用铝丝网制成的窗，以加强通风。侧壁下方设有清扫口和排水口，并配有上下移动的拉门，可把垃圾清扫出去。箱体侧壁还装有喂食口。动物集装箱在船上一般装在甲板上，因为甲板上空气流通，也便于清扫和照顾。

(9)服装集装箱。在箱内上侧梁上装有许多根横杆，每根横杆上垂下若干条皮带扣、尼龙带扣或绳索，将成衣衣架上的钩直接挂在带扣或绳索上。这种服装装载法属于无包装运输，它不仅节约了包装材料和包装费用，而且也减少了人工，提高了服装的运输质量。

(10)散货集装箱。这种集装箱是用来装运粉状或粒状货物，如大豆、大米、各种饲料等。这种集装箱的顶部设有2～3个装货口，在箱门的下部设有卸货口。使用这种集装箱装运散货，一方面提高了装卸效率，另一方面提高了货运质量，减轻了粉尘对人体和环境的侵害，如图2-6所示。

图2-6　散货集装箱示意图

3. 按制箱材料分

按制箱材料分为铝合金集装箱、钢质集装箱、纤维板制集装箱、不锈钢集装箱、玻璃钢制集装箱和木质集装箱等。

4. 按集装箱是否装货分

按集装箱是否装货分为有货箱和无货箱。

运输社会通过增加集装箱的种类来适应不同货物的需要，试图能使集装箱承载更多的货物，提高集装箱化水平，从而增加可运送的货物的种类与数量，同时要满足其他设施设备对集装箱的尺寸标准、强度标准要求，也就是保留了一部分不变的内容的同时也增加一些变化的内容，协调变化与不变的关系，也即协调标准化与非标准化的关系。另一个重要思想是如何协调好集装箱的通用化与专用化的矛盾，集装箱的专用化会提高货物运输质量，集装箱的通用化会降低集装箱的生产成本和使用成本。运输社会的选择是：把少数种类的标准化的干货集装箱作为通用箱，在更广阔的世界市场进行周转，以利于降低这样的派生出来的中间物体的成本；把根据货物运输特性制造的少数的集装箱作为特种箱，来提高运输品质，应用在有限的环境内，不致使成本过高。这是通用与专用、多数与少数的关系，进一步来讲，也是运输收入与运输成本的关系。总结起来，就是社会有限的资源的配置如何满足运输社会的需求问题。

“什么样的箱子适合什么样的货物、什么样的货物适合什么样的箱子”，把在集装箱运输世界中的最重要的两个要素能有效地匹配起来。有效匹配的结果就是在货源充足的前提下，能够充分地利用集装箱的内容积，也同时能遵守货物运输装卸的其他规定。还应该了解“什么样的箱子适合装什么样的船，什么样的船适合装什么样的箱子”，把货、箱、运输装卸工具，有效地匹配起来。再继续思考，如何把整个集装箱运输系统更好地匹配起来，赋予每一种要素某种智能，让这些智能化的要素在更高的程度上再次智能地连接起来与工业社会、农业社会融合为一体，从而满足日益增长的社会需求。在未来的岁月里，集装箱运输系统可能会沿着这样的道路深入发展。“怎么做才能让我们做得更好”仍然是这个行业的生产者驱动运输世界进步的主要因素。

项目二　国际标准集装箱的结构

教学要点

(1)了解集装箱主要的方位性术语；

(2)掌握集装箱结构图示。

教学方法

可采用讲授、情境教学、案例教学和分组讨论等方法。

只要有可能，国际标准化组织ISO的惯例就是决定一种产品该怎样发挥功能，而不是决定它该怎样被制造。所以，国际标准化组织ISO下属的TC104技术委员会专注于让集装箱更容易互换，而不是专注于集装箱构造的细节。所有的标准都不会规定集装箱的材质是钢还是铝，但是该技术委员会要规定集装箱的结构与强度。通用的干货集装箱是一个六面长方体，它是由一个框架结构、两个侧壁、一个端面、一个箱顶、一个箱底和一对箱门组成的。

一、集装箱主要的方位性术语

(1)前端(Front)：指没有箱门的一端。

(2)后端(Rear)：指有箱门的一端。

(3)左侧(Left)：从集装箱后端向前看，左边的一侧。

(4)右侧(Right)：从集装箱后端向前看，右边的一侧。

(5)纵向(Longitudinal)：指集装箱的前后方向。

(6)横向(Transverse)：指集装箱的左右、与纵向垂直的方向。

二、通用集装箱上主要部件名称和说明

(1)角件(Corner fitting)。集装箱箱体的8个角上都设有角件。角件用于支承、堆码、装卸和栓固集装箱。

(2)角柱(Corner post)。指连接顶角件与底角件的立柱，是集装箱的主要承重部件。

(3)角结构(Corner structures)。指由顶角件、角柱和底角件组成的构件，是承受集装箱堆码载荷的强力构件。

(4)上端梁(Top end transverse member)。指箱体端部与左、右顶角件连接的横向构件。

(5)下端梁(Bottom end transverse member)。指箱体端部与左、右底角件连接的横向构件。

(6)门楣(Door header)。指箱门上方的梁。

(7)门槛(Door sill)。指箱门下方的梁。

(8)上侧梁(Top side rail)。指侧壁上部与前、后顶角件连接的纵向构件,左面的称左上侧梁,右面的称右上侧梁。

(9)下侧梁(Bottom side rail)。指侧壁下部与前、后底角件连接的纵向构件,左面的称左下侧梁,右面的称右下侧梁。

(10)顶板(Roof sheet)。指箱体顶部的板。

(11)顶梁(Roof bows)。指在顶板下连接上侧梁,用于支承箱顶的横向构件。

(12)箱顶(Roof)。指在端框架上和上侧梁范围内,由顶板和顶梁组合而成的组合件,使集装箱封顶。箱顶应具有标准规定的强度。

(13)底板(Floor)。铺在底梁上承托载荷的板。一般由底梁和下端梁支承,是集装箱的主要承载构件。

(14)底梁(Floor bearers or cross member)。指在底板下连接下侧梁,用于支承底板的横向构件。底梁从箱门起一直排列到端板为止。底梁一般用"C"、"Z"或"T"形型钢或其他断面的型钢制作。

(15)底结构和底框架(Base structures and base frame)。由集装箱底部的四个角件、左右两根下侧梁、下端梁、门槛、底板和底梁组成。

(16)叉槽(Fork lift pockets)。横向贯穿箱底结构、供叉车的叉齿插入的槽。通过叉槽一般不能叉实箱,只能叉空箱。

(17)鹅颈槽(Gooseneck tunnel)。设在集装箱箱底前部,用以配合鹅颈式底盘车上的凹槽。

(18)端框架(End frame)。指集装箱前端的框架,由前面的两组角结构、上端梁和下端梁组成。后端的框架实际为门框架,它由后面的两组角结构、门相和门槛组成。

(19)端壁(End wall)。在端框架平面内与端框架相连接形成封闭的板壁。

(20)侧壁(Side wall)。与上侧梁、下侧梁和角结构相连接,形成封闭的板壁。

(21)端板(End panel)。覆盖在集装箱端部外表面的板。

(22)侧板(Side panel)。覆盖在集装箱侧部外表面的板。

(23)箱门(Door)。通常为两扇后端开启的门,用铰链安装在角柱上,并用门锁装置进行关闭。

(24)端门(End door)。设在箱端的门,一般通用集装箱前端设端壁,后端设箱门。

(25)门铰链(Door hinge)。靠短插销使箱门与角柱连接起来,保证箱门能自由转动的零件。

(26)箱门密封垫(Door seal gasket)。指箱门周边为保证密封而设的零件。密封垫的材料一般采用氯丁橡胶。

(27)箱门搭扣件(Door holder)。进行装、卸货物作业时,保证箱门开启状态的零件。它设在箱门下方和相对应的侧壁上,有采用钩环的,也有采用钩链或绳索的。

(28)箱门锁杆(Door locking bar or door locking rod)。设在箱门上垂直的轴或杆。

(29)锁杆托架(Door lock rod bracket)。把锁杆固定在箱门上并使之能转动的承托件。

(30)锁杆凸轮(Locking bar cams)。设于锁杆端部的门锁件,通过锁件的转动,把凸轮嵌入凸轮座内,将门锁住。

(31)锁杆凸轮座(Locking bar cam retainer or keeper)。保持凸轮成闭锁状态的内撑装置,又称卡铁。

(32)门锁把手(Door locking handle)。装在箱门锁杆上,在开关箱门时用来转动锁杆的零件。

(33)把手锁件(Door locking handle retainer or handle lock)。用来保持箱门把手使其处于关闭状态的零件。

三、集装箱结构图示

集装箱总体结构如图 2-7 所示。集装箱基本结构如图 2-8 所示。集装箱底架结构如图 2-9 所示。

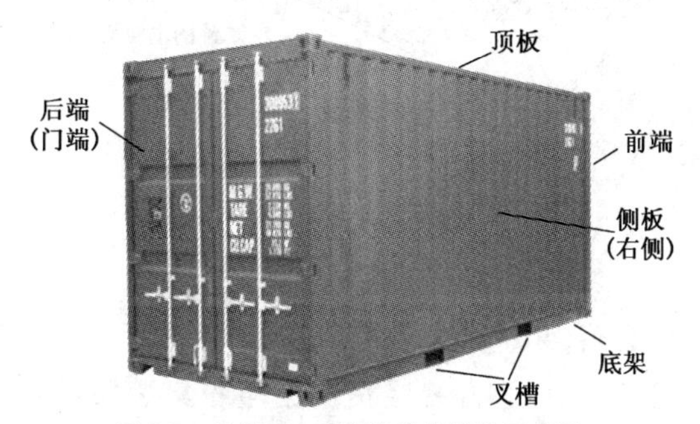

图 2-7 常用 20ft 干货集装箱结构示意图

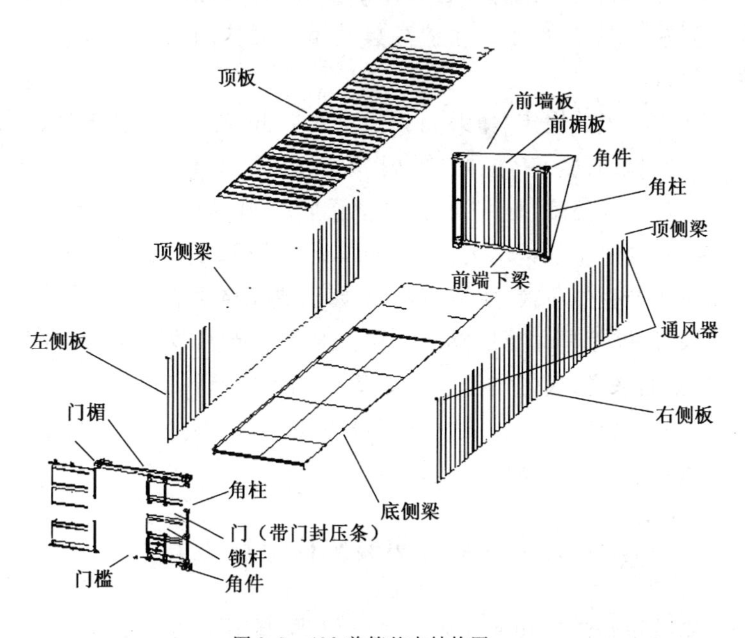

图 2-8 40ft 普箱基本结构图

集装箱作为一种标准运输工具,既要对它的结构作出规定,也要对它的强度作出制约。关于它的限重,首先是它箱体本身的限重,每个集装箱在它的箱体上都会明确标明本身的最大质量:MAX WEIGHT ×××KGS;皮重 TARE WEIGHT: ××× KGS,前者减后者,就是该集装箱的最大装货质量,有些集装箱箱门上会直接以 PAYLOAD: ×××KGS 标明此限重。这是集装箱箱体可以承受的最大强度,装货超过此限,可能发生箱体变形,底板脱落,顶梁弯折等损坏。目前国内大多数专业集装箱码头都安装了自动地磅,所以,只要集装箱装货超出箱体限重的,码头是一律拒绝收柜的。

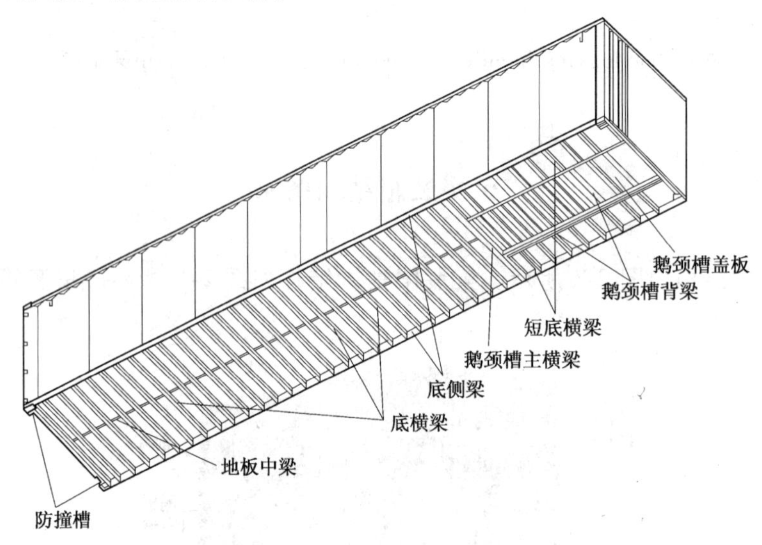

图 2-9 40ft 普(高)箱底架结构图

普通干货箱分 20ft 标准箱、40ft 标准箱两种,其中 20ft 标准箱一般限重为21.5t,适合装重货,40ft 标准箱一般限重为 26t,适合装轻货。但随着集装箱船运的普及,越来越多的货物,原来并不是适合用集装箱运输的,也开始选择用集装箱船来运输,这就向集装箱的箱体强度提出更高的要求。现在,也出现了提高集装箱强度的加强箱,在尺寸不变的情况下,能承受更多的货物重量。

根据国际标准化组织的规定,集装箱的强度可以分为内部强度与外部强度。外部强度是指满载的集装箱在移动、换装时,或在舱内、场地上堆装时所承受的外部载荷,可以细分为堆码强度、吊装强度、箱顶强度、栓固强度、系紧强度、叉槽强度和抓臂起吊槽强度等;内部强度是指当货物装在箱内时箱底所承受的负荷,以及在运输、装卸作业活动中所承受的外力使货物对侧壁或端壁所产生的负荷,主要有侧壁强度、端臂强度、箱底强度等。

对于集装箱来说,强度是主要的指标。研究强度主要靠物理学知识和常用的有限元分析软件;对于集装箱船来说,稳性与强度也是重要的指标,研究强度与稳性也主要靠物理学知识和常用的有限元分析软件。如果同学们感兴趣,可以参考相关的物理学资料。力学的计算在集装箱运输系统里有广泛的用武之地。

四、国际标准集装箱标记及其类型

为了便于对集装箱在流通和使用中识别和管理,国际标准化组织制定了集装箱标记标准,此标准即《集装箱的代号、识别和标记》[ISO 6346—1981(E)]。国际标准化组织规定的标记有必备标记和自选标记两类,具体来说,集装箱上有箱主代号、箱号顺序号、核对号、集装箱尺寸及类型代号。在实际使用中,也会增加通行标志。

1. 必备标记

(1)识别标记。它包括箱主代号、顺序号和核对数字。

①箱主代号。国际标准化组织规定,箱主代号由四个大写的拉丁文字母表示,前三位由箱主自己规定,第四个字母用 U 表示常规的集装箱。如中远集团的箱主代号是“COSU”,箱主代号中最后的字母“U”表示常规的集装箱,一般表示海运箱。

②顺序号,又称箱号,由 6 位阿拉伯数字组成。

③核对数字。核对数字是用来核对箱主代号和顺序号记录是否准确的依据。它位于箱号后,以一位阿拉伯数字表示。

(2)作业标记。作业标记包括以下三个内容:

①额定质量和自定质量标记。额定质量即集装箱总重,自重即集装箱空箱质量(或空箱重量),国际标准化组织 ISO 规定应以公斤(kg)和磅(lb)同时表示。

②空陆水联运集装箱标记。由于该集装箱的强度仅能堆码两层,因而国际标准化组织对该集装箱规定了特殊的标志,该标记为黑色,该位于侧壁和端壁的左上角,并规定标记的最小尺寸为:高 127mm,长 355mm,字母标记的字体高度至少为 76mm。

③登箱顶触电警告标记。该标记为黄色底各色三角形,一般设在罐式集装箱和位于登顶箱顶的扶梯处,以警告登顶者有触电危险。

2. 自选标记

(1)识别标记。它包括:国家和地区代号,如中国用 CN,美国用 US;尺寸和类型代号(箱型代码)。

(2)作业标记。它包括:超高标记,该标记为在黄色底上标出黑色数字和边框,此标记贴在集装箱每侧的左下角,距箱底约 0.6m 处,同时贴在集装箱主要标记的下方,凡高度超过 2.6m 的集装箱应贴上此标记;国际铁路联盟标记,凡符合《国际铁路联盟条例》规定的集装箱,可以获得此标记,该标志是在欧洲铁路上运输集装箱的必要通行标志。

(3)通行标记。集装箱在运输过程中能顺利地通过或进入他国国境,箱上必须贴有按规定要求的各种通行标志。《集装箱海关公约》要求经批准符合运输海关加封货物技术条件的集装箱加封有“经批准作为海关加封货物运输”字样的金属标牌,以便于集装箱进出各国国境时,不必开箱检查箱内货物。标志如图 2-10 和图 2-11。

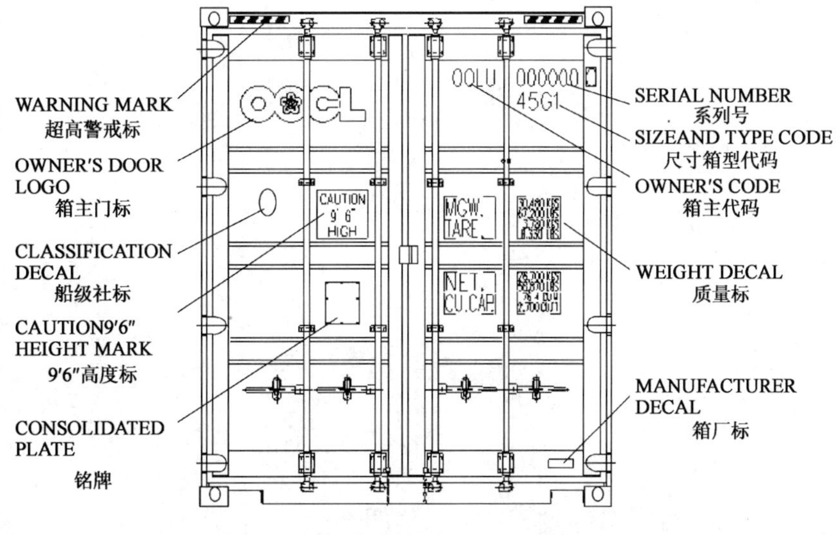

图 2-10　40ft 集装箱门部标志

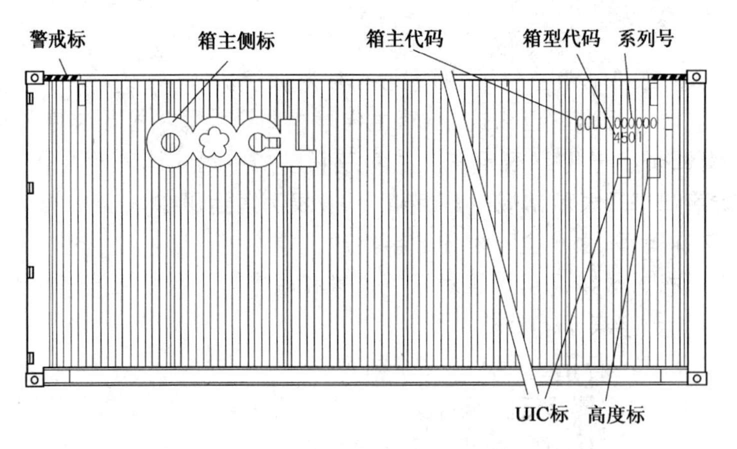

图 2-11 40ft 高装箱侧板标志

思考练习

(1)集装箱标准化产生的原因是什么?

(2)简述集装箱标准化的内容。

(3)集装箱的分类有哪些?

(4)集装箱的标志有哪些?

(5)了解集装箱在集装箱运输领域的应用。

(6)分析讨论"什么样的箱子适合什么样的货物、什么样的货物适合什么样的箱子"。

(7)分析讨论"什么样的箱子适合什么样的运输设备、什么样的运输设备适合什么样的箱子"。

任务三 国际集装箱货物和集装箱货物的装载

内容简介

集装箱运输的出现改变了传统件杂货运输的货运单位，从而有效地克服了传统运输方式所存在的各种不同的缺陷，但是这并不意味着所有的货物都可以成为集装箱货物。从理论上说，通常适宜用集装箱装运的货物具有两个基本特点：一是能较好地利用集装箱载货质量、载货容积；二是货物有较高的价值。

教学目标

1. 知识目标

(1)掌握集装箱货流特点，了解集装箱货流组织形式；

(2)掌握如何选择集装箱；

(3)了解集装箱所载典型货物。

2. 技能目标

(1)能对集装箱货物的装载要求有更深的了解；

(2)通过实例能掌握测算集装箱实际需用量的方法及实际装载的货物分布要求；

(3)能确定航线集装箱配备量、集装箱租箱业务、集装箱调运与堆存；

(4)会叙述集装箱选择与检查的主要内容；

(5)掌握集装箱的选择、检查和装载要求。

案例导入

案例1：

2004年2月，某服装进出口公司委托某贸易运输公司(简称E公司)办理600只纸箱的男士服装出口手续。E公司将货装上MSC(地中海航运有限公司)所属的“红海”轮，并签发了远东贸易运输公司的联运提单，提单上标明货物数量600只纸箱，分装6只40ft集装箱。2004年2月27日，该轮抵达目的港日本神户，同日，集装箱驳卸到岸。2004年3月4日，日方收货人Fast Co., Ltd.在港口开箱，由日本诚信公司出具的“拆箱报告”称，箱号为MSCU3784217的集装箱中，有15只纸箱严重湿损，30只纸箱轻微湿损。2004年3月6日，6只集装箱由载货汽车运至东京某仓库，同日由新日本商检协会检验。该协会于同月11日出具商检报告称：51只纸箱有不同程度的湿损，将湿损衣物的残值冲抵后，实际货损约为32000美元，湿损系在集装箱里挡的左侧顶部有裂痕所致。

1. 你认为造成集装箱箱体裂痕的原因可能是什么？

2. 有关方在办理集装箱交接手续时应注意哪些问题？

案例2：

上海一家公司(以下称发货人)出口30万美元的皮鞋，委托集装箱货运站装箱出运，发货人在合同规定的装运期内将皮鞋送货运站，并由货运站在卸车记录上签收后出具仓库收据。该批货出口提单记载 CY－CY 运输条款、SLAC（由货主装载并计数）、FOB 价、由国外收货人买保险。国外收货人在提箱时箱子外表状况良好，关封完整，但打开箱门后一双皮鞋也没有。

也许有人会提出，皮鞋没有装箱，怎么会出具装箱单？海关是如何验货放行的？提单又是怎样缮制与签发的？船公司又是怎样装载出运的？收货人向谁提出赔偿要求呢？

处理情况：

1.收货人向发货人提出赔偿要求

由于出口提单记载“由货主装载并计数”，收货人根据提单记载向发货人索赔，但发货人拒赔，其理由：尽管提单记载由货主装载并计数，但事实上皮鞋并非由货主自行装载，在皮鞋送货运站后，货运站不仅在卸车记录上签收，而且又出具了仓库收据。仓库收据的出具表明货运站已收到皮鞋，对皮鞋的责任已开始，同时也表明货主责任即告终止。因此，提单记载是没有任何意义的，不具有任何法律效力。此外，提单记载 CY-CY 运输条款并不能说明整箱交接，因为该批皮鞋由货运站装箱。而且，装载皮鞋的集装箱装船后，船公司已出具提单，更为重要的是集装箱货物交接下买卖双方风险以货交第一承运人前后划分，由于集装箱运输下承运人的责任是从“接受货开始”，因而随着货交承运人，其贸易风险也转移给了买方。

2.收货人向承运人提出赔偿要求

当收货人向承运人提出赔偿时，承运人认为：“提单记载的运输条款是 CY-CY”，即整箱交接，提单的反面条款也规定：“整箱货交接下，承运人在箱子外表状况良好下，关封完整下接货、交货”。既然收货人在提箱时没有提出异议，则表面承运人已完整交货。承运人进一步说：“至于提单上记载由货主装载并计数，因为对承运人来说是货运站接受的已装载皮鞋的整箱货，事实上并非知道箱内是否装载皮鞋”。提单正面条款内容对提单签发人、提单持有人具有法律效力。

3.收货人向保险人提赔

当收货人向保险人提赔时，保险人也拒赔，并提出：“此种赔偿归属于集装箱整箱货运输下的‘隐藏损害’，即无法确定皮鞋灭失区段和责任方。”如收货人向保险人提赔，收货人应向保险人举证说明皮鞋灭失区段、责任方，这样才可保证在保险人赔付后可行使追赔权，即进行“背对背”赔偿。保险人进一步说：“整箱货隐藏损害同时应具备三个条件：

①货物灭失或损害发生在保险人责任期限内；

②货物灭失或损害属保险人承保范围的内容；

③箱内货名称、数量、标志等装载必须与保单内容记载一致。”

案例3：

集装箱海运货损案例

1997年10月，原告某进出口公司出口7.26万kg带壳花生，自天津新港海运至波兰格丁尼亚港。该批货物装载在承运人提供的5个40ft集装箱内，深圳蛇口大洋海运有限公司代承运人法国达飞轮船有限公司签发了清洁提单。原告某进出口公司为该批货物向中国人民保险公司沧州分公司投保一切险和战争险。该批货物于同年11月30日在德国汉堡港转船，实际承运人 TEAMLINS 签发了集装箱有缺陷的不清洁提单，12月1日货物运到目的港波兰格丁尼亚港，经波兰格丁尼亚卫生检疫部门对5个集装箱货物抽样检查结果显示：被检验的花生有霉变气味，霉变主要存在花生壳上，该批货物被认为不适合人类消费及不能买卖。某进出口公司无奈只好委托达飞轮船有限公司将该批货物运回天津港销毁。

结果：一审判承运人赔偿，二审双方和解。2001年9月，天津海事法院一审判决：被告法国达飞轮船有限公司赔偿原告某进出口有限公司回程运费及相关费用损失2.14万美元和回程到港后的费用人民币3.68万元；被告法国达飞轮船有限公司赔偿原告人保沧州分公司货物损失费用65万元人民币；驳回两原告对被告深圳蛇口大洋海运公司和被告法国达飞轮船公司的诉讼请求。二审期间双方当事人达成和解协议，2002年8月，法国达飞轮船撤回了上诉。

引导思路

(1)什么叫隐藏损害?

(2)整箱货隐藏损害同时应具备哪些条件?

项目一　集装箱货物的种类

教学要点

(1)掌握集装箱货物的种类；

(2)掌握货物属性及对集装箱的要求。

教学方法

可采用讲授、情境教学、案例教学和分组讨论等方法。

集装箱货物是指以集装箱为单元积载设备而投入运输的货物。通常适宜用集装箱装运的货物具有两个基本特点：一是能较好地利用集装箱载货质量和(或)载货容积；二是价格较高。不同货物对集装箱的适用性不同，但是绝大多数货物都是适合于通用型集装箱(即杂货集装箱)的，另外，特种集装箱的运输和装卸费用也高于通用型集装箱，因此在实际工作中应适当选取最适合的集装箱种类。

一、按货物性质分

集装箱货物的运输，是根据各国的运输法规和每条航线上的经济、地理等条件，决定其不同的流转程序、运输方式的组成。

集装箱货物是建立在大规模生产方式基础上开展起来的，所以它必须将分散的小批量货物，预先在内陆地区的某几个点加以集中，等组成大批量的货源后，通过内陆、内河运输，将其运至集装箱码头堆场。这里，假设把内陆地点作为集装箱货物运输小的第1枢纽站，装船港作为第2枢纽站。然后通过海上运输，将集装箱货物运至卸船港，卸船港作为第3枢纽站，最终目的地作为第4枢纽站。这是集装箱货物运输中一个比较典型的情况。

从运输成本分析，只有采用这样的货源组织方式，把小批量货流组成大量货流后，才能使运输总成本减至最小。

在集装箱货物的流转过程中，其流转形态分为两种，一种为整箱货，另一种为拼箱货。整箱货是指由货方负责装箱和计数，填写装箱单，并加封志的集装箱货物，通常只有一个发货人和一个收货人。承运人负责在箱体完好和封志完整的状况下接受并在相同的状况下交付整箱货。拼箱货是指由承运人的集装箱货运站负责装箱和计数，填写装箱单，并加封志的集装箱货物。通常每一票货物的数量较少，因此装载拼箱货的集装箱内的货物会涉及多个发货人和多个收货人。承运人负责在箱内货物外表状况明显良好的情况下接受并在相同的状况下交付拼箱货。集装箱货物按货物性质可分为普通货物、典型货物和特殊货物，如图3-1所示。

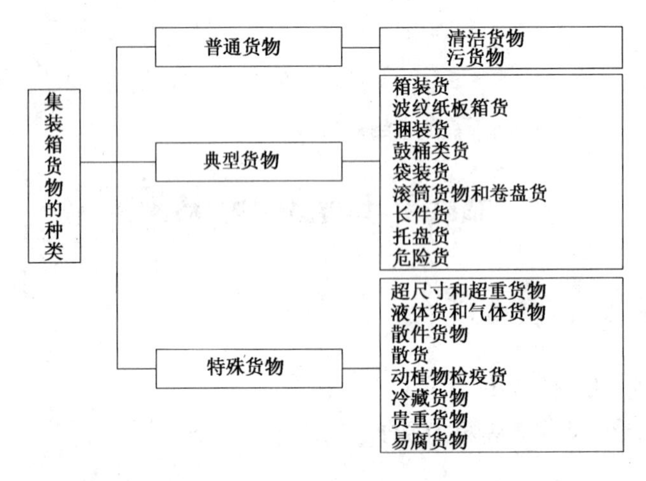

图3-1　集装箱货物

1. 普通货物

普通货物可称为件杂货或杂货，按货物性质不需要特殊方法保管和装卸的货物。其特点是货物批量不大，品种较多。包括各种轻工业品、车床、纺织机械、衣服类货物等。普通货物按有无污染又可分为清洁货物和污染货物两种。

(1)清洁货物是指货物本身清洁干燥，在保管和运输时没有特殊要求，和其他货物混载时不易损坏或污染其他货物的货物。如纺织品、棉、麻、纤维制品、橡胶制品、玩具等。

(2)污染货物是指货物本身的性质和状态容易发潮、发热、发臭等，容易对其他货物造成严重湿损、污损或熏染臭气的货物。如水泥、石墨、油脂、沥青、樟脑、胡椒等。

2. 特殊货物

特殊货物或称特种货物是指在货物形态上具有特殊性，运输时需要用特殊集装箱装载的货物。包括超高、超长、超宽、超重货物以及液体或气体货物、散件货、散货、动植物检疫货、冷藏货、贵重货物、易腐货物等。

(1)超尺度和超重货物(Over Size Cargo & Heavy Cargo)：这两类货物是指货物的尺度超过了国际标准集装箱的尺寸而装不下的货物或单件货物质量超过了国际标准集装箱的最大载质量的货物，如动力电缆、大型机械设备等。

(2)冷藏货物(Refrigerating Cargo)：是指需要保持在常温以下进行运输的货物，如肉类食品、鸡蛋、水果、蔬菜、奶类制品等。

(3)液体、气体货物(Liquid & Gas Bulk Cargo)：是指无包装需装在容器内进行运输的散装液体或气体货物，如酒精、酱油、葡萄糖、食用油、胶乳、天然气、液化气等。

(4)干散货物(Bulk Cargo):是指散装在舱内无包装的货物,包括盐、谷物、麦芽、树脂、黏土。

(5)活的动植物(Live Stock and Plants):是指需提供维持正常生命活动环境的货物,如鸡、鸭、猪、羊、牛、马等家禽家畜,花卉、树苗、苗木等植物。

(6)危险货物(Dangerous Cargo):指具有易燃、易爆、毒害、腐蚀和放射性危害而需要安全防护的货物。

(7)贵重货物(Valuable Cargo):是指单件货物价格比较昂贵的货物,如精密仪器、家用电器、手工艺品、珠宝首饰、出土文物等。

二、按货物是否适合装箱分

根据货物是否适于集装箱运输,一般把各类货物分为四个类别:最适合装箱货物、适合装箱货物、临界装箱货物和不适合装箱货物,如图 3-2 所示。

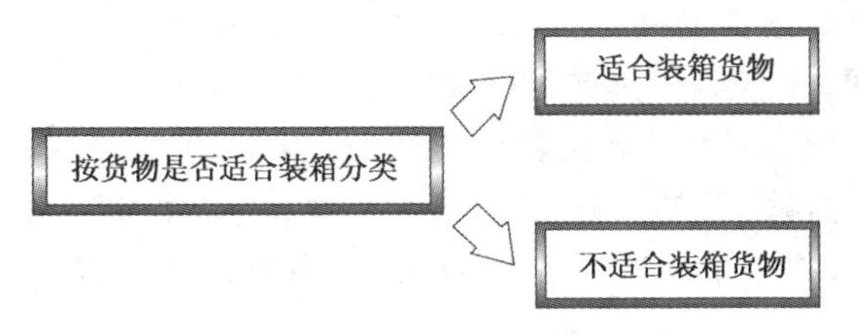

图 3-2　货物是否适合装箱

(1)最适合装箱货物(Prime Suitable Containerizable Cargoes):这类货物一般本身价值较高,运价也比较高;其外包装形状、尺度及质量等属性,可以使之有效地装载于集装箱内进行运输。最适于集装箱运输的货物有医药品、小型电器、仪器、小五金、针纺织品、烟、酒、包装食品等。

(2)适合装箱货物(Suitable Containerizable Cargoes):这类货物一般指本身价值和运价低于最适箱货物,但其属性与最适箱货物类似,包括金属制品、纸浆(板)、某些装饰材料、皮张、电线等。

(3)临界装箱货物(Marginal Containerizable Cargoes):这类货物一般可用集装箱装载,但由于其本身价值和运价都较低,使用集装箱运输不够经济,而且从该类货物的外形尺度、包装形式及质量等属性来看,使用集装箱运输也较为困难,如钢锭、钢材、木材(原木)、生铁、小型构件等。

(4)不适合装箱货物(Unsuitable Containerizable Cargoes):这类货物由于其本身属性,一般不能用集装箱运输,如废钢铁、大型构件、机械设备、大型货车等。这些货物中有一部分如采用专用运输设施和工具来运输更为合适。

三、集装箱货物装载的一般要求

可用于集装箱装载的货物五花八门,装载要求也不相同,但是一般来说要满足以下基本要求:

1. 质量的合理分配

根据货物的体积、质量、外包装的强度以及货物的性质进行分类,把外包装坚固和质量较大的货物装在下面，外包装较为脆弱、质量较小的货物装在上面，装载时要使货物的质量在箱底上形成均匀分布。否则，有可能造成箱底脱落或底梁弯曲。

2. 货物的必要衬垫

对于外包装脆弱的货物、易碎货物应夹衬缓冲材料，防止货物相互碰撞挤压。为填补货物之间和货物与集装箱侧壁之间的空隙，有必要在货物之间插入垫板、覆盖物之类的隔货材料。要注意对货物下端进行必要的衬垫，使质量均匀分布。对于出口集装箱货物，若其衬垫材料属于植物检疫对象的，箱底应改用非植检对象材料。

3. 货物的合理固定

货物在装箱后，一般都会产生空隙。由于空隙的存在，必须对箱内货物进行固定处理，以防止在运输途中，尤其是海上运输中由于船体摇摆而造成货物坍塌与破损。货物的固定方法主要有以下几种：

(1)支撑，用方形木条等支柱使货物固定。

(2)塞紧，货物与集装箱侧壁之间用方木等支柱在水平方向加以固定，货物之间插入填塞物、缓冲垫、楔子等防止货物移动。

(3)系紧，用绳索、带子等索具或用网具等捆绑货物。

由于集装箱的侧壁、端壁、门板处的强度较弱，因此，在集装箱内对货物进行固定作业时要注意支撑和塞紧的方法，不要直接撑在这些地方，应设法使支柱撑在集装箱的主要构件上。也可将衬垫材料、扁平木材等制成栅栏来固定货物。此外，绑扎固定对于缓冲运输中产生的冲击和振动也具有明显效果。随着新型缓冲衬垫材料的不断出现，货物的固定与衬垫方式方法也将发生明显变化。

4. 货物合理混装

货物混装时，要避免相互污染或引起事故。

(1)干、湿货物的混装。液体货物或有水分的货物与干燥货物混装时，如果货物出现泄漏渗出液汁或因结露产生水滴，就有可能引起干燥货物的湿损、污染、腐败等事故，因此，要尽可能避免混装。当然，如果货物装在坚固的容器内，或装在下层，也可以考虑混装。

(2)尽可能不与强臭或气味强烈的渍湿货混装。如肥料、鱼粉、兽皮等恶臭货物，以及胡椒、樟脑等强臭货物不得与茶叶、咖啡、烟草等香味品或具有吸臭性的食品混装。对于与这些恶、强臭货物混装的其他货物也应采取必要措施，有效阻隔气味。

(3)尽可能不与粉末类货物混装。

(4)危险货物之间不得混装。

(5)包装不同的货物要分别装载。

5. 货物装载纵向质量分布的最小长度限制

对于货物密度远大于集装箱容重的货物，在装箱时，应满足其纵向质量分布取最小长度的限制。

6. 货物的偏心容许范围的限制

装载货物的质量与集装箱最大载质量之比和偏心 $\alpha = \Delta l / L$ 两者的关系。

四、特殊货物的集装箱装载

1. 超高货物的装载

超高货物是指货物的高度超过集装箱箱门高度的货物。超高货物只能用开顶式集装箱或板架式集装箱装载。装载超高货物不仅需要考虑装载作业本身的可能性，而且还需考虑下述因素条件。

(1)道路通行能力的限制。

在陆上运输时，公路对通过的高度一般都有一定的限制，国外大城市内的安全通行高度在4.5m左右。例如日本政府规定，限制高度离地面不得超过3.8m。如果超过这一限制高度，则必须经有关机关批准方可运输。对于超过国际标准集装箱高度20mm以上的货物，需事先向交通部门提出申请。对高度有限制的路段或隧道等，应用特制的低架式底盘车运输，或改用驳船进行水上运输。装载超高货物前，应对运输路线做好周密细致的调查。

(2)车站和码头装卸作业条件的限制。

车站和码头所使用的装卸设备，例如装卸桥、跨运车、搬运吊车等都是按标准集装箱设计的，没有考虑装载超高货等特殊情况。因此，装卸超高货时，在机械上要临时安装一定的附属器具，如在装卸桥的集装箱专用吊具的四角分别安装钢丝绳，用来吊装超高集装箱货物。

(3)船舶装载空间的限制。

集装箱船装载超高货物时，一般只能装在舱内或甲板上的最上层。集装箱船舱内的高度是以每层2.59m(8ft6in)的高度为单位标准高度设计的。对于可装6层的集装箱船来讲，可有0.15m(6in)×6m=0.9m(36in)高的空隙。实际装载中可利用其高度上的空隙装运超高货物。

2.超宽货物的装载

对于宽度超过集装箱宽度的货物，除受到集装箱结构上的限制外，还受到装卸作业条件和集装箱船装载条件的限制。对于车站和码头的超宽限制是根据所使用的机械设备的种类而定的。例如，跨运车对超出箱体(单边)10cm以上的超宽货物就难以进行装卸作业。

集装箱船对超宽货物的限制主要由箱格结构入口导槽的形状而定。另外，堆放集装箱时，其集装箱之间的空隙大小对超宽货物也有相应的限制。通常日本集装箱船为20cm左右，而其他国家船舶约为18cm。如果所装的超宽货物不超过上述范围，一般在箱格内是可以装载的，而且集装箱与箱格导柱之间有些超宽余量，这种超宽余量一般为8~15cm。

装载超宽货时，还必须充分注意货物的横向固定问题。如果超宽货物产生了横向移动，货物就会紧靠在相邻的集装箱上，严重时甚至会戳破相邻集装箱的箱壁。因此，超宽货集装箱的固定作业要比普通集装箱更为严格。

3.超长货物的装载

超长货物，一般只能用板架式集装箱装载。装载时，需将集装箱两端的插板取下，并铺放在货物下部。超长货物的超长量有一定限制，最大不得超过306mm(即1ft左右)。在箱格结构的集装箱船上，舱内是不能装载超长货的，因为每个箱格都有横向构件，所以只能在其甲板上装载。

4.超重货物的装载

由于集装箱运输和装卸中所使用的机械都是按国际标准化组织标准的最大总重来设计的，所以集装箱的实际总重以及集装箱的载货质量都不能超过相应的规定，如6.1m(20ft)集装箱总重规定为24t，12.2m(40ft)集装箱总重规定为30.48t。从装卸作业和运输安全角度来讲，在装载货物时，不能超过相应规定。为此，在装载超重货物时，应将其超重部分从货物上拆卸下来另行装运，也可将超重货物改用总重略大的集装箱装载。此外，运送超重货物也将受到运载工具的运载能力与道路通过能力的限制。

5. 散件货物的装载

对尺寸和质量较大而且必须要由几个平台集装箱拼起来装载的货物称为散件货。在用船舶运载时，装载这些货物时其装载的尺寸和质量受船舶结构的限制。如舱内不能达到所需空间时，可装在前甲板的舱口盖上。装载这种货物时应事先了解与明确下列事项。

(1)从装卸地运到船边或离开船边所采用的运输方法。

(2)能否使用岸上的集装箱装卸桥。

(3)不能使用装卸桥时要安排好浮吊，但必须考虑浮吊的跨距和高度是否足够。

(4)是否可以直接靠岸卸货或者需要过驳。

(5)根据货物的形状确定安装吊索的位置。

(6)确定货物的固定方法，准备好固定货物用的材料和作业人员。

(7)考虑分散负荷的方法。

6. 散货的装载

用散货集装箱运输散货可节约劳动力、包装费、装卸费，并减轻装卸工人的劳动强度和提高装卸效率，所以是一种理想的运输方式。用散货集装箱运输的散货主要有：麦芽、燕麦、大麦等谷类，粒状和小块状的饲料，粉状和颗粒状的化学制品以及其他如树脂、铝渣、黏土等工业原料的散货。散货也可采用杂货集装箱运输，但由于杂货集装箱的强度较差，只限于运输干草块、麦芽等较轻的散货。所以在选择运输散货的集装箱时，要充分掌握货物的特性、货物的密度及集装箱的强度等装载条件。

(1)散货集装箱的装载和卸载。

装载散货集装箱的箱顶上一般都设有2～3个装货口，装货时利用圆筒仓或仓库的漏斗或使用带有铲斗的起重机进行装载。利用杂货集装箱装载散货时，通常要把箱门打开后，用皮带输送机或带铲斗的装卸车将散货装入箱内。也可根据散货的特性，用导管利用空气把货物吹入箱内。

卸载散货集装箱一般采用将集装箱倾斜的方式使散货产生自流的方法卸货。常用的方法有两种，一种是利用拖头上的重型提升耦合装置把底盘车连同集装箱的一端一并举升；另一种是利用底盘车上的特种装置，使集装箱前端抬高而倾斜。现在国外常见的是用自动倾斜底盘车运载散货。通常自动倾斜底盘车举升的最大倾斜角为40°，此外，还可选用吸管卸货。

(2)装载散货集装箱的注意事项。

运输散装的化学制品时，首先要判明其是否属于危险货物。在选定装载散货的集装箱时，必须考虑装货地点和卸货地点的装载和卸载的设备条件。对于单向的散货运输，其回程如果装载其他杂货，一般在箱内需衬垫塑料袋，使散货与箱体隔开。塑料袋的两端呈框架型。不用时可把中间的塑料薄膜折起来，使用时可像手风琴风箱方式方便地拉开。也有的像普通散货集装箱那样，把装货口设在箱顶上。

在运输谷物、饲料等散货时，应注意该货物是否有熏蒸要求。因此，在装货前应查阅进口国的动植物检疫规则。对需要进行熏蒸的货物应选用有熏蒸设备的集装箱装运。在装运谷类和饲料等货物时，为了防止水湿而损坏货物，应选用有箱顶内衬板的集装箱装运。在装载容易飞扬的粉状散货时，应采取措施进行围圈作业。

7. 液体货物的装载

散装运输的液体货物虽然也可以认为是散货的一种，但由于液体货需要用专用的罐状集装箱来运输，因此液体货被列为特殊货物。用罐状集装箱运输的液体货主要有酱油、葡萄糖、各种酒类等食品类货物和甲酚等各种化学类货物。虽然用罐状集装箱运输液体货能大量地节约包装费和装卸费，但是由于液体货中食品类货物所占比重较大，而对食品的运输要求又较为严格，受限制的条件很多，所以液体货的集装箱运输除一部分能使用罐状集装箱运输外，还有大量的液体货仍选用杂货集装箱，并在装箱前进行罐装处理。

(1)液体货的罐状集装箱装载注意事项。

罐状集装箱在选用时应注意下列事项：罐子本体所使用的材料和罐内所使用的涂料在理化特性上与货物有无抵触。如有抵触时，则罐内应使用内衬袋来装载。罐状集装箱的容积和强度是以装载某种特定货物为条件来设计的，如所装货物的密度比特定货物的密度大，罐内则形成半罐状态。在半罐状态下进行运输，货物对罐壁将产生较大的冲击力，严重时会损坏罐体，因此，要根据具体的情况，必要时在罐内安装隔板，以缓和其冲击作用。

液体化的注入和排出是用管路进行的，因此要注意装货和卸货地点的配套设施，是否能与罐状集装箱的设备相互匹配。要掌握货物的凝固点、膨胀系数和运输区间内外界气候条件的变化情况，注意货物受热膨胀时是否会溢出集装箱或受冷时是否会凝固而无法排出。对于会凝固的货物(如沥青)，应选用有加热设备的罐状集装箱运输，同时必须注意卸货地点是否有蒸汽源和电源。对液罐的清洗作业应事先做好安排，要求清洗后能完全除去货物的残渣。

(2)用其他容器装在集装箱内运输液体。

如果液体货是装在较小的容器里即可与一般杂货的装载方法一样处理。这里说的其他容器是指比铁桶还大的容器，其容量一般为1000～2000L。采用这种方法运输的主要问题是容器的回收问题。由于容器较大，从反复使用角度考虑，要求容器的强度大、结构牢，因此造价相对较高。国外使用的这种容器有两种，一种为集装袋，另一种为集装罐。

集装袋是一种用氯乙烯布等人造纤维制成的袋子，不使用时，可以折叠起来存放。集装袋一般用以装运粒状货物和粉状货物，这种袋如装在板架集装箱内，因板架集装箱无侧壁，故装袋时需要用厚板制成的台架。如果装在有侧壁的集装箱内，袋与袋之间紧密堆装无空隙时可不需用台架。

集装罐是一种用铝合金制造的装液体货专用的特殊容器，它分上下两部分，使用时可将其合并起来，不使用时可套叠起来，以减少所占用的容积。由于其材质是铝合金的，所以其质量较轻，甚至可由人力搬运。

8.冷藏货物的装载

冷藏货物分为冷冻货和低温货两种。冷冻货是指货物在冻结状态下进行运输的货物，运输温度的范围一般在－20～－10℃之间。低温货是指货物在还未冻结或货物表面有一层薄薄的冻结层的状态下进行运输的货物。一般的温度调整范围在－1～＋16℃之间。货物要求低温运输的目的主要是保持货物的鲜度。有时为了维持货物的呼吸和防止箱内产生水滴而需要在箱内进行通风。冷藏货中食品类货物占的比重较大，运输质量要求较高，此外还有医药用品、化学用品等冷藏货。冷藏货必须采用冷冻集装箱运输。

(1)运输冷藏货的注意事项。

冷藏货在运输过程中为了防止货物变质需要保持一定的温度。该温度一般叫运输温度。温度值的大小应根据具体货种而定，即使是同一种货物，由于运输时间、冻结状态和货物成熟度的不同，对运输温度的要求也不同。因此，运输时货主应对某一种冷藏货所要求的运输温度有具体的温度要求，承运人必须根据货主所指定的运输温度进行运输。

(2)冷冻集装箱的检查。

冷冻集装箱在装货前首先应检查该箱是否处于正常状态，检查合格后方能装货，检查的主要内容如下：

检查集装箱的内装、外表、隔热保温材料等有无损坏，还要检查箱门的气密性和箱内是否干燥、清洁；根据所运货物的具体要求，检查通风口的关闭状态。如有的低温货为了要维持其呼吸作用需要把通风口打开，但有的低温货却要求把通风口关上。在运输冷冻货时一定要把通风口关闭，否则热气将进入箱内引起货损；检查集装箱的通风管和排水口是否堵塞。堵塞时，必须进行清除。

(3)冷冻货物的装载。

冷冻货装箱时要对集装箱进行预冷，同时检查货物本身是否预冷到指定的温度。装货时不要挡住冷风出口，妨碍冷风在箱内的循环，也不要把货物堆装在风管下面，以免造成冷风循环不畅。为了使冷风循环畅通，在货物之间要使用冷冻的垫货板。装载冷冻货时，集装箱的通风口必须关闭，形成气密。

(4)凉温、通风货物的装载。

水果、蔬菜等货物，经常进行呼吸作用，从空气中吸收氧气，放出二氧化碳和少量的热以及水分。因此，若冷风循环差，会导致氧气量减少，二氧化碳增加，货物的呼吸作用减弱，会使其变质腐败。特别是在常温运输时，其影响更为显著。为此，要使冷风循环畅通，一定要把通风口打开，进行换气，保证货物的供氧。另一种方法是车厢内施放氧气，使氧气保持一定浓度，从而使新鲜物品保持在低氧状态下，不腐烂变质。

(5)冷藏货装载时的一般注意事项。

冷冻集装箱在装货过程中冷冻机应暂时停止运转；在装货前冷冻集装箱内的垫木和其他衬垫材料要进行预冷；应选用清洁卫生的衬垫物，以避免对货物的污染；不要使用纸、板等材料作衬垫物，以免堵塞通风管和通风口；要根据货物的性质和包装形状来选择正确的装载方法。装货时应防止货物不能堵住通风管，箱顶部分要留出适当空隙，使冷气在箱体内有效流通，达到冷却效果；由于冷藏货比普通杂货容易滑动，因此要对货物进行固定，固定货物时最好使用网格等作为衬垫材料，以确保冷气的正常流动；严格禁止已变质发臭的货物装入箱内。

9. 检疫货物的装载

如果集装箱运输对象为活的动物或植物类货物，因其有可能带有某种害虫、细菌或病原体，所以在其进口时需要对其进行检疫。需要进行动、植物检疫的货物，必须经检查合格后方准进口。检查不合格时，应根据进口国的规定，进行熏蒸或消毒后才能进口，有的只能作焚烧处理。

(1)动物检疫。

需要进行动物检疫的货物主要有牛、马、猪、羊等活动物以及用这些动物制成的畜产品，如牛皮、羊毛、兔毛、猪肉、腊肠等。检疫内容各国均有不同的具体规定，但其基本内容是：检疫对象为装载活动物或由其制成的畜产品的集装箱。如果杂货与畜产品混装时，则该集装箱在检查结束前不准打开。要求杂货与畜产品一起进行消毒处理后，才能开箱取出；装载动检货物的集装箱，大致分为两类，一类是在运输途中其所带的害虫、细菌或病原体不会逸出箱外的集装箱，如杂货集装箱、冷冻集装箱等。另一类即其所带的害虫、细菌和病原体可逸出箱外的集装箱,如板架集装箱、动物集装箱、开顶集装箱等(对于第一类集装箱,在进口国是允许进行陆上运输的,其检疫地点可以在卸货港,也可以是在货物交接的指定地点。而第二类集装箱,进口国是不允许进行陆上运输的,故只能在卸货港进行检疫工作);对于活动物必须在第一个进口港内接受检疫;消毒时用5%的甲酚液进行消毒。

(2)动检货物的装载。

活动物一般采用动物集装箱装载,对装载的要求各国都有具体规定,其注意事项如下:在船上应装在甲板上受风浪影响较小的地方,周围最好用些杂货集装箱遮蔽起来,减少风浪的袭击。另外,装载地要求供水方便,周围应留有通道,以便在航行中进行清扫和喂料,最好把饲料箱放在装载牲畜箱附近。装载地点应不妨碍其他货物的装卸作业,便于进行检疫而不需重复地搬动集装箱。对于上一次已装过活动物的集装箱,如需要再次使用时,应根据有关国家动检规则的要求,进行清扫和消毒。动物集装箱装船时间应在所有集装箱装完后,最后装船装卸作业最好选定在夜晚进行,以免动物受到刺激而惊乱。

畜产品一般采用通风集装箱装载。最典型的畜产品运输是兽皮运输。兽皮在运输中会流出液体,故应选择带有液槽的集装箱装运。

装载中的注意事项要备有足够的饮用淡水,如露天装载动物时间超过24h时,应有适当的遮盖设备;运输过程中应有专业人员随船照料;为便于在运输途中进行喂料、喂水和清扫作业,在厩的前后方向应留有宽度为1.068m以上的通道。

(3)植物检疫。

需要进行植物检验的货物属于食品类的一般有:麦芽等谷物;柠檬、橘子等水果;土豆等蔬菜。属于非食品类的有木材、草制品等货物。如植物检疫不合格,即发现植物上有害虫或确定为有害植物时,应按检疫机关的批示进行熏蒸消毒或就地掩埋。

检疫的一般内容:集装箱进口检疫时,其具体情况应依据各国有关规则进行,其内容大致如下:进口集装箱是指从国外运到本国港口以后,卸到码头岸壁、驳船或其他卸货地,进行开箱取货的集装箱。而对于某些密闭集装箱,如临时需要卸到陆地上,不开箱门而直接换装到其他船舶上的集装箱,不视为进口集装箱,所以不需要进行植物检疫。检疫地点原则上应在该集装箱所卸码头的指定场所进行。如该地点不能进行检疫时,则应按照检疫人员指定的地点进行。经检查后如发现有害虫或确认为是有害植物时,应遵照检疫人员的命令,按规则进行熏蒸或消毒。各种货物在检疫时使用的药剂、用药量和熏蒸的时间均有规定。

五、典型货物的装载方法

典型货物是指集装箱货物中具有代表性的大宗货物。

1. 箱装货的装载

普通木箱、框架木箱、钢丝板条箱装箱时,如无其他特殊要求,外包装无破损,则可从下往上堆装。体积较小的木箱可装入密闭式集装箱内,体积大的木箱,由于受装载作业面的限制,应装入开顶式集装箱。除对装载有特殊要求的货物外或包装脆弱的木箱外,一般在货物之间都不需要插入衬垫。现以木箱货的装载为例,简述其装载方法。

(1)对于较重的小型木箱,可采用骑缝装载法,使上面的木箱压在下面两个箱的缝隙上,利用上层木箱的质量限制下层木箱的移动。但最上层的木箱必须加固牢靠。

(2)装载完毕后,如果箱门处尚有较大空隙时,须用木板和木条将木箱总体撑牢,防止其在运输过程中对箱门的冲击。

(3)对于质量较大、体积较小的木箱货,如果装载后其四周均有空隙时,须从四周进行支撑固定。

(4)对于重心高的木箱,除对其底部加以固定外,还可在其上面用木条撑开空隙。

2. 纸箱货的装载

纸箱货是集装箱货中较为常见的一种包装,一般用来包装较为精细的货物。纸箱货的尺寸大小不一,如集装箱内装的纸箱货尺寸较小,而且规格统一,则可进行无空隙堆装。这种装载方式的箱容利用率较高,而且不需要进行固定,是一种最经济最理想的装载形式。如果集装箱内装载同一尺寸的大型纸箱,则箱内常会产生空隙。在集装箱的横向,如空隙为10cm左右,一般不需对货物进行固定,因为在实际装载时,这样大小的空隙可人为分散开来。但如果空隙较大,货物则需根据具体情况加以固定。如果是不同尺寸的纸箱进行混装时,可以利用其大小变化搭配堆装,以消除空隙。装货前如果可以判定出货物数量装入箱内有较大空隙时,应先将箱底占满,再向上堆装。纸箱货的装载方法:

(1)装箱顺序是先从箱里向外装,或从两侧向中间装。

(2)对于小于300cm的装载空隙,在装载时,由于可利用上层货物质量相互压紧,所以可不必进行特别处理,但最上一层则需用填塞的方法来消除空隙。

(3)为了不使下层纸箱受压变形,需要在集装箱的中间层进行衬垫。衬垫材料最好用波纹纸板,其优点是质量轻、价格便宜、摩擦力大,对防止货物滑动效果明显。

(4)装载小型纸箱货时,为防止倒塌,可采用纵横交错的堆装法。波纹纸板箱因大部分压力是由箱的周边支承的,因此,堆装时要把箱角对齐。在码垛时,一般应按砌砖墙的方式或交错方式进行堆装,以增强货物相互间的拉力。波纹纸板箱在整个面上承受负荷时,其强度较大,因此,应正确装载使负荷承受在整个面上。

3. 捆包货的装载

捆包货根据货物种类的不同,其包装形态有较大区别。如棉布、纺织品等捆扎之后,一般还需要用牛皮纸或粗布进行外包装,国外有的还要求将其装在纸板箱内方可运输。但办理货运手续时,还要按捆包货处理。捆包货因其质量与体积较大,在装箱时一般采用机械作业。捆包货装载时,为了防止其箱底的潮湿对货物的不利影响,同时便于用叉式装卸或起重机进行作业,一般需要用木板对货物进行衬垫。

对于鼓腹型的捆包货,为避免由于运输过程中的摇摆所造成的塌垛堵挤箱门现象,应在箱门处用方木条做成栅栏,用以保护箱门。

4. 袋装货的装载

对于装砂糖、水泥的纸袋,装粮谷的麻袋,装粉货的布袋等货物的装载,在装箱前,箱内应敷设聚氯乙烯薄膜或帆布,防止发生破袋后,漏出的货物污损集装箱。为了防止袋装货因箱顶漏水受潮,应在货物上面进行必要的防水遮盖。袋装货堆装后,容易倒塌和滑动。为了防止袋与袋之间的滑动。可在袋装货中间插入衬垫板和防滑粗纸。在堆装时,可采用砌墙堆放法和交错堆放法。

5. 鼓桶类货物的装载

鼓桶类货物装入集装箱时容易产生空隙,而且固定时要进行一定的技术处理。在装箱前要严格检查货物是否泄漏。装载时要将盖朝上进行堆装。堆装时要加入衬垫,以求负荷均匀和鼓桶稳定。对于最上层的鼓桶，为稳固起见，可用绳索等将其捆绑在一起，防止其发生滚动。

6. 滚筒货和卷盘货的装载

滚筒货一般有塑料薄膜、柏油纸、钢瓶等。滚筒货通常要竖装，在侧壁和端壁上要铺设胶合板使其增强受力的能力。装载时，从箱端开始要堆装紧密。货物之间如有空隙，则应用柔软的衬垫等填塞。对于滚筒货，一般情况下不便于横装，以防止产生变形或造成货损。如果特殊原因必须横装时，必须要利用楔木或相应材料使其离开箱体四壁，而且每一层都要用楔子固定。卷盘货一般有卷纸、卷钢、钢丝绳、电缆等。

卷盘货在水平装载时要铺满整个箱底。为防止运输中因摇摆产生对箱体四壁的冲撞，必须用若干个坚固的空心木座插在货物和端壁之间，牢固地靠在侧壁上。装载中，要采取必要的措施，充分保护好端壁和箱门。

7. 长件货的装载

长件货在长度方向上容易滑动，因此，对端壁和箱门要特别注意防护，对集装箱两端一定要加衬垫，货物与集装箱有空隙必须支撑、塞紧。如钢管类货物容易移动，货物装箱后，应用钢丝绳或铜带把货物扎紧，防止在运输途中散捆而破坏箱壁。另外，还需在侧壁内用方形木条竖上几根立柱，再把各个立木柱之间用纵向水平木条连接起来，以保护侧壁。钢管货装完后还应用塑料薄膜或防水帆布加以覆盖，防止受潮生锈。长件货通常装载在板架集装箱和开顶集装箱内，并利用机械进行装卸。如果采用预扎吊索法，则在卸货时就非常快，但吊索回收有困难。为了便于叉式装卸车作业，要适当地利用衬垫。

8. 托盘货的装载

托盘货，主要指纤维板、薄钢板、胶合板、玻璃板、木制或钢制的门框等。这些货物的包装形式一般是用木箱或亮格木箱。这类货物的装载方法各有不同，有的需要横装而有的需要竖装。比如，纤维板、胶合板等，一般要求横装；而玻璃板必须竖装。如果对玻璃板采用横装时，因其自重或重叠堆放的原因容易发生碎裂。所以在玻璃板装载过程中，对于每一吊装入箱的货物，都要进行临时固定，否则集装箱稍有振动货物就会翻倒。装载玻璃板，应先靠着侧壁开始装，空隙留在中间，最后再用木框架作填充物加以塞紧。为防止木箱之间的碰撞，还应在木箱顶部或端部用木板或木条把木箱连接起来。

考虑到装卸的便利性，对这类货物一般选用开顶式集装箱装载。用集装箱装载托盘货，其货物本身要用钢带、布带或收缩性的塑料（收缩包装方式）等固定在托盘上。

9. 危险货物的装载

所谓危险货物是指具有引火爆炸或货物本身具有毒性、腐蚀性、氧化性并可能使人体的健康和财物遭受损害的运输对象的总称。

（1）危险货物的装载规则。

了解危险货物的特性，不符合《国际海运危险货物规则》（以下简称危规）要求的货物或已受损、渗漏者不得装入箱内；危险货物的任何部分不得从箱内凸出，装箱后即应关门封锁；不应将危险货物与不相容的货物同装于一个集装箱内，除特殊情况经主管当局同意外；危险货物只有按危规中有关规定包装后才能装载集装箱运输；液化气体、压缩气体应装载在符合危规规定的容器内；堆装紧密牢固、有足够的支撑及加固，以适合航行的要求；某些干燥的散装危险货物，可装载危规规定的散装容器内；当一票危险货物只构成集装箱内容的一部分，最好装载于箱门附近；对托运人来说，应在货物托运单上或单独的申报单上保证他所托运的货物已正确地加以包装、标记、标志等内容，并具有适运的条件，写明其正确运输名称和危险货物的类别。

用集装箱装载出口的危险货物时，应事先了解和遵守目的港所在国的有关规则，如美国的联邦章程规则、英国的蓝皮书、联合国的政府间海事组织规则等。在接收危险货物时，先要调查清楚该危险货物的性质、危险等级、标志、装载方法、包装容器、发生事故时应采取的措施等。另外，还应核对装卸港的危险货物规则。

(2)装载方法。

负责危险货物装箱的工作人员，应提交危险货物"集装箱装箱证明书"，以证明货物已正确装箱并符合以下规定：集装箱清洁、干燥、外观上适合装货；集装箱内未装入不相容的货物；所有包件都经过外部破损检查，装入箱内的包件是完好的；所有包件都已恰当地装入集装箱，并加以紧固；集装箱及其包件都有正确的标记、标志。

对集装箱内所装的每一票货物，应已经收到其根据危规所要求的危险货物申报单；装有危险货物的集装箱应至少有规格不小于250mm×250mm的标牌四幅；集装箱一经确认无危险性，所有危险货物标牌应自箱上去掉或加以遮盖；装载有危险货物的集装箱，应检查外部有无内容物的破损、撒漏或渗漏；装载易于散发易燃气体的集装箱，不应与可能提供电源的冷藏或加热的集装箱装载在同一货舱内；装载危险货物的集装箱卸空后，应采取措施消除污染，使之不再具有危险性；危险货物装卸时应避免货物之间的冲击和摩擦。

装载危险货物前，先要仔细检查集装箱的强度、结构是否适合装载危险货物，并对集装箱进行彻底清扫，装载时必须使该危险货物不会产生移动、翻倒、冲击、摩擦、压坏、泄漏等危险。固定货物选用的材料应具有更大的安全系数和强度。危险货物的任何部位都不能凸出集装箱外。危险货物装卸时，严禁抛扔、摔碰、坠落、翻滚，避免货物之间的碰撞、摩擦。

(3)混装的限制。

不同种类的危险货物要禁止混装于同一集装箱内，因此，同一集装箱内只能装同一等级的危险货物。不过即使是同一等级的危险货物也只限于与同一品种危险货物装于同一集装箱。这是因为虽是同一等级的危险货物，但相互作用时，也可能发生危险。另外，当危险货物与非危险货物相互作用可能产生危险时，也不能装在同一集装箱内。危险货物与杂货混装时，应将危险货物装在集装箱箱门附近，以备万一发生事情时便于处理。

(4)标志。

集装箱装载危险货物时要把该危险货物的分类名称和标志表示在集装箱外表面容易看到的位置上，图案、形状要醒目。应使用统一规定的危险货物标志。

(5)集装箱危险货物清单。

集装箱装载危险货物时，装箱人要按箱编制记载有下列事项的"集装箱危险货物清单"，并在清单上附记有关表明该危险货物的容器、包装、标志、装载方法等有关规则要求和适合于运输状态等内容，提交给承运人。记载事项有：集装箱号、发货人的姓名、名称和地址、收货人的姓名、名称和地址、危险货物的分类、项目、品种、货名以及容器和包装的名称、危险货物的件数和质量或容积、装载检查和装箱检查等。

根据《中华人民共和国质量监督局船舶载运外贸危险货物申报规定》中规定：凡船舶载运下列危险货物进港或过境，船舶或其代理人在申报时应提供有关货物特性、安全作业注意事项、人员防护及其他有关资料。这些货物有：放射性物质、感染性物质、新的有机过氧化物、危规中"未另列明"的物品和散装液体化学品。

另外，凡使用集装箱装运危险货物的，应提交经港务监督考核的装箱检查人员现场检查后签发的“集装箱装箱证明书”。此证明书应由装箱现场检查员填写，一式两份，正本应于集装箱装船三天前向港务监督提交，副本应在办理集装箱移交时交付给承运人。

项目二　集装箱的检查

教学要点

（1）掌握集装箱在使用前的检查；

（2）掌握集装箱货物装载。

教学方法

可采用讲授、情境教学、案例教学和分组讨论等方法。

一、集装箱检验检疫

集装箱检查是凭对外贸易、运输、保险以及其他有关方面的申请办理，主要的工作项目如下：

（1）集装箱货物的监视装箱，亦称装箱检查。根据拟装出口货物，检查集装箱外部内部状况，选定适宜装载的集装箱；审核拟装货物尺码体积和质量，制订装箱计划和防护措施；检查集装箱的有关项目包括清洁、结构条件及冷藏集装箱的温度等，指导和监视装货；检查所装货物的数量、包装、标志并对集装箱签封等。出具检查证书，供作货物交接、通关计税的有效凭证。

（2）集装箱退租检查。根据退租人或其他方面的申请，按照承租检查的情况或申请人的要求，检查退租箱的类别、号码、外表、规格及有关技术性能，发现集装箱残损或不符合技术性能要求时，检查损失程度，出具退租检查证书，以作为有关方面交接和处理索赔争议的凭证。

（3）集装箱法定验箱。依据《商检法》的规定，对装运出口粮油食品、冷冻品等易腐烂变质食品的集装箱实施强制性检验，亦称法定验箱，未经出入境检验检疫机构检验合格的，不准装运。法定验箱的要求和项目主要有：集装箱内清洁、干燥、无异味，无有毒有害残留物，箱体完好，附件齐全，冷藏效能和风雨密性能良好等。检验合格后，由出入境检验检疫机构出具集装箱适载检验结果单或检验证书，供有关方面作为履行法律责任的凭证或在货物发生残损时，作为划分责任的有效证明。此外，根据申请人的要求，可单项受理有关集装箱的清洁、测温、风雨密以及其他项目的检查工作。

（4）集装箱货物的监视拆箱，亦称拆箱检查。对进口集装箱货物，查核集装箱箱号、封识号及外观情况，检查签封是否完好，封识号码与有关单证是否相符；检查卸货前箱内货物与积载情况，监视卸货；检查所卸货物的数量、包装、标志，确定货损、货差，查明致损原因，出具检查证书，供作货物交接、处理索赔的依据。

（5）集装箱承租检查。根据租用人的申请，检查拟租集装箱的外观情况、规格和技术性能，发现集装箱残损或性能有问题时，要确定其能否使用。按实际出具承租检查证书，供双方交接和处理争议的凭证。

1. 集装箱检验检疫要求与检验方法

集装箱箱体表面标有集装箱所用裸露木材已按照有关规定进行免疫处理的免疫牌（标志）；集装箱未携带啮齿动物及蚊、蝇、蟑螂等病媒昆虫；集装箱未被人类传染病和国家公布的一、二类动物传染病、寄生虫病病原体污染；集装箱未携带植物危险性病、虫、杂草以及其他有害生物；集装箱未携带土壤、动物尸体、动植物残留物。

2. 集装箱检验检疫检验方法

（1）箱体外表检疫查验。

以目视方法核查集装箱箱号，查看集装箱箱体是否完整；检查集装箱箱体是否有免疫牌；检查集装箱外表是否带有土壤、非洲大蜗牛等。携带土壤的，清除土壤并进行卫生除害处理。

（2）箱内检疫查验。

检查箱内有无啮齿动物、病媒昆虫或其粪便、足迹、咬痕、巢穴以及其他有害生物等，若有要采样；检查箱内有无植物危险性病、虫、杂草、土壤、动物尸体、动植物残留物等，若有要采样并进行卫生除害处理；检查箱内有无被病原微生物或理化因子污染的可能，如发现，采样送实验室检验，并作消毒处理。

针对易腐烂变质食品、冷冻品（即易发生安全卫生质量问题）这一货物特性，对装运该类货物的船舱和集装箱等运载工具规定实施强制性检验是非常必要的，而且也是法律法规规定的，检验检疫机关及工作人员、进出口贸易的当事人都应当遵守，《中华人民共和国进出口商品检验法》第十八条规定“对装运出口易腐烂变质食品的船舱和集装箱，承运人或者装箱单位必须在装货前申请检验。未经检验合格的，不准装运”，实施条例中第三十条规定“对装运出口的易腐烂变质食品、冷冻品的集装箱、船舱、飞机、车辆等运载工具，承运人、装箱单位或者其代理人应当在装运前向出入境检验检疫机构申请清洁、卫生、冷藏、密固等适载检验。未经检验或者经检验不合格的，不准装运”。

二、集装箱使用前的准备与检查

集装箱在装货前应了解货物属性及其对装箱的要求，根据货物属性及其对装箱的要求来合理使用集装箱。对于所选用的集装箱还应作必要的清理与检查，以保证货物安全可靠地运达目的地。

1. 明确货物属性及其对装箱的要求

（1）货物的种类与性质。

对货物种类与性质进行了解。其目的是看其对装箱与选箱及装卸方式方法等有无特殊要求。例如，对于危险货物，要了解是属于哪一类危险货物；对于普通货物，则应了解其是清洁货还是污货等。不同的货物具有不同的特性，例如货物的危险性、易碎性、对温湿度的敏感性以及能否与其他货物进行混装等，这些具体特性在装箱前必须了解清楚。

（2）货物的尺寸与质量。

对货物的具体尺寸与质量均应了解，其目的在于合理选用适应其尺寸及质量的集装箱以及箱内可装载的货物数量。集装箱所装货物的质量受集装箱最大载货质量的限制。

(3)货物的包装。

货物因其采用不同的包装方式方法或不同的包装材料使其包装强度有所差别。货物的包装强度和包装材料应符合各种运输方式的运输条件和装卸条件的要求。

2. 集装箱的检查与清理

选用集装箱时,主要考虑的是根据货物的不同种类、性质、形状、包装、体积、质量以及运输要求,采用合适的集装箱。首先要考虑货物是否装得下,其次考虑在经济上是否合理,与货物所要求的运输条件是否符合。集装箱在装载货物之前,必须经过严格检查。有缺陷的集装箱,轻则导致货损,重则导致在运输、装卸过程中造成箱毁人亡事故。所以,对集装箱的检查是货物安全运输的基本条件之一。无论由托运人、承运人或站场负责装箱,都确保该集装箱技术上处于良好状态。

要使集装箱符合下列要求,具体包括:首先必须有适航性,具有适航书。检验集装箱各部分适航的要求如下:站在箱内关紧后,目测检查封闭程度,有无漏光处,箱门橡皮垫应水密;骨梁焊接处应完好;四柱、六面、八角完好无损,没有进水孔,接缝处无裂缝;箱门不变形,随时能承受加速负荷;箱内没有突出的钉子和容易造成货损的突出物。

发货人、承运人、收货人以及其他关系人在相互交接时,除对箱子进行检查外,应以设备交接单等书面形式确认箱子交接时的状态。集装箱的检查内容包括:集装箱的外部检查、集装箱的内部检查和箱门与附件的检查。通常,对集装箱的检查应做到:

(1)外部检查。外部检查指对箱子进行六面,上下、左右、前后等外部察看,外部是否有损伤、变形、破口等异样情况,如有应立即在修理部位做出标志。

(2)内部检查。箱内完全清洁、干燥,没有气味、灰尘。洗箱时,不能用烈性去污粉,如使用烈性去污粉就应冲净,冲净的集装箱必须彻底干燥后,才能装货。内部检查是对箱子的内侧进行六面察看,是否漏水、漏光,有无污点、水迹等。清洁检查。清洁检查是指箱子内有无残留物、污染物、锈蚀异味、水湿。如不符合要求,应予以清扫,甚至更换。

(3)箱门检查。检查箱门是否完好,门的四周是否水密,门锁是否完整,箱门能否重复开启。

(4)附属件的检查。附属件的检查是指对集装箱的加固环接状态,如板架式集装箱的支柱,平板集装箱和敞棚集装箱上部延伸结构的检查。

项目三　国际集装箱箱务管理实务

教学要点

(1)掌握集装箱货运站的种类及其作用;

(2)掌握集装箱箱务管理的主要业务。

教学方法

可采用讲授、情境教学、案例教学和分组讨论等方法。

案例:

2004年2月,A公司委托远东贸易运输公司(简称E公司)办理600只纸箱的男士服装出口手续。E公司将货装上MSC(地中海航运有限公司)所属的“红海”轮,并签发了远东贸易运输公司的联运提单,提单上标明货物数量600只纸箱,分装6只40ft集装箱。2004年2月27日,该轮抵达目的港日本神户,同日,集装箱驳卸到岸。2004年3月4日,日方收货人Fast Co., Ltd.在港口开箱,由日本诚信公司出具的“拆箱报告”称,箱号为MSCU3784217的集装箱中,有15只纸箱严重湿损,30只纸箱轻微湿损。2004年3月6日,6只集装箱由卡车运至东京某仓库,同日由新日本商检协会检验。该协会于同月11日出具商检报告称:51只纸箱有不同程度的湿损,将湿损衣物的残值冲抵后,实际货损约为32000美元,湿损系集装箱里档左侧顶部有裂痕所致。你认为造成集装箱出现裂缝的原因是什么?有关各方在班里集装箱交接手续时需注意哪些问题?

一、集装箱货运站概述

集装箱货运站为拼箱货装箱和拆箱的船或双方办理交接的场所。它是集装箱运输关系方的一个组成,在集装箱运输中起到重要作用。它办理拼箱货的交接,配载积载后,将箱子送往CY,并接收CY交来的进口货箱,进行拆箱、理货、保管、最后拨给各收货人。同时也可按承运人的委托进行铅封和签发场站收据等业务。

1.集装箱货运站的种类及其作用

目前,集装箱货运站主要有以下两种类型:码头货运站和内陆货运站。

(1)码头货运站。

这类集装箱货运站设在码头内或码头附近,是整个集装箱码头的有机组成部分,它所处的位置、实际工作和业务隶属关系都与集装箱码头无法分割。集装箱货运站除了要有完整的仓库、配备拆装箱和堆码用的装卸和搬运设备,还需有一定面积的拆箱区,以堆放所需拆箱的集装箱及方便客户提货车辆的行走。

在20世纪70年代至80年代中期,集装箱货运站主要布局在集装箱码头堆场内。实践证明,设在码头内的集装箱货运站影响了集装箱码头的整箱货的作业。从20世纪80年代后期,国内大多数集装箱码头均将集装箱货运站设置在靠近集装箱码头的地区,处于集装箱码头外面,它承担的业务没有改变,同时还避免了与集装箱堆场作业产生相互干扰,促进了集装箱运输的发展。

(2)内陆货运站。

集装箱内陆货运站的主要特点是设置于运输经济腹地,深入内陆主要城市及外贸进出口货物较多的地方。主要任务是将货物预先集中,进行装箱,装箱完毕后,再通过内陆运输将集装箱运至码头堆场;反之,由港口进口的集装箱货物卸船后通过内陆运输疏运到分布在内陆腹地的货运站。内陆货运站具有集装箱货运站和集装箱码头堆场的双重功能。它既接受托运人交付托运的整箱货与拼箱货,也负责办理空箱的发放和回收。如托运人以整箱货托运出口,则可向内陆货运站提取空箱;如整箱进口,收货人也可以在自己的工厂或仓库卸空集装箱后,随即将空箱送回内陆货运站;它还办理集装箱拆装箱业务及代办有关海关手续等业务。

2.集装箱货运站的主要任务

集装箱码头货运站的主要功能有:集装箱货物的承运、验收、保管和交付。包括出口拼箱货的积载与装箱;进口拼箱集装箱的拆箱与保管;对库存的货物进行堆存保管及有关统计管理；重箱和空箱的堆存和保管；整箱货的中转；货运单证的交接及签证处理；运费、堆存费的结算；集装箱的检验、修理、清洗、熏蒸等业务；集装箱车辆的维修、保养；其他服务，如为办理海关手续提供条件，代办海关业务等。

3. 集装箱内陆货运站的主要功能

集装箱内陆货运站除具备上述码头货运站基本功能外，还须负责接收托运人托运的整箱货及其暂存、装车并集中组织向码头堆场的运输或集中组织港口码头向该站的疏运、暂存及交付；受各类箱主的委托承担集装箱代理人业务，对集装箱及集装箱设备的使用、租用、调运保管、回收、交接等行使管理权。

4. 集装箱货运站的基本设施

办理集装箱货物交接和其他手续的门房及营业办公用房；接收、发放和堆存拼箱货物及进行装拆箱作业的场地、库房与相应的机械设备；集装箱堆存及堆场作业的机械设备；开展集装箱检验、修理、清洗等业务的车间和条件；拖挂车和汽车停车场及装卸汽车的场地和机械设备；铁路运输装卸车作业的装卸线及装卸车的机械设备；能与港口码头、铁路车站及业务所涉及各货主、运输经营人等方便、快速、准确进行信息、数据、单证传输、交换的条件与设备；为海关派员及办理海关手续所需的各种条件及设施等。

5. 集装箱货运站管理要求

内陆集装箱货运站经营者和码头集装箱货运站经营者都应当根据各自企业所经营的业务范围，按照相关政策法规，向各自的主管部门申请，取得经营许可证。取得经营许可证的申请人，应持证到工商、税务部门办理营业执照、税务登记手续，向海关申请办理有关登记手续后，方可开展经营业务。集装箱货运站应保证场站设施、装卸机械、车辆及工具处于良好的技术状况，确保集装箱及其附属设备和集装箱内的货物安全。

集装箱货运站应与海上承运人和发货人或其代理人签订有关业务协议，及时接、发、拆装、堆存指定的集装箱和集装箱货物。未经海上承运人和发货人或其代理人同意，集装箱货运站不得擅自将其堆存的集装箱占有、改装、出租或运出场站外。集装箱货运站进行集装箱作业，应严格执行国家规定的有关技术规范和规定。集装箱货运站应按有关规定堆放集装箱。企业应及时向海上承运人提供进出场站的集装箱装、拆箱和堆存情况。

集装箱货运站应按海上承运人的要求及时向检验、检疫机关申请，备好出口货载用箱，并认真做好集装箱检查。装箱完毕后，须编制集装箱装箱单，并按有关规定施加铅封，在有关单证上做好货物装载的记录。集装箱货运站应按国家规定或海上承运人的要求，修理、清洗指定的集装箱。其中，装载危险品货物的集装箱应到有专门设施的场站清洗。集装箱货运站与承运人或其代理人应凭双方共同签发的“设备交接单”交接集装箱。

集装箱货运站应建立信息管理系统，进行箱务管理。集装箱货运站必须严格执行经物价管理部门核定的各项收费标准，各项收费应实行明码标价。结算费用必须使用集装箱货运站专用结算发票，按规定的费目和费率结算。因集装箱货运站责任造成集装箱及其附属设备和集装箱内的货物损失或延误的，集装箱货运站应赔偿损失。

二、集装箱箱务管理概述

集装箱箱务管理的主要业务有集装箱的使用、租用、调运、保管、发放、交接、中转等。箱务管理涉及港、航、路、站等诸多部门，是一项十分复杂的系统工程。

1. 集装箱箱务管理的主要业务

(1)集装箱箱务管理的主要业务。

集装箱箱务管理的主要业务包括:集装箱的发放与交接、集装箱的堆存与保管、集装箱的租赁、集装箱码头内中转箱的管理和集装箱灭失、损坏、逾期还箱的管理等,如图3-3所示。

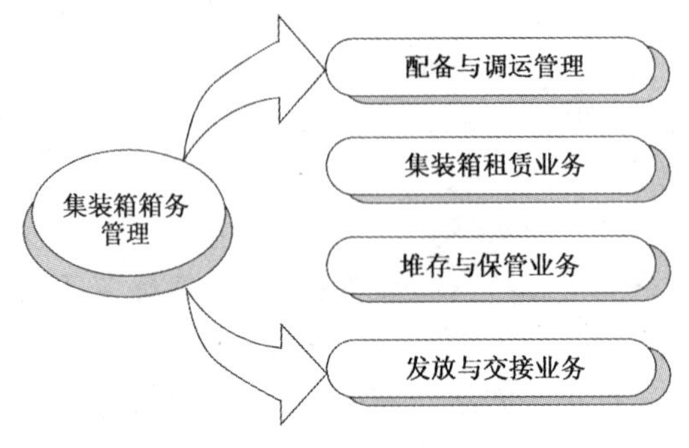

图3-3 集装箱箱务管理

(2)集装箱使用中存在的问题。

集装箱使用中存在空箱调运量过大、集装箱管理混乱和信息不畅,通信手段落后等问题。

(3)集装箱箱务管理的趋势。

加快标准化建设,调整箱型结构;箱务管理系统化、规范化、程序化;采用先进的集装箱跟踪管理系统;加快专业人才的培养。

2. 箱的发放和交接

(1)集装箱发放和交接的依据。

从事集装箱业务的单位必须凭集装箱代理人签发的"集装箱设备交接单"办理集装箱的提箱、交箱、进场(港)、出场(港)等手续。

(2)交接责任的划分。

船方与港方交接以船边为界;港方与货方(或其代理人)、内陆(公路)承运人交接以港方检查桥为界;堆场、中转站与货方(或其代理人)、内陆(公路)承运人交接以堆场、中转站道口为界;港方、堆场中转站与内陆(铁路、水路)承运人交接以车皮、船边为界。

(3)重箱交接。

重箱交接的交接标准为箱体完好,箱号清晰,封志完整无误,特种集装箱的机械、电器装置运转正常并符合进出口文件记载要求。

出口重箱交箱进场的交接为出口重箱交箱(收箱)、进场的交接。出口货箱进入港区,货方、内陆承运人凭"集装箱出口装箱单"或"场站收据"、"进场集装箱设备交接单"到指定的港区交付重箱,并办理进场集装箱设备交接。

进口重箱提箱出场的交接为进口重箱提离港区、堆场、中转站时,货方(或其代理人)、内陆(水路、公路、铁路)承运人应持海关放行的"进口提货单"到集装箱代理人指定的现场办理处办理集装箱发放手续。

(4)空箱交接。

空箱提离港区、堆场、中转站时,提箱人凭"出场集装箱交接单"到指定地点提取空箱,办理出场集装箱设备交接,凭“进场集装箱设备交接单”到指定地点交付集装箱,并办理进场集装箱设备交接。

交接标准:箱体完好,水密,无漏光,清洁,干燥,无味;箱号清晰;特种集装箱的机械、电器装置无异常。如果有异常情况,应在“进(出)场集装箱设备交接单”上注明。

空箱的进场和出场交接:空箱提离港区、堆场、中转站时,提箱人(货方或其代理人,内陆承运人)应向集装箱代理人提出书面申请。集装箱代理人依据“出口订舱单”或“出口集装箱预配清单”向提箱人签发“出场集装箱设备交接单”或“进场集装箱设备交接单”。

货方或其代理人、内陆承运人凭“出场集装箱交接单”到指定地点提取空箱,办理出场集装箱设备交接;凭“进场集装箱设备交接单”到指定地点交付集装箱,并办理进场集装箱设备交接。

因检验、修理、清洗、熏蒸、退租、转租、堆存、回运、转运需要,空箱提离场站,由托运人、收货人、内陆承运人或从事集装箱业务的有关单位向集装箱代理人提出书面申请。集装箱所有人依据有关协议,向托运、收货人、内陆承运人或从事集装箱业务的有关单位签发“设备交接单”。

3. 集装箱的堆存与保管

集装箱进入场站后,场站应按双方协议规定,按照不同的海上承运人将空箱和重箱分别堆放。空箱按完好箱和破损箱、污箱、自有箱和租箱分别堆放。场站应对掌管期限内的集装箱和集装箱内的货物负责,如有损坏或灭失由场站承担责任。未经海上承运人同意,场站不得以任何理由将其堆存的集装箱占用、改装或出租,否则应负经济责任。场站应根据中转箱发送的不同目的地,按船、按票集中堆放,并严格按海上承运人的中转计划安排中转。

(1)重箱堆存与保管。

集装箱港口为了避免集装箱在港内大量积压,一般规定各航班装运的重箱应在指定的入港开始时间和截止时间内将重箱运至港区内指定的场地堆存。船公司应与港口箱管部门密切配合,通知货方、内陆运输人将重箱及时运至港内,并做好集装箱设备交接工作。

(2)空箱堆存与保管。

空箱进场操作:码头空箱进场有空箱卸船进场和空箱通过检查口进场两种方式,空箱卸船进场前,码头堆场计划员必须安排空箱堆存计划。该计划安排的原则为:空箱根据箱尺码的不同以及箱型的不同,按不同的持箱人分开堆存,码头与船方必须在卸箱对办理设备交接单手续。通过检查口进场的空箱主要有两种:一种为船公司指定的用于出口装船的空箱,一种为进口重箱拆箱后返回码头。如为船公司指定用箱,则根据堆场计划员所作堆存计划与不同的尺码,不同的箱型,按出口船名、航次堆放;如为进口箱拆箱后返回码头堆场,则根据堆场计划员所作堆存计划与持箱人的不同分开堆放。空箱进检查口时,码头检查口与承运人必须办理交单手续。

空箱出场操作:码头空箱出场主要有空箱装船出场和空箱通过检查口出场两种方式。装船出场的空箱主要有两种,一种为船公司指定用于出口装船的空箱,另一种为装驳船的空箱。码头箱务管理员应根据代理人出具的工作联系单、空箱装船清单或船公司提供的“出口装船用箱指令”安排装船用箱计划。码头配载计划员根据箱务管理员的用箱计划以及代理人提供的“场站收据”,结合船名、航次的配载情况,选择全部计划空箱或部分计划空箱配船。

凡该船航次未能装船的空箱，箱务管理员应做好记录，以备下一航次装船之用。空箱通过检查口出场主要有下述3种形式：

①门到门提空箱。主要是出口载货用空箱的提运。该空箱提运至集装箱点进行装箱后，重箱即回运本码头准备装船出口。空箱门/门提离港区，货主或内陆承运人应向集装箱代理人提出书面申请。集装箱代理人根据"出口集装箱预配清单"向货主或内陆承运人签发"出场集装箱设备交接单"和"进场集装箱设备交接单"。货主或内陆承运人凭出场集装箱设备交接单向码头堆场提取空箱。

②单提空箱。是指将空箱提运至码头外的集装箱堆场。如船公司提空箱至港外堆场、提运租箱等。码头箱务管理员应根据船公司或其代理的"空箱提运联系单"发箱，联系单上一般应写明持箱人、承运车队、流向堆场等，并注明费用的结算方法。

③因检验、修理、清洗、熏蒸、转运等原因需向码头提空箱。货方或内陆承运人应向集装箱代理人提出书面申请，集装箱代理人根据委托关系或有关协议向货方或内陆承运人签发"出场集装箱设备交接单"和"进场集装箱设备交接单"。货方或内陆承运人凭"出场集装箱设备交接单"，向码头堆场提取空箱，码头凭代理的工作联系单发箱。空箱出场时，码头应与船方或承运人做好集装箱设备交接单和交接手续。

4. 集装箱码头内中转箱的箱务管理

集装箱码头的中转箱主要包括国内中转箱和国际中转箱。国内中转箱是指在境外装货港装船后，经国内中转卸船后转运到境内其他港口的集装箱，以及在国内装货港已办理结关手续，船公司出具全程提单，经国内中转港转运至国外目的港的集装箱。国际中转箱是指由境外启运，经中转港换装国际航线船舶后，继续运往第三国或地区指运口岸的集装箱。集装箱码头设有专职中转业务员，负责码头内中转箱的箱务管理，掌握中转箱的动态，做好中转箱单证的流转管理工作。

(1)一程船卸船。

国际海运中的"一程船"是指对某一中转箱而言将该箱从起运港运至中转港的船舶。码头配载计划员在收到船公司资料后，将其中的中转资料交中转业务员处理。中转业务员将中转资料输入计算机，在船舶卸船后，应将中转资料与实卸情况进行核对，发现问题立即通知有关方面协调解决。对一程船卸船后超过一定时间(14d)还没有出运的中转箱，码头中转业务员要主动与代理联系，及时安排二程船转运。

(2)二程船装船。

国际海运中的"二程船"是指对某一中转箱而言将该箱从中转港载运至目的港的船舶。中转业务员收到中转通知书后，将中转通知书(需有海关放行章)连同外区拖进本码头中转箱的动态表一起由配载员处理。在装船结束后，中转业务员将经由配载员注明中转箱实际装箱情况和卸船时间的中转通知书与已装船的动态表等单证一起交收费部门。外区拖进本码头的中转箱因故未能装上船的，中转业务员要妥善保管好动态表，以备使用。

(3)中转箱跨区拖运。

如果中转箱一程船卸船与二程船装船不在同一码头，则在卸船后，该中转箱必须跨区拖运。拖出地码头的中转业务员在安排出场计划的同时开具中转动态表(一式三联)，附在作业申请单上交出场检查口。驾驶员拖箱时与检查口人员办理设备交接，检查口人员自留动态表一联,附在出场报表上交收费部门,其余交驾驶员。在拖进地码头,检查口业务员和驾驶员办理设备交接,同时收下两联动态表,一联交中转业务员,另一联附在进场报表上交收费部门。其后的工作与卸船进场的中转箱作业类同。

(4)危险品中转箱转存。

凡不宜在码头堆存的危险品中转箱,码头中转业务员应严格把关,及时通知代理安排转运,确保码头生产的安全。危险品中转箱出场,中转业务员填写作业申请单和动态表(一式三联)交检查口。检查口自留联附在出场报表上交收费部门,其余交驾驶员。驾驶员进场将动态表交堆场业务员,堆场业务员保留以备日后进场之用。

(5)中转箱倒箱。

国际中转箱如因箱体损坏、用错箱等原因需要倒箱的,船舶代理应出具联系单给码头和海关。如在码头外倒箱,码头应根据海关许可证,安排出场计划和进场计划;如在码头内倒箱,则在倒箱时,要有海关、船舶代理、理货员在场。倒箱结束后,由海关加铅封。

5. 箱务管理现代化

目前集装箱运输已进入成熟阶段,计算机得到广泛运用,信息管理日趋现代化。由于箱务管理具有跨行业、跨地区、跨国界的特点,因此必须实现大范围、多机种、远距离的计算机网络管理系统,使企业内部的单机管理系统与各港、航、路、站相关部门联网组成综合信息管理网络系统,实现信息自动交换和自动处理,使每个集装箱每次状态和地理位置的变化都能自动、实时地反馈到各有关部门,大大提高生产效率,实现箱务管理现代化,充分发挥出集装箱运输的优势。下面以中国远洋运输总公司为例,说明集装箱箱务管理现代化的情况。中国远洋运输总公司引进的美国通用电气公司提供的集装箱管理系统(EMS)及通信网络,采用三级管理体制对中远集装箱实行全球跟踪和管理。

(1)营运管理体制。

中远集装箱实行统一管理制度。以总公司箱管中心为核心,下设箱管分中心、中远航线经营人和港口箱管代理。总公司箱管中心设有营运管理、信息管理、商务管理、财务结算等4个职能部门。各箱管分中心和航线经营人也都设有相应的机构。港口箱管代理对其到内陆堆场、货运站、修箱场及货主处的集装箱实施跟踪管理。

箱管中心在我国的上海、天津、广州、香港,以及欧洲、美洲等地方设了6个箱管分中心。箱管中心根据航线分布情况及货箱供求关系,将接受航线经营人提、还箱的港口指定为“开放”港口;将不接受航线经营人提、还箱的港口指定为“封闭”港口,箱管中心对中远集装箱集中控制、统一调度,由各航线经营人共同使用。

(2)箱管业务程序。

中远集装箱营运管理是由箱管中心通过EIvlS系统与各箱管分中心、航线经营人之间进行信息交换完成的。其营运程序为:各箱管分中心、航线经营人每月25日分别向EMS输入各自下月的供箱预测合用箱计划,并根据所辖区域的实际情况,向EMS输入各自“开放”港口之间的调箱计划建议和“封闭”港口的调箱计划。以上信息由EMS传递到箱管中心,经箱管中心统一调度后,通知EMS向箱管分中心、航线经营人发出调箱指令,并由EMS对调箱计划进行统一平衡,直至满足各方的用箱需求,最终由箱管中心正式落实用箱计划。中远集装箱系统管理业务流程如图3-4所示。

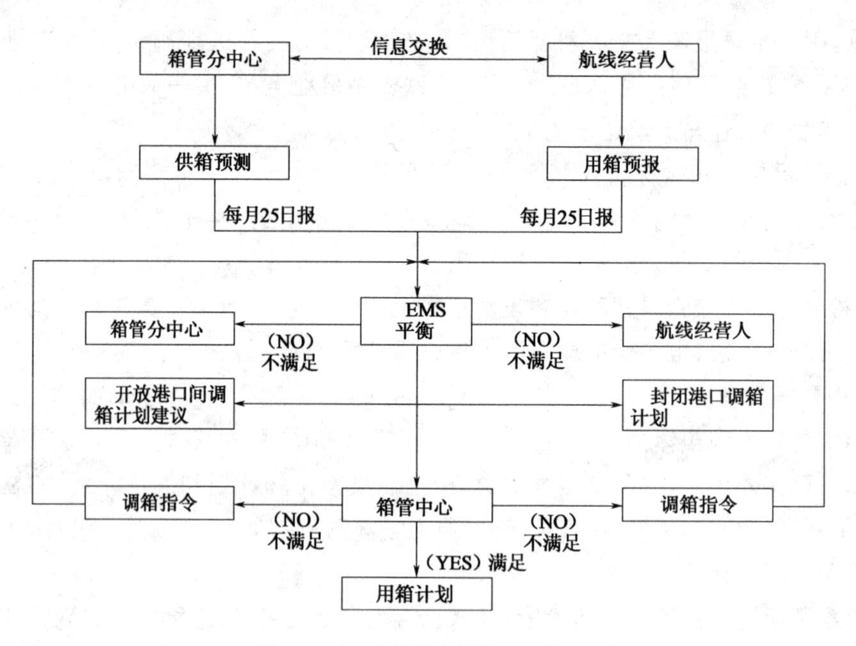

图 3-4　中远集装箱系统管理业务流程

思考练习

(1)试述集装箱、国际标准集装箱的概念。

(2)集装箱的类型有哪些?

(3)集装箱交接责任是如何划分的?

(4)重箱、空箱如何交接?

(5)集装箱码头内中转箱怎样进行箱务管理?

(6)简述集装箱的货流组织形式。

(7)简述集装箱货流的特点。

(8)货物属性及对集装箱的要求其目的是什么?

(9)集装箱在使用前应做哪些检查?

(10)集装箱货物装载的基本要求包括哪几个方面?

(11)危险货物装载时要了解哪些装载规则?

(12)冷藏货物装载时一般注意事项是什么?

(13)集装箱货运站的主要功能是什么?

(14)简述集装箱货运站管理的基本要求。

(15)简述集装箱货物的特点(拼箱货物、整箱货物)。

(16)集装箱货流对物流活动的影响表现在哪几个方面?

(17)集装箱货物有哪几种组织方式?

任务四 江、洋集装箱联运

内容简介

水运主要承担大数量、长距离的运输，是在干线运输中起主力作用的运输形式。在内河及沿海，水运也常作为小型运输工具使用，担任补充及衔接大批量干线运输的任务。而这其中的海上运输尤其重要，世界经济与世界海上集装箱运输业密切相关。世界经济运行状况良好，外贸必然兴旺，必然拉动海运业，包括海上集装箱运输业的发展。海上集装箱运输业涉及港口的集装箱吞吐量、集装箱船队的运力（运能、总箱位数）、港口码头的建设、码头的集装箱装卸设备、运输公司等。

教学目标

1. 知识目标

（1）集装箱船舶的配积载图的类型；

（2）集装箱船舶运输航线；

（3）集装箱船舶运行组织。

2. 技能目标

（1）了解集装箱船舶基础知识；

（2）了解国际集装箱船运输航线内容；

（3）水路集装箱运输进出口业务；

（4）掌握集装箱船舶的配积载基本要求。

案例导入

中远集装箱运输有限公司

中远集装箱运输有限公司，简称中远集运，是中国远洋运输集团（中远集团）所属专门从事海上集装箱运输的核心企业，承运能力排名世界前列，是中国最大的集装箱运输公司。截至2010年年底，中远集运拥有150艘全集装箱船，总箱位超过61万标准箱；公司经营着75条国际航线，9条国际支线，以及70条珠江三角洲和长江支线。船舶在全球44个国家和地区的144个港口挂靠。集装箱运输业务遍及全球，在全球拥有400多个代理及分支机构。在中国本土，拥有货运机构近300个。在境外，网点遍及欧、美、亚、非、澳五大洲，做到了全方位、全天候“无障碍”服务。承运能力排名世界前列。中远集运致力于为客户提供最优质的全球综合集装箱航运服务，公司在履行对客户承诺方面所做的不懈努力，使公司屡获殊荣。中远集运一贯重视服务质量的不断提高，坚持“便捷、诚信、和谐、卓越”的价值理念，已经通过了中国船级社、挪威船级社的质量、安全及环境管理体系认证，并建立了企业社会责任管理体系，自2006年开始发布年度“可持续发展报告”。

引导思路

(1)中远集装箱运输有限公司的发展有何启示?

(2)中远集运是如何开展集装箱船舶运行组织的?

项目一 港口物流概述

教学要点

(1)掌握港口物流的含义和要点;

(2)掌握口岸物流的相关要求和流程。

教学方法

可采用讲授、情境教学、案例教学和分组讨论等方法。

一、港 口 物 流

1. 港口物流的定义

"港口物流"是最近几年才频频出现在学术研讨中和各类媒体上的新名词。港口物流是指,以港口作为整个物流过程中的一个重要节点,依托在这个节点上所形成的服务平台上所进行的物流,利用其自身的口岸优势,以先进的软硬件环境为依托,强化对港口周边物流活动的辐射能力,突出港口集货、存货、配货特长,以临港产业为基础,以通信、信息技术为支撑,以优化港口资源整合为目标,发展具有涵盖物流链所有环节特点的港口综合服务体系。从产业角度考虑,它是特殊形态下将现代物流理论的研究成果应用于港口产业而形成的综合物流体系。

传统的港口物流主要是提供装卸、仓储、转运服务,而现代的港口物流是指以建立货运中心、配送中心、物流信息中心和商品交易中心为目的,将运输、仓储、装卸搬运、代理、包装加工、配送、信息处理等物流环节有机结合,形成完整的供应链,能为用户提供多功能、一体化的综合物流服务。

港口物流是多种物资、交通运输、服务资源的集合,或者说,港口物流是货流即"物"流、信息流、资金流汇集地,是各种物流作业的集中地,是多种物流设施和服务功能的集合。港口物流从纵向看,涉及运输、储存、装卸、搬运、包装、流通加工、配送、信息处理以及为多个环节提供装备和配套服务的诸多领域;从横向看,港口物流服务几乎涉及国民经济的多个方面,是一个跨行业、跨部门、跨地区的基础性产业,具有强大的经济渗透力和带动效应。以著名的世界货运吞吐量第一大港——荷兰的鹿特丹港为例,当鹿特丹港发展到饱和时期时,通过贯彻物流理念,成立港务中心,发展包括港口物流所需的一切技术手段和管理,从而带动了整个荷兰经济的发展。而鹿特丹港本身的年产值就占荷兰 GDP 的 12%。由此可见,港口物流的发展,必然会对地区乃至国家的经济发展起到积极的促进作用。

2. 港口物流的主要功能

港口物流如同其他物流一样，从基本层面上说具有装卸搬运、储存、配送流通加工与信息处理等功能。

(1)装卸搬运。

货物装卸和搬运，也是港口最基本的功能，即货物通过各种运输工具转运到船舶或从船舶转运到其他各种运输工具，实现货物在空间位置的有效转移，开始或完成水路运输的全过程。港口是各种运输方式的集汇点，货物通过各种运输工具汇集到港口，经过港口的装卸和搬运，换装到其他运输工具分拨到世界各地，将运输和存储的前后及同一阶段的不同物流活动有机地连接起来，保证物品的畅通流动。所以装卸和搬运是港口最基本的作业，目前港口50%以上的营运收入来自装卸搬运作业。我国70%以上的进出口货物采用水路运输，港口成为其整个物流链的重要节点，港口将各种不同运输方式连结成流和网。从物品整个物流过程来看，装卸与搬运环节是必不可少的，而装卸与搬运费用在物流总费用中又占有较大比重；另外，物品在物流过程中的损坏，大多情况是发生在装卸与搬运环节。所以港口装卸与搬运效率的提高，利用港口优化物品的整个物流链，是加快货物运送，减少流动资金占用，减少货物破损，减少各种事故的重要手段，对物流总体效益的提高有十分重要的作用。

(2)物流信息处理。

信息处理是物流的伴生功能。任何货物在实现空间位移的同时，必然伴随着相关信息的流动，因此，港口在实现货物流动的同时，必须有效地处理大量信息。港口信息化程度越高，港口物流系统的效率便越高。以上海港洋山码头为例，普通用户在登录该码头主页后，即可查询所需船舶的进箱计划、海关到达放行情况、船舶计划、电子装箱单发送、箱货信息等各项事宜，同时还可通过信息系统为危险品等特殊货物发送进港申请，而码头管理方则可通过信息系统给予反馈和确认，由此省却了大量的时间和人力，提高了港口的作业效率，简化了出口商的装船程序。

(3)储存。

储存功能是港口物流体系中的静态环节，港口经营者在化解货物进出港口过程中时间矛盾的同时，创造了新的时间上的效益，即由于有效地解决了载体之间在时间上的不平衡而创造出的价值。因此，储存功能相对于整个港口物流系统来说，既有缓冲与调节的作用，也有增值与增效的作用。目前，各港口企业为促进本港港口物流业的发展，为其港口配套建设了港口物流园区。在物流园区储存货物，并立足于港口物流园区处理货物在全球的分拨、信息处理，是一种高效的物流链管理方式。

(4)配送。

配送功能是港口物流系统中派生出来的衍生功能。配送是对通过港口的货物实现深度加工和处理，并将货物送抵客户，例如，对货物进行包装、分配等。港口的配送发生在运输与消费的交汇处，是港口物流体系末端的延伸。

港口具有独特的地理位置，是各种运输方式的交汇点，是面向国内国际市场的窗口，是物流链上的货物、信息、资金的集散中心。以港口为基点，建立面向某区域，甚至面向全球的配送中心，根据客户的订单，把物品分拨到各国家或地区，是种高效的配送方式。现在，已有不少跨国企业在我国沿海港口物流园区或保税园区，建立自己的配送中心。

(5)流通加工。

物流管理中，“延迟化”策略是个重要的策略，可解决不少物流问题，如产品差异化延迟策略可以有效地降低库存水平、减少商品的滞销。例如,某产品有很多颜色,制造商在生产过程中完成产品的着色,不同颜色产品都要保有各自的安全库存和周转库存,物流链中该产品的整个库存水平非常高,而且总是出现某些颜色产品滞销、脱销现象。采用产品差异化延迟化策略,即产品的着色延迟到销售的时候,就可以有效地解决上述问题。流通加工是对生产加工的一种辅助及补充,流通加工的形式有分拣、分装、贴签、分解、组装、切断、打眼、软件安装等。这些活动更好地满足了顾客的需求,其结果是商品的附加值增大,顾客得到了更大的便利。如果不考虑物流成本,流通加工完全可以并入生产加工过程。可以说,流通加工体现了物流"延迟化"思想。

港口是整个物流链中的重要节点,是信息的汇集中心,距离客户端较近,是流通加工理想的代选点。在港口,根据客户的需求,对物品进行简单加工后,配送出去,可降低物品的库存水平、加快资金的周转、减少物品的滞销和脱销。

3. 港口物流发展主要历程和方向

1992 年,联合国贸发会在《港口的发展和改善港口的现代化管理和组织原则》的研究报告中把港口的发展分为第一代、第二代和第三代。20 世纪 90 年代后,港口向第四代发展。各代港口的主要特征为:

第一代港口"运输中心"。主要是指 20 世纪 60 年代以前的港口,社会经济主要处于自给自足时期,港口功能为海运货物装卸、转运、临时存储以及货物的收发等。港口作业和活动的范围局限于码头及相关水陆域范围内,港口发展的关键因素是劳动力和资本。

第二代港口"运输中心+服务中心"。主要是指 20 世纪 60 年代至 20 世纪 80 年代工业化时期的港口,经济的对外扩张,促使大批依赖水运的工业向港口城区集聚,其功能除具有第一代港口的功能以外,又增加了使货物增值的工业、商业功能。港口活动已不再限于码头本身,而是扩展到周边地区,港口发展的关键因素是资本与技术。

第三代港口"运输中心+服务中心+信息中心"。主要产生于 20 世纪 80 年代以后,经济全球化趋势、全球性的产业结构调整和信息技术的广泛应用,使得港口功能得到进一步扩展,除了原有功能以外,增添了信息服务与货物的配送等综合服务,具有集商品、技术、资本、信息集散于一体的物流功能。主要业务范围从货物装卸、仓储和船舶靠泊等服务扩大到货物从码头到港口后方陆域的配送一体化服务,港口发展的关键因素是技术、信息和服务。

1990 年之后,在世界范围内已出现超越第三代港口的新一代港口,其主要处理的货物是集装箱,发展策略是港航联盟与港际联盟,生产特性是整合性物流,成败关键是决策、管理、推广、培训等软因素;主要港口例证为美国的洛杉矶和长滩的组合港以及丹麦的哥本哈根和瑞典的马尔默的组合港,并认为不同地区港口的整合和联营,使港口发展进入了一个新的阶段。

第四代港口"绿色供应链物流结点"。在兼容第三代港口功能的基础上,作为供应链中的一个环节,强调港口之间互动以及港口与相关物流活动之间的互动,满足运输市场对港口差异化服务的需求,提供精细的作业和敏捷的服务,以形成柔性港口,促使与港口相关的供应链各环节之间的无缝连接。

第四代港口在功能上具有以下特征:

(1)兼容第三代港口的功能。港口功能的提升是在原有功能基础上的拓展,它不是取消原有功能,而是在新的水平上重新整合这些功能。

(2)与第一至第三代港口不同,第四代港口已从强调自己是一个中心,转变为更强调是供应链中的一个环节。这种转变的本质之处在于港口从以我为中心的角度转变,开始更关注于自己在供应链中的角色。中心往往会造成物流在此集聚,将物流在此暂时滞留看作一种合理现象。而视港口为供应链中的一个环节,则强调实物流和信息流必须在此快速通过。

(3)港口网络形成。港口既然视为供应链中的一个环节,那么,供应链上的前后港口就不应该是孤立的,而应是相互关联的,由此更会强调前后港口之间的协调性。一些码头运营商对此已有认识,即运输链是一个集成系统,因此,作为全球配送渠道的港口管理者应主要关注码头运营商之间实施纵向集成的战略。目前,一些港口营运商所经营的码头正在形成网络,这非常有利于港口之间的协调和互动。

(4)港口与其相关的物流活动之间的互动,在构建无缝供应链时非常重要。这种互动既包含人们已经在设法进行的延伸港口物流功能,同时,也意味着彼此之间的相互包容。如船公司参与码头的经营,港口参与集疏运业务与配送业务等。这种相互渗透的目的就是为了更好地互动,以消除他们之间的缝隙。

(5)港口服务差异化。港口的差异化服务对当今的港口发展提出了严峻的挑战,因为,到目前为止,港口发展所走的道路是标准化和规模化服务。港口作业的标准化是为了满足专业化生产的模式,将运输方式进行细分,形成针对不同货物的专业化码头,并由此要求运输需求者在委托运输时应能满足港口这种标准化的要求。同时,港口规模化是船舶大型化所致。港口的标准化和规模化是港口生产发展必然经历的一个过程,但是就像制造业已经在发生的那样,港口也将从专业化走向差异化和个性化的生产服务,这就提出了柔性化的港口作业要求。标准化和规模化对港口作业带来了很大的便利,降低了港口的生产成本;但同时必然也会增加整个物流业的中间环节,延长货物的在途时间,减少了顾客的选择余地。而港口的差异化服务则要求港口能够满足客户提出的各种要求,应对市场需求的瞬息万变。

(6)港口生产精细化。港口生产的精细化是一个反映港口作业质量的概念,与运输的精细化相一致。精细运输(Lean Transport)是指在委托人为其货物的位移或者为其出行期望投入降低的情况下,承运人为满足托运人的更具选择性和更高质量的运输服务需求而又必须降低成本所进行的,基于系统思考方式的对运输过程的精心设计、安排与实施的运输方式,这一精细化运输的概念同样适用于港口。实施港口精细化需要对港口作业流程进行再造。只要认真地分析现有作业流程便可发现,其中有相当部分的搬运成本产生在非生产性搬运活动中,即在港口生产中,港口资源只得到一半的有效利用,这是由于作业流程中所存在的浪费或缺陷消耗了相当一部分港口能力。港口生产的精细化就是要通过流程优化来实现,即减少货物的在途时间,减少或消除不增值活动所消耗的成本,增加市场份额,缩短切换到新服务的时间,提高生产效率和增加港口收益等。

(7)港口生产敏捷化。港口的敏捷化是一个反映港口对市场响应能力的概念,要求港口应该能够对市场需求做出敏捷的快速反应,以满足客户提出的各种差异化需求,甚至这些需求可能是个性化的。敏捷化是第四代港口发展的高级阶段,它是在精细化的基础上逐步形成的港口运营模式;敏捷化要求对港口非常苛刻,但又是非常具有竞争性的港口能力。

4. 港口物流的类型

港口物流主要有以下几种类型:

(1)信息资源型物流。信息资源型物流,即港口通过物流信息网络,开展电子商务,并发展成电子物流,形成离岸贸易和远程物流,虽然货物没有经过本港,但实际上通过其他口岸和其他地区的物流企业完成异地物流服务。这是较高层次的物流。

(2)地主型物流。地主型物流,即港口拿出一部分仓库和堆场,开辟公共型物流园区,只负责管理和提供配套服务,自己不参与物流经营。

(3)合资型物流。合资经营物流服务，一方面可以解决港口开展物流资金缺乏的困难，另一方面可以更快地了解和掌握国际上现代物流经营和管理技术以及运作方式，使我国普遍比较落后的港口物流现状得到改观。

(4)自营型物流。自营型物流，即港口企业自行组织专业化物流企业，利用港口自己的设施、人力和上下游业务关系开展物流。

(5)分工合作型物流。分工合作型物流，即港口物流企业与航运物流企业共同组织物流链，双方利用各自的优势，分工合作开拓物流，利用航运集团的海外优势，负责水上和境外物流，港口物流企业则负责仓储、分拨和腹地物流。

(6)联合型物流。联合型物流，即港口与保税区，或者与所在地区共同开辟物流基地，组建物流企业。

(7)联盟型物流。联盟型物流，即干线港、支线港与喂给港之间为了共同的业务和利益，而形成的港口间联盟，共筑物流链。

二、港口物流对经济发展的作用

1. 港口物流对经济发展作用的定性分析

港口物流对经济的作用可以分为直接经济作用、间接经济作用和社会效益。港口是一个生产部门，有其自身的生产效益，但它又是一个特殊形态的生产部门，与社会经济各个部门有着极其密切的联系，它的社会经济效益大大超过了它自身的生产效益。因此，在考察港口对于区域经济的作用时，不仅要考虑其直接经济效益，更要考虑其服务于其他部门而产生的间接经济效益及其社会效益，只有这样才算得上是港口对于区域经济的完全作用。

(1)港口物流对经济的直接作用。

港口物流对经济的直接作用主要是指，港口作为区域经济的重要组成部分，它的直接生产经营为区域经济创造产值、就业机会和税收。港口物流的发展将直接推动本区域的基础设施建设。据世界银行的研究，一个区域的总产出受道路、机场和港口等基础设施的影响显著，区域经济发展与公共基础设施之间存在一个正的相关关系。港口经济的发展直接导致对道路、港口等公共设施需求的增加，可以吸引大量外来投资，推动有关基础设施及相关配套设施建设，这将进一步促进城市建设与经济发展的良性互动。其次，港口经济可以带动关联行业的发展。港口的发展既需要仓储、运输、物流、加工、贸易、金融、保险、代理、信息、口岸相关服务的支持，也会极大带动这些产业的发展。港口已经成为城市贸易发展、制造业繁荣的重要支撑点。目前，沿海地区成为我国现代制造业最发达、服务业最繁荣的区域，直接推动了整个国家经济的发展，加强了我国经济与世界经济的联系，提高了我国在国际分工中的战略地位。

(2)港口物流对经济的间接作用。

港口的间接经济作用则是指为直接经济活动提供劳务与产品的组织与公司所产生的效益，是指由于港口的生产和发展促进或带动了其他部门的发展而产生的那部分效益。它包括：促进了以港口生产为中间产品的其他部门的发展而带来的经济效益；带动了港口生产所需产品的生产部门的发展而带来的经济效益；由于港口发展使得货物得以及时运送而获得的生产效益与市场效益，以及由于港口发展减少了客运时间而创造的时间价值；增加就业人员及就业人员工资带来的消费的增长，从而促进了经济的增长等。也就是说，港口除了核心活动以外，还有部分扩展经济活动，正是这部分活动产生了港口的间接经济影响。这部分活动中的典型活动就是贸易活动、临港工业活动以及基于港口的物流活动。

(3)社会效益。

港口社会效益是指港口发展对促进地区繁荣的巨大的推动作用。它包括:由于港口的发展提高了当地的运送能力、资源开发、商品交流而带来的经济结构的变化和经济的迅速发展;由于港口发展吸引了投资带来的地区的繁荣;由于港口发展吸引了投资带动了当地税收的增加;由于港口发展吸引了投资而使腹地或使港口周围地价大幅度上升;由于增加就业增加的社会稳定与吸引外来人口而带来的文化、习俗、观念等方面的变化。这部分效益一般是难以量化的,但却对地区的发展具有其他部门不可替代的深远影响。港口的社会效益难以量化。港口物流对经济发展起到了较大的推动作用,但是也带来一定的负面效应,例如运输体系的发展,加重了环境污染。在评价港口物流对经济的作用时,还应考虑与环境保护有关的指标,如能源、污染、拥挤、噪声和社会福利等。

2. 港口物流对经济发展作用定量研究模型

定性地分析,港口物流对经济均具有直接经济作用、间接经济作用和社会效益。但不同港口物流对经济的促进程度却各不相同。在对经济发展的促进作用上,我国港口物流与发达国家港口相比存在较大差距,我国不同港口物流对经济的促进作用也存在地区差异。造成这种差距的重要原因之一在于人们对港口物流的认识不够深入,仍停留在港口是交通运输枢纽的层面上,不能客观全面认识港口物流发展对经济增长的促进作用。因此,本书将通过对港口物流对地区经济推动作用的定量分析,力图客观正确地揭示港口对城市经济发展的促进作用。

(1)港口物流与经济量化指标的选取。

港口物流问题是一个涉及运输、仓储、港口装卸、包装加工、检验检疫、海关监管、信息处理等方面的跨行业复杂问题。关于港口物流的统计,国内尚没有形成系统的统计方法体系。因此,要评价港口物流的发展水平,必须要选取有代表性的指标。

港口吞吐量是反映港口生产经营活动的重要指标,它也是反映港口的生产规模、反映港口腹地内部生产力的配置状况以及反映港口地区的经济发展情况和趋势任务大小的主要指标。从港口的功能方面考虑指标的选择,作为一个港口,基本任务包括实现各种运输方式的衔接,加速车、船、货的周转。完成货物在不同运输方式之间的装卸、换装作业、为货物的集散、存贮,为旅客的食、宿、上下船等需要提供必要条件和服务,为船舶提供技术供应服务,如引航、装卸、航修、燃料、淡水、食品供应和其他补给等,恶劣的天气时,为船舶提供隐蔽场所,海难救助,为开展国际间的文化、科技、经济、贸易、旅游等往来与交流活动提供服务。衡量港口的功能主要指标就是货物的吞吐量,它反映了港口在国民经济和社会发展中的地位。因此,在指标的选择上,用港口吞吐量指标作为确定港口的规模和生产力水平是有一定的可比性的。

GDP是反映国民经济的综合指标,它的权威性被各国所公认,也是各国在经济统计中必不可少的指标,它具有较强的可比性。

根据港口物流对经济发展影响的定性描述,可以假定两者之间存在一定的相关关系。通过定量研究来证实这一关系,并反映出港口物流的发展对经济增长的贡献。而GDP和港口吞吐量分别反映了社会经济总量和港口生产总量,因此定量研究港口物流对经济发展的影响就直接研究这两个指标之间的关系。

(2)定量分析模型——协整理论。

在宏观经济里有种现象,许多经济指标都遵循随机游动过程。但两个或多个随机游动的随机变量(非平稳的)的某个线性组合是平稳的(这种关系称作协整关系),这样就可以得到有效的统计推断,并且揭示它们之间潜在的长期关系。格兰杰用“协整”这个术语表示非平稳变量的平稳组合。近些年来,协整理论在我国经济领域的应用有了快速的发展,逐渐应用到国民经济中的各个部门。

项目二　长江流域港口物流发展模式

教学要点

(1)掌握长江流域港口物流发展情况和发展的趋势;

(2)了解长江沿线各港口集装箱的节点物流的流程。

教学方法

可采用讲授、情境教学、案例教学和分组讨论等方法。

港口有大小,实力有强弱,不同层次、不同类型的港口物流的经营目标和市场定位是不同的,港口物流服务的范围和重点也是不同的。港口要因地制宜选择自己的港口物流发展模式。本项目拟以国内外港口物流发展模式为基础,研究长江流域港口物流的发展模式,旨在为其发展物流的实践活动起到理论指导作用。

一、长江流域港口物流发展概况

长江流域主要港口都分布在长江经济带上。长江经济带原称长江三角洲及沿江地区,东起上海、西至四川攀枝花市,跨越江苏省、浙江省、安徽省、江西省、湖北省、湖南省和四川省,包括37个城市和4个地区,共41个行政单位,其中上海市和重庆市为两个直辖市。长江经济带是整个长江流域中最发达的地区,也是全国除沿海开放地区以外,经济密度最大的地带。经50多年的建设,长江沿江港口已初步形成码头种类齐、布局日趋合理的总体格局,港口功能已由以装卸、集散货物为主的运输功能逐步扩展到仓储、加工和商贸等多个物流领域,为振兴港口城市乃至整个地区经济作出了重大贡献,但总体上长江港口特别是中上游地区港口的落后面貌还未得到根本改变。

目前,长江干线共有港站约220余个,生产性泊位3193个,其分布广、类型多,规模、发展水平、地位和作用相差极大,腹地经济发展也不均衡,在布局上明显呈现出大、中、小层次结构。单从数量上看,占绝大多数的是小港站,这些小港口具有分布面广,运输需求小等特点,是当地对外物资交流的重要节点,也是长江港口体系的有力补充。但其规模小,功能单一,基础设施简陋,生产力发展水平低,服务范围较为窄小,在发展上,宜因地制宜,注重经济实用。长江干线规模以上港口有30个,其中主要港口15个,分别为泸州港、重庆港、宜昌港、荆州港、岳阳港、武汉港、黄石港、九江港、安庆港、马鞍山港、芜湖港、南京港、镇江港、苏州港、南通港地区;重要港口15个,分别为水富港、宜宾港、涪陵港、万州港、巴东港、枝城港、洪湖港、鄂州港、武穴港、池州港、铜陵港、扬州港、泰州港、常州港、江阴港。这些港口在空间分布上,横跨东西,从长江头到长江尾,且保有适当距离,或有充足腹地资源,符合港口规模化发展的要求从功能上看,这些港口包含了长江上大宗货物运输的全部专业化泊位从规模上看，这些港口具有较好的分布性和代表性，是长江港口的主体和发展对象。从分地区的构成来看，下游地区规模以上港口趋于超负荷运转状态；中游地区由于“九五”、“十五”期间港口基础设施建设项目较少，水运发展趋于低谷，目前的港口通过能力基本能满足需求；上游地区港口通过能力基本满足需求。

上海港。上海港是我国第一大港，靠江近海，地处长三角水网地带，水路交通十分发达。港口的直接腹地主要是长三角地区，包括上海、江苏南部和浙江北部。上海港的崛起和近代上海的经济繁荣，得益于其腹地长江大流域经济的支撑，这可称为除港城互动之外的港口与区域互动。

2005 年上海港海港货物吞吐量完成 4.43 亿 t，同比增长 16.9%，约占全国规模以上沿海港口吞吐量的 15%，首次超过新加坡港（4.23 亿 t），成为世界第一大货运港。“十五”期间，上海港货物吞吐量增长了 116.8%，外贸货物吞吐量增长了 142.3%。

为了满足集装箱运输的需求，上海港开发建设了外高桥集装箱码头、洋山深水集装箱码头，其集装箱吞吐量增长很快，如图 4-1 所示。

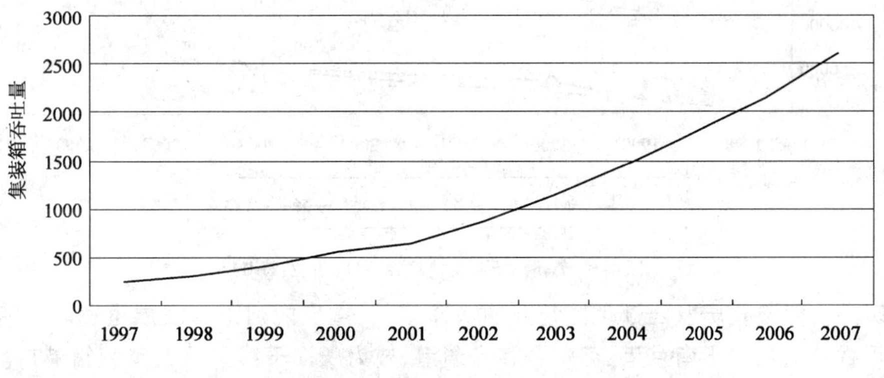

图 4-1　上海港历年集装箱吞吐量（单位：万 TEU）

南京港。南京港依托华东重镇南京市，经济地位突出，交通条件优越，是长江三角洲地区的主枢纽港。经过改革开放以来的发展，今天的南京港已成为我国华东地区及长江流域地区江海换装、水陆中转、货物集散和对外开放的多功能的江海型港口，2005 年货物吞吐量已突破亿吨。2005 年南京港在生产经营方面取了较好的业绩，完成货物吞吐量 10686 万 t，比上年增长了 11.4%，集装箱完成 50.5 万 TEU，同比增长 23.3%。2005 年南京港石油及制品、金属矿石、煤炭钢铁、化工原料、集装箱六大主要货种完成吞吐量约占港口总吞吐量的 85%，如图 4-2 所示。

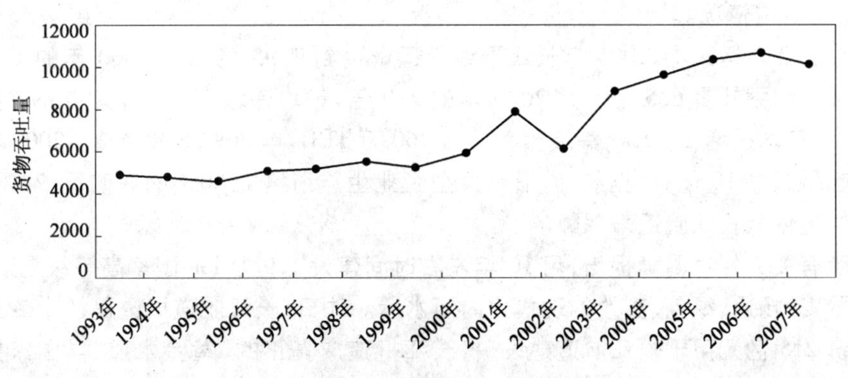

图 4-2　南京港历年货物吞吐量（单位：万 t）

苏州港。苏州港是太仓港、常熟港、张家港港三港合一建立起来的新型港口。其中，太仓港是上海国际航运中心"中心两翼型"组合港口内翼的重要组成部分，古称浏家港。1996年11月，国家口岸办批准原太仓港为一类口岸，1999年9月，国家海关总署批准原太仓港为集装箱中转港。太仓港以钢材、集装箱、石油化工、煤炭和件杂货中转为主。钢材主要流向上海、苏州地区；木材主要流向为苏州、上海地区；煤炭主要流向为本港区发电厂（其中有一部分分流到长江中上游地区）；集装箱主要流向为上海、苏州、长江中上游地区；石化主要流向为苏州、上海地区以及长江中上游地区，如图4-3所示。

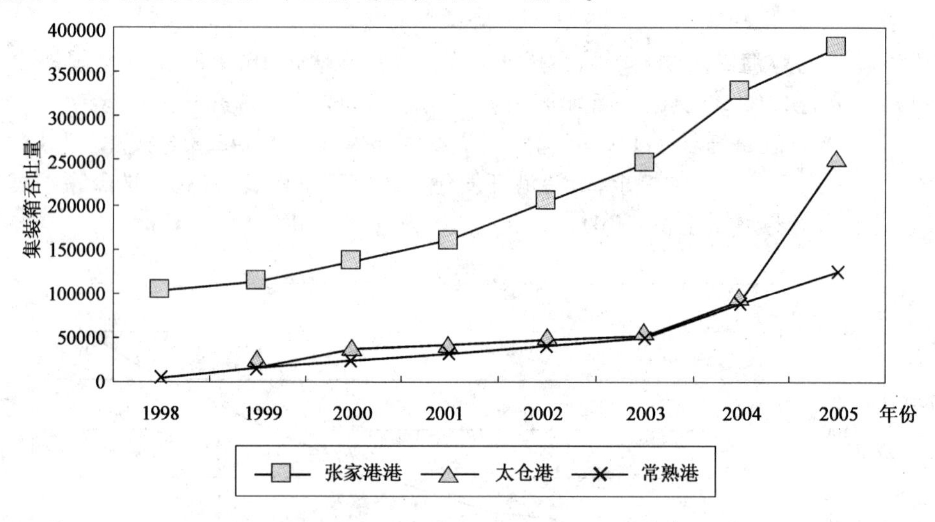

图4-3　苏州港历年集装箱吞吐量（单位：TEU）

重庆港。随着重庆及西部地区经济的快速增长，重庆内河港口发展迅速。2009年重庆港集装箱吞吐量仅次于南京港、苏州港和南通港，成为长江干线第四大集装箱港口。重庆港已成为长江中上游及中西部最大的枢纽港。截至2010年年底，重庆全市港口形成货运12399万t、客运9680万人次的吞吐能力，已基本形成主城（重庆港）、万州港、涪陵港三个枢纽港，拥有各类生产性码头泊位1300多个。巴南佛耳岩码头、万州江南集装箱码头、涪陵黄旗五举头码头、长寿长兴码头等五个码头的建设列入国家"十二五"规划。

二、长江流域港口物流发展现状

1. 长江港口物流发展概况

（1）运量完成情况。

从整个长江航运来看，2005年长江干线货运量达到7.95亿t，是2000年的1.65倍；重要港口完成货物吞吐量6.5亿t，是2000年的2.9倍，年均递增23.5%，其中外贸货物吞吐量7800万t，年均递增22.0%，集装箱吞吐量260万TEU，年均递增30.4%。2007年长江干线港口吞吐量超过10亿t。据统计，沿江大型企业生产所需约80%的铁矿石、72%的原油、83%的电煤是依靠长江航运来保障的。

国务院有关文件也明确提出，用10年左右时间建设1.9万km国家高等级航道，把长江初步建成平安、畅通、绿色、高效的现代化内河水运。昨日，长江航道局透露，"十二五"期间，国家将投资215亿元用于长江航道建设，将长江打造成真正的"黄金水道"。国家如此重视长江航运，原因何在？

六成货物周转靠"跑码头"。一条长江抵得上20条铁路线，在铁路、公路、水运、航空等交通运输方式的较量中，不少人习惯上认为铁路的高速度、大运量、低成本优势明显，尤其是高铁时代的到来，铁路货运运能得到空前释放，"铁老大"的地位难以撼动。殊不知，在货物运输这个"江湖"里，素有"黄金水道"之称的长江才是真正的"江湖老大"。

首先，水运在区域经济社会发展中具有不可替代的重要作用。据统计，长江干流沿线九省市GDP总量占全国的40%，长江沿岸聚集了全国500强企业中的近200家。长江水系水运货运量、货物周转量分别占全社会的20%、60%，长江干线水运完成了沿江地区近85%的煤炭和铁矿石运输任务，钢铁、化工品和汽车产量分别占全国的33%、46%和40%。据测算，长江水运对沿江九省市经济发展的直接和间接贡献就达1.2万亿元，带动就业近千万人。长江三角洲水网地区，水运的地位更加突出，承担着近80%的社会货运量。

其次，在运输能力上，近年来，长江干线货运量保持了年均两位数的增长速度，高于我国GDP增速。2009年，长江干线完成货运量13.3亿t，是美国密西西比河的2倍，是欧洲莱茵河的3倍，已经成为世界上运输最繁忙、货运量最大的通航河流。2010年，长江干线货运量超过15亿t，再创历史新高，其年运输能力抵得上20条铁路线。

此外，与铁路、公路等运输方式比较，水运具有成本低、占地小、能耗小、安全且绿色环保的优势。据测算，从重庆到上海通过长江、铁路、公路运输集装箱的单位运价比约为1:2:6；在运输距离相同的情况下，三级或四级航道的通过能力为干线铁路的1~1.5倍、高速公路的4~6倍；从耗能方面看，公路、铁路、长江干线每千吨公里运输周转量能耗比是14:2:1；从污染排放方面看，内河航运污染物单位排放量是公路的1/15、铁路的1/1.2。同时，内河航运占地少，长江干线单位占地产生的货物周转量是公路的167倍、铁路的13倍。

5年再投215亿元，长江将变"水上高速公路"。长江航运虽然取得了显著的成就，但是与世界内河航运发达国家相比，还存在一定差距。比如，与美国密西西比河和欧洲莱茵河相比，长江航运基础设施相对落后，航运潜力并没有充分发挥，尤其是在航道基础设施建设方面仍需要提高。发达国家的内河航道等级较为统一，且基本都形成干支相通、布局合理的高等级航道网；而长江干线航道虽经过多年系统整治，但部分航道等级仍然较低，中游的荆江河段"卡脖子"阻航，碍航险滩30余处，下游"三沙"（福姜沙、通洲沙、白茆沙）水道成为海轮进江的主要"瓶颈"。

"十一五"以来，长江航道建设投资力度空前加大。在过去5年中，长江航道局按照"延上游、畅中游、深下游"建设思路，完成建设投资54.24亿元，长江35处碍航浅滩得到了大规模整治。通过集中治理，长江下游航道初步实现了深水化，南京至太仓段航道水深达10.5m，太仓至长江口航道水深达到12.5m，3万吨级海轮可常年通达南京，5万吨级海轮可常年到达太仓；中游荆江河段的最低航道维护水深从2.9m提高到了3.2m，枯水期通航紧张局面明显缓解；上游重庆至宜宾航道最低的航道水深从1.8m提高到了2.7m，达到三级航道标准，实现了2838km干线航道全河段全天候通航。

而在交通运输部"十二五"期的投资计划中，初步确定长江航道建设投资将达到215亿元，其中航道治理165亿元，其他基础设施建设50亿元。"航道整治后，水深扩大，船舶通航能力提高，相当于陆地上把一级公路升级为高速公路，无论是长江沿岸的产业还是港口，都将获得巨大经济效益。"

治理中游水运无忧，5000吨级海船将通达武汉。长江中游河段上起宜昌，下至武汉，全长626km，历来是长江航道建设维护的重点河段，集中了一批重点碍航水道。其中，荆江河段九曲回肠、滩多水浅、复杂多变，是长江中游乃至全线著名的"卡脖子"河段，久而久之，成了长江水运的“肠梗阻”。因此,作为连通西部到东部出海口的必经之路——长江中游航道整治可谓举足轻重,中游畅才能长江畅。

近年来,国家加快实施航道的大规模整治,中游航道维护水深尺度提高至3.2m,提高了枯水期中游航道的通过能力,三峡成库后上游通航条件也大为改善。长江2838km全部为高等级航道,实现昼夜通航。

2008年9月,长江上游宜宾至重庆水深提高到2.7m,历史上首次实现了干线航道全河段昼夜通航。2009年11月,宜昌至城陵矶河段枯水期水深从2.9m提升到3.0m,打破了56年枯水期2.9m水深的局面,2010年,该航道水深再次提升,达到3.2m,与此同时,长江海轮航线又向内陆延伸了228km,从此,岳阳港以下长江航道每年4月开始至9月结束可供8000吨级海轮航行。

“十二五”期间,长江中游航道整治建设将由此前的单一项目治理走向系统整治,共实施36个项目,主要分布在芦家河、周天、窑监、界牌、武桥等9个重点碍航水道。通过实施一系列航道整治工程,提高长江中游航道通过能力,消除长期困扰长江水运发展的中游“肠梗阻”现象。到“十二五”末,长江中游宜昌至城陵矶段航道水深将由目前的2.9m提高到3.5m,城陵矶至武汉段航道水深由3.2m提高到3.7m,五千吨海船可通达武汉,三千吨级船舶通达城陵矶,长江中游航道通过能力大大提高。

亿吨大港吞吐内陆,武汉将成中部水上“门户”。湖北境内长江干流全长1038km,占长江干线通航里程2838km的36%,在沿江各省市中位居第一。

2008年5月,湖北省委、省政府审时度势,整合资源,跨行政区划打造武汉新港;武汉长江中游航运中心建设2010年上升为国家战略,进一步推动了武汉内陆大港的复兴。2010年4月28日,武汉“江海直达”航线复航,从阳逻港到上海洋山港这条“水上高速公路”,货物48h即抵上海洋山港出口大洋彼岸。为内陆地区出口物流利用黄金水道出关筑起了一道快速通道,每箱货物可节约运输成本550美元;中远直达快航,使湖北货物接转欧洲干线班轮的时间缩短了一周。同年12月25日,武汉新港的当年货物吞吐量突破1亿吨大关,让这个曾经辉煌的内陆港口,再次跻身中国内河港口第一方阵,成为长江中上游第一大港口。

目前,湖北省沿长江展开的钢铁和石化工业走廊、沿汉江展开的汽车工业走廊都具备了相当规模。全省85%以上的煤炭和石油、90%以上的电煤等大宗货物需从省外调入,水运量所占比例达到20%。武钢集团、武汉石化、神龙汽车等大型企业正扩大水运,大出大进,形成更大规模效应。而随着武汉新港的建设,武汉制造业的竞争力将进一步增强。根据测算,水运每马力运量可达9t,是火车的4倍、汽车的50倍、飞机的100倍;水运能耗低,不及火车的一半,只有汽车的1/8、飞机的1/100。届时,武钢的铁矿石、80万t乙烯工厂所需要的原油,在运费上将节约一大块。通江达海的便捷、运输成本的低廉,使武汉新港再次受到货运物流的青睐。据了解,川、渝、豫、湘等内陆省市的外贸货物,以及福建、浙江等沿海地区销往内地的货物,又开始大量选择在武汉中转。随着国家对长江航道建设的大规模投入,武汉将逐步由内陆城市变为“沿海地区”,成为中部地区走向海外的水上“门户”。

历年来,长江干线港口吞吐量走势如图4-4所示。由图4-5可见,长江干线港口吞吐量2003年之前,增长比较平稳;2004年后年后增长非常快。随着经济的发展,适箱货比例越来越高,集装箱运输对经济的发展、物流的开展变得更加重要。长江各港口抓着机遇,适时建设集装箱码头,推动集装箱运输的开展。长江干线主要集装箱港口有上海港、南京港、苏州港、南通港、镇江港、重庆港,其港口集装箱吞吐量走势如图4-5所示。

(2)基础设施及运输船舶概况。

长江干线水富至长江口航道里程计2838km,水富至宜昌1074km,可通航500~3000吨级内河船舶;宜昌至武汉624km可通航1000~3000吨级内河船舶及组成的船队;武汉至长江口1140km可通航3000~5000吨级内河船舶及其组成的船队。武汉以下可通航5000吨级海船,南京以下常年通航3万吨级海船,5万吨级海船可乘潮到南京。

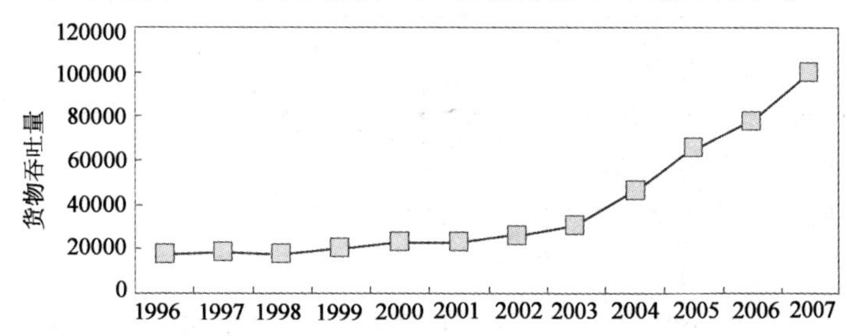

图4-4 长江干线港口历年货物吞吐量(单位:万t)

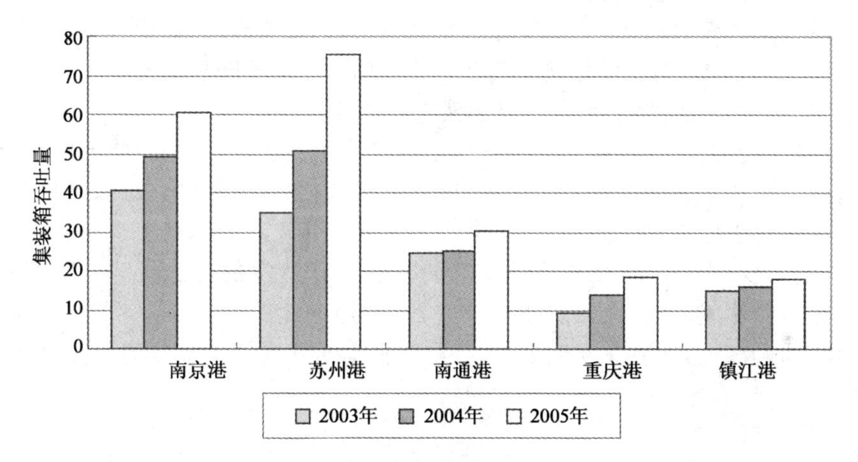

图4-5 长江主要内河港集装箱吞吐量比较(单位:万TEU)

长江干线有港点220余个,共有15个一类开放港口口岸,初步形成了以重庆、宜昌、城陵矶、武汉、九江、芜湖、南京、镇江等大中城市为依托、大中小型港口相结合,铁水、公水、江海河联运的港口体系。长江水系省际运输船舶8.1万艘、1970万载重吨,船舶平均吨位达243t。机动驳比重不断上升,一些新型专用船舶如化学品船、液化气船、汽车滚装船、散装水泥船从无到有,已初具规模。

(3)市场主体发展概况。

长江干线主要港口企业有上海国际港务(集团)股份有限公司、南京港口集团、芜湖港口集团、武汉港务集团有限公司、宜昌港口集团、重庆港口集团等,随着长江流域经济的持续稳定发展,港口企业呈现码头泊位深水化、运输集装箱化、高科技化和港口经营多样化等特点。长江水系从事省际运输的航运企业主要有我国远洋物流有限公司、中海集团物流有限公司、长航集团和长安民生等。长江流域主要货运代理企业有中远、中外运、长航集团和民生等,分别在不同区域占据主要市场份额。

综上所述,长江航运具有良好的发展势头。随着沿江地区城市化进程的加快,拉动了各地对钢铁、水泥、矿建材料的需求,大宗散货运输总体稳步增长,长江干线货运量、港口货物吞吐量等都得到较大程度增长,这说明港口物流的发展速度相当可观。

2. 长江流域港口物流需求分析

长江经济带是整个长江流域中最发达的地区，也是全国除沿海开放地区以外，经济密度最大的地带。长江经济带七个省、两个直辖市经济的发展走势如图4-6所示。

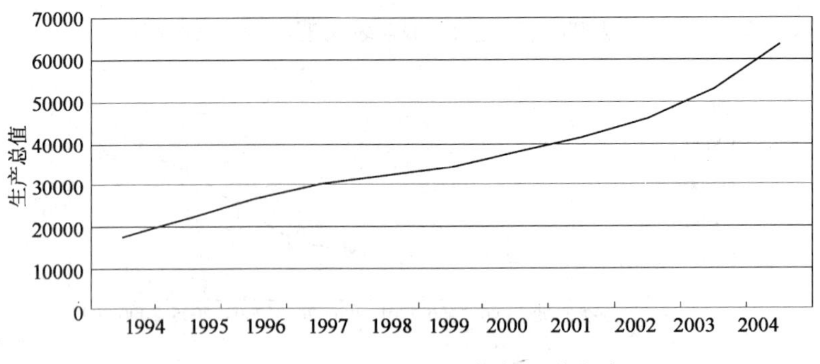

图4-6 长江流域地区历年生产总值变化（单位：亿元）

"与沿海和其他经济带相比，长江经济带拥有我国最广阔的腹地和发展空间，是我国今后15年经济增长潜力最大的地区"。据专家预测，在新世纪的战略机遇期内，我国经济的总体增速将保持在8%左右，而长江经济带在未来15年的经济增长速度将超过全国经济的平均增速，到2020年前后长江经济带的经济总量将达到全国的50%。

经济要发展，物流需先行。在长江干线城市经济快速发展的今天，对物流的需求将更为迫切。因此，整合长江干线的现有物流资源，形成统一的、综合的、全方位的、多层次的、快捷高效的物流系统，对于经济快速发展，就显得十分重要。而长江航运具有运量大、成本低、能耗小、投资省、占地少、岸线优及横贯东西、沟通南北、通江达海的突出优势。西部开发战略的实施、西南经济的快速发展，也依赖于横贯东西、沟通南北的长江航运物流。依托长江航运，整合航运资源，大力发展港口物流服务，有利于提高长江港口的竞争力和整体效益，也有利于沿江产业密集带的形成。

3. 长江干线港口物流优势

从目前的长江干线港口物流运作情况来看，除了上海、重庆、南京等少数港口已经把物流作为一个产业支柱来经营外，还有大部分港口并没有对这一块给予格外的关注，或者说，有相当一部分看准了这块市场，还没有及时进入。但是港口企业恰恰具有从事现代物流的得天独厚的优势，完全能够优化整个物流链，保持物流链的稳定，甚至能够成为整个物流链的领导者和控制者。

（1）港口一般都是水路、公路、铁路的交汇点，是交通运输的枢纽，是物资流通集散地。"集、疏、储、运、并"等综合功能齐全，是开展物流综合服务最理想的场所。

（2）港口基础设施较为完善。航道、港池、锚地、浮筒、码头、栈桥、仓库、场地等设施应有尽有，有较强的中转能力和运输能力，最能为物流运输提供周全的硬件。

（3）由于港口一般都具有悠久的历史，加之行业的特殊性，港口具有较高素质的干部队伍和技术队伍。

（4）由于港口通江达海，客户来自五湖四海，获取信息快捷、渠道多、来源广。这在信息时代发展现代物流具有其他行业不可能比拟的优势。

（5）由于运输线的牵连，港口上、下游物流链最为明晰，最能方便地与上、下游物流链企业结成战略伙伴。基于上述突出优势，港口发展现代物流无形中早已积蓄了无与伦比的潜力，完全能够在发展现代物流中大展宏图。

项目三　集装箱运输船舶及其航线

教学要点

(1)掌握集装箱船舶的种类和海上集装箱运输的航线;

(2)了解海上集装箱运输的业务流程。

教学方法

可采用讲授、情境教学、案例教学和分组讨论等方法。

一、集装箱船舶的类型

集装箱船舶是随着集装箱运输发展而产生的一种特殊船型,由于集装箱运输航线的货源情况变化、集装箱联运业务的发展以及船舶营运的需要,促使集装箱的装载方式发生了变化,由此产生了许多不同种类的集装箱船舶。目前而言,集装箱船大致可分为以下五种:

1. 按船型来分

(1)全集装箱船(Full Container Ship)。

船舶的所有货舱是专门为装运集装箱而设计的,不能装载其他货物,这种船也称为集装箱专用型船,如图 4-7 所示。

(2)半集装箱船(Semi-Container Ship)。

这种船舶一部分货舱设计成专供装载集装箱,另一部分货舱可供装载一般件杂货。集装箱专用舱一般是选择在船体的中央部位,这种船也称为分载型船,如图 4-8 所示。

图 4-7　全集装箱船

图 4-8　半集装箱船

(3)兼用集装箱船(Convertible Container Ship)。

兼用集装箱船又称可变换的集装箱船,这种船舶在舱内备有简易可拆装的设备。当不装集装箱而装运一般杂货或其他散货时,可将其拆下。散/集两用船(Bulk-Container Carrier)或多用途船(Multipurpose Carrier)都属于兼用集装箱船,如图 4-9 所示。

(4)滚装集装箱船(Roll On/Roll Off Container Ship)。

滚装船又可称为开上开下型船。用这种船舶在码头装卸集装箱不需要码头的装卸设备,而是利用船舷、船首或船尾处的开口跳板,将集装箱连同底盘车一起拖进(出)船舱,如图 4-10 所示。

(5)载驳船(Barge Carrier),又称子母船。

将驳船装入母船体内,集装箱则装在驳船上,而海上运输由母船完成。采用载驳船方式可以加快母船的周转,简化对码头设施的要求。载驳船比较适合于江海联运的情况,如图4-11所示。

图4-9　兼用集装箱船

图4-10　滚装集装箱船

2. 按船舶吨位大小分

按船舶吨位分为第一代集装箱船、第二代集装箱船、第三代集装箱船、第四代集装箱船、第五代集装箱船和第六代集装箱船,具体如表4-1所示。

第一代到第六代集装箱船的分类标准　　表4-1

类别	船长(m)	船宽(m)	吃水(m)	载箱量(TEU)	航速(kn)
第一代	~170	~25	8	700~1000	20
第二代	~225	~29	~11	1000~2000	22
第三代	~275	~32	~12	2000~3000	26
第四代	~295	~32	>12	3000~4000	24
第五代	~280	~39.8	14	4000~6000	24.5
6000TEU	~318	~42.8	~14	6000	24.6
8000TEU	~325	~46	~14	8000	25.2
9000TEU	~350	~42.8	14.5	9000	25.4
11000TEU	400	56	16	10000	25.4

3. 按航线特点分类(如图4-12所示)

图4-11　载驳船

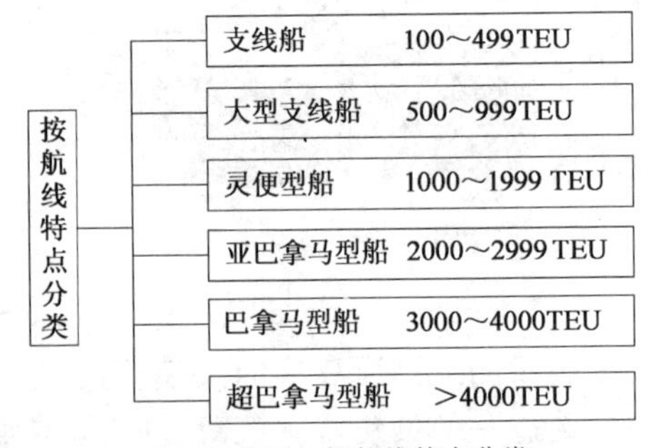

图4-12　按航线特点分类

二、集装箱船舶的结构特点

集装箱船的机舱基本上设置在尾部或偏尾部。这样布置主要是为方便货舱尽可能的方整,以便更多地装载集装箱,如图4-13所示。

集装箱船船体线形较尖瘦，外形狭长，船宽及甲板面积较大，以保证较高的航速和合理的甲板装载。为防止波浪对甲板上集装箱的直接冲击，设置较高的船舷或在船首部分设置挡浪壁，如图4-14所示。

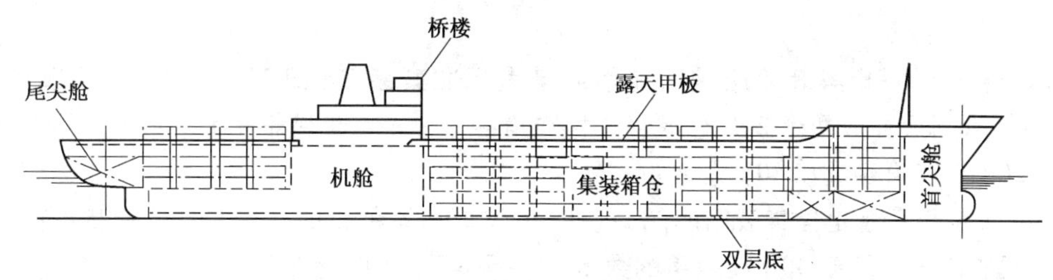

图4-13　吊装式全集装箱船舶的船型结构图

集装箱船为单甲板，上甲板平直无舷弧和梁拱，不设置起货设备，在甲板上可堆放2～5层集装箱，直接堆装在舱口盖上，并有专用的紧固件或捆扎装置，以利于固定货箱。

船体由水密横舱壁分隔为若干货舱，货舱口大，有的船呈双排或三排并列。货舱口宽度等于货舱宽度，可达船宽的70%～90%，以便于集装箱的装卸和充分利用货舱容积。

货舱内装有固定的格栅结构，以便于集装箱的装卸和防止船舶摇摆时箱子移动。格栅结构由角钢立柱、水平桁材和导箱轨组成。在装卸时，集装箱可通过导箱轨顶端的喇叭口形的导槽，顺着导箱轨顺利地出入货舱。货舱内纵向一般可装2个40ft或4个20ft的集装箱，在横向可装6～14列集装箱，而在垂向可堆放5～11层集装箱。装在舱内的集装箱被放置在格栅结构的箱格中，因此无需紧固，如图4-15所示。

图4-14　线形较尖瘦集装箱船船体

图4-15　集装箱的装载

船体为双层结构，具有两重侧壁和双层底。一般地，船体两侧和船底部不能装载集装箱的部位设置边深舱（舱口围板向舱内的延伸部分与船侧外板形成的双层壳结构）和双层底舱，可装压载水以调整船舶的稳性。这种结构大大地增强了船舶的纵向强度，如图4-16所示。

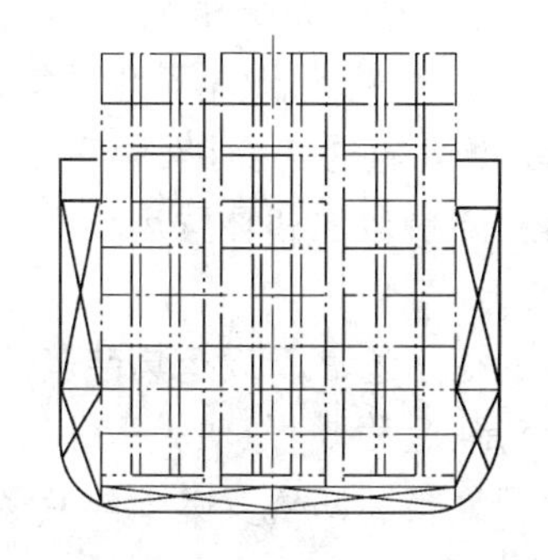

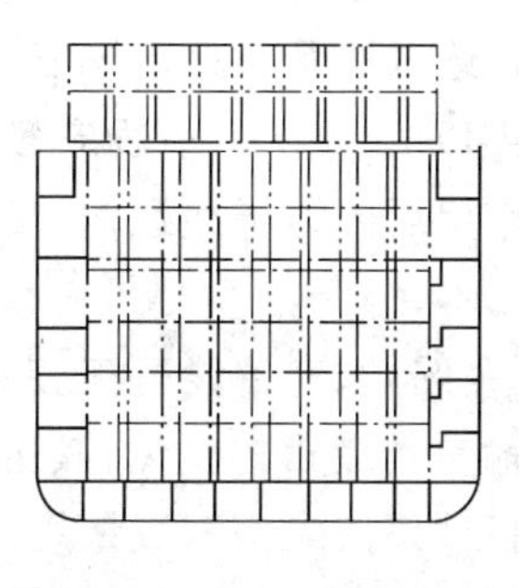

图4-16　船舶的横向强度

三、集装箱船舶的箱位容量

1. 标准箱容量

标准箱容量是指集装箱船舶所能承载最大标准集装箱(即20ft集装箱)的数量,如系40ft集装箱,则换算成两个20ft标准箱。标准箱容量是表示集装箱船舶规模大小的标志。

2. 20ft集装箱容量和40ft集装箱容量

20ft集装箱容量是指集装箱船舶最多能装载20ft集装箱的数量。40ft集装箱容量是指集装箱船舶最多能承载40ft集装箱的数量,它并不等于船舶标准箱容量的一半。

3. 特殊箱容量和巴拿马运河箱容量

特殊箱容量是指集装箱船舶承运如危险货箱、冷藏箱、非标准箱等特殊箱数量的最大限额。巴拿马运河箱容量是指巴拿马运河当局对通过运河船舶的盲区有特殊的要求,根据这一规定,集装箱船舶中不少的船舶,在舱面前部许多箱位上不能承载集装箱,因此集装箱船舶除有一般箱数量外,还有一个通过巴拿马运河的标准箱容量。

四、集装箱船舶的航线

1. 集装箱运输航线发展概况

自1956年4月美国海陆公司开辟纽约—休斯敦集装箱航线至今,海上集装箱船舶运输航线已经有48年的历史了。由于国际集装箱运输的迅速发展,集装箱运输航线也逐渐成为全球性的国际航线,世界上主要的集装箱运输航线已达40多条。

第一阶段(1956—1966年):仅开辟美国沿海航线,使用船舶由普通货船或油船改装。第二阶段(1966—1970年):开辟国际集装箱航线,("北—北航线");使用第一代集装箱船。第三阶段(1971—1984年):开辟了许多发达国家与发展中国家之间的集装箱航线("北—南航线");世界班轮航线的集装箱化体制已初步形成;开始发展集装箱支线运输和陆桥运输(20世纪80年代初);使用第二、三代集装箱船。第四阶段(1984年至今):开辟了发展中国家和地区之间的集装箱航线,通常称为"南—南航线";1984年中国台湾长荣公司率先开辟了环球集装箱船运输航线;支线运输在世界范围内已形成网络化、系统化;使用第四、五、六代集装箱船。

2. 集装箱运输航线的类型

目前,世界上规模最大的三条集装箱航线是远东—北美航线,远东—欧洲、地中海航线和北美—欧洲、地中海航线。这三条航线将当今全世界人口最稠密、经济最发达的三个板块——北美、欧洲和远东联系起来。这三大航线的集装箱运量占了世界集装箱海运运量的大半壁江山,如图4-17所示。为了适应多种集装箱运输的需要,集装箱航线的类型也变得多样化,按航线的作用可分为干线运输、支线运输、陆桥运输和环球运输。

(1)干线运输。

指用大型集装箱船舶,在各设有集装箱码头的枢纽港之间载运集装箱的远距离(跨越海洋)运输。干线运输是集装箱的主体,其主要特点是:运程长;船舶大型化、高速化;适箱货源量大且较稳定;集装箱码头配备有数量足够的大型集箱装卸桥及其他配套的高效机械设施;集装箱码头管理现代化。世界主要集装箱运输干线有:

①太平洋航线。

远东—北美西岸航线：该航线包括从中国、朝鲜、日本、前苏联远东海港到加拿大、美国、墨西哥等北美西海岸各港的贸易运输线。从我国的沿海地各港出发，偏南的经大隅海峡出东海，偏北的经对马海峡穿日本海后，或经清津海峡进入太平洋，或经宗谷海峡，穿过鄂霍茨克海进入北太平洋。

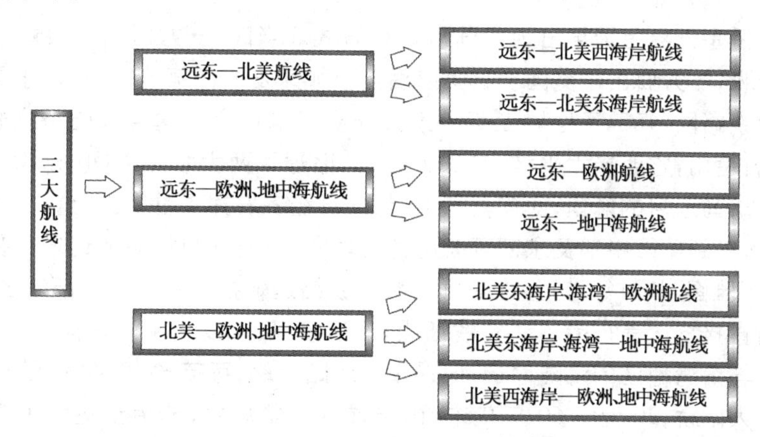

图4-17　世界三大集装箱航线

远东—北美东岸航线（经过夏威夷、巴拿马运河）：该航线常经夏威夷群岛南北至巴拿马运河后到达。从我国北方沿海港口出发的船只多半经大隅海峡或经琉球庵美大岛出东海。

远东—地中海和欧洲航线：该航线大多是经马六甲海峡往西，经苏伊士运河至地中海、西北欧的运输，分为远东—地中海和远东—欧洲两条航线。本航线是一条远程航线，多数采用大型高速集装箱船运营，航线货运也较繁忙。

远东—南美西海岸航线：从我国北方沿海各港出发的船只多经琉球庵美大岛。硫磺列岛，威克岛，夏威夷群岛之南的莱恩群岛穿越赤道进入南太平洋，至南美西海岸各港。

远东—东南亚航线：该航线是中、朝、日货船去东南亚各港，以及经马六甲海峡去印度洋，大西洋沿岸各港的主要航线。东海、台湾海峡、巴士海峡、南海是该航线船只的必经之路，航线繁忙。

②大西洋航线。

该航线实际包括了欧洲北美东岸、海湾、地中海和北美西岸—欧洲、地中海两条航线。

③印度洋航线。

印度洋航线以石油运输线为主，此外有不少是大宗货物的过境运输。

波斯湾—好望角—西欧，北美航线：该航线主要由超级油轮经营，是世界上最主要的海上石油运输线。

波斯湾—东南亚—日本航线：该航线东经马六甲海峡（20 万载重吨以下船舶可行）或龙目，望加锡海峡（20 万载重吨以上超级油轮可行）至日本。

波斯湾—苏伊士运河—地中海—西欧，北美运输线：该航线目前可通行载重大于 30 万吨级的超级油轮。

（2）支线运输（Feeder Service）。

指用小型集装箱船，在内河、沿海等地小港口之间以及与枢纽港之间载运集装箱的短程运输方式。支线运输起到集装箱集散运输的作用，可节约港口投资和开支，保证干线运输有充足的货源，可减少大型船舶的挂港次数，节省了运输时间。世界两大支线运输网络：亚洲区域和欧洲区域。

(3)陆桥运输(Land Bridge Service)。

它是一种利用横跨大陆的铁路，把海与海连接起来的一种集装箱运输方式，也是多式联运中的一种方式。主要优点：缩短了运输距离，节省运输时间。世界著名的陆桥运输线有：北美大陆桥、北美小陆桥、北美微陆桥；西伯利亚大陆桥、新亚欧大陆桥；南亚大陆桥；南美大陆桥等。

北美大陆桥是世界上最早出现的陆桥运输方式。当时，一方面由于日本通向西方的海路受到严重威胁，一方面由于美国在战争以后需要加速发展西部地区经济，于是日美联合利用美国港口和铁路网，开辟了世界上第一条大陆桥运输通道。这条大陆桥全长4500km，东起纽约，西至旧金山，它西接太平洋，东连大西洋，缩短了两大水域之间的距离，省去了货物由水路绕道巴拿马运河的麻烦，对恢复和发展美、日经济发挥了重要作用。

目前，从远东到美国中部及东部可有两种运输方式：一种利用海上运输将货物运到美国太平洋沿岸(西雅图、长滩等港)经北美陆桥利用铁路运输抵达中部及东部地区：另一种是利用全水路运输直接抵达美东港口。实践证明，从远东、日本以太平洋沿岸门户，利用北美陆桥到美国东岸与海湾地区的海陆联运，比采用全水路运输，可节省10～13d的运输时间。

西伯利亚大陆桥，20世纪60年代末，由于埃以战争爆发，苏伊士运河关闭，航运中断。同时，由于石油危机的冲击，再加上前苏联东进开发西伯利亚，于是日、苏联合，利用前苏联纳霍德卡港及西伯利亚铁路和东西欧铁路开辟了世界上第二条大陆桥，也就是世界上极负盛名的西伯利亚大陆桥。因其主要利用了东起海参崴，西到车里亚宾斯克的西伯利亚大铁路，所以称其为西伯利亚大陆桥。又因其地跨亚、欧两个大陆，所以又称亚欧大陆桥。这条大陆桥东起纳霍德卡港、东方港等港口，西至荷兰鹿特丹，全长13000km。通过这条路线，大大缩短了日本、远东、东南亚及大洋洲到欧洲的距离。比经过好望角和苏伊士运河的海上运输线缩短运距1/3，运费便宜20%～25%，运期节省35d左右。

新亚欧大陆桥。1990年9月12日，我国北疆铁路与前苏联土西铁路顺利接轨，形成了继西伯利亚大陆桥之后，又一条横贯亚欧大陆的更为便捷的铁路通道。它把太平洋与大西洋沟通起来，实现海—陆(铁路)—海的连贯运输。这条大陆桥东起我国的连云港、日照等沿海港口城市，西行出域穿越哈萨克斯坦等中亚地区，经俄罗斯、白俄罗斯、乌克兰、波兰、德国等欧洲国家，抵达大西洋东岸荷兰的鹿特丹、比利时的安特卫普等欧洲口岸，全程长达11000km左右。

(4)环球运输(Round Line)。

环球运输类似干线运输，即用大型集装箱船舶，在集装箱枢纽港之间载运集装箱的环绕地球运输方式。环球航线分东行线和西行线两条航线，都从东亚开始出发。东行线为：太平洋—巴拿马运河—大西洋—地中海—苏伊士运河—印度洋—太平洋，西行线则反向而行。每隔7d对开一班，航次时间为80d。

五、世界各国港口介绍

1. 上海港

上海港地处长江口及黄浦江内，位于长江三角洲东端的上海市境内，居我国南北海岸线的中心。临江面海，地理位置十分优越。上海港区总面积3618.3km^2，其中长江口水域3580km^2、吴淞口内水域33km^2、陆域5.3km^2。港务局公用码头生产用泊位140个，长度

19km；生产用库场面积 210.5 万 m^2；装卸机械 3344 台。2007 年上海港已经超越新加坡港成为世界第一大港。

2. 鹿特丹港

在荷兰，鹿特丹几乎就是港口的代名词。鹿特丹港港区面积超过 $80km^2$，江轮码头岸线长 33.6km，总泊位 656 个，航道最大水深 22m。鹿特丹有 3 个大港区，分别是博特莱克港、欧罗港区和马斯弗拉克特港区。鹿特丹是世界上主要的集装箱港口之一。它的装卸过程完全用电脑控制，码头上各种集装箱井井有条地堆放在一起。2007 年该港排名为世界第七位。

3. 安特卫普港

安特卫普港地处斯海尔德河下游，是比利时最大的海港，欧洲第三大港。该港港区总面积 10633 万 m^2，岸线总长 99km。安特卫普 16 世纪就成为欧洲十分繁荣的商业港口城市，比利时全国海上贸易的 70% 通过该港完成。安特卫普港以港区工业高度集中而著称，现有港区主要分布在斯海尔德河右岸。

4. 釜山港

釜山港地处朝鲜半岛东南部，隔朝鲜海峡与日本福冈、北九州等地相望，为韩国重要的枢纽港口。釜山港一度是世界第三大集装箱港，但近两年被中国上海港和深圳港超越而降为世界第五大集装箱港。韩国政府自 1995 年起规划在釜山西北的港湾建设新港，以扩大釜山港的货物吞吐、转运能力。刚刚竣工并投入使用的釜山港新港拥有 3 个集装箱码头，每年可处理 90 万 TEU。按照规划，新港到 2011 年完工时将具有 30 个集装箱泊位，每年可处理 804 万 TEU。届时，釜山港每年处理集装箱的能力将增加到 1400 多万 TEU。

5. 天津港

天津港地处华北的经济中心天津市，是我国北方重要的国际港口，也是亚欧大陆桥理想的起点港之一。天津港有水域面积超过 $180km^2$，陆域面积 $20km^2$，各类泊位 146 个，岸线长 20130m，其中万吨级以上深水泊位 48 个，库场总面积为 240 万 m^2，生产用装卸机械 1035 部（台）；港作船舶 59 艘。天津港先后与日本神户港、东京港，澳大利亚墨尔本港，美国费城港、塔科码港，意大利的德里亚斯特港和荷兰阿姆斯特丹港 7 个国际港口结为友好港。天津港是北京的出海门户，已经成为中国北方的最大港。

6. 深圳港

深圳港位于广东省珠江三角洲南部，珠江入海口东岸，毗临香港。港口迅速崛起，建成蛇口、赤湾、妈湾、东角头、盐田、黄田机场、沙鱼涌、内河 8 个港区。深圳港已进入世界十大港口行列。深圳港口水域面积 $106km^2$，陆域面积 $16km^2$，500 吨级以上泊位 113 个，其中生产性泊位 100 个，万吨级以上深水位 26 个；集装箱专用泊位 5 个。码头总长 12965m，最大靠泊能力 7.5 万吨级，库场面积 169.21 万 m^2，装卸机械约 800 台。2007 年深圳港已经排名世界第四位，如表 4-2、表 4-3 所示。

2009 年十大集装箱船东 表 4-2

排名	船公司	代码	国家或地区
1	马士基	MSK	丹麦
2	地中海航运	MSC	瑞士
3	达飞轮船	CMA	法国
4	长荣海运	CEG	台湾
5	中远集团	COS	中国

续上表

排　　名	船　公　司	代　　码	国家或地区
6	美国总统	APL	新加坡
7	赫伯罗特	Hapag-Lloyd	德国
8	中海集团	CSL	中国
9	东方海外	OOCL	香港
10	日本邮船	NYK	日本

2008 年世界十大集装箱港口　　表 4-3

排　　名	港　　口	吞吐量(万 TEU)
1	新加坡港	2992
2	上海港	2801
3	香港港	2430
4	深圳港	2140
5	釜山港	1324
6	迪拜港	1200
7	广州港	1100
8	宁波舟山港	1084
9	鹿特丹港	1083
10	青岛港	1002

思考练习

(1)中国主要的近洋航线和远洋航线有哪些?

(2)试查阅海运航线的价格。

(3)2011 年世界港口排名怎样?并介绍前 5 名港口情况。

(4)简述水路集装箱运输进出口货运基本程序。

(5)简述场站收据 D/R 的作用、组成和流转程序。

(6)为什么在集装箱配积载过程中使用不同的配积载图,它们之间的区别和联系是什么?

(7)简述集装箱船舶配积载图的种类和作用。

(8)简述集装箱箱位代码 030584 表示的含义。

任务五 陆上集装箱运输

内容简介

集装箱运输是一种先进的、规范的运输方式，自20世纪问世以来，得到了很大的发展。集装箱运输作为一种现代化的运输方式，在我国也得到了蓬勃发展，特别是自20世纪90年代后期进入了高速发展阶段。本任务主要介绍陆上集装箱运输的各种知识要点。陆上集装箱运输主要包括两种方式：公路集装箱运输和铁路集装箱运输。铁路集装箱运输拥有"距离长、连续性强、运输能力大、安全性高、运价低、速度快"的技术经济优势。公路集装箱运输是道路运输的一个分支，在多式联运中，完成短驳、串联和末端运输的任务。陆上集装箱运输是集装箱多式联运中不可缺少的一个重要环节。

教学目标

1. 知识目标

(1)了解陆上集装箱运输的发展概况；

(2)掌握陆上集装箱运输的运输车辆和设施；

(3)掌握集装箱公路运输中转站和铁路集装箱运输的装卸。

2. 技能目标

(1)能了解陆上集装箱运输的特点、合适距离、技术规范；

(2)了解陆上集装箱运输对车辆的要求；

(3)能对公路集装箱运输设置中转站；

(4)能选择铁路集装箱运输的装卸工艺方案；

(5)能解决陆上集装箱运输的实际案例。

案例导入

东方海外诉中国外运江苏集团公司苏州公司国际多式联运合同陆路运输段

原告：东方海外货柜航运有限公司

被告：中国外运江苏集团公司苏州公司

2001年11月18日华映公司与特灵台湾公司签订了进口3套冷水机组的贸易合同，交货方式为FOB美国西海岸，货物总价值为319360美元，保险由买方安排，目的地为吴江。2001年12月24日特灵美国公司出具了编号为FEINV045309的商业发票，发票全额为319360美元。原告于2001年12月27日从美国西雅图港以国际多式联运方式运输了共有3个集装箱的货物经上海到吴江。原告作为全程承运人签发了编号为OOCL19107710的空白指示提单，发货人为特灵出口公司，收货人为空白指示提单经托运人背书后的提单持有人即华映公司。涉案货损的20ft框架集装箱有2个，箱号为TRIU0604894和TRIU0610388，货物为冷水机组。货物到达上海港后，2002年1月11日原告公司职员杨逢泉与被告公司职员李险通过传真方式就关于编号为OOCL19107710提单下货物的陆路直通运费、短驳运费和开道车费用达成协议，约定上述三项费用的总金额为人民币9415元。在运输时，案外人上海港集装箱码头有限公司开出了户名为“吴江华映”的大件开道费人民币3500元。2002年6月5日被告开出了付款单位为原告的编号为0305143、0305142的2张国际货物运输代理业专用发票，发票金额为人民币9415元。

2002年1月9日，编号为95318816.7的中国外轮理货总公司上海分公司在上海卸船时出具了由沈红坚签名的理货单，涉案的箱号为TRIU0604894和TRIU0610388的2个框架集装箱无损坏记录；原告出具的编号为0745604、0745605的2份集装箱发放/设备交接单(出场联)表明，涉案箱号为TRIU0604894和TRIU0610388的2个框架集装箱离开上海外高桥港区时完好无损，而2002年1月22日涉案集装箱到达目的地吴江时由堆场值班员贺文广签署的编号为0745604、0745605的2份集装箱发放/设备交接单的“进场联”表明，货物到场时2个框架集装箱底板破损，机器设备压缩机顶部外壳破碎(内部受损程度待查)。因涉案集装箱为框架集装箱，货物包装方式为裸装，在集装箱交接时可以直接发现货物的表面状况，因此堆场值班员可以在集装箱发放/设备交接单上就货物表面状况进行记载。

2002年2月4日收货人委托的上海东方天祥检验服务有限公司出具的检验报告、2002年2月25日收货人申请的中华人民共和国吴江出入境检验检疫局出具的编号为320300102000135的检验证书和2002年4月26日中国人民保险公司吴江市支公司委托的上海大洋保险公估有限公司出具的公估报告书，虽非原告、收货人和保险人及被告共同委托，但关于货损事实的存在是可以认定的，被告对货损区段的责任提出了异议，而对货损事实未予否认，本院对货损事实予以确认。2002年4月26日人保吴江公司作为涉案货物的保险人委托上海大洋保险公估有限公司就损失进行了公估，并出具了公估报告书，因案外人人保吴江公司作为货损的赔偿责任人，其与收货人存在相对立的利害关系，并要承担对收货人损失的保险赔偿责任，且鉴于该报告书的“公估”性质，故对该公估报告书可予采信。上海大洋保险公估有限公司出具的公估报告书所确立的损失金额为211378美元。

2001年1月9日(判决书原文如此，笔者认为可能是笔误，应当是2002年1月9日)编号为95318816.7的中国外轮理货总公司上海分公司的货物在上海卸船时出具的理货单和原告的编号为0745604、0745605的2份集装箱发放/设备交接单的出场联，可以证明货物在上海卸货和出集装箱堆场时是完好的，而到达目的地吴江后0745604、0745605的2份集装箱发放/设备交接单的进场联表明集装箱和货物均存在损坏。

2001年12月24日，收货人华映公司就涉案货物的运输保险填具投保单向人保吴江公司投保。2001年12月24日保险人向华映公司开具编号为0868074的货物运输保险费发票。2001年12月24日人保吴江公司开具了编号为PYCA200132058400IT010的货物运输保险单，被保险人为华映公司。该保险合同的承保险别是中国人民保险公司1981年1月1日的海洋货运保险条款一切险，保险责任期间为仓至仓条款。2002年3月29日收货人华映公司向保险人人保吴江公司出具情况说明，并提出理赔要求。2002年4月19日收货人华映公司与受损货物的保险人人保吴江公司达成了赔偿合约，约定保险人向收货人赔偿21万美元。2002年4月26日人保吴江公司委托的上海大洋保险公估有限公司出具了公估报告书，公估定损金额为210103.56美元。2002年4月30日人保吴江公司赔付给收货人华映公司赔付金额为19万美元，折合人民币1571300元(汇率为:1美元等于人民币8.27元)的保险赔偿金，收货人华映公司签署了金额为人民币1571300元的权益转让书给保险人人保吴江公司。

2002年6月5日保险人人保吴江公司向原告发出了索赔函。2002年12月18日原告与该货物保险人人保吴江公司达成了原告赔付该货物保险人金额为11万美元的和解协议。

2002年12月23日人保吴江公司向原告签发了收据和免除责任确认书。

2002年4月11日被告已通过中国光大银行汇付给案外人吴淞公司涉案提单下货物运输的运费人民币8900元。

庭审中原、被告均同意适用中华人民共和国法律。〔双方当事人争议的主要问题〕原告诉称,2002年1月11日原告与被告达成将提单号码为OOCL19107710下的货物从上海陆路运至江苏吴江的运输协议后,原告将货物交给被告运输。原告是通过委托被告确立了陆路运输关系,并向被告或其委托的其他人交付该集装箱重箱。该货物的收货人于2002年1月21日收到货物,但发现货物严重损坏。收货人依据货物保险合同向保险人索赔,保险人赔付后取得保险代位权,并向原告进行追偿,原告与该货物保险人达成和解协议,已向该保险人赔偿11万美元。原告认为该货损系由被告在将该货物从上海运至江苏吴江的陆路运输区段发生损坏,被告作为陆路区段的承运人应负全部责任。请求判令被告向原告赔偿货物损失11万美元和利息损失,并由被告承担本案法律费用。庭审中,原告明确利息损失按照外币同期存款利率计算,期间为从原告支付货物损害赔偿款之日起至法院判决生效之日止;法律费用明确为本案诉讼费。

被告辩称,(1)原告起诉被告属诉讼对象错误,陆路实际承运人为案外人上海吴淞汽车运输服务公司(以下简称"吴淞公司"),被告仅是原告的货运代理人。货代关系中的包干费是口头约定,但以短驳费名义向原告收取;陆路实际承运人吴淞公司先向被告报价后,被告在该价格的基础上加收短驳费作为代理费。被告与案外人吴淞公司是口头委托,双方属长期合作关系,费用按月结算。(2)原告没有证据证明货损发生在陆路运输区段。(3)原告未向该货物的保险人进行抗辩,草率赔付,对此被告不承担责任。被告请求驳回原告起诉。

〔法院判词〕

上海海事法院审理认为,涉案货物运输启运港为美国西雅图,目的港为经中国上海至吴江,运输经过了海运和陆路运输,依照《中华人民共和国海商法》第一百零二条第一款所规定的"多式联运合同",运输方式应为国际多式联运。本案原定案由为沿海货物运输合同货损货差纠纷不当,现调整为国际多式联运合同陆路运输段货物损害追偿纠纷。

本案为涉外纠纷案件,原、被告在庭审中均表示适用中华人民共和国法律处理本案,原、被告对准据法的选择于法有据,本院依法可以适用中华人民共和国法律进行审理。

原、被告之间以传真方式建立的合同法律关系依法成立和有效,对原被告均具有约束力。2002年1月11日的原、被告之间的传真件无具体名称,该传真事涉运费等运输合同的主要内容,依据《中华人民共和国合同法》第一百二十五条第一款规定,该传真的法律性质应为运输合同性质。此外,被告汇付给案外人吴淞公司涉案提单下货物运输的运费数额与原、被告传真约定的运费存在差额,被告在庭审中解释称,该传真中约定的短驳运费是作为代理费,货代关系中的包干费是口头约定,但以短驳名义收取;陆路运输的实际承运人吴淞公司先向被告报价,被告在该价格的基础上以短驳运费作为代理费。本院认为,被告将传真中约定的"短驳运费"解释为代理费,无证据佐证。因此,本院对被告的"原告起诉被告属诉讼对象错误,陆路实际承运人为案外人吴淞公司,被告仅是原告的货运代理人"的辩称,不予采纳。对原告关于"原、被告之间合同性质为国际多式联运的陆路运输合同"的主张,不仅有证据佐证,而且符合法律规定。

因涉案2个框架集装箱箱内货物的损坏发生在上海到吴江的陆路运输区段,被告应对货物在其责任期间内的损失承担赔偿责任。被告关于"原告没有证据证明货损发生在汽车陆路运输区段"的抗辩理由,因无相关证据予以佐证,不予采信。

涉案货物保险人人保吴江公司与被保险人为华映公司之间的保险合同依法成立有效。货损发生在上海至吴江的陆路运输区段,属于该货物运输保险单的责任期间内。而货损属于该货物运输保险单下的应该赔偿的保险事故。保险人也已经就涉案保险事故对被保险人(收货人)进行了赔偿。保险人对涉案货损的赔付金额小于涉案货损的公估报告书的公估金额,涉案货损的保险理赔符合情理和法律规定。保险人对涉案货损已经进行了实际赔付,并在取得了被保险人签署的权益转让书后,依据法律规定,保险人人保吴江公司有权向货损责任方即提单承运人的原告行使保险代位权,进行追偿。

因货损发生在上海至吴江的陆路运输区段,原告作为该提单的国际多式联运契约承运人理应依法对提单持有人的货损承担赔偿责任,即在涉案货损的保险人已经赔付后,原告应对提单运输货物的保险人承担赔偿责任。此外,依据《中华人民共和国海商法》第一百零五条规定,该货物运输损害发生在陆路运输区段,作为承运人的原告依法不享有责任限制。原告在向货物保险人赔付并取得保险人出具的收据和免除责任确认书后,有权就其所受损失向作为陆路运输承运人的被告进行追偿。

综上,依照《中华人民共和国合同法》第六十条、第一百零七条、第一百二十二条和《中华人民共和国海商法》第一百零二条、第一百零三条、第一百零四条、第一百零五条之规定,法院判决被告向原告赔偿11万美元及其利息。

引导思路

(1)国际多式联运合同陆路运输段货物损害追偿合同纠纷的范围是什么?

(2)多式联运合同纠纷与陆路运输合同纠纷的区别是什么?

项目一　集装箱公路运输概述

教学要点

(1)掌握集装箱公路运输的概况;

(2)了解集装箱公路运输的特点。

教学方法

可采用讲授、情境教学、案例教学和分组讨论等方法。

1. 发展概况

随着经济全球化、贸易国际化,多式联运扮演的角色越来越重要。公路集装箱运输是道路集装箱运输的一个分支,是港口集装箱运输的一个配套体系,是集装箱集疏运的主要手段,集装箱公路运输的发展有利于发挥多式联运的优越性。我国的公路集装箱运输是伴随着海运国际集装箱运输和国内铁路集装箱运输的发展而兴起的，最早开始于1977年，通过三十多年的发展已经取得了一定的成绩，但相关的总体发展政策和战略规划还需要进一步完善。

2. 技能训练目标

能够根据公路集装箱运输的特点及分类、运输的合适距离、目标市场的特点来确定集装箱公路运输的内容。

3. 相关理论知识

(1)集装箱公路运输的特点。

集装箱公路运输在集装箱多式联运中成为重要的环节。发展集装箱多式联运，实现"门到门"运输，绝对离不开公路运输这种"末端运输"方式。所谓末端运输，是指运输活动开始和结束部分的活动。即从发货人那里取货和将货送到收货人门上。纵观集装箱各种运输，不管是水路运输、铁路运输还是航空运输，其开始和结束，都不可能离开集装箱的公路运输。而且公路集装箱运输在集装箱的各种运输方式之间起衔接性、辅助性的作用，是通过陆上的"短驳"，将各种运输方式连接起来，或最终完成一个运输过程。所以，集装箱公路运输在集装箱内陆运输系统和多式联运中，都占有重要地位。

集装箱公路运输以其机动灵活、快速直达的优势，扮演着集装箱运输"主力"的角色，从头至尾完成一次完整的运输过程，可以为货主提供更加方便、快捷、安全、优质的服务。开展集装箱公路直达运输，能够减少货物流通环节，提高运输效率，节约包装材料，减少货损货差，改善运输质量。因此，集装箱公路运输在运输业的各个领域，已被广泛应用。它是现代物流环节中不可缺少的运输方式，也是现代化运输发展的必然趋势。

不管是不是运输集装箱，公路运输均表现出一些共同的弱点：运力与速度低于铁路运输；能耗与成本却高于铁路、水路运输，安全性低于铁路和水路运输；对环境污染的程度高于铁路和水路运输。所以，在有些国家和地区(如欧洲的许多国家)都以立法和税收优惠政策等方式，鼓励内河运输与铁路运输，限制集装箱的长途公路运输。

(2)集装箱公路运输的分类。

按驾驶室的形式分：平头式和长头式。按拖带挂车的方式分：半拖挂式、全拖挂式、杆拖挂式、双拖挂式。按用途分：货箱两用的、专用的、能自装自卸的。按挂车结构分：骨架式、直梁平板式、阶梯梁鹅顶式、凹梁底床式、带浮动轮的摆臂悬架式、车架可申缩式。按结构特点分：平板式集装箱半挂车、骨架式集装箱半挂车、鹅颈式集装箱半挂车、带浮动轮的摆臂悬架式集装箱半挂车、可伸缩式半挂车、集装箱自装自卸车。

(3)集装箱公路运输合适的距离。

集装箱公路运输合适的距离，与各个国家和地区的经济发展程度、地理环境有关。如美国，由于内陆幅员辽阔，高速公路网发达，一般认为600km为集装箱公路运输的合适距离；日本四周环海，沿海驳运很方便，所以认为集装箱公路运输在200km之内比较合理；我国虽然内陆幅员辽阔，但公路网络尚不完善，铁路网络相对较发达，所以一般认为公路运输应控制在300km左右。

(4)集装箱公路运输在多式联运中的货运形式及业务范围。

集装箱公路运输是多式联运中的一种重要运输方式，了解它在多式联运中的货运形式以及业务范围对于学习研究非常重要，以下是集装箱公路运输主要的货运形式以及业务范围。

货物运输的形式可以分为：①整箱港到门直达运输；②整箱港到站或堆场运输；③整箱门到港直达运输；④整箱门到场或站运输；⑤空箱场到门或站到门运输；⑥空箱站到场或场

到站运输;⑦空隙站到站或场到场运输。

业务范围包括进口集装箱货运业务和出口集装箱货运业务。

进口货运业务:进口货运业务是指当班轮运输的集装箱到达目的港卸下以后运往收货人处的货运业务(见图5-1)。一般处理流程如下:

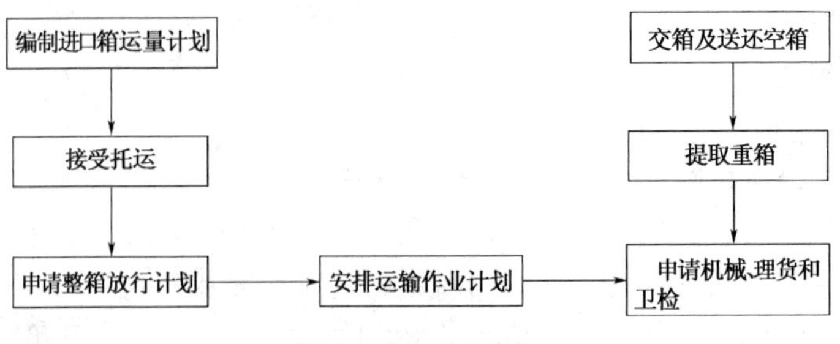

图5-1 进口货运业务

编制进口箱运量计划:根据港务局提供的集装箱班轮船期动态,或者船公司、货运代理公司提供的进口船期、载箱量、需要通过公路疏运、送达的箱量等,结合本公司的运力情况,编制运量计划。

接受汽车托运:集装箱货车公司通过各种方式接受公路运输代理公司、货运代理公司或货主等提出的进口集装箱陆上运输申请,根据自身条件许可情况,接受托运。

申请整箱放行计划:在接受托运以后,集装箱货车运输公司向联合运输营业所申请整箱放行计划;如为拆箱货,则向陆上运输管理处申请批准。

安排运输作业计划:集装箱货车运输公司根据"先重点后一般"的原则,合理安排运输计划。对各种超重、超高等超标准箱,应向有关管理部门申请超限证;如属跨省运输,则应开具路单。

向码头申请机械和理货、卫检等:如待运的集装箱在码头、公路中转站,应提前向码头与公路中转站申请装车机械和相应人力。如需拆箱,还应代替收货人向有关部门提出理货、卫检和其他一些特殊需要的申请。

从堆场提取重箱:完成以上工作后,集装箱货车运输公司派出集装箱货车,持集装箱放行单和设备交接单,到指定箱区提取重箱,并在大门检查站办理出场集装箱设备交接。

交箱:集装箱货车将重箱送往收货人处。如系在收货人处拆箱、同时运回空箱的,须由理货公司派员理货。货主接收货物后在交接单上签收,集装箱货车运输的货物交接责任才告结束。

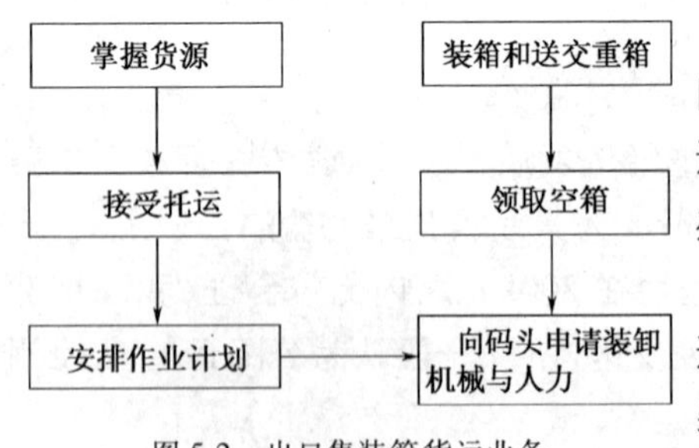

图5-2 出口集装箱货运业务

送还空箱:集装箱的空箱应按规定时间、地点送回。集装箱货车在送回空箱时,应在码头大门检查站进行检查,取得进场集装箱设备交接单,然后到堆场办理空箱交接。

出口集装箱货运业务:出口货运业务是指发货人通过集装箱卡车,将集装箱重箱送达起点港,装上集装箱班轮,运往目的港的货运业务。一般流程如图5-2所示。

掌握货源:集装箱货车运输公司应广泛开展货源组织工作,掌握船公司和货运代理近期内待装运的箱源,预先做好运力安排。

接受托运:集装箱货车运输公司通过各种形式接受公路运输代理公司、货运代理公司或货主的托运申请,在了解掌握待装货物情况和装箱地点后,有能力接受的,予以承运,并订立运输合同。

安排作业计划:集装箱货车运输公司根据承运合同,编制集装箱货车作业计划。对超重、超高、跨省运输的,提前向有关管理部门办理申请。

向码头申请机械:根据船期的计划,在送箱的前一天,向码头申请装卸机械与人力。

领取空箱:集装箱货车运输公司凭货运代理签发的出场集装设备交接单和托运单,到指定地点提取空箱,送往托运人处装箱。

装箱和送交重箱:装箱完毕,集装箱货车运输公司将重箱连同装箱单、设备交接单送到指定码头交付,办理集装箱设备交接。

项目二　集装箱公路运输车辆及中转站

教学要点

(1)掌握集装箱公路运输节点的概况;

(2)掌握装运集装箱的车辆的构造特点。

教学方法

可采用讲授、情境教学、案例教学和分组讨论等方法。

一、集装箱公路运输对车辆的要求以及分类

1.集装箱公路运输对车辆的要求

公路集装箱运输的车辆是根据集装箱的箱型、种类、规格尺寸和使用条件来确定的。一般分为货运汽车和拖挂车两种,货运汽车一般适用于小型集装箱,作短距离运送;拖挂车适用于大型集装箱,适合长途运输,因其技术性能较好,在一些工业发达国家采用拖挂车较多。

2.技能训练目标

能够根据公路集装箱运输对车辆的要求及分类、车辆在不同的适用条件来确定该采用何种车辆进行运输。

3.相关理论知识

(1)集装箱牵引车的分类。

该车本身不具备装货平台,必须与挂车连在一起使用。按驾驶室的形式分为平头式和长头式两种,如图5-3所示。

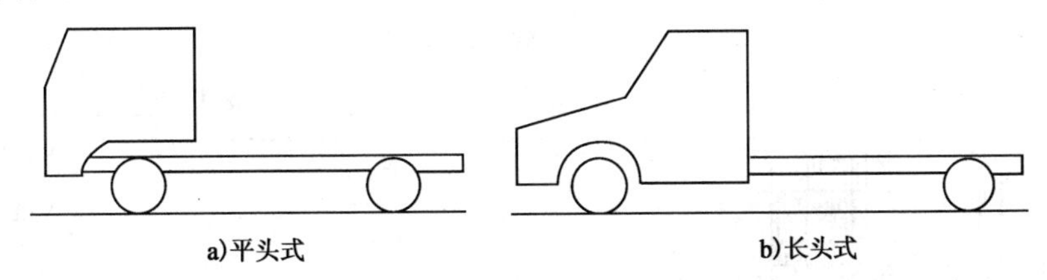

图5-3　驾驶室的形式

按牵引车拖带挂车的方式可分为:半拖挂式、全拖挂式和双联拖挂式。

①半拖挂式。牵引车牵挂装载了集装箱的挂车,如图5-4a)所示。

②全拖挂式。通过牵引杆架与挂车连接，牵引车本身可作为普通载货车使用，如图 5-4b）所示。

③双联拖挂式。半挂车后面再加上一个全挂车（牵引车拖带了两节底盘车），如图5-4c）所示。

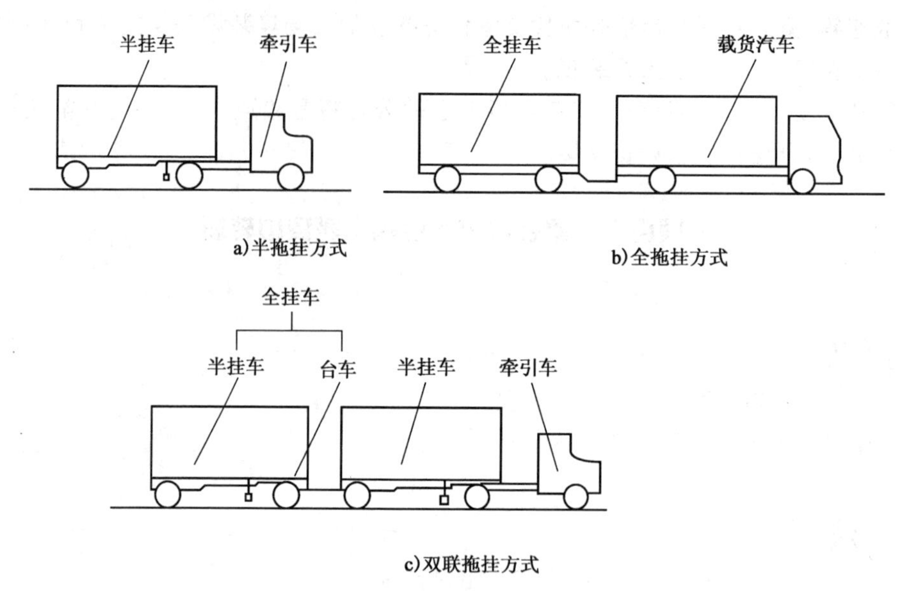

图 5-4　拖带挂车的方式

（2）集装箱半挂车的分类。

集装箱半挂车可分为三种形式：平板式集装箱半挂车、骨架式集装箱半挂车和鹅顶式集装箱半挂车。以下分别介绍。

平板式集装箱半挂车：该车有两条主梁和若干条横向的支撑梁；支撑梁上铺设钢板或木板并且装上集装箱旋锁件，因此既能装集装箱也可装运一般的货物，如图 5-5 所示。

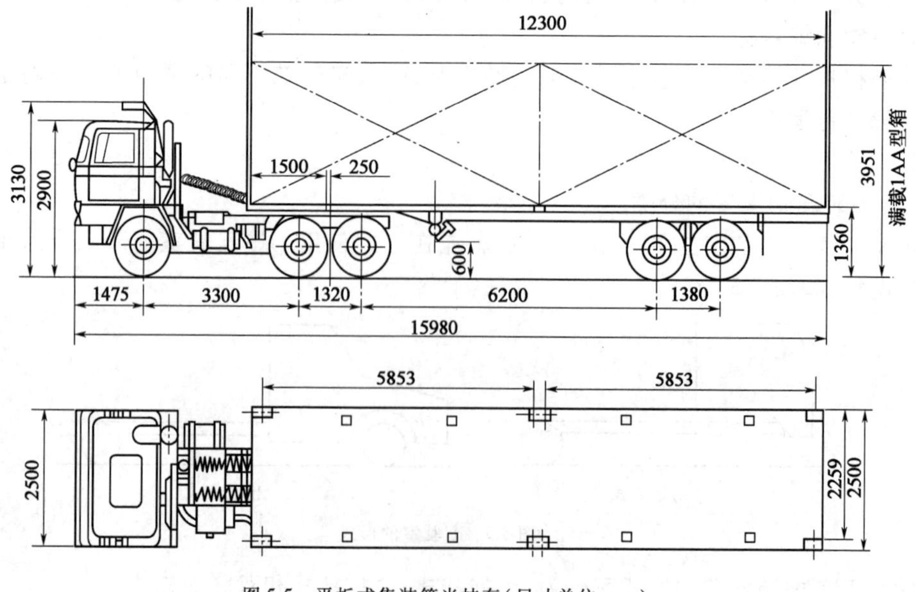

图 5-5　平板式集装箱半挂车（尺寸单位：mm）

骨架式集装箱半挂车：该车专用于运输集装箱。由底盘骨架构成，因此自重轻、结构简单、维修方便。鹅颈式集装箱半挂车：该车用于运载40ft的集装箱的骨架式半挂车。

(3)装配必备的装卸机械。

虽然集装箱公路运输的装卸作业主要在场、站或货主自己的库场上进行，不像码头、铁路货场那样要进行大量的集装箱装卸工作，但为了适应某些货主以及公路集装箱货场作业的要求，也需要配备一定数量的装卸集装箱的机械设备。集装箱自装自卸车现在使用日益广泛，主要有以下几种类型：

①后面吊装型(如图5-6所示)。

②侧面吊装型(如图5-7所示)。

集装箱公路运输的运作要靠各种各样的车辆完成，所以，了解集装箱公路运输车辆对于集装箱运输的日后发展有重要作用。

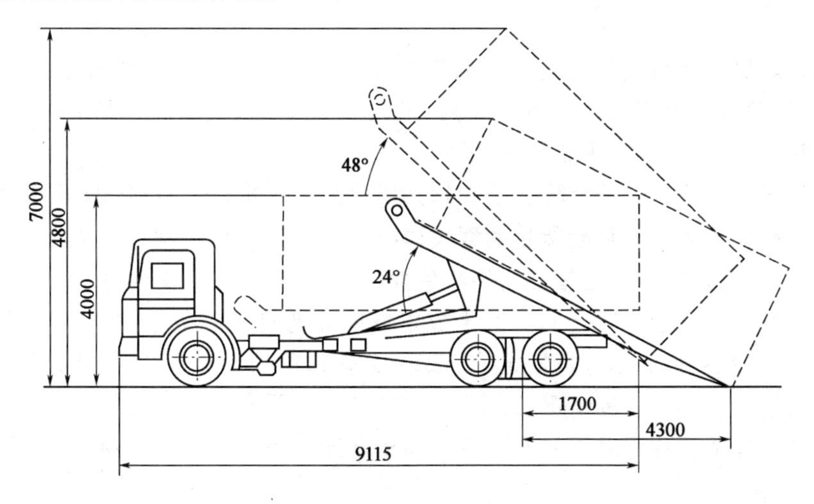

图5-6　后面吊装型集装箱自装自卸车组(尺寸单位：mm)

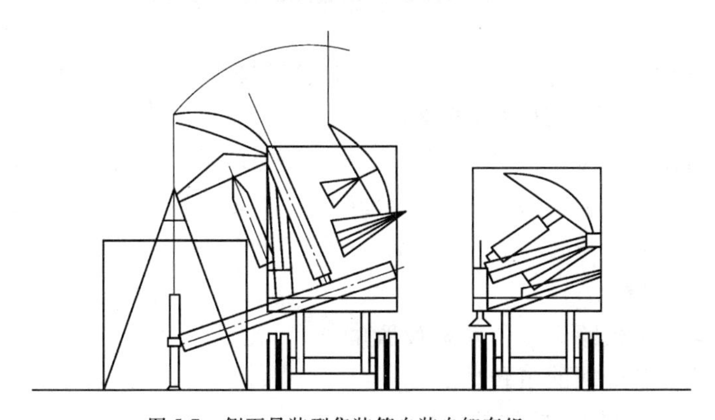

图5-7　侧面吊装型集装箱自装自卸车组

二、案例分析题

货代案例：集装箱公路联运案例分析

组织集装箱运输的德铁子公司或组织集装箱运输的私营公司在收到客户订单后，根据客户在发、到站取送集装箱的时间要求，及时给发、到站发传真和电子邮件，告知接、送集装箱的运输任务，由发、到站根据时间安排，提前 1 ~ 2 天制订行车命令单，便于及早安排运输任务。私营集装箱运输公司的运输程序和德铁很相似，只不过有价格差别。

重载汽车集装箱的装卸。集装箱在专用线或货运点的装卸由专用线或货运点负责，费用由货主出。重载汽车只负责运输到指定地点，不负责装卸，如果集装箱收、发货人没有起重能力，可以申请由到站派车前来装卸，费用是另外收取的。

重载汽车运输费用的清算。重载汽车的清算单据是德铁行车命令单或私营集装箱运输公司的运输任务单据，按照运输最短径路的每公里费率进行清算。首先由德铁组织集装箱运输的公司或私营集装箱运输公司和集装箱货运人清算，然后和发、到站进行清算，发、到站再和重载汽车运输公司清算。由于公路运输最短径路可以查出，运输价率又有规定，所以在这一点上不存在运输费用的分歧。

运输过程中涉及装卸时间，一般情况下，装卸时间在 2h 以内不收费，如果超出 2h 将另外收取费用。装卸时间将在行车命令单或运输任务单据上体现，由驾驶员和集装箱收、发货人共同确认。每次重载汽车驾驶员运输完毕，将单据交到重载汽车编排部，一是确认上批任务完成，二是领取下批任务。2005 年 1 月 1 日起，德国对通过高速公路运输的重载汽车收取一定的费用，这些费用也由集装箱收、发货人承担。

特种货物的运输。运输危险货物和超大货物的集装箱，根据货物的不同，选用的重载汽车也不同。德国运输普通危险货物的驾驶员必须每 5 年进行一次 30h 的培训。驾驶员在运输危险货物时，必须配备安全帽、防护镜、铁锹、灭火器等，在集装箱四周必须张贴危险识别标志和国际通用的危险货物代码。对于放射性或炸药等危险货物，将由经过更严格培训的驾驶员运输，集装箱换装站也是指定的。如果运输超重的集装箱，就需要选派装载超重集装箱的拖车运输。根据不同的情况，选用不同的车辆，这需要重载汽车编排部有目的地选择运输合同单位。运输特种集装箱的费用也不同于普通集装箱的运输费用。

三、集装箱公路运输中转站

1. 集装箱公路运输中转站设置的作用以及论证依据

(1) 集装箱公路运输中转站的定义。

集装箱公路运输中转站，是指设在港口或铁路办理站附近，用于水路、铁路运输向内陆和经济腹地延伸的基地和枢纽。集装箱公路运输中转站是一个重要作业环节，也是箱货交接及划分风险责任的场所。

(2) 技能训练目标。

能够根据集装箱公路运输中转站设置的作用、论证依据、分类、中转站装卸工艺方案选择来确定集装箱公路运输的中转站。

(3) 集装箱公路运输中转站的作用。

集装箱公路运输中转站是运输过程中连接各段的枢纽，是不可缺少的一个重要环节，集装箱公路运输中转站的作用主要表现在以下几个方面：集装箱公路运输中转站是国际集装箱运输在内陆集散和交接的重要场所；集装箱公路运输中转站是港口向内陆腹地延伸的集装箱后方堆场；集装箱公路运输中转站是国际集装箱向内陆延伸运输系统的后勤保障作业基地；集装箱公路运输中转站既是内陆的一个口岸，又是国际集装箱承运等各方面进行交易和提供服务的中介场所；集装箱公路运输中转站的设立可改善内陆地区的投资环境，从而能促进外向型经济的快速发展，随之又带动国际集装箱运输在内陆的推广和应用。

2. 集装箱公路运输中转站的设置

(1)集装箱公路运输中转站的前期论证。

货源论证：只有拥有充足的货源，才有可能形成一个集装箱公路运输中转站。货源论证应从以下方面调研：①周边地区经济调查。主要调查周边地区的经济总量；经济增长情况；各种原材料和商品的进口情况、出口情况、储存情况。②周边地区物流情况调查。主要调查周边地区物流发展水平，有没有大的物流中心、配送中心；物流的主要流向；主要运输企业，运输企业的能力，尤其是公路运输企业的能力。③周边地区集装箱运输的发展状况调查。主要是弄清周边地区有没有成规模的集装箱海港、集装箱河港、集装箱铁路货运站、其他集装箱公路运输中转站、大的内陆集装箱堆场。了解这些集装箱运输集散点的每年吞吐能力，主要业务操作流程；集装箱的流向，其中通过公路运输的箱量与流向；主要货主的情况，每年需求量，未来生产增长的趋势等。

交通状况论证是建立集装箱公路运输中转站的重要前提之一。即使周边地区集装箱货源较为充足，如没有充分发展的道路资源，也不可能较好地开展集装箱公路运输。交通状况论证包含以下内容：①所选择的集装箱主要集散点的道路状况。②道路向各主要集装箱运输需求地点发射的情况，能否进行“门到门”的送达。③在道路网络中，能否找到适当地点设置集装箱公路运输中转站。这一适当地点的条件是：有一定面积的平面区域；处于主要的高速公路或高等级公路的旁边，可以最快地进入高等级公路网络，最好是无障碍公路(高速公路)网络；有现成的供水、供电条件；为当地环保等政策与布局等所允许。地质条件能满足需要。集装箱公路运输中转站站区地基土的容许承载力要大于$5t/m^2$，地下水的最高水位应在土的冻结深度以下，要避开断层、塌方、滑坡地带。

经济论证：如经过前两方面的论证认为有设置集装箱公路运输中转站的可能性，则可进入经济论证阶段。集装箱运输公路中转站归根结底是一个经济组织，它必须收支相抵，才能取得盈利，能在适当期间收回投资，才可能生存。

项目总投资包括设计费用、基础设施投资、机械设备投资、辅助设施投资、贷款利息等。项目投入运营后，估计一年的运行成本，包括人员工资；机械设备、房屋建筑折旧；各项管理费用；利息与税收。项目投入运营后，预计一年的营业收入，包括中转装卸收入、堆存收入、拆装箱收入、代理收入、修箱收入、其他收入等。项目可行性分析预计总投资、收入、成本后，就可以按项目可行性分析的程序，采用一些方法，计算有关指标。如投资回收期、净现值、净现值指数、内含报酬率等，全面论证项目的经济可行性。筹资方案论证如经过经济分析，认为项目有较好的经济前景，就可进行筹资的方案论证，确定筹资渠道、筹资结构、筹资成本、债务偿还的方式等。

(2)集装箱公路运输中转站内部的一般设置。

集装箱公路运输中转站的内部设置主要包括以下几项：停车场、修理车间、拆装箱作业仓库、堆场、宿舍、综合办公楼和食堂等。中转站内部布局如图5-8所示。

集装箱公路运输中转站内部作业区：集装箱公路运输中转站一般可分为主作业区和辅助作业区。主作业区通常分成集装箱堆场和集装箱拆装箱作业仓库两大部分。

第一部分为集装箱堆场。在这一区域完成集装箱载货汽车进场卸箱作业与出场装箱作业的全过程；同时在这一区域进行集装箱日常堆存。集装箱堆场可按空箱、重箱分别划分区域；如代理船公司、租箱公司作为内陆收箱点的，还可按箱主分别划分堆箱区域。在堆箱区域中，国内箱（小型箱）与国际标准箱要分开。通常国内箱区应放在较靠外的位置，国际标准箱放在较靠里的位置。集装箱堆场的地面必须作负重特殊处理，以满足相关的负荷要求。堆场地面必须符合规格，避免场地被损坏。

第二部分是集装箱拆装箱作业仓库。在这一区域主要完成集装箱拆箱、装箱作业和集装箱拼箱货集货、集装箱拆箱货分拣、暂时储存，及某些中转货物的中转储存等工作。仓库的规模应能满足拼、拆箱量的需求，在仓库一侧一般设置"月台"，以备集装箱载货汽车进行不卸车的拼、拆箱。应有适当开阔面积的拼、拆箱作业区，便于货物集中、分拣与叉车作业。按需要，可设置进行货物分拣的皮带输送机系统。同时，应有适当规模的货物储存区域。

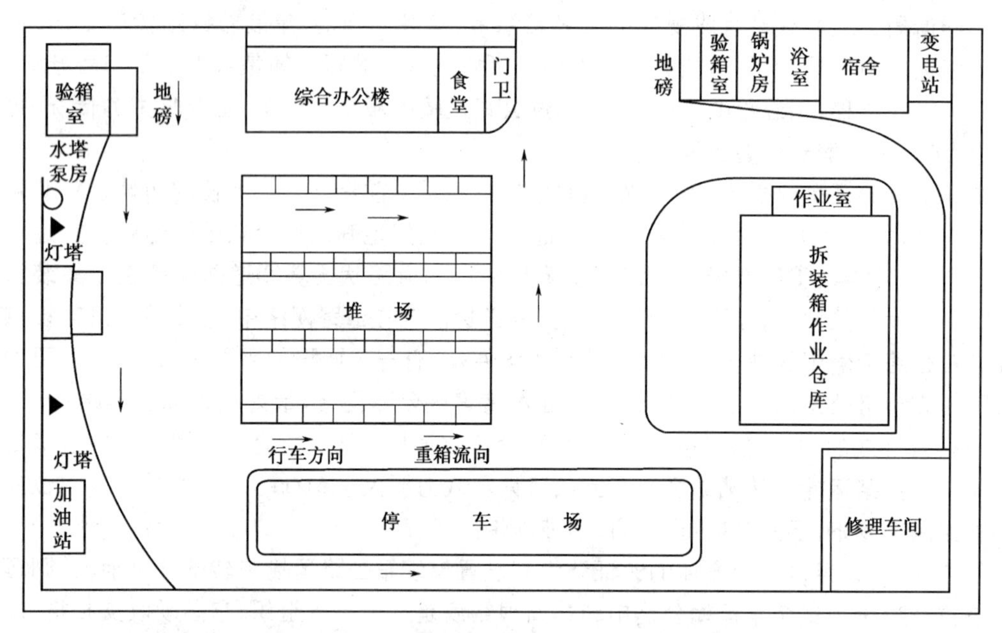

图 5-8　集装箱公路运输中转站布局图

辅助作业区：①大门检查站主要负责进站集装箱的设备检查与交接，以便分清责任。②综合办公楼主要进行各种单证、票据的处理、信息交换、作业调度等。③加油站满足进出站集装箱载货汽车的油料补给。④停车场、洗车场。⑤修理车间主要满足集装箱载货汽车、装卸机械的修理任务；如有条件和必要，可配备集装箱修理的力量。

同时按照站内外运输道路及站内车辆的流向，合理确定各区域的进出口通道和中转站大门的位置，尽量避免站内外车辆的交叉流动。站内一般采用单向环形道路，路面宽 4m，如采用双行道，路面宽取 7 ~ 8m，以便于汽车在站内安全运行，主要通道的转弯直径宜为 36m。

（3）集装箱公路运输中转站装卸工艺方案选择。

轮胎式龙门起重机装卸工艺方案：在集装箱堆场上，配置轮胎式龙门起重机，集装箱载货汽车送达或启运的集装箱，均通过轮胎式龙门起重机装卸。

跨运车装卸工艺方案：集装箱载货汽车进场送达与启运出场的箱子，均通过跨运车装卸。

正面吊装卸工艺方案：集装箱载货汽车进场送达与启运出场的箱子，均通过正面吊装卸。

集装箱叉车装卸工艺方案：集装箱载货汽车进场送达与启运出场的箱子，均通过集装箱叉车进行装卸。

汽车起重机或轮胎式起重机装卸工艺方案：以汽车起重机或轮胎式起重机代替正面吊，进行进出场箱装卸。

底盘车工艺方案：进出场的集装箱均不予装卸，进场时集装箱与车头拆开，底盘车直接停在场地上；出场时与车头挂上，直接开出。

不同级别、类型、地理位置、年堆存量的中转站点装卸工艺也不同，如表 5-1 所示。

中转站的规模与装卸工艺方案选择 表 5-1

站级	类型	地理位置	装卸工艺	年堆存量(TEU)
一级站	国际箱中转站	位于大型海滩附近	以轮胎式龙门起重机为主，集装箱叉车为辅	9000 以上
	国内箱中转站	位于大河港或主要陆运交通枢纽附近		6000 以上
二级站	国际箱中转站	位于中型海港或主要陆运交通枢纽附近	以正面吊为主，集装箱叉车为辅	6500 ~ 9000
	国内箱中转站	位于中型河港或主要陆运交通枢纽附近		4000 ~ 9000
三级站	国际箱中转站	位于中型海港或陆运交通枢纽附近		4000 ~ 6500
	国内箱中转站	位于中型海港或陆运交通枢纽附近		2500 ~ 4000
四级站	国际箱中转站	位于小型海港或陆运交通枢纽附近	采用汽车起重机或底盘车工艺	2500 ~ 4000
	国内箱中转站	位于小型河港或陆运交通枢纽附近		1000 ~ 2500

项目三 铁路集装箱运输

教学要点

(1) 掌握铁路集装箱运输节点的概况；

(2) 掌握铁路集装箱运输的车辆和设施的特点。

教学方法

可采用讲授、情境教学、案例教学和分组讨论等方法。

一、铁路集装箱运输概述

1. 铁路集装箱运输示例

北京—汉堡国际集装箱示范列车于 2008 年 1 月正式发车。该列车途经中国、蒙古、俄罗斯、白俄罗斯、波兰和德国 6 国，全程运行 9780km。本趟列车编组为 49 辆平车，装运集装箱 98TEU(标准箱),运行时间为 15 天。这趟列车的成功开行,是亚欧国家铁路间联手推动国际集装箱联运事业的一次新突破。

2. 铁路集装箱运输的发展概述

铁路集装箱运输是一种先进的、规范的运输方式,自 20 世纪初问世以来,得到了很大的发展。铁路集装箱运输以其"距离长、连续性强、运输能力大、安全性能高、运价低、速度快"等的技术经济优势,自 20 世纪 50 年代开始起步,至 20 世纪 90 年代步入高速发展时期,取得了显著的成绩。

为了满足和适应国际标准箱运输的发展,铁道部与交通运输部先后颁发了有关铁路《大型集装箱运输货物暂行规定》、《铁路集装箱联运协议》等。我国铁路国际标准集装箱的运输条件和规定主要有:国际标准箱在铁路运输中只限用 20ft、40ft 两种;由货主自备的上述两种货箱,限在专用路线办理;使用国际标准箱运输货物,由发货人加铅封,铁路与发货人、收货人之间的交接凭封印办理;国际联运的国际标准箱,按国际铁路货物联运协定有关规定办理;运输国际标准箱,应使用敞车或平车装运,装载时箱门应相对,超过 200mm,使用平车时应捆绑加固。

3. 装箱运输货源组织形式及条件

(1) 铁路集装箱运输货源组织形式。

①整列的集装箱货源。指由铁路编排的整列的、到达同一终点站的集装箱货源,通常属于集装箱直达列车运输的对象。这类货源一般在水—铁联运中形成。当铁路在集装箱码头联运从船上卸下的大批集装箱时,就能编组这样的整列集装箱货源。内陆铁路集装箱办理站很难编列这样的整列货源。

②整车的集装箱货源。指形成一节车皮的集装箱货源。铁路集装箱专用车长度通常为 60ft,最长的达 90ft。所以一节整车可装载 3 ~ 4 个 20ft 集装箱。对铁路来说,形成整车的集装箱货源,在编排时总是占一节车皮,所以比较有利。因此为了鼓励托运人"整车"托运,规定一节集装箱车皮,不管是否装满,均按整车计费。托运人为减少每个集装箱分摊的费用,会尽量配齐一节整车货源。

③整箱的集装箱货源。指一个 20ft 集装箱的货源,不够装一节车皮。

④拼箱的集装箱货源。拼箱的集装箱货源是由铁路集装箱办理站把普通零担托运货物中适合集装箱运输的货物拼装成一个集装箱。即"一个箱子、几个货主"的货物。

(2) 铁路集装箱货源的组织条件。

铁路集装箱货源的组织条件包括:必须在铁路集装箱办理站办理运输;必须是适合集装箱运输的货物;必须符合一批办理的手续;由发、收货人装箱、拆箱;必须由发货人确定重量。

4. 铁路集装箱办理站

(1) 建立集装箱办理站的条件。

建立集装箱办理站的条件有:有一定数量且稳定的集装箱货源,有装卸、搬运集装箱的机械设备,有一定面积且硬化面的堆场,有办理业务的专职人员和具有与其他运输方式相衔接的条件。

上述条件中,集装箱货源是基础,也是开展铁路集装箱运输的先决条件。货源不稳定或不足,即使开办了集装箱运输业务,也会因运量少或运量不均衡而亏损。装卸、搬运机械以及硬化场地是开办集装箱办理站的物质条件,集装箱直接放在没有硬化的场地,会把场地压坏。拥有一定数量的专业人员，才能提高工作效率、保证工作质量。

(2) 铁路集装箱办理站的分类。

铁路集装箱办理站按其业务性质和办理范围分为两种，即基地站和办理站。基地站是指集装箱运量较大，是定期直达列车始端或终端站。办理站是指集装箱运量较小，仅办理集装箱运输业务。

(3) 铁路集装箱办理站的职能。

铁路集装箱办理站的职能具有商务职能和技术职能两种。

商务职能为：

①受理集装箱货物的托运申请；

②向到站发出到达预报通知；

③编制有关单证；

④核收有关费用；

⑤联系其他运输方式；

⑥联系铁路之间的联运。

技术职能为：①编制用车计划；②提供适合装货、运输的集装箱；③安排集装箱装卸、搬运等机械；④办理装卸箱业务；⑤装箱、拆箱以及加封；⑥指定码头交付，办理集装箱设备交接等。

二、铁路集装箱运输车辆和设施

1. 铁路集装箱运输车辆的类型

集装箱专用车是为运送国内和国际标准集装箱而专门设计和制造的。集装箱专用车的发展大致经历了三个阶段：第一阶段是利用传统平车，将其改造成集装箱专用车；第二阶段是大量新造集装箱专用车；第三阶段是集装箱专用车在结构上不断改进和创新。我国铁路集装箱专用车的发展方向，主要是提高速度、加长车体增加载质量和充分利用铁路限界。主要分为以下两个类型：

编挂于定期直达列车的专用车辆：该集装箱专用车结构比较简单，大部分车采用骨架式，底架有旋锁加固装置，用以固定集装箱。

随普通货物列车零星挂运的专用车辆：该专用车辆需要编挂到普通货物列车中运行。由于要进行调车作业，所以必须像普通铁路车皮一样装有缓冲装置，结构比前一种专用车复杂。

常用的车辆名称及代号：

①敞车(C)；②棚车(P)；③平车(N)；④冷藏车(B)；⑤家畜车(J)；⑥罐车(G)。

2. 铁路集装箱在铁路专用车辆上的固定

集装箱在铁路专用车辆上的固定，与在载货汽车上的固定方法相同，即利用四个底角件加以固定。集装箱在铁路车辆上一般采用锥体固定件来固定。为了确保铁路运输作业的安全，集装箱在铁路专用车辆上的固定应做到：栓固装置的位置必须明显易见；所有的中介装置应能拆除或移开；在车辆起动之前，须检查集装箱的栓固装置情况；在起吊集装箱之前，应松掉栓固件。

3. 铁路集装箱运输设施

装卸线及轨道式龙门吊。集装箱铁路办理站必须拥有一股或数股集装箱装卸线，用于集装箱列车出发前的装车、到达后的卸车、中途的换装。装卸线的股数和长度，与办理站的类别（是基地站还是一般办理站）和集装箱通过量及办理站的业务特点有关。铁路集装箱办理站通常以轨道式龙门吊作为装卸线上的基本装卸机械，以集装箱正面吊和集装箱叉车为辅助机型。

作业区堆箱场。每个铁路集装箱办理站必须有几个大小不等的堆箱场，堆箱场应划分为若干作业箱区，如到达箱区、发送箱区、中转箱区等。“到达箱”是指用火车运输到达，等待由集装箱拖挂车、半挂车送往货主处的集装箱；“发送箱”是指货主托运的集装箱，已由拖挂车等送到集装箱办理站，等待装车发送的集装箱；“到达箱区”应设在靠近集装箱拖挂车场地的位置；“发送箱区”应设在靠近铁路装卸线的位置。

中转箱区：中转量小的办理站，不一定单设中转箱区；拆装箱区：需在办理站内拆箱与拼箱的集装箱，应设专区堆放。

辅助设施：包括停车场、维修部门和营业与办公部门。停车场只是根据业务量的大小、疏运能力的优劣，铁路集装箱办理站均应设置大小不等的停车场。维修部门既需要维修、保养办理站的各种集装箱装卸设备、设施，也需要维修损坏的集装箱。营业与办公部门一般为集装箱办理站的办公房屋，一般设置在大门入口处，便于对进出的集装箱货车进行登记、检查，办理各类承运交付业务手续。

三、铁路集装箱运输的装卸

1. 铁路集装箱运输车辆和设施的内容

（1）我国铁路专用集装箱货运程序。

确定集装箱承运日期表。集装箱铁路承运日期表由铁路集装箱办理站制订，目的是使发货人明确装往某一方向的集装箱列车的装箱时间，以便发货人准备好短途运输方式，按时送货装箱。

（2）集装箱货物托运受理。

①由货运公司集中受理。由货运公司集中受理是目前大多数铁路集装箱办理站采用的受理方式。这种方式的处理程序是由货运公司接受发货人托运，然后由货运公司审批运单。

②驻地受理。铁路集装箱办理站在货源比较稳定的企业设受理室，直接受理托运货物业务。

③电话受理。由发货人直接通过电话向铁路集装箱办理站的货运室托运货物。受理货运员根据电话登记托运的货物，统一集配、审批，然后电话通知发货人进箱（货）日期。

（3）空箱发放和装箱。

在发放空箱时，双方要明确交接责任，共同检查集装箱外表状况，判断是否会影响货物运输安全，避免事后的责任纠纷。

（4）铁路专用集装箱货物的接受和承运。

发货人将铅封后的集装箱送铁路集装箱办理站的发送箱区。发送货运员在检查确认无误后，在货物运单上加盖站名、日期戳记，表明铁路办理站的承运责任由此开始发生。承运是指发货人将托运人的集装箱货物交铁路办理站，到目的地铁路办理站将集装箱货物交给收货人为止的全部过程。

(5)装车。

在始发铁路集装箱办理站，装车货运员按照配装计划确定装车顺序，然后在装卸线上装车。

(6)到达目的地铁路办理站卸车。

集装箱列车经铁路运输，到达目的地铁路办理站装卸线，即行卸车。

(7)集装箱货物交付。

目的地铁路集装箱办理站在卸箱后，交箱货运员接到转来的卸货卡片和有关单据，应认真核对车号、集装箱铅封号和标签，然后通知交货。收货人在收到箱子，核对铅封后，在有关单据上签章交回，然后交箱货运员在运单上盖"付讫"章。

2. 集装箱装卸专用设备

固定式吊具:固定式吊具是指长短尺寸固定的吊具，它只能用于吊运某一种尺寸型号的集装箱。包括直接吊装式吊具和吊梁式吊具。

组合式吊具:由两种或两种以上不同规格的吊具组合在一起，各吊具间可快速装拆。

伸缩式吊具:为适应集装箱的不同尺寸要求，可以进行长短伸缩的一种吊具。伸缩式吊具是目前集装箱起重机采用最为广泛的一种吊具。

集装箱龙门起重机:集装箱龙门起重机专门用于集装箱货场进行堆码和装卸作业，按其行走部分不同可分为轮胎式和轨道式两种。

集装箱正面吊运机:正面吊是随着集装箱码头、集装箱货场、中转站和铁路场站对多用途的流动式集装箱装卸搬运机械的需求而开发的一种新机型。

集装箱叉式装卸车:叉式装卸车简称叉车。集装箱叉式装卸车是集装箱码头和货场常用的一种进行集装箱装卸、堆码和搬运的专用机械。集装箱叉式装卸车分集装箱正面叉式装卸车和集装箱侧面叉式装卸车两种。它可以采用货叉插入集装箱底部叉槽内举升搬运集装箱，也可在门架上装一个顶吊架，借助旋锁件与集装箱连接，从顶部起吊集装箱。

3. 铁路集装箱对集装箱装卸机械的要求

机械结构应简单牢固、作业稳定、机械的完好率高，可以减少停机时间、作业安全可靠，防止对集装箱损坏，消耗能源少，需要的辅助人员少。装卸作业时，占用场地少。通路窄时，最大限度地运用集装箱场的面积和作业时对环境污染少，噪声小。

4. 集装箱场装卸机械的配置原则

装卸机械的配置应适应集装箱场的作业性质，集装箱的类型尽量应采用同一类型、规格的机械。专用集装箱场应配置专用集装箱装卸机械;综合性货场、则配置多用途装卸机械，以便一机多能，充分发挥机械的效率;装卸机械的产生率应满足运量要求，保证车辆在规定的停留时间内能完成全部作业;装卸、搬运机械共同作业时，装卸、搬运机械彼此间的配置台数和生产率应协调配合，防止一种设备能力的不足而影响另一种设备能力的浪费;一种机械可配置多种类型的索具和属具，以扩大装卸机械的使用范围，提高作业效率，降低运输成本;集装箱使用的装卸机械及其零部件应尽量标准化，以便维修保养;应根据集装箱的作业流程配置机械，使得作业流程各环节都用装卸、搬运机械组合起来，便于实现装卸、搬运作业机械化和自动化。

思考练习

(1)简述集装箱公路运输的特点。

(2)集装箱公路运输的分类标准是什么？具体分为哪些？

(3)概述集装箱公路运输的合适距离。

(4)谈谈集装箱公路运输的未来发展趋势。

(5)简述集装箱牵引车的分类标准和具体分类。

(6)集装箱半挂车的分类标准是什么？具体分为哪些？

(7)装卸机械的作用以及类型是什么？

(8)集装箱公路运输中转站的作用是什么？

(9)集装箱公路运输中转站前期论证中的交通状况论证包括哪些内容？

(10)集装箱公路运输中转站装卸工艺方案选择有哪些？

(11)简述铁路集装箱货源的组织条件。

(12)铁路集装箱运输货源组织形式有哪几种？各种的适用条件是什么？

(13)谈谈铁路集装箱运输的未来发展趋势。

(14)简述铁路集装箱运输车辆的类型。

(15)辅助设施有哪些？并对辅助设施进行详细叙述。

任务六　集装箱航空运输

内容简介

集装箱航空运输的发展过程和航空货运的主要特点，航班等关于集装箱航空运输的基本常识。国际集装箱航空货运的主要方式，各自的特点。国际集装箱航空运单的性质、分类和主要内容，填写方法。集装箱航空运输运价的种类，运费的计算方法。有关集装箱航空运输的法律、法规。

教学目标

1. 知识目标

(1)熟练掌握集装箱航空运输的基本理论知识；

(2)掌握集装箱航空运输的单证、相应的法规知识和运费的计算；

(3)理解航空飞机的分类、尺度及装机和卸机过程。

2. 技能目标

(1)掌握集装箱航空运输单证的缮制；

(2)掌握集装箱航空运输的运价计算；

(3)掌握集装箱班机运输、集装箱包机运输、集中托运和航空快递的特点和形式。

案例导入

航空运输增加商品的市场竞争力

某些对保鲜要求较高的货物：食品、海鲜、鲜花、水果；某些价值昂贵的货物：电脑芯片、电子产品、家用电器；还有某些高档消费品，对运价的承受能力都很好。通过航空运输，更能增加这些商品的市场竞争力。如随着我国人民生活消费能力的提高，一些大城市的餐饮业主经常用"空运生猛海鲜"来吸引顾客，就是很好的例子。在航空运输中，除特殊情况外，货物均是以"集装箱"、"集装板"形式进行运输。装运集装器的飞机，其舱内应有固定集装器的设备，把集装器固定于飞机上，这时集装器就成为飞机的一部分，所以飞机的集装器的大小有严格的规定。

引导思路

(1)集装箱航空运输主要货物；

(2)国际集装箱航空运输方式。

项目一　国际集装箱航空运输概述

教学要点

(1)了解我国和国际集装箱航空运输的基本知识；

(2)常见的国际集装箱航空运输组织。

教学方法

可采用讲授、情境教学、案例教学和分组讨论等方法。

集装箱航空运输在当今世界航空运输领域的应用已十分广泛。我国作为拥有世界四分之一人口的大国,航空运输市场虽然无比广阔,但其集装箱化却远未普及。我国目前有100多个民用机场,按照民航总局的规定,只有在四类机场标准以上才配备集装箱设备,而这类机场我国目前仅有二十几个,这与我国民航现代化的发展极不适应。因此,普及集装箱航空运输化知识是十分必要的。近年来,中国航空物流业竞争变得空前激烈,中国贸易政策和物流政策的调整促进了我国航空物流的成长。同时,中国航空物流的发展给本国的航空物流企业也带来了新的市场发展机遇。

一、航空运输概念及特点

航空运输市场是一种特定的市场,是指航空运输产品和服务交易的场所、航空运输产品供求关系的总和、在一定时空条件下对航空运输产品和服务需求的总和。以上是指广义的航空运输市场含义,从狭义角度来讲,航空运输市场是指航线(或称城市对市场)。由不同始发地和目的地构成的一条航线(或城市对)就是一个航空运输市场。在一定的条件下(如价格水平),该航线上的航空运输需求总量形成了一定的航空运输市场规模,而在该航线上的供给数量和需求数量的对比便形成了其特定的供求关系。

航空运输(Air Transport)是一种现代化的运输方式,它与海洋运输、铁路运输相比,具有运输速度快、货运质量高且不受地面条件的限制等优点。因此,它最适宜运送急需物资、鲜活商品、精密仪器和贵重物品。

航空货物运输虽然起步较晚,但发展异常迅速,特别是受到现代化企业管理者的青睐,原因之一就在于它具有许多其他运输方式所不能比拟的优越性。概括起来,航空货物运输的主要特征有:

1. 具有较高的运送速度

到目前为止,飞机仍然是最快捷的交通工具,常见的喷气式飞机的经济巡航速度大都在850~900km/h。快捷的交通工具大大缩短了货物在途时间,对于那些易腐烂、变质的鲜活商品;时效性、季节性强的报刊、节令性商品;抢险、救急品的运输,这一特点显得尤为突出。可以这样说,快速加上全球密集的航空运输网络才有可能使我们从前可望而不可即的鲜活商品开辟远距离市场,使消费者享有更多的利益。运送速度快,在途时间短,也使货物在途风险降低,因此许多贵重物品、精密仪器也往往采用航空运输的形式。当今国际市场竞争激烈,航空运输所提供的快速服务也使得供货商可以对国外市场瞬息万变的行情即刻做出反应,迅速推出适销产品占领市场,获得较好的经济效益。

2. 适于鲜活、季节性商品

鲜活商品对时间的要求很高,运输延迟会使商品失去原有价值。采取航空运输可以保证商品新鲜成活,有利于开辟远距离的市场。对于季节性商品,航空运输能够保证在销售季节到来前应市,避免了由于错过季节导致商品无法销售而产生的损失。

3. 破损率低

采用航空运输的货物本身价值较高，航空运输的地面操作流程环节比较严格，管理制度比较完善，这就使货物破损率很低，安全性较好。

4. 节省包装等费用、加快资金周转

航空运输速度快，商品在途时间短、交货速度快，可以降低商品的库存数量、减少仓储费、保险费和利息支出等。另外，航空运输保管制度完善，货损货差较少，包装可相应地简化，降低了包装费用和保险费用。产品流通速度加快，也加快了资金周转速度。

节约包装、保险、利息等费用由于采用航空运输方式，货物在途时间短，周转速度快，企业存货可以相应地减少。一方面有利资金的回收，减少利息支出，另一方面企业仓储费用也可以降低。又由于航空货物运输安全、准确，货损、货差少，所以保险费用较低。与其他运输方式相比，航空运输的包装简单，包装成本减少。这些都构成企业隐性成本的下降，收益的增加。当然，航空运输也有自己的局限性，主要表现在航空货运的运输费用较其他运输方式更高，不适合低价值货物；航空运载工具——飞机的舱容有限，对大件货物或大批量货物的运输有一定的限制；飞机飞行安全容易受恶劣气候影响等。但总的来讲，随着新兴技术得到更为广泛的应用，产品更趋向薄、轻、短、小、高价值，管理者更重视运输的及时性、可靠性，相信航空货运将会有更大的发展前景。

5. 不受地面条件影响

航空运输利用天空这一自然通道深入内陆地区，不受地理条件的限制。对于地面条件恶劣交通不便的内陆地区非常合适，有利于当地资源的出口，促进当地经济的发展。航空运输使本地与世界相连，对外辐射面广，而且航空运输相比较公路运输与铁路运输占用土地少，对寸土寸金、地域狭小的地区发展对外交通无疑是十分适合的。

6. 安全、准确

与其他运输方式相比航空运输的安全性较高，1997 年，世界各航空公司共执行航班 1800 万架次，仅发生严重事故 11 起，风险率约为三百万分之一。航空公司的运输管理制度也比较完善，货物的破损率较低，如果采用空运集装箱的方式运送货物，则更为安全。

航空运输也有一些不足之处，如投资大、运量小、运费比较高、易受天气的影响等。

二、集装箱航空运输概述

迄今为止，集装箱航空运输还处于数量较小的状态，航空运输的运量与水路、铁路、公路运输的运量不在一个数量级上。原因有如下几个方面：

1. 飞机的负荷有限

大约半个世纪前，飞机的负荷能否无限地扩大就有了结论。问题在于，如果飞机要造得更大，其负荷要扩展，其起落重量就要成倍增长，从而要求其起落架的对数和强度也要相应增加。由此就会形成一个矛盾：飞机由于体积增大而增长的负荷量，可能全部消耗在所需要增加的起落架的重量上。所以，除非改用水上起降方式，飞机的负荷基本只能限制在目前已有的波音 747 等机型的水平上。航空运输的特殊性，使飞机的负荷处于非常有限的范围内。

2. 航空运输成本高，运费昂贵

航空运输成本大大高于水运，比铁路运输与公路运输也要高很多，所以其运费昂贵，超出很多货物所能负担的范围。水路、陆路采用的国际标准集装箱无法用于航空，限制了多式联运的开展。

3. 国际标准集装箱与航空集装器规格不同

目前,应用中的国际标准集装箱的主要类型,是根据水运、铁路、公路运输的需要与可能性确定的,其外形尺寸与总质量,飞机均无法承受;而飞机所能运载的集装箱,又大多与飞机各部位运载的可能性相配合,直接接载到船舶、火车、载货汽车上,又因尺寸太小,负荷太少,形状奇异,与船舶、火车、载货汽车不配套。所以航空运输与其他运输方式之间的国际标准集装箱多式联运,开展的难度较大。这也限制了航空集装箱运量的增加。但从前景来看,航空货物运输与航空集装箱未来的发展空间却很大,这是因为:航空运输有着运程长,速度快的突出优势,就像航空运量与水路运量不在一个数量级上一样,航空运输所耗费时间,在同样的运程上,与水路运输所耗用时间相比较,也不在一个数量级上。速度快,商品和原材料供应就及时,生产周期能大幅度缩短,企业的竞争力会很大上升,这对货主无疑具有巨大的吸引力。

现代物流业以“效益背反”的思维方式,比较各种运输方式的优劣,使航空货运的地位大大提高。所谓“效益背反”,是指在某些经济活动中,一种效益或功能的上升,往往会导致另一种效益与功能的下降。在将两种经济选择进行对比时,不能单比较一个侧面,而应从两个侧面之和,集中加以比较。

如将航空运输与铁路运输对比:航空运输成本高,而耗时少;铁路运输运费低,而耗时多。单从运费一个角度思考,肯定应选择铁路运输;但如从运费和运输时间两个角度考虑,铁路运输就不一定是最佳选择。如从“前置时间”的角度比较,航空运输的前置时间与铁路运输相比为 1: 10。这一时间差转化为经济效益,很可能会大于航空运输与铁路运输的费用差。

随着整体经济的增长,许多商品对运费的承受能力大大提高,这也使航空运输的发展空间增大,航空运输可以节省包装费,降低货物的货损、货差。相对铁路、公路和水路运输,航空运输是最平稳、对所运货物的冲击最小的。所以航空运输货物,包装可以相对轻薄,从而可减少货物的包装费用。由于运输平稳,货损、货差就少,也可以相应降低运输成本。

海陆空联运国际标准集装箱的出现,使航空运输进入了国际集装箱多式联运的运输链,这也使航空运输与航空集装箱运输出现了一片光明的前景。

三、国际航空运输组织

我国的航空货运已有 30 多年历史,近年来发展很快。1990 年引进波音 747-200 宽体型货机后,开始具备了运输国际标准航空集装箱的能力。波音 747-200 货机能装载国际标准 20ft 集装箱 2 个,还能装载其他类型成组器。近年来,随着我国经济的增长,航空货运量越来越大,相关航空港的地位也越来越高,如上海航空港已被定位为东亚航空枢纽港。国际民航组织(International Civil Aviation Organization,ICAO)是联合国属下专责管理和发展国际民航事务的机构。国际民用航空组织为全球各航空公司指定的三个字母的 ICAO 航空公司代码。国际民航组织还是国际范围内制定各种航空标准以及程序的机构,以保证各地民航航空公司运作的一致性。

1. 国际航空运输协会

国际航空运输协会(International Air Transport Association,IATA)是一个由世界各国航空

公司所组成的大型国际组织,其前身是1919年在海牙成立并在二战时解体的国际航空业务协会(International Air Traffic Association)。1944年12月,出席芝加哥国际民航会议的一些政府代表和顾问以及空运企业的代表聚会,商定成立一个委员会为新的组织起草章程。1945年4月16日在哈瓦那会议上修改并通过了草案章程后,国际航空运输协会成立。同年10月,新组织正式成立,定名为国际航空运输协会,总部设在加拿大的蒙特利尔。第一届年会在加拿大蒙特利尔召开。在全世界近100个国家设有办事处,280家会员航空公司遍及全世界180多个国家。在中国有13家会员航空公司(除中国香港、中国澳门和中国台湾之外)。凡是国际民航组织成员国的任一经营定期航班的空运企业,经其政府许可都可成为该协会的会员。经营国际航班的航空运输企业为正式会员,只经营国内航班的航空运输企业为准会员。

2. 国际航空运输协会的宗旨和目的

国际航空运输协会的宗旨是为世界人民的利益,促进安全、准时和经济的航空运输的发展,扶持航空商业并研究与之相关的问题;为直接或间接从事国际航空运输服务的各航空运输企业提供协作的途径;为开展与国际民航组织、其他国际组织和地区航空公司协会的合作提供便利。

国际航协从组织形式上是一个航空企业的行业联盟,属非官方性质组织,但是由于世界上的大多数国家的航空公司是国家所有,即使非国有的航空公司也受到所属国政府的强力参与或控制,因此航协实际上是一个半官方组织。它制定运价的活动,也必须在各国政府授权下进行,它的清算所对全世界联运票价的结算是一项有助于世界空运发展的公益事业,因而国际航协发挥着通过航空运输企业来协调和沟通政府间政策,解决实际运作困难的重要作用。

3. 国际航空运输协会的会员

国际航空运输协会的会员分为正式会员和准会员两类。国际航空运输协会会籍向获得符合国际民航组织成员国身份的政府所颁发执照的任何提供定期航班的经营性公司开放。国际航空运输协会正式会员向直接从事国际经营的航空公司开放,而国际航空运输协会准会员身份只向国内航空公司开放。国际航空运输协会现有两百多家会员航空公司。

(1)加入。

申请加入国际航空运输协会的航空公司如果想成为正式会员,必须符合下列条件:①批准其申请的政府是有资格成为国际民航组织成员的国家政府。②在两个或两个以上国家间从事航空服务。其他航空公司可以申请成为准会员。国际航空运输协会的执委会负责审议航空公司的申请并有权决定接纳航空公司成为正式会员或准会员。

(2)会员权利的限制。

为制止会员拖欠会费,章程明文规定,如果一个会员在180天之内未缴纳会费、罚金或其他财政义务,也没有能够在此期限内做出履行此类义务的安排,那么该会员的权利将受到限制,不再拥有表决权,其代表也不可以成为国际航空运输协会任何机构的成员,但是其会员资格并未终止,仍然享有根据协会章程所应享有的其他权利和义务。

(3)终止。

任何会员可以自行通知国际航空运输协会理事长退出该组织,并自通知发出之日起30天生效。如果会员违反了国际航空运输协会的有关章程或规定,或者该航空公司所代表的国家被国际民航组织除名,或者会员宣告破产,执行委员会可以取消其会员资格。

截至2002年5月,国际航空运输协会共有264个会员:北美16个;北大西洋1个;欧洲

100 个；中东 21 个；非洲 36 个；亚洲 49 个；南美 21 个；太平洋 6 个；中美洲 14 个。

4. 国际航空运输协会部门

(1)全体会议。

全体会议是国际航空运输协会的最高权力机构，每年举行一次会议，经执行委员会召集，也可随时召开特别会议。所有正式会员在决议中都拥有平等的一票表决权，如果不能参加，也可授权另一正式会员代表其出席会议并表决。全体会议的决定以多数票通过。在全体会议上，审议的问题只限于涉及国际航空运输协会本身的重大问题，如选举协会的主席和执行委员会委员、成立有关的委员会以及审议本组织的财政问题等。

(2)执行委员会。

执行委员会是全会的代表机构，对外全权代表国际航空运输协会。执委会成员必须是正式会员的代表，任期分别为一年、二年和三年。执委会的职责，包括管理协会的财产、设置分支机构、制定协会的政策等。执委会的理事长是协会的最高行政和执行官员，在执委会的监督和授权下行使职责并对执委会负责。在一般情况下，执委会应在年会即全体会议之前召开，其他会议时间由执委会规定。执委会下设秘书长、专门委员会和内部办事机构，维持协会的日常工作。目前执委会有 30 名成员。

(3)专门委员会。

国际航空运输协会分为运输、财务、法律和技术委员会。各委员会由专家、区域代表及其他人员组成并报执委会和大会批准。目前运输委员会有 30 名成员，财务委员会有 25 名成员，技术委员会有 30 名成员，法律委员会有 30 名成员。

(4)分支机构。

国际航空运输协会总部设在加拿大蒙特利尔，但主要机构还设在日内瓦、伦敦和新加坡。国际航空运输协会还在安曼、雅典、曼谷、达卡、香港、雅加达、吉达、吉隆坡、迈阿密、内罗毕、纽约、波多黎各、里约热内卢、圣地亚哥、华沙和华盛顿设有地区办事处。

5. 国际航空运输协会的作用

根据 1978 年国际航空运输特别大会决定，国际航空运输协会的活动主要分为两大类：行业协会活动和运价协调活动。1988 年又增加了行业服务。

(1)运价协调。

国际航空运输协会通过召开运输会议确定运价，经有关国家批准后即可生效。第二次世界大战以后，确立了通过双边航空运输协定经营国际航空运输业务的框架。在此框架内，由哪一家航空公司经营哪一条航线以及运量的大小，由政府通过谈判确定，同时，在旅客票价和货物运费方面也采用一致的标准，而这个标准的运价规则是由国际航空运输协会制订的。如有争议，有关国家政府有最后决定的权利。

为便于工作，协会将全球划分为三个区域，即一区——包括所有北美和南美大陆及与之毗连的岛屿，格陵兰、百慕大、西印度群岛和加勒比海群岛、夏威夷群岛(包括中途岛和帕尔迈拉)；二区——包括欧洲全部(包括俄罗斯联邦在欧洲的部分)和与之毗连的岛屿，冰岛、亚速尔群岛、非洲全部和与之毗连的岛屿、阿森松岛和地处伊朗伊斯兰共和国西部并包括其在内的亚洲部分；三区——包括除二区已包括部分的亚洲全部和与之毗连的岛屿，东印度群岛的全部、澳大利亚、新西兰和与之毗连的岛屿，以及除一区所包括之外的所有的太平洋岛屿。

(2)运输服务。

国际航空运输协会制定了一整套完整的标准和措施以便在客票、货运单和其他有关凭证以及对旅客、行李和货物的管理方面建立统一和程序，这也就是所谓的"运输服务"，主要包括旅客、货运、机场服务三个方面，也包括多边联运协议。

(3)代理人事务。

国际航空运输协会在1952年就制定了代理标准协议，为航空公司与代理人之间的关系设置了模式。协会举行一系列培训代理人的课程，为航空销售业造就合格人员。协会近年来随自动化技术的应用发展制定了适用客、货销售的航空公司与代理人结算的"开账与结算系统"和"货运账目结算系统"。

(4)法律。

国际航空运输协会的法律工作主要表现在为：世界航空的平稳运作而设立出文件和程序的标准；为会员提供民用航空法律方面的咨询和诉讼服务；在国际航空立法中，表达航空运输承运人的观点。

(5)技术。

国际航空运输协会对《芝加哥公约》附件的制定起到了重要的作用，目前在技术领域仍然进行着大量的工作，主要包括：航空电子和电信、工程环境、机场、航行、医学、简化手续以及航空保安等。

6. 国际航空运输协会的设置

国际航协7个地区办事处为：北美地区办事处（美国华盛顿），南美地区办事处（智利圣地亚哥），欧洲地区办事处（比利时布鲁塞尔），非洲地区办事处（瑞士日内瓦），中东地区办事处（约旦安曼）和亚太地区办事处（新加坡），北亚地区办事处（北京）。

作为全世界七个地区办事处之一，北亚地区会员关系管理事务办事处成立于1996年，办公地点设在北京。其主要职责是在本地区（包括中国内地、中国台湾、中国香港、中国澳门、朝鲜、蒙古和中亚5国）介绍国际航协为促进世界航空运输发展而制定的各项政策和发展战略；加强国际航协业务活动的开展；促进国际航协产品和服务的推广；了解、分析本地区（主要是中国内地和港澳台地区）航空运输政策的发展动向；保障国际航协项目在本地区的顺利进行；协助国际航协中国办事处各部门的工作。具体工作包括：

执行并推广国际航协在全世界的政策，推广国际航协的产品与服务；推动国际航协在本地区的活动；发展国际航协在本地区的新会员，包括国际航协行业伙伴计划会员；协调航空公司联运和收益管理服务项目在中国的开展；协调国际航协运价事务在本地区的活动；协助国际航协基础设施经济战略项目在中国的活动；协调国际航协用户收费和航空煤油收费工作组在中国的业务工作；推动国际航空培训基金在中国的发展，并为该基金奖学金在中国的使用提出建议；与所在地区民用航空当局和其他政府机构保持密切和定期联络；协调国际航协与中国会员公司的联系；推动国际航协中国会员公司之间的合作；协助国际航协的会务工作和出版物的订购；协助办理国际航协航空公司两字代码和三字结算码的工作；协助国际航协其他部门在本地区业务的开展。

四、集装箱航空运输的关系人

1. 航空集装箱货运代理

我国民航事业是在解放后重新创办起来的，1958年我国加入了1929年10月12日在华沙签订的《统一国籍航空运输某些规则的公约》,从而同二十几个国家建立了航空运输关系,随着我国对外贸易和民航业务的发展,航空货物代理业应运而生,采用航空货物货运形式进出口货物,需要办理一定的手续,如出口货物在始发地交航空公司承运前的订舱、储货、制单、报关、交运等;进口货物在目的地机场的航空公司或机场接货、监管储存、制单、报关、送货及转运等。航空公司一般不负责上述业务,由此,收、发货人必须通过航空货运代理公司办理航空货运业务,或自行向航空公司办理航空业务。

在航空货物运输业务中,涉及的有关当事人主要有发货人、承运人、代理人、地面运输公司和收货人等。航空货运代理公司作为货主和航空公司之间的桥梁和纽带,一般具有两种职能:第一,为货主提供服务的职能,代替货主向航空公司办理托运货物或提取货物。第二,航空公司的代理职能,经航空公司授权代替航空公司接受货物,出具航空公司主单和自己的分单,或从事机场地面操作业务。

(1)销售代理(Sales Agent)。

①航协代理(IATA Cargo Agent):具备一定的资格,经 IATA 注册,由 IATA 航空公司任命从事货运代理业务的代理人。

②集运商(Consolidator)& 分运商(Break Bulk Agent):从事将多个托运人的货物集中起来作为一票货物交付给承运人,并使用较低运价的代理人。

③一级代理和二级代理的区别

一级代理是经过外经贸委、中国民航总局批准从事货运代理业务的代理人。二级代理是未经过外经贸委、中国民航总局批准从事货运代理业务的代理人。两者的区别是一级代理有领单权,可以向航空公司领取货运单;一级代理有订舱权,可以向航空公司订舱交货;一级代理可以向海关申请监管仓库。

市场销售,即承揽货物是空代业务的核心。在具体操作时,需及时向出口单位介绍本公司的业务范围、服务项目、各项收费标准,特别是向出口单位介绍优惠运价,介绍本公司的服务优势等。货代向货主进行询价,必须了解空运询价八要素:

a. 品名(是否危险品);

b. 质量(涉及收费)、体积(尺寸大小及是否泡货);

c. 包装(是否木箱,有无托盘);

d. 目的机场(是否基本点);

e. 要求时间(直非或转飞);

f. 要求航班(各航班服务及价格差异);

g. 提单类别(主单及分单);

h. 所需运输服务(报关方式,代办单证,是否清关派送等)。

而另一方面,从货主的角度来看,委托空代办理航空运输要比自己亲自办理来得更为便利,更有效率。因而,发货人一般也更愿意委托航空货运代理办理货物托运。

委托运输,即是在双方就航空货运代理事宜达成意向后,航空货运代理就可以向发货人提供一份自己所代理的航空公司的空白"国际货物托运书",让发货人填写。

根据《华沙公约》的相关规定,托运书必须由托运人自己填写,并在上面签字或盖章。

某些特种货物,如活动物、危险品由航空公司直接收运。在接受托运人委托后,航空货运代理公司通常会指定专人对托运书进行审核。审核重点应看价格和航班日期。

审核后，审核人员必须在托运书上签名并注明日期以示确认。委托时，发货人除应填制“国际货物托运书”，还应提供贸易合同副本、出口货物明细发票、装箱单以及检验、检疫和通关所需要的单证和资料给航空货运代理。对于一次批量较大，要采用包机运输的，需提前办理包机手续。

一般情况下，至少需在发运 1 个月与航空公司洽谈，并签订协议（以便航空公司安排运力，办理包机过境、入境、着陆等有关手续），如货主找空运代理办理包机，则应在货物发运前 40d 提出申请，并应填写“包机委托书”。

审核单证是指空代从发货人处取得单据后，应指定专人对单证进行认真核对，看看单证是否齐全，内容填写是否完整规范。

预配舱是指代理人汇总所接受的委托，制定预配舱方案，并对每票货配上运单号。

预订舱是指代理人根据预配舱方案，向航空公司预订舱。货物订舱需根据发货人的要求和货物标志的特点而定。一般来说，大宗货物、紧急物资、鲜活易腐物品、危险品、贵重物品等，必须预订舱位。非紧急的零散货物，可以不预订舱位。通常对下列货物应当预订航班舱位，否则承运人可以不予受理。

①货物在中转时需要特殊对待。

②不规则形状或者尺寸超限的货物。

③批量较大的货物。

④特种货物，如危险品、活动物等。

⑤需要两家及其以上承运人运输的联运货物。

⑥货物的声明价值超过 10 万美元或者其等价货币。

接受单证（货代操作）是指接受托运人或其代理人送交的已经审核确认的托运书及报关单证和收货凭证。将计算机中的收货记录与收货凭证核对。接受托运人或其代理人送交的已经审核确认的托运书及报关单证和收货凭证。如制作操作交接单、逐单预配运单和逐单附报关单证。

将制作好的交接单、配好的总运单或分运单、报关单证移交制单。如此时货未到或未全到，可以按照托运书上的数据填入交接单并注明，货物到齐后再进行修改。

填制货运单是指直接运输的货物，填开航空公司运单即可，并将收货人提供的货物随机单据订在运单后面。如果是集中托运的货物，必须先为每票货物填开航空货运代理公司的分运单；然后再填开航空公司的总运单；还需要制作集中托运货物舱单，并将舱单，所有分运单及随行单据装入一个信袋，订在运单后面。最后制作“空运出口业务日报表”，供制作标签用。

接受货物是指货物一般是运送到货代仓库或直接送机场货站。接收货物一般与接单同时进行。接货时，双方应办理货物的交接、验收，并进行过磅称重和丈量，并根据发票、装箱单或送货单清点货物，并核对货物的数量、品名、合同号或唛头等是否与货运单上所列一致；检查货物的外包装是否符合运输的要求。

（2）地面代理（Airport Handling Agent）。

一架外国航空公司的航班飞到上海，这家航空公司在上海驻有办事处，但这办事处主要负责航班的安全正点，正常运转。该外航要委托上海机场的地面代理装卸货物、分解处理货物和集装箱板；要为飞机加油、配餐、清洁飞机、为旅客办理乘机手续、托运行李、飞机维修检查等工作，都需要同机场的地面代理签订协议。20世纪80年代至90年代中期，上海的航空公司地面代理业务基本上都由东航操作。随着浦东机场的建成，出现了机场地面代理，机场的地面货站浦东货站的成立使中性货站成为机场货运的发展趋势，使地面代理领域有了竞争和发展机制。

2. 航空公司

航空公司（Airlines）是以各种航空飞行器为运输工具为乘客和货物提供民用航空服务的企业，它们一般需要一个官方认可的运行证书或批准。航空公司使用的飞行器可以是它们自己拥有的，也可以是租来的，它们可以独立提供服务，或者与其他航空公司合伙或者组成联盟。航空公司的规模可以从只有一架运输邮件或货物的飞机到拥有数百架飞机提供各类全球性服务的国际航空公司。航空公司的服务范围可以分洲际的、洲内的、国内的，也可以分航班服务和包机服务。在货运业务中，航空公司一般只负责空中运输，即从一个机场运至另一机场的运输。

大部分的国际航空公司都是国际航空运输协会（简称IATA）的成员，以便和其他航空公司共享连程中转的票价、机票发行等标准。国际航空运输协会为全球各航空公司指定的两个字母的IATA航空公司代码，但是有许多地区性的航空公司或者低成本航空公司并非国际航空运输协会的成员。各大航空公司通常已经在国际民航组织登记自己的呼号。呼号通常都是航空公司的名称，但也有例外的，再在呼号后加上航班编号，一些满载的大型航机会在呼号后再加上HEAVY（Cathay seven one seven heavy），让航空管制员知道该航班特重，不能执行一些指令（像保持低速、飞到更高高度等）。

航空公司可以按多种方式将航空公司分类。按公司规模分，如大型航空公司、小型航空公司；按飞行范围分，如国际、国内航空公司；按运输的种类分，如客运航空公司、货运航空公司；按工作时间分，如定期、不定期。

3. 航空货运公司

航空货运公司又称空运代理。它是随航空运输的发展及航空公司运输业务的集中化而发展起来的一种服务性行业。

(1)货运代理人的身份。

①承运人身份，又称为空运缔约承运人；也称为空运实际承运人；

②托运人身份，当货运代理人以自己的名义与航空公司签订运输合同时，相对于运输合同对方当事人而言，他是托运人，航空公司是承运人。

③收货人身份，在目的地点，货运代理人可以自己的名义接受货物，同样可以成为收货人。

④托运人的代理人，当货运代理人从不同的托运人手中接受货物，以托运人的名义与航空公司签订运输合同时，货运代理人是托运人的代理人，航空公司是承运人。

⑤承运人的代理人，当货运代理人以承运人的名义与托运人签订运输合同并向托运人签发航空货运单，货运代理人是承运人的代理人。

(2)航空货运代理公司的类型。

①一类代理公司：经营国际及香港、澳门、台湾航线的代理业务；

②二类代理公司：经营除香港、澳门、台湾航线外的国内航线的代理业务。

项目二　集装箱航空运输设备

教学要点

(1)集装箱航空运输设备与设施的介绍;

(2)常见的国际航空集装设备;

(3)航空集装箱的分类和使用。

教学方法

可采用讲授、情境教学、图片教学行动导向法和分组讨论等方法。

一、航　空　港

航空港为航空运输的经停点,又称航空站或机场,是供飞机起飞、降落和停放及组织、保障飞机活动的场所。近年来随着航空港功能的多样化,港内除了配有装卸客货的设施外,一般还配有商务中心、娱乐中心、货物集散中心,满足往来旅客的需要,同时吸引周边地区的生产、消费。航空港按照所处的位置分干线航空港和支线航空港。按业务范围分国际航空港和国内航空港。其中国际航空港需经政府核准,可以用来供国际航线的航空器起降营运,空港内配有海关、移民、检疫和卫生机构。而国内航空港仅供国内航线的航空器使用,除特殊情况外不对外国航空器开放。通常来讲,航空港内配有以下设施:

(1)跑道与滑行道:前者供航空器起降,后者是航空器在跑道与停机坪之间出入的通道。

(2)停机坪:供飞机停留的场所。

(3)指挥塔或管制塔:为航空器进出航空港的指挥中心。其位置应有利于指挥与航空管制,维护飞行安全。

(4)助航系统:是为辅助安全飞行的设施。包括通信、气象、雷达、电子及目视助航设备。

(5)输油系统:为航空器补充油料。

(6)维护修理基地:为航空器做归航以后或起飞以前做例行检查、维护、保养和修理。

(7)货栈。

(8)其他各种公共设施:包括给水、电、通信、交通、消防系统等。

二、航　空　器

航空器主要是指飞机。常见的飞机有螺旋桨式飞机、喷气式飞机和超音速飞机。螺旋桨式飞机利用螺旋桨的转动将空气向机后推动,借其反作用力推动飞机前进。所以螺旋桨转速越高,飞行速度越快。但当螺旋桨转速高到某一程度时,会出现“空气阻碍”(Air Barrier)的现象,即螺旋桨四周已成真空状态,再加大螺旋桨的转速飞机的速度也无法提升。喷气式飞机最早由德国在20世纪40年代制成,是将空气多次压缩后喷入飞机燃烧室内,使空气与燃料混合燃烧后产生大量气体以推动涡轮，然后以高速度将空气排出机外，借其反作用力使飞机前进。它的结构简单，制造、维修方便，速度快，节约燃料，装载量大，使用率高（每天可飞行 16h），所以目前已经成为世界各国机群的主要机种。

超音速飞机是指航行速度超过音速的飞机。如英法在 20 世纪 70 年代联合研制成功的协和式（Concorde）飞机。目前超音速飞机由于耗油大、载客少、造价昂贵、使用率低，使许多航空公司望而却步。又由于它的噪声很大，被许多国家的机场以环境保护的理由拒之门外或者被限制在一定的时间起降，更限制了它的发展。货运飞机中能装载航空成组器的机型，主要为波音、道格拉斯和洛克希德三类。由于各飞机制造公司基本采用相同的基本尺寸，所以成组器在各种机型中的互换性较好。这种互换性使航空公司可以减少"互换器"的备用量，节约投资，也在转机运输时，使货物不必倒载，缩短了转机时间。各类主要装载航空成组器的飞机主要技术参数，如表 6-1、表 6-2 所示。

装载航空成组器的飞机主要技术参数

表 6-1

机型	飞机性能						货舱	
	最大起飞质量（t）	燃料质量（t）	航速（km/h）	标准座位（个）	最大载质量（t）	续航距离（km）	容积（m^3）	集装箱·托盘（只）
B747LR	372	164	897	416	64	8150	172	30-LD39
SR	340	147	897	500	78	7410	172	30-LD39
DC10-40	259	111	870	277	53	7780	123	26-LD35
L1011-500	225	97	886	246	42	7780	96	28-LD34
A300B4	157	50	834	243	34	3340	104	20-LD34
B767	136	47	854	211	31	2970	85	22-LD23

注：LD2、LD3 表示下部货舱用集装箱的型号。

各种货机的技术指标

表 6-2

项目		普通货机					重型货机	
		道格拉斯 DC-8-55F	道格拉斯 DC-8-62F	道格拉斯 DC-8-61F	道格拉斯 DC-8-63F	波音 707F	波音 747F	洛克希德 L-500
总宽（m）		43.4	45.2	43.4	45.2	44.4	59.6	67.9
总长（m）		45.9	47.8	57.1	57.1	46.6	69.8	75.0
总高（m）		12.9	13.2	12.9	13.1	12.9	19.3	19.8
离陆最大质量（t）		147.4	152.0	147.4	161.0	150.1	322.0	385.6
货舱容积（m^3）	上部货舱 下部前方货舱 下部后方货舱	214.1 20.2 19.8	228.9 4 45.7	147.4 70.8 70.8	285.4 70.8 70.8	228.6 23.7 34.5	499.2 79.2 92.0	主舱 479.4 上层舱 210.6 隔舱 50.9
	托盘或集装箱数	88″×108″ 13 块	14 块	18 块	18 块	13 块	(8′×8′×10)-28 或 (8′×8′×20)-13 (8′×8′×10)-4	(8′×8′×10) -28

续上表

项目	普通货机					重型货机	
	道格拉斯 DC-8-55F	道格拉斯 DC-8-62F	道格拉斯 DC-8-61F	道格拉斯 DC-8-63F	波音 707F	波音 747F	洛克希德 L-500
有效最大载质量(t)	44.0	48.0	50.0	53.8	43.6	118.5	136.0
经济航速(km/h)	932	965	965	965	966	990	919
高度(m)	9145	9150	9150	9150	7620	7620	7600
续航距离(km)	8980	9640	6030	7240	9915	7400	5760
营运时间	航行中	航行中	航行中	航行中	航行中	1972年左右	1970年左右

按照用途的不同,飞机也可分为客机、全货机和客货混合机。客机主要运送旅客,一般行李装在飞机的深舱。由于直到目前为止,航空运输仍以客运为主,客运航班密度高、收益大,所以大多数航空公司都采用客机运送货物。不足的是,由于舱位少,每次运送的货物数量十分有限。全货机运量大,可以弥补客机的不足,但经营成本高,只限在某些货源充足的航线使用。客货混合机可以同时在主甲板运送旅客和货物,并根据需要调整运输安排,是最具灵活性的一种机型。

三、集装设备

航空运输中的集装设备(Unit Load Devices,ULD)主要是指为提高运输效率而采用的托盘和集装箱等成组装载设备。为使用这些设施,飞机的甲板和货舱都设置了与之配套的固定系统。

由于航空运输的特殊性,这些集装设备无论从外形构造还是技术性能指标都具有自身的特点。以集装箱为例,就有主甲板集装箱和底甲板集装箱之分。我们在海运中常见的40ft和20ft的标准箱只能装载在宽体飞机的主甲板。

航空集装箱运输的设备,包括航空集装箱和货机两部分。国际航空运输协会(IATA)将在航空运输中所使用的成组工具称为“成组器”(ULD)。成组器分为航空用成组器和非航空用成组器两类,如图6-1所示。

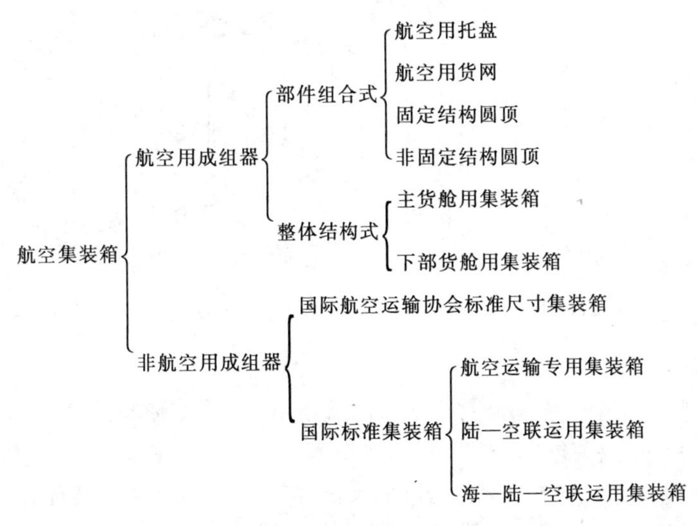

图6-1 航空集装箱分类

1. 航空用成组器

(1) 部件组合式。

指与飞机的形体结构完全配套,可以与机舱内的固定装置直接联合与固定的成组器。部件组合式指由航空用托盘(见图6-2)、航空用货网(见图6-3)、固定结构圆顶(见图6-4)或非固定结构圆顶组合成一个可在机舱内固定的装卸单元。其各组成部分如下:

航空用托盘是指具有平滑底面的一种货板,能用货网、编织带把货物在托盘上绑缚起来,并能方便地装在机舱内进行固定,如图6-2所示。

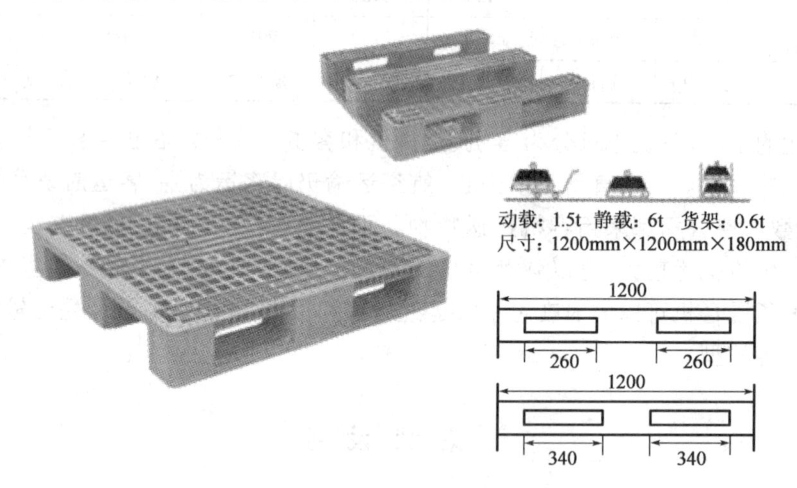

图6-2 航空用托盘(尺寸单位:mm)

航空用货网是用编织带精工编制的网,用于固定托盘的货物。航空用的货网通常有一张顶网和两张侧网组成,货网与托盘之间利用装在网下的金属环连接,也有顶网与侧网组成一体的,这种货网主要用于非固定结构圆顶上,如图6-3所示。

固定结构圆顶是一种与航空用托盘相连接的,不用货网就能使货物不移动的固定形状的罩壳。托盘固定在罩壳上,与罩壳形成一体,如图6-4所示。

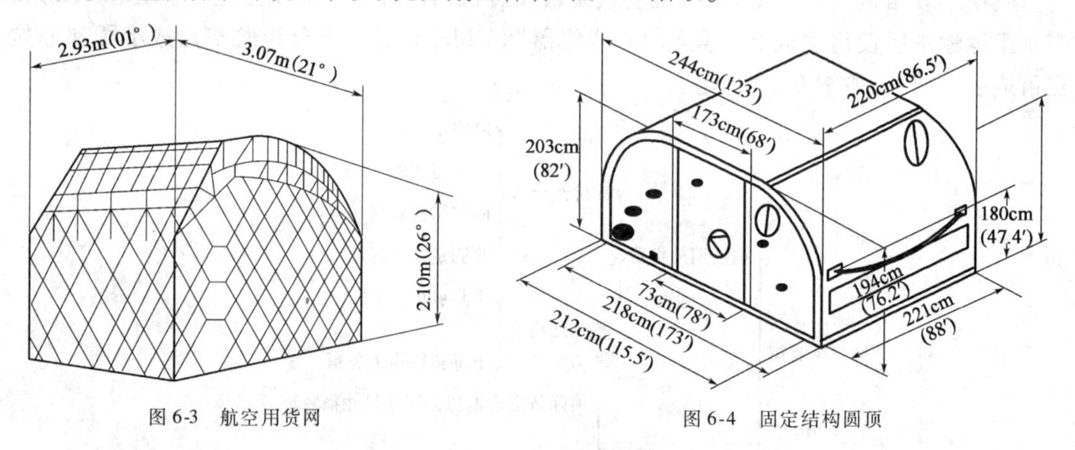

图6-3 航空用货网

图6-4 固定结构圆顶

(2) 整体结构式。

整体结构式是指单独形成一个完整结构的成组器,它的外形不是长方形,而是与机舱形状相配合,可直接系固在机舱中。这类成组器又可分成"上部货舱用集装箱"和"下部货舱用集装箱"。不同机型飞机的这类组合器,相互尺寸都不一样。这类组合器又可分为整体形(见图6-5)和半体形两种。

(3)航空集装箱

航空集装箱分为 AMA 集装箱和 AMF 集装箱两种。技术指标如表 6-3 所示。

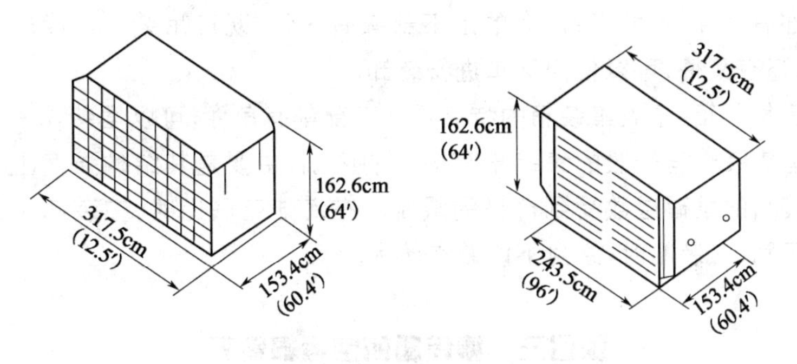

图 6-5 整体结构式航空集装箱

AMA 集装箱技术指标 表 6-3

集装箱类型	AMA	AMF
ATA 代码	M1	n/a
集装箱容量	621 cu. Ft. 17.58 mc	516 cu. ft. 14.6 mc
集装箱质量	360kg	330kg
集装箱最高可容质量(包括集装箱质量)	6804kg	5035kg
集装箱适载机型	747F	747,747F,777,Airbus

①航空集装箱——AMA 集装箱,如图 6-6 所示。

②航空集装箱——AMF 集装箱,如图 6-7 所示。

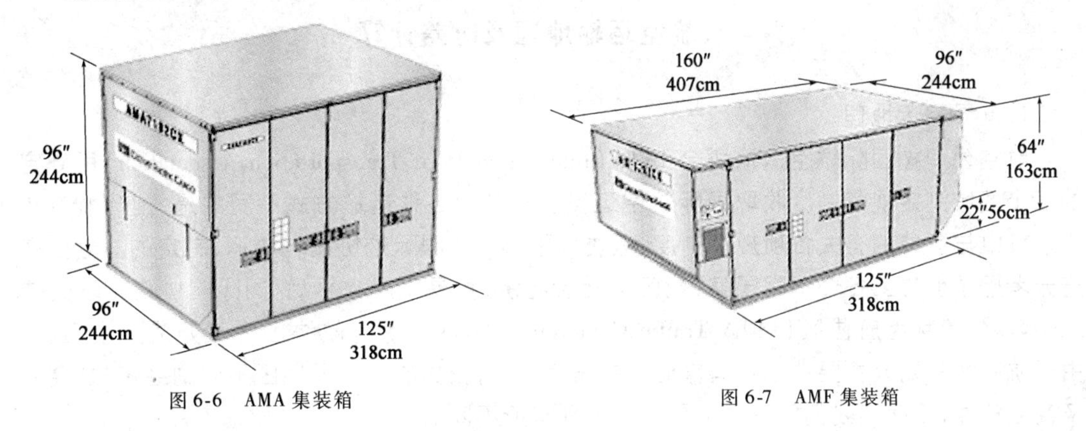

图 6-6 AMA 集装箱

图 6-7 AMF 集装箱

2. 非航空用成组器

“非航空用”成组器,只是指成组器的形状与飞机内部不吻合,为长方形,也不能直接在机舱中系固。这类成组器中,“国际航空协会标准尺寸集装箱”与 ISO 国际标准集装箱不配套,不能进行多式联运;“国际标准集装箱”与 ISO 国际标准相衔接,分成 10ft、20ft、30ft、40ft 四种尺寸,可以进行多式联运。这类箱子又分三种:航空运输专用集装箱、陆一空联运用集装箱和海陆空联运集装箱三种。

航空运输专用集装箱:形状为长方形,不能在机舱内直接系固,在箱上不设角件,不能堆装。

陆—空联运用集装箱：它可以用空运和陆运系统的装卸工具进行装卸和搬运。有的上部无角件而下部有角件，不能堆装；有的上下部都有角件，既可吊装，也可堆装；还有的除上下都有角件外，还有叉槽，可以使用叉车进行装卸。

海陆空联运集装箱：这类集装箱的特点是上下部都有角件，可以堆装。

海陆空联运集装箱与一般的集装箱有很大的区别，主要是其结构强度比一般集装箱弱得多。这种集装箱的堆码层数受到严格的限制。在海陆空联运时，在装卸时必须与其他标准集装箱严格区别，在装船时，绝对不能装在舱底。

项目三　集装箱航空运输实务

教学要点

(1)熟练掌握航空运输的地理及时差计算；

(2)掌握国际航空货物运输的经营方式；

(3)掌握国际集装箱航空货物运输进出口的一般流程；

(4)了解国际集装箱航空货物运输单证的制作思路。

教学方法

(1)可采用课堂练习、讲授、案例计算教学和分组讨论和计算等方法；

(2)行动导向法绘制和交流进出口航空集装箱运输的流程。

一、航空运输地理及时差计算

1. 世界空运地理

航空公司按国际航空运输协会 IATA(International Air Transportation Association)所划定的三个区域制定规章制度收取国际航空运费。与其他各种运输方式不同的是，国际航空货物运输中与运费的有关各项规章制度、运费水平都是由国际航协统一协调、制定的。分段在充分考虑了世界上各个不同国家、地区的社会经济、贸易发展水平后，国际航协将全球分成三个区域，简称为航协区(IATA Traffic Conference Areas)，每个航协区内又分成几个亚区。由于航协区的划分主要从航空运输业务的角度考虑，依据的是不同地区不同的经济、社会以及商业条件，因此和我们熟悉的世界行政区划有所不同。

一区(TC1)：包括北美、中美、南美、格陵兰、百慕大和夏威夷群岛。

二区(TC2)：由整个欧洲大陆(包括俄罗斯的欧洲部分)及毗邻岛屿，冰岛、亚速尔群岛，非洲大陆和毗邻岛屿，亚洲的伊朗及伊朗以西地区组成。本区也是和我们所熟知的政治地理区划差异最多的一个区，它主要有三个亚区：

(1)非洲区：含非洲大多数国家及地区，但北部非洲的摩洛哥、阿尔及利亚、突尼斯、埃及和苏丹不包括在内。

(2)欧洲区：包括欧洲国家和摩洛哥、阿尔及利亚、突尼斯三个非洲国家和土耳其(既包括欧洲部分，也包括亚洲部分）。俄罗斯仅包括其欧洲部分。

（3）中东区：包括巴林、塞浦路斯、埃及、伊朗、伊拉克、以色列、约旦、科威特、黎巴嫩、阿曼、卡塔尔、沙特阿拉伯、苏丹、叙利亚、阿拉伯联合酋长国、也门等。

三区（TC3）：由整个亚洲大陆及毗邻岛屿（已包括在二区的部分除外），澳大利亚、新西兰及毗邻岛屿，太平洋岛屿（已包括在一区的部分除外）组成。其中：

南亚次大陆区：包括阿富汗、印度、巴基斯坦、斯里兰卡等南亚国家。

东南亚区：包括中国（含港、澳、台）、东南亚诸国、蒙古、俄罗斯亚洲部分及土库曼斯坦等独联体国家、密克罗尼西亚等群岛地区。

西南太平洋洲区：包括澳大利亚、新西兰、所罗门群岛等。

日本、朝鲜区：仅含日本和朝鲜。

2. 航班时刻表

（1）时区。

时区是地球上的区域使用同一个时间定义。以前，人们通过观察太阳的位置决定时间，这就使得不同的城镇之间的时间有所不同。时区通过设立一个区域的标准时间来解决这个问题。时区以子午线为中心，即从西经7.5°至东经7.5°为0时区，该时区太阳正午时的时间为12:00，称为格林尼治时间（GMT）。以0时区向西和向东，每隔经度15°为一时区，依次划分为东1区至东12区，西1区至西12区，东12区与西12区重叠，这样全球划分为24个时区。当地时间（Local Time）= GMT ± 某一数值：

某一数值：0时区向东隔几个时区，时间加几小时；向西隔几个时区，时间减几小时。具体数值查 International Time Calculator。

例1：GMT是08:00，问杭州当地时间。

查 International Time Calculator

杭州在东8区，杭州当地时间 = 8:00 + 8:00 = 16:00，即下午4点。

例2：10月15日西班牙当地时间05:00，问加拿大温哥华当地时间。

查 International Time Calculator

西班牙在东1区，加拿大温哥华在西7区，时差8h，西班牙时间早于加拿大，加拿大温哥华时间为14日21:00。

（2）飞行时间计算。

$$飞行时间 = 到达\ GMT - 始发\ GMT$$

或

$$飞行时间 = 到达时间 - 始发时间 - 到达地至始发地时差$$

例3：飞机离开赞比亚的时间1月6日09:10，到达香港时间1月7日14:50，计算飞行时间。

查 International Time Calculator

赞比亚在东2区，香港在东8区，时差6h。

到达 GMT = 14:50 + 24:00 − 08:00 = 30:50

始发 GMT = 09:10 − 02:00 = 07:10

飞行时间 = 30:50 − 07:10 = 23:40，即23h40min。

或飞行时间 = 14:50 + 24:00 − 09:10 − 06:00 = 23:40

（3）航空货物运输指南（OAG Air Cargo Guide）。

OAG 手册将各航空公司的信息合编成一册,主要用于查找货物运输航班时刻(World-wide City to City Schedules)。

二、航空运输常用缩略语及代码

国际航空运输协会(International Air Transport Association,IATA)对世界上的国家、城市、机场、加入国际航空运输协会的航空公司制定了统一的编码。

(1)城市代码:三位字母。

(2)机场代码:三位字母,一般与城市代码相同。有多个机场的城市,城市代码与机场代码不同。

(3)航空公司代码:二位字母或三位数字。

(4)国家代码:二位字母。

(5)货币代码:国家代码+货币的首字母。

(6)其他费用(Other Charges)代码:三位字母。

前两位字母:费用名称。

AC:Animal Container,动物容器费;

AS:Assembly Service Fee,集装服务费;

AW:Air Waybill Fee,货运单费;

CD:Clearance and Handling-Destination,目的站办理海关手续和处理费;

IN:Insurance Premium,代办保险手续费;

LA:Live Animal,活体动物处理费;

后一位字母:收费对象(A:向代理人收费;C:向承运人收费)。

三、国际航空货物运输的经营方式

1. 班机运输

班机运输(Scheduled Airline)指在固定的航线上定期航行的航班,固定始发站、目的站和经停站。一般航空公司都使用客货混合型飞机。一方面搭载旅客,一方面又运送少量货物。但一些较大的航空公司在一些航线上开辟定期的货运航班,使用全货机(All Cargo Carrier)运输。班机运输特点如下:

(1)班机由于固定航线、固定停靠港和定期开航,因此国际间货物流通多使用班机运输方式,能安全迅速地到达世界上各通航地点。

(2)便利收、发货人可确切掌握货物起运和到达的时间,这对市场上急需的商品、鲜活易腐货物以及贵重商品的运送是非常有利的。

(3)班机运输一般是客货混载,因此,舱位有限,不能使大批量的货物及时出运,往往需要分期分批运输,这是班机运输的不足之处。另外,班机运输特点还包括:迅速准确、方便货主和舱位有限。

货运航班只承揽货物运输,大多使用全货机。但由于到目前为止国际贸易中经由航空运输所承运的货量有限,所以货运航班只是由某些规模较大的专门的航空货运公司或一些业务范围较广的综合性航空公司在货运量较为集中的航线开辟。对于前者,一般航空公司通常采用客货混合型飞机,在搭乘旅客的同时也承揽小批量货物的运输。

由于班机运输有固定的航线、挂靠港、固定的航期，并在一定时间内有相对固定的收费标准，对进出口商来讲可以在贸易合同签署之前预期货物的起运和到达时间，核算运费成本，合同的履行也较有保障，因此成为多数贸易商的首选航空货运形式。

特别是近年来货运业竞争加剧，航空公司为体现航空货运的快速、准确的特点，不断加强航班的准班率（航班按时到达的比率），强调快捷的地面服务，在吸引传统的鲜活、易腐货物、贵重货物、急需货物的基础上，又提出为企业特别是跨国企业提供后勤服务的观点，正努力成为跨国公司分拨产品、半成品的得力助手。另一方面，班机运输由于多采用客货混合机型，航班以客运服务为主，货物舱位有限，不能满足大批量货物及时出运的要求，往往只能分批运输。

再有，不同季节同一航线客运量的变化也会直接影响货物装载的数量，使得班机运输在货物运输方面存在很大的局限性。

2. 包机运输

当货物批量较大，而班机不能满足需要时，一般可采用包机运输（Chartered Carrier），这种运输方式属于不定期运输，根据包机双方签订的运输合同执行飞行任务，不执行航班时刻表，不对公众承担责任。由于班机运输形式下货物舱位常常有限，因此当货物批量较大时，包机运输就成为重要方式。分段包机运输通常可分为整机包机和部分包机。

（1）整包机。

整包机，即包租整架飞机，指航空公司按照与租机人事先约定的条件及费用，将整架飞机租给包机人，从一个或几个航空港装运货物至目的地。

所谓整机包机是指航空公司或包机代理公司按照合同中双方事先约定的条件和运价将整架飞机租给租机人，从一个或几个航空港装运货物至指定目的地的运输方式。部分包机则是指由几家航空货运代理公司或发货人联合包租一架飞机，或者是由包机公司把一架飞机的舱位分别卖给几家航空货运代理公司的货物运输形式。相对而言部分包机适合于运送一吨以上但货量不足整机的货物，在这种形式下货物运费较班机运输低，但由于需要等待其他货主备妥货物，因此运送时间要长。

包机运输满足了大批量货物进出口运输的需要，同时包机运输的运费比班机运输低，且随国际市场供需情况的变化而变化，给包机人带来了潜在的利益。但包机运输是按往返路程计收费用，存在着回程空放的风险。

与班机运输相比，包机运输可以由承租飞机的双方议定航程的起止点和中途停靠的空港，因此更具灵活性，但由于各国政府出于安全的需要，也为了维护本国航空公司的利益，对他国航空公司的飞机通过本国领空或降落本国领土往往大加限制，复杂繁琐的审批手续大大增加了包机运输的营运成本，因此目前使用包机业务的地区并不多。

包机人一般要在货物装运前一个月与航空公司联系，以便航空公司安排运载和向起降机场及有关政府部门申请、办理过境或入境的有关手续。包机的费用一次一议，随国际市场供求情况变化。

（2）部分包机。

部分包机由几家航空货运公司或发货人联合包租一架飞机或者由航空公司把一架飞机的舱位分别卖给几家航空货运公司装载货物。部分包机适用于托运不足一架整飞机舱容。但货量又较重的货物运输。

部分包机时间比班机长，而且各国政府为了保护本国航空公司利益，常对从事包机业务的外国航空公司实行各种限制。

(3)包机的优点。

①解决班机舱位不足的矛盾;②货物全部由包机运出,节省时间和多次发货的手续;③弥补没有直达航班的不足,且不用中转;④减少货损、货差或丢失的现象;⑤在空运旺季缓解航班紧张状况;⑥解决海鲜、活动物的运输问题。

(4)包舱/箱/板运输。

包舱/箱/板运输(Cabin/Pallet/Container Chartering)是班机运输下的一种销售方式。它指托运人根据所运输的货物在一定时间内需要单独占用飞机部分或全部货舱、集装箱、集装板,而承运人需要采取专门措施予以保证。根据具体的双方协议和业务操作,有可分为两种:

固定包舱:托运人在承运人的航线上通过包舱/板/箱的方式运输时,托运人无论向承运人是否交付货物,都必须支付协议上规定的运费。

非固定包舱:托运人在承运人的航线上通过包舱/板/箱的方式运输时,托运人在航班起飞前72小时如果没有确定舱位,承运人则可以自由销售舱位,但承运人对代理人的包板(舱)的总量有一个控制。

采用包舱包板运输队承托双方而言,包舱包板运输的意义在于:减少承运人的运营风险,有一个稳定的收入;能充分调动包板人的积极性和主观能动性,最大限度地挖掘市场潜力;尤其对于那些有固定货源且批量较大、数量相对稳定的托运人,可节省不少运费;有利于一些新开辟的航线、冷航线的市场开发。

因而,采用包舱/箱/板运输,无论对于航空公司还是代理人都是一个"双赢"的策略。

3. 集中托运

(1)集中托运(Consolidation)的概念。

将若干票单独发运的、发往同一方向的货物集中起来作为一票货,填写一份总运单发运到同一到站的做法称做集中托运。

(2)集中托运的具体做法。

①将每一票货物分别制定航空运输分运单,即出具货运代理的运单。

②将所有货物区分方向,按照其目的地相同的同一国家、同一城市来集中,制定出航空公司的总运单。总运单的发货人和收货人均为航空货运代理公司。

③打出该总运单项下的货运清单(Manifest),即此总运单有几个分运单,号码各是什么,其中件数、质量各多少等。

④把该总运单和货运清单作为一整票货物交给航空公司。一个总运单可视货物具体情况随附分运单(也可以是一个分运单,也可以是多个分运单)。如一个航空主运单(MAWB)内有10个航空分运单(HAWB),说明此总运单内有10票货,发给10个不同的收货人。

⑤货物到达目的地站机场后,当地的货运代理公司作为总运单的收货人负责接货、分拨,按不同的分运单制定各自的报关单据并代为报关、为实际收货人办理有关接货送货事宜。

⑥实际收货人在分运单上签收以后,目的站货运代理公司以此向发货的货运代理公司反馈到货信息。

(3)集中托运的限制。

集中托运只适合办理普通货物,对于等级运价的货物,如贵重物品、危险品、活动物以及文物等不能办理集中托运。目的地相同或临近的可以办理,如某一国家或地区,其他则不宜办理。例如,不能把去日本的货发到欧洲。

(4)集中托运的特点。

节省运费:航空货运公司的集中托运运价一般都低于航空协会的运价。发货人可得到低于航空公司运价,从而节省费用。

提供方便:将货物集中托运,可使货物到达航空公司到达地点以外的地方,延伸了航空公司的服务,方便了货主。

提早结汇:发货人将货物交与航空货运代代理后,即可取得货物分运单,可持分运单到银行尽早办理结汇。

集中托运方式已在世界范围内普遍开展,形成较完善、有效的服务系统,为促进国际贸易发展和国际科技文化交流起了良好的作用。集中托运成为我国进出口货物的主要运输方式之一。

4.联运方式

(1)联运方式的概念。

陆空联运是火车、飞机和载货汽车的联合运输方式。简称TAT(Train-Air-Truck),或火车、飞机的联合运输方式,简称TA(Train-Air)。

(2) 国内出口货物的联运方式。

我国空运出口货物通常采用陆空联运方式。由于我国幅员辽阔,而国际航空港口岸主要有北京、上海、广州等,虽然省会城市和一些主要城市每天都有班机飞往上海、北京、广州,但班机所带货量有限,费用比较高。如果采用国内包机,费用更高。因此在货量较大的情况下,往往采用陆运至航空口岸,再与国际航班衔接。由于汽车具有机动灵活的特点,在运送时间上更可掌握主动,因此一般都采用“TAT”方式组织出运。

(3)外运分公司的具体做法。

我国长江以南的外运分公司目前办理陆空联运的具体做法是用火车、载货汽车或船将货物运至香港,然后利用香港航班多、到欧洲美国运价较低的条件(普遍货物),把货物从香港运到目的地,或运到中转地,再通过当地代理,用载货汽车送到目的地。长江以北的公司多采用火车或载货汽车将货物送至北京、上海航空口岸出运。

陆空联运货物在香港的收转人为合力空运有限公司。发运前,要事前与他们联系,满足他们对单证的要求,便于提前订舱。各地发货时,可使用外运公司的航空分运单,也可使用“承运货物收据”。有关单据上要注明是转口货,要加盖“陆空联运”字样的标记,以加速周转和避免香港当局征税。

四、航空集装箱运输的一般流程

1.航空运输的出口手续

航空货运的出口手续是指航空货运公司从发货人手中接货到将货物交给航空公司承运这一过程的手续以及必备的单证,其流程如图6-8所示。

航空运输的出口手续包括以下4方面:

(1)进出口公司将出口合同副本一份或空运出口货物委托书一份,寄送有关中国对外贸易运输公司,由运输公司办理提货报关托运等工作。

(2)货物备妥后,进出口公司向中国对外贸易运输公司提出有关出口单证。运输公司安排从仓库至民航营业处或机场的市内运输。

(3)进出口公司凭中国对外贸易运输总公司的分运单或民航的运单办理结汇。

(4)货物在运输途中发生短少破损等事故,属于航空公司责任的,由民航直接向进出口公司赔偿,属于航空货运代理公司责任的,由中国对外贸易运输公司负责联系赔偿。

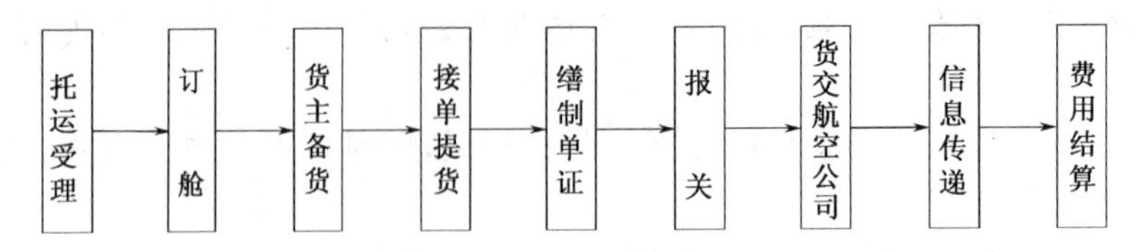

图 6-8 航空货运的出口程序

2.航空运输的进口手续

航空货物进口手续是指航空货物从入境到提取或转运和整个过程中所需通过的环节、所需办理的手续以及必备的单证。其流程如图 6-9 所示。

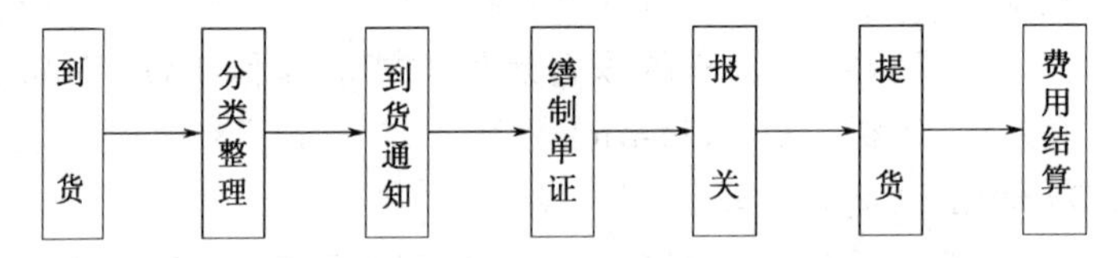

图 6-9 航空运输进口程序

航空运输的进口手续包括以下 4 方面:

(1)进出口公司将合同副本或订单一份寄交当地中国对外贸易运输分公司。

(2)货物到达后,中国民航通知中国对外贸易运输分公司从民航机场或营业处取回运单。

(3)中国对外贸易运输分公司根据进出口公司提供的合同资料或订货单,与运单实货进行核对,对合同号唛头标记品名数量收货人或通知人等核对无误后,缮制进口货物申报单进行报关。

(4)中国对外贸易运输分公司在机场或营业处提取货物时,发现货物短少破损等情况时向民航取得商务事故记录,交收货人与民航交涉索赔,也可接受委托,办理索赔。如包装完好,内部货物有质量或数量问题,收货人直接向商品检验局申请商检,并向订货公司联系对外索赔。

五、航空货物托运相关单证

1.航空运单的概念

航空货物托运人在申请货物运输时,应正确填写"国际货物托运书",会同有关货物出口明细表、发票、装箱单,以及海关、商检需要的证书、文件,先向海关办理出口手续,然后由民航填开航空运单,每批货物填开一份航空运单。包机运输的货物,每一架次填开一份航空运单。航空运单是承运人与托运人之间的货运契约,也是航空运输凭证。

航空运单由两组文字组成,一般有正本三份,副本若干份。托运时,应根据货物的性质、形状、质量、体积、包装等情况,在每件货物包装上写上收货人、发货人名称和地址,以及货箱号、唛头标志等。货物托运后，如发生意外，可凭航空运单要求变更运输。空运代理企业或机构接受托运申请后，向航空公司订舱，并由空运代理用车将货物运到机场。空运代理检查进出口许可证是否完善，办理其他政府规定需办理的手续，同时为发货人办理保险。

货物运至目的地后，由航空公司以书面或电话通知收货人提货。收货人接到通知后应自行办妥海关手续，并当场检查货物有无损害。如有损害、短少，应即向承运人、海关或有关部门联系，并作出运输事故记录。从发出交货通知的次日起，国际货物免费保管5天，超出上述时限，按规定收取保管费。分批到达的货物保管期限，应从通知提取最后一批货物的次日起算。收货人在支付清应付费用和履行完航空运单规定的条件后，空运代理负责用车将货物运至收货人处。货车接送是航空运程的一个附带部分，整个航程都包括在空运运单内。空运代理对全程运输负责。

2. 航空运单的作用与分类

(1)航空运单的性质和作用。

航空运单(Airway Bill)与海运提单有很大不同，却与国际铁路运单相似。它是由承运人或其代理人签发的重要的货物运输单据，是承托双方的运输合同，其内容对双方均具有约束力。航空运单不可转让，持有航空运单也并不能说明可以对货物要求所有权。

航空运单是发货人与航空承运人之间的运输合同。与海运提单不同，航空运单不仅证明航空运输合同的存在，而且航空运单本身就是发货人与航空运输承运人之间缔结的货物运输合同，在双方共同签署后产生效力，并在货物到达目的地交付给运单上所记载的收货人后失效。

航空运单是承运人签发的已接收货物的证明。航空运单也是货物收据，在发货人将货物发运后，承运人或其代理人就会将其中一份交给发货人(即发货人联)，作为已经接收货物的证明。除非另外注明，它是承运人收到货物并在良好条件下装运的证明。航空运单是承运人据以核收运费的账单。航空运单分别记载着属于收货人负担的费用，属于应支付给承运人的费用和应支付给代理人的费用，并详细列明费用的种类、金额，因此可作为运费账单和发票。承运人往往也将其中的承运人联作为记账凭证。

航空运单是报关单证之一。在货物到达目的地机场进行进口报关时，航空运单也通常是海关查验放行的基本单证。

航空运单同时可作为保险证书。如果承运人承办保险或发货人要求承运人代办保险，则航空运单也可用来作为保险证书。

航空运单是承运人内部业务的依据。航空运单随货同行，证明了货物的身份。运单上载有有关该票货物发送、转运、交付的事项，承运人会据此对货物的运输做出相应安排。航空运单的正本一式三份，每份都印有背面条款，其中一份交发货人，是承运人或其代理人接收货物的依据；第二份由承运人留存，作为记账凭证；最后一份随货同行，在货物到达目的地，交付给收货人时作为核收货物的依据。

(2)运单的分类。

航空运单主要分为两大类：

航空主运单(MAWB)：凡由航空运输公司签发的航空运单就称为主运单。它是航空运输公司据以办理货物运输和交付的依据，是航空公司和托运人订立的运输合同，每一批航空运输的货物都有自己相对应的航空主运单。

航空分运单(HAWB):集中托运人在办理集中托运业务时签发的航空运单被称作航空分运单。在集中托运的情况下,除了航空运输公司签发主运单外,集中托运人还要签发航空分运单。

在这中间,航空分运单作为集中托运人与托运人之间的货物运输合同,合同双方分别为货A、B和集中托运人;而航空主运单作为航空运输公司与集中托运人之间的货物运输合同,当事人则为集中托运人和航空运输公司。货主与航空运输公司没有直接的契约关系。

不仅如此,由于在起运地货物由集中托运人将货物交付航空运输公司,在目的地由集中托运人或其代理从航空运输公司处提取货物,再转交给收货人,因而货主与航空运输公司也没有直接的货物交接关系。

3.航空运单的内容

航空运单与海运提单类似也有正面、背面条款之分,不同的航空公司也会有自己独特的航空运单格式。所不同的是,航运公司的海运提单可能千差万别,但各航空公司所使用的航空运单则大多借鉴IATA所推荐的标准格式,差别并不大。所以我们这里只介绍这种标准格式,也称中性运单。

下面就有关需要填写的栏目说明如下:

始发站机场:需填写IATA统一制定的始发站机场或城市的三字代码,这一栏应该和11栏相一致。

1A:IATA统一编制的航空公司代码,如我国的国际航空公司的代码就是999。

1B:运单号。

发货人姓名、住址:填写发货人姓名、地址、所在国家及联络方法。

发货人账号:只在必要时填写。

收货人姓名、住址:应填写收货人姓名、地址、所在国家及联络方法。与海运提单不同,因为空运单不可转让,所以“凭指示”之类的字样不得出现。

收货人账号:同3栏一样只在必要时填写。

承运人代理的名称和所在城市。

代理人的IATA代号。

代理人账号。

始发站机场及所要求的航线:这里的始发站应与1栏填写的相一致。

六、国际货运航空线路介绍

1.世界上最繁忙的航空线

西欧—北美间的北大西洋航空线。该航线主要连接巴黎,伦敦,法兰克福,纽约,芝加哥,蒙特利亚等航空枢纽。

西欧—中东—远东航空线。该航线连接西欧各主要机场至远东香港,北京,东京等机场。并途经雅典,开罗,德黑兰,卡拉奇,新德里,曼谷,新加坡等重要航空站。

远东—北美间的北太平洋航线。这是北京,香港,东京等机场经北太平洋上空至北美西海岸的温哥华,西雅图,旧金山,洛杉矶等机场的航空线。并可延伸至北美东海岸的机场。太平洋中部的火奴鲁鲁是该航线的主要中继加油站。

此外,还有北美—南美,西欧—南美,西欧—非洲,西欧—东南亚—澳新,远东—澳新,北美—澳新等重要国际航空线。

2. 我国的国际贸易航空货运线和机场

在我国,目前主要在北京,上海,天津,沈阳,大连,哈尔滨,青岛,广州,南宁,昆明和乌鲁木齐等机场接办国际航空货运任务。

3. 空运运费计算

(1)计费质量。

航空公司规定,在货物体积小,质量大时,按实际质量计算;在货物体积大,质量小时,按体积计算。在集中托运时,一批货物由几件不同的货物组成,有轻泡货也有重货。其计费质量则采用整批货物的总毛重或总的体积质量,按两者之中较高的一个计算。

(2)航空公司运价和费用的种类。

运价(Rates):承运人为运输货物对规定的质量单位(或体积)收取的费用称为运价。运价指机场与机场间的(Airport to Airport)空中费用,不包括承运人,代理人或机场收取的其他费用。运费(Transportation Charges):根据适用运价计得的发货人或收货人应当支付的每批货物的运输费用称为运费。

航空公司按国际航空运输协会所制定的三个区划费率收取国际航空运费。一区主要指南北美洲,格陵兰等;二区主要指欧洲,非洲,伊朗等;三区主要指亚洲,澳大利亚。

主要的航空货物运价有四类:一般货物运价(General Cargo Rate,GCR);特种货物运价或指定商品运价(Special Cargo Rate;Specific Commodity Rate,SCR);货物的等级运价(Class Cargo Rate,CCR);集装箱货物运价(Unitized Consignments Rate,UCR)。

(3)起码运费。

是航空公司办理一批货物所能接受的最低运费,不论货物的质量或体积大小,在两点之间运输一批货物应收取的最低金额,不同地区有不同的起码运费。

(4)有关运价的其他规定。

各种不同的航空运价和费用都有下列共同点:运价是指从一机场到另一机场。而且只适用于单一方向;不包括其他额外费用,如提货,报关,接交和仓储费用等;运价通常使用当地货币公布;运价一般以千克或磅为计算单位;航空运单中的运价是按出具运单之日所适用的运价。

4. 航空快件运输及空运计费

办理航空快件运输的手续办理普通航空货物运输的手续基本上是一样的。只是按照国际惯例,各国的海关和航空公司对快件的清关、收运均给予较大的方便,这样就保证了快件能够及时、安全、准确地运达目的地。各国海关和航空公司对快件公司在快件的申报、收运方面也做出了一些特殊规定:

(1)下列物品不得以快件形式发运。

动物、植物、珠宝、艺术品(指名人字画等)、文物、古玩、贵重金属、宝石、金条、邮票、有价证券(如现钞等);武器及其部件;易燃、易爆、易腐蚀物品;有毒、有机过氧化物;放射性、磁性等其他危险品;尸体;黄色印刷品及音像制品。

(2)下列物品在价值、数量上受某些国家海关的限制。

快件公司在收运此类物品适应参照有关国家海关规定办理:动物制品、酒类(如啤酒、白酒等)、液体、植物产品(如棉花、种子、茶叶、烟叶等)、食品、易腐烂货物、药品等。

快件公司除遵守上述规定外，还对发件人发运的快件提出了如下要求：文件或包裹的单件质量（毛重）不得超过32kg（含32kg），但一票分运单项下可含多件不超过32kg的文件或包裹；文件或包裹的外包装三边长相加不得超过175cm（含175cm），单边长不得超过102cm（含102cm）；一票包裹的分运单项下所含货物的总值不得超过25000美元，并根据所分运快件内容的不同，要求发件人提供有关单证；文件本身不具有商业价值，故无须向海关申报价值；办理文件、包裹的手续：文件、发件人按照规定填写分运单（Proof of Deliver，POD），交纳运费即可。

七、空运进出口实务操作

1. 空运出口实务操作

（1）货运代理公司空运出口实务操作（如图6-10）。

委托书：发货人与货运代理确定运输价格以及服务条件后，货运代理将给发货人一份空白"货物托运委托书"，发货人将如实填写此份托运书，并传真或交回货运代理。

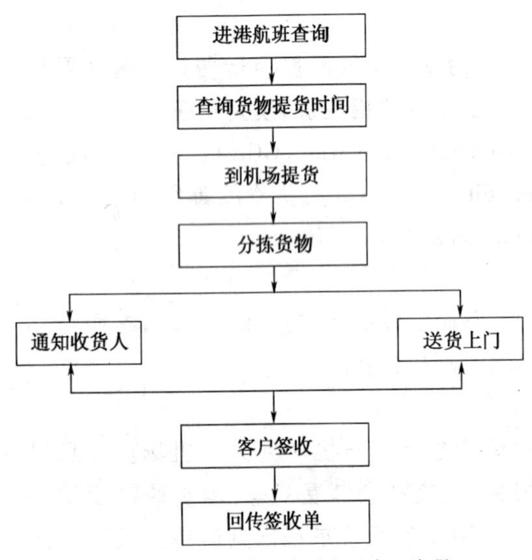

图6-10　货运代理公司空运出口流程

商检：货运代理将检查委托书内容是否齐全（不全或不规范的要补充），了解货物是否要做商检，并对需要做商检的货物进行协助办理。

订舱：货运代理根据发货人的"委托书"，向航空公司订舱（也可由发货人指定航空公司），订舱一般要提前一周进行，用来确认价格，避免下周发生太大的波动而引起纠纷，同时向客户确认航班以及相关信息。

接货：当发货人自送货时，货运代理应传真货物进仓图给发货人，注明联系人、电话、送货地址、时间等，以便货物及时准确入仓。

当货运代理接货时，发货人需向货运代理提供具体接货地址、联系人、电话、时间等相关信息，以确保货物及时入仓。

运输费用结算：双方在未接货物时应该确定。预付为本地付费用；到付为目的港收货人付费用。

（2）货主空运出口实务操作。

提供货物资料：品名，件数，质量，箱规尺寸，目的港及目的港收货人名称、地址、电话、出货时间，发货人名称、电话、地址。

应具备的报关资料：清单、合同、发票、手册、核销单等；填写报关委托书并盖章及盖章空白信纸1份以备报关过程中备份需要，交由委托报关的货代或报关行进行处理；确认是否具有进出口权以及产品是否需要配额；根据贸易方式将上述文件或其他必备文件交由委托报关的货代或报关行进行处理；寻找货运代理：发货人可自由选择货运代理，但应从运价、服务以及货代实力和售后服务等方面选择适合的代理公司；向所选择的货运代理公司进行运价协商，航空运输价格等级分为：M 或 $N+45+100+300+500+1000$。

各航空公司因所具有的服务不同，给货运代理公司的运价也不同。一般来说，质量级别越大价格就越优惠，也可申请更优惠的运价。

(3)机场航空货站空运出口流程。

理货：当货物送至相关的货站后，货运代理会根据航空公司的运单号码，制作主标签和分标签，贴在货物上，以便于起运港及目的港的货主、货代、货站、海关、航空公司、商检、及收货人识别。

过磅：将贴好标签的货物交由货站过安全检查，过磅，以及丈量货物尺寸计算体积和质量，之后货站将整单货物的实际质量以及体积质量写入"可收运书"，加盖"安检章"、"可收运章"以及签名确认。

打单：货运代理根据货站的"可收运书"将全部货物数据，打入航空公司的运单上。

特殊处理：可能因货物的重要性、危险性以及装运限制(如超大、超重等)，货站将要求承运的航空公司代表进行审核，并签字说明，才可入仓。

有关商检流程包括单证(发货人必须出具清单、发票、合同、报检委托书)、检验(商检局将抽取货物样品或现场评定，做出审核结论)和放行(检验合格之后，商检局将在"报检委托书"上做出认证)。

2.空运进口实务操作

(1)机场/航空公司货站。

理货：货物到达后，货站将根据航空运单上的数据，整理并核对货物的完整性，对有破损、短缺的，将协助收货人向航空公司进行追查或索赔，对于分批到达的货物将跟踪直到货物全部收集完毕。

通知：货站将通知航空运单上所显示的收货人领取提单报关(收货人可委托报关行进行清关)。

查验：海关将对进口货物进行审核，并对审核通过的货物给予放行；需要做商检的货物需向商检局申报，查验合格后商检局将出具证明文件，由报关行或者货主/货代交入海关，再进行进口报关海关程序；放行的货物将按国家法律征收相关的海关关税。

取货：收货人将已通过海关的单证交给货站处理，并领取货物。

结算：收货人将根据收费标准交付报关费用。根据货物的不同情况，会有不同的通关时间，一般情况下，货站在收到货物三天内免费保管，超过此期限将产生地面处理费用。

(2)机场货站。

理货：货物到达后，货站将根据航空运单上的数据，整理并核对货物的完整性，对有破损、短缺的，将协助收货人向航空公司进行追查或索赔，对于分批到达的货物将跟踪直到货物全部收集完毕。

通知：货站将通知航空运单上所显示的收货人领取提单报关(收货人可委托报关行进行清关)。

查验：海关将对进口货物进行审核，并对审核通过的货物给予放行；需要做商检的货物需向商检局申报，查验合格后商检局将出具证明文件，由报关行或者货主/货代交入海关，再进行进口报关海关程序；放行的货物将按国家法律征收相关的海关关税。

取货：收货人将已通过海关的单证交给货站处理，并领取货物。

结算:收货人将根据收费标准交付报关费用。根据货物的不同情况,会有不同的通关时间,货站一般情况下在收到货物十五天内免费保管,超过此期限将产生置滞费。进口正常货物的通关时间为两个工作日。

(3)空运进口货收费标准:

预录入费:32元/票;报关费:150元/票;地面服务费:10元/件;装卸费:4元/件;卫检费:5元/件;仓储费:0.30元/d/kg(三天之内免费);动植检费:木箱60元/件 纸箱5元/件;出入库费:0.40元/kg;叉车费:80元/票(100kg以下),160元/票(100kg以上);验货费:300元/票。

3.航空运输货物保险的险别

航空运输险,对被保货物在运输途中遭受雷击、火灾、爆炸,或由于飞机遭受恶劣气候或其他危难事故而被放弃,或由于飞机遭受碰撞、倾覆、坠落或失踪等意外事故所造成的全部或部分损失负赔偿责任。

航空一切险,除包括上述航空运输险的责任外,还负责由于外来原因所致的全部或部分损失。投保上述任何一种基本险别外,经过协商还可以加保附加险。

航空运输保险的责任起讫是"仓至仓",即自被保货物运离保单上所载明的起运地仓库或储存处所开始,至货物到达保单所载明的目的地收货人的最后仓库或储存处所为止。如果未进仓,以被保货物在最后卸载地卸离飞机后满30天为止;如果不卸离飞机,以飞机到达目的地的当日午夜起满15天为止,如在中途港转运,以飞机到达转运地的当日午夜起满15天为止,至装上续运的飞机时保险责任继续有效。

4.航空货运提货必备常识

(1)通知和交付。

货物运至到达站后,除另有约定外,承运人或其他代理人用电话或用书面两种形式向收货人发出到货通知,急件货物的到货通知应当在货物到达后2h内发出,普通货物应当在24h内发出。

动物、鲜活易腐物品及其他指定日期和航班运输的货物,托运人应当负责通知收货人在到达站机场等候提取。

收货人凭到货通知单和本人居民身份证或其他有效身份证件提货。如承运人或其代理人要求出具单位介绍信或其他有效证明时,收货人应予提供。

收货人提取货物时,若对货物外包装状态和质量有异议,应当场提出查验或重新过磅核对,否则,视为完好交付。

收货人提取国际货物时,应在提货前自行或委托代理人办妥海关、检疫等项手续,并付清有关费用(如到付运费)。

(2)保管期限与保管费。

普通货物自发出到货通知的次日起,免费保管三天,逾期提取,机场货运部门按规定核收保管费。

收费标准:普通货物每日每10kg收取保管费2.00元。不满一天按一天计算,质量不足10kg按10kg计算。

(3)无法交付货物及其处理。

货物自发出到货通知的次日起满60日无人提取又未收到托运人的处理意见时,按无法交付提货处理。国内货物由机场货运部门按有关货物运输规定处理,国际货物由机场货运部门移交海关处理。

5.航空货运的监管流程

(1)报关单申报。

接单岗位关员审核报关单据单单是否相符,单据与计算机数据是否相符,报关单据填报是否规范,随附单据是否齐全。验核各种书面单证(许可证、机电审、加工贸易手册、征免税证明、外汇核销单等)。对不符合要求或内容有误的报关单,不予接单,并在报关单上标明退单原因,如需删单重报,则提出删单要求,并注明理由后退单。

接单后属于径放、无税费的报关单据,直接转放行环节进行放行处理;有税费的报关单据,税费签发岗签发税费单据,转至窗口或信箱发放,报关人缴纳税费后,税费核销岗核销税费。报关单据转进、出口放行环节。

进出口放行岗对报关单进行全面复核,根据具体情况(审单、接单环节的指令及单据的实际情况)确定是否查验。对不需查验的报关单直接办理放行手续,对需要查验的进行布控,待查验环节对货物查验完毕后办理放行手续。已放行单据转至窗口发单人员。

窗口发单岗位发放已办结放行手续的单据;发放待查货物的查验通知单。信箱递交的,放行后放回信箱,由报关员自取。如遇有问题,当日需暂留进出口报关单据的,由科长进行留单登记。

(2)查验。

待查验货物报关单内部流转到海关查验岗位,查验关员核对报关单数量,做好签收工作。组长负责打出查验作业单,划出查验重点做好派单工作。报关员持查验通知单到查验现场办理查验。关员查找留存待查的报关单,随货主入库对货物进行实际查验。查验作业单应详细记录查验作业情况及进口货物的实际情况。货物查验后,查验关员打印查验记录单,由报关员签字确认。经查属正常的货物,查验关员将查验作业单、查验记录单与报关单一起,内部流转回放行岗位进行放行操作。放行后报关员即可凭单提货。

经查属不正常的货物予以暂扣,填写查私报告单移交调查部门处理。海关查验实行双人作业制度。开验货物时,报关人或货主应在场陪同,并负责开箱、搬移和重封货物。

为保证查验质量,防止闯关走私,下班前半小时如无特殊情况,不办理查验手续。对于当天下午3:30以后向查验现场递单或由于海关原因当天不能实施查验的货物,由各现场进行登记。与报关员预约次日查验时间,第二天上班后,优先为其办理查验。

思考练习

请依照下列提供的资料及所附国际货物托运书(见附表1),将航空货运单填制完整。

资料:

(1)航空公司收取CNY50元的货运单费。

(2)该批货物按普通货物计收运费,对应的运价为CNY77.00/KGS。

北京首都国际机场:PEK

纽约肯尼迪国际机场:JFK

附表 1

国际货物托运书(SHIPPERS LETTER OF INSTRUTION)

<table>
<tr><td colspan="2" rowspan="2">托运人姓名及地址
SHIPPER NAME AND ADDRESS

CHINA INDUSTRY CORP. , BEIJING.
P. R. CHINA
TEL:86(10)64596666 FAX:86(10)64598888</td><td colspan="2">托运人账号
SHIPPERS ACCOUNT NUMBER</td><td colspan="2">供承运人用
FOR CARRIAGE USE ONLY</td></tr>
<tr><td colspan="2"></td><td colspan="2">班期/日期 FLIGHT/DAY　　航班/日期 FLIGHT/DAY
CA921/30JUL,2002</td></tr>
<tr><td colspan="2" rowspan="2">收货人姓名及地址
Consignee's NAME AND ADDRESS

NEWYORK SPORT IMPORTERS, NEWYORK, U. S. A
TEL:78789999</td><td colspan="2">收货人账号
CONSIGNEE ACCOUNT NUMBER</td><td colspan="2">已预留吨位
BOOKED</td></tr>
<tr><td colspan="2"></td><td colspan="2">运费 CHARGES
CHARGES PREPAID</td></tr>
<tr><td colspan="4">代理人的名称和城市
Issuing Curriers Agent Name and City
KUNDA AIR FRIGHT CO. LTD</td><td colspan="2" rowspan="3">ALSO notify</td></tr>
<tr><td colspan="4">始发站 AIRPORT OF DEPARTURE
CAPTIAL INTERNATIONAL AIRPORT</td></tr>
<tr><td colspan="4">到达站 AIRPORT OF DESTINATION
JOHN KENNEDY AIRPORT(JFK)</td></tr>
<tr><td colspan="2">托运人声明价值
SHIPPERS DECLARED VALUE</td><td colspan="2" rowspan="2">保险金额
AMOUNTOF INSURANCE

×××</td><td colspan="2" rowspan="2">所附文件
DOCUMENT TO ACCOMPANY AIR WAYBILL

1 COMMERCIAL INVOICE</td></tr>
<tr><td>供运输用
FOR CARRLAGE
NVD</td><td>供海关用
FOR CUSTOMS
NCV</td></tr>
<tr><td colspan="6">处理情况(包括包装方式、货物标志及号码)
HANDING INFORMATION(INGL METHOD OF PACKING IDENTFYING AND NUMBERS)

KEEP UPSIDE</td></tr>
<tr><td>件数
NO. OF PACKAGES</td><td>实际毛重
ACTUAL GROSS WEIGHT(kg.)</td><td>运价种类
RATE CLASS</td><td>收费质量
CHARGEABLE WEIGHT</td><td>费率
RATECHARGE</td><td>货物品名及数量(包括体积或尺寸)
NATURE AND QUANTITY OF GOODS
(INCL. DIMENSION OF VOLUME)</td></tr>
<tr><td>4</td><td>53.8</td><td></td><td></td><td></td><td>MECHINERY
DIMS:70×47×35cm×4</td></tr>
</table>

任务七 集装箱码头业务

内容简介

本任务重点介绍港口集装箱运输中的相关业务知识，主要包括集装箱货物进出口的业务操作流程和单证流转，在此基础上详细阐述了集装箱运输中集装箱码头的检查桥业务、箱务管理业务和集装箱货运站的业务管理。其中集装箱货物进出口操作内容主要包括在进出口业务中货物的操作流程、集装箱的流转以及在集装箱进出口业务中码头的相关业务知识三方面的内容。

教学目标

1. 知识目标

(1) 掌握集装箱码头与一般的港口码头的区别和联系；

(2) 了解集装箱码头的区域划分和各自的功能；

(3) 掌握集装箱码头经营业务。

2. 技能目标

(1) 集装箱进出集装箱码头的业务流程(流程图的制作)；

(2) 集装箱设备交接单的流转过程；

(3) 集装箱进出集装箱码头的检查过程和要点。

案例导入

上海浦东国际集装箱码头应用案例

上海浦东国际集装箱码头以信息化建设引领集装箱发展，在集装箱作业过程中全面实施先进的生产管理系统，开发应用集装箱货车全场调度、智能配载系统、智能堆场系统、无线实时理货系统等，使业务运作和操作功能实现了模块化和结构化，以科技创新提高集装箱作业效率、服务质量和管理水平，而作为这些应用系统基础的网络化建设更是重中之重。

由于码头集装箱区面积大，环境开阔，集装箱业务繁忙，复杂的地理环境和特殊功能不适合有线网络：(1)大型吊车、集装箱货车的运输道路和货物通道不能铺设电缆。(2)近海区作业区，易受海潮的影响，不适合在地面大面积铺设线路。(3)不允许架空明线。(4)桥吊作业的高空性，集装箱货车作业的移动性。因此采用无线网络覆盖方案是必然选择。

客户需求。(1)位置服务：利用带GPS接收的WIFI设备，通过无线网络实时传送集装箱货车位置信息至控制中心，便于控制中心掌握区域内集装箱货车的实时位置。(2)生产调度：控制中心根据货物运输需要，实时给相应的集装箱货车或龙门吊、桥吊发送无线操作(运输)指令。

难点分析。(1)集装箱对电磁波反射严重，加上集装箱位置和高度经常变化，以及龙门吊的来回移动遮挡，导致无线环境非常恶劣。(2)由于需要传输GPS实时信息，所以对整个无线网络回传的连续性、带宽都有一定的要求。(3)一个箱区往往需要20~30个节点,容易造成设备相互之间的同频干扰。(4)WIFI在码头应用已非常普遍,用于向集装箱货车等传送任务指令,提高工作效率。但因为需要拖一条有线"尾巴",导致有线未铺设地方无法布设WIFI的AP,信号覆盖存在盲区;如采用网桥方式,则存在单点故障,而且容易造成拥塞,导致传输时延增大,容易丢包。

技术方案:采用带有WIFI-MESH技术的产品可以有效解决以上问题。

配置方案:(1)MESH节点30个。(2)置有7个落地接入点,与有线网汇合。(3)无线MESH双模块路由器配置有AP模块,单模MESH路由器与原先已经使用的Cisco的AP相连接。

引导思路

(1)目前集装箱码头布局设计还存在哪些问题?

(2)针对可能出现的问题,如何对该集装箱码头进行改进?

项目一　集装箱码头概述

教学要点

(1)了解集装箱码头概况、功能和特点;

(2)结合实际案例,掌握集装箱码头具备的要求、布局设计和构成堆场设计。

教学方法

可采用讲授、视频教学、情境教学、行动导向法分组讨论等方法。

实现港口系统和城市系统的协调发展是实现港城互动、提升港口城市竞争力的重要途径。为构建港口系统和城市系统的指标体系,提出了两个系统协调发展的建模方法。港口系统和城市系统相互影响、促进和制约。港口系统的发展将促进城市系统的发展,城市系统的繁荣又促进港口系统的繁荣。港口系统和城市系统也有相互制约性,体现在港口系统和城市系统发展到一定阶段,两者相互冲突的情况。城市规划和港口规划往往是分开的,在制订城市规划时忽视了港口系统,制订港口发展目标时忽略了城市的发展。在二者的发展过程中,总是会出现一方超前,一方滞后的现象,这不仅制约了二者本身的发展速度,也影响到港口城市整体的发展进程。因此,研究港口系统和城市系统的协调发展具有十分重要的现实意义,只有港口系统和城市系统协调发展,才能发挥二者相互促进的作用,从而提升整个港口城市的竞争力。

一、集装箱码头概述

全球经济一体化进程以及国际市场的不断融合,使得港口码头成为大型货运周转中心,每天数以百计的大型货轮、数以千计的大型集装箱、数以万计的人员流动。在如此异常繁复的环境中,如何保证运输生产和货物安全,成为港口码头管理人员最为关注的问题。港口集装箱作业采用2.4G无线技术和计算机技术进行管理已经相当普遍，特别是大型的集装箱码头，已经离不开计算信息管理系统的支持，港口信息管理系统的先进程度已经成为制约一个港口吞吐能力的重要因素之一。

1. 集装箱码头的定义

集装箱码头是指包括港池、锚地、进港航道、泊位等水域以及货运站、堆场、码头前沿、办公生活区域等陆域范围的能够容纳完整的集装箱装卸操作过程的具有明确界限的场所。集装箱码头是水陆联运的枢纽站，是集装箱货物在转换运输方式时的缓冲地，也是货物的交接点，因此，集装箱码头在整个集装箱运输过程中占有重要地位。

港口、码头及货场，由于大型吊车，运输道路和货物通道不能敷设电缆，使用步话机报告货位和货号极易产生差错，而通过无线局域网可以把货物情况和资料直接传输到计算机中进行处理，大大提高了工作效率和服务质量，避免了不必要的差错。

码头因为复杂的地理环境和特殊功能造成了传统网络利用上的不便。而无线局域网具有高移动性、强保密性、抗干扰性和架设与维护便捷等特点，在位置变动频繁、成长快速、发生各类突发性事件，以及不方便铺设有线网络的情况下，用无线局域网解决问题是最明智的方法。

厂桥、流机、集装箱货车等港口设备长期作业在潮湿且具有腐蚀性空气的海边，冬季最低气温可能到冰点以下。恶劣的气候环境，以及需要在剧烈振动下进行稳定的数据交互，对无线产品本身提出了很高的要求。无线车载终端在港口码头管理中的作用，如图7-1所示。

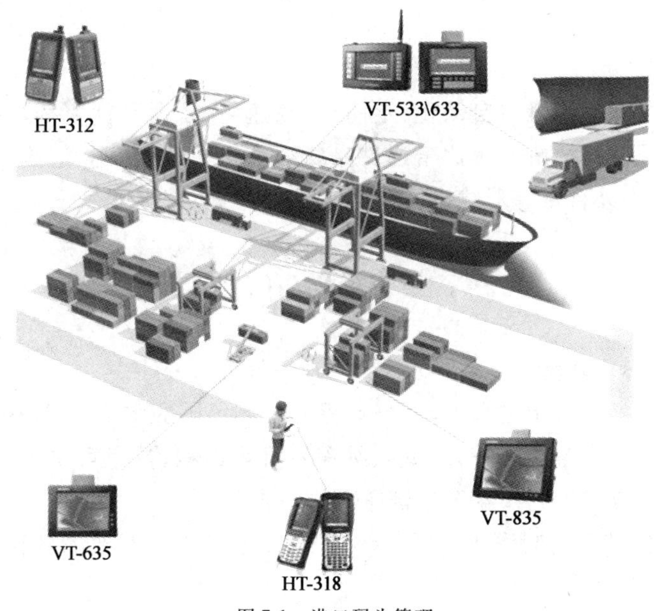

图7-1　港口码头管理

2. 集装箱码头的功能

(1)集装箱码头是海运与陆运的连接点，是海陆多式联运的枢纽。

(2)集装箱码头是换装转运的中心。

(3)集装箱码头是物流链中的重要环节。

3. 集装箱码头的特点

集装箱码头与普通件杂货码头相比具有如下特点。

(1)码头大型化和深水化。

随着集装箱运输的发展,件杂货物集装箱化的比例不断提高,集装箱运量不断上升。根据规模经济原理,船舶越大,单位成本越低。因此,为了降低集装箱船舶运输成本,各个集装箱船舶运输公司新投入使用的集装箱船舶越来越大,与此相对应的码头也越来越大。码头前沿水深不断增加,岸线泊位长度延长,堆场及整个码头的区域扩大。

(2)装卸搬运机械化和高效化。

由于集装箱船舶越来越大,从航次经济核算分析,允许船舶停留在码头的时间相对较短。通过缩短集装箱船舶在码头的停泊时间可以降低停泊成本,提高集装箱运输船舶的航行效率并充分发挥船舶单位运输成本的优势,降低全程水路运输的成本,提高经济效益。为了保证集装箱船舶在码头以最短的时间装卸完集装箱,现代集装箱专用码头一般都配备了专门化、自动化、高效率化的装卸搬运机械。

(3)管理信息化和现代化。

集装箱运输业务的效率来源于管理的现代化,这都以运输信息传递的便利和高速处理为基础。在集装箱码头,信息的传递来源于两方面:一是码头、外部客户和有关部门之间的信息联系,二是码头内部的现场指挥与生产指挥中心之间的信息联系。前者采用电子数据交换技术,后者采用现场数据输入仪来降低在整个信息传递过程中的出错率。现代集装箱码头的有效运作,不仅要求员工具有较高的文化素质和熟练的技术,更重要的是先进的管理手段。国外一些先进的集装箱码头,如新加坡、鹿特丹,已经实现了堆场业务和检查作业的自动化。

(4)码头投资巨大。

码头大型化,装卸搬运机械自动化、专门化、高速化,管理现代化都需要有较大的投资。另外,诸如集装箱码头堆场造价也比普通件杂货码头造价高得多。这些正是目前许多大型集装箱码头都采用中外合资等形式进行招商融资建造的主要原因之一。

二、集装箱码头的要求

1. 集装箱码头必须满足的基本要求

(1)具备设计船型所需的泊位、岸线及前沿水深和足够的水域,保证船舶安全靠离。

(2)具备码头前沿所需要的宽度、码头纵深及堆场面积,具有可供目前发展所需的广阔陆域,保证集装箱堆存和堆场作业及车辆通道的需要。

(3)具备适应集装箱装卸作业、水平运输作业及堆场作业需要的各种装卸机械及设施,以实现各项作业的高效化。

(4)具有足够的集疏运能力及多渠道的集疏运系统,以保证集装箱及时集中和疏散,快速装卸船舶,防止港口堵塞。

(5)具有维修保养的设施及相应的人员,以保证正常作业的需要。

(6)集装箱码头高科技及现代化的装卸作业和管理工作,要求具有较高素质的管理人员和机械操作员。

(7)为满足作业及管理的需要,应具有现代管理和作业的必需手段,采用计算机及数据交换系统。

2. 集装箱码头的布局

集装箱码头的整个装卸作业是采用机械化、大规模生产方式进行的，要求各项作业密切配合，实现装卸工艺系统的高效化。这就要求集装箱码头上各项设施合理布置，并使它们有机地联系起来，形成一个各项作业协调一致、相互配合的有机整体，形成高效率的、完善的流水作业线，以缩短车、船、箱在港口码头的停泊时间，加速车、船、箱的周转，降低运输成本和装卸成本，实现最佳的经济效益，如图 7-2 所示。

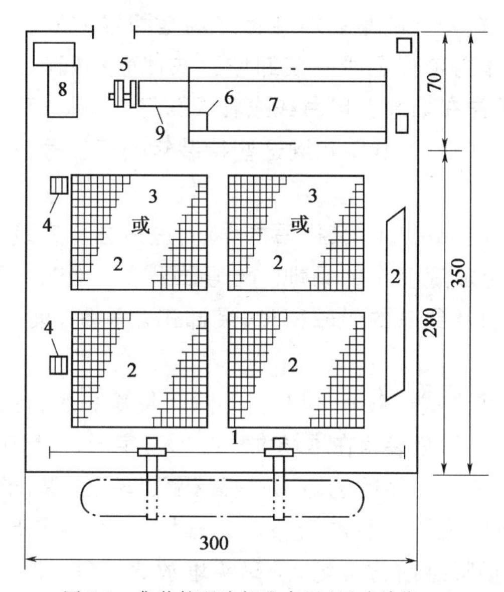

图 7-2　集装箱码头标准布局(尺寸单位:m)

1-码头前沿;2-编排场;3-集装箱堆场;4-掉头区;5-大门;6-控制塔;7-拆、拼箱库;8-维修车间;9-办公室

图 7-2 为吊装式全集装箱船专用码头平面布局简图。对于集装箱专用码头，码头布置主要要求集装箱泊位岸线长为 300m 以上，集装箱码头陆域纵深应能满足各种设施对陆域面积的要求。由于集装箱船舶日趋大型化，载箱量越来越多，因此，陆域纵深一般为 350m 以上，有的集装箱码头已高达 500m；码头前沿宽度一般为 40m 左右，这取决于集装箱装卸工艺系统及集装箱岸壁起重机的参数和水平运输的机械类型；一般码头前沿不铺设铁路线，不考虑车船直取的装卸方式，以确保码头前沿船舶装卸效率不高因此而受影响；每一集装箱专用泊位，配置两台岸壁集装箱起重机。集装箱堆场是进行集装箱装卸和堆存保管的场所，集装箱堆场的大小，应根据设计船型的装卸能力及到港的船舶密度决定。有关资料表明，岸线长 300m 的泊位，堆场面积达 105000m^2，甚至更大，这还与采用的装卸工艺系统和集装箱在港停留时间有关；集装箱货运站(拆装箱库)可布置在集装箱码头，一般布置在大门与堆场之间的地方，也可布置在集装箱码头以外的地方；所有通道的布置应根据装卸工艺与机械要求而定。

3. 集装箱码头构成

根据集装箱码头装卸作业、业务管理的需要，集装箱码头应由以下主要设施构成：

(1)靠泊设施。

靠泊设施(Wharf)主要由码头岸线和码头岸壁组成。码头岸线是供来港装卸的集装箱船舶停靠使用，长度根据所停靠船舶的主要技术参数及有关安全规定而定；码头岸壁一般是指集装箱船停靠时所需的系船设施，岸壁上设有系船柱，用于船靠码头时通过缆绳将船拴住，岸壁上还应设置预防碰撞装置，通常为橡胶材料制作。

(2)码头前沿。

码头前沿(Frontier)是指沿码头岸壁到集装箱编排场(或称编组场)之间的码头面积,设有岸边集装箱起重机及其运行轨道。码头前沿的宽度可根据岸边集装箱起重机的跨距和使用的其他装卸机械种类而定,一般为40m左右。

(3)集装箱编排(组)场。

集装箱编排(组)场(Container Marshalling Yard)又称前方堆场,是指把准备即将装船的集装箱排列待装以及为即将卸下的集装箱准备好场地和堆放的位置,通常布置在码头前沿与集装箱堆场之间,主要作用是保证船舶装卸作业快速而不间断地进行。通常在集装箱编排场上按集装箱的尺寸预先在场地上用白线或黄线画好方格即箱位,箱位上编上"箱位号",当集装箱装船时,可按照船舶的配载图找到这些待装箱的箱位号,然后有次序地进行装船。

(4)集装箱堆场。

集装箱堆场(Container Yard,CY)又称后方堆场,是指进行集装箱交接、保管重箱和安全检查的场所,有的还包括存放底盘车的场地。堆场面积的大小必须适应集装箱吞吐量的要求,应根据船型的装载能力及到港的船舶密度、装卸工艺系统,集装箱在堆场上的排列形式等计算、分析确定。

集装箱在堆场上的排列形式一般有"纵横排列法"(即将集装箱按纵向或横向排列,此法应用较多)和"人字形排列法"(即集装箱在堆场堆放成"人"字形,适用于底盘车装卸作业方式)。

堆场是集装箱码头堆放集装箱的场地,为提高码头作业效率,堆场又可分为前方堆场和后方堆场两部分。前方堆场位于码头前沿与后方堆场之间,主要用于出口集装箱或进口集装箱的临时堆放;后方堆场紧靠前方堆场,是码头堆放集装箱的主要部分,用于堆放和保管各种重箱和空箱。

(5)集装箱货运站。

集装箱货运站(Container Freight Station,CFS)有的设在码头之内,也有的设在码头之外。货运站是拼箱货物进行拆箱和装箱,并对这些货物进行储存、防护和收发交接的作业场所,主要任务是出口拼箱货的接收、装箱,进口拼箱货的拆箱、交货等。货运站应配备拆装箱及场地堆码用的小型装卸机械及有关设备,货运站的规模应根据拆装箱量及不平衡性综合确定。

(6)控制塔。

控制塔(Control Tower)又称中心控制室,简称"中控",是集装箱码头各项生产作业的中枢,是集组织指挥、监督、协调、控制于一体,是集装箱码头重要的业务部门。控制塔是集装箱码头作业的指挥中心,主要任务是监视和指挥船舶装卸作业及堆场作业。控制塔应设在码头的最高处,以便能清楚看到码头所有集装箱的箱位及全部作业情况。

(7)门闸。

门闸(Gate)俗称"道口",是公路集装箱进出码头的必经之处,也是划分交接双方对集装箱责任的分界点,同时门闸还是处理集装箱进出口有关业务的重要部门。这是集装箱码头的出入口,也是划分集装箱码头与其他部门责任的地方。所有进出集装箱码头的集装箱均在门房进行检查,办理交接手续并制作有关单据。

(8)维修车间。

维修车间(Maintenance Shop)是对集装箱及其专用机械进行检查、修理和保养的场所。维修车间的规模应根据集装箱的损坏率、修理的期限、码头内使用的车辆和装卸机械的种类、数量及检修内容等确定。维修车间应配备维修设备。

(9)集装箱清洗场。

集装箱清洗场(Container Washing Station)主要任务是对集装箱污物进行清扫、冲洗,一般设在后方并配有多种清洗设施。

(10)码头办公楼。

集装箱码头办公大楼(Terminal Building)是集装箱码头行政、业务管理的大本营,目前已基本上实现了电子化管理,最终达到管理的自动化。

项目二　集装箱码头堆场箱务管理实务

教学要点

(1)掌握集装箱码头堆场堆箱规则、分区和堆放管理;

(2)掌握集装箱码头上集装箱的发放、交接、堆存、保管;

(3)结合实际案例,掌握集装箱码头集装箱调运管理、箱务管理和堆场作业区安全规章。

教学方法

可采用讲授、视频教学、情境绘图教学、行动导向法分组讨论等方法。

集装箱码头箱务管理效率的高低,直接关系到船公司的利益,关系到货主的方便性,同时也关系到集装箱码头本身的作业效率和企业声誉。集装箱码头箱务管理是集装箱运输系统中极其重要的一个子系统,其内容包括集装箱的调运、备用、租赁、保管、交接、发放、检验及修理等工作。做好集装箱箱务管理,对降低集装箱运输总成本,减少置箱投资,加快集装箱的周转,解决空箱问题,提高企业经济效益和国际航运市场的竞争能力均具有重要意义。

一、集装箱码头堆场管理

由于货主使用的绝大部分是船东箱,从船公司角度而言,集装箱是船舶设备的一部分,是可以脱离船舶成为一个独立的成组货运工具。为了开展集装箱运输,船公司通常需要购置或租赁大量的集装箱,以供货主装货。如以最简单的单船往返航线为例,一艘1000TEU的船舶要配置三套集装箱,共3000TEU;如为多船往返的航线,则需备箱量更多。为了加快集装箱的周转,提高集装箱的使用效率,减少集装箱在各港的滞留时间,从而降低集装箱的成本,通常船公司都在各主要地区、主要港口设有或委托箱务管理机构,统一实施对集装箱的调动、备用、发放、收回、保管、维修以及起租和退租等箱务管理业务。堆场管理是集装箱码头生产的一个重要环节,堆场管理效率的高低,直接关系到码头的堆场利用率、翻箱率,同时也影响到装卸船作业效率和船期。

1. 堆场的堆箱规则

随着全球化进程的深入以及国际贸易和集装箱运输的发展,集装箱码头受到越来越多的关注,作为集装箱码头重要组成部分的堆场也成为关注的焦点。对于紧凑型集装箱码头堆场而言,如何提高堆场利用效率非常重要。紧凑型集装箱码头堆场是指在码头泊位充足时,码头受自然条件制约,堆场面积无法扩大,规划不合理造成堆场狭小等。集装箱堆场针对不同的货物种类设定有不同的管理区域和措施。一般集装箱在水里能保持48h的水密，所以承受一般的风吹雨打是没有任何问题的。

首先，集装箱不怕雨淋，因为是密闭状态，除非箱顶有破损，所以在大多数集装箱港区和堆场有专门人员从事查看箱顶的工作。

其次，集装箱分重箱（有货物）和空箱（无货物）之分，一般来讲重箱最多只能堆到4只高，因此无须担心大风刮落。而空箱可以堆到8只高，且没有货物，自重较轻，大风天气极有可能被吹落，但是空箱往往百只以上堆在一起，以长方形密布紧挨在一起，相互作用力下形成一定的抗风力，只需简单采取外围固定即可。

还有，危险品集装箱必须堆存在危险品堆场，堆场有监控、喷淋、巡检等措施，危险品箱堆存规定不得超过2只高，且高危危险品不得堆在上层，因此不会倒地。

另外，危险品送入集装箱前必须加外包装，一般为密闭桶装后集中打包，再恶劣的天气也不怕损坏或泄漏。而危险品集装罐（通常存储气态、液态等）外层充有惰性气体，更加安全。

对于特种箱比如危险品有专门的堆栈，危险品堆栈一般在特殊的仓库里里面有专用的消防、安全设备检测危险品货物。

在6级以下风力情况下，4～5只高的集装箱是不会被吹倒的，如有必要会在箱子底部安装底锁固定，在大风情况下比如台风来的时候就需要采取特别措施了，比如安装挡风墙和设定固定锁保证安全。堆箱规则如图7-3所示。

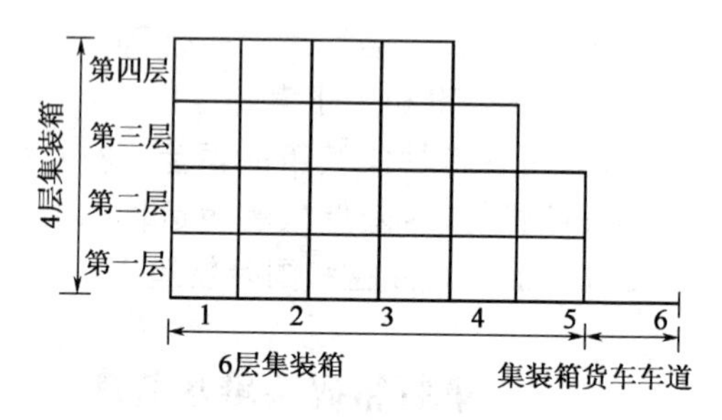

图7-3　堆场的堆箱规则

2. 堆场的分区

（1）按堆场的前后位置，可分为前方堆场和后方堆场。

（2）按进口和出口业务，可分为进口箱区和出口箱区。

（3）按不同的箱型可分为普通箱区、特种箱区、冷藏箱区和危险品箱区。

（4）按集装箱的空重，可分为空箱区和重箱区。

（5）按中转类型，可分为国际中转箱区和国内中转箱区。

上述堆场分区一般应根据集装箱码头的堆场容量、作业方式和码头的集装箱容量综合加以应用，例如堆场面积不足的则不分前方堆场和后方堆场，无中转箱业务的则不划分中转箱区。需要特别注意的是，对冷藏箱区和危险箱区应该定专门的管理制度和专职人员，以保证集装箱的安全操作和安全堆存，如图7-4所示。

3. 出口箱的堆放

集装箱码头通常在装船前3d开始受理出口重箱进场作业，由于货主重箱进场的随机性与船舶稳性及吃水差既定性的矛盾，必须科学合理地安排出口重箱进场，力求提高堆场利用率，减少翻箱率，保证船舶规范要求和船期。在安排出口重箱进场时，应满足以下基本要求：

根据船舶计划的靠泊位置和作业路线，安排进口箱时要尽可能靠近船舶靠泊的泊位，避免各路作业的线路交叉、道路拥挤、机械过于集中等不利因素。

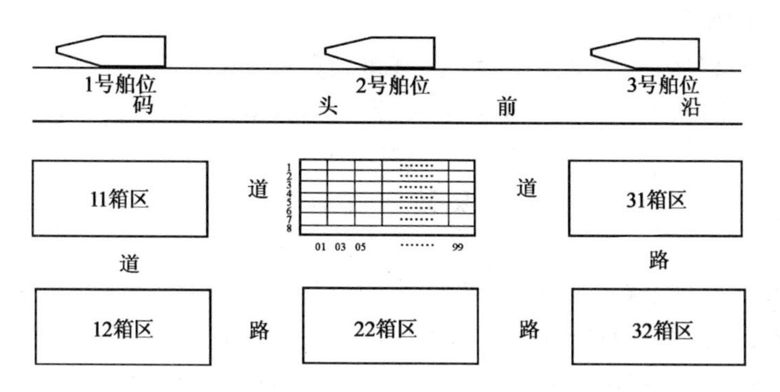

图7-4 码头堆场分区

根据船舶稳性、吃水差规范要求和沿线船舶靠港作业要求，将不同卸港、不同吨级、不同箱型和不同尺寸的集装箱分开堆放，以便装船作业时按配载图顺次发箱，减少堆场翻箱找箱。

集装箱码头生产任务繁忙，特别是多船装卸作业与大量进口箱的提箱作业同时进行时，更要从整个码头的作业效率出发统筹兼顾：箱区的安排分配要与船舶泊位、作业路线、作业量以及机械分配等各种因素结合起来，力求最佳的动态平衡。

4. 进口重箱的堆放

进口重箱自卸船后7d内要按不同的收货人发箱提运，因此进口重箱的堆放要兼顾船舶的卸船作业和货主的提箱作业。

(1)根据船舶计划的靠泊位置和作业路线选择合适的箱区，提高卸船作业效率。

(2)不同箱子分开堆放。重箱与空箱分开堆放，不同尺寸箱子分开堆放，不同箱型分开堆放，好箱与坏箱、污箱分开堆放。应严格做到中转箱堆放于海关确认的中转箱区，冷藏箱堆放于冷藏箱区，特种箱堆放于特种箱区，危险品箱堆放于危险品箱区。此外，对大票箱尽量相对集中堆放，以便在货主提货时充分发挥堆场机械发箱作业效率。对空箱还应按不同持箱人堆放，以便空箱发放或调运。

5. 集装箱在堆场的搬移

为了方便堆场作业，提高堆场利用率和机械作业效率，集装箱码头要对堆场上的集装箱进行必要的搬移。装船结束后退关箱的搬移：出口箱进入码头后，由于报关或船舶超载等原因，会有一些集装箱不能装船出运，造成退关。退关箱稀疏地滞留在原来的出口箱区内，会影响其他船舶出口箱的进场，因此装船结束后必须将这些退关箱及时核实和处理，或相对集中堆放于原箱区内，转移到其他箱区。

进口箱集中提运前的搬移：如进口箱堆场安排欠妥或在卸船时无法兼顾，当集装箱码头受理台受理提箱作业后，应将进口箱作适当的搬移，以方便货主提箱，减少等待时间，同时又可充分发挥堆场机械的作业效率。例如将受理提箱的集装箱移入一个单独的箱区，以方便发箱。又如将大批量同一货主的集装箱转移一部分至其他箱区，以减少集装箱货车排队等候时间。

进口箱提箱作业基本结束后的搬移：收货人在办妥进口清关手续后，通常会在相对集中的几天时间内到码头提运进口重箱，当这一提箱高峰过后，由于少数货主的原因不能及时提箱，使一些集装箱零星地分散在进口箱区中，必须及时进行搬移归并。空箱的搬移主要是收货人拆箱后的还空箱、CFS条款拆箱后的空箱及时转入空箱区以及为满足发货人提空箱而对空箱进行必要的搬移。

装船需要的搬移：因船舶稳性、吃水差、卸港顺序等船舶装运的需要，同时为提高码头作业效率、保证班轮船期，而对一些不适合的集装箱进行必要的搬移。

二、集装箱调运管理

通常集装箱运输总公司下设箱管部，统一管理整个公司的集装箱，并与各航线经营人密切配合，合理调配集装箱。箱管部下设箱管分部，负责检查所管辖地区内的港口集装箱保有量，制订区域内港口间集装箱平衡及调运计划，并报箱管部统筹调度解决。箱管分部根据开放港口（允许提还箱的港口）的进出口箱量，确定开放港口的集装箱合理保有量，并根据市场变化及时调整。

集装箱空箱调运及管理关系到集装箱的利用程度、空箱调运费的开支、适箱货物的及时发送以及企业的经济效益。在集装箱运输航线货源不平衡的情况下，空箱调运在所难免。通过合理的空箱调运，可以降低船公司航线集装箱需备量和租箱量，从而降低运输成本，提高船公司的竞争能力和经济效益。

据统计，仅美国每年因空箱调运而产生的各种费用高达35亿美元，如按每个标准箱2400美元购置费计算，可以购买145万个标准箱。因此，必须研究合理调运空箱，同时可考虑租箱策略，以求最大限度地节约空箱调运费。

产生空箱调运的原因很多，主要有以下原因：

（1）由于管理方面的原因产生空箱调运。如由于单证交接不全，流转不畅，影响空箱的调配和周转；又如货主超期提箱，造成港口重箱积压，影响到集装箱在内陆的周转，为保证船期，需要从附近港口调运空箱。

（2）进、出口货源不平衡，因而造成进、出口集装箱比例失调，产生空箱调运的问题。

（3）由于贸易逆差，导致集装箱航线货流不平衡，因而产生空箱调运。

（4）由于进出口货物种类和性质不同，因而使用不同规格的集装箱，产生航线不同规格集装箱短缺现象，需要调运同一规格的空箱，以满足不同货物的需要。

（5）其他原因。如出于对修箱费用和修箱要求考虑，船公司将空箱调运至修费低、修箱质量高的地区去修理。由于客观货物流向、流量及货种的不平衡，产生一定数量的空箱调运是必然的。

通过加强箱务管理，实现箱务管理现代化，减少空箱调运量是完全可以实现的。空箱调运应综合论证空箱调运费用与租箱费用的比较，根据二者费用的高低，再考虑航线集装箱配备量因素，决定采取空箱调运或租箱的决策。当租箱费用大于或等于空箱调运费时，船公司可采取空箱调运，否则，可考虑租箱。

由于空箱调运费用大且影响公司的竞争能力和经济效益，因此应研究减少空箱调运的组织技术措施。目前行之有效的途径主要有：

（1）组建联营体，实现船公司之间集装箱的共享。联营体通过互相调用空箱，可减少空箱调运量和航线集装箱需备量，节省昂贵的空箱调运费和租箱费。

（2）强化集装箱集疏运系统，缩短集装箱周转时间。通过做好集装箱内陆运输各环节的工作，保证集装箱运输各环节紧密配合，缩短集装箱内陆周转时间和在港时间，以提供足够箱源，不致因缺少空箱而从邻港调运。

(3)强化集装箱跟踪管理系统，实现箱务管理现代化。通过优化集装箱跟踪管理计算机系统，采用EDI系统，以最快、准确的方式掌握集装箱信息，科学而合理地进行空箱调运，最大限度地减少空箱调运量及调运距离。

箱管部根据港口及地区的集装箱保有量，制订周、月度空箱调运计划，并与航线经营人联系落实该计划，向航线经营人发送集装箱调运计划通知书，经认可后，向代理发布调箱指令，同时抄报箱管分部和航线经营人。对于开放港口，航线经营人应根据箱管分部的集装箱调运计划通知书和箱管分部发布的调箱指令，检查落实装船；而对于封闭港口(不允许提还箱的港口)，航线经营人应与地区箱管分部和港口箱管代理共同协商，做好封闭区域港口间的集装箱平衡工作，并且根据封闭区内的集装箱合理保有量，积极做好进、出封闭区的集装箱调运工作。港口箱管代理应做好集装箱现场管理工作，落实空箱调运计划，发现问题及时向有关各方反映，以便及时解决问题。

对于计划外用箱，应提出计划外用箱申请，交有关箱管分部和箱管部，如在分部地区内可解决就由地区内协调解决，如地区内解决有困难，则由箱管分部报箱管部予以解决。

若港口或地区的集装箱空箱总量超过合理保有量的一定比例，并已堆存一定的时间，可以认为该港口或地区集装箱积压。对积压在封闭港口内的空箱，有关箱管分部应建议航线经营人积极组织回空，必要时应通报箱管部采取有效措施予以解决。

空箱进场管理：一般还要按不同持箱人分开堆放。空箱出场管理，有门闸出场和装船出口两条途径。与空箱进场业务一样，空箱出场的交接双方也必须共同检验箱体，并在设备交接单签字确认。冷藏箱管理：冷藏箱因所装载货物的不同而设有指定的温度，在冷藏箱存放在集装箱码头的整个时间内，必须保证其指定温度要求，从而保证货物不受损坏。危险品箱管理：危险品是指国际危规中列明的危险货物，集装箱码头装卸危险品箱必须事先取得船公司或船代经海事局核准签发的船舶载运危险货物申报单，码头凭船申报中列明的危险货物的不同类别实施装卸。

三、集装箱码头陆运作业场桥分配

1. 集装箱分配及使用

集装箱码头出口箱交接箱流程是：码头首先根据船舶到港计划制订接箱时间计划，客户进行交箱预约并根据交箱预约将出口箱运抵码头，码头闸口工作人员进行箱、车信息核对并给集装箱指定箱位，拖车按指定路线到堆场卸箱，拖车出闸口，领取相关单证，离开码头，完成交箱。在出口箱交箱过程中，箱位分配是堆场运作优化管理的重要问题，将直接影响接箱效率及后续装船效率。

装箱分配及使用一般应遵循以下原则：当港口集装箱充裕时，按船舶开航时间顺序分配用箱；当港口集装箱不足时，应首先保证本月调进空箱量大的航线经营人所属船舶用箱，再考虑运距长的货物用箱；对去往集装箱严重积压的港口的货要控制放箱；要保证高质、有重要运输协议、有特殊运输时限要求的货物的用箱；要保证特种货物对特种用箱的需求。

2. 集装箱码头陆运作业场桥分配

为解决目前集装箱码头节能减排问题，从集装箱码头生产操作领域入手，通过改善陆运作业时场桥的分配策略有效降低场桥空耗台时，从而达到降低油耗的目的。场桥作业分为航运作业(装卸船作业)与陆运作业(集港与提箱作业)。航运作业中场桥使用率提高的空间很有限，因为这时候的场桥作业已经相当集中并且使用率比较高。但是在陆运作业时，很多集装箱码头场桥作业效率较低，也就是说，场桥空耗处于很高的水平。限制条件通常有以下3个:

(1)在一般情况下，无法预知陆运作业集装箱货车何时到达，但是可以通过分析经验数据对其有大致了解，掌握其到达时间段和大概的数量。

(2)在一般情况下，不能让陆运集装箱货车驾驶员在场地内等候超过60min，过长的等待时间会招致投诉。需要在30min之内完成集装箱货车陆运作业。

(3)场桥不能任意分配，一方面是各场桥的驾驶员有固定的工作班次;另一方面，场桥一旦被分配工作一般就处于开机状态，即使不进行作业也不能频繁关闭，否则会损伤发动机。

很多集装箱码头都以8h为一个单位来分配场桥，因为这样可以配合驾驶员的倒班安排。在上述假设条件下，码头场地计划员通过预估本班次陆运作业量(自然箱数)和一个场桥陆运作业的平均效率经验值来决定本班次需要的场桥数。这种分配方法简单易行，但在实际操作中，陆运拖车到达场地具有不均衡性，这种不均衡性常常导致在陆运拖车集中到达时，场桥数量不足，因而使驾驶员等候时间超过60min;而在陆运集装箱货车分散到达的作业低谷时段，场地里只有零星收提箱作业，可能每个场桥平均每小时只做几个自然箱，大量时间处于待机空耗状态。

为了改善这种情况，一些码头以4h为一个单位来分配场桥，同时在可能的情况下对一些陆运拖车进行预约控制，这样可以在一定程度上改善场桥空耗情况。

集装箱码头陆运作业场桥分配策略的思路来自于目前烟台东龙国际集装箱码头实施的分配方法。这种方法对于同类型的集装箱码头可能会有一定的借鉴作用。以烟台东龙国际码头为例，其经营环境具有以下特征，见表7-1。

(1)设备设施(包括泊位、场地、岸桥及场桥等)使用率偏低。

(2)靠泊船型较小，平均作业量较小，每条船所需的集港与事后的提箱拖车数量不是很多。

(3)码头在市中心区，员工上下班方便，即驾驶员弹性上班与在班候工都相对方便。

2010年第3季度东龙国际码头场地作业各项指标 表7-1

序号	关键绩效指标	7月份	8月份	9月份
1	吞吐量(TEU)	10147	10686	11913
2	作业船舶数量(艘)	35	44	43
3	平均每条船作业(TEU)	290	243	277
4	泊位使用率(%)	28.9	36.5	38.2
5	场地使用率(%)	23.0	25.0	25.0
6	岸桥平均使用率(%)	7.6	7.0	10.3
7	场桥平均使用率(%)	6.9	8.9	9.1

在当前这种船型小、作业量低、设备使用率低的环境下，东龙国际码头场地陆运作业的场桥分配方式如下：

（1）先分配1台场桥执行陆运作业，通常先选择技术比较好的当班驾驶员。

（2）场地陆运车辆出现等候现象时，增加1台场桥。依此类推，一般最多3台足以应付。

（3）当场地陆运车辆逐渐减少，现有场桥出现闲置情况时，就发出指令停止1台场桥。以此类推，如果一段时间内没有陆运车辆就停止所有场桥作业，待有作业需要时再重新启动分配流程。

这种场桥分配策略的优点是可以根据实际需求增加或减少场桥的数量，不受驾驶员班次与派工条件的限制；缺点是每一次分配的效果好坏一定程度上取决于场地策划员的水平和经验，分配结果的一致性并不理想。

对于靠泊船型相对较小、设备使用率相对较低的集装箱码头，单箱作业油耗通常居高不下。从技术层面来看，目前除了耗资巨大的“油改电”工程以外，市场上还没有特别有效的场桥节油措施。如果能够通过场地策划及场桥分配策略来有效降低油耗，那么投资回报将是非常可观的。因此，这样的方法值得一些中小型集装箱码头开展探索与研究。

四、集装箱的发放和交接

1.集装箱发放和交接的依据

集装箱的发放和交接，应依据进口提货单、出口订舱单、场站收据以及这些文件内列明的集装箱交付条款，实行集装箱设备交接单制度。从事集装箱业务的单位必须凭集装箱代理人签发的集装箱设备交接单办理集装箱的提箱（发箱）、交箱（还箱）、进场（港）、出场（港）等手续。

2.交接责任的划分

参加海上国际集装箱运输的企业，应对各自掌管期限内的集装箱和集装箱货物负责，加强各环节的管理，明确交接责任。

集装箱交接时，交接双方应当检查箱号、箱体和封志。重箱凭封志和箱体状况交接，重箱交接标准为箱体完好、箱号清晰、封志完整无误、特种集装箱的机械和电器装置运转正常并符合进出口文件记载要求。空箱凭箱体状况交接，空箱交接标准为箱体完好、无漏光、清洁、干燥、无味，箱号清晰，特种集装箱的机械和电器装置无异常。如果有异常情况，应在进（出）场集装箱设备交接单上注明。交接双方检查箱号、箱体和封志后，应做记录，并共同签字确认。

3.集装箱的发放、交接

集装箱的发放、交接实行设备交接单制度，从事海上国际集装箱运输业务的各有关单位必须凭设备交接单办理集装箱发放、交接手续。托运人、收货人、内陆承运人或从事集装箱业务的有关单位，不得将集装箱用于设备交接单规定外的用途，必须按规定的时间、地点交箱、还箱。

集装箱提离场站后，严禁随意套箱、换箱。凡需要套箱、换箱，必须事先征得集装箱所有人同意，否则套箱、换箱者应承担由此引起的责任和损失。

4.集装箱运输的交接方式

集装箱运输的交接方式有两种：整箱货和拼箱货。所谓整箱货（Full Container Load,

FCL)，是指箱内货物只有一个提单号，即一票货物。整箱货应在箱体外表状况良好、封志完整状态下完成交接；拼箱货是指箱内货物有两个或两个以上提单号，即有两票或两票以上货物。拼箱货以散件的形式，按件完成交接。目前我国集装箱进出口绝大部分为整箱货。

随着集装箱运输的发展，特别是多式联运的发展，集装箱运输已突破了海运区段的范围而向两岸大陆延伸，因而出现了集装箱运输特有的交接方式。

(1)CY-CY。

这是FCL-FCL的交货类型。承运人从出口国集装箱码头整箱接货，运至进口国集装箱码头整箱交货。

(2)CY-CFS。

这是FEL-LCL的交货类型。承运人从出口国集装箱码头整箱接货，运至进口国指定的集装箱货运站，拆箱后散件交收货人。

(3)CY-DOOR。

这是FCL-FCL的交货类型。承运人从出口国集装箱码头整箱接货，运至进口国收货人的工厂或仓库整箱交货。

(4)CFS-CY。

这是LCL-FCL的交货类型。承运人从出口国指定的集装箱货运站散件接货，拼箱后运至进口国集装箱码头整箱交货。

(5)CFS-CFS。

这是LCL-LCL的交货类型。承运人从出口国指定的集装箱货运站散件接货，拼箱后运至进口国指定的集装箱货运站，拆箱后散件交收货人。

(6)CFS-DOOR。

这是LCL-FCL的交货类型。承运人从出口国指定的集装箱货运站散件接货，拼箱后运至进口国收货人的工厂或仓库整箱交货。

(7)DOOR-CY。

这是FCL-FCL的交货类型。承运人从出口国发货人的工厂或仓库整箱接货，运至进口国集装箱码头整箱交货。

(8)DOOR-CFS。

这是FCL-LCL的交货类型。承运人从出口国发货人的工厂或仓库整箱接货，运至进口国指定的集装箱货运站，拆箱后散件交收货人。

(9)DOOR-DOOR。

这是FCL-FCL的交货类型。承运人从出口国发货人的工厂或仓库整箱接货，运至进口国收货人的工厂或仓库整箱交货。

上述九种交接方式是集装箱运输产生后在实践中总结出来的，并为世界上绝大多数国家的集装箱运输所采用。其中我国应用最多的交接方式是CY-CY，最方便货主并体现集装箱综合运输优越性的是DOOR-DOOR。

五、集装箱的堆存与保管

集装箱进入场站后，场站应按双方协议规定，按照不同的海上承运人将空箱和重箱分别堆放。空箱按完好箱和破损箱、污箱、自有箱和租箱分别堆放。

场站应对掌管期限内的集装箱和集装箱内的货物负责,如有损坏或灭失由场站承担责任。未经海上承运人同意,场站不得以任何理由将其堆存的集装箱占用、改装或出租,否则应负经济责任。

场站应根据中转箱发送的不同目的地,按船、票集中堆放并严格按海上承运人的中转计划安排中转。

1. 重箱堆存与保管

集装箱港口为了避免集装箱在港内大量积压,一般规定各航班装运的重箱应在指定的入港开始时间和截止时间内将重箱运至港区内指定的场地堆存。船公司应与港口箱管部门密切配合,通知货方、内陆运输人将重箱及时运至港内,并做好集装箱设备交接工作。

2. 空箱堆存与保管

(1)空箱进场操作。

码头空箱进场有两种方式:空箱卸船进场和空箱通过门闸进场。空箱卸船进场前,码头堆场计划员必须安排空箱堆存计划。该计划安排的原则为:空箱根据箱尺码和箱型的不同,按不同的持箱人分开堆存,码头与船方必须在卸箱时办理设备交接单手续。

(2)空箱出场操作。

码头空箱出场主要有两种方式:空箱装船出场和空箱通过门闸出场。装船出场的空箱主要有两种:一种为船公司指定用于出口装船的空箱,另一种为装驳船的空箱。码头箱务管理员应根据箱管代理出具的工作联系单、空箱装船清单或船公司提供的"出口装船用箱指令"安排装船用箱计划。码头配载计划员根据箱务管理员的用箱计划及箱管代理提供的场站收据,结合船名、航次的配载情况,选择全部计划空箱或部分计划空箱配船,凡该船航次未能装船的空箱,箱务管理员应做好记录,以备下一航次装船之用。

通过门闸出场的空箱主要有三种:一种是出口载货用空箱的提用;另一种是单提空箱,是指将空箱提用至码头外的集装箱堆场;第三种是因检验、修理、清洗、熏蒸、转运等原因向码头提空箱。空箱出场时,码头应做好集装箱设备交接单和交接手续。

六、集装箱灭失、损坏的处理及修理及维护保养

1. 集装箱灭失、损坏的处理

海上国际集装箱运输的各区段承运人,港口、内陆集装箱中转站,集装箱货运站对其所管辖的集装箱和集装箱货物的灭失、损坏负责,并按照交接前由交方承担,交接后由接方承担划分责任。但如果在交接后180d内,接方能提出证据证明交接后的集装箱、集装箱货物的灭失、损坏是由交方原因造成的,交方应按有关规定负赔偿责任。

除法律另有规定外,承运人与托运人应根据集装箱货物交接方式按下列规定对集装箱货物的灭失或损坏负责:

(1)由承运人负责装箱、拆箱的货物,从承运人收到货物后至运达目的地交付收货人之前的期间内,箱内货物的灭失或损坏由承运人负责。

(2)由托运人负责装箱的货物,从装箱托运交付后至交付收货人之前的期间内,如箱体完好,封志完整无误,箱内货物的灭失或损坏由托运人负责;如箱体损坏或封志破损,箱内货物灭失或损坏由承运人负责。

(3)由于托运人对集装箱货物申报不实或集装箱货物包装不当造成人员伤亡,并且造成

运输工具、货物自身或其他货物集装箱损坏的由托运人负责。

(4)由于装箱人或拆箱人的过失造成人员伤亡并使运输工具、集装箱、集装箱货物损坏的由装箱人或拆箱人负责。

2. 集装箱的修理及维护保养

尽管集装箱运输早已为从事国际贸易、运输的人们所熟知，但对集装箱本身在运输中的灭失和损害是否按货物处理，在认识上不尽一致。现对这一问题通过一些实例加以陈述。

上海某公司从日本进口1000台电视机，信用证规定应装载集装箱运输。发货人将1000台电视机分别装载10个20ft集装箱，其中货主和船公司集装箱各5个。船公司将10个集装箱装载甲板运输，因绑扎过失，这10个集装箱全部落海。绑扎过失是船方管货过失，船公司应承担赔偿责任。但此种赔偿出现下述几种情况。

(1)如提单已记载每一集装箱内装载的电视机数量，其赔偿方法：货主自有箱505件×提单责任限制；船公司箱500件×提单责任限制。上述赔偿方法将货主自有箱作为货物处理，亦即按一件货物赔偿，而船公司的箱子则不按一件货物处理。

(2)如提单未记载每一集装箱内电视机数量，而仅记载箱内装载电视机，其赔偿方法：货主自有箱10件×提单责任限制；船公司箱5件×提单责任限制。上述赔偿方法将货主自有箱按一件货物处理，箱内货物也单独作为一件。而船公司的箱子连同货物加在一起按一件货物处理。

集装箱在运输、装卸、搬运、堆存过程中由于种种原因造成损坏，由箱管部的技术管理部门对集装箱的维修做出统筹计划和组织实施。港口箱管代理可在授权范围内按照报修程序组织修理。

根据《国际集装箱安全公约》(CSC)规定，新箱在出厂后24个月内要进行内箱检验，出厂5年时要进行箱体检验，并在以后每30个月检验一次。为此，港口箱管代理应对此项工作充分重视，并确认航运公司自有箱的CSC铭牌的有效日期，根据箱管部统一安排，做好集装箱的维护保养工作，保证集装箱达到CSC规定要求。

七、集装箱箱务管理

集装箱箱务管理是集装箱运输系统中极其重要的环节，其内容包括集装箱的备用、租赁、调运、保管、交接、发放、检验及修理等工作。

1. 集装箱箱务管理的有关内容

下面以中集公司箱务管理为例，说明集装箱箱务管理的有关内容。

集装箱营运管理体制中集公司集装箱营运管理实行一级调度、三级管理的体制，以中远(集团)中集公司箱管部为核心，下设分部箱管部和箱管中心、各航线经营人及港口箱管代理。箱管部设有营运管理、信息管理等业务职能部门。箱管部在国内外共设三个中集分部箱管部及美洲、香港、欧洲箱管中心。

集装箱调运管理由箱管中心确定开放港口的集装箱合理保有量，并可根据市场情况及时调整。中集分部箱管部负责检查所管辖地区内的港口集装箱保有量，制订区域内港口间集装箱平衡及调运计划，并报箱管中心统筹调度解决。箱管部负责制定并调整各港口及地区的集装箱保有量，并制订周、月度空箱调运计划，并与航线经营人联系落实该计划，向航线经营人发送“集装箱调运计划通知书”，根据双方认可的通知书，向代理发布调箱指令，同时抄报中集分部箱管部和航线经营人。对于开放港口,航线经营人应根据箱管部的“集装箱调运计划通知书”和箱管部发布的调箱指令,检查落实装船;而对于封闭港口,航线经营人应与地区中集分部箱管部和港口箱管代理共同协商,做好封闭区域港口间的集装箱平衡工作,并且根据封闭区内的集装箱合理保有量,积极做好进、出封闭区的集装箱调运工作。港口箱管代理应做好集装箱现场管理工作,落实空箱调运计划,如发现问题应及时反映给有关各方,以便及时解决问题。

2. 集装箱分配及使用

集装箱分配及使用中远集装箱属中集公司所有,由箱管部经营调度,各航线经营人享有同等的集装箱使用权;集装箱非经箱管部许可,不得用于中远以外航线。箱管部在所有开放港口均按合理保有量的要求,备足集装箱,以保证航线船舶的用箱要求。所谓开放港口,是指箱管部提供给各航线经营人空箱和允许航线经营人还箱的港口,而非开放港口(封闭港口)是指箱管部规定不允许航线经营人还箱的港口。

关于提箱、还箱及用箱。提箱是指航线经营人在开放港口的指定堆场提用空箱;还箱是指航线经营人将拆空后的箱交还给在开放港口的指定堆场;用箱是指航线经营人在开放港口的指定堆场提空箱起至空箱还至开放港口的指定堆场上的使用时间。在此期间内航线经营人向箱管部支付箱天使用费并负有集装箱保管责任。

关于错用箱。如发生集装箱被其他公司错用,箱管代理在错用发生后24h内将错用信息输入EMS并书面报告所属中集分部箱管部、箱管部和航线经营人(在封闭港口)。错用港代理与错用方联系追回用箱并由代理把从错用之日起至该箱返回到中远堆场止的全部费用(包括租金、提还箱费、还箱检验费、修理费等)支付给箱管部(指从开放港口错用)或航线经营人(指从封闭港错用)。如错用箱在错用后100d内仍未还到中远堆场,则箱管中心将此箱视为灭失并按“中远集装箱赔偿标准”向代理提赔。错用箱被还到中远堆场后,由当地箱管代理将还箱信息输入EMS。

关于免费用箱。由箱主公司提供给中远免费使用的集装箱由箱管部统一与箱主公司签署用箱协议,各航线经营人无权自己接受此类空箱纳入航线营运。经签协议进入中远箱范围的免费用箱,视同中远租箱管理和使用。

关于集装箱灭失。集装箱在航线经营人使用期间发生灭失,由航线经营人向箱管部宣布灭失并将灭失动态输入EMS,箱天费用自宣布次日起自动截止;在开放港口,集装箱发生灭失,由代理向所在箱管中集分部和箱管部公布灭失,并将动态输入EMS;箱管部根据“中远集装箱灭失、丢失赔偿标准”,向责任方索赔。

3. 集装箱的发放与交接

集装箱的发放与交接集装箱的发放与交接实行“集装箱设备交接单”制度,必须以集装箱代理人签发的“集装箱设备交接单”办理提箱、交箱及进出堆场等业务。集装箱设备的交接,其责任划分为:船、港交接以船边界;港方与货方、内陆承运人交接以港口检查桥为界;堆场、货运站与货方、内陆承运人交接以堆场、货运站道口为界(公路承运人)或船边(水路承运人)或车皮(铁路承运人)为界。船舶装卸、中转交接时,如果是卸船前发生集装箱残损则为原残,卸船后发生的残损则认定为工残,凡无原残记录的残损,应视为工残认定。对于空箱进场、出场、发放、交接等业务,应按“集装箱设备交接单”办理有关手续。交接时双方应按集装箱交接标准查验,如发现异常情况应在“集装箱设备交接单”上注明。对于未按规定的时间、地点交箱、还箱,应承担由此而产生的费用和损失,如逾期41d不交箱还箱者,可视为集装箱已灭失,集装箱代理人有权要求责任方赔偿。

集装箱的修理及维护保养集装箱在运输、装卸、搬运、堆存过程中由于种种原因造成损坏,由箱管部及中集分部箱管部的技术管理部门对中远箱的维修作出统筹计划和组织实施。港口箱管代理可在授权范围内按照报修程序组织修理。根据国际集装箱安全公约(CSC)规定,新箱在出厂后24个月内要进行内箱检验,五年时要进行箱体检验,并在以后每30个月检验一次。为此,港口箱管代理应对此项工作充分重视,并确认中远自有箱的CSC铭牌的有效日期,根据箱管部统一安排做好"APEP"工作,保证集装箱满足CSC规定要求。

八、集装箱堆场作业区安全规章

(1)工作人员进入场区,必须穿好反光背心,戴好安全帽,系好领带。

(2)闲散人员未经本公司现场管理人员同意,不准进入作业场区。

(3)一切外来车辆,未经卡口工作人员同意不准进入作业场区。

(4)进入场区的集装箱货车,必须严格遵守场区道路行驶规定,有序排队,礼貌让行,严禁逆向行车,严禁违章停车。

(5)坚决杜绝三违:违章指挥,违章操作,违反劳动纪律。

(6)特种车辆驾驶员在作业时一定要注意周边车辆的动向,在确认安全的情况下,方可进行操作,以防意外事故发生。

(7)任何人员不准在现场及车辆操作室内吸烟,车辆上必须按要求配备消防器材。

(8)严禁集装箱货车驾驶员及无关人员登上特种车辆。

(9)严禁任何人员在正面吊、堆高机等特种车辆下通行或逗留。

项目三　集装箱码头进出口业务

教学要点

(1)掌握集装箱码头出口业务和主要单证及其流转;

(2)掌握集装箱码头进口业务与主要单证及其流转;

(3)掌握整箱、拼箱货运进出口的交接程序;

(4)结合实际案例,掌握集装箱码头集装箱流转过程。

教学方法

可采用讲授、视频教学、情境绘图教学、行动导向法分组讨论等方法。

集装箱码头的主要业务是办理集装箱的装卸、转运、拆箱、收发、交接、保管、堆存、捆扎、搬运以及承揽货源,此外,还应办理集装箱的修理、冲洗、熏蒸以及有关衡量等工作。集装箱码头堆场作业是指以集装箱船装卸工作为中心的一系列业务,主要包括集装箱的交接、堆场作业、装卸和其他有关的业务。

一、集装箱码头出口业务与单证流转

1. 集装箱码头出口货运的业务流程

(1)订舱托运:按照贸易合同要求,如是 CFR、CIF 或 CPT、CIP 条款,应由发货人负责订舱托运。

(2)投保:在 CIF 或 CIP 条款下,由发货人根据确认的订舱单向保险公司投保,支付保险费。

(3)申请空箱:集装箱的箱主绝大多数为船东箱,因此发货人在完成订舱托运后,通常要向船公司或船代申请空箱,以装箱出运。

(4)装箱:发货人提运空箱至装箱点,负责装箱、填制装箱单,并在海关监管下施封。

(5)重箱进场:通常在装船前 3d,发货人负责将出口重箱送入集装箱码头。

(6)出口报验、报关:通关后,海关在装货单上加盖海关放行章,准予出口装运。

(7)装船理箱:集装箱码头根据集装箱船配载图组织实施装船工作。装船时,由外轮理货公司代表承运人理箱并与码头在船边进行集装箱交接。

(8)签发提单:出口重箱装船开航后,发货人凭码头签发的场站收据正本向船公司或船代换取提单,后者审核无误、结清运费和其他费用后,收下场站收据正本,签发提单交发货人。

(9)结汇:发货人凭提单和其他货运单证向议付行结汇,收取货款。

2. 集装箱码头的出口业务

(1)出口准备工作。

①出口货运资料。

第一,编出口用箱计划。出口用箱计划是船公司或船代根据订舱资料和集装箱空箱用箱申请制的一份空箱发放计划。

第二,船期预报和确报。船期预报通常为船舶到港前 96h,在船舶到港前 24h 还应有船期确报,以便集装箱码头根据船期预先做好各项准备工作。

第三,预配清单。预配清单也称订舱清单,是船公司或船代根据订舱资料按船名航次汇总编制的一份集装箱出口货运清单。

第四,预配船图。预配船图是集装箱码头编制配载图的重要依据之一。

②编制出口作业计划。

第一,船舶计划。船舶计划通常为昼夜 24h 计划,故也称船舶昼夜作业计划。它规定了每一艘船舶停命的泊位、靠泊时间和作业任务以及开工时间、作业要求、完工时间和离泊时间等内容。

第二,堆场计划。出口堆场计划是根据船名航次出口箱预到资料并结合堆场使用状况而编制的出口箱在堆场的堆存计划。

(2)发放空箱。

一般在装船前 6d 可接受发货人的提空箱申请。码头进出口受理台接收集装箱货车驾驶员提运空箱凭证并核对无误后,开具发箱凭证,集装箱货车驾驶员凭发箱凭证、集装箱设备交接单到码头堆场提运空箱。

(3)重箱进场。

发货人装箱、计数、施封后,在装船前 3d 可拖重箱进入集装箱码头。

(4)编制配载图和装船顺序单。

配载图是集装箱码头根据船公司或船代的预配图,并按照船舶既定的技术规范和码头作业特点而编制的航次出口箱在船舶上的具体船箱位的计划。

装船顺序单是已进场并通过报关的航次出口箱的汇总表。

(5)装船和理箱。

装船作业由控制室依据船舶计划、配载图、装船顺序单等作业计划,有序地指令堆场发箱、集装箱货车运输、岸边装船,并对整个装船作业进行监控和协调。在装船作业过程中,由外理代表船方理箱,并与港方进行集装箱的交接,如有异常,则如实填制残损记录,双方共同签字,以明确责任。

(6)装船结束工作。

作业签证。装船作业签证:装船作业签证是集装箱码头完成装船作业后签发的一份向船方收取费用的凭证。系解缆作业签证:系解缆作业签证是码头提供系解缆服务而签发的一份向船方收取费用的凭证。

出口单船小结:出口单船小结是装船结束后根据该船名航次实际装船集装箱而编制的汇总表,主要内容有船名航次,靠泊时间、离泊时间等,并详细列明装船集装箱总数及其分类箱数。

船舶离港报告:船舶离港报告是装船工作结束后有关该船名航次作业情况的报告,包括船名航次、靠泊时间、离泊时间,装卸时间、装卸箱量、作业时间等内容,它是提供给船代以掌握船舶动态情况的单证。

3.出口货运主要单证及其流转

(1)出口货运主要单证。

①订舱托运场站收据(十联单)。

②确认订舱和放空箱——货物托运单、装货单、场站收据大副联、场站收据正本、场站收据货代联、集装箱设备交接单、集装箱放箱凭证。

③提运空箱——集装箱设备交接单、集装箱放箱凭证。

④重箱进场——装箱单、集装箱设备交接单。

⑤报关报验——装箱单、装货单、报关单、合同副本、信用证副本、商业发票、出口许可证等。

⑥签发场站收据——装货单、场站收据大副联、场站收据正本。

⑦装船理箱——场站收据大副联、装箱单、配载船图、装船顺序单、理货报告、集装箱装船清单。

⑧签发提单——场站收据正本、装箱单、提单。

⑨结汇——提单、装箱单、合同副本、信用证副本、商业发票、出口许可证等。

⑩随船单证——出口船图、出口舱单、理货报告等。

(2)集装箱码头出口单证流转。

①出口资料预到——船期预报确报、出口用箱计划、预配清单、预配船图。

②出口作业计划——空箱发放清单、集装箱码头出口单证及其堆场计划、配载图、装船顺序单。

③提运空箱——发箱凭证、设备交接单、提箱凭证。

④重箱进场——装箱单、设备交接单、危险货物集装箱装箱证明书、进箱凭证。

⑤签发场站收据——装货单、场站收据大副联、场站收据正本。

⑥装船和理箱——装箱单、场站收据大副联、配载图、装船顺序单、装船作业签证、理货报告、集装箱装船清单、出口船图、出口舱单。

⑦统计——装箱单、设备交接单、装货单、配载图、装船顺序单、出口单船小结。

⑧费收——装船作业签证、出口单船小结。

⑨开账——费收账单、装船作业签证等。

二、集装箱码头进口业务与单证流转

1. 进口货运业务流程

(1)进口货运资料预到:出口货物在装运港装船开航后,装运港船代根据装船实际情况编制一系列出口货运单证,寄往卸船港船代。

(2)发出到货通知书:卸货港船代将"到货通知书"寄收货人,使其做好提货准备。

(3)赎取提单:收货人向开证行办妥手续、结清货款及有关费用后,取得提单。

(4)卸船、理箱:集装箱码头根据预到的进口船图、进口舱单等资料组织卸船,外理公司代表承运人理箱并与码头在船边进行集装箱交接。

(5)换取提货单:收货人凭"到货通知书"和提单向船代换取提货单。

(6)进口报关报验:收货人凭提货单等单证向口岸监管部门报关检验,海关审核后在提货单上加盖海关放行章,准予进口箱提运。

(7)提运重箱:收货人凭通过报关的提货单向集装箱码头办理提运重箱手续后,提运重箱出场。

(8)拆箱:收货人拖重箱至拆箱点负责自行拆箱。

(9)还空箱:收货人拆箱后,清扫空箱,并在规定的还箱期内拖空箱至指定的还箱点。

2. 集装箱码头的进口业务

(1)进口准备工作。

①进口货运资料预到。

船期预报和确报:包括5d预报和24h确报,以便码头安排泊位。进口舱单进口舱单是按照提单号序列编制的船舶所载进口集装箱详细内容的汇总资料,它是集装箱码头安排卸船作业的重要单证,也是安排收货人提运作业的原始依据。进口船图上列明每一只进口集装箱在船加上的具体船箱位。装运港理货报告:装运港理货报告是装运港外理根据装船实际情况编制的一份单证,主要作为港船双方划分原残和工残的原始凭证。

②编制进口作业计划。

船舶计划:由于集装箱船舶靠泊时,通常既有卸船作业,也有装船作业,因此船舶计划通常不分进口与出口,而是同一份计划。堆场计划:进口堆场计划编制主要依据是进口船图、进口舱单以及集装箱码头堆场可利用情况。卸船顺序单:卸船顺序单是依据进口船图和进口舱单编制的。

(2)卸船和理箱。

由控制室指挥岸边卸船、水平搬运和堆场堆箱,并对整个作业过程实施实时监控和协调。同时,由外理代表船方理箱,并与港方进行集装箱交接,如有集装箱异常情况,应首先分清原残还是工残,如为工残则如实填写残损记录,双方共同签字以明确责任。

(3)卸船结束工作。

①卸船作业签证。

卸船作业签证是集装箱码头完成卸船作业后签发的一份向船方收取费用的凭证，卸船作业签证也必须仔细核对，如实填写并与大副共同审核无误后双方签字确认，作为向船方结算卸船费用的原始凭证。

②进口单船小结。

进口单船小结是卸船结束后根据该船实际卸箱情况编制的汇总表。

(4)提运重箱。

收货人凭办妥清关手续的提货单，委托集装箱货车驾驶员到码头进出口受理台申请提运进口重箱手续。集装箱码头受理台业务人员应验明提货单，在收货人付清有关码头费用后，收下提货单，签发提箱凭证交集装箱货车驾驶员，并在计算机中做出的相应重箱提运计划。集装箱货车驾驶员凭提箱凭证、设备交接单在门闸办妥提箱手续后，到指定的堆场箱区提运重箱。

(5)归还空箱。

收货人拖重箱至拆箱点完成拆箱、清扫集装箱后，按规定的还箱期拖运空箱至指定的还箱点。

3. 主要进口单证及其流转

(1)进口货运主要单证，如图7-5所示。

提单、装箱单、合同副本、信用证副本、商业发票、出口许可证等；进口货运资料：进口舱单、进口船图、装运港理货报告、集装箱清单、提单副本；到货通知、到货通知书；赎单：提单、装箱单、商业发票等；卸船和理箱进口舱单、进口船图、装运港理货报告、卸船清单、卸货港理货报告；换取提货单提单、到货通知书、提货单、设备交接单；报关报检提货单、报关单、合同副本、信用证副本、商业发票、进口许可证等；提运重箱提货单、设备交接单；归还空箱设备交接单。

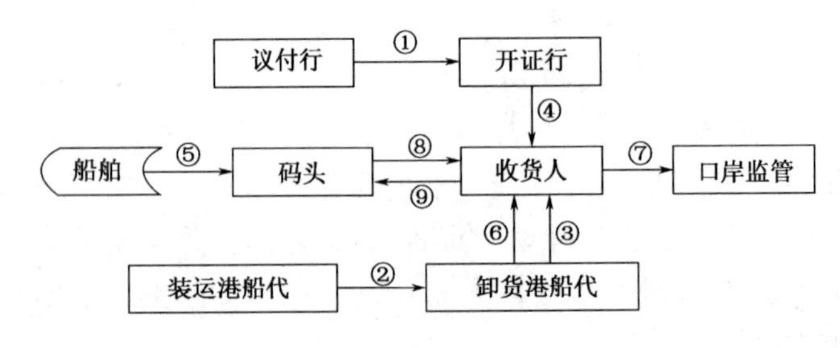

图7-5　进口货运主要单证

(2)集装箱码头进口单证流转，如图7-6所示。

进口资料预到：船期预报确报、进口船图、进口舱单；进口作业计划：船舶计划、堆场计划、卸船顺序单；卸船和理箱：卸船作业签证、卸船理货报告、进口箱动态表、进口单船小结；提运重箱：提货单、费用账单、交货记录、设备交接单、提箱凭证、发箱凭证、疏港清单、疏港凭证；归还空箱：设备交接单、收箱凭证；统计：设备交接单、进口船图、进口舱单、卸船顺序单、卸船作业签证、进口单船小结；费收：进口单船小结、卸船作业签证等；开账：费收账单、卸船作业签证等。

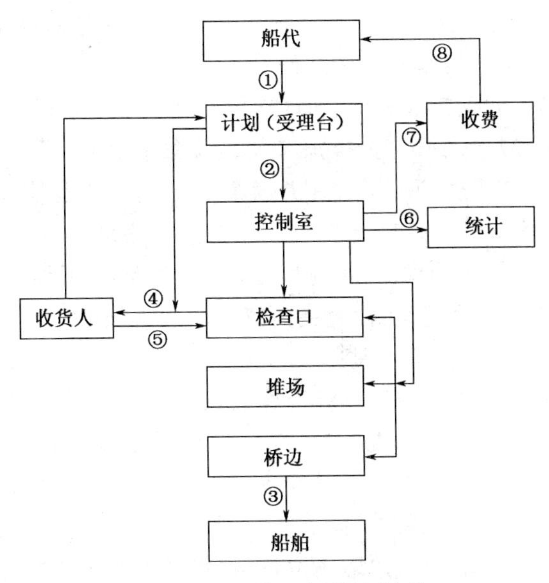

图 7-6　进口货运主要单证流程

三、整箱货运进出口的交接程序

1. 整箱货运出口的交接程序

(1)船公司或其代理人安排拖车或通知货主(客户)安排拖车去码头堆场领取空箱。

(2)拖车驾驶员到船公司或其代理人处领取交收箱用的集装箱收发单。该收发单 1 式 6 联。与此同时,船公司或其代理人还发给驾驶员铅封,用于装货完毕后施封。

(3)拖车驾驶员开车到码头大门口,从空车进口处进门,在入门口处停车,将集装箱收发单的第 1 联递交给门卫,用于办理入门手续。驾驶员递交收发单第 1 联后,无须等候,可直接开车去码头专用停车场等候通知。

(4)门卫将收发单第 1 联中的有关数据输入计算机,如船公司名称、船名、航次、箱主、订舱单号、拖车号以及集装箱类型和尺寸等,然后安排取箱位置(空箱在堆场的位置)和集装箱号码,打印出一张堆场作业纸交给驾驶员,堆场作业纸上注明有箱号和取箱的堆场位置。这时拖车驾驶员便可开车到堆场作业纸上指定的堆场位置提取空箱。

(5)堆场理货员按驾驶员提供的堆场作业纸,指挥起重机操作员将指定的集装箱(空箱)吊到拖车上。吊装时,堆场理货员应观察集装箱底部有无损坏,如有损坏,堆场理货员应通知大门口职员更换集装箱,此时拖车驾驶员须持原有堆场作业纸回到入门口处改单,即更改集装箱箱号和取箱位置,再回到新的堆场位置取空箱,直到所取集装箱完好为止。

(6)拖车驾驶员取到空箱后,开车到验箱处验箱。出门口前须经过详细验箱。理货员根据验箱结果在堆场作业纸上签字,具体说明箱型、材质以及箱体是否完好,然后交给驾驶员。

(7)驾驶员持堆场作业纸(已加验箱记录)和入门时剩下的 5 联收发单到载箱出口门处办理出门手续。门卫根据驾驶员递交的材料重新核对箱主、订舱单号、拖车号等,看计算机记录是否有错,同时检查实际取的箱是不是堆场作业纸上指定的箱,即核对箱号。核对准确无误后,门卫收下堆场作业纸及收发单第 6 联留存,同时打印设备交接单连同剩下的 4 联收发单一起交给驾驶员。设备交接单上记录有拖车号、箱号、订舱单号等。

(8)拖车驾驶员凭设备交接单出门离开码头。

(9)客户拿到空箱后,即安排装货,装货时有海关人员监督。装好货后,施加铅封。

(10)集装箱装箱完毕加封后,再安排拖车将装货集装箱(重箱)送到码头,拖车从载箱进口处入门。在进口处递交集装箱收发单(此时驾驶员携带的运输单证就是上次提取空箱时剩下的4联集装箱收发单和设备交接单),办理交接箱手续。在办手续前,先经过门口处由理货员验箱。验箱的内容有:①箱体外观检查,是否有损伤、翘曲、破裂现象;②核对箱号是否与单证相符;③记录封条号码,包括海关关封及厂家施加的厂封;④注明集装箱的类型、材质;验箱内容写在集装箱收发单第2联上。

(11)验箱完毕,门口处职员审单(即审查集装箱收发单),并将有关箱的资料记录如拖车号、箱号、船名、航次、订舱单号、卸货港、封条号、箱毛重等输入计算机。输入完毕,撕下收发单第2联留存,其余3联交给驾驶员,并打印一张堆场作业纸给拖车驾驶员。此堆场作业纸同上次提空箱时的堆场作业纸形式一样,一个用于提箱,一个用于交箱。堆场作业纸上注有卸箱的堆场位置,拖车驾驶员到指定堆场位置,将堆场作业纸交给堆场理货员。

(12)堆场理货员先审查拖车驾驶员提交的资料,如没有问题,即指挥起重机操作员卸箱。卸箱完毕,堆场理货员应在堆场作业纸上签字确认。

(13)拖车离开堆场到空车出门处办理出门手续,门卫重新核对进门时输入到计算机里的文件资料记录,应特别注意核对箱号、船名、航次、卸货港以及堆场作业纸上有无堆场理货员确认已卸箱到堆场的记录,然后打印设备交接单(出门纸),撕下收发单第5联留存,剩余两联收发单连同设备交接单交给驾驶员,此设备交接单与上次来提箱时的设备交接单一样。

(14)拖车驾驶员凭设备交接单出门,出口重箱交货结束。此时,拖车驾驶员把收发单中的第3联保留,第4联给船公司或其代理人。

2. 整箱货运进口交接程序

整箱货运进口交接程序与出口交接程序相反。

3. 堆场作业计划

堆场作业计划是对集装箱在堆场内进行装卸、搬运、储存、保管的安排。这是为了能更经济合理地使用码头堆场和有计划地进行集装箱装卸工作而制订的。堆场作业计划主要内容有:

(1)确定空箱、实箱的堆放位置和堆高层数。

(2)装船的集装箱应按先后到港顺序,集装箱的种类,载重的轻、重分别堆放。

(3)同一货主的集装箱应尽量堆放在一起。

为了能在最短的时间内完成装船工作,码头堆场应在船舶到港受载前,根据订舱单、先后到港的卸箱次序制订船舶的积载图和装船计划。等船靠泊后,码头堆场根据码头收据和装箱单,按装船计划装船。在装船完毕后,由船方在装箱单、码头收据、积载图上签字,作为确认货物装船的凭证。

(4)对特殊集装箱的处理。

对堆存在场内的冷藏集装箱应及时接通电源,每天还应定时检查冷藏集装箱的冷冻机的工作情况是否正常,箱内温度是否保持在要求限度内。在装卸和出入场内时,应及时解除电源。对于危险品集装箱,应根据可暂时存放和不能暂时存放两种情况分别处理。能暂存的应堆放在有保护设施的场所,而且,堆放的集装箱数量不能超过许可的限度。对于不能暂存的集装箱应在装船预定时间进场后即装上船舶。

4. 集装箱整柜现场操作流程

现场操作从过程来分，整柜现场操作流程主要可分为四大部分：排载、装柜、申报和获得提单。

(1) 排载。

当单证部根据客户的"SHI ING ORDER"将排载单打出，连同船东之运费确认，提箱确认和交接单交给现场时，应认真审核如下内容：货主、船名航次、提单号、货名、柜型、柜量、开航日期、运输条款、付费方式、目的港、船码头等，并在第2联上盖上订舱章，找出货主外代代码，拼箱应注明几票货拼几个柜。

①代码查找方法：代码由4个字组成，各位涵义如下。比如漳州外贸代码为7W07，厦门第二化工厂为8D15，

漳：T——地区编号厦门地区为"8"，省内其他地区为"7"，非本省为"6"。

州：W——公司名的中文拼音的第一个字母如外(WAI)的"W"，第(DI)的"D"外贸。

②若付费方式为 Freigt Prepaid，若有差价的应通知单证提供差价表一式两份，并要盖上订舱章。

③若排载≤120TUE 的船，应注意排载单上应注明其包装种类，商品编码及净重；排中远直行船至美国其毛重不能超过17.237t。

④排载单共10联(即1~9联和第6联副页，第1联留底)。

⑤排立荣、长荣、万海不用船东确认，长荣、立荣提单号直接去外代索要。

⑥有的船东提单号，可以分出航线或目的港或付费方式，如万海、CHA、PIL 等。

拿着排载单和船东确认去外代订舱，外代会留下第2联及船东的运费确认(长荣、立荣、万海第3联也会留下)然后在第4、5、6、7、8联上盖上单证章并交还我司留存。若付费方式为预付的应凭第4联去财务科开出运费催缴。若因船超载不能排载应立即通知公司联系船东办理添载或改船。

(2) 装柜。

①拖装。将第5联及第6联副页连同船东确认送至拖车公司让其去外开出设备交接单并将拖柜时间、联系人、电话告知对方。注：冻柜要两张装箱单，要注明温度及冻柜标字"RF"。跟踪拖柜情况，取得柜号，并与船东货主核对，特别是一家货主同出好几票货时一定要和货主核对正确，并要求其以传真方式告知公司以免产生错误。应向货主索要装货清单，并向公司和货主通报验关结果。新封签应及时告诉公司。

船舶载单前应至码头查询公司所排货物放行是不已送至码头货柜是否进场。若货主需在星期六报关，需提供报关申请书(本市正本，非本市副本)并开周五上午11:00前向海关提出申请批准后方能报关。若货柜转关，除驾驶员手册、关封，还一定要附上委托书，以便在厦门核对签封放行。已报关退载重新报关需拿新旧的7、8联去码头调单才能申报。

②场装。将第5联及第6联副页连同船东确认送至拖车公司让其去外开出设备交接单并将拖柜时间、联系人、电话告知对方。若有特殊要求如转关、车架一定要20架，装食品的需做柜检等等，也应一并告知，但将原拖车公司改为堆常。货主将货物运至堆场前应将柜子吊好，柜应与船东确认货到应在堆场盖好进场章(6、7、8联应工整地写上柜号封签)；若一票货有几个柜应记录个柜之货名、件数、唛头。若货主在没有订舱时将货物运至堆场时，应做两种选择。将货进库，待排载完在装柜(如做SGS都是货物入库择时再装)；若能确定进库，

所排航线船东柜型、柜量应想方设法，借柜先装货。

码头对集装箱所载货物限重为24t/20(含柜重)、30t/40(含柜重)；装箱的内部尺寸、箱门尺寸；检查柜号的方法；或所装的货物为食品一定做柜检，冻柜也要做柜检；做熏蒸的柜子要在48h之后，开门散气1h30min才能封上签；封签不能用错。

③边检。若所排船舶是直行美国、日本、韩国、中国台湾的均需在开航前两天内填写边检单至边检查站，放行后连同已放行的6、7、8联送至码头。若边检查验(与海关差不多做法一样)，但若是场装的，可至堆场找理货盖章，再去边防站放行。

(3)申报。

凭已盖进场章的6、7、8联及装箱单(一式5张)至外代盖申报章，送报关行。

盖申报章前若为货主自报的应与货主核对好报关资料，若为握手代报应先审查6、7、8联上的资料有无错误，如有更改应通知单证部改单打出1、2、6、7、8联(1联留底)和正确的装箱单并写好开航有更改去外代改单。因为申报章盖好后不能更改，否则只好退载；退载(未报关)其6、7、8联应附上开航前更改交回外代；若该票为添载如有必要应替外代送添载单(一式3份)至码头、本载、理货、海关各一，但海关可以不送；中远至美国还应出具重量证明及清洁证明给外代。

报关。报关资料主要由委托书、出口发票、清单、核销单组成，但由于海关监管条件之不同有的还需要加上合同、手册、通关单、许可证、配额，或增值税发票等；当6、7、8联及报关资料送往报关行时应向货主问清产地，若有必要还应注明各柜装柜明细，并跟踪报关行申报情况是否放行应及时反馈给公司；若海关查验，应及时将货柜吊在验关场并通知公司和货主。

若货柜(物)已进入海关监管堆场存或码头需出场的，需提供货主保函，出场联系单(两张)经海关查验放行后方能出场。

(4)报检。

是为获得因海关监管要求出口货物报关时需要由出入境检验检疫局提供货物经检验后同意出口的通关单。

报检所需资料为委托书、清单、发票、合同、包装证明等(货主提供)；外地货主在厦出口需报检的应由当地检验检疫局，出具的换证凭单在厦报检；需办理熏蒸的货物，当申报后承得联系单时要马上到质检处，预约，熏蒸时间、地点、熏蒸、前应将货柜通气口封死，熏蒸后48h应联系植检处放气，等拿到一般至少也要4～5d。

(5)领单、电放。

首先应及时去报关行将放行送后盖有码头章的第8联取回；凭第四联去外代交纳单证费，若为预付，当货主运费已付凭水单(本市正本，非本市可为副本但需货代保函，若公司代付需公司付保函)和第4联开出运费发票；领单(指领Master B/L)。

领提单就是拿第8联和单证费发票，运费发票(业务联)去外代签发提单；若提单内容与第8联上的资料不同或者提单上需显示一些特殊内容(如B/L上显示非木包装，Also Notfy Clean Board及船证等)都需让货主提代正本保函，并让船东确认同意，再加上货代保函才能签收提单；若货主提供的保函格式为外代规定格式，并一定应由船东确认同意，再加上货代保函。

领提单时间应等船开后，大副收据(第7联)由船东拿回外代经核对后外代才会签发提单，一般要等船开半天后才行，不过若船东自己可以签发提单的，就可以在船开后就签发单更改保函，只要货主的就行。

电放：就要凭与第8联，单证费发票，海运费发票(附件)再加上货主正本保函去船东办理，交付电放费取的船东的电放通知。

若拖车公司提不到柜应及时与船东联系更改设备交接单上的提箱地点；若拖车公司将柜子拖往货主指定地点，空车头回来，应主动与货主联系装货情况，如装好货应及时通知拖车公司回柜进码头；若柜已进码头应及时拿6、7、8联去盖出进场章(6、7、8)联上应工整地写上柜号、封签。

项目四　集装箱码头中控室业务和门闸业务

教学要点

(1)集装箱码头中控室的作用、职责和业务；

(2)船舶指挥员的意义、基本要求、职能和责任和主要业务；

(3)集装箱码头门闸的含义和基本职责和业务及其流程；

(4)集装箱码头门闸集装箱的检验交接。

教学方法

可采用讲授、视频教学、情境教学、分组讨论等方法。

一、集装箱码头中控室业务

1.集装箱码头中控室的作用

现代集装箱码头使用大型化、专业化集装箱机械设备，采用先进的技术，实行大规模生产作业，这就需要有一个部门对集装箱码头生产全过程实行统一的管理和指挥，从而发挥集装箱码头作业的高效率和连续性，这个部门就是集装箱码头中控室。同时，在集装箱码头编制各项生产作业计划时，处于非实际作业中，只能根据预先的资料进行编制，而在实际作业中由于各种因素的影响，一些变化量是无法估计到的，这就需要在实施作业计划时，由集装箱码头中控室根据具体情况及时加以协调和平衡，从而保证生产作业计划的顺利完成。

集装箱码头中控室是执行生产作业计划的关键部门，它的主要作用就是依据生产作业计划，对码头的各项生产作业进行组织、指挥、监督、协调、平衡，充分发挥码头各生产要素的作用，在安全优质的基础上，使码头各项生产作业协调、连续、高效地进行。

2.集装箱码头中控室的职责

(1)以昼夜生产作业计划为主要依据，统一安排和调动全码头劳动力、机械、设备、泊位、库场等生产要素，努力提高作业效率。

(2)组织实施各项作业计划，统一指挥全码头各项生产作业，并与港外有关单位协调，预先控制和及时消除影响码头正常生产作业的内外不利因素，确保船舶的船期。

①依据各项作业计划的进度和相互衔接要求，实时控制各项作业的变化，综合平衡和调整生产作业计划。

②对各项进行中的作业信息及时处理，并对完工后的作业信息做出确认。

3. 集装箱码头中控室的业务

集装箱码头中控室是集装箱码头各项生产作业的指挥中心和控制中心，其最主要业务有：

(1) 船舶作业。

根据靠泊船舶的船期、船舶规范、装卸箱量，结合码头机械设备状况和堆场状况安排作业路数，并根据作业进度及时做出调整。对重点物资、重大件、特种货物以及重点舱制订具体操作方案，并根据实际作业情况，调整各类机械和劳动力的配置，确保装卸任务的完成和重点船的船期。依据配载图、装船顺序单、进口舱单、进口船图发送合理的装船、卸船作业指令。掌握装卸桥的作业效率，根据各作业路的实际情况，调整装卸桥包括操作员的配置。对加急进港出口箱进行校验和放关确认，负责加载装船。负责退装、退关箱处理和复关箱、更改船名航次出口箱的处理，并做好相应记录。负责复核实际装、卸箱量及其种类，核对无误，确认装、卸船作业结束。编制进出口单船小结和船舶离港报告。

(2) 堆场作业。

根据堆场计划并组合船舶计划要求以及堆场实际情况，及时修改、补充堆场作业计划。掌握码头各类机械的特性、作用、故障情况，根据装卸船作业和进箱提箱作业的实际情况，合理安排各类机械。掌握堆场作业状况，合理发送堆场作业指令。根据堆场各箱区机械的作业量和道路交通情况及时进行调整，确保道路的畅通和机械的充分利用。对进场、离场以及搬移的集装箱予以核对和确认。根据堆场使用情况及时编制疏港计划，并组织实施疏港作业。

二、船舶指挥员业务

1. 船舶指挥员的意义

船舶指挥员，也称单船指挥员，是集装箱码头船舶装卸生产现场的组织者和指挥者。集装箱码头是围绕船舶为中心开展生产活动的，码头各项生产作业的组织、实施和控制，最终将与船舶装卸作业直接联系。为了提高船舶装卸的质量和效率，从生产需要出发必须有一个以船舶作业为主要对象的有机的高效率的劳动组合。这个劳动组合既包括机械、设备、堆场及其劳动力的配置，也包括船舶装卸的工艺和操作流程。这一多因素的劳动组合需要一个船舶作业现场的组织者和指挥者，这就是船舶指挥员。

2. 船舶指挥员应达到的基本要求

船舶指挥员在集装箱码头船舶装卸现场作业中有很重要的地位，起着关键的作用。船舶指挥员应具有较全面的业务素质，才能胜任这一关键岗位的工作。

(1) 掌握码头的泊位情况码头泊位是供船舶停靠和装卸作业的场所，码头岸线的长度、前沿水深、掉头区域的长度和水深以及潮差、潮速、风力等水文气象的变化，对船舶的靠离泊和装卸作业都有影响或制约，船舶指挥员应掌握码头泊位的这些基本情况，才能将对船舶制约和不利影响的因素降到最低程度。

(2) 熟悉码头的装卸工艺。

装卸工艺是按既定的目标将各种不同机械及人员进行合理配置，并按一定的操作流程要求进行装卸作业的人机组合。目前，我国绝大部分沿海港口采用集装箱装卸桥轮胎式龙门吊装卸工艺。船舶指挥员应在熟悉该装卸工艺的基础上，力求使堆场作业效率略大于水平运输作业效率，而水平运输作业效率要略大于岸边装卸作业效率，从而保证最大限度地发挥主要机种装卸桥的作业效率，保证船舶班期的准点率。

(3)熟悉挂靠船舶的规范。

不同船舶其规范也不相同，如船舶的长度、宽度、吃水，船舶箱容量及其分布，舱盖板的结构和形式，船舶的稳性和吃水差要求等。为了使船舶能安全靠离泊和顺利装卸，船舶指挥熟悉挂靠船舶的规范和基本特点，尽可能地满足船方的规范要求，避免因不熟悉船舶规范而出现码头作业次序的混乱和船舶翻桩退载等问题。

(4)掌握危险品箱和特种箱的装卸规范。

为了保证人和物的安全，国家对危险品箱的装卸运输有明确的法规，港口也有相应的规定，船舶指挥员必须熟悉这些法规和规定，并严格按照既定的要求指挥危险品箱的装卸船作业。同时，船舶指挥员还应了解国际危规对各类危险货物的分类分级、基本特性和防范措施，了解作业船舶对危险货物装运的特殊要求，保证危险货物安全地装卸。

开顶箱、框架箱、平台箱以及冷藏箱、罐状箱等特种箱，通常均有特殊的装卸规范，船舶指挥员应熟悉各种不同特种箱的装卸规范，尤其是超长、超宽、超高、超重箱(四超箱)的装卸规范，才能正常地指挥装卸作业，保证安全生产。

(5)了解口岸监管机构对国际货运的基本要求。

集装箱码头的主要作业对象是进出口集装箱，海关、检验检疫、海事、边防等口岸监管机构均代表国家从不同角度对进出口集装箱实行监管。船舶指挥员应了解不同监管机构的不同监管要求，从而协调处理好与他们的工作关系，保证进出口集装箱的顺利装卸作业。

3. 船舶指挥员的职能和责任

(1)船舶指挥员的职能。

目前我国沿海集装箱码头的生产已从劳动密集型转向资本、技术密集型，集装箱码头的各项生产业务活动都借助先进的计算机生产管理系统，对包括船舶作业在内的各项生产作业实行指挥和监控，保证生产作业有序化和高效化。船舶指挥员的主要职能，就是在码头中控室的领导下，将装卸船作业现场与中控室指挥紧密地连接起来，具体负责落实所承担船舶装卸的机械和劳动力的配置，按照装卸工艺操作流程要求，协调和平衡各装卸作业环节，合理有效地组织指挥现场装卸船作业，最大限度地提高装卸效率，缩短船舶在港时间，安全优质地完成所负责的船舶装卸作业计划。

(2)船舶指挥员的责任。

船舶指挥员的工作涉及泊位、船舶、集装箱、机械、劳动力等诸多生产要素。为了充分发挥各生产要素的作用，船舶指挥员应围绕船舶作业的核心任务担负起其责任。

以船舶昼夜生产作业为主要依据，在中控室的指挥下，合理有效地组织船舶装卸作业，充分发挥装卸桥的能力，提高装卸效率，保证船期。

指挥、检查、督促装卸桥安全生产，落实安全质量措施，及时发现和制止不安全因素，确保装卸桥安全高效生产。

按照装、卸船的计划与要求，组织实施装卸船作业。在作业过程中，如有异常情况及时向中控室汇报，接受指令后及时调整现场作业。

负责装卸船集装箱交接和验残，并督促外理做好装卸现场原始记录和残损登记；负责装卸作业后与船方核对装卸箱量并进行装卸船作业签证；负责作业签证、残损记录等单证资料的汇总交接。

4. 船舶指挥员的主要业务

(1)进口卸船作业。

①靠泊前准备。

掌握本航次船舶靠泊时间、靠泊泊位和尺码，提前了解靠泊位置附近装卸桥的行车和吊臂的起落状况，指挥装卸桥收起吊臂或停在船舶靠泊的安全尺码以外。

根据船舶靠泊的泊位和尺码提前清档，做好靠泊安全距离标志，使船舶能清晰地看到指定的靠泊位置。同时指挥敦促码头水手提前做好接船准备，并用高频对讲机与引水员或船方保持联系。

对首次靠泊本码头的船舶，要让船方签收“码头安全靠泊须知”文件，以明确船、港双方的责任，保证船舶安全靠泊。

②卸船前准备。

船舶靠泊后，船舶指挥员应立即与船方联系，加紧做好卸船前的准备工作。督促船方及时布置舷梯和安全网，开启船舶的封舱设备，以保证装卸作业的顺利进行。对尚未应用EDI传递进口集装箱资料的码头，船舶指挥员应在船舶靠泊后立即上船向大副索取随船船图、舱单等进口资料，并与预到资料进行核对，重点是核对本航次所卸的危险品箱和特种箱的种类、数量、尺寸，事前做好卸船准备。同时如船上装有过境集装箱，应在船图上标注其装载箱位，避免错卸。

③卸船作业。

在做好船舶作业前的各项准备工作的基础上，船舶指挥员在船舶靠泊后应尽快按作业计划组织实施卸船作业。为保证安全、高效、连续地作业，在船舶卸箱作业过程中船舶指挥员应抓住几个重点环节。

重点舱作业：所谓重点舱是指其他作业已完工而该舱还有相当部分集装箱尚未结束装卸，从而影响了整条船的完工时间。重点舱的形成有各种原因，例如作业船舶积载不合理，作业舱口结构特殊或箱量较多，特别是作业难度较大且箱量较多，码头机械设备不良或发生故障等。船舶指挥员应随时掌握重点舱的情况，调配性能良好的装卸机械和操作熟练的操作员，并对该作业路的各类机械及操作员做好布置，加强监管重点舱的作业进度，力求减少以至消除重点舱对船期的影响。

特种箱作业：针对不同的特种箱，船舶指挥员必须掌握不同的安全规范和装卸规程，保证各类特种箱安全顺利地进行装卸作业。例如，对超过ISO/TC104总重规定的超重箱，特别是装有重大件的开顶箱、框架箱和平台箱，要掌握集装箱的总质量、箱体状况和货物状况，针对不同情况选择吊具顶角件起吊、钢丝绳下角件起吊或货物与箱子分体起吊等不同方法，以确保作业安全；对冷藏箱应事前掌握其在船上的箱位分布，作业前检查箱体及其制冷设备是否良好，及时通知船方关闭电源；对于危险品箱作业应事前确认海事局核准签发的危险货物装卸批准文件，掌握本航次共有多少个危险品箱及其箱型、尺寸、船箱位以及危险货物的国际危规类别，作业前检查箱体及其危标状况，起吊时应督促操作员轻起轻落，杜绝撞击、拖曳等违规操作，对于危险货物的装卸作业，必要时应申请海事局现场指导和监督。

卸船验箱验残：在卸船作业中，由船舶指挥员负责港方与船方的箱体交接工作，以区分双方对集装箱设备的责任。因此船舶指挥员要督促码头验箱员加强责任心,做好卸船验箱验残工作,一旦发现箱残,应先区分原残,还是工残,并及时与船方和外理联系,做好必要的残损记录和签证。

卸船后的结束工作:卸船作业全部结束后,船舶指挥员应认真做好卸船后各项结束工作,包括认真复核该船每一单是否有漏卸、错卸、多卸,与外理仔细复核卸箱的数量、箱型、尺寸,核对无误后会同大副做好卸船作业签证及其他作业签证;开船前指挥装卸桥收起吊臂移至安全位置,防止船舶离泊掉头与装卸桥碰擦;做好各项作业签证、实卸箱清单、残损记录等单证资料的汇总、移交等工作。

(2)出口装船作业。

出口装船作业流程与进口卸船作业流程反向,船舶指挥员的工作内容大致相近,但也有一些不同的地方,船舶指挥员应引起足够的重视。

①装船作业前。

装船前,船舶指挥员应及时将码头编制的配载图交船方大副审核,如大副有修改意见应以大副意见为准,经大副审核同意签字后,作为装船正式文件。

②装船作业中。

在装船作业过程中,船舶指挥员监督工人严格按大副签字的配载图进行作业。在实际作业中,经常会发生因船方、货方或港方的临时原因需要调动箱子,此时船舶指挥员应坚持"不影响安全,不影响操作,不影响进度"的原则,并征得大副同意后实施调动。对已完成装船作业的舱位,在安全规范的前提下,及时布置工人进行集装箱绑扎,并检查绑扎是否符合规范,是否有漏绑或绑扎不良现象。

③装船结束后。

装船作业全部结束后,船舶指挥员应认真与外理复核装箱的数量、尺寸、箱型,杜绝错装、漏装、多装,并会同大副做好装船作业签证。此外,船舶指挥员还应认真做好退关箱的核对和及时布置转箱区工作。

三、门 闸 业 务

1.门闸的含义和基本职责

(1)门闸的含义。

集装箱码头都有门闸这一设施,在门闸布置集装箱货车通道、地磅和门闸业务人员的工作室,并配置计算机、摄像头、电话等设备。所有进出集装箱码头的集装箱一般只有两条途径,一是在岸边通过船舶装卸进出,二是在门闸通过集装箱公路运输进出,进出集装箱码头的集装箱必须进行交接,以划分和明确双方的交接责任。从集装箱货车进出集装箱码头而言,门闸就是码头与集装箱货车进行集装箱交接的场所。此外,无论是空箱还是重箱,无论是进场还是出场,在集装箱交接过程中还须进行必要的单证处理,并记录有关的作业信息,这些单证的处理和相关作业信息的记录也是由门闸承担。因此,所谓门闸是指集装箱货车拖运集装箱进出集装箱码头的必经之处,是集装箱码头与拖箱人进行箱体交接、单证处理和信息记录的一个重要业务部门。

门闸一般设置在码头后方靠近大门处，为方便管理，还可分为进场门闸和出场门闸。每个门闸的集装箱货车通道视码头规模而定，码头规模小的可设4～5条通道，规模大的有十几条通道。随着计算机信息技术和集装箱运输技术的发展，国外一些先进港口的门闸已实行无人化自动操作，我国沿海一些国际性大港的门闸也出现了无人化操作的趋势。尽管如此，门闸的功能和作用仍未有任何改变。

(2)门闸的基本职责。

检验集装箱箱体，进行集装箱交接。集装箱货车驾驶员拖箱进入或驶出集装箱码头，必须在门闸与业务人员共同检验集装箱箱体，并通过集装箱设备交接单来完成集装箱交接手续。

审核有关集装箱单证，磅出出口箱实际质量。无论是提箱还是进箱，都由门闸负责装箱单、危准单、提箱凭证、进箱凭证等集装箱单证的审核处理。对于出口重箱还应在门闸磅出出口箱的实际质量，以提供配载准确的数据，同时，集装箱货车驾驶员向门闸递交出口集装箱装箱单，业务人员审核后作出相应信息记录。

配合堆场作业，指定收箱或提箱堆场箱位。在使用计算机管理的码头，收箱进场或发箱出场的堆场箱位由计算机自动处理，未使用计算机管理的码头或尚未自动化处理的码头，应由门闸业务人员以手工操作指定堆场箱位。

进场、出场集装箱的信息汇总处理。在使用计算机管理的码头，每一只进场或出场的集装箱均由门闸业务人员在计算机上做出相应的记录，以供各部门实时查询和按需要打印汇总表和分类报表，对尚未实行计算机化的码头，应由门闸人员手工完成记录工作。

2. 门闸业务及其流程

门闸业务按进出场可分为收箱和发箱两种，按贸易又分为出口和进口两种。下面以出口和进口业务分别介绍实行计算机化的门闸主要的作业和流程。

(1)门闸的出口业务。

①提运空箱。

发货人根据贸易合同及其装运期，在订舱托运和完成备货后，通常委托集装箱货车驾驶员凭船公司或船代签发的集装箱空箱放箱凭证到码头办理提空箱手续。集装箱货车进入门闸时，驾驶员向业务人员递交提空箱凭证和集装箱设备交接单，门闸业务人员审核单证后将提运集装箱的箱号、箱型、尺寸以及作业号、集装箱货车车牌号等信息输入计算机，由计算机自动打印指定堆场箱位的发箱凭证交集装箱货车驾驶员，同时由计算机系统通知堆场机械驾驶员所发空箱的箱号、堆场箱位和集装箱货车车牌号。集装箱货车驾驶员根据发箱凭证指定的堆场位置装箱，集装箱货车装载空箱后驶经出场门闸，驾驶员递交发箱凭证并与业务人员共同检验箱体，如无异常则双方无批注在集装箱设备交接单上签字确认，集装箱货车驾驶员拖运空箱驶离码头。如空箱有残损、不适合装货，由门闸业务人员取消该次作业，重新办理提空箱手续。

②重箱进场。

发货人完成装箱、施封、填制集装箱装箱单后，在装船前三天可委托集装箱货车驾驶员拖运重箱进场。集装箱货车驾驶员在门闸向业务人员递交集装箱装箱单和集装箱设备交接单，门闸应审核单证是否一致，包括船名、航次、箱号、箱型、尺寸、提单号等，并核对单证上的箱号与集装箱上的箱号是否一致，同时将集装箱的实际质量标注在集装箱装箱单上。门闸验箱员与集装箱货车驾驶员共同检验箱体和封志，如无异常，双方在集装箱设备交接单上无批注签字确认。如有异常,由门闸业务人员如实在集装箱设备交接单上批注,并由双方签字以明确责任。对冷藏箱还应检查箱子温度是否与装箱单注明的温度一致;对危险品箱还应审核危险货物集装箱装箱证明书,并检查箱体四面的危标是否完好无损;对框架箱、平台箱等装载重大件的集装箱,还应检查货物包装及其固定是否良好。上述工作完成后,业务人员收下单证,由计算机打印收箱凭证,并自动通知堆场机械操作员据以收箱。集装箱货车卸箱后经出场门闸,递交收箱凭证后再驶离码头。

③中转箱进场和出场。

集装箱码头的中转箱通常一程船在本码头卸船,二程船在本码头装船,此外也有一程船和二程船不是在同一码头卸船和装船的情况,这就产生了中转箱的进场和出场业务。

对于中转箱进场,门闸业务人员应先审核集装箱货车驾驶员递交的中转箱进场凭证和集装箱设备交接单,然后按重箱进场业务程序操作;对于中转箱出场,门闸业务人员应先审核集装箱货车驾驶员提交的中转箱出场凭证和集装箱设备交接单,然后按重箱出场业务程序操作。

④退关箱出场。

退关箱是指由于货主的原因(例如变更贸易合同)或船方的原因(例如爆舱)造成不能正常装船出运而滞留在码头的集装箱。发货人如暂时不打算出口,在海关、船代、码头办妥退关等手续后,委托集装箱货车驾驶员凭提箱凭证到码头提运退关箱,门闸业务人员审核提箱凭证和设备交接单后,按提运重箱业务程序操作。

(2)门闸的进口业务。

①提运重箱。

收货人办妥报关报验等进口手续后,通常委托集装箱货车驾驶员凭提货单到码头办理提运进口重箱手续,集装箱货车驾驶员在门闸向业务人员递交提箱凭证和集装箱设备交接单,门闸审核单证后,将箱号、箱型、尺寸、提单号以及作业号、集装箱货车车牌号等信息输入计算机,由计算机打印发箱凭证交集装箱货车驾驶员,集装箱货车载箱后驶经出场门闸,驾驶员递交发箱凭证,门闸业务人员核对所载运集装箱的箱号,并与驾驶员检验箱体和封志,共同在集装箱设备交接单上签字确认后,集装箱货车拖重箱驶离码头。

②回空箱进场。

收货人完成拆箱后,还应负责将空箱按时返回指定的还箱点,如还箱点为码头,应由门闸办理回空箱进场手续,集装箱货车驾驶员在门闸向业务人员递交集装箱设备交接单,门闸将箱号、箱型、尺寸、持箱人以及集装箱货车车牌号等信息输入计算机,验箱员与集装箱货车驾驶员共同检验箱体,如箱体良好,双方在集装箱设备交接单上无批注签字确认。如箱体有损坏,由门闸人员在集装箱设备交接单上如实批注后双方签字确认。完成验箱及其单证手续后,由计算机打印收箱凭证交驾驶员,集装箱货车驶到指定的堆场箱区卸箱后,经出场门闸递交收箱凭证,再驶离码头。

(3)门闸作业流程。

①门闸出口作业流程。

门闸出口业务中装箱货车最基本的提运空箱和重箱进场的作业流程,如图7-7和图7-8所示。

②门闸进口作业流程。

门闸进口作业流程主要为提运重箱和返回空箱两部分,如图7-9和图7-10所示。

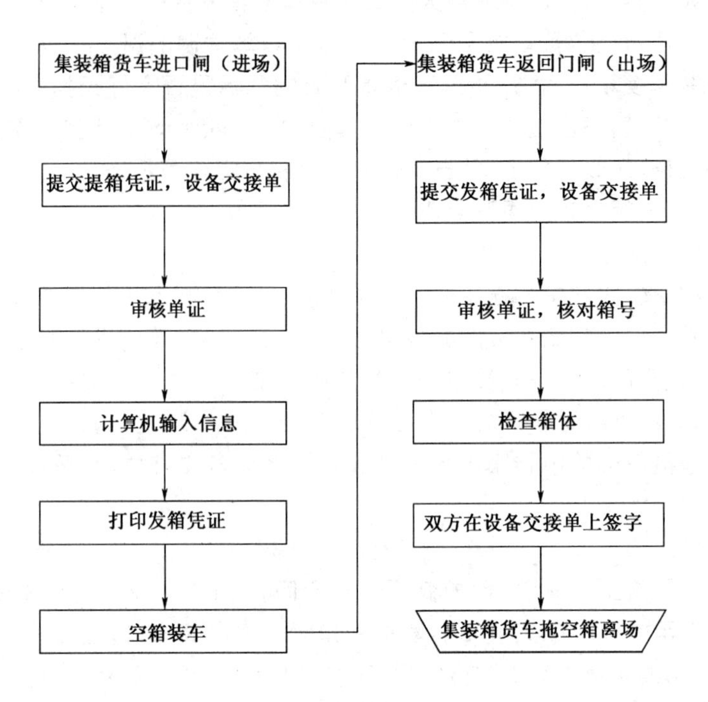

图 7-7　提运空箱作业流程

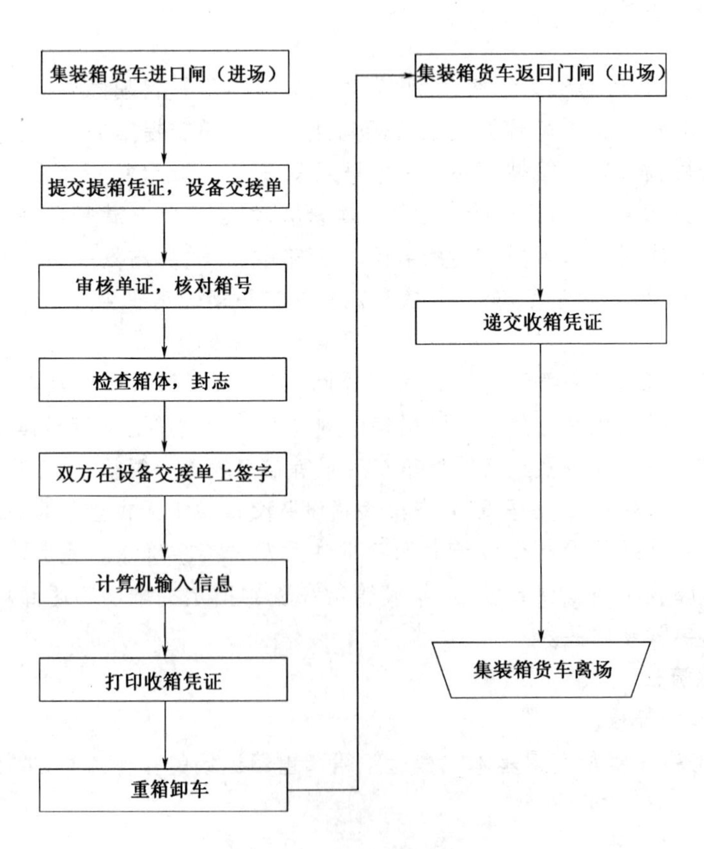

图 7-8　重箱进场作业流程

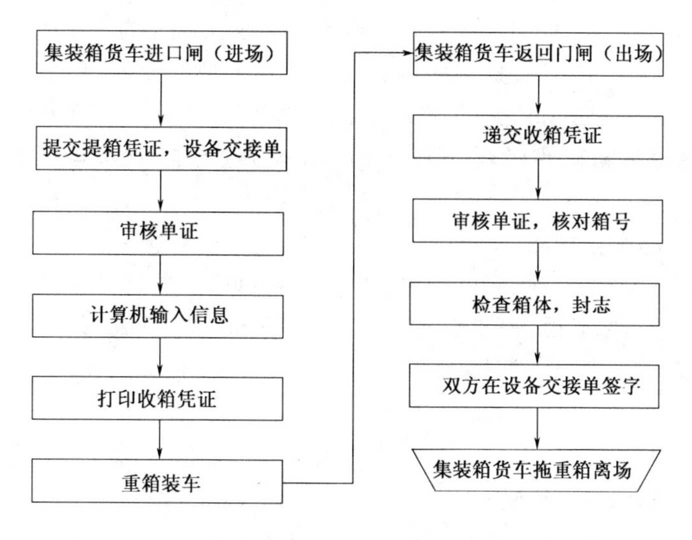

图 7-9　提运重箱作业流程

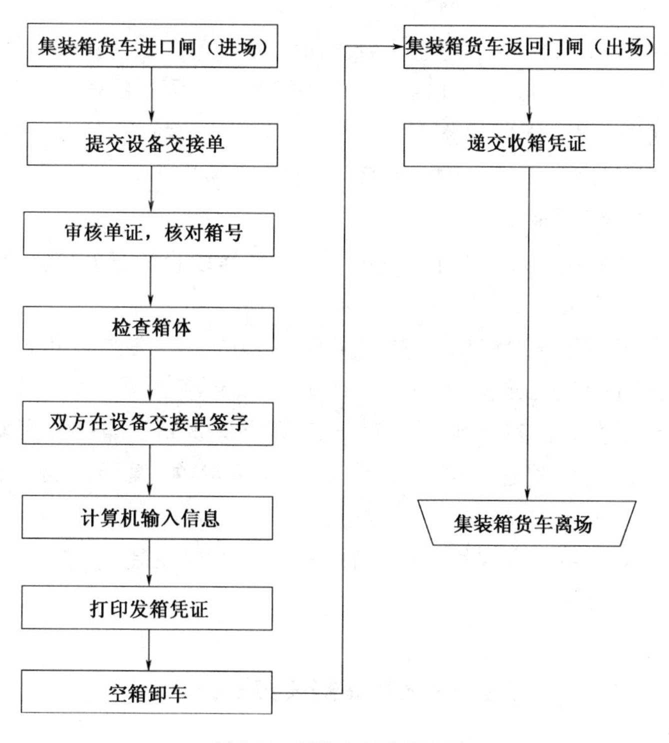

图 7-10　返回空箱作业流程

四、集装箱的检验交接

1. 集装箱检验交接的必要性

目前国际集装箱运输绝大部分使用船东箱，船公司为开辟航线，必须购置或租用大量集装箱，置箱成本很大。为了提高资金的使用效果，促进集装箱运输的顺利开展，作为箱主的船公司采用国际通行的集装箱设备交接单，通过交接双方的箱体检验和集装箱设备交接单的签字确认，划分供箱人与用箱人的责任，从而保护了船公司的正当利益。另一方面，在国际集装箱运输中大多采用 FCL-FCL 条款，承运人在接收托运人的货物时，集装箱是密封的，承运人对箱内货物情况并不知悉，因此承运人对货物运输的责任，仅限于箱体外表状况良好、封志完整状态下接收货物和交付货物，因此箱体是否良好，也涉及承运人的责任。在实际业务中，通常由集装箱码头代表承运人在门闸与货主或内陆承运人进行集装箱检验与交接。

2. 集装箱的检验交接标准

(1) 箱体的四个角柱、六个面和八个角件等结构完好，要求无变形、无破洞、无裂痕、无割伤等箱损状况，对于箱体表面，一般要求凹损不超过 3cm，凸损不超过角件。

(2) 箱门及其门杆、手柄、铰链及门封条等附件齐全完好，要求箱门能开启 270°，关闭后无漏水、无漏光。

(3) 箱号清晰，CSC 等铭牌完好无损，箱体表面无涂写、无污物，对装运过危险货物的集装箱，箱体四周的危标必须清除。

(4) 重箱的封志完好无损。

(5) 空箱的内部清洁、干燥、无异味。

(6) 危险品箱箱体四周的危标完整、一致。

(7) 冷藏箱的冷冻机正常运转，其温度与集装箱装箱单要求的温度一致。

(8) 敞顶箱的油布完好，绳索系紧。

(9) 平台箱、框架箱所装运的货物包装良好、固定可靠。

3. 集装箱设备交接单的签证

(1) 箱体检验符合交接标准的，由门闸业务人员与集装箱货车驾驶员无批注在集装箱设备交接单上共同签字，完成箱体交接。

(2) 箱体检验不符合交接标准的，由门闸业务人员如实在集装箱设备交接单上加以批注，注明箱体残损的类型、部位、程度，必要时可加文字说明，并与集装箱货车驾驶员共同在集装箱设备交接单上签字确认。对于进场出口重箱严重残损影响箱内货物的，门闸有权谢绝进场；对于出场提运空箱严重残损影响装货的，集装箱货车驾驶员有权调换空箱。

(3) 在箱体检验交接中凡有残损的，门闸业务人员除在集装箱设备交接单上加批注外，还应将残损情况输入计算机备案。

项目五　集装箱码头货运站业务

教学要点

(1) 集装箱货运站概述、作用、任务和主要业务及其类型；

(2) 集装箱货运站主要设备和设施；

(3) 集装箱货运站业务进口、出口流程。

教学方法

可采用讲授、视频教学、情境教学、分组讨论等方法。

一、集装箱码头货运站业务

1. 集装箱货运站概述

集装箱货运站(Container Freight Station,CFS)是集装箱公路运输系统的重要环节,起着独特的重要作用。在集装箱运输中,以FCL方式运输的,需要装箱和拆箱两个作业环节;以LCL方式运输的,在发货地需要把不同发货人的货物拼装入一个集装箱,或在收货地把同一集装箱不同收货人的货物拆箱分拨。集装箱货运站就是以装箱、拆箱和集拼、分拨为主要业务的运输服务机构,同时提供集装箱公路运输、箱务管理、报关报验、洗箱修箱等其他集装箱运输的相关服务。

集装箱货运站按其地理位置可分为内陆货运站和港口货运站两类。内陆货运站通常设在内陆交通发达、货源充足的地点,配置必要的装拆箱机械、场所和堆存保管货物的仓库,成为集装箱公路运箱的集散地。港口货运站一般设在港口地区,作为港口多元化服务的一个组成部分。港口货运站又可分为港内和港外货运站两种,港内货运站也称码头货运站,其业务范围受码头面积的制约,对陆域面积不足的码头,主要提供CY交接条款为货主或内陆承运人提供装箱、拆箱服务。本项目所介绍的,即为码头货运站的装、拆箱业务。

集装箱货运站是为拼箱货装箱和拆箱的船、或双方办理交接的场所。它是集装箱运输关系方的一个组成,在集装箱运输中起到重要作用。它办理拼箱货的交接,配载积载后,将箱子送往CY,并接受CY交来的进口货箱,进行拆箱、理货、保管、最后拨给各收货人。同时也可按承运人的委托进行铅封和签发场站收据等业务。

2. 集装箱货运站主要业务及其类型

(1)集装箱货运站主要业务。

集装箱货运站主要业务包括:拼箱货的理货和交接;对货物外表检验如有异状时,就办理批注;拼箱货的配箱积载和装箱;进口拆箱货的拆箱和保管;代承运人加铅封并签发场站收据;办理各项单证和编制等。

(2)集装箱货运站类型。

集装箱货运站主要可分成三类:

①设置于集装箱码头内的集装箱货运站。

它主要处理各类拼箱货,进行出口货的拼箱作业和进口货的拆箱作业。货主托运的拼箱货,凡是出口的,均先在码头集装箱货运站集货,在货运站拼箱后,转往出口堆箱场,准备装船;凡是进口的,均于卸船后,运至码头集装箱货运站拆箱,然后向收货人送货,或由收货人提货。一般的集装箱码头,均设有集装箱货运站。

②设置于集装箱码头附近的集装箱货运站。

这类集装箱货运站设在码头附近,独立设置,不隶属于集装箱码头。之所以这样设置,一般有两种原因:缓解码头的场地紧张,作为集装箱码头的一个缓冲地带。有的集装箱码头业务繁忙,自身集装箱货运站规模有限,或堆场紧张。有些拼、拆箱作业就拉到码头外集装箱货运站进行。有些拼箱货卸船后,直接拉到码头外集装箱货运站,可提高码头堆场的利用率。上海与香港由于码头狭小,经常有这类集装箱货运站。集装箱码头内不设集装箱货运站,在集装箱码头外设独立的货运站。我国台湾省的一些集装箱码头,存在这样的集装箱货运站。

③内陆集装箱货运站。

这类集装箱货运站设于内陆，既从事拼箱货的拆箱、装箱作业，也从事整箱货的拆箱、装箱作业。有的还办理空箱的发放和回收工作，代理船公司和租箱公司，作为空箱的固定回收点。内陆的拼箱货或整箱货，可先在这类集装箱货运站集货、装货，然后通过铁路和公路运输，送往集装箱码头的堆场，准备装船。从口岸卸下的进口箱，经铁路和公路运输，到内陆集装箱货运站拆箱，然后送到收货人处。

集装箱铁路基地站或办理站，有的要从事一些拆箱和拼箱的业务，所以通常兼有集装箱货运站的性质。集装箱公路中转站一般都要进行拼箱货的拆装箱，所以，同时都是集装箱货运站。

3. 集装箱货运站主要设备和设施

(1)带装货月台的仓库。

集装箱货运站一般均要配备有一定面积的仓库，用以集货与暂时储存拆箱后等待提取的货物，仓库除了储存区，一般还应有装、拆箱区。同时，仓库应配备装、拆箱月台，便于不卸车直接进行装箱和拆箱。

(2)堆箱场地。

集装箱码头内的集装箱货运站，不一定要单独拥有自己的堆箱场地。集装箱码头附近的集装箱货运站及内陆集装箱货运站，则必须拥有一定面积的集装箱堆场。一方面可以暂时堆存已装好或中转的重箱，同时也可以作为集装箱码头集中到达或卸船箱子的疏运地点。作为船公司或租箱公司收箱点的集装箱货运站，还应有较大的场地，用以堆放回收或周转的空箱。

(3)拆装箱机械与堆场机械。

用于拆、装箱的机械，主要是小型叉车；用于堆场的机械主要是集装箱叉车、汽车吊等。规模较大的集装箱货运站，可以配备集装箱正面吊，用于堆场和装车、卸车。

(4)辅助设施。

箱场地用于某些集装箱装货前的清洗；修箱部门有条件的集装箱货运站可设置修箱部门，开展修箱业务；集装箱货车停车场和加油站集装箱货运重箱和空箱，以及货物的运进、运出，一般都使用集装箱货车进行，所以通常应备一定面积的集装箱货车停车场和加油站；修理车间用于修理集装箱货运站装拆箱机械和堆场机械；管理与生活后勤设施包括集装箱货运站业务管理建筑和生活建筑。

4. 集装箱货运站主要作用和任务

(1)集装箱货运站的主要作用。

设置于集装箱码头内的集装箱货运站，它的作用主要是拼箱货的拆箱和装箱，同时要负责出口拼箱货的集货和进口拼箱货拆箱后的暂时储存工作。

设置于集装箱码头附近的集装箱货运站，它的作用除与设在码头内的集装箱货运站相同外，通常还可能有以下作用：①作为集装箱码头的缓冲堆箱场，在出口箱大量到达与进口箱集中卸船、码头堆场难以应付的时候，作为码头的第二堆场；②代理船公司与租箱公司，作为空箱提箱与交箱的场所。

内陆集装箱货运站：除进行集装箱拼箱货的装箱与拆箱外，还充当联系经济腹地的纽带和桥梁，作为某一地区的集装箱集散点，进行一些箱务管理业务和空箱调度业务，加速箱子周转，提高整个地区集装箱多式联运的效率。

(2)集装箱货运站的主要任务。

集装箱货运站的主要任务包括:集装箱货物的承运、验收、保管和交付;拼箱货的装箱和拆箱作业;整箱货的中转;重箱和空箱的堆存和保管;货运单的处理,运费、堆存费的结算;集装箱及集装箱车辆的维修、保养。

二、集装箱货运站业务流程

集装箱货运站的业务流程,可以分成进口业务流程和出口业务流程两大部分。

1. 进口业务流程

(1)取得进口箱相关信息。

集装箱货运站在船舶到港前几天,从船公司或其代理人处取到以下单证:提单副本或场站收据副本、货物舱单、集装箱装箱单、装船货物残损报告、特殊货物表。

货运站根据以上单据做好拆箱交货准备工作。

(2)发出交货通知。

货运站根据船舶进港时间及卸船计划等情况,联系码头堆场决定提取拼箱集装箱的时间,制定拆箱交货计划,并对收货人发出交货日期的通知。

(3)从码头堆场领取重箱。

货运站经与码头堆场联系后,即可以从码头堆场领取重箱,双方应在集装箱单上签字,对出堆场的集装箱应办理设备交接手续。

(4)拆箱交货。

货运站从堆场取回重箱后,即开始拆箱作业,拆箱后,应将空箱退回码头堆场。收货人前来提货时,货运站应要求收货人出具船公司签发的提货单,经单货核对无误后,即可交货,双方应在交货记录上签字。如发现货物有异常,则应将这种情况记入交货记录的备注栏内。

(5)收取有关费用。

集装箱货运站在交付货物时,应检查保管费及有无再次搬运费,如已发生有关费用,则应收取费用后再交付货物。

(6)制作报告。

制作交货报告或未交货报告交送船公司,以便船公司据此处理有关事宜。

2. 出口业务流程

(1)出口拼箱货的集货与配货为拼箱做好各种前期准备工作。

(2)拼箱货装箱应根据货物的积载因数和集装箱的箱容系数,尽可能充分利用集装箱的容积,并确保箱内货物安全无损。

(3)制作装箱单货运站在进行货物装箱时,应制作集装箱装箱单。制单应准确无误。

(4)将拼装的集装箱运至码头堆场货运站在装箱完毕后,在海关监管下,对集装箱加海关封志,并签发场站收据。同时,应尽快联系码头堆场,将拼装的集装箱运至码头堆场。

3. 集装箱码头货运站业务

(1)拆箱提货业务

集装箱码头货运站的拆箱提货业务包括CFS交接条款的拆箱提货和CY交接条款的拆箱提货业务,其作业内容基本相同,主要有拆箱、库存、受理和提货等作业环节。所不同的是

CFS 交接条款是码头受承运人委托，代表承运人拆箱；CY 交接条款是受货主或内陆承运人委托，代表货主拆箱。

①拆箱：CFS 交接条款由码头拆箱的，或 CY 条款由于收货人无整箱提运能力或其他原因要求码头拆箱的，由码头中控室根据拆箱计划，安排机械将要拆箱的进口重箱移入码头 CFS 拆箱区。拆箱前，码头 CFS 人员和外理人员应先共同核对箱号、检验箱体和封志，再由码头人员拆箱、外理人员理货。双方对拆箱的货物进行清点检验，如有货损、货差或短缺，由外理出具货物残损记录，以区分拆箱前后的责任。拆箱完成后，由外理编制理货清单，作为供收货人提货的依据。拆箱结束后，应及时将空箱清扫后移入码头指定的空箱箱区。

②库存：拆箱的货物应及时入库，根据货物的票数、质量、尺寸、包装等特性，选定合适的仓库货位，进行合理堆码。为便于保管和发货，通常还按票制作桩脚牌，置于该票货物正面明显之处。桩脚牌上注明船名航次、提单号、货名、件数、包装、质量、唛头和进库日期等信息，以便识别。货物入库后，应即时将货物信息输入计算机，保证每一票货物账货相符。对于危险货物、贵重货物应设有专门管理制度，保证货物安全无损。为了加强库存管理，一般 CFS 仓库还实行定期盘点制度，对超期堆存的无主货，按规定及时处理，以保证 CFS 仓库的有效周转。

③受理：收货人或内陆承运人办妥进口报关报验手续后，凭提货单到码头受理台办理提货手续。受理台人员审核提货单无误、收取码头有关费用后，开具提货凭证交收货人或内陆承运人，并将提货作业计划按票输入计算机，由计算机通知码头 CFS 仓库做好发货准备。

④提货：收货人或内陆承运人提货的方式主要为公路运输，此外还包括内河水运和铁路运输，因此集装箱码头受理提货申请后，根据提运方式的不同，分别编制车提、落驳和装火车的作业计划，以按不同出库去向操作。对于车提作业的，码头 CFS 仓库应先审核收货人的提货凭证，并核对桩脚牌上的船名航次、提单号、货名、件数等内容是否一致，然后按件与收货人当面清点、验货交接。提货作业完成后，由仓库人员根据实际发货制作出门证交收货人，收货人凭出门证提运货物驶离码头。对于落驳作业的，仓库人员也应先核对落驳计划与桩脚牌注明的信息，然后按落驳计划发货出库，在船边由码头人员与驳船船员当面清点、验货、装船。对于通过港内铁路运输的，仓库人员则根据装火车计划核对后依次发货出库，由码头人员与铁路人员在车皮边当面清点、验货、装车。码头 CFS 提货作业结束后，仓库人员应及时将货物出库信息输入计算机，以保证货物与记录的一致性。

(2)装箱出口业务。

集装箱码头货运站的装箱出口业务，也包括 CFS 条款和 CY 条款两种情况，其作业内容主要有受理、入库、装箱和出运等内容。

①受理：发货人根据所托运的船名航次的船期，完成备货和出口清关后，向码头受理台申请货物进库，受理台人员审核装货单并收取有关费用后，开具入库凭证交发货人，并将作业计划输入计算机，由计算机通知 CFS 仓库做好入库准备。

②入库：码头 CFS 仓库人员根据入库作业计划，做好货位安排准备。发货人将货物散件送仓库，仓库人员核对入库计划与入库凭证，双方当面清点、检验、交接货物，交接完成后由仓库人员按实际情况出具仓库收据交发货人。仓库人员根据货物的提单号、货名、种类、包装、件数、尺寸、质量等。

不同特性对货物进行合理堆码并做好桩脚牌。入库工作结束后，仓库人员应及时将货物信息输入计算机，做到账货一致。

③装箱：码头集装箱货运站人员根据装箱计划核对桩脚牌，并根据货物的不同特性，选定合适的集装箱箱型和尺寸，按照装箱的技术规范合理装箱。装箱时由外理负责理货，双方对装入箱子的货物进行清点、检验，如有异常应由外理做好记录，以区分装箱前后的责任。装箱完成后，由码头人员如实填制集装箱装箱单，并在海关监管下施封。需要注意的是，对于CFS条款装箱的，应注意避免各票货物之间不会因物理化学性能造成货损，同时各票货物不仅为同一船名航次，而且应为同一目的港。出库装箱完成后，仓库人员应及时将作业信息输入计算机，以保持仓库的货物与记录一致。

④出运：装箱完成后，码头安排将重箱及时移入出口箱区，配载人员完成船舶配载后，按船名、航次和船期组织装船出运。

项目六　集装箱码头装卸设备及作业流程

教学要点

(1)装卸设备对集装箱码头的特点、要求、选址条件及因素；

(2)集装箱码头机械布置及设施；

(3)码头合理装卸集装箱的操作。

教学方法

可采用讲授、视频教学、情境教学、分组讨论等方法。

一、集装箱码头装卸设备

集装箱码头是水陆联运的枢纽，集装箱运输系统的重要组成部分，各种运输方式衔接的换装点及集装箱的集散地。因此，集装箱码头在整个集装箱运输过程中，具有重要的地位和作用。做好集装箱码头的各项工作，对于加速车、船和集装箱周转，降低运输成本，提高运输效率和运输效益，均具有极其重要的意义。

1. 装卸设备对集装箱码头的特点和要求

随着集装箱运输的迅速发展，世界上货物运输“集装箱化”的比例不断提高。集装箱货物运量的不断提升，以及集装箱船舶日趋大型化和高速化，都要求集装箱码头实现装卸作业高效化、自动化，管理工作现代化、标准化和规范化，从而加速车、船、箱的周转，降低运输成本，提高整个集装箱运输系统的营运效益和综合社会效益。为此，世界各国港口都加速发展集装箱专用码头，设置了现代化的硬件及软件系统来满足集装箱运输对集装箱码头的要求。一般来讲，集装箱码头应满足以下要求：

(1)具备设计船型所需的泊位、岸线及前沿水深和足够的水域，保证船舶安全靠、离。

(2)具备码头前沿所必需的宽度、码头纵深及堆场所必需的面积，具有可供目前及发展所需的广阔的陆域，保证集装箱堆存、堆场作业及车辆通道的需要。

(3)备有适应集装箱装卸船作业、水平运输作业及堆场作业所必需的各种装卸机械及设施，以实现各项作业的高效化。

（4）具有足够的集疏运能力及多渠道的集疏运系统，以保证集装箱及时集中和疏散，防止港口堵塞，满足快速装卸船舶的需要。

（5）具有维修保养的设施及相应的人员，以保证正常作业的需要。

（6）为适应集装箱码头高科技及现代化的装卸作业和管理工作，应具有较高素质的管理人员和机械操作员。

（7）为满足作业及管理的需要，应具有现代管理和作业的必需手段，采用计算机及数据交换系统。

2. 集装箱码头选址条件及因素分析

合理选择集装箱码头的地理位置，对充分发挥集装箱运输的优越性，降低运输成本及提高集装箱运输的综合效率和经济效益，具有极其重要的意义。因此，在进行集装箱码头选址时，应全面考虑以下因素，经综合分析后确定。

（1）经济条件。

由于一个专用的集装箱码头造价较高（一般一个集装箱码头的投资约相当于三个件杂货码头的投资），所以，只有当集装箱运量达到一定规模时，建造集装箱专用码头在经济上才是合理的。一般认为，一个泊位的集装箱接纳量大于5万TEU时，建造新泊位是合理的。而当吞吐量小于3万TEU时，可先建造所谓的多用途码头（泊位）。所以，在选择集装箱码头地址时，首先应考虑码头所在港口和腹地的进、出口外贸货物能否满足和适应集装箱船舶的需要。集装箱国际主干航线上的集装箱码头更应如此。这就要求在决定码头地址之前，进行货源经济调查及货源预测，了解货源现状及远景运量的情况，使集装箱码头尽可能接近货物的产地及销地，以节约运输费用和降低运输成本。

（2）自然条件及气象条件。

集装箱船舶的船型和载质量比普通的件杂货船舶大，例如载箱量为1000～2000TEU的第二代集装箱船舶总吨位达2万t以上，而这样的船舶在集装箱专用船舶中只属于中小型，这种船型的吃水要求大于10m；第六代集装箱船舶吃水就需15m，更不用说那些更大型的集装箱船舶。目前载质量为20万t左右的集装箱船舶的吃水为16.5m。另一方面，为了保证集装箱运输快捷准时的需要，港口应能保证船舶进出港口不受潮位涨落的影响。因此，一般只能接纳普通件杂货船的码头，显然无法满足其水深的要求。

集装箱运输是一种高效快捷的运输方式，因此，需要码头在短时间内能够接纳大量集装箱的进出，但港口生产具有不平衡性，这会对集装箱及时装卸造成影响。如果没有足够面积的堆场以容纳大量在港滞留的集装箱，则将会造成港口的堵塞和混乱。为此，在码头设计时就应考虑货物的入库系数（即进入堆场的集装箱数与码头操作量之比）为100%。这就要求集装箱专用码头的堆场比普通码头的堆场来得更为宽阔。一般一个集装箱专用码头其陆域纵深可达300～400m。

集装箱码头应具有必要的水域和宽广的陆域，能提供适应大型集装箱船舶进、出港口所必需的水深、潮差及航道条件。同时，还应具有良好的气象条件，减少大风及强台风的风向和风力以及高潮对码头的影响，为集装箱装卸作业和堆存保管提供安全保证。

（3）集疏运条件良好的集疏运系统是现代集装箱码头的必备条件。

在选择和确定集装箱码头地址时，应选择内陆运输线网发达的城市，以保证大型集装箱船到港后能在短时间内集中和疏运大量的集装箱，缩短船、车、箱在港的停留时间，加速船、车、箱的周转，充分发挥集装箱运输高效率、高效益的优越性。例如，上海港的集装箱业务的发展正是得益于其便利的内河、公路、铁路以及航空运输网的发达。

(4)职工素质条件。

现代化集装箱码头的有效运作，要求员工具有较高的文化素质和较强的技术能力，同时还要有先进的管理手段。例如作为集装箱码头生产指挥中心的调度部门，已不同于普通件杂货码头，传统的手工调度计划的编制方式已被现代化的计算机管理系统所代替。原先那种仅凭经验的生产管理方式已无法适应现代化码头工作的要求。在一些先进的集装箱码头(如香港的 HIT 以及上海的 SCT 等)，当进入码头的调度部门时，犹如进入了计算机房，这就对职工素质提出了较高要求。否则，难以管理现代化的集装箱码头。

3. 集装箱码头的布置及设施

集装箱码头的整个装卸作业是采用机械化、大规模生产的方式进行的，各项作业密切配合，由此实现装卸工艺系统的高效化。这就要求集装箱码头布局合理，码头上各项设施合理布置，并使它们有机地联系起来形成各项作业协调一致、互相配合的有机整体，形成高效率、完善的流水作业线，以缩短车、船、箱在集装箱码头的停留时间，加速车、船、箱的周转，降低运输成本和装卸成本，实现最佳的经济效益。适应集装箱滚装船运输的码头，其码头设施主要是以滚动方式进行集装箱装卸作业的倾斜跳板以及适应带轮滚装的广阔的陆域和堆场面积。对于多用途船，一般在多用途码头进行作业。对于集装箱载驳船所需码头设施更简单，甚至可在锚地等水域作业。

适应吊装式全集装箱船装卸作业的集装箱专用码头的平面布局。集装箱码头陆域纵深应能满足各种设施对陆域面积的要求。由于集装箱船舶日趋大型化，载箱量越来越多，因而陆域纵深至少为 350m 以上，有的集装箱码头陆域纵深达 500m。

二、集装箱码头机械设备

根据集装箱装卸方法的不同，港口集装箱装卸作业方式可分为吊装式作业方式和滚装式作业方式。其中最常用的作业方式为吊装式作业方式。

吊装式作业方式是采用岸边集装箱起重机、门座起重机或船舶吊机进行集装箱的吊上吊下作业，故这种方式又称为垂直作业方式。

根据集装箱装卸地点的不同，集装箱码头装卸设备包括码头岸边装卸机械、场地装卸机械等。岸边装卸机械是指承担货物在码头前沿与船舶之间的装卸作业或船上货物翻动移位作业的机械。岸边装卸机械主要有：岸壁集装箱装卸桥、多用途门座起重机、高架轮胎式起重机、轨道式龙门起重机等。场地装卸机械是指承担货物在场地上堆码作业的机械。场地装卸机械主要有：叉车、轮胎式龙门起重机、轨道式龙门起重机、正面吊运机。

1. 码头岸边装卸机械

(1)岸壁集装箱装卸桥。

岸壁集装箱装卸桥(Quayside Container Crane)又简称为集装箱装卸桥或集装箱桥吊，它是港口集装箱码头装卸集装箱专用船舶的专用机械。岸壁集装箱装卸桥是现代港口集装箱码头普遍采用的装卸机械，也是集装箱码头前沿装卸作业的基本机型。世界各港口集装箱专用码头均采用这种设备进行集装箱专用船舶的装卸作业。

①外形与结构。

岸壁集装箱装卸桥从外表框架形式上看有A形和H形两种,如图7-11所示。A形装卸桥的特点是:自重轻,轮压为35t左右,但稳定性差。H形装卸桥的特点是:稳定性好,抗风能力强,但自重大,轮压为38t左右。从发展趋势看,集装箱码头大多采用H形装卸桥。

图7-11 集装箱装卸桥

岸壁集装箱装卸桥主要由金属结构、起升机构、小车行走机构、大车行走机构、俯仰机构、机房、驾驶室等组成。岸壁集装箱装卸桥的金属结构主要有带行走机构的门架、臂架机构、拉杆等。臂架又可分为海侧臂架、陆侧臂架以及中间臂架三部分。

海侧臂架和陆侧臂架由中间臂架连接。臂架的主要作用是承受装卸桥小车的重量,小车带有升降机构,而升降机构又用来承受集装箱吊具和集装箱的重量。海侧臂架一般设计成为可变幅式的。每次装卸作业结束后,为了船舶的靠离安全,一般将海侧臂架仰起,以免集装箱装卸桥移动时与船舶的上层建筑发生碰撞。

为了提高集装箱装卸桥的装卸效率,并降低其自重,集装箱装卸桥的起升机构多采用简单钢丝绳卷绕系统,小车行走机构则多采用全绳索牵引式卷绕系统,而驾驶室多采用具有良好视野的独立移动式驾驶室。

②主要技术参数。

吊装式作业方式装卸效率的高低,主要取决于岸壁集装箱装卸桥的性能。岸壁集装箱装卸桥技术参数如下:

起重量。岸壁集装箱装卸桥的起重量根据用途不同有所差异,起重量是指起吊最大集装箱重量与吊具重量之和。ISO标准规定,40ft集装箱的最大总重量为30.5t、20ft集装箱的最大总重量为24t。集装箱吊具额定起重量应按照ISO标准中40ft集装箱的最大总重量30.5t来考虑,再考虑集装箱吊具自重7~10t,所以目前集装箱桥吊的起重量多数采用40.5t。

起升高度。集装箱装卸的起升高度由两部分组成,即轨顶面以上的高度和轨顶面以下的高度。它取决于集装箱船舶型深、吃水、潮差、甲板面上装载集装箱层数以及码头标高等因素。一般岸壁集装箱装卸桥轨顶面以上高度约25m,轨顶面以下高度约12m,故集装箱装卸总起升高度为37m。

外伸距。外伸距是指岸壁集装箱装卸桥轨道中心线向海侧至集装箱吊具铅垂中心线之间的最大水平距离。它主要取决于来港集装箱船舶最大船宽、码头岸壁宽度(装卸桥海侧轨道中心线到码头岸壁橡胶靠垫平面间的距离)以及装卸时允许向外横倾3°等因素。因此,外伸距一般为35~38m。

内伸距。内伸距是指岸壁集装箱装卸桥轨道中心线向陆侧至吊具铅垂中心线之间的最大水平距离。内伸距的一个重要作用是放置集装箱,另一个重要作用是放置集装箱舱盖板。考虑上述两个因素,则内伸距的参数至少要达到11m。

轨距。轨距是指岸壁集装箱装卸桥两行走轨道中心线之间的水平距离。轨距的大小影响到岸边集装箱起重机的稳定性以及岸边集装箱的作业方式,轨距太小对岸壁集装箱装卸桥是不利的。从稳定性和更有效地疏运码头前沿的集装箱这两方面来考虑,轨距内最好能布置三条跨运车的作业线。所以,集装箱装卸桥的轨距一般为16m。随着超巴拿马型集装箱船舶的逐渐增多，与之相适应的装卸桥在外伸距和起升高度上也大为增长，相应的轨距超过了30m，有的达到35m以上。

横梁净空高度。横梁下净空高度是指岸壁集装箱装卸桥横梁的最低点到轨道面之间的垂直距离。一般取决于最大搬运集装箱机械的最大高度。目前的岸壁集装箱装卸桥横梁净空高度为10m。

基距。基距是指同一轨道两个主支承中心线之间的距离。集装箱装卸桥桥吊基距的大小除影响集装箱装卸桥桥吊的稳定性外，还与集装箱在门架下的通过性有密切的关系。根据ISO有关标准，集装箱装卸桥桥吊基距的大小至少应满足40ft集装箱的通过，并考虑到最大舱盖板情况，基距有效宽度至少取16m。

生产率。岸壁集装箱装卸桥的效率取决于起重小车的起升、下降以及行走速度等因素，一般岸壁集装箱装卸桥装卸效率为20～35箱/h。

(2)多用途桥式起重机。

多用途桥式起重机即多用途装卸桥，可用于装卸集装箱、重件、成组货物及其他货物。一般在多用途码头采用，装卸效率为20箱/h左右。主要缺点是自重大、轮压大、移机不便，造价也较高。

(3)高架轮胎式起重机。

高架轮胎式起重机是在轮胎式起重机的基础上发展起来的新机型，具有如下特点：机动性较大，既可以在码头岸边作业，又可在堆场作业，设备可得到充分利用；通用性好，可任意行走，配备专用装卸吊具，可装卸集装箱、散件杂货等，可在多用途泊位使用；驾驶室离地面高，视野广；臂架的绞点高，不会出现因船舶干舷高而不能进行装卸作业的现象。高架轮胎式起重机的主要缺点是自重较大，对码头承载能力要求较高，增加了码头建设投入，而且造价也较高。

(4)其他机械。

适用于吞吐量较小的港口，主要有内河港口的浮式起重机、多用途门式起重机等。

2. 场地装卸机械

(1)轨道式龙门起重机。

轨道式龙门起重机是集装箱码头堆场进行装卸、搬运和堆码集装箱的专用机械。它由两片双悬臂的门架组成，两侧门腿用下横梁连接，支撑在行走轮台上，可在轨道上行走。该机可堆5～6层集装箱，可跨多列集装箱及跨一个车道。因而，堆存能力大，堆场面积利用率高。由于结构简单，操作和维修都比较方便且更易实现单机自动化控制。主要缺点是因为要沿轨道运行，对底层箱提取困难，灵活性较差。其结构如图7-12所示。

(2)轮胎式龙门起重机。

轮胎式龙门起重机是最常见的集装箱堆场作业机械。它主要用于集装箱堆场的装卸、搬运及堆场作业。它由前后两片门框和底梁以及吊具机构、行走机构等组成。装有集装箱吊具的行走起升装置可在门框横梁上的轨道行走，进行车辆和堆场装卸、堆码和拆码作业。该机主要特点是机动灵活，可从一个堆场转移到另一个堆场作业。现代集装箱码头堆场采用的轮胎式集装箱龙门起重机，一般可堆高4～5层集装箱。根据目前的机型情况，许多国家生产的轮胎式龙门起重机的起升高度大多能满足堆高5～6层的要求，从而提高了堆场面积利用率，并易于实现自动化作业。轮胎式集装箱龙门起重机的主要缺点是自重大、轮压大、轮胎易磨损、造价也较高，适用于吞吐量较大的集装箱码头。其结构如图7-13所示。

(3)叉车。

集装箱叉车是集装箱码头上常用的一种装卸机械,可用于集装箱堆场装卸、堆码、拆码及搬运作业,也可用于装卸船及拆装箱作业。集装箱叉车的优点在于其操作灵活,适应性较强,机动性大,设备投资小,使用范围广,其最大的优点在于卸船作业时,桥吊作业不需对位,集装箱直接落地,因而提高了卸船效率。但是,由于使用集装箱叉车进行集装箱堆场堆码、拆码及搬运,所需的堆场通道宽度约为 14m,故相对而言,其占用通道面积较大;并且,为了快速装卸集装箱,集装箱只能成两列堆放。所以,同一堆场面积条件下,堆场的堆存量就较低,堆场面积利用率较低;而且使用的叉车多为正面叉车,叉车前方视野较差,导致集装箱的损坏率较高。另外,集装箱叉车的机械完好率低,维修费用高。集装箱叉车如图 7-14 所示。

图 7-12　轨道式龙门起重机

图 7-13　轮胎式龙门起重机

一般而言,集装箱叉车只适用于吞吐量不大(约 3 万 TEU)的集装箱码头或普通综合性码头。

(4)集装箱正面吊运机。

与叉车相比较,集装箱正面吊运机具有机动性强、稳性好、轮压低、堆码层数高、堆场利用率高等优点,是目前集装箱码头堆场较为理想的一种堆场搬运机械。

集装箱正面吊运机装卸作业的主要特点有:吊具可以伸缩以及左右旋转 120°,能带载变幅和行走,能堆码多层集装箱以及跨箱作业,可以采用吊抓作业,有点动对位功能,可以进行其他货种的装卸作业等,如图 7-15 所示。

(5)其他机型。

汽车起重机和轮胎起重机也可做空箱堆码作业,适用于吞吐量少的通用码头。

图 7-14　集装箱叉车

图 7-15　集装箱正面吊运机

三、码头合理装卸集装箱的操作

40 多年来,伴随着海上集装箱运输的飞速发展,集装箱码头相对一般件杂货码头,在整个集装箱运输过程中,对加速车船周转,提高货运速度,降低整体运输成本等方面,起着十分重要的作用,我们应以合理和经济的原则,选择集装箱码头装卸工艺。集装箱码头的装卸工艺有几种典型的系统,底盘车系统、跨运车系统、龙门吊系统及混合型系统。

1. 底盘车系统

码头的前沿采用岸边集装箱装卸桥承担船舶的装卸作业,进口集装箱由装卸桥直接卸到底盘车上,集装箱牵引车将载有集装箱的底盘车拖到堆场停放,出场时集装箱牵引车将载有集装箱的底盘车从堆场上直接拖出港区。出口集装箱由集装箱牵引车将载有集装箱的底盘车从港区停放在堆场上,装船时再由集装箱牵引车将载有集装箱的底盘车从堆场拖到码头前沿,由岸边集装箱装卸桥将箱吊装上船。该系统的主要特点是,集装箱在码头堆场的整个停留期间均放置在底盘车上。

(1)底盘车系统(Trailer Chassis System)的主要优点。底盘车系统的优点主要包括:集装箱在港的操作次数减少,装卸效率高,损坏率小;工作组织简单,对装卸工人和管理人员的技术要求不高。

(2)底盘车系统的主要缺点。底盘车系统的缺点主要包括底盘车的需求量大,投资大,在运量高峰期可能会出现因底盘车不足而间断作业的现象;不易实现自动化。

底盘车系统主要适用集装箱码头的起步阶段,特别是整箱货比例较大的码头。

2. 跨运车系统

码头前沿采用岸边集装箱装卸桥承担船舶的装卸作业,跨运车承担码头前沿与堆场之间的水平运输,以及堆场的堆码和进出场车辆的装卸作业。即"船到场"作业是由装卸桥将集装箱从船上卸到码头前沿,再由跨运车将集装箱搬运至码头堆场的指定箱位;"场到场"、"场到集装箱拖运车"、"场到货运站"等作业均由跨运车承担。

(1)跨运车系统(Straddle Carrier System)的主要优点。跨运车系统的优点主要包括跨运车一机完成多种作业(包括自取、搬运、堆垛、装卸车辆等),减少码头的机种和数量,便于组织管理;跨运车机动灵活、对位快,岸边装卸桥只需将集装箱卸在码头前沿,无需准确对位,跨运车自行抓取运走,充分发挥岸边集装箱装卸桥的效率;机动性强,既能搬运又能堆码,减少作业环节;堆场的利用率较高,所需的场地面积较小。

(2)跨运车系统的主要缺点。跨运车系统的缺点主要包括跨运车机械结构复杂,液压部件多,故障率高,对维修人员的技术要求高,且造价昂贵;跨运车的车体较大,驾驶员室位置高、视野差,操作时需配备助手;操作员的操作水平要求较高,若操作员对位不准,容易造成集装箱损坏。

(3)跨运车系统适用的码头。

该系统适用于进口重箱量大、出口重箱量小的集装箱码头。

3.轮胎式龙门起重机系统

轮胎式龙门起重机系统(Rubber-tired Transtainer System)的码头前沿采用岸边集装箱装卸桥承担船舶的装卸作业,轮胎式龙门起重机承担码头堆场的装卸和堆码作业,从码头前沿至堆场、堆场内箱区间的水平运输由集装箱货车完成。轮胎式龙门起重机一般可跨6列和1列集卡车道,堆高为3~5层集装箱。轮胎式龙门起重机设有转向装置,能从一个箱区移至另一个箱区进行作业。轮胎式龙门起重机系统适用于陆地面积较小的码头。我国大部分集装箱码头采用这种工艺系统。

4.轨道式龙门起重机系统

轨道式龙门起重机系统(Rail Monted Transtainer System)与轮胎式龙门起重机系统相比,堆场机械的跨距更大,堆高能力更强。轨道式龙门起重机可堆积4~5层集装箱, 可跨14列甚至更多列集装箱。轨道式龙门起重机系统适用于场地面积有限,集装箱吞吐量较大的水陆联运码头。

5.跨运车—龙门吊混合系统

从经济性和装卸性能的观点来看,前四项工艺系统方案各有利弊。目前世界上有些港口采用了前述工艺方案的混合系统,跨运车—龙门吊混合系统(Straddle Carrier Transtainer System)。其主要特点是:船边的装卸由岸边集装箱装卸桥承担;进口集装箱的水平运输、堆码和交货装车由跨运车负责完成;出口箱的货场与码头前沿之间的水平运输由集装箱半挂车完成,货场的装卸和堆码由轨道式龙门起重机完成。由于混合系统能充分发挥各种机械的特点,扬长避短,更加趋于合理和完善。

思考练习

(1)集装箱运输的交货类型有哪些?交接方式有哪些?

(2)简述集装箱码头出口业务与单证流转程序。

(3)简述集装箱码头进口业务与单证流转程序。

(4)集装箱码头中控室有哪些主要作用?

(5)集装箱码头船舶指挥员有哪些主要业务?

(6)集装箱码头检查口有哪些主要业务?

任务八 国际集装箱运输进出口货运业务

内容简介

由于国际集装箱业务操作的实践性很强，单纯的课堂教学难以让学生理解国际集装箱业务操作。本任务通过系统仿真技术，模拟集装箱实际业务操作，让学生能够更直观地了解和掌握集装箱运输业务操作流程，达到良好的教学效果。

教学目标

1. 知识目标

(1)集装箱运输出口实务操作流程；

(2)集装箱货物运输的主要单证；

(3)集装箱货物运输出口代理业务主要环节。

2. 技能目标

(1)集装箱进出口业务所使用的单证的流程；

(2)集装箱运输出口实务操作流程；

(3)集装箱进出口业务实务中提单、十联单和海运单的操作过程。

案例导入

中海集运诉蓬莱外贸集团公司海上货物运输纠纷案

2000年6月，蓬莱外贸集团公司委托山东省龙口海盛集装箱公司(以下简称海盛公司)向中海公司订舱，从龙口港出运两批洋葱(REDONION)到菲律宾马尼拉(南港)。第一批为3个40ft冷藏集装箱的洋葱，箱号分别为CCLU8518852、CCLU8503317、CCLU8514292，该批货装上中海公司的“向平”轮0008S航次，于6月28日到达马尼拉；第二批为4个40ft冷藏集装箱的洋葱，箱号分别为CCLU8519429、CCLU8515025、CCLU8550242、CCLU8520736，该批货装上中海公司的“向济”轮0008S航次，于7月10日到达马尼拉。运输该两批货，中海公司均没有签发提单或其他运输单证(但给了提单号，分别为：CLKUMNS300886、CLKUMNS300909)，并根据蓬莱公司的要求分别于6月28日、7月8日将该两批货办理了电放手续，在两份电放单上均记载：托运人为蓬莱公司，收货人为BRENTWOOD DISTRIBUTOR，CY－CY，FREIGHT COLLECT(运费到付)。

8月8日，收货人BRENTWOOD DISTRIBUTOR书面向中海公司马尼拉代理表示放弃对上述7个集装箱的货物的权利(waive our rightful claims to the above 7 containers goods)。8月18日，海盛公司受中海公司委托通知蓬莱公司，其托运的上述货物抵达目的港后，收货人未去提货，已产生较多的港口费用，为避免产生更大的损失，请蓬莱公司务必于两日之内给予是否放弃该货物的答复或是其他别的处理方法。蓬莱公司回复海盛公司：“贵司传真所提货物，我司已电放收货人，我司对该笔货物无追索权，如何处理该货，请贵司自定。特此告知。”

9 月 19 日,菲律宾海关将上述 7 个集装箱(同时还有中海公司运输的另外 7 个集装箱)的洋葱进行了公开拍卖。

中海公司在马尼拉的代理因拍卖支付了 56000 菲律宾比索的拍卖费用。

原告中海公司诉称:被告蓬莱公司委托原告将 171000kg 洋葱由龙口运往菲律宾的马尼拉港。原告接受被告的委托,为其提供 7 个 40ft 冻柜装运,并由原告所属的"向平"轮和"向济"轮承运,原告根据被告的指示为其办理电放业务。货物分别于 2000 年 6 月 28 日及 7 月 10 日抵达目的港,原告立即通知被告指定的收货人前来提货,但被告指定的收货人迟迟不来提货,由于该收货人没有提货,同时被告及其指定的收货人明确表示放弃该批货物,菲律宾海关当局根据其海关法将该批货物于 2000 年 9 月 19 日拍卖,拍卖所得被相关部门没收。由于被告及其指定的收货人没有履行及时提货的义务,造成原告巨大的滞箱费损失及海关拍卖费用,同时被告也没有履行支付运费的义务。原告请求法院依法判令被告支付原告滞箱费 29751 美元、货物拍卖费 1297 美元、未付运费 6880 美元并承担本案的一切诉讼费用。

被告蓬莱公司辩称:

1. 原告起诉被告系主体错误,依法应予驳回。

因为:(1)FOB 条件下货物的风险、费用在越过装运港船舷后均已转移至收货人(买方),被告作为 FOB 条件下的卖方不再对货物承担责任。(2)被告与原告特别约定"运费到付"。(3)根据《中华人民共和国海商法》(以下简称海商法)第八十六条的规定,卸货港的费用和风险由收货人承担。被告并非收货人,所以在卸货港发生的一切费用(包含滞箱费)均与被告无关。(4)虽然海商法第八十八条规定承运人有权向托运人进行索赔,但这一规定的前提条件是必须留置收货人货物,申请法院拍卖,而本案的承运人明知该批货物低值易腐,却长期保管,由于其该放任行为导致损失扩大、费用增加,因而一切后果应由其自负。

2. 原告向被告索要滞箱费、拍卖费没有合法依据,不应支持。

货物于 2000 年 6 月 28 日及 7 月 10 日抵达目的港,收货人拒绝提货后,作为一名谨慎的承运人本应立即采取措施处分货物以降低损失(并可冲抵运费),然而原告没有及时行使其权利,却于 8 月 18 日才通知被告,因被告已对该批货物失去处分权,因此导致的一切后果与被告无关。承运人对此有过错,应由其承担损失。

我国海商法第八十八条第二款的法律本意绝不是规定只有在承运人留置并拍卖货物,所得价款不足以清偿应当向其支付的费用时,其才有权向托运人追偿。我国海商法之所以将留置拍卖货物与向托运人追偿按时间顺序先后规定,这是因为我国海商法赋予了承运人对我国港口进口货物以留置权,以使承运人的债权能得到担保并优先受偿。但当承运人从我国运输出口货物到外国港口时,虽然其可能依据当地法律不能采取留置货物的措施来获得担保,但其仍然有权依据我国海商法的规定,向海上货物运输合同的国内托运人索要应向其支付的费用。

被告蓬莱外贸集团公司于本判决生效之日起 20 日内一次性向原告中海集装箱运输有限公司支付集装箱超期使用费 246249 元人民币、运费 6880 美元、拍卖费用 9270.80 元人民币。

本案涉及两个关键问题。一是 FOB 买卖中卖方可否是海上货物运输合同的当事方;二是如果 FOB 买卖下卖方可以作为发货人成为海上货物运输合同托运人的情况下,其对运费、在卸货港发生的滞期费等费用,有无支付义务?

本案被告主张其为FOB买卖的卖方,依FOB术语的解释,货物风险费用在越过装运港船舷后均已转移给收货人(买方),因此其对货物不应承担责任。这种说法是对作为国际贸易术语FOB的一种误解。其实正如国际商会《1990年国际贸易术语解释通则》及《2000年国际贸易术语解释通则》的引言中所指出的,诸如FOB等术语是仅适用于买卖合同的贸易术语,只涉及买卖合同买卖双方的关系,而绝不适用于运输合同。在国际海运实务中,FOB买卖谁安排海上运输有多种不同的灵活做法,不能一概以为只要是FOB买卖,肯定是买方订舱、派船,是运输合约一方,这只是一种情形。对本案而言,卖方(被告方)负责订舱、交货,承运人按卖方的指示办理电放,且电放单上均记载托运人为卖方蓬莱公司,可以说全部运输都由卖方安排,因此,在这两次运输中,卖方作为运输合同当事人——托运人的地位是毫无疑问的,只不过运费由买方负担而已。故被告以其不是运输合同当事人为抗辩是不成立的。

既然作为卖方的蓬莱公司是运输合同的托运人,因而其必然应当承担合同责任。其中最重要的是有义务和责任支付运费、滞期费等费用。在习惯上,托运人支付运费被认为是一种默示的合同义务。在运输单证中虽可以约定由第三人支付,但是在第三人不支付或无力支付的情况下,托运人的此项合同责任依然有约束力,仍不能免除。对于在卸货港发生的滞期费(本案中为集装箱超期使用费),虽然托运人不愿负责,但是,托运人作为运输合同的当事人,对于该费用的支付责任是无法逃避的。海商法第八十八条规定承运人对货物的留置权及拍卖权仅是一种减少其损失、降低运输风险的一种救济措施。在承运人无法行使这些权利的情况下,如卸货港地法律不允许,承运人当然有权向托运人追偿诸如运费、滞期费、拍卖费等有关费用,而不是相反,把承运人行使货物留置权及拍卖权作为承运人向托运人行使追偿权的前提条件。

引导思路

(1)运输合同的托运人是否有义务和责任支付运费、滞期费等费用?

(2)国际贸易价格术语的义务、责任和风险如何划分?

项目一 适用于海上集装箱运输的价格术语

教学要点

(1)了解最常用的国际贸易价格术语;

(2)结合实际案例,掌握术语的换算。

教学方法

可采用讲授、情境教学、案例教学和分组讨论等方法。

案例导入

中国A贸易出口公司与外国B公司以CFR洛杉矶,信用证付款条件达成出口贸易合同。合同和信用证均规定不准转运。A 贸易公司在信用证有效期内委托 C 公司将货物装上 D 班轮公司直驶目的港的班轮,并以直达提单办理了议付,国外开证行也凭议付行的直达提单予以付款,在运输途中,船公司为接载其他货物,擅自将 A 公司托运的货物卸下,换装其他船舶运往目的港。由于中途延误,货物抵达目的港的时间比正常直达船的抵达时间晚了 20 天,造成货物变质损坏。为此,B 公司向 A 公司提出索赔。A 公司为此咨询 C 公司,假如你是 C 公司,请回答 A 公司是否应承担赔偿责任?理由何在?B 公司可否向船公司索赔?

分析:(1)A 公司对此货损不承担责任。(2)因为 A 公司已按信用证的规定将货物如期装上直达班轮并提供了直达班轮提单,卖方义务以履行,按 CFR 的条件成交。货物在装港装上驶往目的港的船舷时风险即转移。货物何时到达目的港,是否到达目的港,包括船公司中途擅自转船的风险由买方承担,而与卖方无关。(3)B 公司可凭直达提单向承运人索赔。

一、海上集装箱运输的价格术语

传统的国际远洋运输是港到港之间的货物运输,货物的交接是港到港的运输交接。对应的最常用的国际贸易价格术语是 FOB、CIF、CFR。现代集装箱运输的最大优点之一是通过多种运输方式的联合运输组织实现了整箱货的门到门运输。

集装箱运输货物交接地点从港至港向两端国家的内陆延伸。与集装箱多式联运相对应的国际贸易价格术语:FCA、CPT、CIP。

1. FOB

FOB 船上交货(指定装运港),卖方承担的基本义务是在合同规定的装运港和规定的期限内,将货物装上买方指定的船只,并及时通知买方。FOB 意为装运港船上交货(指定装运港)成本价,又称为离岸价格。采用 FOB 价格术语时,卖方必须在合同规定的装运期内,在约定的装运港,将货物交至买方指定的船上,并负担货物越过船舷以前的一切费用和货物丢失或损坏的风险。风险转移的界限是装运港越过船舷。

2. CFR

CFR 成本加运费(指定目的港),卖方承担的基本义务是在合同规定的装运港和规定的期限内,将货物装上船并及时通知买方货物。CFR 意为装运港船上交货成本加运费价(指定目的港)。这个术语以前叫 CNF,1990 年通则改为 CFR,在 CFR 价格术语下,卖方必须在合同规定的装运期限内在装运港将货物交至运往指定目的地的船上。风险转移的界限是装运港越过船舷。

3. CIF

CIF 成本、保险费加运费(指定目的港),卖方的基本义务是负责按通常的条件租船订舱,支付到目的港的运费,并在规定的装运港和装运期内将货物装上船,装船后及时通知买方。此外,卖方还要负责办理从装运港到目的港的海运货物保险,支付保险费。CIF 意为成本加运费加保险费价(指定目的港),又称为到岸价。在 CIF 价格术语下卖方必须在合同规定的装运期限内在装运港将货物交至运往指定目的地的船上。风险转移的界限是装运港越过船舷。

4. FCA

FCA 货交承运人(指定地点),卖方只要将货物在指定地点交给买方指定的承运人,并办理了出口清关手续即完成交货。FCA 意为货交承运人价(指定地)。这个术语以前叫 FRC,1990 年通则改为 FCA。在这个术语下,卖方必须在规定的装运期限内,在规定的地点,将货交给买方指定的承运人。规定的交货地点为出口国内地或港口,买卖双方承担的风险均以货交承运人为界。

5. CPT

CPT 运费付至(目的地指定地点),卖方要自负费用订立将货物运至目的地指定地点的运输契约,并且负责按合同规定的时间将货物交给承运人(在多式联运情况下,交给第一承运人)处置之下,即完成交货任务。CPT 意为运费付至指定目的地价。这一术语过去为 DCP,1990 年通则改为 CPT。

6. CIP

CIP 意为运费,保险费付至指定目的地价。

在国际贸易中,一般都以合同中规定的贸易术语来确定合同的性质。贸易术语是指用一个简短的概念或简短的外文缩写的字母来表明货物的单价构成和买卖双方各自承担的责任、费用与风险的划分界限。为了减少纠纷和避免争议,有些国际商业集团便先后制定了一些统一解释贸易术语的规则,其中包括如下 3 种:

(1)国际法协会修订的《1932 年华沙—牛津规则》(Warsaw-Oxford Rules 1932)。

该规则全文共 21 条,沿用至今。这一规则对 CIF 买卖合同的性质和特点,买卖双方所承担风险、责任和费用的划分以及货物所有权转移的方式等问题作了比较详细的解释。

(2)美国一些商业团体制定的《1941 年美国对外贸易定义修订》(Revised American Foreign Trade Definition 1941),所解释的贸易术语共有六种:

Ex Point of Origin(原产地交货);Free on Board(运输工具上交货);Free Along Side(在运输工具旁边交货);Cost and Freight(成本不加运费);Cost,Insurance and Freight(成本、保险费加运费);Ex Dock(目的港码头交货)。

除原产地交货(Ex Point of Origin)和目的港码头交货(Ex Dock)分别与 INCOTERMS 中的 Ex Works 和 Delivered Ex Quay 大体相近外,其他 4 种与 INCOTERMS 相应的贸易术语的解释有很大不同。上述定义多被美国、加拿大以及其他一些美洲国家所采用,所以在同法美洲国家进行交易时应加以注意。

(3)国际商会修订的《国际贸易术语解释通则》(International Rules for the Interpretation of Trade Terms, INCOTERMS)。

为了便于理解,《国际贸易术语解释通则》将所有的术语分为 4 个基本不同的类型。第一组为 E 组(EXW),指卖方仅在自己的地点为买方备妥货物;第二组 F 组(FCA、FAS 和 FOB),指卖方需将货物交至买方指定的承运人;第三组 C 组(CFR、CIF、CPT 和 CIP)指卖方须订立运输合同,但对货物灭失或损坏的风险以及装船和起运后产生意外所发生的额外费用不承担责任;第四组 D 组(DAF、DES、DEQ、DDU 和 DDP),指卖方须负担将货物运往指定的进口国交货地点的一切风险。在自关贸易术语的国际贸易惯例中,《国际贸易术语解释通则》是包括内容最多、使用范围最广和影响最大的一种。

《国际贸易术语解释通则》分类对照表:国际代码、全称及中文翻译、交货地点、风险转移界限、出口报关责任费用由谁负担、进口报关责任费用由谁负担、适用运输方式。

①E 组贸易术语——发货。

按 E 组的 EXW 这一贸易术语达成的交易，在性质上类似于国内贸易。因为卖方是在本国的内地完成交货，其所承担的风险、责任和费用也都局限于出口国内，卖方不必过问货物出境、入境及运输、保险等事项，由买方自己安排车辆或其他运输工具到约定的交货地点接运货物，所以，在卖方与买方达成的契约中可不涉及运输和保险的问题。而且，除非合同中有相反规定，卖方一般无义务提供出口包装，也不负责将货物装上买方安排的运输工具。如果签约时已明确该货物是供出口的，并对包装的要求作出了规定，卖方则应按规定提供符合出口需要的包装。如果双方约定卖方要承担将货物装上买方安排的运输工具的义务，则应在合同中对此作出明确的规定。但国际商会在“2000 通则”的引言中指出，人们认为理想的是仍然保留 EXW 条件下卖方义务最小的传统原则，其目的是适用于那些卖方不愿意承担任何装货义务的情况。

由于在 EXW 条件下，买方要承担过重的义务，所以对外成交时，买方不能仅仅考虑价格低廉，还应认真考虑可能遇到的各种风险以及运输环节等问题，要权衡利弊，注意核算经济效益。另外，按这一术语成交，买方要承担办理货物出口和进口的清关手续的义务，所以还应考虑在这方面有无困难。如果买方不能直接或间接地办理出口和进口手续，则不应采用这一术语成交，如 EXW。

EXW Ex Works：工厂交货（指定地点）“是指当卖方在其所在地或其他指定的地点（如工场、工厂或仓库）将货物交给买方处置时，即完成交货，卖方不办理出口清关手续或将货物装上任何运输工具”。这个术语是卖方承担义务最少的贸易术语，如买方无法直接或间接办理货物出境手续时，则不宜采用这一方式。

②F 组贸易术语——主要运费未付。

F 组中包括的三种贸易术语 FCA、FAS 和 FOB，它们在交货地点、风险划分界限以及适用的运输方式等方面并不完全相同，然而它们也有相同之处，其共同点是按这些术语成交时，卖方要负责将货物按规定的时间运到双方约定的交货地点，并按约定的方式完成交货。从交货地点到目的地的运输事项由买方安排，运费由买方负担。买方要指定承运人，订立从交货地至目的地的运输合同，并通知卖方。可见，按这些术语达成交易，卖方承担的费用在交货地点随着风险的转移而相应地转移给了买方。另外，按照“2000 通则”的解释，采用这三种贸易术语成交时，均由卖方负责货物出口报关的手续和费用，由买方负责货物进口报关的手续和费用。

由于按 F 组术语成交时，卖方负责在交货地点提交货物，而由买方安排运输工具到交货地点接运货物，所以，如何做好船货的衔接工作至关重要。为了避免因货等船或船等货而造成当事人的损失，卖方和买方之间应加强联系，将备货和派船的情况及时通知对方，遇到问题加强协商，妥善解决。

③C 组贸易术语——主要运费已付。

C 组贸易术语中的 CFR 和 CIF 是在装运港交货，风险划分均以船舷为界，适用于水上运输方式；CPT 和 CIP 则是在约定地点向承运人交货，风险划分以货交第一承运人为界，适用于各种运输方式。但它们同为一组也具有共同之处，那就是卖方在约定的装运港（地）交货后，还要负责办理货物从装运港（地）到目的港（地）的运输事项，并承担相关费用，因按本组术语成交，货价构成因素中都包括运费，故国际商会在“2000 通则”的引言中称本组术语项下“主要运费已付”。当然，其中的 CIF 和 CIP 下，卖方还要负责办理货运保险，并承担保险费用。由于卖方承担的风险仍然是在装运港(地)交货时转移,所以,不应将它们看做到货合同。

C 组术语下,风险划分和费用划分是两个不同的概念,风险划分在装运港(地),费用划分则是在目的港(地)。也就是说,卖方虽然承担从交货地至目的地的运输责任,并负担相关费用,但是,他并不承担从交货地至目的地的运输途中货物发生损坏、灭失及延误的风险。

④D 组贸易术语。

D 组包括的五种贸易术语中,除了 DAF 是在两国边境指定地点交货外,其他四种术语都是在进口国的目的港或目的地交货,这就与前面各组术语有了明显的区别。按照 D 组术语成交的合同称到货合同(Arrival Contract),到货合同是与装运合同(Shipment Contract)相对而言的,按照 F 组、C 组术语成交的合同称作装运合同,在装运合同下,卖方要支付将货物按照惯常航线和习惯方式运至约定地点所需的通常运输费用,而货物灭失或损坏的风险以及在货物以适当方式交付运输之后发生意外而导致的额外费用,则由买方承担。按 D 组术语成交时,卖方要负责将货物安全及时地运达指定地点,包括边境地点、目的港口以及进口国内地,实际交给买方处置,才算完成交货。卖方要承担货物运至该地点之前的一切风险和费用。

D 组术语条件下,卖方所承担的风险要大于前面各组,特别是按照 DDP 术语成交时,卖方负责将货物交到进口国内的约定地点,承担在此之前的一切风险、责任和费用,其中包括办理货物出口和进口的手续以及相关费用。所以,作为卖方在对外成交时,一定要认真考虑该项业务中可能会遇到的各种风险以及可以采取的防范措施。另外,在打算采用 DDP 条件对外成交时,卖方还应考虑办理进口手续有无困难,如果卖方不能直接或间接地取得进口许可证,则不应采用 DDP 条件成交。

常用价格术语买卖双方主要责任、风险和费用划分表如表 8-1 所示。

常用价格术语买卖双方主要责任、风险和费用划分表 表 8-1

国际代号	含义	交货地点	风险划分界限	责任与费用划分						适用运输方式
				运输工具	办理保险	支付运费	支付保费	出口税	进口税	
FOB	装运港船上交货(成本价)	在出口国装运港指定的船上	越过船舷	买方	买方	买方	买方	卖方	买方	海运内河
CFR	成本加运费	在出口国装运港指定的船上	越过船舷	卖方	买方	卖方	买方	卖方	买方	海运内河
CIF	成本加运费加保险费	在出口国装运港指定的船上	越过船舷	卖方	卖方	卖方	卖方	卖方	买方	海运内河
FCA	货交承运人价	在出口国的内陆或港口	货交承运人时	买方	买方	买方	买方	卖方	买方	各种运输方式多式联运
CPT	运费付至(指定目的港)价	在出口国的内陆或港口	货交承运人时	卖方	买方	卖方	买方	卖方	买方	各种运输方式多式联运
CIP	运费保险费付至(指定目的港)价	在出口国的内陆或港口	货交承运人时	卖方	卖方	卖方	卖方	卖方	买方	各种运输方式多式联运

二、海上集装箱运输的价格术语

FOB、CIF和CFR仅适用于海上或内河运输。在价格构成中,通常包括3方面内容:进货成本、费用和净利润。费用的核算最为复杂,包括国内费用和国外费用,如图8-1所示。

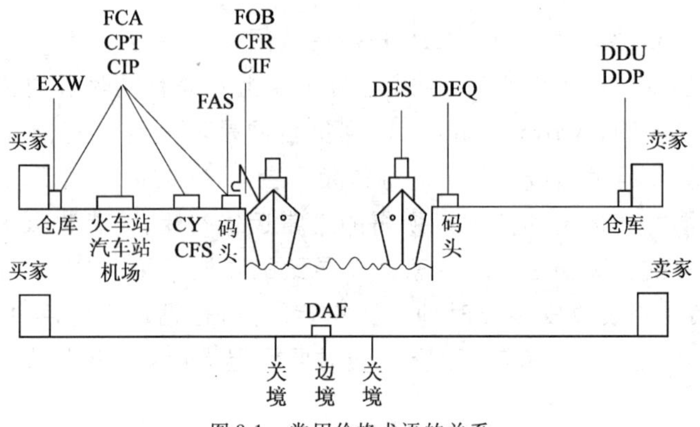

图8-1 常用价格术语的关系

1. 主要贸易术语的价格换算

(1) FOB、CFR和CIF三种术语的换算。

①FOB价换算为其他价:

$$\text{CFR价} = \text{FOB价} + \text{国外运费}$$

$$\text{CIF价} = \frac{(\text{FOB价} + \text{国外运费})}{(1 - \text{投保加成} \times \text{保险费率})}$$

②CFR价换算为其他价:

$$\text{FOB价} = \text{CFR价} - \text{国外运费}$$

$$\text{CIF价} = \frac{\text{CFR价}}{(1 - \text{投保加成} \times \text{保险费率})}$$

③CIF价换算为其他价:

$$\text{FOB价} = \text{CIF价} \times (1 - \text{投保加成} \times \text{保险费率}) - \text{国外运费}$$

$$\text{CFR价} = \text{CIF价} \times (1 - \text{投保加成} \times \text{保险费率})$$

(2) FCA、CPT和CIP三种术语的换算。

①FCA价换算为其他价:

$$\text{CPT价} = \text{FCA价} + \text{国外运费}$$

$$\text{CIP价} = \frac{(\text{FCA价} + \text{国外运费})}{(1 - \text{投保加成} \times \text{保险费率})}$$

②CPT价换算为其他价:

$$\text{FCA价} = \text{CPT价} - \text{国外运费}$$

$$\text{CIP价} = \frac{\text{CPT价}}{(1 - \text{投保加成} \times \text{保险费率})}$$

③CIP价换算为其他价:

$$\text{FCA价} = \text{CIP价} \times (1 - \text{投保加成} \times \text{保险费率}) - \text{国外运费}$$

$$\text{CPT价} = \text{CIP价} \times (1 - \text{投保加成} \times \text{保险费率})$$

2. FOB、CFR 和 CIF 三种贸易术语的价格构成

(1)国内费用有:加工整理费用;包装费用;保管费用(包括仓租、火险等);国内运输费用(仓至码头);证件费用(包括商检费、公证费、领事签证费、产地证费、许可证费、报关单费等);装船费(装船、起吊费和驳船费等);银行费用(贴现利息、手续费等);预计损耗(耗损、短损、漏损、破损、变质等);邮电费(电报、电传、邮件等费用)。

(2)国外费用主要有:国外运费(自装运港至目的港的海上运输费用);国外保险费(海上货物运输保险);如果有中间商,还包括支付给中间商的佣金。

(3)计算公式如下:

FOB 价 = 进货成本价 + 国内费用 + 净利润

CFR 价 = 进货成本价 + 国内费用 + 国外运费 + 净利润

CIF 价 = 进货成本价 + 国内费用 + 国外运费 + 国外保险费 + 净利润

3. FCA、CPT 和 CIP 三种贸易术语的价格构成

(1)在价格构成中,通常包括 3 方面内容:进货成本、费用和净利润。

(2)国内费用有:加工整理费用;包装费用;保管费用(包括仓租、火险等);国内运输费用(仓至码头);拼箱费(如果货物构不成一整集装箱);证件费用(包括商检费、公证费、领事签证费、产地证费、许可证费、报关单费等);银行费用(贴现利息、手续费等);预计损耗(耗损、短损、漏损、破损、变质等);邮电费(电报、电传、邮件等费用)。

(3)国外费用主要有:外运费(自出口国内陆启运地至国外目的地的运输费用);国外保险费;如果有中间商,还包括支付给中间商的佣金。

(4)计算公式如下:

FCA 价 = 进货成本价 + 国内费用 + 净利润

CPT 价 = 进货成本价 + 国内费用 + 国外运费 + 净利润

CIP 价 = 进货成本价 + 国内费用 + 国外运费 + 国外保险费 + 净利润

4. 国际贸易报价

(1)佣金:因中间商介绍生意或代买代卖而要向其支付一定的酬金,此项酬金叫佣金。每公吨 100 美元 CIF 纽约包括 3% 佣金或每公吨 100 美元 CIFC3% 纽约。

(2)佣金的支付:佣金通常由出口方收到货款后再支付给中间商的。

(3)折扣(Discount),是指卖方按原价给予买方一定百分比的减让,即在价格上给予适当的优惠。每公吨 150 美元 CIF 伦敦包括 3/% 折扣或每公吨 150 美元 CIFD3% 伦敦。

三、国际货物运输保险实务

进出口货物办理运输保险时,首先要按规定格式填制保险单,具体列明被保险人名称、保险货物项目、数量、包装与标志、投保险别、保险金额等项目;其次,交纳保险费,取得保险单证;如发现进出口货物在保险责任范围内发生损失,被保险人在有效期内办理索赔等。在办理进出口货物运输保险时要做的主要工作有:

1. 选择投保险别

进出口货物运输保险的投保人应该具有预期保险利益,即投保人(买方或卖方)对保险标的物所拥有某种合法的经济利益,由于保险人对不同的险别承担不同的责任范围,投保人在投保时按照买卖双方约定投保的险别进行投保。

选择投保险别一般要考虑，货物的性质和特点，货物运输工具和路线，国际上政治、经济形势的变化，货物的残损规律等。

2. 确定保险金额

保险金额是保险人所应承担的最高赔偿金额。保险金额一般应由买卖双方经过协商确定，按照国际保险市场习惯，通常按 CIF 或 CIP 总值加 10% 计算。所加的百分率称为投保加成率，它作为买方的经营管理费用和预期利润加保。在 CIF 或 CIP 合同中，如买方要求以较高加成率计算保险金额投保时，在保险公司同意承保条件下，我出口方也可接受，但因此而增加的保险费，原则上应由买方支付。

3. 交付保险费

投保人交付保险费，是保险合同生效的前提条件。保险费是保险人经营业务的基本收入。保险公司收取保险费的计算方法是：

$$保险费 = 保险金额 \times 保险费率$$

保险费率是按照不同商品、不同目的地、不同运输工具和不同险别，由保险公司根据货物损失率和赔付率的基础上，参照国际保险费率水平而制定的。

4. 取得保险单据

保险单据是保险公司和投保人之间的保险合同，也是保险公司对投保人的承保证明，它具体规定双方之间的权利和义务，也是索赔和理赔的依据。在国际贸易中，保险单据可转让。

5. 保险索赔

当货物遭受承保范围内的损失时，具有保险利益的人，应在分清责任的基础上确定索赔对象，备好必要的索赔单据，并在索赔时效内（一般为两年）提出索赔。由于货运保险一般为定值保险，如货物遭受全损，应赔偿全部保险金额。如货物遭受部分损失，则应正确计算赔偿金额，对某些易破和短量的货物的索赔，应了解是否有免赔规定。有的不论损失程度，一律给予赔偿，也有的规定一定的免赔率，免赔率有相对免赔率和绝对免赔率之分，前者不扣除免赔率全部予以赔偿，后者则扣除免赔率，只赔超过部分。中国人民保险公司采用绝对免赔率的办法，当货物遭受承保范围内的损失，而其损失应由第三者（如承运方、海关等）负责时，则被保险人在取得赔款后，应将向第三者追偿的权益转让给保险人，以使其取得代位权。

在保险业务中，为了防止被保险人的双重获益，保险人在履行赔偿后。在其赔付金额内，要求被保险人转让其对造成损失的第三者责任方要求赔偿权利，这种权利称代位权。在实际业务中，保险人需首先向被保险人进行赔付，才能取得代位权。被保险人在获得赔偿后签署一份权益转让书，作为保险人取得代位权的证明。保险人便可凭此向第三者责任方进行追偿。

如果被保险人的货物遭受严重损失，而要求按推定全损处理时，应向保险人提出委付通知，否则，保险人只按部分损失赔偿。

我国进出口货运保险有两种办法，按 CIF 条件出口时，采取逐笔投保，一般按发票金额的 110% 投保约定的险别。按 FOB 和 CFR 条件进口时，采取预约保险，保险金额一般按 CIF 价计算。各外贸公司同中国人民保险公司签订有各种运输方式进口预约保险合同，各外贸公司对每批进口货物，无须填制投保单，而仅以国外的装运通知代替投保单。作为办理投保手续，保险公司则对该批货物负自运承保责任。

6. 合同中的保险条款

保险条款是进出口合同中的重要组成部分，必须签订得明确合理。保险条款的内容：(1)由谁办理保险；(2)保险险别；(3)保险金额的确定方法；(4)按什么保险条款保险，并注明该条款的生效日期。如果是在合同中订明由买方委托卖方代办保险，要明确保险费由买方负担。

7. 信用证全攻略

(1)信用证的当事人。

一份信用证可能牵涉的当事人有：

①开证申请人(Applicant)。向银行申请开立信用证的人。

②开证行(Opening/Issuing Bank)。接受开证申请人的委托开立信用证的银行，它承担保证付款的责任。

③通知行(Advising/Notifying Bank)。指受开证行的委托，将信用证转交出口人的银行，它只证明信用证的真实性，不承担其他义务。

④受益人(Beneficiary)。指信用证上所指定的有权使用该证的人，即出口人或实际供货人。

⑤议付银行(Negotiating Bank)。指愿意买入受益人交来跟单汇票的银行。

⑥付款银行(Paying/Drawee Bank)。信用证上指定付款的银行，在多数情况下，付款行就是开证行。

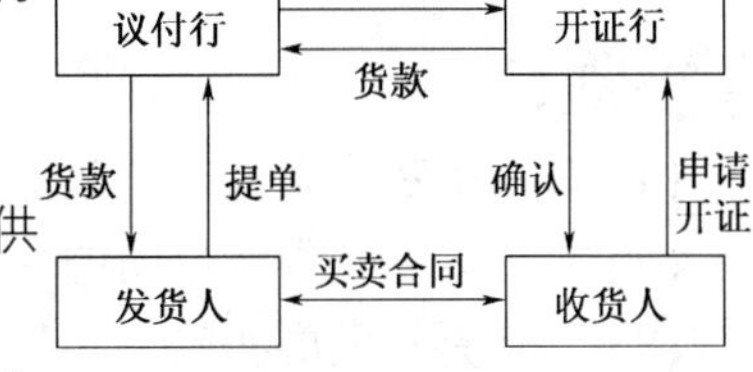

图 8-2 信用证的流程

(2)理论上信用证的一般程序(见图 8-2)。

①开证申请人根据合同填写申请书并交纳押金或提供其他保证，请开证行开证；

②开证行根据申请书内容，向受益人开出信用证并寄交出口人所在地通知行；

③通知行核对印鉴无误后，将信用证交受益人；

④受益人审核信用证内容与合同规定相符后，按信用证规定装运货物、备妥单据并开出汇票，在信用证有效期内，送议付行议付；

⑤议付行按信用证条款审核单据无误后，把货款垫付给受益人；

⑥议付行将汇票和货运单据寄开证行或其特定的付款行索偿；

⑦开证行核对单据无误后，付款给议付行；

⑧开证行通知开证人付款赎单。

(3)一般实际操作中的过程。

准备操作信用证的时候，把你的开户银行的名称、地址、SWIFT 代码等资料(告知你的开户银行，准备操作信用证，银行就会把这些资料完整提供给你)告诉客户。客户的开证行会按照这个资料把信用证开出到你的银行。你的银行收到信用证以后会及时通知你，你可以去领回原件，也可以领完整的复印件而将原件放在银行保管。根据信用证准备货物、运输并整理好全套信用证上规定的单证，在信用证规定的时限内把全套单证交给你的银行，你的银行会事先审核一遍，发现有错误就提醒你修改。修改不了的就征询你的意见，是否"不符点"交单(关于类似情况的应对处理，下面还要详细叙述)。如果审核无误的就转交给国外开证行。通常一周以内开证行就可以收到这套单证，一般在 7 个工作日会审核单证，认可无误后即通知你的客户付款并取走单证——术语"赎单"。加上国外付款抵达国内银行账户的时间，如无意外，从交单银行到货款，大约3周时间。

因为有银行信用做保障，如果单证没有问题的话，客户是无权拒绝付款赎单的。可如果有不符点就麻烦了，银行多半会征询客户，是否赎单就看客户的意愿了。

信用证开出来之前，作为受益人，一定要与申请人，也就是客户预先商量好条款，特别是单证要求方面的条款。虽然说信用证开出后，发现不妥还可以提请银行修改，但因为修改也需至少几十美金的手续费，客户一般都不大乐意，彼此麻烦还可能伤和气。所以，信用证的审核工作应该在申请前就着手。

但是，如果发现开出的信用证出现问题条款，就一定要及时修改，哪怕答应客户修改手续费由我方承担。不要轻易不符点交单，也不要轻易相信客户"接受不符点"的单方承诺。因为信用证是银行开出来的，银行承担责任。即使客户对你承诺了，银行没有得到客户确认，也没有用。特别是碰到信誉不佳的客户，如果预先知道将产生不符点，在装运出港后，会故意刁难，借机压价，而出口商则处于被动地位。

除了条款本身，对开证行要注意，特别是那些默默无名的非洲、南美小银行。

项目二　国际集装箱运输进出口货运业务、单证及其流程

教学要点

(1)掌握集装箱运输出口实务操作流程；

(2)掌握集装箱货物运输的主要单证；

(3)了解货代提单和船公司提单操作流程；

(4)结合实际案例，掌握集装箱运输进出口业务的单证流程。

教学方法

可采用讲授、视频教学、情境教学、行动导向法分组讨论等方法。

案例导入

案例1　某国际货运代理企业经营国际集装箱拼装业务，此时他是CONSOLIDATOR，由于他签发自己的提单，所以他是无船承运人。2004年9月15日，该无船承运人在KOBE港自己的CFS将分别属于六个不同发货人的拼装货入一个20ft的集装箱，然后向某班轮公司托运。该集装箱于2004年9月18日装船，班轮公司签发给无船承运人CY/CY交接的FCL条款下的MASTERB/L一套，无船承运人然后向不同的发货人分别签发了CFS/CFS交接的LCL条款下的HOUSEB/L共六套，所有的提单都是清洁提单，2004年9月23日载货船舶抵达提单上记载的卸货港。第二天，无船承运人从班轮公司的CY提取了外表状态良好和铅封完整的集装箱，并在卸货港自己的CFS拆箱，拆箱时发现两件货物损坏，2004年9月25日收货人凭无船承运人签发的提单前来提货，发现货物损坏。请问：(1)收货人向无船承运人提出货物损坏赔偿的请求时，无船承运人是否要承担责任？为什么？(2)如果无船承运人向班轮公司提出集装箱货物损坏的赔偿请求时，班轮公司是否要承担责任？为什么？(3)无船承运人如何防范这种风险？分析：(1)无船承运人要承担责任。无船承运人收到货物时签

发的提单为清洁提单，表明货物状况良好，因此要对货物的损失承担责任。(2)班轮公司不需要承担责任。因为班轮公司是按照外表状况良好和铅封完整的集装箱在CY交给无船承运人的。(3)应投保责任险，在提单上做批注或货主保函换取清洁提单或其他方式换货。

案例2 集装箱进口操作实务

1999年2月，某市轻工进出口公司(以下简称A公司)从智利进口1000t纸板。进口港：天津新港，共计52个20ft集装箱。具体操作：1999年2月8日，A公司接到出口方全套单据，其中包括正本海运提单(三正三副)、正本箱单发票、合同等。通过提单中的装货港(圣安东尼奥)、卸货港(釜山)及提单签发人可以了解到以下信息：

(1)此票货物为转船运输，必须凭一程正本提单换取二程提单传真件。

(2)提单签发人表明此票货物由B船公司负责承运。知道上述信息，A公司就及时与B公司天津代表处取得联系，并了解到船舶动态，该票货物于2月9日在釜山上二程船(PUSAN —TIANJIN VESSEL/VOY：LING QUAN HE V.0520W)，并获悉，天津外轮代理公司作为该船的船舶代理，还要用二程提单的传真件去外代换取真正用于提货的提货单。

2月10日，A公司在B公司天津代表处交纳换单费、押箱费后，换取了二程提单传真件与一份开与塘沽外代的保函(保函内容：B公司正本提单已收回，请凭此保函放货；请协助放箱给收货人，并安排将空集装箱回运到指定堆场；押箱费用已向收货人收取，箱体行踪与外代无关)。2月11日，A公司携带二程传真件与保函到塘沽外代交纳换单费后换取了提货单，并马上将提货单1、3联与全套报关单据文于报关行报关，之后报关行通知A公司：

(1)纸板需要做商检，要先去做商检登记。

(2)舱单没有传送到海关计算机系统中，因此无法预录报关单(教训1：换单前就应落实纸板是否需要监管条件，如需商检，就应提前携带报验单据去商检机构申请报验，然后将盖有商检登记在案章的报关单交与报关员。教训2：换单时，应与塘沽外代落实舱单是否传送给海关，并到海关舱单室得到确认)。

由于上述两点失误耽误了一些时间，以致报关员将报关单据递交海关申报后，直到海关下班还没有打印出税单，影响了通关速度。

2月12日上午，海关审单完毕并打印出税单交于A公司去开户行交税。完税后将税单中海关留存联交于海关审核。下午，海关开出验货通知单。要求提16个20ft集装箱到指定地点开箱验货，并要求报关行出具保函放货，即打保放行(保函内容：由于海关验货需要先将集装箱从港内提至验货地点验货，因此要求报关行保证先验货，如无任何问题再放行)。

2月13日上午，A公司携带有海关放行的提货单白联(打保放行)及相关报验单据办理行三检，一般情况下，将所有单据(即报验单据，包括箱单、发票、合同、报关单)提交结报验行，由其办理代报验，交纳一定费用后，由三检机构在提货单白联上盖商检、动植检、卫检放行章，三检手续办理完毕后，即可去所有货物的港区办理港务港杂，交纳港杂费用后，就可凭提货单白联提货。下午，A公司及时与港区有关部门联系摆箱事宜，将海关指定开验的16个20ft集装箱调至海关指定的地点依次摆开以便海关验货。海关验货放行后，A公司即将提货单白联交与事先联系好的仓库，预计2月14日上午就可将52个20ft集装箱全部提回仓库。

2月14日早晨，仓库来电，由于没有准备交接单，提箱车队不允许出港区(教训3：2月11日在塘沽外代换取提货单时，没有同时到箱管部门换取设备交接单，致使后来提货时发生困难)。上午A公司马上到塘沽外代换取设备交接单并交于仓库车队(教训4：由于2月

10日,A公司带正本提单到B公司天津代表处换取由釜山传来的二程提单传真件时,没有认真核对每一个集装箱号,提货单有一个集装箱箱号有误,致使该集装箱没有及时从港区内提出,而产生了不必要的转栈堆存费用)。一直到2月19日,经过校对更正才将该箱提出。之后A公司及时安排汽车、铁路车皮将货物发往目的地。至此该票进口操作基本结束。

通过这票案例的实际介绍,可以对整个集装箱进口实务操作环节有更深刻的理解,并吸取其中的经验教训,在今后的进口操作中争取占据主动地位。尽量减少中间环节,及时将货物运抵目的地。

一、集装箱运输出口实务操作流程

国际货物运输是对外经济贸易的重要一环,是实现对外经济贸易合同、完成国际货物的空间转移、保证完成出口创汇的关键。作为从事国际货物运输的业务人员,具备全面的业务知识是必不可少的,但往往书本上的知识与实际相差很大,为了解决这个矛盾,我们将从实际出发,以天津为出口地分期介绍国际货物海洋运输代理出口(集装箱)业务实务操作。

海运代理出口(集装箱)业务实务操作基本流程为:接受货主委托→订舱→装箱→报关→打提单→寄单→核销退税。

1. 接到货主委托后的操作流程

应先从以下几方面确认,包括该单位在出口地海关备案(年审)情况;报关单据是否齐备(全套报关单据有委托报关协议、出口货物报关单、装箱单、发票、合同、出口收汇核销单及海关监管条件涉及的各种证件);海关监管条件中所要求的各种证件是否齐备;该票货物配哪种集装箱(以天津为例)。

(1)如何办理在出口地海关年审。

就年审时间而言,天津市各报关行和代理报关企业集中在每年3月年审,外贸专业公司集中在每年4月年审,各自理报关企业按其海关10位编码的尾号相对应的月份年审。

年审时本市企业应交验的单证包括"注册登记证明书"正本、"工商营业执照"副本及复印件、需要年审的"报关员证""年审报关书"(一式二份)、经办人身份证复印件。若有任何变更内容,应提交相关批准文件。

外埠企业应交验的单证包括当地海关关封、企业注册登记证明书正本、经办人身份证复印件,若为外埠企业委托天津市内单位办理年审,则要提供委托书。报关企业超过规定期限不参加年审者,其"注册登记证明书"和"报关备案证明书"将自动失效。海关的报关自动化系统将自动暂停其报关资格。报关企业如申请保留其报关资格,应向海关部门(报关管理科年审组)递交书面情况说明,海关审核认可后方可补办年审手续。

报关企业变更"名称、地址、编码、邮政编码、电话、法人、总经理"等项目时、应持有关批文及时到海关办理变更手续。否则,由此引起的对企业进出口业务的影响由企业自行负责。

(2)如何办理在出口地海关备案。

天津市内企业(保税区及驻华办事机构除外)办理报关注册,需提供如下材料:企业介绍信及经办人身份证复印件、工商营业执照副本及复印件、批准证书正本及复印件、上级主管部门对合同章程的批复正本及复印件、开户银行出具的企业资金说明(人民币或外币账号)。

天津市内报关企业转往外埠报关的需办理异地转关备案手续、需提供如下材料:注册登记证明书正本及复印件、本单位报关同意印模、报关备案申请书(一式两联)企业情况登记表复印件以上材料经海关审核无误后封入关封,由企业代交备案地海关在天津海关办理备案登记手续的外埠报关企业需提供如下材料:企业介绍信及经办人身份证复印件、主管海关出具的转关备案关封。代理外地报关企业办理手续的单位需出示委托单位的委托函和代理单位介绍信、受托书、材料递交海关后,第二天下午9:30~11:30凭录入收据正本和注册手续费收据正本到天津海关212房间领取备案证明书。外商常驻机构在天津备案需提供以下材料:企业介绍信、常驻机构登记证正本及复印件、批准证书正本及复印件、首席代表证明正本及复印件、外企雇员证明正本、进出口办公车辆及办公用品清单及海关需要的其他必要文件。

外商投资企业在天津备案的需提供以下材料:企业介绍信及经办人身份证复印件、合同章程、上级主管部门对合同章程的批复、进口设备清单、批准证书正本复印件、营业执照副本及复印件、由开户行出具的企业资金说明(人民币或外币账号)、财务会计制度、验货报关正本及复印件、房屋租赁合同。

2. 与船公司落实舱位

(取得船名、航次、提单号)、装箱点、集港时间、地点。装箱时有两种不同的方式可供选择:

(1)产地装箱。

船公司为了给货主提供方便,对于较大宗货,或有特殊要求的货主,可以提供产地装箱服务,通俗地说就是船公司将空箱运至托运人的仓库或工厂将货物装箱后,直接将集装箱运至堆场。

(2)工厂送。

工厂送托运人将货物发运到船公司指定的集装箱中转站,由中转站负责将货物依次装入集装箱。这时,托运人要经常到现场察看装货情况,防止短装或装错,即"监装"。

3. 集装箱进口业务流程

接到客户的全套单据后,要查清该进口货物属于哪家船公司承运、哪家作为船舶代理、在哪儿可以换到供通关用的提货单(注:全套单据包括带背书的正本提单或电放副本、装箱单、发票、合同)。

注意事项:

(1)提前与船公司或船舶代理部门联系,确定船到港时间、地点,如需转船应确认二程船名。

(2)提前与船公司或船舶代理部门确认换单费、押箱费、换单的时间。

(3)提前联系好场站确认好提箱费、掏箱费、装车费、回空费。

凭带背书的正本提单(如是电报放货,可带电报放货的传真件与保函)去船公司或船舶代理部门换取提货单和设备交接单。

注意事项:

(1)背书有两种形式,如果提单上收货人栏显示"TO ORDER"则由"SHIPPER"背书:如果收货人栏显示其真正的收货人,则需收货人背书。

(2)保函是由进口方出具给船舶代理的一份请求放货的书面证明。保函内容包括进口港、目的港、船名、航次、提单号、件重尺及进口方签章。

(3)换单时应仔细核对提单或电放副本与提货单上的集装箱箱号及封号是否一致。

(4)提货单共分五联,白色提货联、蓝色费用账单、红色费用账单、绿色交货记录、浅绿色交货记录。

(5)设备交接单:它是集装箱进出灌区、场站时、用箱人、运箱人与管箱人或其代理人之间交接集装箱及其他机械设备的凭证,并兼管箱人发放集装箱的凭证的功能。当集装箱或机械设备在集装箱码头堆场或货运站借出或回收时,由码头堆场或货运站制作设备交接单,经双方签字后,作为两者之间设备交接的凭证。

集装箱设备交接单分进场和出场两种,交接手续均在码头堆场大门口办理。出码头堆场时,码头堆场工作人员与用箱人、运箱人就设备交接单上的以下主要内容共同进行审核:用箱人名称和地址,出堆场时间与目的,集装箱箱号、规格、封志号以及是空箱还是重箱,有关机械设备的情况,正常还是异常等。

进码头堆场时,码头堆场的工作人员与用箱人、运箱人就设备交接单上的下列内容共同进行审核:集装箱、机械设备归还日期、具体时间及归还时的外表状况,集装箱、机械设备归还人的名称与地址,进堆场的目的,整箱货交箱货主的名称和地址,拟装船的船次、航线、卸箱港等。

4. 用换来的提货单(1、3)联并附上报关单据前去报关

报关单据:提货单(1、3)联海关放行后,在白联上加盖放行章,发还给进口方作为提货的凭证。正本箱单、正本发票、合同、进口报关单一式两份、正本报关委托协议书、海关监管条件所涉及的各类证件。

注意事项:

(1)接到客户全套单据后,应确认货物的商品编码,然后查阅海关税则,确认进口税率、确认货物需要什么监管条件,如需做各种检验,则应在报关前向有关机构报验。报验所需单据:报验申请单、正本箱单发票、合同、进口报关单两份。

(2)换单时应催促船舶代理部门及时给海关传舱单,如有问题应与海关舱单室取得联系,确认舱单是否转到海关。

(3)当海关要求开箱查验货物时,应提前与场站取得联系,调配机力将所查箱子调至海关指定的场站。(事先应与场站确认好调箱费、掏箱费)

5. 若是法检商品应办理验货手续

如需商检,则要在报关前,拿进口商检申请单(带公章)和两份报关单办理登记手续,并在报关单上盖商检登记在案章以便通关。验货手续在最终目的地办理。如需动植检,也要在报关前拿箱单发票合同报关单去代报验机构申请报验,在报关单上盖放行以便通关,验货手续可在通关后堆场进行。

6. 海关通关放行后应去三检大厅办理三检

向大厅内的代理报验机构提供箱单、发票、合同报关单,由他们代理报验。报验后,可在大厅内统一窗口交费,并在白色提货单上盖三检放行章。

7. 三检手续办理后,去港池大厅交港杂费

港杂费用结清后,港方将提货联退给提货人供提货用。

8. 所有提货手续办妥后,可通知事先联系好的堆场提货

注意事项:

(1)首先应与港池调度室取得联系安排计划。

(2)根据提箱的多少与堆场联系足够的车辆尽可能按港方要求时间内提清,以免产生转

栈堆存费用。

(3)提箱过程中应与堆场有关人员共同检查箱体是否有重大残破,如有,要求港方在设备交接单上签残。

9.重箱由堆场提到场地后,应在免费期内及时掏箱以免产生滞箱

10.货物提清后的操作流程

货物提清后,从场站取回设备交接单证明箱体无残损,去船公司或船舶代理部门取回押箱费。

为了适应市场的激烈竞争,在做好自身集装箱水陆运输服务的同时,更好地为客户提供方便、快捷的延伸服务,拓展仓储、市内配送、货物分拨以及拼箱等业务。为内贸集装箱运输提供了更广阔的发展前景。集装箱运输条款中集装箱运输术语包括:CY/CY 、CY/FO、CY/LO、CY/TACKLE、CY/HOOK 解释。

(1)CY/CY:CY/CY 是指堆场到堆场方式,承运人在装货港集装箱堆场接收整箱货物并负责运至卸货港集装箱堆场整箱交付收货人。

(2)CY/FO :CY/FO(Free Out)承运人在装货港集装箱堆场接收整箱货物并负责运至卸货港但不负责卸货。

(3)CY/LO :CY/LO (Line Out)承运人在装货港集装箱堆场接收整箱货物并负责运至卸货港卸货。

(4)CY/TACKLE:CY/TACKLE 承运人在装货港集装箱堆场接收整箱货物并负责运至卸货港卸货至接货车上。

(5)CY/HOOK:CY/HOOK 承运人在装货港集装箱堆场接收整箱货物并负责运至卸货港卸货,此处当吊臂吊下货物后服务终止。

二、货代提单和船公司提单操作流程

1.海上集装箱运输出口实务托运程序

海运出口运输工作,在以 CIF 或 CFR 条件成交,由卖方安排运输时,其工作程序如下:

(1)审核信用证中的装运条款。

为使出运工作顺利进行,在收到信用证后,必须审核证中有关的装运条款,如装运期,结汇期,装运港,目的港,是否能转运或分批装运以及是否指定船公司,船名,船籍和船级等,有的来证要求提供各种证明,如航线证明书,船籍证等,对这些条款和规定,我方应根据我国政策,国际惯例,要求是否合理和或是否能办到等来考虑接受或提出修改要求。

(2)备货报验。

就是根据出口成交合同及信用证中有关货物的品种、规格、数量、包装等的规定,按时、按质、按量地准备好应交的出口货物,并做好申请报验和领证工作。冷藏货要做好降温工作,以保证装船时符合规定温度要求。在我国,凡列入商检机构规定的“种类表”中的商品以及根据信用证,贸易合同规定由商检机构出具证书的商品,均需在出口报关前,填写“出口检验申请书”申请商检。有的出口商品需鉴定重量,有的需进行动植物检疫或卫生,安全检验的,都要事先办妥,取得合格的检验证书。做好出运前的准备工作,货证都已齐全,即可办理托运工作。

(3)托运订舱。

编制出口托运单,即可向货运代理办理委托订舱手续。货运代理根据货主的具体要求按航线分类整理后,及时向船公司或其代理订舱。货主也可直接向船公司或其代理订舱。当船公司或其代理签出装货单,定舱工作即告完成,就意味着托运人和承运人之间的运输合同已经缔结。

(4)保险。

货物订妥舱位后,属卖方保险的,即可办理货物运输险的投保手续。保险金额通常是以发票的 CIF 价加成投保(加成数根据买卖双方约定,如未约定,则一般加 10% 投保)。

(5)货物集中港区。

当船舶到港装货计划确定后,按照港区进货通知并在规定的期限内,由托运人办妥集运手续,将出口货物及时运至港区集中,等待装船,做到批次清,件数清,标志清。要注意特别注意与港区,船公司以及有关的运输公司或铁路等单位保持密切联系,按时完成进货,防止工作脱节而影响装船进度。

(6)报关工作。

货物集中港区后,把编制好的出口货物报关单连同装货单、发票、装箱单、商检证、外销合同、外汇核销单等有关单证向海关申报出口,经海关关员查验合格放行后方可装船。

(7)装船工作。

在装船前,理货员代表船方,收集经海关放行货物的装货单和收货单,经过整理后,按照积载图和舱单,分批接货装船。装船过程中,托运人委托的货运代理应有人在现场监装,随时掌握装船进度并处理临时发生的问题。装货完毕,理货组长要与船方大副共同签署收货单,交与托运人。理货员如发现某批有缺陷或包装不良,即在收货单上批注,并由大副签署,以确定船货双方的责任。但作为托运人,应尽量争取不在收货单上批注以取得清洁提单。

(8)装船完毕,托运人除向收货人发出装船通知外,即可凭收货单向船公司或其代理换取已装船提单,这时运输工作即告一段落。

(9)制单结汇

将合同或信用证规定的结汇单证备齐后,在合同或信用证规定的议付有效期限内,向银行交单,办理结汇手续。

2. 整箱货操作流程(如图 8-3 所示)

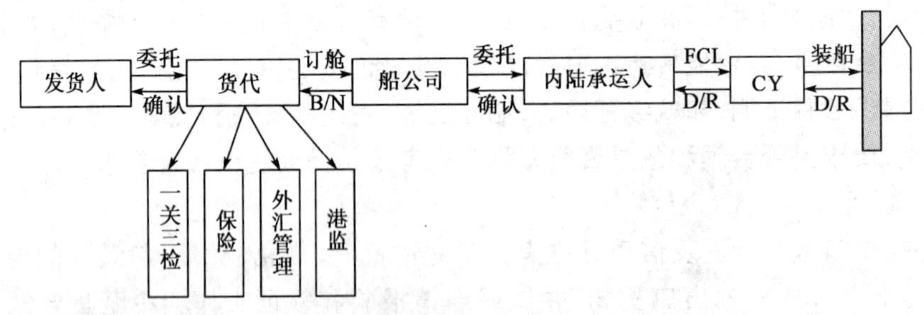

图 8-3　整箱货操作流程

(1)SHIPPER 把托运单传给 FORWARDER,写明整箱还是拼箱。

(2)FORWARDER 向船公司定舱,船 ON BOARD 后。船公司签发 MBL 给 FORWARDER。MBL 的 SHIPPER 是起运港的 FORWARDER,CNEE 一般是 FORWARDER 目的港的分公司或代理。

(3)FOWARDER 签 HBL 给 SHIPPER。HBL 的 SHIPPER 是真正的货主。CNEE 一般做

信用证的是 TO ORDER。

(4)CARRIER 在船开后将货物运达目的港。

(5)FORWARDER 将 MBL 通过 DHL/UPS/TNT 等寄往目的港分公司。(INCLUDING: CUSTOM CLEARANCE DOCS)

(6)SHIPPER 拿到提单后,在交单期之内向国内议付行交单,结汇。如果做 T/TSHPPER 直接寄单据给国外客人。

(7)议付行把全套单据向开证行结汇。

(8)CNEE 向开证行付款赎单。

(9)FORWARDER 拿着 MBL 向船公司换单提货,清关。

(10)CNEE 拿着 HBL 向 FORWARDER 提货。

3. 拼箱货操作流程(如图 8-4 所示)

这是国际货代一般做法。HBL 是 HOUSE BILL OF LADING(货代提单);MBL 是 MASTER BILL OF LADING(船东提单)。

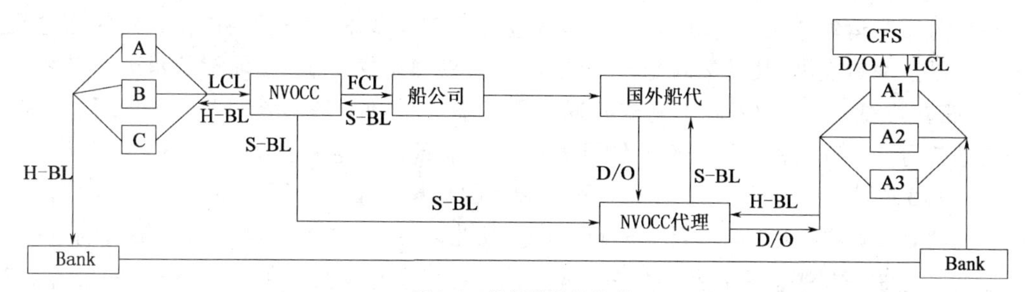

图 8-4 拼箱货操作流程

HBL 是货代签发的提单,不能依此来提货,MBL 是船东签发的提单,可以依此来提货;HBL 不管是到付还是预付,都可以给发货人,MBL 如果是到付一般不给,船公司要控制货物,但是预付可以给发货人,船务公司有的是客人直接指定的;HBL 的抬头一般是客人指定的货代的抬头,签字也是货代公司的,MBL 的抬头是船务公司的抬头,比如:走 YANGMING,其抬头就是 YANGMING LING……,签字也是 YANGMING 的;在提货时,要用 HBL 来换 MBL 才能提到货物。

Forwarders Cargo Receipt 即 FCR 是"承运货物收据",简称 Cargo Receipt,是货代收到托运货物时给托运人签发的收据,此外还是承揽将货物运到 FCR 上所载明的目的地的单证,它不是物权凭证,除非信用证特别授权的话,银行是不会接受这种单据的,提单是物权凭证,与没有严格统一规定的 Cargo Receipt 不同,提单有严谨的含义,要注意收汇安全,因为你把货物交给货代就完成了交货任务,此时由于没有提单,货物已经不属于你,客户也可以直接提货,而你凭此单据就是应该拿到钱了,因为你已经失去了货物。B/L 代表物权,是所有权凭证, Cargo Receipt 只是收据,不表示物权。

收货单(Cargo Receipt):是货物装船后,承运船舶的大副签发给托运人,表示已收到货物并已装船的货物收据。收货人收到正本提单后,向承运人的代理人换取提货单;代理人签发提货单后,须保持正本提单、舱单和提货单内容相一致;收货人凭提货单向海关办理放行手续后,再到港口仓库或船边提取货物;货物提清后,提货单留存港口仓库备查;收货人实收货物少于提单或发生残损时,须索取货物溢短单或货物残损单,并凭以通过代理人向承运人索赔。

Cargo Receipt 应该是收货人办理的卸船单证之一。一般因为是客户自己租船订舱，而且希望能及早收到提单以便提货，故而在 L/C 中要求 Cargc Receipt 交单，而全套正本提单由受益人直接寄交申请人或随船直接到达申请人手中。这种做法通常存在于双方彼此相当信任的基础上。也就是说，客户最终提货，靠的还是全套 B/L；只不过这套 B/L 是在信用证之外流转。货权的实际转移也是在信用证之外；而在信用证下，申请人也会因为前述缘由尽量简化单据要求。这种 Cargo Receipt 通常是由受益人自己或其货代（而非船公司）出具的。

所以这才要求彼此信誉良好，因为这要求：申请人相信受益人会在信用证外及早寄交提单而不是制造虚假单据然后一货卖二主；受益人收到的 L/C 中没有无法做到的软条款，以免发生提单交付出去后议付的单据却被拒付。所以说，用 Cargo Receipt 交单多是建立在双方彼此信任的基础上的，其中货权的转移仍以提单流转为关键。

三、集装箱货物运输的主要单证

集装箱货物运输单证，在 20 世纪 80 年代我国各口岸基本上采用的是传统的货运单证。随着集装箱运输的发展，交通运输部于 1989 年在上海口岸主持了“国际集装箱运输系统（多式联运）工业性试验”，于 1991 年完成并通过国家鉴定验收。1990 年 12 月 5 日，国务院第 68 号令发布了《中华人民共和国海上国际集装箱运输管理规定》，交通运输部又于 1992 年 6 月 9 日以第 35 号令发布了《中华人民共和国海上国际集装箱运输管理规定实施细则》，上述的规定和实施细则自 1992 年 7 月 1 日起施行。从此以后，我国各口岸的集装箱货物运输主要单证基本上统一起来。它们与传统的货运单证相比，既有相同之处，也有一定的差异。在集装箱货物进出口业务中，除采用了与传统的散杂货运输中相同的商务单证外，在船务单证中根据集装箱运输的特点，采用了空箱提交单、设备交接单、集装箱装箱单、场站收据、提货通知书、到货通知书、交货记录、卸货报告和待提集装箱报告等。现分别介绍如下：

1. 空箱提交单

空箱提交单（Equipment Despatch Order）又称集装箱发放通知单（Container Release Order），俗称提箱单，是船公司或其代理人指示集装箱堆场将空集装箱及其他设备提交给本单持有人的书面凭证。

在集装箱运输中，发货人如使用船公司的集装箱，为了要把预定的货物装在箱内，就要向集装箱堆场或空箱储存场租借空箱，通常是由船公司提供空集装箱，借给发货人或集装箱货运站。在这种情况下，船公司或其代理人要对集装箱堆场或空箱储存场发出交箱指示，但是由于空集装箱是一个售价较高的设备，因此不能只靠简单的口头指示，还要向发货人或其代理人提交空箱提交单，集装箱堆场或空箱储存场只对持有本单证的人提交空集装箱，以确保交接安全。

集装箱的空箱提交单一式 3 份，发货人或其代理人凭订舱委托书，接受订舱委托后，由船公司或其代理人签发，除自留一联备查外，发货人或其代理人和存箱的集装箱堆场或空箱储存场各执一联。

2. 集装箱设备交接单

集装箱设备交接单（Equipment Interchange Receipt）简称设备交接单（Equipment Receipt，E/R），是进出港区、场站时，用箱人、运箱人与管箱人或其代理人之间交接集装箱和特殊集装箱及其设备的凭证；是拥有和管理集装箱的船公司或其代理人与利用集装箱运输的陆运人签订有关设备交接基本条件的协议(Equipment Interchange Agreement)。

设备交接单分出场(港)设备交接单和进场(港)设备交接单两种,各有三联,分别为管箱单位(船公司或其代理人)留底联;码头、堆场联;用箱人、运箱人联。

设备交接单位的各栏分别由管箱单位的船公司或其代理人,用箱人或运箱人,码头、堆场的经办人填写。船公司或其代理人填写的栏目有:用箱人/运箱人、船名/航次、集装箱的类型及尺寸、集装箱状态(空、重箱)、免费使用期限和进(出)场目的等。由用箱人、运箱人填写的栏目有:运输工具的车号;如果是进场设备交接单,还须填写来自地点、集装箱号、提单号、铅封号等栏目。由码头、堆场填写的栏目有:集装箱进、出场日期、检查记录,如果是出场设备交接单,还须填写所提集装箱号和提箱地点等栏目。

设备交接单的流转过程是:

(1)由管箱单位填制设备交接单的用箱人、运箱人、船名、航次等。

(2)由用箱人、运箱人到码头、堆场提箱送收箱地(或到发箱地提箱送码头、堆场),经办人员对照设备交接单,检查集装箱的箱体后,双方签字,码头、堆场留下管箱单位联和码头堆场联(共两联),将用箱人、运箱人联退还给用箱人、运箱人。

(3)码头、堆场将留下的管箱人联退还给管箱单位。

设备交接单既是分清集装箱设备交接责任的凭证,在集装箱外表无异状,且铅封完好的情况下,它也是证明箱内货物交接无误的凭证。如发现集装箱等设备有异常时,应把异常情况摘要记在设备交接单上,由经办人双方签字各执一份。设备交接单也用于集装箱的盘存管理和对集装箱的追踪管理,必要事项都要输入计算机中,以备查询。

3.集装箱装箱单

集装箱装箱单(Container Load Plan)是详细记载每一个集装箱内所装货物名称、数量、尺码、质量、标志和箱内货物积载情况的单证,对于特殊货物还应加注特定要求,比如对冷藏货物要注明对箱内温度的要求等。它是集装箱运输的辅助货物舱单,其用途很广,主要用途有以下几方面:

(1)是发货人向承运人提供集装箱内所装货物的明细清单;

(2)在装箱地向海关申报货物出口的单据,也是集装箱船舶进出口报关时向海关提交的载货清单的补充资料;

(3)作为发货人,集装箱货运站与集装箱码头之间的货物交接单;

(4)是集装箱装、卸两港编制装、卸船计划的依据;

(5)是集装箱船舶计算船舶吃水和稳性的基本数据来源;

(6)在卸箱地作为办理集装箱保税运输手续和拆箱作业的重要单证;

(7)当发生货损时,是处理索赔事故的原始依据之一。

集装箱装箱单每一个集装箱一份,一式五联,其中:码头、船代、承运人各一联,发货人、装箱人两联。集装箱货运站装箱时由装箱的货运站缮制;由发货人装箱时,由发货人或其代理人的装箱货运站缮制。

发货人或货运站将货物装箱,缮制装箱单一式五联后,连同装箱货物一起送至集装箱堆场。集装箱堆场的业务人员在五联单上签收后,留下码头联、船代联和承运人联,将发货人、装箱人联退还给送交集装箱的发货人或集装箱货运站。发货人或集装箱货运站联除自留一份备查外,将另一份寄交给收货人或卸箱港的集装箱货运站,供拆箱时使用。

对于集装箱堆场留下的三联装箱单,除集装箱堆场自留码头联,据此编制装船计划外,还须将船代联及承运人联分送船舶代理人和船公司,据此缮制积载计划和处理货运事故。

有的国家,如澳大利亚,对动植物检疫有严格的特别要求,在装箱单上就须附有申请卫生检疫机关检验申请联。在申请联的申请检验事项中,与货运有关的内容包括货物本身及其包装用料是否使用了木材,如木板、木箱、货板、垫板。如使用了,是否已经经过防虫处理的说明。如果已经经过处理,则就货物本身应由发货人将发票、海运单证和熏蒸证书一并寄交收货人;就集装箱而言,则应由船公司或其代理人连同集装箱适航证书一并寄交卸货港的船公司的代理人。该项申请联由发货人和船公司或他们的代理人分别签署。

总之,集装箱装箱单的内容记载得准确与否,与集装箱货物运输的安全有着非常密切的关系。

4. 场站收据

场站收据(Dock Receipt D/R)是由发货人或其代理人编制,是承运人签发的,证明船公司已从发货人处接收了货物,并证明当时货物状态,船公司对货物开始负有责任的凭证,托运人据此向承运人或其代理人换取待装提单或装船提单。它相当于传统的托运单、装货单、收货单等一整套单据,共有十联(有的口岸有七联),其中:

集装箱货物托运单二联:

第一联,货主留底,Booking Note(B/N);

第二联,船代留底;

第三联,运费通知(1);

第四联,运费通知(2);

第五联,装货单,shipper order (S/O),即场站收据副本(1),包括缴纳出口港务费申请书附页,有时称为关单;

第六联,大副联(M/R),即场站收据副本(2);

第七联,场站收据正本,(D/R);

第八联,货代留底;

第九联, 配舱回单(1);

第十联,配舱回单(2)。

(1)场站收据十联单的流转程序,如图 8-5 所示。

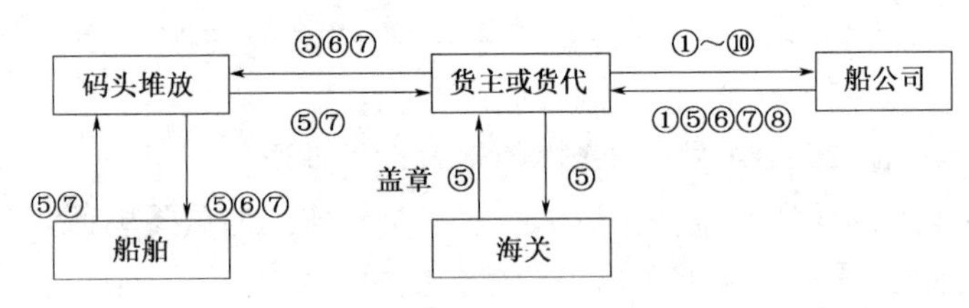

图 8-5　十联单的流转程序

①托运人填制集装箱货物托运单即场站收据一式十联,委托货运代理人代办托运手续;

②货运代理人接单后审核托运单,若能接受委托,将货主留底联(第一联)退还托运人备查;

③货运代理人持剩余的九联单到船公司或船公司的代理人处办理托运手续;

④船公司或其代理人接单后审核托运单,同意接收托运,在第五联即装货单上盖签单章,确认订舱承运货物,并加填船名、航次和提单号,留下第二至第四联共三联后,将余下的

第五至第十共六联退还给货运代理人;

⑤货运代理人留存第八联货代留底,缮制货物流向单及今后查询;将第九、十联退托运人作配舱回执;

⑥货运代理人根据船公司或其代理人退回的各联缮制提单和其他货运单证;

⑦货运代理人持第五至第七共三联:装货单、大副联和场站收据正本,随同出口货物报关单和其他有关货物出口单证至海关办理货物出口报关手续;

⑧海关审核有关报关单证后,同意出口,在场站收据副本(1)即装货单上加盖放行章,并将各联退还货运代理人;货运代理人将此三联送交集装箱堆场或集装箱货运站,据此验收集装箱或货物;

⑨若集装箱在港口堆场装箱,集装箱装箱后,集装箱堆场留下装货单;若集装箱在货运站装箱,集装箱入港后,港口集装箱堆场留下装货单和大副收据联,并签发场站收据给托运人或货运代理人;

⑩集装箱装船后,港口场站留下装货单用作结算费用及以后查询,大副联交理货部门送大副留存;发货人或其货运代理人持场站签收的正本场站收据到船公司或其代理人处,办理换取提单手续,船公司或其代理人收回场站收据,签发提单。在集装箱装船前可换取船舶代理签发的待装提单,或在装船后换取船公司或船舶代理签发的装船提单。

(2)场站收据七联单及其流转程序。

目前,有的口岸像大连口岸使用了七联单:第一联,集装箱货物托运单,船代留底;第二联,装货单,场站收据副本;第三联,场站收据副本,大副联;第四联,场站收据正本;第五联,装箱理货留底;第六联,货代留底,第七联,配舱回单。其流转程序:

①发货人(托运人)填制集装箱货物托运单(即场站收据)一式七联,盖印后委托货运代理人代办托运手续;

②货运代理人带七联单到船公司或船公司代理处办理托运订舱手续;

③船公司或其代理人接单后审核托运单,同意接受托运,在第二联装货单上盖签单章,填上船名、航次、提单号,留下第一联船代留底,将其余六联退货运代理人;

④货运代理人盖印后,留下货代留底,将场站收据、装货单、大副联随同货物出口单证和出口货物报关单一起送海关报关;

⑤海关接单后审核有关单证,同意出口,在装货单上盖放行章,并将各联退还货运代理人;

⑥货运代理人将余下五联单送装箱的集装箱堆场或集装箱货运站,据此验收集装箱或集装箱货物;

⑦集装箱和货物送集装箱堆场或货运站后,装箱场站留下装箱理货联;

⑧装毕后的重箱送港口场站,场站签发场站收据,正本场站收据退还货运代理人,留下装货单和大副联,装货单用作结算费用及今后查询,大副联交理货部门送船上大副留存;

⑨货运代理人将场站签收后的场站收据正本送船公司或船代,装船前可换取船代签发的待装提单;装船后换取船公司或其代理人签发的已装船提单;

⑩货运代理人将提单和第七联配舱回单退给货主(托运人)。

(3)场站收据的填制要求。

场站收据由发货人填制,由发货人或其代理人交船舶代理确认订舱。场站收据中的收货人、通知人、箱号、封志号、箱数、收货方式和交货方式应如实申报,不允许一票场站收据上同时出现两种收货方式、两种交接方式。

对填制栏目内容如有任何变更或整票退关，应向船公司或船舶代理人和其他有关单位分送更正通知单。

发货人或其代理人应在海关放行后将货物装箱。各装箱点应将每票场站收据的箱号、封志号、箱数及时报告发货人或其代理人，发货人或其代理人应在场站收据正本和副本的相应栏目上填明箱号、封志号、箱数。

场站业务员在集装箱进场时，重点核对场站收据装货单上的海关放行章、箱号、封志号、箱数等栏比在实收栏目内批注、签字，在签章栏目注明签章日期，加盖场站章。

由上述可见，场站收据类似传统的大副收据，但又有不同之处。类似之处，两者都表明承运人已收到发货人或其代理人交来指定的货物，即从签发时起就意味着风险已由发货人转给承运人。在集装箱货物运输中，信用证若未强调提供已装船提单，场站收据同大副收据一样，都是发货人或其代理人向船公司或船代换取提单的凭证。但它们不同之处是，集装箱货物运输承运人或其代理人委托场站签发场站收据，意味着承运人的责任风险由传统运输中的"过船舷"延伸到"场站"。

5. 特殊货物清单

在集装箱内装运危险货物、动物货、植物货以及冷冻货物等特殊货物时，托运人在托运这些货物时，必须根据有关规章，事先向船公司或其代理人提交相应的危险货物清单、动物货清单、植物货清单和冷冻(藏)货集装箱清单，或称为××装货一览表。

(1)危险品清单。

危险货物的托运人在装运危险货物时，必须根据有关危险货物运输和保管的规章，如《国际危规》，事先向船公司或其代理人提交危险品清单(Dangerous Cargo List)。危险品清单一般须记载以下一些主要内容：船名、航次、船籍、装货港、卸货港、提单号、货名、国际危规类别、标志、页号、联合国编号、件数及包装、货重、集装箱号、铅封号、运输方式和装船位置等。

为了安排危险货物在集装箱堆场的堆存位置和装船的需要，托运人在将危险货物移入集装箱堆场和货运站时，都须提交危险品清单，由堆场经营人汇总交与船方。

此外，所有危险货物都必须粘贴规定的危险品标志，内装危险货物的集装箱也必须有规定的危险品标志。

(2)冷藏集装箱清单。

冷藏集装箱清单(List of Reefer Container)是装载冷冻货物或冷藏货物的冷藏集装箱的汇总清单。冷藏集装箱清单由货运代理人或装箱人缮制。它记载的内容主要包括：船名、航次、船籍、装货港、开航日期、卸货港、集装箱号码、铅封号、规格、提单号、货物名称、货物重量、箱重、总重、要求温度等。

托运人在托运冷冻货物或冷藏货物时，都要求承运人和集装箱堆场在运输和保管过程中，将冷藏箱的箱内温度保持在一定范围内。为了要尽到这种义务，承运人或集装箱堆场要求托运人或其代理人提供冷藏集装箱清单，而承运人或其代理人对于这些货物要按箱明确货物名称和指定的温度范围，以引起船舶和卸货港的充分注意。

(3)动植物货清单。

动植物货清单(Zoological Cargo List)，关于动物及其尸体、骨、肉、皮、毛和装载这些货物的容器和包装等；植物货清单(Botanical Cargo List)，关于植物、种子、新鲜水果和装载这些货物的容器和包装等货物的进口,根据进出境动植物检疫法,需要由动植物检疫机构检查和批准方可进出口。

这些检查和进出口是由收、发货人或其代理人来申请办理的,但船公司或其代理人必须在船舶卸货以前,按接受检疫的货物和集装箱,分别编制动物货清单、植物货清单提交给检疫机构。但是若不单独编制这种清单,也可用单独的舱单来代替。

6. 提货通知书

提货通知书(Delivery Notice)是船公司在卸货港的代理人向收货人或通知人(往往是收货人的货运代理人)发出的船舶预计到港时间的通知。它是船公司在卸货港的代理人根据掌握的船舶动态和装箱港的代理人寄来的提单副本或其他货运单证、资料编制的。

船公司在卸货港的代理人向收货人或通知人发出提货通知书的目的在于要求收货人事先做好提货准备,以便集装箱货物抵港后能尽快疏运出港,避免货物在港口、堆场积压,使集装箱堆场能更充分地发挥其中转、换装作用,使集装箱更快地周转,而得到更充分的利用。

提货通知书只是船公司或其代理人为使货运程序能顺利进行而发出的单证,对于这个通知发出得是否及时,以及收货人或其代理人是否能收到,作为承运人的船公司并不承担责任,也就是说,承运人并不对此通知承担责任风险。作为进口商的货运代理人,为了保证进口货物代理的服务质量,也应主动与船公司的代理人联系,及早获取进口货物提货通知书,便于提前做好接卸进口货物的准备。

7. 交货记录

交货记录(Delivery Record)共五联:到货通知书一联;提货单一联,费用账单二联,交货记录一联。

(1)交货记录的流转程序。

在船舶抵港前,由船舶代理根据装货港航寄或传真得到的舱单或提单副本后,制作交货记录一式五联;在集装箱卸船并做好交货准备后,由船舶代理向收货人或其代理人发出到货通知书;收货人凭正本提单和到货通知书向船舶代理换取提货单、费用账单、交货记录共四联,对运费到付的进口货物结清费用,船舶代理核对正本提单后,在提货单上盖专用章;收货人持提货单、费用账单、交货记录共四联随同进口货物报关单一起送海关报关,海关核准后,在提货单上盖放行章,收货人持上述四联送场站业务员;场站核单后,留下提货单联作为放货依据,费用账单由场站凭此结算费用,交货记录由场站盖章后退收货人;收货人凭交货记录提货,提货完毕时,交货记录由收货人签收后交场站留存。

(2)交货记录的填制要求。

交货记录在船舶抵港前由船舶代理依据舱单、提单副本等卸船资料预先制作。到货通知书除进库日期外,所有栏目由船舶代理填制,其余四联相对应的栏目同时填制完成。提货单盖章位置由责任单位负责盖章,费用账单剩余项目由场站、港区填制,交货记录出库情况由场站、港区的发货员填制,并由发货人、提货人签名。

(3)各单据的作用。

①到货通知书。

到货通知书(Arrival Notice)是在卸货港的船舶代理人在集装箱卸入集装箱堆场,或移至集装箱货运站,并办好交接准备后,向收货人发出的要求收货人及时提取货物的书面通知。

所以,到货通知书是在集装箱卸船并做好准备后,将五联单中的第一联(到货通知联)寄交收货人或通知人。收货人持正本提单和到货通知书至船公司或船代付清运费换取其余四联。

②提货单。

提货单(Delivery Order)是船公司或其代理人指示负责保管货物的集装箱货运站或集装箱堆场的经营人,向提单持有人交付货物的非流通性单据。

本来,交货应该与提单进行交换来完成,但传统的实际做法是船公司或其代理人收到提单持有人交来的正本提单后,签发提货单,收货人凭提货单向货物堆场或仓库提货。而在集装箱运输中,是凭到货通知和正本提单换取费用账单两联,盖章后的提货单一联和交货记录一联,共四联。随同进口货物报关单到海关办理货物进口通关,海关核准放行后,在提货单上盖海关放行章,再持单到集装箱堆场或货运站,场站留下提货单和二联费用账单,在交货记录上盖章,收货人凭交货记录提货。

③交货记录。

交货记录(Deliver Record),船公司或其代理人向收货人或其代理人交货时,双方共同签署的,证明双方间已进行货物交接和载明其交接状态的单据叫交货记录。交货记录是在签发提货单的当时交给收货人或其代理人,再出示给集装箱货运站或集装箱堆场经营人。

作为船公司代理人的集装箱货运站或集装箱堆场的经营人在向收货人或其代理人交货时,要检查货物的件数和外表状态,如有损坏或灭失等情况时,应把损害的内容记载在摘要栏内,双方签字后完成交接手续,交货记录是在收货人提取集装箱货物时,堆场或货运站的发货人员凭以发放集装箱货物的单据,收货人在交货记录上签收,堆场或货运站留存。在集装箱运输中,船公司的责任是从接受货物开始到交付货物为止。因此,场站收据是证明船公司责任开始的单据,而交货记录是证明责任终了的单据。

④费用账单。

费用账单是场站凭此向收货人结算费用的单据。其主要内容包括:收货人名称、地址、开户银行与账号、船名、航次、起运港、目的港、提单号、交付条款、到付海运费、卸货地点、到达日期、进库场日期、第一程运输、标记与集装箱号、货名、集装箱数、件数、重量、体积、费用名称、港务费、港建费、堆存费、装卸费、其他费用、费用合计等栏目;还有计费吨、单价、金额;另外有收货人章、收款单位财务章,港区场站受理章、核算章、复核章,开单日期等。收货人或其代理人结算港口费用,提取货物。

8.其他单证

(1)卸货报告。

卸货报告(Outturn Report)是集装箱堆场或货运站在交付货物后,将交货记录中记载的批注,按不同装载的船名,而分船编制的交货状态的批注汇总清单。集装箱货运站和集装箱堆场在货物交付后,把交货记录中记载的批注及时汇总起来编成清单,送交船公司或其代理人。船公司根据这一报告掌握货物灭失和发生损坏的情况,以便采取必要措施;同时也可作为收货人对货物灭失或损坏提出索赔时,船公司理赔的重要依据。不过,有些船公司不要求提交这一单据,而以交货记录作为理赔的依据。

(2)待提集装箱(货物)报告。

待提集装箱(货物)报告(Report of Mention Container/Goods)是集装箱堆场或货运站编制并送交船公司的,表明经过一段时间尚未能疏运的,仍滞留在堆场或货运站的重箱或货物的书面报告。据此,船公司或其代理人可向收货人及其代理人发出催提货物的通知,以利疏港和加速集装箱的周转。

实际业务中，船公司向收货人发出的到货通知书中，通常都有关于提货期限和对不按时提取货物将按规定对货物进行处理的规定。比如，有的港口在到货通知书上就明确规定："根据海关规定，货物到港(站)14d内未能及时向海关申报，由此引起的海关滞报金，由收货人承担"。"货物到港10d内未能及时提取货物，由此引起的港口疏港所发生的费用，由收货人承担。货物抵港3个月不提取，将作为无主货处理。"

四、集装箱货物运输出口代理业务主要环节

集装箱货物运输的出口代理业务与传统的班轮运输的货物出口大体相同，有所不同的是增加了集装箱这一环节，出现了发放和接受空箱和重箱、集装箱的装箱作业等环节，改变了集装箱货物的交接方式，制定和采用了适应集装箱作业和交接的单证。集装箱货物运输出口代理业务的主要环节主要包括以下内容：

1. 揽货与委托

集装箱货物运输属于班轮运输，对于货运代理人来说，班轮运输是从揽货开始的。揽货又称揽载(Carrying)，是指货运代理人为使自己所经营的代理业务从货主那里争取更多的货源，以期获得最好的经营效益的行为。

班轮运输是船公司在特定的航线上，按照公布的船期表进行有规则的、反复的航行和运输。船公司为了使船舶的载质量或箱位得到充分利用，力争做到"满舱满载"，除了自己揽货外，还委托其代理人揽货，甚至主动与货运代理公司建立关系，签订协议，留给其一定数量的箱位，争取更多的货源。货运代理人有时为了获得较低的运价或稳定的箱位主动与船公司协作，双方签订合作协议。

发货人根据贸易合同或信用证条款的规定，在货物托运前一定时间内填制好集装箱货物托运单(Container Booking Note)或出口货运代理委托书(Export freight transportation proxy)委托货运代理人订舱。这就是委托方提出的"要约"，被委托方一经书面确认，意味着"承诺"，双方之间的契约行为成立。因此委托书应有委托单位签字盖章，使之成为有效的法律文件。

(1)托运集装箱货必须具备的条件。

信用证应有可装运集装箱的条款；货物具备适宜集装箱运输，并有出口许可证；货物每件毛重及长度不超过集装箱的最大承载量和箱内的长度；货物的密度必须是集装箱能承受的；特种货物必须具备特种集装箱，承运人提供有困难时，发货人必须能够自备；整箱货托运必须在同一目的港。

(2)适于集装箱运输货物的分类。

将货物装载于集装箱中进行运输，在技术上是否可能和经济上是否合理，按其适应程度可分为以下几类：

①最适宜货物(Prime Suitable Container Suitable Cargo)。

属于这一类的货物一般都是价值较高，海运运价也比较高的货物，且易于破损和被盗的货物，例如，酒类、医药用品、收音机、纺织品、服装、打字机、照相机、电视机、光学仪器、各种小型电器及小五金等都属于这类货物。

②适宜货物(Suitable Container Suitable Cargo)。

属于这一类的货物，其本身价值并不很高，海运运价也比最适宜货物低一些。这类货物

破损和被盗的可能性较小，例如，电线、电缆、铅丝、纸浆、袋装面粉、咖啡、生皮、炭精以及各种轻工产品等易成为赔偿对象的货物。

③临界货物(Marginal Container Critical Goods)。

这类货物虽然在技术上将它们装入集装箱是可能的，但是因为它们本身的价值和海运运价都较低，受损和被盗的可能性也很小，将它们装入集装箱进行运输，经济效益并不显著，而且它们的形状、质量和包装也难以实现集装箱化。属于这类货物如钢锭、生铁、原木等。

④不适宜货物(Not Suitable for Goods)。

属于这类货物有的是因货物的物理性质而不能装入集装箱内；有的是在大量运输时，使用专用船(如使用散货专用船运输的大批量散货；使用滚装船运输大批量的货车，以及矿山、工程车辆等)运输反而能提高运输效率的货物。如废钢铁、长40ft以上的桥梁、铁塔、大型发电机等钢铁结构物，都属于这一类货物。

货运代理人根据货物的数量、性质和适箱情况，航线、船期、运价、箱位和集装箱类型等，以及运输条件和信用证要求决定是否可以接受订舱委托，若不能接受或某些要求无法满足，应及时作出反应，以免耽误船期，承担不必要的法律责任。根据与船公司的协议或经与船公司或其代理人联系，取得订舱口头确认，可以满足货主的委托要求，即可办理委托代理手续，建立委托代理关系。

2.订舱配载

货运代理人填制集装箱货物委托单(场站收据)，向船公司或其代理人在其所营运的船舶在截单期前办理托运订舱(Space Booking)，以得到船公司或其代理人的确认。

船公司或其代理人审核托运单，确认无误可以接受订舱后，在装货单(场站收据副本)上签章，以表明承运货物的“承诺”，填写船名、航次、提单号，然后留下船代留底和运费通知(一)、(二)共三联；若七联单仅留船代留底联，将其余各联退还给货运代理人作为对该批货物订舱的确认，以备向海关办理货物出口报关手续；而船公司或其代理人则在承诺承运货物后，根据集装箱货物委托单的船代留底联缮制集装箱货物清单，分送集装箱堆场和集装箱港务公司(或集装箱装卸作业区)，据以准备空箱的发放和重箱的交接、保管以及装船。

利用集装箱运输货物，需要正确掌握该种货物的知识，这不仅要选择适合于集装箱的货物，而且也要选择适合于货物的集装箱。因此，为了利用集装箱能使货物更有效地装载，安全地完成运输任务，必须研究以下几点：

①该种货物最好使用哪一种集装箱；

②每个集装箱能装多少货物；

③这批货物需要多少个集装箱。

为了满足这些要求，就需要具有充分的有关集装箱结构和货物性质以及装载技术方面的知识。所以，货运代理人订舱以后，提取空箱以前所面临的主要问题是集装箱的选用和集装箱的配载：

(1)集装箱的选用。

集装箱的种类。在集装箱运输的发展过程中，因所装货物的性质和运输条件不同而出现了不同种类的集装箱，它们适宜装载不同的货物。

①杂货集装箱(Dry Cargo Container)：杂货集装箱也称干货集装箱，这是一种除冷冻货、活动物、植物外，最通用的一种集装箱，适用于各种于杂货，包括日用百货、纺织品、服装、轻工产品、食品、机械、仪器、家用电器、医药及各种贵重物品等，适用装载的货种非常多，不适

宜装载这种杂货箱的货物有如下几种：冷冻货或严格要求保持一定温度的货物；不能用人力或叉车装箱的重货；不能从箱门进行装卸作业的长大件货物；产生的集中负荷超过箱底承受强度的货物；散货或液体货；在杂货集装箱中不能充分系紧的货物；需要特别通风的货物；活动物等。

②保温集装箱(Insulated Container)：保温集装箱是一种所有箱壁都用导热率低的材料隔热，用来运输需要冷藏和保温货物的集装箱，如冷藏集装箱(Refrigerated Container)，这是用来运输冷冻货物，主要是冷冻食品，如冷冻鱼、肉、虾等；低温水果、蔬菜、干酪等货物；胶片、某些药品等需要保持一定温度的货物，能保持所定温度的保温集装箱。使用这种集装箱在装箱前须检验冷冻装置，船上要有电源插头，能使冷冻集装箱的制冷设备正常运转。

③隔热集装箱(Heat Insulation Container)：这是一种为防止箱内温度上升，使货物保持鲜度，主要用于载运水果、蔬菜等类货物的集装箱。通常用于冰制冷，保持时间约为72h。

④通风集装箱(Ventilated Container)：这是一种为装运不需要冷冻，且具有呼吸作用的水果、蔬菜等类货物，以及兽皮等在运输中会渗出液汁的货物，会引起潮湿的货物等，而在端壁上开有通风口的集装箱。这种集装箱通常以设有通风孔的冷藏集装箱代用。

⑤特种集装箱(Special Container)：为适应特种货物运输的需要，而在集装箱的结构和设备方面进行了特殊设计和装备的集装箱。因所适用的货物种类不同，而有许多种类，其主要有以下几种：

开(敞)顶集装箱(Open Top Container)：这是一种没有箱顶或顶部敞开的集装箱，装卸货物时须使用起重机将重货从顶部装入箱内或卸出。将货物装入后，再用防水篷布遮盖顶部，以防货物受损。这种集装箱适于装载玻璃板、钢铁制品、胶合板、机械设备等超高货物，利用侧壁可以固定的重货，以及难以从箱门进行装卸而必须由箱顶进行装卸作业的货物。

框(板)架集装箱(Flat Rack Container)：这是一种没有箱顶和箱壁、箱端壁也可卸下，只留箱底和四角柱来承受货载的集装箱。如果将四角柱拆下，也可作平台集装箱使用。这种集装箱主要用于不适用于装入杂货集装箱或开顶集装箱内的长大件、超重件、轻泡货、重型机械、钢材、钢管、裸装设备等，会产生集中负荷的重货、超尺度货物、不怕风雨袭击的货物，需要从箱顶或箱侧面装载的货物，以及需要在箱内固定的货物。

散装集装箱(Solid Bulk Container)：这是用以装载大豆、大米、麦芽、面粉、饲料以及水泥、树脂、硼砂、化工原料等散装粉粒状货物的集装箱。使用这种集装箱可以节约数量可观的包装费用，并提高装卸效率。对一些需要植物检疫的货物，比如对于进口粮食，有的需要在港外锚地进行熏蒸消毒。可以在散货集装箱上设置投入熏蒸药物的开口，以熏蒸气体排出口，并且可要求这种集装箱在熏蒸时能保持完全气密。

罐状集装箱(Tank Container；Liquid Bulk Container)：这是一种适用于装载酒类、油类、化学品、危险品等液体货物的集装箱。这类集装箱具有适用于装载这类货物的特殊结构和设备。装货时，货物由罐顶部的装货孔进入、卸货时，货物由底部排出孔靠重力作用自行流出，或由顶部装货孔吸出。

除了上述一些特种用途的集装箱外，还有一些适用于货类更专门的特种集装箱，如专供运载汽车的汽车集装箱，专供运输活牲畜的动物集装箱等。

在集装箱货物运输中，为了船、货、箱的安全，必须根据货物的性质、种类、容积、质量和形状来选择适当的集装箱；否则，不仅对某些货物不能承运，而且也会因选用不当而导致货损。集装箱货物对集装箱的选用可做以下考虑：

清洁货物和污秽货物：可选用杂货集装箱、通风集装箱、开顶集装箱、冷藏集装箱；

贵重货物和易碎货物：可选用杂货集装箱；

冷藏货物和易腐货物：可选用冷藏集装箱、通风集装箱、隔热集装箱；

散货：可选用散货集装箱、罐状集装箱；

动物和植物：选择牲畜（动物）集装箱，通风集装箱；

笨重货物：选择开顶集装箱、框架集装箱、平台集装箱；

危险货物：可选择杂货集装箱、框架集装箱、冷藏集装箱。

（2）集装箱的配载。

①装载量的掌握。

最大载质量（Maximum Pay Load）：可装在集装箱内的货物最大质量，也就是集装箱的总质量（Rating）减去集装箱的自重（Tare Weight）的质量，把这个质量称为最大载质量。该值根据不同的集装箱制造厂和不同类型的集装箱将有所差别。集装箱的总质量绝对不能超过标注在集装箱上的最大总质量（国际标准化组织标准中20ft箱为20320kg，40ft箱为30480kg）。如超过这一数值，考虑到集装箱本身强度以及装卸和运输的安全，各种运输部门、集装箱码头都可拒绝装卸。此外，集装箱总质量虽在最大总质量范围内，但超过公路运输上限的限制质量，有的也不能进行公路运输。

最大装载容积（Maximum Capacity）：关于集装箱的容积和内部尺寸，在国际标准化组织虽然规定了最小内部尺寸，但如果采用容积来计算集装箱的最大装载量时，最好以集装箱的内部尺寸和实际货物尺寸对比来计算。

②货物密度（Cargo Density）。

所谓货物密度是货物单位体积的货物质量，以平均每立方英尺或每立方米货物体积的货重作为货物的密度单位，是普通杂货船上常用的货物积载因数（Stowage Factor）的倒数。对于集装箱来说，把集装箱的最大载货质量除以集装箱的容积，所得之商叫作箱的单位容重。要使集装箱的容积和质量都能满载，就要求货物密度等于箱的单位容重。实际上集装箱装货后，箱内的容积或多或少会产生空隙，因此集装箱内实际利用的有效容积应为集装箱容积乘上箱容利用率。通常在初步计算时，箱容利用率取为80%。应用货物密度和箱的单位容重来计算集装箱需要量的方法如下：

如果货物密度大于箱的单位容重，这种货一般称为重货，则用货物质量除以集装箱的最大载货质量，即得所需要的集装箱箱数；

如果货物密度小于箱的单位容重，这种货一般称为轻货，则用货物体积除以集装箱的有效容积，即得所需要的集装箱数；

如货物密度等于集袋箱的单位容重，则无论按质量计算或容积计算都可求得集装箱的需要量。

③容积和质量的充分利用。

装载拼箱货物的集装箱，应该轻、重搭配，尽量使集装箱的装载量和容积都能满载；但是必须注意混装在一起的货物，要求不会引起货损。当然能合理地进行搭配装载，提高集装箱的装载率，减少集装箱的使用量，无论对承运人还是货主都是十分有利的。

④一般配载应注意事项。

轻货应放在重货上面；干货、湿货不能放在同一箱内，如难以避免时，湿货绝对不能放在干货上面；对怕受潮货物，不能与容易“出汗”的货物同装一箱；怕吸收异味的货物，绝对不能与放出强烈气味的货物同装一箱；容易生灰尘的货物，不能与某些易被灰尘污损的货物同装一箱；瓶装或罐装液体货无法避免与其他干货拼装一箱时，在任何情况下，前者必须装在底下，并须加以隔垫，而且还应有足够的垫板放在液体货下。

为了节约运输费用和货物的安全运送，减少集装箱运输货损，在很大程度上取决于集装箱内的积载。如果一票货物装完了若干个集装箱以后，只剩下一小部分时，由于不能把不同卸货港的货物混装在一个集装箱内；或者集装箱虽然适合于大部分不同货种的运输，但并不是所有这些货物都能互相适应装同一箱内。由于集装箱的空间是有限的，在配装同一箱的不同货种时，应当仔细判断，不同货种相互适应才可同箱积载，若不能同箱积载，即便剩下的货物件数不多，也只好另装一个集装箱，因此，在提取空箱之前应全面考虑，编制好集装箱预配清单，按预配清单的需要提取空箱。

3. 提取空箱

通常，集装箱是由船公司无偿借给货主或集装箱货运站使用的。船公司或其代理人在接受订舱、承运货物后，即签发集装箱空箱提交单，连同集装箱设备交接单一并交给托运人或其货运代理人，据以到集装箱堆场或内陆集装箱站提取空箱。而在承运人的集装箱货运站装箱时，则由货运站提取空箱。不论由哪一方提取空箱，都必须事先缮制出场设备交接单。提取空箱时，必须向箱站提交空箱提交单，并在箱站的检查桥或门卫双方在集装箱设备交接单上签字交接，并各执一份。

应该特别注意的是在交接时或交接前应对集装箱进行检查。较大的货运代理公司，在港口场站设有专人负责集装箱空箱提出和重箱的入箱，提箱前对空箱进行检查并提交安排装运，便于提箱，场站若无专人时，提箱时可派人或由驾驶员进行检查，检查时注意以下问题：

(1)外部检查。

首先要检查集装箱外表面有何损伤，如发现表面有弯曲、凹痕、折痕、擦伤等痕迹时，则应在这些损伤处的附近严加注意，要尽量发现其破口在何处，并在该损伤处的内侧也要特别仔细地检查。

在外板连接处，若铆钉松动和断裂，容易发生漏水现象；箱顶部分要检查有无气孔等损伤，由于箱顶上有积水，如一有破损就会造成货损事故，而且检查时往往容易把箱顶的检查漏掉，因此要严加注意。对于已进行过修理的部分，检查时应特别注意检查其现状如何，有无漏水现象。

(2)内部的检查。

进入箱内，把箱门关起来，检查箱子有无漏光处，这样就能很容易地发现箱顶和箱壁四周有无气孔，箱门能否严密关闭。检查时要注意箱壁内衬板上有无水湿痕迹，如发现有水迹时，则在水迹四周要严加检查，必须追究产生水迹的原因。对于箱壁或箱底板上突出的钉或铆钉头，内衬板的压条受损，应尽量设法除去或修补，如无法去除或修补，应用衬垫物遮挡起来，以免损坏货物。

如箱底捻缝不良，则集装箱在底盘车上雨中运行时，从路面上溅起来的泥水会从底板的空隙中渗进箱内，污染货物，检查时应予以注意。

(3)箱门的检查。

要检查箱门能否顺利关闭，关闭后是否密缝，门周围的密封垫是否紧密，能否保证水密，还要检查箱门把手动作是否灵便，箱门能否完全锁上。

(4)附件的检查。

要检查固定货物时用的系环、孔眼等附件安装状态是否良好,板架集装箱上的立柱是否备齐,立柱插座有无变形。开顶集装箱上的顶扩伸弓梁是否齐全,有否弯曲变形,还应把板架集装箱和开顶集装箱上使用的篷布打开,检查其有无破损,安装用的索具是否完整无缺。另外,还要检查通风集装箱上的通风口能否顺利关闭,其储液槽和放水龙头是否畅通,通风管、通风口有否堵塞等。

(5)清洁状态的检查。

检查集装箱内有无垃圾、恶臭、生锈,有无被污脏,是否潮湿,如这些方面不符合要求就应向集装箱提供人提出调换集装箱,或进行清扫、除臭作业。如无法采取上述措施时,则箱内要铺设衬垫或塑料薄膜等以防货物污损。

特别要注意的是集装箱用水冲洗以后,从表面上看好像已经干燥,但箱底板和内衬板里面却含有大量水分,这是造成货物漏损的重要原因之一。另外,箱内发现有麦秆、草屑、昆虫等属于动植物检疫对象的残留物时,即使箱内装的与动植物检疫完全无关的货物,也必须把这些残留物彻底清除。

根据《中华人民共和国海上国际集装箱运输管理规定》第十八条规定:"装运粮油食品、冷冻品等易腐食品的集装箱,须经商检机构检验合格后方可使用。"货运代理人在使用装运食品的集装箱或冷冻箱时,必须首先申请商检机构在港口场站根据《集装箱检验办法》的规定进行检验,检验合格后,出具验箱合格证书,方可提箱。这不论从时间还是从费用上考虑都要比提箱后检验更为合理,尤其是由发货人装箱时,先提箱还会受检验条件的限制。

4.报验、报关

(1)报验。

发货人或其货运代理人依照国家有关法规并根据商品特性,在规定的期限之内填好申报单,分别向商检、卫检、动植检等口岸监管检验部门申报检验。经监管检验部门审核或查验,视不同情况分别予以免检放行或经查验、处理后出具有关证书放行。如果托运危险品,还需凭危险品清单、危险品性能说明书、危险品包装证书、危险品装箱说明书、危险品准装申报单等文件向港务监督办理申报手续。

(2)报关。

发货人或货运代理人依照国家有关法规,于规定期限内持报关单、场站收据五至七联(七联单是二至四联),商业发票、装箱单、产地证明书等相关单证向海关办理申报手续。根据贸易性质、商品特性和海关有关规定,必要时还需提供出口许可证、核销手册等文件。经海关审核后,根据不同情况分别予以直接放行或查验后出具证书放行,并在场站收据第五联(装货单)上加盖放行章。

5.货物装箱

货物装箱应根据货运代理的集装箱出口业务员编制的集装箱预配清单,在集装箱货运站或发货人的仓库进行。

(1)集装箱货物装箱的方式。

①整箱货(Full Container Load,FCL)装箱。

由发货人或其货运代理人办理货物出口报关手续,在海关派员监装下自行负责装箱,施加船公司或货运代理集装箱货运站铅封和海关关封。发货人或其货运代理人缮制装箱单和场站收据,在装箱单上标明装卸货港口、提单号、集装箱号、铅封号、质量、件数、尺码等。若在内陆(发货人仓库)装箱运输至集装箱码头的整箱货,应有内地海关关封,并应向出境地海关办理转关手续。

②拼箱货(Less than a Container Load,LCL)装箱。

拼箱货装箱是由货运代理人将接收有多个发货人运往不同收货人,而不足一整箱的零星货物集中起来交给集装箱货运站,货运站根据集装箱预配清单核对货主填写的场站收据,并负责接货,请海关派人监装,拼装整箱装箱、施封,并制作装箱单。其具体程序是:

货主或其代理人将不足整箱的货物连同事先缮制的场站收据,送交集装箱货运站,集装箱货运站核对由货主或其代理人缮制的场站收据和送交的货物,接受货物后,在场站收据上签收。如果接收货物时,发现货物外表状况有异状,则应在场站收据上按货物的实际情况作出批注。集装箱货运站将拼箱货物装箱前,须由货主或其代理人办理货物出口报关手续,并在海关派人的监督下将货物装箱,同时还应从里到外地按货物装箱的顺序编制装箱单。

(2)集装箱装箱注意事项。

装箱人在装箱前应按规定认真检查箱体,发现集装箱不适合装运货物时,应拒绝装箱,并立即通知集装箱所有人。集装箱所有人有责任继续提供适合货物装运的集装箱。具体装箱时应注意以下事项:

集装箱货运站装箱时,不能随到随装,必须根据集装箱预配清单和事先编制的装箱计划进行装箱;备妥必要的合格的隔垫物料及捆扎加固材料;注意货盘的叉槽放置方向不能弄错;装箱时必须考虑方便拆箱卸货;货物重心分布必须平衡,积载后的重心应尽量接近箱子的中心,以免装卸过程中发生倾斜和翻倒;硬包装的货物,装箱时应当用垫料,以免冲压其他货物或碰坏箱子内壁;袋装货最好不要与箱装货同装一箱,不能避免时须要用垫板;带有凸出、隆起或四边不规则包装的货,如没用适当垫料,不能与其他货装在一起;湿货包括桶装或罐装液体货,应当用垫料,并装在底层;不同种类的包装,必须保持分票积载,例如,木夹板包装货与袋装货或纤维板箱装货物之间,如果没有保护性的隔垫,就不能装在一起;海关监管或可能被查验的货物必须分出并装在箱门口;在任何情况下,都不能把货物直接固定在集装箱内部任何一个平面上,因为把集装箱钻孔会破坏箱的水密性;不要用不同包装的货物填塞集装箱的空位,除非这两种包装的货物,是完全适合拼装的;包装损坏的货物,即使损坏的表面是微小的,也不能装入箱内。必须将坏包在装箱前修好后才能装入箱内;货物装完后,必须检查,要求做到没有一件货物处于松动状态,以防集装箱发生纵向或横向倾斜时,造成货损。

集装箱装箱完毕后,应使用合适的方法进行固定、绑扎,并关闭箱门;如对货物加固材料系木材,且目的地是澳大利亚、新西兰等国家则应在箱体外表明显地方贴上有关部门出具的木材经免疫处理证明。

(3)特殊货物装箱。

重大件(Over Weight Cargo;Over Height Cargo;Over Width and Over Length Cargo)一般是指超重货、超高货、超宽和超长货。

①超重货:超重也不能超过集装箱的最大总重,由于集装箱运输和装卸中所使用的机械都是按国际标准化组织规定的标准最大总重来设计制造的。20ft 集装箱为 20 长吨(即 20320t),40ft 集装箱为 30 长吨(即 30480t),这一限度绝对不准超过。

配重件时,应当注意使集装箱保持平衡,同时考虑箱容的充分利用。尽可能搭配适当的轻货。装载时必须考虑集装箱底层的最大负荷量,可通过垫板来配置最大负荷量。要对照集装箱规范，绝对不能超过集装箱底层每平方英寸（或每平方米）的最大负荷量。

虽然集装箱一般设计最大载重，但还必须考虑内陆运输及通过公路桥梁的载重限度。例如，澳大利亚各州的公路，其超重量就有若干不同，有的州规定公路上通行的集装箱，其最大总重为20长吨，超过了这一质量的集装箱，必须要用13t的串联轴来运输。因此，实际上超过20长吨的40ft型集装箱，如果不采用特殊的底盘车，该州就不能进行公路运输。美国有的州也有这种公路限制。

②超高货：通常杂货集装箱的箱门有效高度为2100mm左右（约6ft11in），如果货物超过了这一高度，就称为超高货。超高货必须用开顶集装箱或框架集装箱装载。装载超高货时，对于在陆上运输通过桥洞，车站和码头的装卸作业以及船舶装载，将带来许多问题，必须引起特别关注。

③超宽货：舱内集装箱与集装箱之间的横向间隙通常是120～200mm，其间距的大小要根据不同的船舶而定。如果所装的超宽货物不超过上述范围，一般可以与普通集装箱一样装在舱内，为了防止货物横向移动，靠在相邻的集装箱上，而使侧壁触破等事故，要进行充分的固定。超过尺度而不能装载时，可直接装在舱口盖上，或者用几个框架集装箱，拆去侧立柱，在船的横向并列起来，确保层面面积。其装载方法与散件货相同。因此，能否装载是受集装箱和舱口的尺寸、舱盖的强度决定的。

④超长货：超长货不能装在舱内，因为每一箱格都有横向构件，所以如必须装运时，只好装在甲板上，但甲板上有拉紧集装箱的交叉拉杆，因此限制了装载位置。超长货装在框架集装箱上时，其超长量限制在1ft左右。集装箱船舶需装载超长、超宽、超高、超重等非标准集装箱，应在订舱前由托运人或承运人向港口提出申请，经确认后方可装运。

危险货物的装载：使用集装箱装载危险货物应按危险货物运输规则所列的性能作为配载的依据，各种性能不同的危险货物，不能同配一箱，箱内不能放一般普通货物，具体应做到以下几点：集装箱有正确的标记、标志，并有“集装箱装运危险货物证明书”；集装箱清洁、干燥，适合装货；货物符合《国际危规》的包装要求，有正确的标记、标志，并经国家规定的有关部门检验认可；每票货物应有危险货物申报单；与危险货物性质不相容的货物禁止同装一箱；与普通货物混装时，危险货物不得装在普通货物的下面，并应装于箱门附近；包件装箱正确，衬垫、加固合理；装载后，应按《国际危规》要求在集装箱外部每侧张贴危险货物类别标志。

冷冻、冷藏集装箱的装载：冷冻、冷藏货大致分为冷冻货和低温冷藏货两种。冷冻货是指货物在冻结状态下进行运输的货物，运输温度的范围一般在－20～－10℃之间。低温货是指货物在还未冻结或货物表面有一层薄薄的冻结层的状态下进行运输的货物，一般允许的温度调整范围在－1～＋16℃。货物要求低温运输的目的，主要是为了能保持货物的鲜度。有时为了要维持货物呼吸和防止箱内产生水滴而需要在箱内进行通风。

使用冷冻、冷藏集装箱装载冷藏货应做到：集装箱具有集装箱所有人出具的集装箱合格证书或文件；集装箱冷藏设备起动、运输、停止装置处于正常状态；集装箱通风孔处于所要求的状态，泄水管保持畅通；集装箱装箱前要经商检机构检验合格，并能达到规定的温度，货物要达到规定的装箱温度；货物装箱时，不能堵塞冷气通道，天棚部分应留有空隙；装载期间，冷藏装置停止运转，冷冻货物最好不要混载，必须混载时，只有运输温度相同的货物才能装在一起，并要避免有恶臭、污染的货物混载；装载完毕，尽快使制冷设备工作，以尽快达到运输要求的温度。

五、海　运　单

1. 海运单的含义及其作用

海运单(Sea Waybill)是证明海上货物运输合同和货物已经由承运人接管或装船,已经承运人保证将货物交给指定收货人的一种不可转让的单证。海运单是发货人和承运人之间订立海上货物运输合同的证明,又是承运人接管货物或者货物已经装船的货物收据,具有以下两个重要作用:

①Sea Waybill 是承运人受到货物,或者货物已经装船后签发给托运人的一份货物收据;

②Sea Waybill 是承运人与托运人之间订立海上货物运输合同的证明。

2. 海运单与海运提单的区别

海运单不具有提单"物权凭证"的作用:对于提单持有人而言,拥有提单在法律上就表明拥有提单上所记载的货物,通过转让提单可以达到转让货物的目的,海运单在法律上不具有可转让;由于海运单不是物权凭证,收货人在卸货港提取货物时并不需要持有和出具正本的海运单,只需要确认自己的收货人身份后就可以取得提货单提货。

在作为运输合同证明方面的区别:海运单通常采用简单形式,其正面或者背面如果没有适当的条款或者没有并入有关国际组织或者民间团体为海运单制定的规则,则它只能作为托运人与承运人之间订立货物运输合同的证明,收货人是不能依据海运单上记载的条款向承运人提出索赔的,承运人也不能依据海运单上记载的条款进行抗辩;而对于提单,当提单经过转让到了收货人手里时,收货人就享有提单赋予的权利,同时也要承担相应的责任。

在作为货物收据证据效力方面的区别:提单运输涉及的贸易是单证贸易,为了保护合法受让提单的第三人,有必要强调提单作为货物收据所记载内容是最终证据;而海运单涉及的贸易不是单证贸易,不涉及转让问题,因而没有必要强调海运单作为货物收据所记载内容是最终证据。

3. 海运单的优点

在一定条件下海运单具有迅捷、简便、安全的特点,对发货人而言,在以下方面比较方便,海运单不一定寄给收货人,节省邮费,免除了业务员对提单的检查,同时也免除了对其他配套物权单证的检查。发货人可向客户(收货人)提供更简易、更迅速的服务,整个单据程序得到了改进,从而提高了市场的竞争力,当货物尚未放行时,可视需要将海运单交货改为提单交货,海运单可由发货人改签提单发给新的收货人。

对承运人而言,在交货方面减少风险:海运单的交货条件不取决于海运单的呈递,也无须遵守单据手续,承运人只要将货物交给海运单上所列明的收货人或其授权的代理人,就视为已经做到了谨慎处理。

对收货人而言,可免除因等海运提单而招致的延迟提货;可免除为防止交错货物而向承运人出具银行担保;免除业务员对延误的提单及转运中丢失的提单的检查;不再产生滞期费、仓租费。

在单证本身的风险方面:由于海运单的不可转让性,使得它成为一种安全的凭证,从而减少欺诈,即使第三者得到丢失的运单,也不能提取货物,因此对收货人不存在风险。

在单证的流转程序方面:由于采用海运单不必递交给收货人,因此有关单据如保险单和商业发票等,可以在装货完毕后立即发送给有关当事人。

请注意一般情况下船公司是不会签发海运单的,海商法是比较袒护船东的,海运提单的背面就有很多条款规定双方的权利和义务多半是对船公司有利的条款。一旦出现货物损伤和灭失,这些条款会帮助船东逃避责任。那么海运单签署后船东就自动丧失了抗辩的权利,也就失去了条款的保护,一旦出现事故,就有承担责任的风险。由于海运单可以凭COPY件换提货单因此安全性也不高,曾经出现过冒领的情况。综上所述,这就是海运单很方便却不被广泛使用的原因。

提单分海运提单和海运单两种,一般都使用海运提单,这种提单可以背书转给别人。海运单又名Seaway Bill,这种提单没有正本只有副本,而且收货人只能是具体的人/公司,不能to Order之类的,非但不能转让,一般申请这种提单的客户和国外的船公司关系特别好,客人只凭一份证明,证明是提单上的收货人就能提货,而不用出示正本提单。

六、集装箱进口和出口操作流程

1.集装箱进口操作流程

接到客户的全套单据后,要查清该进口货物属于哪家船公司承运、哪家作为船舶代理、在哪儿可以换到供通关用的提货单(注:全套单据包括带背书的正本提单或电放副本、装箱单、发票、合同)。注意事项:提前与船公司或船舶代理部门联系,确定船到港时间、地点,如需转船应确认二程船名;提前与船公司或船舶代理部门确认换单费、押箱费、换单的时间;提前联系好场站确认好提箱费、掏箱费、装车费、回空费。

凭背书的正本提单(如是电报放货,可带电报放货的传真件与保函)去船公司或船舶代理部门换取提货单和设备交接单。注意事项:背书有两种形式,如果提单上收货人栏显示"TOORDER"则由"SHIPPER"背书:如果收货人栏显示其真正的收货人,则需收货人背书;保函是由进口方出具给船舶代理的一份请求放货的书面证明。保函内容包括进口港、目的港、船名、航次、提单号、件重尺及进口方签章;换单时应仔细核对提单或电放副本与提货单上的集装箱箱号及封号是否一致;提货单共分五联,白色提货联、蓝色费用账单、红色费用账单、绿色交货记录、浅绿色交货记录;设备交接单:它是集装箱进出灌区、场站时、用箱人、运箱人与管箱人或其代理人之间交接集装箱及其他机械设备的凭证,并兼管箱人发放集装箱的凭证的功能。当集装箱或机械设备在集装箱码头堆场或货运站借出或回收时,由码头堆场或货运站制作设备交接单,经双方签字后,作为两者之间设备交接的凭证。

集装箱设备交接单分进场和出场两种,交接手续均在码头堆场大门口办理。出码头堆场时,码头堆场工作人员与用箱人、运箱人就设备交接单上的以下主要内容共同进行审核:用箱人名称和地址,出堆场时间与目的,集装箱箱号、规格、封志号以及是空箱还是重箱,有关机械设备的情况,正常还是异常等。

进码头堆场时,码头堆场的工作人员与用箱人、运箱人就设备交接单上的下列内容共同进行审核:集装箱、机械设备归还日期、具体时间及归还时的外表状况,集装箱、机械设备归还人的名称与地址,进堆场的目的,整箱货交箱货主的名称和地址,拟装船的船次、航线、卸箱港等。

用换来的提货单(1、3)联并附上报关单据前去报关。报关单据:提货单(1、3)联海关放行后,在白联上加盖放行章,发还给进口方作为提货的凭证。正本箱单、正本发票、合同、进口报关单一式两份、正本报关委托协议书、海关监管条件所涉及的各类证件。注意事项:接到客户全套单据后，应确认货物的商品编码，然后查阅海关税则，确认进口税率、确认货物需要什么监管条件，如需做各种检验，则应在报关前向有关机构报验。报验所需单据：报验申请单、正本箱单发票、合同、进口报关单两份；换单时应催促船舶代理部门及时给海关传舱单，如有问题应与海关舱单室取得联系，确认舱单是否转到海关；当海关要求开箱查验货物时，应提前与场站取得联系，调配机力将所查箱子调至海关指定的场站（事先应与场站确认好调箱费、掏箱费）。

若是法检商品应办理验货手续。如需商检，则要在报关前，拿进口商检申请单（带公章）和两份报关单办理登记手续，并在报关单上盖商检登记在案章以便通关。验货手续在最终目的地办理。

如需动植检，也要在报关前拿箱单发票合同报关单去代报验机构申请报验，在报关单上盖放行以便通关，验货手续可在通关后堆场进行。

海关通关放行后应去三检大厅办理三检。向大厅内的代理报验机构提供箱单、发票、合同报关单，由他们代理报验。报验后，可在大厅内统一窗口交费。并在白色提货单上盖三检放行章。

三检手续办理后，去港池大厅交港杂费。港杂费用结清后，港方将提货联退给提货人供提货用。

所有提货手续办妥后，可通知事先联系好的堆场提货。注意事项：首先应与港池调度室取得联系安排计划；根据提箱的多少与堆场联系足够的车辆尽可能按港方要求时间内提清，以免产生转栈堆存费用；提箱过程中应与堆场有关人员共同检查箱体是否有重大残破，如有，要求港方在设备交接单上签残。

重箱由堆场提到场地后，应在免费期内及时掏箱以免产生滞箱，货物提清后，从场站取回设备交接单证明箱体无残损，去船公司或船舶代理部门取回押箱费。

2. 集装箱出口货运代理操作流程

（1）揽货接单：签订代理协议。

（2）接受委托：索取出口单证。

（3）订舱配载：向船公司或船代递交装货单。

（4）提取空箱：从港口堆场或船代指定货运站提空箱交出口人指定或货代安排的装箱站。

（5）货物报验、报关、保险：包括商检、动植物检、卫检和危险品申报、检验、放行签证。

（6）整/拼箱操作：出口人指定或货代选择的装箱站操作，委托货代装箱的，实行监督装箱。

（7）制作提单：预制提单经出口人审查签认后交船代签收。

（8）集港交货：按船代或港站通知集港交货办理交接签证。

（9）港口装船：货代对大宗货箱掌握装船进度。

（10）换取提单：货代凭港站收据向船代换取已装船清洁提单，交出口人向银行结汇。

（11）装船通知：船开后代出口人向国外卸港代理发送。

（12）费用结算：向船代代出口人交纳海运运费。向船公司结算揽货佣金，按代理协议同委托方结算各项费用。

（13）单船整卷：全船操作完毕后整理全部单证、资料入卷、重点船和重点客户作出书面总结，建立客户档案。

3. 集装箱装火车流程

由港口站或货代到操作部营业室办理装火车作业委托，提供将要装火车的准确的集装箱箱号、提单号等相关信息。

由港口站从铁路、货主处得到将要装车集装箱的详细信息，并将车次、车皮号、作业委托单号、到港时间输入计算机发送到中控。

中控室操作人员根据港口站或货代提供的资料，安排装火车机械、场地机械和集装箱货车，通过计算机生成装火车作业队列，并将装火车指令发送到场地机械。

场地机械按照收到的装火车指令，将要装火车的集装箱吊到集装箱货车上，并将该集装箱卡车车号输入计算机，进行指令确认。

装火车机械在场地机械进行指令确认后，收到装火车作业指令，将集装箱货车车号、装火车集装箱的箱号和指令进行核对，无误后将该集装箱装入指令指定的车厢内，并进行指令确认。

装火车结束后，由中控通知铁路和铁管处，进行拉车离港。港口站将离港时间输入计算机，完成装火车作业。

4. 集装箱货物作业程序及标准

(1)计划与受理。

①计划与受理作业内容。

进行适箱货源调查；编制集装箱月度装箱计划；提报集装箱月度货物运输计划；统一受理和审核运单；安排日装箱计划，批准集装箱进站日期；组织铁路拼箱运输。

②计划与受理质量标准。

掌握集装箱货物的流量、流向，随时掌握变化情况；核实货源，合理组织安排，提高计划兑现率，最大限度地将适箱货源纳入集装箱运输；保证月度装箱计划的落实；按运单填制办法逐项审核，符合一批办理托运条件，符合到站营业办理范围，戳记齐全，所附证明文件齐全有效；及时通知托运人，在规定时间内领取空箱、装箱进站；符合拼箱条件的货物都进行了组织。

(2)承运。

①承运作业内容。

复核运单。按批准进箱日期拨空箱。检查箱体状态；按运单记载验箱，签章，注明箱位号码。抽验集装箱质量；检查集装箱内货物品名、质量；填写票据，核收费用，登记有关台账；填写到发集装箱登记簿、箱号、卡片；凭货票逐批逐箱办理交接、签章；铁路拼箱货物组织装箱，填写集装箱清单，施封；国际集装箱运输，填写跟踪单。

②承运质量标准。

再次核对运单记载事项，戳记要齐全无误；箱体状态不良，及时给予更换；箱号、封号与运单填写一致，集装箱箱体状态良好，手把全部入座，施封符合规定。集装箱上无残留的旧货签及其他无关标记；品名、质量与运单填写一致；填写票据正确。运杂费核收无误。坚持三检复核制度。填报有关报表，做到账款相符。填写正确，不漏项，字迹清晰；票、箱、卡相符，交接清楚；码放稳固，清单填记清晰、正确；清晰、正确。

(3)装车。

①装车作业内容。

复核配装计划；向货调提报装箱车种、车数；装车前进行票、箱、车三检，召开班前会；装车时，进行监装；装车后进行箱区残存箱、车辆装载状态、施封三检；整理货票，填写货车装载清单和封套，加盖有关戳记，封票。登记有关台账。报告作业完成时间。

②装车质量标准。

符合办理限制、装运条件、中转范围正确；提报选配车种符合要求，及时、正确；货票齐全，票箱相符，箱体状态良好，施封有效，车辆符合要求，发现问题及时处理；按规定现场指导装车。不偏载，不错装、不漏装；装载符合规定，施封符合要求；货票、清单、封套、台账填记完整正确，货票、清单、箱相符，戳记齐全。报告及时、正确。

(4)中转

①中转作业内容。

编制中转配装计划，采取一坐、二过、三落地的方法组织；布置中转作业计划及注意事项。根据中转配装计划，进行作业。中转箱的装卸作业比照装卸车的作业内容办理；中转作业后，整理复查箱位、货票、中转计划表，填写集装箱中转台账和有关报表，移交货票，报告作业完了时间。

②中转质量标准。

符合中转范围，多装直达，加速中转，不虚靡车辆；布置清楚。坐、过、落箱正确、无误。合理加装，车内剩余箱的整理符合规定。中转箱的装卸作业比照装卸车的质量标准办理；填记完整、正确，箱位、箱数无差错，票据整理、报告及时、正确。

(5)卸车

①卸车作业内容。

核对货票、装载清单、封套，确定卸箱区位，检查货票中有无记录；卸车前，确认车号，检查车辆状态。棚车装载时，检查施封，召开车前会，按规定对棚车进行启封；卸车时，指定卸车箱位。监卸。将封锁、封套一同保存；卸车后检查箱体，凭票核对箱号、箱数、货签、施封锁(环)内容，注明箱位，在货票上加盖卸车日期戳，并填写到达登记台账；凭卸车清单(卡)办理集装箱交接，签章；卸车货运员凭卸车清单向内勤货运员办理货票交接、签章。报告作业完了时间；铁路拼箱货物卸车后掏箱，办理交接。

②卸车质量标准。

货票、装载清单、封套填写一致，发现问题按规定及时处理；车号正确，发现异状，编制记录，及时处理；不错卸、不漏卸；票、箱、台账一致，发现异状，如实编制记录；集装箱交接清楚；货票交接清楚；在卸车作业完毕前，将拼箱货物掏出，发现问题，及时编制记录。

(6)交付

①交付作业内容。

发催领通知；办理票据交付手续；按规定核收杂费、装卸费，加盖交付日期戳；根据运单和卸车清单(卡)，对照核对交付日期戳，过期补收滞留费。核实无误后，现场逐箱检查交付，加盖交付完了戳记。在卸车清单(卡)上记明交付日期和交付货运员；向统计、箱调提供有关数据；以卸车清单(卡)核对待交箱，对积压箱进行催领；整理国际箱跟踪单。往返运输国际箱应核收返程运输费用。

②交付质量标准。

不迟于卸车次日；收货人提出的领货凭证及有效证明文件与货票上记载的收货人名称、货票号码相符，戳记齐全，不误交；不误收，不漏收，戳记正确；数据准确，账箱相符；填记正确及时，按规定保管。

(7)集装箱进出站。

①集装箱进出站作业内容。

集装箱进出站按箱号管理。进行登记和销号;从车站搬出的铁路集装箱,填写出站单;验收返回的空、重集装箱,核对"铁路集装箱出站单",甲、乙、丙、丁联核对,返回还箱收据。对超期箱核收延期使用费;对发生破损的集装箱编制记录,向责任者核收修理费用;"铁路集装箱出站单"装订成册;对站外存留的铁路集装箱和周转集装箱按时按单位填报集装箱站外存箱登记簿、站外存留日况表。

②集装箱进出站质量标准。

记载准确,账箱相符,数据正确;按规定填写,正确无误;督促托、收货人按规定日期返回集装箱。按规定要求验箱出站单办理无误。正确核收费用;顺号装订,妥善保管;准确掌握站外存留箱。账箱相符。

(8)调度。

①调度作业内容。

掌握站内、外集装箱动态,组织运用;向铁路局集装箱调度汇报车站货源和箱源情况,及时提出调整箱流的意见;根据日班计划,组织装卸车工作;按下达的空箱回送命令,及时组织向指定的集装箱办理站回送;填写集装箱作业图表,向车站货调报告;往返运输的国际集装箱应在规定时间内回送;处理集装箱运输中日常发生的问题。

②调度质量标准。

加速周转,压缩停时;掌握集装箱到发规律,做到箱不积压,搞好均衡运输;认真完成日计划;准确、按时执行调度命令;及时、正确;回送日期不超过规定期限;发现问题及时,处理正确果断。

(9)统计。

①统计作业内容。

a.日常报表统计工作:运用报告;停留时间统计;箱公里计算;集装箱运输情况月报;集装箱站外存留情况。

b.分析工作:月、旬装箱计划完成情况;"门到门"运输开展情况及站外存留情况;集装箱在站平均停留时间完成情况;定期向领导汇报各项指标完成情况,并提出改进措施。

②统计质量标准。

统计数据准确、齐全,报告及时;通过分析,发现问题,及时汇报,改进工作。

(10)码放。

①码放作业内容:按照划分的箱区、箱位码放。

②码放质量标准:空箱、重箱分开;发送、到达、中转、修理箱分开。在货位划分上不能与笨重货物混用,留有通路。进区入位、整齐、稳固关闭箱门。双层码放,角件对齐。

(11)送修与验收。

①送修与验收作业内容。

检查集装箱状态,根据修理箱规则,确定修理箱种类,负责扣修;货运员"填写集装箱修理登记簿"和"集装箱送修通知单",与修理单位办理交接;需回送它站修理的集装箱按规定办理;对超过规定维修天数的集装箱核收集装箱延期使用费;验收修竣集装箱;填写有关报表。

②送修与验收质量标准。

严格按照临、定修条件扣修，坏箱不能投入运用。未到期需定修的集装箱应附有破损记录；填写及时、正确，交接清楚。扣修当日送入修理箱区；严格执行调度命令；严格掌握进出厂时间，记录准确；按照《铁路集装箱修理规则》的要求验箱；及时、正确。

项目三　国际集装箱提单实务

教学要点

(1)掌握集装箱提单的概念、作用和种类；

(2)掌握集装箱提单记载的内容；

(3)熟悉集装箱提单的流程。

教学方法

可采用讲授、视频教学、情境教学、行动导向法分组讨论等方法。

一、集装箱提单的概念

1. 集装箱提单的产生

集装箱提单是国际货物贸易和国际海上货物运输中的重要单证之一，它是随着国际贸易的不断发展而产生的。14世纪，地中海一带的海上贸易日益繁荣，同一船上装有多家货主的货物，船长不得不对装上船的货物做必要登记，该登记记录船长保留一份，另一份交给发货人，这种由船长签发的货物记录就是集装箱提单的雏形。到了16世纪晚期，国际贸易在地域上和规模上进一步扩大，船舶航行能力和载货能力也在扩大，船舶运输已初步形成一个专门行业。为确定承运人和托运人之间的权利义务，解决日益增多的货运事故争议，客观上提出了订立运输合同的必要。由于同一航次中的发货人增加到几十个甚至更多，实践中承运人很难做到与每一个托运人分别洽商运输合同条款。于是，承运人便单方拟定合同条款并印在被称作“集装箱提单”的文件上，至此，集装箱提单从形式到内容均得到了完善。

2. 集装箱提单的定义

《汉堡规则》第一次在国际公约中给出了集装箱提单定义，而《海牙规则》和《海牙一维斯比规则》都是有关集装箱提单的国际公约，但都没有给集装箱提单下定义。根据《汉堡规则》，集装箱提单是指用以证明海上货物运输合同和货物已由承运人接收或装船，以及承运人保证据以交付货物的单证。

我国《海商法》第71条给集装箱提单下的定义是：“集装箱提单，是指用以证明海上货物运输合同和货物已经由承运人接收或者装船，以及承运人保证据以交付货物的单证。集装箱提单中载明的向记名人交付货物，或者按照指示人的指示交付货物，或者向集装箱提单持有人交付货物的条款，构成承运人据以交付货物的保证。”

《汉堡规则》和我国《海商法》对集装箱提单的定义有所不同，《汉堡规则》定义的集装箱提单中不包括记名集装箱提单，而《海商法》中定义的集装箱提单包括了记名集装箱提单。将记名集装箱提单包括在上述定义中，意味着在记名集装箱提单下，承运人也需要凭该种集装箱提单交付货物,这与国际上在记名集装箱提单下,集装箱提单记名人只需凭身份证明即可提取货物的习惯做法不一致。

集装箱提单(Bill of Lading,B/L)在国际海运中既是一份非常重要的业务单据,又是一份非常重要的法律文件,是国际海上货物运输中最具有特色的运输单据。在国际贸易中,集装箱提单也起到了贸易单证的作用,是一种有价证券。

二、集装箱提单的作用

根据法律的规定,集装箱提单具有三项主要作用。

1. 集装箱提单是证明货物已由承运人接管或已装船的货物收据

在实际业务中,货物的原始收据不是集装箱提单,而是大副收据或者是场站收据,集装箱提单是根据大副收据或者场站收据而签发的,因此,集装箱提单同样能够表明承运人已经接管货物。

承运人签发集装箱提单,就表明他已按集装箱提单上所列内容收到货物。但是,集装箱提单作为货物收据的法律效力在不同的当事人之间也是不同的。

集装箱提单作为货物收据的效力,在托运人或收货人手中而有所不同。对托运人来说,集装箱提单只是承运人依据托运人所列集装箱提单内容收到货物的初步证据。如果承运人有确实证据证明他在事实上未收到货物,或者在收货时实际收到的货物与集装箱提单所列的情况有差异,承运人可以通过一定方式减轻或者免除自己的赔偿责任。但对善意的集装箱提单持有人收货人而言,集装箱提单则是表明承运人已按托运人所列内容收到货物的绝对证据。承运人不能提出相反的证据否定集装箱提单内所记载的内容。我国的《海商法》对集装箱提单有关货物记载事项的证据效力的规定为:“……承运人或者代其签发集装箱提单的人签发的集装箱提单,是承运人已经按照集装箱提单所载状况收到货物或者货物已经装船的初步证据;承运人向善意受让集装箱提单的包括收货人在内的第三人提出与集装箱提单所载状况不同的证据,不予承认。”

2. 集装箱提单是承运人保证凭以交付货物的物权凭证

承运人或其代理人在目的港交付货物时,必须向集装箱提单持有人交货。在这种情况下,即使是真正的收货人,如果不能递交正本集装箱提单,承运人也可以拒绝交货。

集装箱提单的转移就意味着集装箱提单上所记载货物的转移,集装箱提单的合法受让人或集装箱提单持有人就有权要求承运人交付集装箱提单上所记载的货物。除集装箱提单中有关规定外,集装箱提单的转让是不需要经承运人同意的。当然,上述集装箱提单的转让一般仅限于不记名集装箱提单和指示集装箱提单,通常记名集装箱提单是不可转让的。

集装箱提单具有物权凭证的功能使集装箱提单所代表的“物权”可以随集装箱提单的转移而转移,集装箱提单中所规定的权利和义务也随着集装箱提单的转移而转移。即使货物在运输过程中遭受损坏或灭失,也因货物的风险已随集装箱提单的转移而转移给了集装箱提单的受让人。集装箱提单的转让是受时间上的制约的。在办理提货手续前,集装箱提单是可以转让的。但是,一旦办理了手续后,该集装箱提单就不能再转让了。

集装箱提单的转让有两种基本情形。一种是货物所有权的转让。买方付清了货款,卖方将集装箱提单背书转让给买方,买方凭此向船方提取货物,就属于这种转让;另一种是货物占有权转让,卖方将代表货物占有权的集装箱提单质押给银行,向其贷款,或在议付时对集装箱提单做不记名背书转让给议付银行，就属于第二种转让。第二种情形下转让的是货物占有权，而不是货物所有权。

集装箱提单转让过程中，各关系人所承担的责任与一般的可流通票据不同，可流通票据的法律关系只存在于债权人和债务人之间；流遍票据是有价证券，可以多次进行转让，所有背书人均负连带责任。集装箱提单也可多次转让，但一经合法转让，背书人不负连带责任，最后受让人只能向集装箱提单最初签发人——承运人主张集装箱提单权利。

3. 集装箱提单是海上货物运输合同成立的证明

关于集装箱提单运输合同属性的问题有两种截然不同的观点。一种观点认为，集装箱提单上记载有承运人和托运人所要承担的各项义务，故集装箱提单是运输合同。另一种观点认为，承运人或其代理人在托运人填制的托运单上盖章时，承、托之间的合同就已成立，所以集装箱提单只能是海上货物运输合同已存在的证明。

本书更加倾向认为，集装箱提单是海上运输合同成立的证明，承托双方只有确定了契约关系后托运人才将货物交付给承运人，故合同在前，集装箱提单在后。但当集装箱提单转让给善意的第三人（集装箱提单的受让人、收货人等）以后，承运人与第三人之间的权利、义务等就按集装箱提单条款的规定处理，此时集装箱提单在是第三人与承运人之间的具有运输合同的属性。我国《海商法》第 78 条第 1 款规定："承运人与收货人、集装箱提单持有人之间的权利、义务关系，依据集装箱提单规定确定。"

三、集装箱提单的种类

按照记载内容的不同，可将集装箱提单作多种分类，现将常见的分类分述如下。

1. 按货物是否已装船划分

（1）已装船集装箱提单（On board B/L；Shipped B/L）。

指整票货物全部装船后，由承运人或其代理人向托运人签发的货物已经装船的集装箱提单。该集装箱提单上除了载明其他通常事项外，还须注明装运船舶名称和货物实际装船完毕的日期。

（2）收货待运集装箱提单（Received for Shipment B/L）。

指承运人在收到货物等待装船时，向托运人签发的集装箱提单。这种集装箱提单没有表明货物已经装船，更没有装船日期，往往也不注明装运船舶的名称，将来货物能否装运不确定，对集装箱提单受让人无保障，因此，买方和银行一般都不接受这种集装箱提单。货物装船后，承运人在待运集装箱提单上加注装运船名和装船日期及准确装货数量并签字后，待运集装箱提单即变为已装船集装箱提单。

2. 按收货人记载方式划分

（1）记名集装箱提单（Straight B/L）。

指在"收货人"栏内填写具体收货人名称的集装箱提单。多数国家法律规定，记名集装箱提单只能由集装箱提单上所记载的收货人提货，不能通过背书转让。记名集装箱提单可避免集装箱提单转让可能带来的风险，但也丧失了它的可流通性。美国法律规定，记名集装箱提单下提取货物时不必出示集装箱提单，仅凭身份证明即可，但我国《海商法》规定，记名集装箱提单下提取货物时需要出示集装箱提单。

(2)不记名集装箱提单(Blank B/L;Open B/L;Bearer B/L)。

也称持有人集装箱提单、空白集装箱提单,是指"收货人"栏不填写任何内容的集装箱提单。这种集装箱提单不需任何背书手续,可以直接凭交付履行转让。

不记名集装箱提单的转让虽然极为简便,但如果集装箱提单遗失或被窃,然后被转让给善意第三人时极易引起纠纷。目前经过银行开出的信用证几乎都接受这种集装箱提单。

(3)指示集装箱提单(Order B/L)。

指在"收货人"栏内填写"凭某人指示" (to Order of ×××)的集装箱提单。如果在"收货人"栏内填写"to Order ",则视为"to Order of Shipper",凭托运人指示提货。指示集装箱提单可以通过背书的方法转让给他人。

背书有"空白背书"、"记名背书"、"指示式背书"三种。空白背书是指仅由背书人在集装箱提单的背面签署自己的名字或盖章,而不注明被背书人的名称;记名背书是指背书人除在集装箱提单的背面签字盖章外,还列明被背书人的名字。指示式背书指集装箱提单的背书人重新指定一个指示人,将指示人的权力交给他人的做法。例如,指示人除在集装箱提单的背面签字盖章外,还在集装箱提单上背书为:Deliver to Order of ×××。集装箱提单经空白背书后,即成为不记名集装箱提单;集装箱提单经托运人记名背书后,即成为记名集装箱提单,此种集装箱提单不能再转让。

3.按对货物外表状况有无不良批注划分

(1)清洁集装箱提单(Clean B/L)。

指未载有承运人对货物外表状况的任何不良批注的集装箱提单。收货人和银行都要求卖方必须提交清洁集装箱提单。

(2)不清洁集装箱提单(Foul B/L;Unclean B/L)。

指集装箱提单上记载有承运人对货物外表状况的不良批注的集装箱提单。不良批注包括对散装货或裸装货的外表缺陷的批注和对包装货物包装不良状况的批注。需要说明的是,集装箱提单上常有的"SLAC""STC""SBS"等记载内容不视为不良批注。对件杂货船而言,承运人对集装箱提单加注不良批注往往是根据"大副收据(M/R)"上的大副批注,而集装箱船承运人则是根据"场站收据(D/R)"上的集装箱外表的批注来对集装箱提单进行批注。

买方和银行一般都不接受不清洁集装箱提单,通常在货物存在外表不良状况时,为取得清洁集装箱提单,发货人往往出具保函,请求承运人签发清洁集装箱提单。这种做法对集装箱提单的持有人来说是一种欺骗行为,发货人、承运人都应对其后果负责。承运人凭保函签发清洁集装箱提单的风险有:承运人不能以保函对抗善意的第三方,承运人要赔偿收货人的损失,然后根据保函向托运人追偿赔款。承运人接受了具有欺骗性质的保函后,不但要承担赔偿责任,而且还会丧失责任限制的权利。如果承运人是在善意的情况下接受了保函,该保函也仅对托运人有效。但是,托运人经常会抗辩:货物的损坏并不是包装表面缺陷所致,而是承运人在运输过程中没有履行其应当适当、谨慎地保管和照料货物的义务所致。因此,承运人要向托运人追偿通常很困难。

4.按运输方式划分

(1)直达集装箱提单(Direct B/L)。

指由承运人签发的,货物从装货港装船后,中途不经过转船而直接运抵卸货港的集装箱提单。

(2)转船集装箱提单(Transshipment B/L;Through B/L)。

指在装货港装货的船舶不直接驶达货物的目的港,而要在中途港换装其他船舶运抵目的港的集装箱提单。

(3)多式联运集装箱提单(Multimodal Transport B/L)。

指货物由海路、内河、铁路、公路和航空等两种以上不同运输工具共同完成全程运输时所签发的集装箱提单,这种集装箱提单主要用于集装箱运输。多式联运集装箱提单一般由承担海运区段运输的船公司签发。

5.按照签发人不同划分

(1)船公司集装箱提单(Liner-B/L)。

指由船舶所有人或其指定人(如船长、船舶代理)签发的集装箱提单。此种集装箱提单是最传统的,表明船舶所有人作为承运人承担集装箱提单合同义务。

(2)无船承运人集装箱提单(House-B/L)。

指由无船承运人签发的集装箱提单。此种集装箱提单下,无船承运人作为集装箱提单承运人对集装箱提单持有人承担集装箱提单合同义务。由于无船承运人一般具有国际货运代理资格,故人们常将此种集装箱提单称为货运代理集装箱提单。

6.特殊集装箱提单

(1)倒签集装箱提单(Back Dated B/L;Anti-Dated B/L)。

指在货物装船完毕后,应托运人的要求,由承运人或其代理人签发的集装箱提单,但是该集装箱提单上记载的签发日期早于货物实际装船完毕的日期。即托运人从承运人处得到的以早于货物实际装船完毕的日期作为集装箱提单签发日期的集装箱提单。由于倒填日期签发集装箱提单,所以称为“倒签集装箱提单”。

倒签集装箱提单的目的是为了满足贸易合同或信用证的要求,其特征是集装箱提单记载的实际装船完毕日被提前。倒签集装箱提单是严重的违法行为,将给承运人带来如下法律后果:

第一,承运人将丧失赔偿责任限制权利。在集装箱提单合同下,承运人根据《海牙规则》或有关集装箱提单法律,享有赔偿责任限制权利。但承运人主张赔偿责任限制权利是有前提条件的,即在其履行集装箱提单合同义务时不应存在过错。承运人倒签集装箱提单,明显属故意行为,该行为使其丧失了上述权利。

第二,托运人向承运人出具的保函对收货人无效。托运人请求倒签集装箱提单时,一般需向承运人出具保函,保证由此引起承运人的任何损失,由托运人予以赔偿。但是,由于倒签集装箱提单属于合谋欺骗行为,法律不会支持该保函对收货人的效力,承运人将无法得到保函的保障。

(2)顺签集装箱提单(Post-date B/L)。

指在集装箱提单上记载的签发日期晚于货物实际装船完毕的日期。即托运人从承运人处得到的以晚于该票货物实际装船完毕的日期作为集装箱提单签发日期的集装箱提单。由于顺填日期签发集装箱提单,所以称为“顺签集装箱提单”。承运人顺签集装箱提单的做法同样也掩盖了真实的情况,因此也要承担由此而产生的风险责任。

(3)预借集装箱提单(Advanced B/L)。

指由于信用证规定的装运期或交单结汇期已到,而货物尚未装船或货物尚未装船完毕时,应托运人要求而由承运人或其代理人提前签发的已装船集装箱提单。即托运人为能及时结汇而从承运人处借用的已装船集装箱提单。

与签发倒签集装箱提单相比,承运人签发预借集装箱提单,要承担更大的法律风险。

首先,签发预借集装箱提单,极有可能增加承运人的赔偿责任。集装箱提单有货物收据的作用,它是在货物装船以后由托运人凭大副收据向船公司或其代理换取的。船公司或其代理签发集装箱提单时,会将大副收据上载有货物状况的不良批注如实地转注到集装箱提单上,以此作为将来免除货损责任的证明。但是,在签发预借集装箱提单的情况下,由于承运人尚未见到货物,就签发了清洁的已装船集装箱提单,将来货物实际状况与集装箱提单记载可能不符,承运人则必将因此承担交货不符的责任。

其次,承运人可能承担货物落空的赔偿责任。实践中发货人获得了预借集装箱提单后可能实际上无货可交。例如,在签发了预借集装箱提单以后,货物在码头或仓库内发生了灭失或损坏或者被海关退关,这样,货物尽管没有装船,集装箱提单却已经签出,收货人取得了无法兑现的已装船集装箱提单,承运人对此需要承担责任。

(4)交换集装箱提单(Switch B/L)。

指货物在中途港不换装其他船舶的条件下,应托运人要求,承运人同意在约定的中途港凭起运港签发的集装箱提单换发以该中途港为起运港的集装箱提单,并记载有"在中途港收回本集装箱提单,另换发以中途港为起运港的集装箱提单"或"Switch B/L"字样的集装箱提单。

签发交换集装箱提单的目的主要有:第一,装卸两港不允许直接通航。在这种情况下,装货港签发的集装箱提单无法被卸货港的官方所接受。第二,实际装货港与贸易合同规定不符。实务中卖方在贸易合同签订后可能因货源紧张而改变供货地点,因而改变了原装货港口。这样可以通过在交换集装箱提单中改变实际装货港口的方法来解决这一问题。第三,保护商业秘密。在交换集装箱提单中改掉装货港口,可以防止买方掌握卖方信息。

(5)交接集装箱提单(Memo B/L)。

指由于货物转船或联运或其他原因,需要由不同的承运人来运输,为了方便前后承运人之间的交接,而在不同承运人之间签发的不可转让的单证。交接集装箱提单只是具有货物收据和备忘录的作用,不具有物权凭证的作用。

(6)分集装箱提单(Separate B/L)。

指应托运人要求将同一装货单下的货物分票,分别签发的集装箱提单。集装箱提单被分割后,每份集装箱提单都构成一份独立的合同,每一份分集装箱提单的义务不受其他分集装箱提单的影响。

(7)并集装箱提单(Omnibus B/L)。

并集装箱提单和分集装箱提单正好相反,指应托运人要求,承运人将同一船舶装运的相同港口、相同货主的两票或两票以上货物合并而签发的一套集装箱提单。其目的往往是为了将不同票货物合并而获得一次起码运费,从而降低总运费。

(8)运费预付集装箱提单和运费到付集装箱提单(Freight Prepaid B/L & Freight Collect B/L)。

前者是指集装箱提单中注明"Freight Prepaid"的集装箱提单,后者指集装箱提单中注明"Freight Collect"的集装箱提单。通常在CIF合同中,集装箱提单中往往显示"运费预付",通常由托运人支付运费,而在FOB合同中,集装箱提单中往往显示"运费到付",通常由收货人支付运费。对预付运费集装箱提单,不管承运人是否实际上已收到运费,集装箱提单持有人一般都无支付运费义务；对于到付运费集装箱提单，集装箱提单持有人承担在提取货物前付清运费义务，否则承运人有权留置货物。

7. 过期集装箱提单(Stale B/L)。

通常过期集装箱提单有两种，第一，出口商不按规定或法定的期限向银行交付的集装箱提单。即货物装船后，卖方向当地银行提交装船集装箱提单时，银行按正常邮程预计收货人不能在船舶抵港之前收到的集装箱提单。第二，按照《跟单信用证统一惯例》的规定，在集装箱提单签发日期后21d才提交的集装箱提单。过期集装箱提单影响买方及时提货、转售并可能造成其他损失，因而为防止买方以此为借口而拒付货款，银行一般都拒收过期集装箱提单。

四、集装箱提单记载的内容

集装箱提单正面和背面均写有内容，通常集装箱提单的正面有着固定的格式，记载有与货物运输相关的事项内容，而集装箱提单的背面(这里指的是班轮集装箱提单，租船集装箱提单往往背面没有任何条款)则印刷了事先约定的诸多条款，称为集装箱提单背面条款，用来调节承运人和托运人及其他当事人之间的权力义务关系，另外，集装箱提单正面通常也会印就少量的条款。下面详细分析。

1. 集装箱提单的正面内容

(1)船名(Vessel)。

若是已装船集装箱提单，须注明船名，若是收货待运集装箱提单，待货物实际装船完毕后记载船名。从法律意义上说，集装箱提单上的船舶被视为约定的船舶，承运人未经托运人同意而更换船舶属违约行为。因此，多数集装箱提单背面订有“自由更换船舶”条款，以便承运人规避换船风险。在集装箱提单船名一栏后会有“航次”一栏，用来填写船舶的航次号码。

(2)承运人(Carrier)。

承运人是指与托运人订立海上货物运输合同的人，班轮运输合同的承运人可以是班轮公司也可以是无船承运人，亦称契约承运人。一般来说，承运人在接受托运人订舱及装船后，向托运人签发集装箱提单，该集装箱提单上通常印有承运人的抬头，由船长或者班轮公司委托的代理人签字。

(3)托运人(Shipper)。

我国《海商法》第42条规定：“托运人是指本人或者委托他人以本人名义或委托他人为本人与承运人订立海上货物运输合同的人”，简言之，托运人就是与承运人订立运输合同的人，例如CIF条件下的卖方，或者FOB条件下的买方，或者无船承运人。托运人还可以是将货物交给承运人的人，有时称为发货人(Consigner)。

(4)收货人(Consignee)。

收货人是指集装箱提单项下在目的港有权提取货物的人。通常，记名集装箱提单直接记名收货人，收货人为集装箱提单中的指定收货人，此种集装箱提单不得转让；在指示集装箱提单下，如果集装箱提单被记名背书，则被背书人就是收货人；如果集装箱提单被空白背书，集装箱提单持有人就是收货人。在不记名集装箱提单下，集装箱提单持有人就是收货人，有权直接提货。

(5)通知人(Notify Party)。

通知人指在目的港接收承运人有关货物到达信息的人，通常是收货人的代理人，也可以是贸易合同的买方。集装箱提单中的通知人不是集装箱提单合同的当事人，不享受合同权利也不承担合同义务，因此，在无正式委托情况下，承运人不得将货物交付给集装箱提单中的通知人。

通常记名集装箱提单上没有必要填写通知人名称，因为已经写明了具体收货人。但在指示指单上，因没有写明具体收货人名称，这样船公司在卸港的代理人无法与收货人联系而及时办理提货手续，托运人往往在通知人栏目中写明通知人的名称、地址或公司名称。

(6)装货港、卸货港、转运港(Loading；Discharging；Transshipping Ports)。

装卸港和转运港是集装箱提单中的重要事项，必须准确填写，集装箱提单签发后，未经合同双方同意不得变更。在班轮运输中，若货主要求船舶加挂非基本港口的，承运人应谨慎对待，以防对其货物构成不合理绕航。如某签发多式联运集装箱提单，则还应有接收货物的地点和交付货物的地点(Place of Receipt；Place of Delivery)。

(7)货物描述(Description of Goods)。

货物描述包括货物名称、标志、数量、质量、体积等。

托运人必须准确填写上述内容，否则应当承担由此导致的任何责任。集装箱提单一经签发，承运人就必须保证对集装箱提单持有人按照集装箱提单记载交付货物，这是因为集装箱提单中对于集装箱提单持有人而言是表明承运人收到集装箱提单所记载货物的“最终证据”，若集装箱提单记载与实际交货情况不符，造成收货人损失，承运人需要承担责任。

通常承运人为了规避自己的风险，往往在集装箱提单货物描述栏中印有诸如“SLAC(Shipper Load An Count，托运人装箱并计数)”、“据称(Said To Be)”、“承运人对货物的质量、数量、内容不知(Quality, Quantity, Content Unknown)”“SBS(Said By Shipper，据托运人称)”等条款，需要指出的是，上述条款不能免除承运人对收货人、集装箱提单持有人及善意第三人的责任。

(8)运费及其他费用。

集装箱提单中一般只记载运费和其他应付费用的支付方式，此种记载应符合运输合同规定。对运费预付的，集装箱提单中注明“Freight Prepaid”，对在运费到付的，应在集装箱提单中注明“Freight Collect”或“Freight Payable at Destination”。应向收货人收取的其他费用，也应在集装箱提单中注明。

(9)集装箱提单的签发日期、地点和份数。

集装箱提单的签发日期应该是集装箱提单上货物实际装船完毕的日期，也应该与收货单上大副所签的日期是一致的。

集装箱提单签发的地点原则上应是装货地点，一般是在装货港或货物集中地签发。集装箱提单通常在装货港签发，但也有的在承运人的办公地点签发。集装箱提单的签发地点表明了运输合同的履行地点，涉及法院的管辖权和法律适用问题。

集装箱提单签发的份数，按航运惯例通常是正本集装箱提单一式两至三份。每份具有同等效力，收货人凭其中一份提取货物后，其他各份自动失去效力。副本集装箱提单的份数可视托运人的需要而定。但副本集装箱提单不能作为物权凭证或背书转让，只能供有关作业的参考。

(10)集装箱提单的签字或盖章。

集装箱提单必须经过签署手续后才能生效。有权签署集装箱提单的有承运人或船长，或由他们授权的代理人。承运人本人签发的集装箱提单通常显示：××× As Carrier。承运人代理人代签集装箱提单通常显示：××× As Agent For xxx As Carrier。船长签发集装箱提单通常显示:Captain ××× As Master。

集装箱提单签署的方法除了有传统的手签方法外,还可以采用印摹、打孔、盖章等方法。

另外,无船承运人集装箱提单中还会有"For Delivery of Goods,Please Apply To"一栏,供填写无船承运人在目的地的分支机构或者其代理人的地址、电话等内容,以便该集装箱提单的持有人联系提货。

2. 集装箱提单正面的印刷条款

(1)确认条款。

该条款是承运人表示在货物外表状况良好的条件下接受货物,并同意承担按照集装箱提单所列条款,将货物从装货港或起运地运往卸货港或交货地,交付给收货人的责任。

(2)不知条款。

该条款是表示所运货物的质量、尺码、标志、品质等都由托运人提供,承运人对货物真实情况并不知情因而不承担责任。但是,承运人不得用"不知条款"对抗善意的集装箱提单持有人。

(3)承诺条款。

该条款是承运人表示承认集装箱提单是运输合同成立的证明,承诺按照集装箱提单条款的规定承担义务,而且也要求货主承诺接受集装箱提单条款制约的条款。由于集装箱提单条款是承运人单方拟定的,该条款实际上隐藏了"货主接受集装箱提单也就接受了集装箱提单条款的制约"的意思,故该条款也称代拟条款。

(4)签署条款。

该条款用来表明承运人签发正本集装箱提单的份数,说明各份集装箱提单具有相同效力、其中一份完成提货后其余各份自行失效。另外,该条款还表明集装箱提单持有人提取货物时必须交出集装箱提单以换取货物或提货单。

(5)邻近条款(Near Clause)。

集装箱提单正面一般都印有"……for carnage to the port of discharge or so near thereto as the vessel safely get and lie always afloat……"这类条款,一般称其为"邻近条款"。根据有关运输法律,装卸港口一经列名指定,就构成承运人的一项承诺,船舶必须驶往列名港口卸货,除非发生不可抗力或"合同受阻"事件,承运人才有权选择到合理的邻近港口卸货。

3. 集装箱提单的背面条款

班轮集装箱提单的背面条款规定了承运人与货方的权利义务、责任期间、责任限制、责任免除、法律适用、法律管辖和特殊货物运输等内容,是班轮运输合同的重要组成部分。按照法律基本原则,本来合同条款是双方在自愿、平等基础上达成意思一致的具体体现。但班轮集装箱提单条款却是由承运人单方面拟制,印制成格式集装箱提单合同,往往货主被强制接受。集装箱提单的背面条款主要有:

(1)首要条款。

首要条款(Paramount Clause)是用以明确集装箱提单所适用法律的条款,指明受某一国际公约或国内法制约。集装箱提单中的首要条款一般都规定了集装箱提单合并进《海牙规则》、《海牙—维斯比规则》、《美国海上货物运输法》等国际公约或国家法律。集装箱提单合并进这些国际公约或法律后,集装箱提单下关于承运人和货方的权利义务及责任豁免、责任限制等都以这些法律为准,集装箱提单其他条款与首要条款中法律规定相冲突的,以首要条款中的法律规定为准。

(2)定义条款。

定义条款(Definition)是对与集装箱提单有关术语的含义和范围做出明确规定的条款。

(3)承运人责任条款。

承运人责任条款(Carriers Responsibility)是用以明确承运人承运货物过程中应承担的责任的条款。由于集装箱提单的首要条款都规定有集装箱提单所使用的法律,而有关集装箱提单的国际公约或各国的法律规定了承运人的责任,所以凡是列有首要条款或类似首要条款的集装箱提单都可以不再以明示条款将承运人的责任列于集装箱提单条款之中。

(4)承运人责任期间条款。

承运人责任期间条款(Period of Responsibility)是用以明确承运人对货物运输承担责任的开始和终止时间的条款。中国《海商法》第46条规定:"承运人对集装箱装运的货物的责任期间,是指从装货港接收货物时起至卸货港交付货物时止,货物处于承运人掌管之下的全部期间。承运人对非集装箱装运的货物的责任期间,是指从货物装上船时起至卸下船时止,货物处于承运人掌管之下的全部期间。"

(5)承运人赔偿责任限制条款。

承运人的赔偿责任限制条款(Carrier's Responsibility)是用以明确承运人对货物的灭失和损坏负有赔偿责任应支付赔偿金时,承运人对每件或每单位货物支付的最高赔偿金额的条款。但如果规定的赔偿责任限制低于法律强制规定的,当属无效。

(6)包装和标志条款。

此条主要规定托运人应妥善包装货物,正确、清晰标志货物的义务。

(7)自由转运、换船、转船条款。

该条款规定,如有必要,承运人可任意用自己的船舶、他人的船舶,或经铁路及其他运输工具,将货物直接或间接运往目的港。转船、转运、换船的费用由承运人承担,但风险由托运人承担,承运人只对自己完成的那部分运输承担责任。如果承运人依据该条款,违反了与托运人的事先约定,或者违反了有关集装箱提单的国际公约的规定,此时此条款应当视为无效。

(8)托运人误述条款(Inaccuracy in Particulars)。

此条款是约束托运人要求其对货物的种类、数量、质量、尺码申报要准确,否则造成的损失及责任应由托运人承担。

(9)特定货物条款。

此条款是用以明确承运人对运输一些特定货物时应承担的责任和享有的权利,或为减轻或免除某些责任而作出规定的条款。在运输一些特殊性质或对运输和保管有特殊要求的货物时,就会在集装箱提单中找到相应的条款,如:舱面货(Deck Cargo)、活动物(Live Animals and Plants)、危险货物(Dangerous Goods)、冷藏货(Refrigerated Goods)、木材(Timber)、钢铁(Iron and Steel)、重大件(Heavy1ifts and Awkward Cargo)等特定货物。

(10)危险品、违禁品(Dangerous/Contraband Cargo)条款。

本条款要求托运人在托运危险品时应向承运人如实声明,并按照《国际海运危险货物规则》要求,在货物外包装上做好标记,出具商品检验证书及运输说明等。如果托运人未履行上述义务,有权卸下或抛弃货物;另外,该条款还对违禁品作出规定,如果托运违禁品,托运人承担由此产生的全部责任和费用。

(11)共同海损及新杰森条款(General Average & New Jason Clause)。

此条款规定了共同海损理算规则及理算地。新杰森条款规定了在承运人航行疏忽造成的共同海损事故中,承运人不仅可以免责,而且可以要求其他受益方参加共同海损分摊。新杰森条款是专门针对美国法律而订立的,只有美国法律不允许船东在存在航行疏忽情况下要求分摊共同海损。

(12)留置权条款(Lien Clause)。

该条款规定了在托运人、收货人未付清运费、滞期费、亏舱费及共同海损分摊时,承运人有权留置并处理货物,变卖所得不足时,仍有权索赔差额部分。

(13)互有责任条款(Both-to-Blame Collision Clause)。

该条款规定,在发生两船互有责任碰撞时,如果他船在赔偿了本船货主后向本船索赔此项部分赔偿,本船货主应将此项部分赔偿转还本船。

除上述条款外,集装箱提单背面还规定有战争条款、罢工条款、冰冻条款等。

项目四　国际集装箱运费概述及运费计算

教学要点

(1)掌握国际集装箱海运运价的确定原则;

(2)理解国际集装箱海运运价的基本形式;

(3)掌握海运运费的计算、附加费的计算。

教学方法

可采用讲授、情境教学、案例教学和分组讨论等方法。

案例导入

共同海损追偿的法律要件

"SEA DIAMOND"轮载有香港B保险承保的货物由喀麦隆驶往中国蛇口港。2000年4月26日,该轮与K海运公司所属"ORIENT HONESTY"轮在中国长江口发生碰撞并受损。4月30日,"SEA DIAMOND"轮卸下船上所有货物进厂修理。经该轮船东宣布共同海损,香港G公司进行了共同海损理算,C保险公司为此向G公司出具了共同海损担保。经理算,货方应分摊的共同海损金额为70144.15美元。B保险公司通过G公司向"SEA DIAMOND"轮船东支付了上述分摊金额。指示收货人中盛实业有限公司向B保险公司出具了收据,并将追偿权转让给B保险公司。C保险公司亦将其权利及义务转让给B保险公司。另案中,法院判决K海运公司在此次船舶碰撞损害赔偿纠纷案中应承担60%的责任。

1. 争议焦点

B保险公司公司请求法院判令被告赔偿其共同海损分摊费用。

2. 本案裁决

上海海事法院经审理认为,本案为共同海损分摊费用追偿纠纷。"SEA DIAMOND"轮发生碰撞事故以后,左舷船壳板严重受损,船和货物处于危险之中,该轮就近驶入上海港卸下全部货物进行修理,是为了船货共同安全及完成预定航程所必需。所以,该轮在上海港产生的费用符合共同海损条件。虽然共同海损调整的是本船船东与货主之间的分摊与追偿的关系，但海损系因船舶碰撞引起，被分摊方B保险公司基于船舶碰撞损害赔偿的法律关系有权向第三方追偿，共同海损分摊费用亦属于船舶碰撞中货物损失的范围。K海运公司应赔偿B保险公司因船舶碰撞而参加共同海损分摊的损失，但以其所承担的碰撞责任比例为限。据此，判决统一和平海运有限公司赔偿香港B保险公司有限公司共同海损分摊费用42086.40美元及利息。K海运公司不服一审判决提起上诉。上海市高级人民法院经审理认为，原判认定事实清楚，适用法律正确，判决驳回上诉，维持原判。

3. 学术点评

共同海损是指为了使船舶及其所载货物避免共同危险，有意而合理地作出的特殊牺牲，或支付的特殊费用。对于共同海损行为所致损失，受益的船、货各方应按照到达港口的船货价值比例予以分担。但分担各方或一方不一定是最终责任人。引起共同海损发生的法律事实分为自然事件与人的行为，人的行为中又包含过失或不可免责的行为。共同海损分摊之后就过失或不可免责的行为往往还有继续追偿的问题，从而由对共同海损负有责任的人最终承担赔偿责任。是为共同海损分摊费用的追偿。

(1)共同海损及其追偿涉及的法律关系。海事海商纠纷案件具有涉及多个或多层法律关系的特点，共同海损即其一例。

(2)共同海损追偿的要件。首先应将共同海损要件与共同海损追偿要件予以区分。

(3)共同海损追偿与船方过失的关系。货方向与本船碰撞的对方船舶的所有人进行共同海损追偿，如本案的情形，其实质为货方因船舶碰撞提出的侵权行为损害赔偿请求。

国际海运运价大体分班轮运价和租船运价两种。集装箱运价实质上也属班轮运价的范畴。班轮运价的制定所依据的主要因素是运输成本和国际航运市场的竞争情况。在制定运价时，还应认识到这样的运价具有广泛的国际性，因此，作为船公司或运输部门，不仅要考虑到船舶成本，还要研究国际航运市场的竞争情况。

从目前集装箱货物运输看，随着集装箱运输以及国际多式联运的发展，承运人的业务范围也随之有所扩大，船公司的责任由海上向陆上两端延伸，多式联运不仅方便了货主，也扩大了船公司的货运量。然而，承运人对货物的责任也有所扩大，其费用有所增加，而增加的费用也只能从运费中收回来，这对运价的制定工作随之提出了新的要求，即应制定出一套适合集装箱运输的费率、规定和有关条款。

我国现行集装箱运输下的拼箱货运费计收，与普通班轮运输下的件杂货运费计收方法基本相同。所不同的是整箱货，则有最高运费和最低运费的计收规定。而且，集装箱货物最低运费的计收不是某一规定的金额，而只规定了一个最低运费吨，又称计费吨，这一概念与普通船运输下最低运费的规定是完全不同的。因为，普通船运输下最低运费是以运费金额为标准计收的，也就是某一提单项下的货物运费没有达到费率本中规定的某一金额时，则仍应按规定的金额计收。

集装箱货物在进行门到门运输时，可通过多种运输方式完成整个运输过程，该过程可分出口国内陆运输、装船港运输、海上运输、卸船港运输、进口国内陆运输5个组成部分。其中，船公司通常负责出口国集装箱货运站或码头堆场至进口码头堆场或集装箱货运站的运输，这一范围通常是集装箱运输下所包括的范围。这一点与普通船仅从事海上运输的部分，并按海运运费计收有较大区别。在以普通船运输时，其陆上运输费用和港区码头的费用(搬运费、装卸费)由货主负担。集装箱货物在多式联运下，船公司作为提单的签发人，除负责自己运输区段外，还要与负责其他运输区段的承运人订立分运合同，委托他们负责公路、铁路、内河等区段运输。船公司与各运输区段承运人之间的关系和责任划分依据是合同条款的规定，并受船公司对各合同方提供的服务所支付的费用制约，这些费用由船公司直接交付给各分运合同的承运人。

由于船公司支付了集装箱货物在运输过程中的全部费用，所以，集装箱货物的运费结构应包括海上运输费用、内陆运输费用、各种装卸费用、搬运费、手续费、服务费等。上述费用一般被定为一个计收标准，以确保船公司在整个运输过程中全部支出后，均能得到相应的补偿。

一、集装箱海运费介绍

国际海运运价大体可以分为两种类型：不定期船运价和班轮运价。其中，前者的费率水平随航运市场的供求关系而波动。在市场繁荣时期，不定期船运费率就会上涨；在市场不景气时，就会随之下跌。后者由班轮公会和班轮经营人确定，它们多与经营成本密切相关，在一定时期内保持相对稳定。

由于海上集装箱运输大都是采用班轮营运组织方式经营的，因此集装箱海运运价实质上也属班轮运价的范畴。集装箱海运运费的计算方法与普通的班轮运输的运费计算方法是一样的，也是根据费率本规定的费率和计费办法计算运费的，并有基本运费和附加运费之分。

1. 国际集装箱海运运价的确定原则

通常，班轮公会或班轮经营人对其确定班轮运费率的基本原则并不是公开的。不过，一般来说，传统的“港一港”或称“钩一钩”交接方式下海运运价的确定，通常基于下列三个基本原则。

(1) 运输服务成本原则。

所谓运输服务成本原则(The Cost of Service)，是指班轮经营人为保证班轮运输服务连续。有规则地进行，以运输服务所消耗的所有费用及一定的合理利润为基准确定班轮运价。根据这一原则确定的班轮运价可以确保班轮运费收入不至于低于实际的运输服务成本。该原则被广泛应用于国际航运运价的制定。

(2) 运输服务价值原则。

运输服务价值定价原则(The Value of Service)是从需求者的角度出发，依据运输服务所创造的价值的多少进行定价。它是指货主根据运输服务能为其创造的价值水平而愿意支付的价格。运输服务的价值水平反映了货主对运价的承受能力。如果运费超过了其服务价值，货主就不会将货物交付托运，因为较高的运费将使其商品在市场上失去竞争力。因此，如果说按照运输服务成本原则制定的运价是班轮运价的下限的话，那么，按照运输服务价值原则制定的运价则是其上限，因为基于运输服务价值水平的班轮运价可以确保货主在出售其商品后能获得一定的合理收益。

(3)“运输承受能力”原则。

这是一个很古老，也是在过去采用较为普遍的运价确定原则。考虑到航运市场供求对班轮运输的巨大影响，“运输承受能力”原则(What the Traffic Can Bear)采用的定价方法是以高价商品的高费率补偿低价商品的低费率，从而达到稳定货源的目的。按照这一走价原则，承运人运输低价货物可能会亏本，但是，这种损失可以通过对高价货物收取高费率所获得的盈利加以补偿。

虽然，价值较高货物的运价可能会高于价值较低货物的运价很多倍，但从运价占商品价格的比重来看，高价货物比低价货物要低得多。根据联合国贸发会的资料统计，低价货物的运价占该种货物 FOB 价格的 30% ~50%，而高价货物运价仅占该类货物 FOB 价格的 1% ~28%。因此，尽管从某种意义上说，运输承受能力定价原则对高价商品是不大公平的，但是这种定价方法消除或减少了不同价值商品在商品价格与运价之间的较大差异，从而使得低价商品不致因运价过高失去竞争力而放弃运输，实现了稳定货源的目的，因而对于班轮公司来说，这一定价原则具有十分重要的意义。

毋庸置疑，上述定价原则在传统的件杂货海上运输价格的制作过程中确实起了十分重要的作用。然而，随着集装箱运输的出现，如何确定一个合理的海运运价，确实是集装箱班轮运输公司面临的全新课题。在过去，由于零散的件杂货种类繁多，实际单位成本的计算较为复杂，因而运输承受能力原则比运输服务成本原则更为普遍地被班轮公会或船公司所接受。但是，使用标准化的集装箱运输使单位运输成本的计算更加简化，特别是考虑到竞争的日趋激烈，现在承运人更多地采用运输服务成本原则制定运价。当然，在具体的定价过程中，应该是以运输服务的成本为基础，结合考虑运输服务的价值水平以及运输承受的能力，综合地运用这些定价原则。如果孤立地运用某一个原则，都不可能使定价工作做得科学合理。

由于集装箱班轮运输已进入成熟期，运输工艺的规范化使各船公司的运输服务达到均一化程度，尤其是随着集装箱船舶的大型化，船舶运输的损益平衡点越来越高，使得扩大市场占有率，以迅速突破损益平衡点，成为集装箱船公司获利的基础。因此，维持一定水平的服务内容，合理地降低单位运输成本，以低运价渗透策略迅速扩大市场占有率，应是合理制定集装箱海运运价的重要前提。

2. 国际集装箱海运运价的基本形式

目前，国际集装箱海上运输，有几种不同的运价形式，其中主要包括：均一费率（FAK）、包箱费率（CBR）以及运量折扣费率（TVC）等。

（1）均一费率。

均一费率（Freight for All Kinds Rates，FAK）是指对所有货物均收取统一的运价。它的基本原则是集装箱内装运什么货物与应收的运费无关。换句话说，所有相同航程的货物征收相同的费率，而不管其价值如何。它实际上是承运人将预计的总成本分摊到每个所要运送的集装箱上所得出的基本的平均费率。

这种运价形式从理论上讲是合乎逻辑的，因为船舶装运的以及在港口装卸的都是集装箱而非货物，且集装箱占用的舱容和面积也是一样的。但是，采用这种运价形式，对低价值商品的运输会产生负面影响，因为低费率货物再也难以从高费率货物那里获得补偿。这对于低费率商品的货主来说可能难以接受。例如，集装箱班轮公司对托运瓶装水和瓶装酒的货主统一收取同样的运价，尽管瓶装酒的货主对此并不在意，但瓶装水的货主则会拒绝接受这种状况，最终，船公司被迫对这两种货物分别收取不同的运价。因此，在目前大多数情况下，均一费率实际上还是将货物分为 5 ~7 个费率等级。

（2）包箱费率。

包箱费率（Commodity Box Rates，CBR），或称货物包箱费率，是为适应海运集装箱化和多式联运发展的需要而出现的一种运价形式。这种费率形式是按不同的商品和不同的箱型，规定了不同的包干费率，即将各项费率的计算单位由“吨”（质量吨或体积吨）简化为按“箱”计。对于承运人来说，这种费率简化了计算，同时也减少了相关的管理费用。

按不同货物等级制定的包箱费率，等级的划分与件杂货运输的等级分类相同（1～20级）。不过，集装箱货物的费率级别，大致可分为4组，如1～7级、8～10级、11～15级和16～20级，或1～8级、10～11级以及12～20级等，但也有仅分3个费率等级的，采用这种集装箱费率的有《中远第6号运价表》的中国—澳大利亚航线、中国—新西兰航线、中国—波斯湾航线、中国—地中海航线、中国—东非航线等。

（3）运量折扣费率。

运量折扣费率（Time－volume Rates，又称Time－volume Contracts，TVC）是为适应集装箱运输发展需要而出现的又一费率形式。它实际上就是根据托运货物的数量给予托运人一定的费率折扣，即托运货物的数量越大，支付的运费率就越低。当然，这种费率可以是一种均一费率，也可以是某一特定商品等级费率。由于这种运量激励方式是根据托运货物数量确定运费率，因而大的货主通常可以从中受益。

起初，这种折扣费率的尝试并不十分成功，原因是有些多式联运经营人在与承运人签订TVC合同时承诺托运一定数量的集装箱货物，比如说500TEU，从而从承运人那里获得了一定的费率折扣，但到合同期满时，他们托运的集装箱并未达到合同规定的数量，比如说仅托运了250TEU。显然，承运人就会认为自己遭受了损失。正因如此，使得所谓的“按比例增减制”越来越普遍。根据这种方式，拥有500TEU集装箱货物的货主，当他托运第一个100TEU集装箱时支付的是某一种运价，那么，他托运第二个100TEU集装箱时支付的是比第一次低的运价，而他托运第三个100TEU集装箱时支付的是一个更低的运价，依此类推。目前，这种运量折扣费率形式采用得越来越广泛，尤其是多式联运经营人可以充分利用这种方式节省费用，不过，采用TVC形式并非都是有利可图的。对于一个新的，当然经营规模也可能是较小的多式联运经营人来说，相比大的多式联运经营人如果采用TVC费率形式，将处于不利的局面，这是由于其集装箱运量十分有限而不得不支付较高的运费率。

二、国际集装箱海运运费的计算

国际集装箱海运运费的计算办法与普通班轮运费的计算办法一样，也是根据费率本规定的费率和计费办法计算运费，但同样也有基本运费和附加费之分。不过，由于集装箱货物既可以交集装箱货运站（CFS）装箱，也可以由货主自行装箱整箱托运，因而在运费计算方式上也有所不同。主要表现在当集装箱货物是整箱托运，并且使用的是承运人的集装箱时，集装箱海运运费计收有“最低计费吨”和“最高计费吨”的规定，此外，对于特种货物运费的计算以及附加费的计算也有其规定。

1. 拼箱货海运运费的计算

目前，各船公司对集装箱运输的拼箱货运费的计算，基本上是依据件杂货运费的计算标准，按所托运货物的实际运费吨计费，即尺码大的按尺码吨计费，质量大的按质量吨计费；另外，在拼箱货海运运费中还要加收与集装箱有关的费用，如拼箱服务费等。由于拼箱货涉及不同的收货人，因而拼箱货不能接受货主提出的有关选港或变更目的港的要求，所以，在拼箱货海运运费中没有选港附加费和变更目的港附加费。

2. 整箱货海运运费的计算

对于整箱托运的集装箱货物运费的计收：一种方法是同拼箱货一样，按实际运费吨计费。另一种方法，也是目前采用较为普遍的方法是，根据集装箱的类型按箱计收运费。

在整箱托运集装箱货物且所使用的集装箱为船公司所有的情况下，承运人则有按"集装箱最低利用率"(Container Minimum Utilization)和"集装箱最高利用率"(Container Maximum Utilization)支付海运运费的规定。

(1)按集装箱最低利用率计费。

一般说来，班轮公会在收取集装箱海运运费时通常只计算箱内所装货物的吨数，而不对集装箱自身的重量或体积进行收费，但是对集装箱的装载利用率有一个最低要求，即"最低利用率"。不过，对有些承运人或班轮公会来说，只是当采用专用集装箱船运输集装箱时，才不收取集装箱自身的运费，而当采用常规船运输集装箱时则按集装箱的总重(含箱内货物质量)或总体积收取海运运费。

规定集装箱最低利用率的主要目的是，如果所装货物的吨数(质量或体积)没有达到规定的要求，则仍按该最低利用率时相应的计费吨计算运费，以确保承运人的利益。在确定集装箱的最低利用率时，通常要包括货板的质量或体积。最低利用率的大小主要取决于集装箱的类型、尺寸和集装箱班轮公司所遵循的经营策略。当然，在有些班轮公会的费率表中，集装箱的最低利用率通常仅与箱子的尺寸有关，而不考虑集装箱的类型。目前，按集装箱最低利用率计收运费的形式主要有三种：最低装载吨、最低运费额以及上述两种形式的混合形式。

最低装载吨可以是质量吨或体积吨，也可以是占集装箱装载能力(载重或容积)的一个百分比。以质量吨或体积吨表示的最低装载吨数通常是依集装箱的类型和尺寸的不同而不同，但在有些情况下也可以是相同的。而当以集装箱装载能力的一定比例确定最低装载吨时，该比例对于集装箱的载重能力和容积能力通常都是一样的，当然也有不一样的。最低运费额则是按每吨或每个集装箱规定一个最低运费数额，其中后者又被称为"最低包箱运费"。

至于上述两种形式的混合形式则是根据下列方法确定集装箱最低利用率：

①集装箱载重能力或容积能力的一定百分比加上按集装箱单位容积或每集装箱规定的最低运费额；

②最低质量吨或体积吨加上集装箱容积能力的一定百分比。

(2)亏箱运费(Short fall Freight)的计算。

当集装箱内所装载的货物总重或体积没能达到规定的最低质量吨或体积吨，而导致集装箱装载能力未被充分利用时，货主将支付亏箱运费。亏箱运费实际上就是对不足计费吨所计收的运费，即是所规定的最低计费吨与实际装载货物数量之间的差额。在计算亏箱运费时，通常是以箱内所载货物中费率最高者为计算标准。此外，当集装箱最低利用率是以"最低包箱运费"形式表示时，如果根据箱内所载货物吨数与基本费率相乘所得运费数额，再加上有关附加费之后仍低于最低包箱运费，则按后者计收运费。

(3)按集装箱最高利用率计收运费。

集装箱最高利用率的含义是，当集装箱内所载货物的体积吨超过集装箱规定的容积装载能力(集装箱内容积)时，运费按规定的集装箱内容积计收，也就是说超出部分免收运费。至于计收的费率标准，如果箱内货物的费率等级只有一种，则按该费率计收；如果箱内装有不同等级的货物，计收运费时通常采用下列两种做法：一种做法是箱内所有货物均按箱内最高费率等级货物所适用的费率计算运费；另一种做法是按费率高低，从高费率起往低费率计算，直至货物的总体积吨与规定的集装箱内容积相等为止。

需指出的是，如果货主没有按照承运人的要求，详细申报箱内所装货物的情况，运费则按集装箱内容积计收，而且，费率按箱内装货物所适用的最高费率计。如果箱内货物只有部分没有申报数量，那么，未申报部分运费按箱子内容积与已申报货物运费吨之差计收。

规定集装箱最高利用率的目的主要是鼓励货主使用集装箱装运货物，并能最大限度地利用集装箱的内容积。为此，在集装箱海运运费的计算中，船公司通常都为各种规格和类型的集装箱规定了一个按集装箱内容积计算的最高利用率，例如，20ft 集装箱的最高利用率为 $31m^3$，而 40ft 集装箱的最高利用率为 $67m^3$。最高利用率之所以用体积吨而不用质量吨为计算单位，是因为每一集装箱都有其最大载质量，在运输中超重是不允许的。因此，在正常情况下，不应出现超重的集装箱，更谈不上鼓励超重的做法。

3. 特殊货物海运运费的计算

一些特殊货物如成组货物、家具、行李及服装等在使用集装箱进行装运时，在运费的计算上有一些特别的规定。

(1) 成组货物。

班轮公司通常对符合运价本中有关规定与要求，并按拼箱货托运的成组货物，在运费上给予一定的优惠，在计算运费时，应扣除货板本身的质量或体积，但这种扣除不能超过成组货物(货物加货板)质量或体积的 10%，超出部分仍按货板上货物所适用的费率计收运费。但是，对于整箱托运的成组货物，则不能享受优惠运价，并且，整箱货的货板在计算运费时一般不扣除其质量或体积。

(2) 家具和行李。

对装载在集装箱内的家具或行李，除组装成箱子再装入集装箱外，应按集装箱内容积的 100% 计收运费及其他有关费用。该规定一般适用于搬家的物件。

(3) 服装。

当服装以挂载方式装载在集装箱内进行运输时，承运人通常仅接受整箱货"堆场—堆场"(CY/CY)运输交接方式，并由货主提供必要的服装装箱物料如衣架等。运费按集装箱内容积的 85% 计算。如果箱内除挂载的服装外，还装有其他货物时，服装仍按箱容的 85% 计收运费，其他货物则按实际体积计收运费。但当两者的总计费体积超过箱容的 100% 时，其超出部分免收运费。在这种情况下，货主应提供经承运人同意的公证机构出具的货物计量证书。

(4) 回运货物。

回运货物是指在卸货港或交货地卸货后的一定时间以后由原承运人运回原装货港或发货地的货物。对于这种回运货物，承运人一般给予一定的运费优惠，比如，当货物在卸货港或交货地卸货后六个月由原承运人运回原装货港或发货地，对整箱货(原箱)的回程运费按原运费的 85% 计收，拼箱货则按原运费的 90% 计收回程运费。但货物在卸货港或交货地滞留期间发生的一切费用均由申请方负担。

(5) 货物滞期费。

在集装箱运输中，货物运抵目的地后，承运人通常给予箱内货物一定的免费堆存期(Free Time)，但如果货主未在规定的免费期内前往承运人的堆场提取货箱，或去货运站提取货物，承运人则对超出的时间向货主收取滞期费(Demurrage)。货物的免费堆存期通常系从货箱卸下船时起算，其中不包括星期六、星期天和节假日。但一旦进入滞期时间，便连续计算，即在滞期时间内若有星期六、星期天或节假日，该星期六、星期天及节假日也应计入滞期时间，免费堆存期的长短以及滞期费的计收标准与集装箱箱型、尺寸以及港口的条件等有关，同时也依班轮公司而异，有时对于同一港口，不同的船公司有不同的计算方法。

根据班轮公司的规定，在货物超过免费堆存期后，承运人有权将箱货另行处理。对于使用承运人的集装箱装运的货物，承运人有权将货物从箱内卸出，存放于仓储公司仓库，由此产生的转运费、仓储费以及搬运过程中造成的事故损失费与责任均由货主承担。

(6)集装箱超期使用费。

如货主所使用的集装箱和有关设备为承运人所有，而货主未能在免费使用期届满后将集装箱或有关设备归还给承运人，或送交承运人指定地点，承运人则按规定对超出时间向货主收取集装箱期使用费。

4. 附加费的计算

与普通班轮一样，国际集装箱海运运费除计收基本运费外，也要加收各种附加费。附加费的标准与项目，根据航线和货种的不同而有不同的规定。集装箱海运附加费通常包括以下几种形式：

(1)货物附加费(Cargo Additional)。

某些货物，如钢管之类的超长货物、超重货物、需洗舱(箱)的液体货等，由于它们的运输难度较大或运输费用增高，因而对此类货物要增收货物附加费。当然，对于集装箱运输来讲，计收对象、方法和标准有所不同。例如对超长、超重货物加收的超长、超重、超大件附加费(Heavy lift and Over - length Additional)只对由集装箱货运站装箱的拼箱货收取，其费率标准与计收办法与普通班轮相同。如果采用 CFS/CY 条款，则对超长、超重、超大件附加费减半计取。

(2)变更目的港附加费。

变更目的港仅适用于整箱货，并按箱计收变更目的港附加费。提出变更目的港的全套正本提单持有人，必须在船舶抵达提单上所指定的卸货港 48h 前以书面形式提出申请，经船方同意变更。如变更目的港的运费超出原目的港的运费时，申请人应补交运费差额，反之，承运人不予退还。由于变更目的港所引起的翻舱及其他费用也应由申请人负担。

(3)选卸港附加费(Optional Additional)。

选择卸货港或交货地点仅适用于整箱托运整箱交付的货物，而且一张提单的货物只能选定在一个交货地点交货，并按箱收取选卸港附加费。

选港货应在订舱时提出，经承运人同意后，托运人可指定承运人经营范围内直航的或经转运的三个交货地点内选择指定卸货港，其选卸范围必须按照船舶挂靠顺序排列。此外，提单持有人还必须在船舶抵达选卸范围内第一个卸货港 96h 前向船舶代理人宣布交货地点，否则船长有权在第一个或任何一个选卸港将选卸货卸下，即应认为承运人已终止其责任。

(4)服务附加费(Service Additional)。

当承运人为货主提供了诸如货物仓储对已关或转船运输以及内陆运输等附加服务时，承运人将加收服务附加费。对于集装箱货物的转船运输，包括支线运输转干线运输，都应收取转船附加费(Trans - shipment Additional)。

除上述各项附加费外，其他有关的附加费计收规定与普通班轮运输的附加费计收规定相同。这些附加费包括：因港口情况复杂或出现特殊情况所产生的港口附加费(Port Additional)；因国际市场上燃油价上涨而增收燃油附加费(Bunker Adjustment Factor, BAF)；为防止货币贬值造成运费收入上的损失而收取货币贬值附加费(Currency Adjustment Factor, CAF);因战争、运河关闭等原因迫使船舶绕道航行而增收绕航附加费(Deviation Surcharge);因港口拥挤致使船舶抵港后不能很快靠卸而需长时间待泊所增收的港口拥挤附加费(Port Congestion Surcharge)等。此外,对于贵重货物,如果托运人要求船方承担超过提单上规定的责任限额时,船方要增收超额责任附加费(Additional for Excess of Liability)。

需指出的是,随着世界集装箱船队运力供给大于运量需求的矛盾越来越突出,集装箱航运市场上削价竞争的趋势日益蔓延,因此,目前各船公司大多减少了附加费的增收种类,将许多附加费并入运价当中,给货主提供一个较低的包干运价。这一方面起到了吸引货源的目的,同时也简化了运费结算手续。

思考练习

(1)简述海上集装箱运输的价格术语及换算。

(2)简述集装箱出口操作流程。

(3)集装箱货物运输的主要单证。

(4)简述集装箱十联单的流转程序。

(5)集装箱货物运输出口代理业务主要环节。

(6)海运单的含义及其作用。

(7)海运单与海运提单的区别。

(8)集装箱进口操作流程。

(9)集装箱提单的定义及作用?集装箱提单的种类有哪些?

(10)国际集装箱海运运价的基本形式是什么?

任务九 国际集装箱运输多式联运

内容简介

本任务较详尽地叙述了国际集装箱多式联运的基本理论、法规和操作实务，就国际多式联运经营人、国际贸易主要交易条件、集装箱多式联运提单、国际多式联运方式、国际多式联运法规、国际多式联运业务运作、国际多式联运货运事故处理、集装箱运输口岸管理等国际集装箱多式联运的全过程进行了深入浅出的论述，并结合相关案例进行了分析，介绍了国际多式联运的含义和国际多式联运经营人，以及国际多式联运经营人责任和国际多式联运的经营与发展；另外，从国际多式联运单证业务、收费业务、保险业务和运作流程以及大陆桥运输运作流程等方面介绍了国际多式联运的主要业务及程序。

教学目标

1. 知识目标

(1) 重点掌握国际多式联运与联合运输的本质区别、特征和类型；

(2) 掌握国际多式联运经营人含义，多式联运经营人的责任基础和责任限额等；

(3) 掌握国际多式联运的国际公约与法律法规。

2. 技能目标

(1) 了解国际多式联运的操作流程；

(2) 掌握国际多式联运提单的流程；

(3) 理解国际多式联运经营人在实务中的作用。

案例导入

1988年10月，中国土产畜产进出口公司×畜产分公司委托×对外贸易运输公司办理333只纸箱的男士羽绒滑雪衫出口手续，外运公司将货装上××远洋运输公司的货轮并向畜产进出口公司签发了北京中国对外贸易运输总公司的清洁联运提单，提单载明货物数量共为333箱，分装3只集装箱。同年6月29日，货轮抵达目的港日本神户，7月6日，日方收货人在港口装卸公司开箱发现其中一个集装箱A的11只纸箱中，有5箱严重湿损，6箱轻微湿损。7月7日，运至东京日方收货人仓库，同日由新日本商检协会检验，10月11日出具的商检报告指出货损的原因是由于集装箱有裂痕，雨水进入造成箱内衣服损坏，实际货损约合1868338日元。在东京进行货损检验时，商检会曾邀请×远洋运输公司派人共同勘察，但该公司以“出港后检验无意义”为由拒绝。日方收货人从AIU保险公司取得赔偿后，AIU公司取得代位求偿权，于1989年9月25日向上海海事法院提起诉讼，要求被告货运代理人和实际承运人赔偿日方损失，并承担律师费和诉讼费。两被告答辩相互指出应由另一被告承担全部责任，并要求原告进一步对减少货损的合理措施进行举证。

1. 案件结果

上海海事法院认为，根据两被告1982年签订的集装箱运输协议以及提单条款，两被告有相当的责任牵连，但日方收货人于×远洋运输公司在开箱时交割不清，商检又在港口外进行，故原告对货物损害索赔及所受损害的确切数额的请求举证不力。经法院调解，1990年3月28日，原被告三方达成协议，两被告根据损害事实及提单条款规定，赔付原告人民币8000元(其中300元为原告预支的诉讼费)，赔款由货运代理人先行给付，再由他与实际承运人自行协商解决，案件受理费由原告负担。

2. 基本理论

集装箱运输是以集装箱作为运输单位进行货物运输的一种现代化的先进运输方式，目前它已成为国际海上货物运输主要航线上居于主导地位的运输方式。集装箱海运与传统海运相比有许多优点，它的迅速发展为国际多式联运的发展奠定了基础。目前关于集装箱运输的国际公约有两个，1977年9月生效的《国际集装箱安全公约》和1975年12月生效的《1972年集装箱关务公约》，我国分别于1991年和1986年加入了上述两个公约。我国目前关于集装箱运输的立法主要是1990年颁布实施的《海上国际集装箱运输管理规定》及其实施细则，其中规定了集装箱所有人、经营人应当做好集装箱的管理和维修工作，定期进行检验，以保证提供适宜于货物运输的集装箱，违反以上规定造成货物损失或短缺的，由责任人按照有关规定承担赔偿责任。

国际货物多式联运是以至少两种不同的运输方式将货物从一国接管货物的地方运至另一国境内指定交付货物的地方，通常表现为将海洋、铁路、航空等多种运输方式中的两种或多种联结起来进行运输。1980年5月在联合国贸易与发展会议主持下，制定并通过了《联合国国际货物多式联运公约》，我国已签字，但目前该公约尚未生效。公约在规则原则上采取的是推定过失原则，除非多式联运经营人能证明，他和他的受雇人或代理人为避免损失事故的发生及其后果已经采取了一切合理的防止措施，就推定其对损害后果负有过失责任。公约对多式联运索赔的期限规定很严格。收货人向多式联运经营人提出索赔时，应在收到货物次日起提出；如果货物天灾或损坏不明显的，则收货人应在收到货物3～6d内提出；对于迟延交货的索赔，收货人应在收货之后60d内提出。有关多式联运的诉讼时效为2年，自货物交付之日起或应当交付之日次日起开始计算。

3. 案例分析

根据“拆箱报告”和“商检报告”，本案中货损的原因是由于集装箱有裂痕，雨水进入箱内所致，因为承运人签发的是清洁联运提单，所以发生货损应当归于承运人的责任。根据中远提单条款的规定以及×远洋运输公司与×对外贸易运输公司的协议约定，两被告均应对货损承担责任。

本案中日方收货人对货损也应承担一定的责任。依据商检管理，日方收货人在发现货物有湿损时，应及时在卸货港当地申请商检，并采取适当救济措施以避免湿损扩大。但日方在未采取措施情况下将货物运至东京再商检，显然应对货物损失承担部分责任。对于因日方过错导致货物扩大损失的部分，应由日方自身负责，无权向承运人追偿。

本案处理结果基本上符合各方当事人的责任状况，至于两被告哪一方应对货损承担责任，根据他们之间的协议，应在共同对外承担责任后，查明事实后合理分担。

引导思路

(1)国际多式联运经营人在整个运输过程中的地位和作用是什么？

(2)国际多式联运经营人在货物发生损坏、延期交货和灭失时的赔偿情况是什么?

项目一　国际集装箱多式联运概述

教学要点

(1)了解国际集装箱运输多式联运定义、特征;

(2)掌握多式联运经营人的定义、应具备的条件、赔偿责任制、赔偿标准;

(3)了解国际集装箱多式联运的发展。

教学方法

可采用讲授、情境教学、案例教学和分组讨论等方法。

一、国际集装箱运输多式联运的含义

国际集装箱多式联运(International Multimodal Transportation,IMT)是联合运输形式中的特殊形式,它与传统的联合运输相比有许多不同之处。《联合国国际货物多式联运公约》对国际集装箱多式联运所做的定义是:国际集装箱多式联运是指多式联运经营人按照多式联运合同,以至少两种不同的运输方式,将货物从一国境内接管的地点运到另一国境内的指定交货地点的运输方式。

国际集装箱多式联运不同于传统的联合运输,它是为了适应集装箱运输而发展起来的一种新型运输方式。这种运输形式的主体不再只是运输工具的拥有者,而更主要的是由多式联运经营人来承担,这种经营人可以没有运输工具,即所谓的契约承运人(Contracting Carrier)或称无船承运人(NVOCC)。在承运人责任制度上,它打破了传统上承运人的分段责任制度,而采用了由多式联运经营人对全段运输承担总责任的所谓“统一责任制”,对维护货方利益提供了极大的保障。由于国际集装箱多式联运是一种新型运输方式,经营人的法律地位发生了根本性变化,所以,联合国于1980年5月制定并通过了《联合国国际货物多式联运公约》(简称《多式联运公约》),以规范多式联运经营人与其他当事人的合同行为。

我国《海商法》为了将多式联运合同纳入调整范畴,规定:“本法所称多式联运合同,是指多式联运经营人以两种以上的不同运输方式,其中一种是海上运输方式,负责将货物从接收地运至目的地交付收货人,并收取全程运费的合同。”从而将陆陆、陆空的多式联运形式排除在调整范围之外。但鉴于海陆、海空联运是国际货物多式联运的主要形式,在国际集装箱多式联运公约尚未生效的条件下,《海商法》的有关规定仍具有重要意义。

二、国际集装箱多式联运的特征

1.构成条件

根据《多式联运公约》的规定,一项国际集装箱多式联运应当具备以下特征:

多式联运经营人必须与货主签订多式联运合同。该合同是多式联运经营人与发货人之间权利、义务、责任及豁免的法律依据，是区别于一般联运合同的主要依据之一。

多式联运经营人必须对全程运输承担承运人的运输责任。多式联运经营人自己可以拥有运输工具，也可以是无船承运人，他可以与各区段实际承运人签订区段运输合同，或者委托仓储经营人负责货物的仓储，但他对发货人来说是总的承运人，他与这些人签订的运输合同、仓储合同等不得影响多式联运经营人对全程运输所承担的责任，这是多式联运的根本特征。

必须是国际货物运输。国内的多式联运不在国际集装箱多式联运公约范围之内，原因是各国的政治、经济、法律制度存在很大差异，运输管理又属于一国主权范围内的事物，所以，国际上所有的国际运输公约都不适用于国内运输部分。

必须使用多式联运单据（Multimodal Transport Document，MTD）。多式联运单据的作用如同传统海上运输中的提单，其上载有多式联运合同条款，规定了运输双方的权利义务，是处理货物索赔的重要依据，也是多式联运统一责任制规定即具体体现。因此，多式联运必须签发多式联运单据，明确规定经营人对全部运输期间的运输责任。

必须使用两种或两种以上的运输方式进行不间断的运输。国际货物运输的形式有陆运、海运、空运三种基本形式。其中，陆上运输又可分为铁路运输和公路运输，各种运输形式中都存在同一运输形式下的联运，比如铁路运输中的转运、海运中的转船运输等，但这种联运不是国际集装箱多式联运范畴内的运输形式，国际集装箱多式联运必须是两种不同运输方式的任意联合，如陆海联合、海空联合、陆空联合。这种规定的目的主要是尊重和维持既存的国际公约和国内法律规定，例如，公路运输有1956年由欧洲17个国家参加的《国际公路货物运输合同公约》（CMR）、铁路运输有《国际铁路货物联运协定》（简称国际货协）和《国际铁路货物运送公约》（简称国际货约）、航空运输有1929年签订的《关于统一国际航空运输某些规则的公约》（简称华沙公约），这些公约分别对不同运输形式下与运输合同有关的法律问题做出了统一规定。由于国际集装箱多式联运是上述不同运输方式的结合，又采取了与传统规定不同的法律制度，为了避免法律冲突和新的立法能够被广泛接受，非常有必要做出规定，只将联合两种或两种以上的运输方式的运输形式定义为国际集装箱多式联运，并受国际集装箱多式联运公约约束。

2. 优越性

国际集装箱多式联运是今后国际运输发展的方向，这是因为开展国际集装箱多式联运具有许多优越性，主要表现在以下几方面：

（1）简化托运、结算及理赔手续，节省人力、物力和有关费用。

在国际集装箱多式联运方式下，无论货物运输距离有多远，由几种运输方式共同完成，且不论运输途中货物经过多少次转换，所有一切运输事项均由多式联运经营人负责办理。而托运人只需办理一次托运，订立一份运输合同，一次支付费用，一次保险，从而省去托运人办理托运手续的许多不便。同时，由于多式联运采用一份货运单证，统一计费，因而也可简化制单和结算手续，节省人力和物力，此外，一旦运输过程中发生货损货差，由多式联运经营人对全程运输负责，从而也可简化理赔手续，减少理赔费用。

（2）缩短货物运输时间，减少库存，降低货损货差事故，提高货运质量。

在国际集装箱多式联运方式下，各个运输环节和各种运输工具之间配合密切，衔接紧凑，货物所到之处中转迅速及时，大大减少货物的在途停留时间，从而从根本上保证了货物安全、迅速、准确、及时地运抵目的地，因而也相应地降低了货物的库存量和库存成本。同时，多式联运系通过集装箱为运输单元进行直达运输，尽管货运途中须经多次转换，但由于使用专业机械装卸，且不涉及箱内货物，因而货损货差事故大为减少，从而在很大程度上提高了货物的运输质量。

(3)降低运输成本，节省各种支出。

由于多式联运可实行门到门运输，因此对货主来说，在货物交由第一承运人以后即可取得货运单证，并据以结汇，从而提前了结汇时间。这不仅有利于加速货物占用资金的周转，而且可以减少利息的支出。此外，由于货物是在集装箱内进行运输的，因此从某种意义上来看，可相应地节省货物的包装、理货和保险等费用的支出。

(4)提高运输管理水平，实现运输合理化。

对于区段运输而言，由于各种运输方式的经营人各自为政，自成体系，因而其经营业务范围受到限制，货运量相应也有限。而一旦由不同的多式联运经营人共同参与多式联运，经营的范围可以大大扩展，同时可以最大限度地发挥其现有设备作用，选择最佳运输线路组织合理化运输。

(5)其他作用。

从政府的角度来看，发展国际集装箱多式联运具有以下重要意义：有利于加强政府部门对整个货物运输链的监督与管理；保证本国在整个货物运输过程中获得较大的运费收入配比例；有助于引进新的先进运输技术；减少外汇支出；改善本国基础设施的利用状况；通过国家的宏观调控与指导职能保证使用对环境破坏最小的运输方式达到保护本国生态环境的目的。

3. 国际集装箱多式联运与一般国际货物运输的区别

国际集装箱多式联运极少由一个经营人承担全部运输，往往是接受货主的委托后，联运经营人自己办理一部分运输工作，而将其余各段的运输工作再委托其他的承运人。但这又不同于单一的运输方式，这些接受多式联运经营人负责转托的承运人，只是依照运输合同关系对联运经营人负责，与货主不发生任何业务关系。因此，多式联运经营人可以是实际承运人，也可以是“无船承运人”。国际集装箱多式联运与一般国际货物运输的主要不同点有以下几方面：

(1)货运单证的内容与制作方法不同。

国际集装箱多式联运大都为“门到门”运输，故货物于装船或装车或装机后应同时由实际承运人签发提单或运单，多式联运经营人签发多式联运提单，这是多式联运与任何一种单一的国际货运方式的根本不同之处。在此情况下，海运提单或运单上的发货人应为多式联运的经营人，收货人及通知方一般应为多式联运经营人的国外分支机构或其代理；多式联运提单上的收货人和发货人则是真正的、实际的收货人和发货人，通知方则是目的港或最终交货地点的收货人或该收货人的代理人。多式联运提单上除列明装货港、卸货港外，还要列明收货地、交货地或最终目的地的名称以及第一程运输工具的名称、航次或车次等。

(2)多式联运提单的适用性和可转让性与一般海运提单不同。

一般海运提单只适用于海运，从这个意义上说多式联运提单只有在海运与其他运输方式结合时才适用，但现在它也适用于除海运以外的其他两种或两种以上的不同运输方式的连贯的跨国运输(国外采用“国际集装箱多式联运单据”就可避免概念上的混淆)。多式联运提单把海运提单的可转让性与其他运输方式下运单的不可转让性合二为一，因此多式联运经营人根据托运人的要求既可签发可转让的也可签发不可转让的多式联运提单。如属前者，收货人一栏应采用指示抬头：如属后者，收货人一栏应具体列明收货人名称，并在提单上注明不可转让。

(3)信用证上的条款不同。

根据多式联运的需要，信用证上的条款应有以下三点变动：①向银行议付时不能使用船公司签发的已装船清洁提单，而应凭多式联运经营人签发的多式联运提单，同时还应注明该提单的抬头如何制作，以明确可否转让；②多式联运一般采用集装箱运输(特殊情况除外，如在对外工程承包下运出机械设备则不一定采用集装箱)，因此，应在信用证上增加指定采用集装箱运输条款；③如不由银行转单，改由托运人或发货人或多式联运经营人直接寄单，以便收货人或代理能尽早取得货运单证，加快在目的港(地)提货的速度，则应在信用证上加列"装船单据由发货人或由多式联运经营人直寄收货人或其代理"之条款。如由多式联运经营人寄单，发货人出于议付结汇的需要应由多式联运经营人出具一份"收到货运单据并已寄出"的证明。

(4)海关验放的手续不同。

一般国际货物运输的交货地点大都在装货港，目的地大都在卸货港，因而办理报关和通关的手续都是在货物进出境的港口。而国际集装箱多式联运货物的起运地大都在内陆城市，因此，内陆海关只对货物办理转关监管手续，由出境地的海关进行查验放行。进口货物的最终目的地如为内陆城市，进境港口的海关一般不进行查验，只办理转关监管手续，待货物到达最终目的地时由当地海关查验放行。

三、国际集装箱多式联运经营人

1. 多式联运经营人的定义

多式联运是一项极其复杂的国际间货物运输的系统工程，涉及面广，环境复杂，必须有一个总负责人按照多式联运合同，进行全程运输的组织、安排、衔接和协调等管理工作，这个总负责人就是多式联运经营人。

《联合国国际货物多式联运公约》对多式联运经营人所下的定义是："多式联运经营人是指其本人或通过其代表订立多式联运合同的任何人，他是事主，而不是发货人的代理人或代表，或参加多式联运承运人的代理人或代表，并且负有履行合同的责任。"

从上述定义可以看出，多式联运经营人是订立多式联运合同并负有履行合同责任的人。由于多式联运是在国际间使用多种不同运输工具共同完成，不可能有一个多式联运经营人拥有全部运输工具，承担全部运输，因此在订立合同后，多式联运经营人往往把部分运输区段或全部运输区段的运输任务委托各区段实际承运人去完成，自己并不参加某区段实际的运输或不参加任何区段的实际运输。这种多式联运经营人与各区段实际承运人订立的分运输合同，不能改变多式联运经营人在多式联运合同中当事人的身份，各区段承运人只对多式联运经营人负责，而多式联运经营人必须对多式联运合同负责，如图9-1衔接式过程。

2. 多式联运经营人应具备的条件

当多式联运经营人从发货人那里接管货物时起，其对多式联运合同的责任即开始，他必须按照合同，把货物从一国境内的接货地安全、完好、及时地运至另一国境内指定的交货地，如果货物在全程运输过程任何区段发生的过失、损害或延误交付，多式联运经营人均以本人身份直接向货主进行赔偿,即使货物的灭失、损害是由某区段实际承运人灭失所致。因此,作为多式联运主体的多式联运经营人,应具备以下一些必要条件:

(1)订立多式联运合同。

多式联运经营人必须与托运人订立多式联运合同,并据以收取全程运费并负责履行合同。根据多式联运的定义,在合同中应至少使用两种不同运输工具连贯地完成国际间的货物运输。

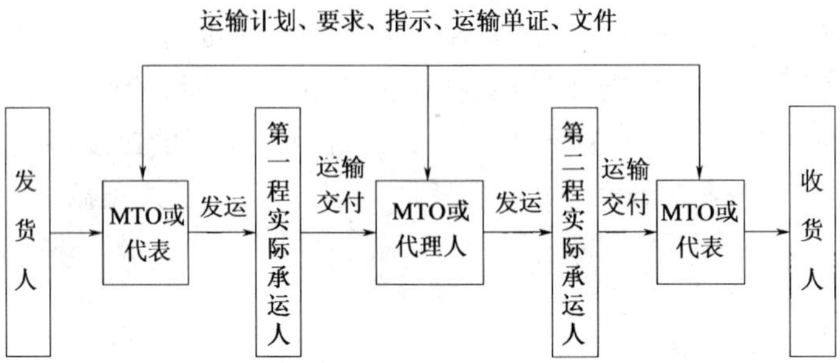

运输计划、要求、指示、运输单证、文件

发货人

MTO或代表

发运

第一程实际承运人

运输交付

MTO或代理人

发运

第二程实际承运人

运输交付

MTO或代表

收货人

图 9-1　衔接式多式联运的过程示意图

(2)接货后即签发多式联运单据。

多式联运经营人或其代表从发货人手中接管货物时,即签发多式联运单据,并对所接管的货物开始负有责任。

(3)按合同规定将货物交指定的收货人或多式联运单据持有人。

多式联运经营人应承担合同规定的与运输和其他服务有关的责任,如组织不同运输工具的运输和转运、办理过境国的海关手续,货物在运输全程中的保管、照料等,并保证将货物交多式联运单据指定的收货人或多式联运单据的持有人。

(4)有足够的赔偿能力。

对多式联运全程运输中所发生的货物过失、损害或延误交付,多式联运经营人应首先负责对货主进行直接赔偿。因此多式联运经营人必须有足够的赔偿能力。当然如果货损事故为实际区段承运人的过失所致,多式联运经营人在直接赔偿后拥有向其追偿的权利。

(5)有相应的技术能力。

多式联运经营人应具备与多式联运所需的相应的技术能力,包括多式联运必需的业务网点和专业技术人员,并保证对自己签发的多式联运单据的流通性,并作为有价证券在经济上有令人信服的担保程度,如图 9-2 所示为协作式多式联运的过程。

四、多式联运经营人责任

1. 多式联运经营人的赔偿责任制

根据《联合国国际货物多式联运公约》规定:"多式联运经营人对货物的责任期限自接管货物之时起至交付货物时止。"由于多式联运经营人对掌管货物的责任期限负有赔偿责任,因此必须首先明确多式联运经营人赔偿的责任制。目前,多式联运经营人的责任制主要有以下三种形式:

(1)统一责任制。

所谓统一责任制是指多式联运经营人在全程运输中使用统一的赔偿标准向货主负责。也就是说,多式联运经营人在全程运输中无论货运事故发生在哪一区段,也无论事故是明显的还是隐藏的,都按统一的标准负责向货主赔偿。统一责任制的最大优点是理赔手续十分简便,只要有货损,都按一个标准进行赔偿,但在实际业务中统一责任制应用较少,主要原因是统一赔偿标准难以为多式联运经营人所接受。

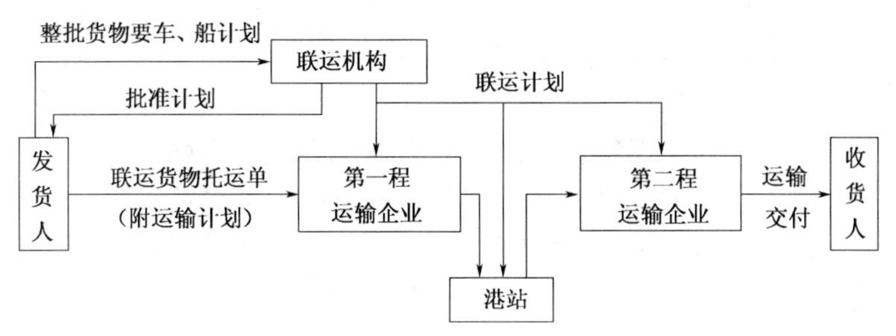

图 9-2　协作式多式联运的过程示意图

(2)经修正后的统一责任制。

《联合国国际货物多式联运公约》所规定的多式联运经营人的责任制为经修正后的统一责任制,即在统一责任制的基础上作了一些修正。所谓经修正后的统一责任制,是指多式联运经营人在全程运输中对货损事故按统一赔偿标准负责向货主赔偿,但同时又规定,如果该统一赔偿标准低于实际货运事故发生区段的适用法律法规所规定的赔偿标准时,按该区段高于统一赔偿标准的标准,由多式联运经营人负责向货主赔偿。经修正后的统一责任制与统一责任制相比,加大了多式联运经营人的赔偿责任,故实际应用更少。

(3)网状责任制。

所谓网状责任制,是指多式联运经营人对全程运输的货物责任,局限在各个运输区段的责任范围内,如果能确定货运事故区段的,则按该区段适用法律法规,由多式联运经营人负责向货主直接赔偿,如果对隐藏损害等不能确定货运事故区段的,则推定发生在海运区段,按海运区段的适用法律法规,由多式联运经营人负责向货主直接赔偿。相比较,网状责任制对多式联运经营人的赔偿责任最低,同时这种责任制无论对于多式联运经营人还是对于实际区段承运人来说,其赔偿标准却是一致的,不存在同一运物区段有两种赔偿标准的矛盾。

2. 多式联运经营人的赔偿标准

目前,绝大多数国家的多式联运经营人采用网状责任制,表 9-1 是与网状责任制有关的各运输区段国际货运公约以及国际集装箱多式联运公约所规定的赔偿标准(即责任限额)对比。

不同国际公约承运人责任限额对比 SDR　　表 9-1

公约名称	每件或每单位	毛重每千克	备注
海牙规则	161		
维斯比规则	666.67	2.0	
汉堡规则	835	2.50	
国际公路货运公约		8.33	
国际铁路货运公约		16.67	

续上表

公约名称	每件或每单位	毛重每千克	备注
华沙公约		17.00	
多式联运公约	920	2.75/8.33	包括海上或内河运输,毛重每千克2.75SDR;不包括海上或内河运输毛重每千克8.33SDR

维斯比规则、汉堡规则以及国际集装箱多式联运公约均规定了两种责任限额,这是因为这三个国际公约的通过均在出现集装箱运输以后,而在集装箱运输方式下,如果仍以每件或每单位责任限额,可能会对货主造成很大不利,特别是在未列出箱内货物件数的情况下,集装箱内所有的货物只视为一件,采用两种责任限额并择大赔偿,有利于在集装箱运输方式下保护货主的利益。

五、国际集装箱多式联运的经营与发展

1. 国际集装箱多式联运的经营方式

国际集装箱多式联运经营人通常可采取独立经营、联营、委托运输三种方式开展业务经营活动。由于这三种经营方式各有利弊,因此,在实际业务中,几乎所有的国际集装箱多式联运企业都是将这三种经营方式组合运用,其中以第一种和第三种方式的结合最为常见。

2. 国际集装箱多式联运的发展

国际集装箱多式联运具有手续简便、安全可靠,提早结汇等优势,因此,国际集装箱多式联运产生后在世界各国获得了普遍发展,但同时也应该看到,国际集装箱多式联运的发展过程中也存在一些问题。

(1)国际集装箱多式联运在世界范围内发展中存在的问题。

①运输实践中的集装箱规格尚未取得一致。例如,美国集装箱与ISO的规格就不一致。在美国的国内运输中,通常使用45ft或48ft的集装箱,同时还采用加长、加高的集装箱,而世界其他各国普遍采用20ft与40ft的国际标准集装箱,由此导致运输上的问题。

②许多发展中国家尚停留在集装箱化的初级阶段,无论是硬件还是软件都有待提高。例如,在换装地各种必要的设施不配套、运输环境较差、货主拥有大量自有车辆、缺乏一流的多式联运经营人等。这些地区成为联运路线的薄弱环节,然而他们的位置却处于多式联运路线的途经地点,这便成了国际联运路线上的重要障碍之一。

③有关国际集装箱多式联运经营人责任的法律问题尚未取得一致。由于各国法律不同、多式联运经营人的规模不同,因而有关规定国际集装箱多式联运经营人责任的国际集装箱多式联运单证及其背面条款存在差异,加之《联合国国际货物多式联运公约》尚未生效,国际上尚无一个可为各国通用的、统一规范的标准国际集装箱多式联运单证,从而造成国际集装箱多式联运单证处于纷繁杂乱的状态。

④由于诸多方面的原因,国际集装箱多式联运所具有的综合优势往往未能充分发挥出来,这在一定程度上导致了货主选择单一运输方式,从而影响了多式联运的发展。

(2)国际集装箱多式联运在我国发展中存在的问题。

我国多式联运系统也存在着协调问题,主要体现在以下几方面:

①总体上缺乏与集装箱多式联运系统需求之间的协调。我国目前虽然开展了海陆联运,但联运量小,与集装箱运输发展需求相协调的集装箱多式联运系统在全国范围内并未建立起来。

②缺乏面向综合效率和综合效益的各运输方式之间的协调。对于我国集装箱多式联运的协调问题,每一种运输方式都有本系统详细的近期和长远发展战略,但从我国集装箱多式联运系统的角度来看,却存在很多不协调的地方。

③缺乏面向综合效率和效益的协调管理。长期以来,我国按照运输方式进行分部门管理。水运、公路和民航运输由交通运输部管理,铁路由铁道部管理。这种管理模式有其优点,但却产生了多头管理和缺乏统一管理的问题,这不利于集装箱多式联运所要求的各运输方式的协调统一。

④缺乏高科技手段。我国集装箱多式联运系统的科技水平不足。例如,信息化水平不高;缺乏货物全程在线跟踪技术;技术装备水平低,集装箱运输标准化水平低。

(3)国际集装箱多式联运的发展趋势。

综观当今世界多式联运的发展,主要呈现以下趋势:

①多式联运经营人向多元化方向发展。作为多式联运经营人,其前身大多是大型国际货运代理企业或大型船公司,为了扩大服务范围,提高服务质量,已开始从单一的货运代理业务或海运业务向多元化方向发展。例如,一些国际货运代理企业除了经营传统的货运代理业务外,还以贸易商的身份从事国际贸易业务,以无船承运人身份承接运输业务和多式联运业务,成为多种业务的联合体。又如,一些船公司在传统的海运业务的基础上,不断向陆上业务拓展,参与代理业、陆运服务业的经营,并组织多式联运,呈现了多元化发展的趋势。

②多式联运的业务范围不断扩大。为了开展多式联运的需要,多式联运经营人不断把业务向海外扩张,在世界各地物资集散地建立分支机构或代理网点,扩充并完善其服务网络,为货主提供更大的服务空间。在当今经济全球化的形势下,尤其是跨国公司在世界范围内资源优化配置的需求下,多式联运已从发达国家向发展中国家渗透,其业务范围呈现不断扩大的趋势。

③多式联运向现代物流领域拓展。以集装箱运输为基础的多式联运,在现代物流中已越来越呈现其独特的优势,不仅是现代物流不可缺少多式联运,而且许多多式联运经营人已充分认识到现代物流的重要性,纷纷加入或经营现代物流业,从而成为现代物流的一支重要力量。

项目二　国际集装箱多式联运的主要业务和程序

教学要点

(1)掌握国际集装箱多式联运单证业务;

(2)掌握国际集装箱多式联运收费业务;

(3)了解国际集装箱多式联运保险业务;

(4)了解国际集装箱多式联运运作流程;

(5)了解大陆桥运输。

教学方法

可采用讲授、情境教学、案例教学和分组讨论等方法。

案例导入

茶叶装载集装箱串味

浙江省C公司在1987年10月CIF出口750箱红茶,C公司委托浙江省Q公司办理将该750箱红茶从上海出口运往德国汉堡港的手续。Q公司通过S公司向G班轮公司订舱获得确认之后,在上海将茶叶交给S公司。S公司将红茶装入G公司提供的三个20ft集装箱中,并由G公司的船舶运往德国汉堡港,C公司获得G公司签发的联运提单,运输条款CFS-CY。货到目的地,收货人D公司发现其中一个20ft集装箱内的250箱红茶串味变质,P保险公司在汉堡的代理人BDJ出具了有关检验机构的检验报告,确定这250箱红茶受精萘气味污染。为此,P公司按保单赔偿了D公司损失7476.63英镑和1881西德马克,并取得了D公司签署的权益转让书。

P公司凭权益转让书先后向货物承运人G公司及S公司追偿,但这两个公司均拒绝履行其赔偿责任。于是,P公司便向上海海事法院提起诉讼。G公司被列为第一被告;S公司被列第二被告。P公司诉讼称第一被告承运其承保的750箱红茶,由于提供了不洁集装箱,而第二被告作为装箱人未尽职责检查,致使茶叶串味污染,故要求两被告赔偿其遭受的全部经济损失和从赔付D公司时起至判决之日止的利息,并承担全部诉讼费用。第一被告辩称,该提单项下集装箱运输条款为FCL,即由发货人装箱、点数、铅封的整箱货运输。第一被告提供的集装箱应视为货物包装,箱体检查应属发货人的职责,而且污染原因不明,原告赔付D公司过于草率。对于非第一被告原因引起的损失,不负赔偿责任,并要求原告赔偿其因应诉而引起的经济损失。

第二被告辩称,发货人委托进行装箱作业,只对装箱过程负责,不对以后发生的损失负责。根据惯例,承运人应该提供清洁、干燥、无味的集装箱,而且法律并未规定需要对集装箱进行检查。对于不可预知的损失不承担赔偿责任。而且两被告双方在其航线的集装箱运输中亦有协议规定:第一被告应在船舶受载前五天,在港区的堆场提供清洁、干燥、无味、完整的空箱交至第二被告的运送车上。

事后经法院查明,该集装箱上一航次装载的是精萘,本航次装载于该箱内的是250箱红茶,也就是说,红茶的串味与上一航次所装货物有关。汉堡BDJ出具的检验报告和事后在国内调查的事实是吻合的。

引导思路

1. 第一被告的抗辩是否成立?为什么?
2. 第二被告的抗辩是否成立?为什么?
3. 结合现行管理方法和本案谈谈对集装箱货物装载的启示。

一、国际集装箱多式联运单证业务

1. 多式联运单据的定义与主要内容

(1)多式联运单据的定义。

在多式联运方式下,多式联运经营人在接管货物时,应由本人或其代理人签发多式联运单据。在多式联运中,虽然一票货物由多种不同运输方式、多个实际区段承运人共同完成运输,但从接货地至交货地使用一张货运单证——多式联运单据。

1997年10月1日我国实施的《国际集装箱多式联运管理规则》对多式联运单据的定义是:多式联运单据是指证明多式联运合同以及证明多式联运经营人接管货物并负责按合同条款交付货物的单据。从上述定义可知,多式联运单据与海运提单作用相似:

多式联运单据是多式联运合同的证明;是多式联运经营人收到货物的收据;是收货人据以提货的物权凭证。

(2)多式联运单据的主要内容。

多式联运单据是发货人、多式联运经营人、收货人等当事人货物交接的凭证,多式联运单据的内容应准确、完整,其主要内容有:

①货物的名称、种类、件数、质量、尺寸、包装等;

②多式联运经营人的名称和主要经营场所;

③发货人、收货人的名称;

④多式联运经营人接管货物的地点、日期;

⑤多式联运经营人交付货物的地点和约定的时间或期限;

⑥表示多式联运为可转让或不可转让的声明;

⑦多式联运经营人或其授权人的签字;

⑧有关运费支付的说明;

⑨有关运输方式和运输线路的说明;

⑩在不违反多式联运单据签发国法律的前提下,双方同意列入的其他事项。

多式联运单据一般都列入上述内容,但如果缺少其中一项或几项,只要所缺少的内容不影响货物运输和当事人的利益,多式联运单据仍具法律效力。

2. 多式联运单据的签发

多式联运经营人在接收货物后,凭发货人持有的货物收据即签发多式联运单据,并应发货人的要求签发可转让或不可转让多式联运单据。

在签发可转让的多式联运单据时:

(1)应列明按指示交付或向持有多式联运单据人交付;

(2)如列明按指示交付,须经背书后才能转让;

(3)如列明向多式联运单据持有人交付,无须背书即可转让;

(4)如签发一套数份正本多式联运单据,应注明正本的份数;

(5)对于签发的任何副本多式联运单据,应在每一份副本上注明"副本不可转让"字样。

在签发不可转让多式联运单据时,应在单据的收货人一栏内载明收货人的具体名称,并注明"不可转让"字样。货物抵达目的地后,多式联运经营人只能向多式联运单据中载明的收货人交付货物。

如果签发数份多式联运单据,多式联运经营人只要按其中一份正本交付货物后,便完成向收货人交货的义务,其余各份正本自动失效。

3. 多式联运单据的证据效力与保留

多式联运单据一经签发,除非多式联运经营人在单据上作了保留,否则多式联运单据是:

(1)多式联运经营人收到货物的初步证据;

(2)多式联运经营人对货物的责任已经开始的证据;

(3)可转让的多式联运单据对善意的第三方是最终证据,多式联运经营人提出的相反证据无效。

如果多式联运经营人或其代表在接收货物时,对于货物的品种、数量、包装、质量等内容有合理的怀疑,而又无合适方法进行核对或检查时,多式联运经营人或其代表可在多式联运单据作出保留,注明不符的地方、怀疑的根据等。反之,如果多式联运经营人或其代表在接收货物时未在多式联运单据上作出任何批注,则应视为他所接收的货物外表状况良好,并应在同样状态下将货物交付收货人。

二、国际集装箱多式联运收费业务

1.国际集装箱多式联运费用的构成

国际集装箱多式联运费用的构成包括运输总成本、经营管理费用和经营利润三项。

(1)运输总成本。

运输总成本主要有集疏运费、港区服务费、海运运费、集装箱租赁费和保险费组成,表9-2显示了在集装箱运输不同交接方式下国际集装箱多式联运经营人运输总成本的构成。

集装箱运输费用结构 表9-2

交接方式		发货地				海运	收货地				费用组成
		A	B	C	D	E	D	C	B	A	
LCL/LCL	CFS/CFS		√	√		√		√	√		B+C+E+C+B
FCL/FCL	DR/DR	√		√		√		√		√	A+C+E+C+A
	DR/CY	√		√		√	√	√			A+C+E+C+D
	CY/CY			√	√	√	√	√			C+D+E+C+D
	CY/DR			√	√	√		√		√	C+D+E+C+A
LCL/FCL	CFS/CY			√		√	√	√			B+C+E+C+D
	CFS/DR			√		√		√		√	B+C+E+C+A
FCL/LCL	DR/CFS	√		√		√		√	√		A+C+E+C+B
	CY/CFS			√		√		√	√		C+D+E+C+B

字母A、B、C、D、E所代表的含义如下:

A代表内陆运输费(Inland Transportation Charge),包括铁路、公路、航空、内河、沿海支线运输所发生的运输费用。

B代表拆拼箱服务费(LCL Service Charge),包括取箱、装箱、送箱、拆箱及理货、免费期间的堆存、签单、制单等各种作业所发生的费用。

C代表码头、堆场服务费(Terminal Handle Charge),包括船与堆场间搬运、免费期间的堆存及单证制作等费用。

D代表装/卸车费(Transfer Charge),包括在堆场、货运站等地点使用港区机械从货方接运的汽车/火车上卸下或装上箱子时的费用。

E代表海运费(Ocean Freight),与传统班轮杂货的费用承担范围相同。

运输总成本取决于从接收货物地点到交付货物地点之间的运输线路，而且还取决于线路中区段的划分，运输方式的选择与实际承运人的选择；不仅与实际发生成本有关，而且还与竞争的实际情况和需要有关。

(2)经营管理费。

经营管理费主要应包括多式联运经营人与货主、各派出机构、代理人、实际承运人之间信息、单证传递费用，通信费用、单证成本和制单手续费以及各派出机构的管理费用。这部分费用也可分别加到不同区段的运输成本中一并计算。

(3)经营利润。

经营利润是指多式联运经营人预期从该线路货运联运中获得的毛利润。

2. 国际集装箱多式联运的计费方式

(1)按单一运费制计算运费。

单一运费制是指集装箱从托运到交付，所有运输区段均按照一个相同的运费率计算全程运费。在西伯利亚大陆桥(SLB)运输中采用的就是这种计费方式。前苏联从1986年起修订了原来的7级费率，采用了不分货种的以箱为计费单位的FAK统一费率。陆桥运输开办初期，从日本任何一个港口到布列斯特(前苏联西部边境站)的费率为：385卢布/TEU，陆桥运输的运费比班轮公会的海运运费低20%～30%。

(2)按分段运费制计算运费。

分段运费制是按照组成多式联运的各运输区段，分别计算海运、陆运(铁路、汽车)、空运及港站等各项费用，然后合计为多式联运的全程运费，由多式联运经营人向货主一次计收。各运输区段的费用，再由多式联运经营人与各区段的实际承运人分别结算。目前大部分多式联运的全程运费均采用这种计费方式，如欧洲到澳大利亚的国际集装箱多式联运和日本到欧洲内陆或北美内陆的国际集装箱多式联运等。

(3)混合计算运费。

理论上讲，国际集装箱多式联运企业应制定全程运价表，且应采用单一运费率制。然而，由于制定单一运费率是一个较为复杂的问题，因此，作为过渡方法，目前有的多式联运经营人尝试采取混合计收办法：从国内接收货物地点至到达国口岸采取单一费率，向发货人收取(预付运费)；从到达国口岸到内陆目的地的费用按实际成本确定，另向收货人收取。

3. 国际集装箱多式联运运价的制定

(1)国际集装箱多式联运运价表的结构与制定程序。

国际集装箱多式联运运价表根据结构不同，可分为两种形式：一种是门到门费率。这种费率结构可以是以整箱货或拼箱货为计费单位的货物等级费率，也可以是按TEU或FEU计费的包箱费率。这是一种真正意义上的多式联运运价。另一种形式与海运运价表相似，是港到港间费率加上内陆运费率。这种费率结构形式较为灵活。

任何一个多式联运经营人，在制定多式联运运价表之前，首先必须确定出具体的经营线路，并就有关各运输区段的各单一运输方式做好安排，在此基础上，依据各单一运输方式的运输成本及其他有关运杂费，估算出各条营运线路的实际成本，然后结合本企业的成本与盈利水平，制定出一个真正合理的多式联运运价表。

(2)制定国际集装箱多式联运运价表时应注意的事项。

为充分发挥国际集装箱多式联运的优越性，国际集装箱多式联运运价应该比分段运输的运价对货主更具吸引力，而绝对不能是各单一运输方式运费率的简单相加，因为这将使得多式联运经营人毫无竞争力可言。因为运输时间和运输成本是与多式联运经营人竞争力密切相关的两个因素，对于组织、管理水平较高的多式联运经营人来说，运输时间是比较容易控制的。因此，另一个重要的因素就是如何降低运输成本。

①内陆段成本的确定与变化

内陆运价应真实反映各种运输方式的成本状况及因采用集装箱运输而增加的成本项目。同时，在确定内陆运价时，既要考虑集装箱的装载能力，也要考虑运输工具的承载能力。例如，由于集装箱载重能力或内容积的限制，承运人在运输集装箱货物时不能达到运输工具的允许最大承载能力，进而给承运人造成一定的亏载损失。

由于目前国际集装箱多式联运运价的制定倾向于只限定在特定的一些运输线路上，即从海港到内陆消费中心或生产中心，因此，在制定内陆运价时可以考虑在不影响整个费率结构及其水平的情况下，采用较为优惠的内陆集装箱运输费率，对处于区位劣势的港口给予一定的补偿，从而提高这些港口的竞争力，促进这些港口腹地的国际集装箱多式联运的发展。国际集装箱多式联运经营人可采用运量折扣费率等方法来降低内陆运输(包括航空运输)成本，此外，还可以通过加强与公路、铁路等内陆运输承运人之间的相互合作，获得较低的优惠费率。实际上，这种有效的合作对双方都是有利的。对于公路或铁路运输承运人来说，由于采用集装箱运输，车辆在一定时期内完成的周转次数比散件运输要多得多。或者说，运输同样数量的货物，采用集装箱运输所需的车辆数量要少得多，因而可以减少公路或铁路运输承运人的资本成本。

根据国际集装箱运输市场运价的变化及时调整费率水平，确保国际集装箱多式联运运价始终处于一种最新的状态，是多式联运经营人的一项十分重要的任务。通常，内陆运费率及有关费用的变化相比海上运费率要频繁得多。因此，当内陆运费率及有关费用发生变化时，多式联运运价必须尽快作出相应的变化。如果内陆运输成本上升而多式联运运价仍保持在原有的水平。那么，多式联运经营人的盈利就会减少。相反，如果内陆运输费降低，而多式联运运价不相应降低，多式联运经营人的竞争地位就会受影响。

②降低海运段成本。

目前，多式联运经营人，主要是无船承运人大多采用所谓的“集拼运输”方式来减少运输成本。集拼运输有时也称为“组装化运输”，它是指作为多式联运经营人/无船承运人将起运地几个发货人运往同一目的地几个收货人的小批量、不足一箱的货物汇集起来，拼装成整箱货运输。货物运往目的地后，由当地集拼货物的分拨人将它们分别交付各个收货人。其主要目的是从海上承运人较低的整箱货运费率中获益，从而降低海上运输成本。多式联运经营人降低海上运输成本的另一个途径是采用运量折扣费率形式，通过与海上承运人签订合同，获取较低的海运运费率。此外，多式联运经营人还可以通过向非班轮公会会员船公司托运货物的方式来降低海运成本，因为相比之下，非会员船公司的费率水平通常要比会员船公司的低。

三、国际集装箱多式联运保险业务

1. 国际集装箱多式联运保险概述

(1)国际集装箱多式联运的风险。

如表9-3所示，与传统的运输方式相比，国际集装箱多式联运使得货物在运输过程中的许多风险将得以减少，但也增加了一些新的风险，从而给运输保险提出了一些新的问题，如保险人责任期限的延长、承保责任范围的扩大、保险费率的调整以及集装箱运输责任保险等。

国际集装箱多式联运导致的风险对比 表9-3

减少的风险	增加的风险
(1)装卸过程中的货损事故； (2)货物偷窃、水湿、雨淋事故； (3)污染事故； (4)货物数量短溢现象	(1)由于使用集装箱运输，货物包装从简，因而货物在箱内易造成损坏； (2)由于货物在箱内堆装不当、加固不牢造成损坏； (3)货物灭失或损坏时，责任人对每一件或货损单位的赔偿限额大为增加； (4)装运舱面集装箱货物的风险增大

(2)国际集装箱多式联运保险的特征。

事故发生的频度高，造成损失的数量大。国际集装箱多式联运以其安全、简便、优质、高效和经济的特点已广为国内外贸易界和运输业所接受，业务量迅猛增加。与此同时，由于其覆盖面广、涉及环节多，因而不可避免地使得货物在运输过程中发生事故的频率增加，造成的损失也大。

集装箱多式联运保险具有国际性。国际集装箱多式联运保险的国际性主要表现在它涉及的地理范围超越了国家的界限。多式联运所涉及的保险关系方不仅包括供箱人、运箱人、用箱人和收箱人，而且包括不同国家和地区的承运人和货主等。因此，运输保险的预防与处理，必须依赖于国际上公认的制度、规则和方法。

运输保险人责任确定的复杂性。国际集装箱多式联运保险涉及多种运输方式。一般以海运为主体，铁路运输、公路运输以及内河运输等为辅助。在运输过程中，保险人对被保险货物所遭受的损失是否承担赔偿责任，首先应以导致该损失的危险事故是否属于保险合同所约定的承保事项为依据，也就是说，只有因保险合同所约定的危险事故造成的损失，保险人才承担赔偿责任。其次是货物受损的程度限制。当损失尚未达到保险合同约定的程度时，保险人也不承担赔偿责任。由此可见，多式联运下货物损失赔偿的确定是一个非常复杂的问题，因为这不仅涉及保险合同本身的承保范围，同时也涉及与运输有关的承运人的责任问题。

2. 集装箱保险业务

(1)集装箱保险的概念。

这里所称的集装箱保险，是指集装箱的所有人或租借人，对因在集装箱运输过程中的各种危险而产生的集装箱箱体的损坏或灭失进行的保险；或者当因集装箱运输事故而使集装箱对第三者(人或物)造成损害时，由于集装箱所有人负有法律上的责任，因此有必要预先对此赔偿责任进行保险；或者是因为集装箱运输中的事故可能使装在箱内的货物发生损害，此时由于集装箱承运人负有法律以及运输合同规定的赔偿责任，因此，承运人也必须把对货主的损害赔偿责任进行保险。这里所称的集装箱保险包括下列三种类型：

第一，集装箱自身保险；第二，集装箱所有人(包括租借人)对第三者的赔偿责任保险；第三，集装箱承运人(包括多式联运经营人)的货物损害赔偿责任保险。这三种保险，可以一并于一张保险单，但通常应以签订特约书形式进行综合预定保险。除这三种保险外，还可以签订清除残骸、消毒、检疫费用等的特约。

在上述三类保险形式中，由于第(1)类保险占集装箱保险的绝大部分，因此，可以仅就集装箱自身保险进行单独投保。但是第(2)类和第(3)类保险原则上不能单独投保，必须与第(1)类保险相配套，组合成第(1)类与第(2)类或第(1)类与第(3)类的形式加以投保。这是因为集装箱自身保险与责任保险的关系是密不可分的，而且，集装箱自身保险是责任保险的基础。

(2)集装箱自身保险。

集装箱自身的保险是赔偿因集装箱箱体的灭失、损坏而产生的经济损失的保险，占集装箱保险的主要部分。

集装箱自身的保险，一般是由集装箱所有人作为投保人。而在租赁集装箱情况下，则由租借人作为准所有人签订合同。另外，租借人也可以把其对所有人的赔偿责任加以投保。此时，租借人须签订赔偿责任保险的特约。

集装箱自身保险分为全损险和综合险(一切险)。全损险的责任范围是集装箱的全部损失，综合险的责任范围是集装箱的全部损失和集装箱机器的部分损失。

集装箱自身保险为定期保险，每个集装箱作为一个单独保险单位，各有明确的标记。被保险人对投保的集装箱应定期做好维修和保养工作。

(3)集装箱所有人的第三者的赔偿责任保险。

集装箱所有人或租借人，当因集装箱的有关事故而使他人的身体遭受伤害或财物受到损坏时，在法律上便有赔偿的责任。通过此种保险，可以使集装箱所有人或租借人因之而蒙受的损失得到赔偿。另外，施救费用、为保全权利的费用，以及得到保险人同意的有关诉讼、仲裁等费用也可以得到赔偿。

此种保险分两种情形:一是只承保集装箱所有人或租借人的赔偿责任;二是承保包括集装箱所有人的责任在内的集装箱经营人的赔偿责任。但无论是哪一种情形，一旦判明是集装箱制造者对集装箱自身的制造缺陷所造成的责任，则不予赔偿。

(4)集装箱经营人的货物损害赔偿责任保险。

多式联运经营人对于运输过程中造成的货物损坏或灭失的赔偿责任，通常都是以货物赔偿(Cargo Indemnity)责任保险(简称责任保险)向保险公司或保赔协会投保。当然，多式联运经营人的责任保险所承担的风险，取决于他签发的提单中所规定的责任范围。

专业保险公司通常对一些特殊责任予以承保，这些特殊责任包括:

①货物的错送与误投的赔偿责任。

由于在集装箱货运站的搬运错误，本来应该向A地投送的集装箱却被送到了B地;或者本应在C港卸下的集装箱却被送到D港。集装箱保险公司对有关错投、误送事件发生后的事故处理与改正手续所需的各项费用(如运费、搬运费、保管费等)也予以承保。

②业务上的过失赔偿责任。

多式联运经营人有时会在制定和签发联运单证方面犯一些业务上的过失，或是在货物运输方面误解了货主的意图，或是违反了有关货物进出口运输的规则等。对于多式联运经营人因此而承担的赔偿责任，保险公司也予以承保。

③延迟责任。

一般情况下，多式联运经营人对因延迟而引起的直接、间接损害是免责的。但是，对于特别规定的延迟责任，多式联运经营人则以支付的运费为基准承担责任，并将之加以保险。

四、国际集装箱多式联运运作流程

国际集装箱多式联运的运作程序流程如下：

1. 接受托运申请，订立多式联运合同

多式联运经营人根据货主提出的托运申请和自己的运输线路等情况，判决是否接受该托运申请，发货人或其代理人根据双方就货物的交接方式、时间、地点、付费方式等达成协议并填写场站收据，并把其送至多式联运经营人进行编号，多式联运经营人编号后留下货物托运联，将其他联交还给发货人或其代理人。

2. 空箱的发放、提取及运送

多式联运中使用的集装箱一般由多式联运经营人提供。这些集装箱的来源可能有三种情况：一种是多式联运经营人自己购置使用的集装箱，二是向租箱公司租用的集装箱，三是由全程运输中的某一分运人提供。如果双方协议由发货人自行装箱，则多式联运经营人应签发提箱单或租箱公司或分运人签发提箱单交给发货人或其代理人，由他们在规定日期到指定的堆场提箱并自行将空箱拖运到货物装箱地点，准备装货。

3. 出口报关

若多式联运从港口开始，刚在港口报关，若从内陆地区开始，则应在附近内陆地海关办理报关出口。报关事宜一般由发货人或其代理人办理，也可委托多式联运经营人代为办理，报关时应提供场站收据、装箱单、出口许可证等有关单据和文件。

4. 货物装箱及接受货物

若是发货人自行装箱，发货人或其代理人提取空箱后在自己的工厂和仓库组织装箱，装箱工作一般要在报关后进行，并请海关派员到装箱地点监装和办理加封事宜。如需理货，还应请理货人员现场理货并与其共同制作装箱单。对于由货主自行装箱的整箱货物，发货人应负责将货物运至双方协议规定的地点，多式联运经营人或其代表在指定地点接受货物，如果是拼箱货，则由多式联运经营人在指定的货运站接收货物，验收货物后，代表多式联运经营人接收货物的人应在场站收据正本上签章并将其交给发货人或其代理人。

5. 订舱及安排货物运送

多式联运经营人在合同订立后，应立即制订该合同涉及的集装箱货物的运输计划。该计划应包括：货物的运输路线，区段的划分，各区段实际承运人的选择及确定各区间衔接地点的到达、起运时间等内容。

这里所说的订舱泛指多式联运经营人要按照运输计划安排各区段的运输工具，与选定的各实际承运人订立各区段的分运合同，这些合同的订立由多式联运经营人本人或委托的代理人办理，也可请前一区段的实际承运人作为向后一区段的实际承运人订舱。

货物运输计划的安排必须科学并留有余地，工作中应相互联系，根据实际情况调整计划，避免彼此脱节。

6. 办理保险

在发货人方面，应投保货物运输保险，该保险由发货人自行办理，或由发货人承担费用而由多式联运经营人代为办理。货物运输保险可以是全程投保，也可以为分段投保，在多式联运经营人方面，应投保货物责任险和集装箱保险，由多式联运经营人或其代理人向保险公司或以其他形式办理。

7. 签发多式联运提单，组织完成货物的全程运输

多式联运经营人的代表收取货物后，应向发货人签发多式联运提单，在把提单交给发货人之前，应注意按双方议定的付费方式及内容、数量向发货人收取全部应付费用。

多式联运经营人有完成和组织完成全程运输的责任和义务，在接受货物后，要组织各区段实际承运人，各派出机构及代表人共同协调工作，完成全程中各区段的运输各区段之间的衔接工作，并做好运输过程中所涉及的各种服务性工作和运输单据、文件及有关信息等组织和协调工作。

8. 运输过程中的海关业务

按惯例，国际集装箱多式联运的全程运输均应视为国际货物运输，因此，该环节工作主要包括货物及集装箱进口国的通关手续，进口国内陆段保税运输手续及结关等内容，如果陆上运输要通过其他国家海关和内陆运输线路时，还应包括这些海关的通关及保税运输手续。如果货物在目的地港交付，则结关应在港口所在地海关进行；如果在内陆地交货，则应在口岸办理保税运输手续，海关加封后方可运往内陆目的地，然后在内陆海关办理结关手续。

9. 货物交付

当货物运往目的地后，由目的地代理通知收货人提货，收货人需凭多式联运单证提货，多式联运经营人或其代理人需按合同规定，收取收货人应付的全部费用，收回提单签发提货单，提货人凭提货单到指定堆场和地点提取货物。如果是整箱提货，则收货人要负责至掏箱地点的运输，并在货物掏出后将集装箱运回指定的堆场，此时，运输合同终止。

10. 货运事故处理

如果全程运输中发生了货物灭失、损害和运输延误，无论能否确定损害发生的区段，发（收）货人均可向多式联运经营人提出索赔，多式联运经营人根据提单条款及双方协议确定责任并做出赔偿。如能确定事故发生的区段和实际责任者，可向其进一步索赔；如不能确定事故发生的区段，一般按在海运段发生处理，如果已对货物及责任投保，则存在要求保险公司赔偿和向保险公司进一步追索问题，如果受损人和责任人之间不能取得一致，则需要通过在诉讼时效内提起诉讼和仲裁来解决。

图 9-3、图 9-4 分别显示了国际集装箱多式联运单证流转情况，从中不难发现，国际集装箱多式联运单证系统由国际集装箱多式联运经营人与货主（托运人、收货人）之间流转的单证和国际集装箱多式联运经营人与各区段实际承运人之间流转的单证两部分组成。

五、大陆桥运输

1. 大陆桥运输定义

大陆桥运输（Land Bridge Transport），也称陆桥运输，是指使用横贯大陆的铁路、公路运输系统作为中间桥梁，把大陆两端的海洋连接起来，形成跨越大陆、连接海洋的运输组织形式。由于大陆桥起了两种运输方式之间的“桥梁”作用，因此，人们从地理概念出发，形象地将这种海陆海联运中的铁路主干线和公路干线成为“大陆桥”，从而通过大陆桥实现的海—陆—海联运称为大陆桥运输。

2. 常见的大陆桥运输路线

（1）西伯利亚大陆桥。

西伯利亚大陆桥(Siberian Land Bridge,SLB)或称亚欧第一大陆桥,全长1.3万km,东起俄罗斯东方港,西至俄芬(芬兰)、俄白(白俄罗斯)、俄乌(乌克兰)和俄哈(哈萨克斯坦)边界,过境欧洲和中亚等国家。

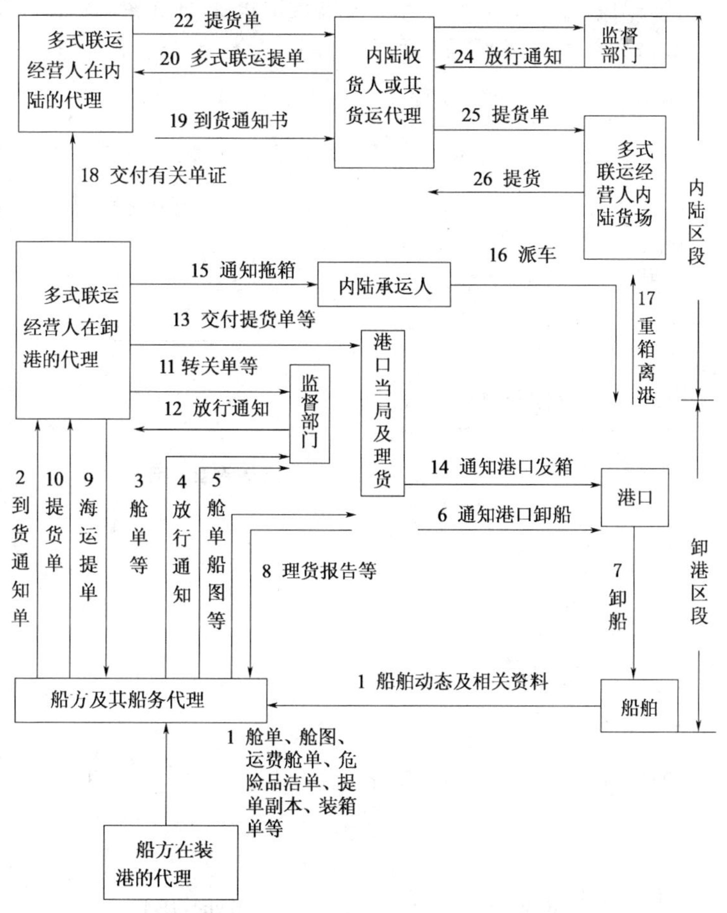

图9-3 国际集装箱多式联运进口单证流转示意图

经过海上运输上桥后,SLB运输主要采用如下三种方式:

①铁—铁方式。它是用船把货物运至东方港、纳霍德卡港(或者通过满洲里、二连浩特、阿拉山口等陆路口岸进入前苏联),再用火车运到前苏联西部边境站,继续用铁路运至欧洲和伊朗等或相反方向的运输。该条联运线出前苏联边境站有:鲁瑞卡(去芬兰)、布列斯特(去波兰、德国)、乔普(去匈牙利、捷克—斯洛伐克、南斯拉夫、意大利、奥地利、瑞士)、温格内(去罗马尼亚、保加利亚)、朱尔法(卓勒法)(去伊朗)。

②铁—海方式。它是用船把货物运至东方港、纳霍德卡港(或者通过满洲里、二连浩特、阿拉山口等陆路口岸进入前苏联),再用火车运到波罗的海和黑海的港口,装船运至北欧、西欧、巴尔干地区的港口,最终交收货人。这条联运路线出前苏联西部边境的主要港口有:列宁格勒(去荷兰、比利时、德国和美国)、塔林(去芬兰、瑞典、丹麦和挪威)、里加(去法国、英国)、江丹诺夫(去意大利、希腊、土耳其、西班牙和法国地中海沿岸各港)。

③铁—货方式。它是用船把货物运至东方港、纳霍德卡港(或者通过满洲里、二连浩特、阿拉山口等陆路口岸进入前苏联),再用铁路运至前苏联西部边境布列斯特附近的奥托布列斯特,再用货车将货运至德国、瑞士、奥地利等国。

与全海运相比，这条大陆桥运输具有三个明显的优点：

①运输距离缩短。从远东到西欧，经西伯利亚大陆桥的路程是 1.3 万 km，比绕道非洲好望角的航程缩短约 1/2，比经苏伊士运河的航程亦可缩短 1/3。

②途中运行时间减少。西伯利亚大陆桥在过境时间上有优势，而且与多个港口和多条铁路干线相连，运输潜力巨太。途经西伯利亚大陆桥的集装箱运输，一般比全程海运可提前 15～35d。

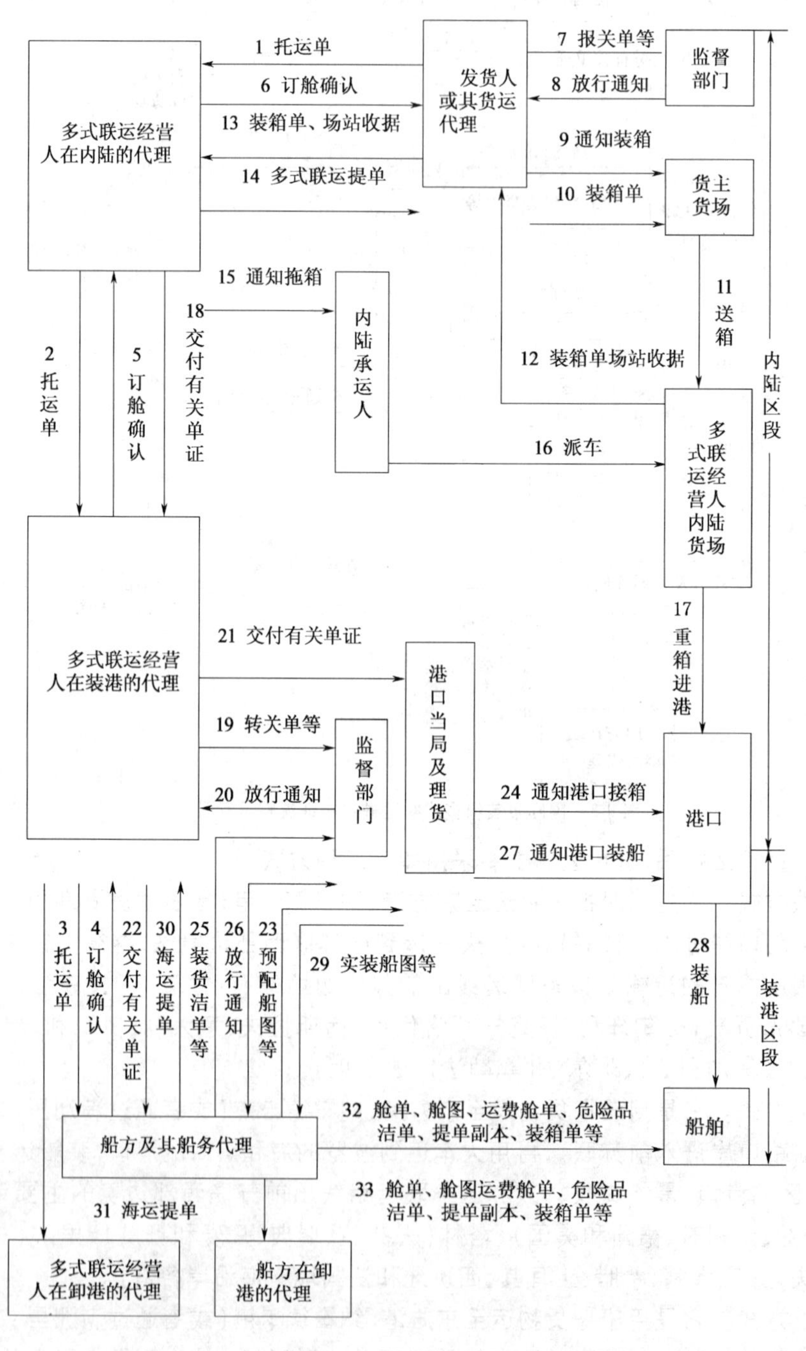

图 9-4　国际集装箱多式联运出口单证流转示意图

③运输成本降低。一般情况下,运输成本比全程海运便宜20% ~30%。

当然,这条大陆桥运输线亦有局限性。比如,冬季严寒,使运输能力受到影响,来回运量不平衡,西向大于东向的两倍,前苏联使用宽轨铁路须换轨才能进入欧洲各国。

(2)新亚欧大陆桥。

从中国东海岸的连云港和日照港等沿海港口到欧洲西海岸荷兰的鹿特丹就称做第二亚欧大陆桥,或者叫新亚欧大陆桥。新亚欧大陆桥于1992年开通,全长10870km:在中国境内长4131km,约占1/3,贯穿东、中、西部的江苏、山东、山西、安徽、河南、陕西、甘肃、新疆等省区:向东辐射日本、朝鲜、韩国等国家:向西途经中亚、西亚、中东、俄罗斯、东欧、中欧、西欧等40多个国家和地区。所经过的国家数占世界国家数的22%,面积3970万km^2,占世界陆地面积的26.6%,居住人口22亿,占世界人口的36%。

新亚欧大陆桥的东端直接与东亚及东南亚诸国相连,并进而与美洲西海岸相通:它的中国段西端,从新疆阿拉山口站换装出境进入中亚,与哈萨克斯坦德鲁日巴站接轨,西行至阿克斗卡站与土西大铁路相接,进而分北中南三线接上欧洲铁路网通往欧洲。

与西伯利亚大陆桥相比,新亚欧大陆桥具有地理位置和气候条件优越、运输距离短、腹地广大、对亚太地区吸引力更大等优势。但韩国92%的货物、日本70%的货物选择西伯利亚大陆桥,中国沿海地区的广东、浙江、上海、山东等省市50%以上到俄罗斯、北欧等国货物选择西伯利亚大陆桥。而新亚欧大陆桥自1992年开始运营以来,多以到哈萨克斯坦的短途运输为主,而且运量非常小,货物很难实现双向对流,其原因在于这条通道目前仍存在运输时间、运输价格、运输可靠性等问题,还不能满足客户要求。

(3)北美陆桥。

北美地区的陆桥运输不仅包括大陆桥运输,而且还包括小陆桥运输(Mini Land Bridge Transport)和微桥运输(Micro Bridge Transport)等其他运输组织形式。

①北美大陆桥运输。北美大陆桥(The North American Continent Bridge)运输是指利用北美的大铁路从远东到欧洲的"海陆海"联运。北美大陆桥包括美国大陆桥和加拿大大陆桥,由于二者是平行的,且都是连接大西洋和太平洋的大陆通道,情况相似,故统称北美大陆桥。美国大陆桥运输是集装箱运输开展以后的产物,出现于1967年,当时因以色列侵略埃及爆发了第三次中东战争,导致苏伊士运河封闭,航运中断,而巴拿马运河又堵塞,远东与欧洲之间的海上货运船舶不得不改道绕航非洲好望角或南美,致使航程距离和运输时间倍增,加上油价上涨航运成本猛增,而当时正值集装箱运输兴起。在这种历史背景下,大陆桥运输应运而生。从远东港口至欧洲的货运,于1967年底首次开辟了使用美国大陆桥运输路线,把原来全程海运改为海/陆/海运输方式,试办结果取得了较好的经济效果,达到了缩短运输里程、降低运输成本、加速货物运输的目的。

②美国小陆桥运输。所谓小陆桥运输(Mini Land Bridge Transport,MLB),也就是比大陆桥的海—陆—海形式缩短一段海上运输,成为海—陆或陆—海形式。目前,北美小陆桥运送的主要是远东、日本经美国西海岸(W/C),尤其是美国太平洋岸西南向(PSW)港口、墨西哥湾海岸(G/C)到美国东海岸(E/C)的集装箱货物,例如,大连—长滩—休斯敦;当然也承运从欧洲到美国西海岸及海湾地区各港的大西洋航线的转运货物。该小路桥路线是在1972年由美国的船公司和铁路公司联合创办的。避免了绕道巴拿马运河,可以享受铁路集装箱专用列车优惠运价,从而减低了成本,缩短了路径。以日本—美东航线为例,从大阪至纽约全程水运(经巴拿马运河)航线距离9700海里,运输时间21 ~24d。而采用小陆桥运输,运

输距离仅7400海里，运输时间16d，可节省一周左右的时间。

③美国微型陆桥运输。所谓微型陆桥（Micro Bridge Transport 或 Micro Land Bridge，不可简写成 MLB），就是没有通过整条陆桥，而只利用了部分陆桥区段，是比小陆桥更短的海陆运输方式，又称为半陆桥（Semi Land Bridge）。它通常是指由美国西海岸（W/C）或美国东海岸（E/C）之港口采用铁路或公路转运至 IPI 内陆点，例如，芝加哥、凤凰城、底特律等。

IPI（Interior Point Inter modal ）是"内陆地点多式联运"，就是典型的微陆桥运输。即 IPI 运输是指远东、日本经美国西海岸（W/C）之美国太平洋岸西南向（PSW）、墨西哥湾口岸（G/C）港口，利用集装箱拖车或者铁路运输将货物运至美国内陆城市（IPI）的海陆联运。

④OCP 运输。OCP（Overland Common Points）被称为内陆公共点或陆上公共点，是使用两种运输方式将卸至美国海岸港口的货物通过铁路转运至美国的内陆公共点地区，并享有优惠运价。所谓内陆公共点地区是指从美国的北达科他州（North Dakota）、南达科他州（South Dakota）、内布拉斯加州（State of Nebraska）、科罗拉多州（Colorado）、新墨西哥州（New Mexico）起以东各州，约占美国全园的2/3 地区。所有经美国西海岸转运至这些地区的（或反向的）货物均称为 OCP 地区货物，并享有 OCP 运输的优惠费率，比当地地区费率每运费吨一般商品要节省2～3美元。

尽管 OCP 运输与 IPI 运输的目的地均为美国内陆点，但二者有本质的不同：OCP 运输区域范围点多面广，约占美国全国的2/3 地区。OCP 虽然由海运、陆运两种运输形式来完成，但海运、陆运段分别由两个承运人签发单据，运输与责任风险也是分段负责。因此，它并不是国际集装箱多式联运，而 IPI 运输是真正的多式联运。OCP 运输通常是经美国西海岸（W/C）之美国太平洋岸西北向（PNW）港口，如洛杉矶、西雅图、旧金山转运；而 IPI 运输通常是经美国西海岸（W/C）之美国太平洋岸西南向（PSW）、墨西哥湾口岸（G/C）港口转运。在 OCP 运输时，收货人可要求保税运输，于目的地结关提货。事实上，现行的地区运输费率与 OCP 已相差无几，加上 OCP 运输时收货人需在美国西岸自行办理中转手续，因此目前 OCP 使用得不多。

3. 四种陆桥运输方式的比较

SLB、OCP、MLB、IPI 四种陆桥运输方式的比较如表9-4所示。

SLB、OCP、MLB、IPI 的比较 表9-4

比较项目	SLB	OCP	MLB	IPI
货物成交价	采用 FCA 或 CIP 应视合同中约定	卖方承担的责任、费用终止于美国西海岸港口	卖方承担的责任、费用终止于交货地	卖方承担的责任、费用终止于交货地
提单签发	适用于全程运输区段	仅适用于海上区段的货物运输	适用于全程运输区段	适用于全程运输区段
运价计收	收取全程运费	海、陆运输区段分别计收运费	收取全程运输费	收取全程运输费
保险区段	可全程投保	海、陆运输区段分别投保	可全程投保	可全程投保
货物运抵区域	不受限制	内陆公共点	美国东海岸和美国湾	内陆公共点
多式联运方式	是多式联运方式	不是多式联运方式	是多式联运方式	是多式联运方式

项目三　国际集装箱多式联运的国际公约与法律法规

教学要点

（1）了解1980年《联合国国际货物多式联运公约》；

（2）掌握1991年《联合国国际贸易和发展会议/国际商会多式联运单证规则》。

教学方法

可采用讲授、案例教学和分组讨论等方法。

案例导入

新亚欧大陆桥海铁联运国际集装箱班列案例分析

一、案例概况

新亚欧大陆桥开通于1992年。它是以铁路运输为主体、多种运输方式相配套的横跨洲际、连接海洋的海陆国际通道。从地域上看，它东起中国连云港等港口城市，西至欧洲西海岸的荷兰鹿特丹，全长10870km，横跨亚欧两大洲。在国内有4131km，贯穿和辐射江苏、山东、新疆等10省区。向东辐射日本、韩国等国家，向西途径中亚、俄罗斯、西欧等40多个国家和地区，占世界国家数的22%。为了促进对外开放，国家于1992年12月1日批准开通阿拉山口铁路口岸，正式宣布对第三国开放。

连云港港口是新亚欧大陆桥的东方桥头堡。伴随着国际箱进出口量的不断发展，自1996年起开行了经阿拉山口过境，通过多斯特克口岸换装到哈萨克斯坦等国家的海铁联运国际集装箱班列。由于运行不定时、编组不固定、运输组织不力等多种原因，该班列长期处于通而不畅的状态。2007年，在铁道部的高度重视下，在中铁集装箱公司的正确领导下，从11月26日起，开行了"三点四线"海铁联运直达快运班列，2008年"4.18"提速调图又将该班列固定为跨局"五定"集装箱快运班列。该班列编组48辆，在连云港港口整列装车，经阿拉山口整列通关，途中不编解作业，全程运行时间112h，约4.7d。由于推出的班列新产品具有定点定时、直达直通、相对快速、安全环保、重载往返、优质服务等竞争优势，受到了客户欢迎，促进了大陆桥过境箱运量的快速增长。2008年10月9日，公司与中海集团联合举行了连云港至莫斯科国际铁路集装箱班列首发仪式，以此为标志，将现开行到中亚的班列向西延伸到了欧洲，成为名副其实的新亚欧大陆桥海铁联运国际集装箱班列。1～10月，共开行班列317列，日均1.04列，同比增开97列；发送30418TEU，同比增长了25.1%。

二、案例分析

1.完善组织网络，构筑操作平台

开行过境班列涉及单位多、运距长、操作复杂，是一个系统工程。分析前些年开行不好的原因，我们认识到加强运输组织是关键。为此，中铁集装箱济南分公司成立了班列运输领导小组，下设两个小组。一是运输组织（调度）协调小组，以运输部（箱调）为主，负责班列运输协调和运行跟踪维护。二是货源开发小组，以营销部为主，负责班列开发客户和营销揽货。

针对连云港港口班列运量增大、协调难度大的特点，又在连云港地区设立了办事处，具体负责班列的货源组织、装车安排、沟通协调等工作，并指定专人驻港口负责日常操作维护，从而构筑起了上对公司调度、下对港口专门操作人员，横向协调铁路局、联系兄弟分公司，由专门机构负责客户开发的班列组织协调网络。

针对班列装车组织和货运管理归属中云车站，装卸作业和港区内挂运归属港务局的特点，探索实施了连云港办事处与车站、港务局人员合署办公的班列组织模式，分工负责，联劳协作，共抓班列组织维护，共保班列运输安全，共同打造班列品牌，实现合作双赢，在港口搭建了三位一体和谐运作的平台。

2.规范操作机制，提升维护质量

在总结开行班列实践的基础上，中铁集装箱济南分公司制定了《班列运输组织办法》，细化了运输组织、操作维护等具体措施，建立了货源上报等十多项制度，在日常操作中努力做到“五个统一”。

3.统一编报计划

每月上旬，中铁集装箱济南分公司与客户沟通下月班列货源运量，以“中铁集装箱济南分公司”为发货人，统一编报月度运输计划，并负责提报每日请求车。有效解决了过去客户跑车站报计划带来的不便，又有利于分公司对货源的统筹掌握和对运力的统一协调。

4.统一安排装车

每周五，运输部与连云港办事处商定下周班列装车计划。每日请求车下达后，由驻港操作人员负责排定装箱顺序，通知客户、车站、港口组织装运。遇有当日客户货源变化时，根据发运的先后次序进行调整，既保证了装车计划不落空，又避免了随意安排装车而引起的客户不满，做到了公开透明、公平、公正。

5.统一作业流程

制定了班列作业流程图，将每项工作细化到部门，责任落实到人，有效保证了结合部的协调，压缩了在港作业时间，提高了运输效率。

6.统一港区协调

针对无人牵头协调解决班列运输中出现问题的状况，中铁集装箱济南分公司积极与铁路局、港务局商定从今年起由连云港办事处牵头，统筹协调和处理班列在港区内发生的问题，并建立了港区定期协调制度，分公司坚持每月与车站、港口、海关、客户等单位至少沟通一次班列运输信息，征求意见和建议。

7.统一追踪维护

切实强化箱调职能作用，实行四班制，与铁路局调度合署办公，统一班次，实施对班列始发、运行、交口等24h追踪，加强途中协调，努力确保班列按图运行。

8.强化市场营销，全方位揽货源

由于前些年班列运行不畅，经常停限装等原因，韩国西中物流公司不得不舍近求远将大部分过境货物改走东方港经第一陆桥运输，也有些客户改走了其他港口发运。尽管我们采取了一些营销措施，但效果不太明显。2007年11月20日，公司在连云港召开了阿拉山口海铁联运直达快运班列推荐会，广泛向客户宣传推出的集装箱铁路运输新产品。中铁集装箱济南分公司利用报纸、电台等多种媒体，广泛进行班列营销宣传，并会同连云港市政府和港务局到西安、乌鲁木齐等市地，召开班列营销推介会，扩大了班列知名度。我们积极实施大客户战略,推行车位包租,优先保证需求。

9.加强沟通协调,取得路局支持

开好班列离不开铁路局的有力支持,离不开车站的密切配合。我们抓住铁道部加强集装箱运输的有利契机,与铁路局完善了三项协调机制。一是参加路局月度货源计划会,共同商定下月班列运输计划,以局文公布开行列数,从源头保证。二是参加铁路局运输例会和每日交班会,及时沟通班列开行情况。三是建立季度协调会制度,由分管运输的副局长牵头,每季度研究一次班列运输工作。

三、存在问题

尽管班列取得了阶段性成效,但仍然存在需要正视的问题。

(1)阿拉山口停限装,影响班列品牌的诚信。由于多斯特克口岸换装场地相对狭窄和哈萨克斯坦方面接卸能力有限,造成阿拉山口时常停限装,影响了班列顺利开行。

(2)途中甩车处理机制有待完善。因货物装载、车辆等原因,有时在途中甩车,车站借装卸条件及货运规章的理由,需要发站、托运人、海关等前去处理,客户对此意见较大。

(3)阿拉山口由于报关、报检等原因,时常扣车扣箱,整列出境货物被拆散,给客户带来了很多麻烦。

四、解决方法

抓住当前国际贸易快速发展的良机,着眼明年公司新的运输目标,我们要坚定不移地实施海铁联运战略,优化运输组织,加大营销力度,努力扩大过境箱运量,把新亚大陆桥海铁联运国际集装箱班列打造成知名品牌,创造更大的经济效益和社会效益。同时提出以下建议:

1.积极争取政策,努力解决停限装问题

建议将过境班列作为精品班列,争取铁道部给予特殊政策,保证班列不停限装。同时,加强与阿拉山口海关、商检局的协调沟通,争取实现集装箱出口货物的“绿色通关”,减少扣车扣箱,保证顺利出关。

2.构筑班列协商平台,建立应急处理机制

应由公司牵头,组织大客户、港口、海关、口岸委和沿线铁路局、分公司等单位,定期召开班列协商会议,沟通信息,增进配合。同时,研究建立途中甩车、换装等异常情况时的应急处理机制。

3.完善信息网络,提供全程运行动态

应以班列运行为线条,研究开发全程动态追踪信息网络,加强沿线分公司的信息追踪,建立向社会发布班列运行信息的平台,满足客户信息需求。

4.增铺连云港至阿拉山口班列线条

现有固定每天1列的线条已不能满足运量需求,建议按每周3列或隔日开行1列的方案,再增铺一条班列线。

一、《联合国国际货物多式联运公约》

《联合国国际货物多式联运公约》是国际上第一个关于多式联运的公约,它是在联合国贸易会议的主持下起草的,于1980年5月在日内瓦召开的联合国国际集装箱多式联运公约会议上,经参加会议的84个贸发会议成员国一致通过的。我国参加了公约的起草并在最后文件上签字。

《联合国国际货物多式联运公约》旨在调整多式联运经营人和托运人之间的权利、义务关系以及国家对多式联运的管理。公约是继《汉堡规则》之后制定的，对多式联运经营人的赔偿责任期间、赔偿责任基础、赔偿责任限制权利及其丧失、非合同赔偿责任、诉讼时效的管辖等方面都有着和《汉堡规则》大体相似的规定。

《联合国国际货物多式联运公约》中关于多式联运经营人和发货人各自的赔偿责任，则从不同方面分别加以具体规定。

1. 多式联运经营人的赔偿责任

(1)赔偿责任基础。

公约对联运人的赔偿责任采取推定过失或疏忽的原则，即除非联运人能够证明他和他的受雇人或代理为避免损失事故的发生及其后果已经采取了一切所能合理要求的措施，否则，就推定联运人有疏忽或过失，联运人就应对货物在其掌管期间发生的灭失、损坏或延迟交货负赔偿责任。

(2)赔偿责任期间。

公约规定，多式联运经营人对于货物所负责任的期间，是从其接管货物之时起到交付货物之时为止，也就是指货物在多式联运经营人的掌管之下这一期间。具体到接受货物的情况是指从多式联运经营人从下列各方接管货物之时起。

①发货人或其代表；

②根据接管货物地点适用的法律或规章，货物必须交其运输的当局或其他第三方。

至于交付货物则是指联运经营人将货物以下列方式交付时为止。

①将货物交给收货人；

②若收货人不向多式联运经营人提取货物，则按多式联运合同或按照交货地点适用的法律或特定行业惯例，将货物置于收货人支配之下；

③将货物交给根据交货地点适用的法律或规章必须向其交付的当局或其他第三方。

(3)赔偿责任限额。

关于联运人赔偿的责任限额，公约规定如下：

①联运如包括海运在内，其赔偿责任按灭失或损坏的货物的每包或其他货运单位计不得超过920 SDR，或按毛重每千克计不得超过2.75 SDR，以较高者为准。

②国际集装箱多式联运如不包括海运或内河运输在内，赔偿责任限额为毛重每千克8.33 SDR，这是考虑到空运承运人和铁路、公路承运人对货损的赔偿责任应高于海运承运人的责任限额。

③如果能够确定损失发生的运输区段，而该区段所适用的某项国际公约或强制性的国内法律所规定的赔偿限额高于联运公约规定的赔偿限额时，则适用该公约或该国内法律的规定。

④联运人对延迟交货造成损失所负的赔偿责任限额，相当于延迟交付货物应付运费的两倍半，但不得超过多式联运合同规定的应付运费的总额。

⑤如果多式联运经营人和发货人双方同意，可在多式联运单据中规定超过本公约所规定的赔偿限额。

2. 发货人的赔偿责任

(1)发货人的基本责任。

对于在多式联运中发货人应负的基本责任,公约从一般原则和对危险货物的特殊规则两方面分别加以规定。

公约在第二十二条的“通则”中规定“如果多式联运经营人遭受的损失是由于发货人的过失或疏忽,或者他的受雇人或代理人在其受雇范围内行事时的过失或疏忽所造成,发货人对这种损失应负赔偿责任”。但如果发货人的受雇人或代理人由于其本身的过失或疏忽给联运人带来损失,则应由该受雇人或代理人对这种损失负赔偿责任。

公约第二十三条规定了发货人对危险货物的责任。发货人一方面应以适当的方式在危险货物上加明危险标志或标签;另一方面在将危险货物交给多式联运经营人或其代表时,要将货物的危险特性以及须采取的预防措施告知联运人。如果发货人没有尽到上述职责,同时,多式联运经营人又无从得知货物的危险特性,则发货人必须赔偿联运人因载运这类货物而遭受的一切损失;联运人还可以根据情况需要,随时将货物卸下、销毁或使之无害而无须给予任何赔偿。

(2)发货人的保证(第十二条)。

公约对发货人就多式联运单据所应负的责任作了具体的规定,即发货人应向联运经营人保证他所提供的货物品类、标志、件数、重量和数量以及危险货物的特性等资料的准确性。如因上述资料不准确或不适当而使联运人遭受损失,发货人应负责予以赔偿,即使发货人已将多式联运单据转让给他人,他仍须负赔偿责任。但是,联运人对发货人的这种索赔权,并不限制他按照多式联运合同对发货人以外的任何人应负的赔偿责任。也就是说,联运人不得以发货人申报不实为理由来对抗善意的第三者。

公约规定在30个国家批准或加入一年之后即开始生效。每一缔约国对于在本公约对该国生效之日或其后所订立的多式联运合同应适用公约的规定。

二、《联合国国际贸易和发展会议/国际商会多式联运单证规则》

《联合国国际贸易和发展会议/国际商会多式联运单证规则》,UNCTAD/ICC Rules for Multimodal Transport Documents 是1991年由联合国国际贸易和发展会议与国际商会共同制定,是一项民间规则,供当事人自愿采纳。规则共13条,主要内容如下:

(1)本规则经当事人选择后适用,一经适用就超越当事人订立的条款,除非这些条款增加多式联运经营人的义务。

(2)对多式联运经营人、承运人、托运人、收货人、多式联运单证、接管、交付、特别提款权、货物等一些名词做了定义。

(3)多式联运单证是多式联运经营人接管货物的初步证据,多式联运经营人不得以相反的证据对抗善意的单据持有人。

(4)多式联运经营人责任期间自接管货物时起到交付货物时止。多式联运经营人为其受雇人、代理人和其他人的为或不为承担一切责任。

(5)多式联运经营人的赔偿责任基础是完全责任制,并且对延迟交付应当承担责任。

(6)多式联运经营人的责任限制为每件或每单位666.67特别提款权,或者毛重每千克特别提款权。

(7)如果货物的损坏或灭失的原因是多式联运经营人的为或不为造成的,则不得享受责任限制。

(8)如果货物的损坏或者灭失是由托运人的原因造成的,则多式联运经营人应先向单据的善意持有人负责,而后向托运人追偿。

(9)货物损坏明显,则收货人立即向多式联运经营人索赔,如不明显,则在六日内索赔。

(10)诉讼时效为9个月。

(11)本规则对无论是侵权还是违约均有效。

(12)本规则适用于所有多式联运关系人。

思考练习

(1)多式联运经营人的责任是什么?

(2)多式联运和多种运输方式组合有什么本质区别?

(3)什么是大陆桥运输,常见的大陆桥运输线路有哪几条?

(4)什么是集装箱国际多式联运?国际多式联运有什么特征?有哪些优越性?

(5)多式联运有哪些类型?

(6)多式联运经营人赔偿责任制有哪些类型?具体区别如何?

(7)多式联运单据有哪些主要内容?

(8)简述多式联运的主要业务。

任务十 危险货物国际集装箱运输

内容简介

危险货物是指具有爆炸、易燃、毒害、腐蚀等特性，在运输、装卸和储存过程中，容易造成人身伤亡、财产毁损和环境污染而需要特别防护的货物。危险货物以列入国家标准《危险货物品名表》(GB 12268)的为准，未列入的，以有关法律、行政法规的规定或者国务院有关部门公布的结果为准。主要内容包括危险货物的分类及其主要特性、危险货物运输包装和标志、危险货物运输管理、危险货物托运人和承运人的责任、案例讲评专题研究。

教学目标

1. 知识目标

(1)掌握危险货物分类、危险货物运输包装标志；

(2)掌握危险货物在集装箱内的积载、隔离和配装；

(3)了解危险货物品名、编号，危险货物运输的技术条件；

(4)掌握危险货物集装箱的装卸和保管。

2. 技能目标

(1)识读危险货物运输包装标志；

(2)掌握危险货物集装箱的装卸和操作流程；

(3)应用 GPS 物流信息系统跟踪装载危险货物的车辆。

案例导入

“达飞佩利斯”轮装载瞒报集装箱危险货物爆炸事故

(1)事故概况：2010 年 8 月 25 日 17:58，靠泊宁波北仑国际集装箱码头(以下简称“二期”)4 号泊位的“达飞佩利斯”轮在装载箱号为 GESU4800583 的集装箱时，发生爆炸事故，事故造成 GESU4800583 箱体整体外凸，其中箱顶处还有 $1m^2$ 左右铁皮炸裂外翻，箱门及箱尾处炸开。

(2)调查情况：宁波海事局接到事故报告后，立即指令宁波北仑海事处赶赴“达飞佩利斯”轮开展事故应急处置及初步调查工作，同时要求船方组织力量采取有效措施控制险情，防止二次爆炸发生；协调港口公安消防力量赶往现场实施救助。

(3)应急处置情况：由于着火集装箱在爆炸后严重膨胀变形，箱门及箱底处卡在船舱人孔通道，致使该集装箱无法正常吊出。经现场对箱体内及货舱进行测爆后，宁波海事局会同公安消防、港口、船舶、船公司对现场情况进行评估后，安排码头工人将事故箱内剩余货物倒出至空的集装箱内进行控制，同时密切注意箱内货物情况，严防二次爆炸发生。至 26 日 06:00左右，事故箱内剩余货物全部倒出到四只集装箱运至二期 20t 堆场(二期临时危险品堆场)，并派人现场监管，期间无二次爆炸发生。经过努力，空的事故集装箱于 26 日 12:50

顺利卸船;同时将该事故箱的代理公司本航次所代理订舱的另 4 只已装船的集装箱卸船。随即指令船舶离开码头驶往锚地抛锚待命,应急处置工作完成。

(4)现场勘验情况:事故集装箱 GESU4800583(BAY:461206)右箱体、箱顶、箱底、箱门向外膨胀严重变形,靠近箱门端的箱顶炸裂 $1m^2$ 左右裂口,箱内装有理发剪、剃须刀、手电筒等普通货物外,主要装载了瞒报为普通货物的气体打火机、气体点火枪、打火机充气罐等国际海运 2.1 类危险货物 940 箱,共 873200 只。经调查,该事故集装箱为宁波市鸿明船务有限公司代理箱,发货人为 YIWU CHINA SMALL COMMODITIES CITY TRADING CO.,LTD,由宁波市鸿明船务有限公司委托达飞轮船(中国)有限公司宁波分公司物流部订舱,货物报关名称为:剃刀、地砖。

(5)事故原因:根据宁波海事局现场处置及后期的调查情况判断,本起事故主要原因是托运人瞒报危险货物性质造成的。具体原因为近期持续高温,在没有采取任何安全措施情况下,箱内打火机或打火机充气罐内气体泄漏,达到爆炸极限,遇明火发生爆燃导致事故的发生(见甬港公消火认字〔2010〕第 6 号火灾事故认定书)。

引导思路

(1)在进行危险货物运输过程中的条件和要求是什么?

(2)危险货物在运输过程中一旦出现问题,应如何操作?

项目一 危险货物集装箱运输概述

教学要点

(1)掌握危险货物的概念、分类和品名编号;

(2)掌握危险货物的危险性的先后顺序。

教学方法

可采用讲授、情境教学和案例教学等方法。

随着科学技术的进步和社会的发展,尤其是化学工业的发展,出现了越来越多的新的化学物质。据统计,地球上存在的物质有 1200 万种,其中,仅用于工农业生产的物质就达 60 多万种。在现已存在和应用的物质中,具有明显或潜在危险的物质就有 3 万多种,其中以化学工业品居多。据有关资料统计,每年由于危险品运输而造成的世界船舶失事率有上升的趋势,这些海损事故中,火灾和爆炸的事故约占总量的 26.7%。同样,装卸作业中也涉及不同的危险货物。

一、危险货物的概念

危险货物具有爆炸、易燃、腐蚀、毒害、放射性等特性,一定的潜在危险。因此,在运输和装卸作业过程中需要加以特别保护,而当它一旦受到某些因素的影响,若处理不当,就有可能发生危险,造成人员伤亡和财产损毁。

危险货物在海上货物运输量中约占整个海上货物运输量的一半。由此可见，危险货物从最初的生产者运输到最终的使用者手中的整个流通过程中，船舶和港口担负着重要的任务。危险货物采用集装箱运输有利于提高运输的安全性，因此，危险货物集装箱运输目前正被各国广泛采用，其运量也在不断地增长。

船舶从事危险货物的运输在19世纪基本上是禁止的，如英国1875年颁布的《商船法》中规定，商船不准危险运输货物，这在当时的历史条件下是合理的。但是，自第二次世界大战以来，由于危险货物的品种和数量的急剧增加，船舶运输危险货物的数量也随着大幅度地增长。为了适应运输的需要，也为了防止事故的发生，各国对海上运输危险货物均制订了相应的规章制度，从而加强了对这类货物的运输管理。

对危险货物运输的管理，主要是采用立法或采取建议措施的方法加以管理，但各个国家和地区的规章和做法均不一致，这造成了管理上的困难。1929年，国际海上人命安全会议认识到对海上运输危险货物进行国际管理的必要性，并建议有关这方面的规则应具有国际效力。1948年，国际海上人命安全会议通过了危险货物分类和有关船舶运输危险货物的一般规定，并建议应作进一步的研究，以便能起草一个国际规则。1956年，联合国危险货物运输专家委员会向联合国大会递交了一份议案——《危险货物运输》，即橙皮书。其最终目的是要达到让危险货物在海运和其他运输方式中的管理在世界范围内取得一致。在此基础上，1960年，国际海上人命安全会议在《国际海上人命安全公约》的第七章中对危险货物运输作了各项有关规定，并提交国际海事组织(IMO)研究，以便制订一个共同的国际海上危险货物运输规则，并要求1960年《国际海上人命安全公约》的各缔约国政府予以通过。1965年，第一部《国际海上危险货物运输规则》(简称《国际危规》)颁布。该规则自始至终都考虑到许多海运国家的惯例和手续，以便使规则尽可能地得到广泛的接受，该规则由IMO推荐给各国政府。

经过多数海运国家的使用以及相关组织的修订，1982年《国际海上危险货物运输规则》再版，IMO(第51号建议案)建议各国政府以它作为制订本国规章的基础。到目前为止，已有五十多个国家全面接受了该规则，有些国家部分接受，有些国家正在考虑接受。

我国是一个海运大国，船舶危险货物运箱量目前已有大幅度的增长，为了有效地防止危险货物对人员造成伤亡和财产损毁，保证安全运输，近年来，我国对危险货物的运输管理工作日益重视，并把它放在了重要的地位。

我国政府在1954年制订的《船舶装运危险品暂行规则》的基础上，经1959年、1960年两度修改后，颁布了1962年3月16日起实施的《水上危险品货物运输规则》。后又经修改，改名为《危险货物运输规则》(简称《国内危规》)，并于1972年1月1日起执行，这是国内最初使用的“危规”。1973年，我国加入《国际海上人命安全公约》，并参与了该国际组织的活动。为了适应国际惯例和国际贸易运输的需要，使危险货物在分类、标志、包装、单证、运输条件等方面与国际上取得一致，我国政府决定1982年10月1日起在国际航线上(包括港口装卸)开始执行《国际海上危险货物运输规则》，并结合我国实际情况作了一些补充规定。从我国对危险货物水路运输管理角度来看，在内贸运输中执行《国内危规》，在外贸运输中执行《国际危规》造成了许多人为矛盾。为了使《国内危规》向《国际危规》靠拢，我国于1996年7月1日正式启用新的《水路危险货物运输规则》(简称《水路危规》)。

新的《水路危规》是根据我国水路运输危险货物的特点和有关要求，参照《国际危规》中有关危险货物的分类、标志、包装等有关规定，还参考了其他国家航运对危险货物运输的要求和有关规定而进行制订的，规则将对危险货物运输中的各个环节和所采用的不同运输方式（如集装箱、滚装船等）都作了比较明确的规定。

在执行新的《水路危规》时，还有配套使用《船舶装运危险货物应急措施》和《危险货物医疗急救指南》。

二、危险货物的分类

凡具有燃烧、爆炸、腐蚀、毒害以及放射性的性质，在运输、装卸和保管过程中，如果处理不当可能会引起人身伤亡或财产损毁的物质或物品，统称为危险货物。《国际海上危险货物运输规则》将危险货物分为 9 大类，即爆炸品、气体、易燃液体、易燃固体、易自燃物质和遇水放出易燃气体的物质、氧化物质（剂）和有机过氧化物、有毒的（毒性的）物质和感染性物质、放射性物质、腐蚀品、杂类危险物质。

1. 第 1 类——爆炸品

爆炸品包括爆炸性物质、爆炸性物品以及为产生爆炸或烟火效果而制造的物质和物品。所谓爆炸性物质是指通过其本身的化学反应产生气体，其温度、压力和速度能对周围环境造成破坏的某一固态、液态物质或混合物。爆炸品按其危险性，又分为五类：

（1）具有整体爆炸危险（即实际上同时影响全部货物的爆炸）的物质和物品。

（2）具有喷射危险，但无整体爆炸危险的物质和物品。

（3）具有燃烧危险和较小爆炸危险，或者兼有此两种危险，但无整体爆炸危险的物质和物品。

（4）无重大危险的物质和物品。

（5）具有整体操作危险但极不敏感的物质。

爆炸品的危险特性主要有爆炸性、燃烧性、毒性或窒息性。爆炸品如在一起能安全积载或运输而不会明显增加事故率或在一定量的情况下不会明显增大事故后果，可以认为是“相容的”或“可配装的”。根据这一标准，本类物质又可分成十二个配装类，用英文字母 A – L（不包括 I）和 S 表示，其有相应的配装类类别符号。

2. 第 2 类——易燃气体

本类包括永久性气体（指在环境温度下不能液化的气体）、液化气体（指在环境温度下经加压能成为液体的气体）、可溶气体（包括经加压后溶解在溶剂中的气体）及深度冷却的永久性气体（指在低温下加低压液化的易燃气体）。易燃气体按其危险性可分为：

（1）易燃气体。这类气体自容器中溢出与空气混合，当其浓度达到极限爆炸时，如被点燃，能引起爆炸及火灾。

（2）非易燃气体。这类气体中有的本身不能燃烧，但能助燃，一旦和易燃物品接触，极易引起火灾；有的非易燃气体有窒息性，若处理不当，会引起人畜窒息。

（3）有毒气体。这些气体毒性很强，若吸入人体内，能引起中毒。有些有毒气体还有易然、腐蚀、氧化等特性。

第 2 类危险货物的危险特性主要有以下表现：

①易燃性和爆炸性。一些易燃气体容易燃烧，也易于和空气混合形成爆炸性混合气体。

②窒息性、麻醉性和毒性。本类气体中除氧气和空气外，若大量溢出，都会因冲淡空气中氧气的含量而影响人畜正常的呼吸，严重时会因缺氧而窒息。

③污染性。一些气体对海洋环境有害，被认为是“海洋污染物”。

3. 第3类——易燃液体

此类易燃液体包括在闭杯试验61℃（相当于开杯试验65.6℃）以下时放出易燃蒸汽的液体或液体混合物，或含有处于溶液中呈悬浮状态固体的液体（如油漆、清漆等）。

易燃液体按其闪点的大小分为三小项：

(1) 闭杯闪点低于 -18 ℃的低闪点类液体。

(2) 闭杯闪点为 -18 ~23℃（不包括23℃）的中闪点类液体。

(3) 闭杯闪点为23 ~61℃（包括61℃）的高闪点类液体。

易燃液体的危险特性主要有以下表现：

①挥发性和易燃性。易燃液体都是含有碳、氢等元素的有机化合物，具有较强的挥发性，在常温下就易挥发，形成较高的蒸汽压。易燃液体及其挥发出来的蒸汽，如遇明火，极易燃烧。易燃液体与强酸或氧化剂接触，反应剧烈，能引起燃烧和爆炸。

②爆炸性。当易燃液体挥发出的蒸汽与空气混合，达到爆炸极限时，遇明火会引起爆炸。

③麻醉性和毒害性。易燃液体的蒸汽，大都有麻醉作用，如长时间吸入乙醚蒸汽会引起麻醉，失去知觉。深度麻醉或长时间麻醉可能死亡。

④易积聚静电性。大部分易燃液体的绝缘性能都很高，而电阻率大的液体一定能呈现带电现象。

⑤污染性。一些易燃液体被认为是对海洋环境有害的海洋污染物。

4. 第4类——易燃固体、易自燃，物质和遇水放出易燃气体的物质

本类是指除了划为爆炸品以外的，在运输情况下易于燃烧或者可能引起火灾的物质。本类在“国际危规”中，可分为以下三小项：

(1) 易燃固体。

具有易被外部火源（如火星和火焰）点燃的固体和易于燃烧、助燃或通过摩擦引起燃烧的固体以及能自发反应的物质。本类物质包括浸湿的爆炸品。

易燃固体的危险特性：易燃固体燃点低，对热、摩擦、撞击及强氧化剂作用较为敏感，易于被外部火源所点燃，燃烧迅速。

(2) 易自燃物质。

具有易于自行发热和燃烧的固体或液体。本类物质包括引火物质（与空气接触在5 min内即可着火）和自然发热物质。

易自燃物质的危险特性：本类物质无论是固体还是液体都具有自燃点低、发热以及着火的共同特征。这类物质自燃点低，受外界热源的影响或本身发生。化学变化热量积聚而使其温度升高引起燃烧。

(3) 遇湿危险物质。

即遇水放出易燃气体的固体或液体，在某些情况下，这些气体易自燃。

遇湿危险物质的特性：本类物质遇水发生剧烈的反应，放出易燃气体并产生一定热量。

当热量使该气体的温度达到燃点时或遇到明火时会立即燃烧甚至爆炸。

5. 第5类——氧化物质(氧化剂)及有机过氧化物

(1)氧化物质。

氧化物质是一种化学性质比较活泼的、在无机化合物中含有高价态原子结构的物质，其本身未必燃烧，但通常因放出氧气能引起或促使其他物质燃烧。

(2)有机过氧化物。

有机过氧化物是指其物质分子结构极不稳定、易于分解的物质。氧化物质具有以下危险特性:

①在一定的情况下，直接或间接放出氧气，增加了与其接触的可燃物发生火灾的危险性和剧烈性。

②氧化剂与可燃物质，诸如糖、面粉、食油、矿物油等混合易于点燃，有时甚至因摩擦或碰撞而着火。混合物能剧烈燃烧并导致爆炸。

③大多数氧化剂和液体酸类会发生剧烈反应，散发有毒气体。

④有些氧化剂具有毒性或腐蚀性，或被确定为海洋污染物。

有机过氧化物的危险特性:具有强氧化性，对摩擦、碰撞或热都极为不稳定，易于自行分解，并放出易燃气体。受外界作用或反应时释放大量热量，迅速燃烧;燃烧又产生更高的热量，形成爆炸性反应或分解。有机过氧化物还具有腐蚀性和一定的毒性或能分解放出有毒气体，对人有毒害作用。

6. 第6类——有毒(毒性)的物质和感染性物质

(1)有毒(毒性)的物质。它是指被吞咽、吸入或与皮肤接触易于造成死亡、重伤害或损害人体健康的物质。

有毒物质的危险特性:几乎所有的有毒物质遇火或受热分解时会散发出毒性气体;有些有毒的物质还具有易燃性;很多苯类物质被认为是海洋污染物。有毒物质毒性大小的衡量指标:致死剂量，用符号 LD100 或 LD50 表示;致死浓度，用符号 LC100 或 LC50 表示。

根据毒性的危险程度，有毒物质的包装可分为三个类别:包装类 1，呈现剧毒危险的物质和制剂;包装类 2，呈现严重性危险的物质和制剂;包装类 3，呈现较低毒性危险的物质和制剂。

(2)感染性物质是指含有微生物或它们的毒害会引起或有可能引起人或动物疾病的物质。感染性物质的危险特性;对人体或动物都有危害性的影响。

7. 第7类——放射性物质

本类包括自发地放射出大量放射线，其放射性比活度大于 70 kBp/kg 的物质。放射性物质放出的射线有 α 射线、β 射线、γ 射线及中子流等四种。所有的放射性物质都因其放射出对人体造成伤害的看不见的射线而具有或大或小的危险性。在《国际海上危险货物运输规则》中，放射性物质放出射线量的大小用放射性活度、放射性比活度、辐射水平、运输指数来衡量。

为了确保运输安全，必须对运输指数进行有效的控制。在常规运输条件下，运输工具外部表面任何一点的辐射水平不得超过 2 msv/h，并且距其 2m 处不得超过 0.1 msv/h。装在单一运输工具上的包件、集合包装、罐柜和货物集装箱的总数在该运输工具上的运输指数总和应不超过《国际海上危险货物运输规则》货物集装箱和运输工具的运输指数限值表中所规定的数值。

8. 第 8 类——腐蚀性物质

本类包括在其原态时都或多或少地具有能严重伤害生物组织,如从其包装中漏出也可损坏其他货物或运输工具的固体或液体。腐蚀性物质的化学性质比较活泼,能与很多金属、有机物及动植物等发生化学反应,并使其遭到破坏。

腐蚀性物质的危险特性:具有很强的腐蚀性及刺激性,对人体有特别严重的伤害;对货物、金属、玻璃、陶器、容器、运输工具及其设备造成不同程度的腐蚀。腐蚀性物质中很多具有不同程度的毒性,有些能产生或挥发有毒气体而引起中毒。

9. 第 9 类——杂类危险物质

杂类危险物质和物品具有多种的危险特性,每一杂类危险物质和物品的特性都载于有关该物质或物品的各个明细表中。

三、危险货物品名编号

1. 编号的组成

危险货物品名编号由五位阿拉伯数字组成,表明危险货物所属的类别、项号和顺序号。类别、项号和顺序号根据《危险货物分类和品名编号》(GB 6944—86)以及《危险货物品名表》(GB 12268—90)中的类别项号、品名标号确定。危险货物品名编号如图 10-1 所示。

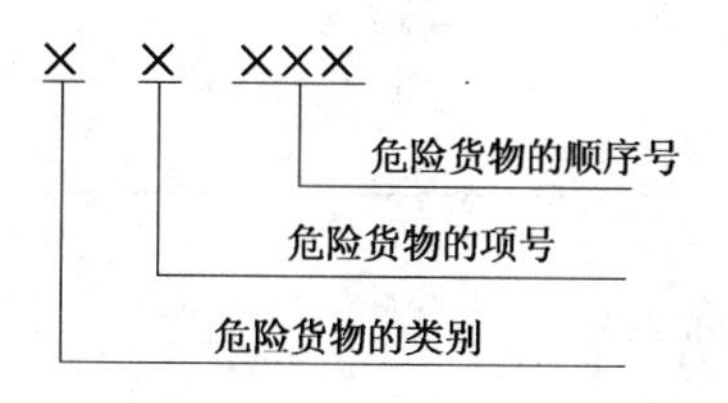

图 10-1 编号的表示方法

2. 爆炸品配装组划分方法和爆炸品危险性项别与配装组的组合

第 1 类货物根据其具有的危险性类型划归 6 个项中的一项和 13 个配装组中的一个,被认为可以相容的各种爆炸性物质和物品列为一个配装组。表 10-1 和表 10-2 表明了划分配装组的方法、与各配装组有关的可能危险项别以及类别符号。

表 10-1 和表 10-2 中的配装组定义是拟适用于彼此不相容的物质或物品,属于配装组 S 的物质或物品除外。由于配装组 S 的标准是一种以实验为依据的标准,划入这个配装组的试验需要联系划入 1.4 项的试验。

类 别 符 号　　表 10-1

待分类物质和物品的说明	配 装 组	类 别 符 号
一级爆炸性物质	A	1.1A
含有一级爆炸性物质而不含有两种或两种以上有效保护装置的物品,某些物品,如爆破用雷管、爆破用雷管组件和帽形起爆器,包括在内,尽管这些物品不含有一级炸药	B	1.1B 1.2B 1.4B

续上表

待分类物质和物品的说明	配装组	类别符号
推进爆炸性物质或其他爆燃爆炸性物质或含有这类爆炸性物质的物品	C	1.1C 1.2C 1.3C 1.4C
二级起爆物质或黑火药或含有二级起爆物质的物品，无引发装置和发射药，或含有一级爆炸性物质和两种或两种以上有效保护装置的物品	D	1.1D 1.2D 1.4D 1.5D
含有二级起爆物质的物品，无引发装置，带有发射药（含有易燃液体或胶体或自燃液体的除外）	E	1.1E 1.2E 1.4E
含有二级起爆物质的物品，带有引发装置，带有发射药（含有易燃液体或胶体或自燃液体的除外）或不带有发射药	F	1.1F 1.2F 1.3F 1.4F
烟火物质或含有烟火物质的物品或既含有爆炸性物质又含有照明、燃烧、催泪或发烟物质的物品（水激活的物品或含有白磷、磷化物、发火物质、易燃液体或胶体或自燃液体的物品除外）	G	1.1G 1.2G 1.3G 1.4G
含有爆炸性物质和白磷的物品	H	1.2H 1.3H
含有爆炸性物质和易燃液体或胶体的物品	J	1.1J 1.2J 1.3J
含有爆炸性物质和毒性化学剂的物品	K	1.2K 1.3K
爆炸性物质或含有爆炸性物质并且具有特殊危险（如由于水激活或含有自燃液体、磷化物或发火物质）需要彼此隔离的物品	L	1.1L 1.2L 1.3L
只含有极端不敏感起爆物质的物品	N	1.6N
如下包装或设计的物质或物品，除了包件被火烧损的情况外，能使意外起爆引起的任何危险效应不波及包件之外，在包件被火烧损的情况下，所有爆炸和放射效应也有限，不致妨碍或阻止在包件紧邻处救火或采取其他应急措施	S	1.4S

3. 危险货物危险性的先后顺序

当一种物质、混合物或溶液有一种以上危险性，其危险性的先后顺序按危险性的先后顺序表（如表 10-3 所示）确定。对于其名称未具体列入危险货物品名表的物质或物品，也必须按照危险性的先后顺序表确定其危险性类别。下列危险性的先后顺序没有列入危险性的先后顺序表，因为这些主要危险性总是占优先地位：

爆炸品危险项别与配装的组合 表 10-2

危险项别	配装组													
	A	B	C	D	E	F	G	H	J	K	L	N	S	ΣA～S
1.1	1.1A	1.1B	1.1C	1.1D	1.1E	1.1F	1.1G		1.1J		1.1L			9
1.2		1.2B	1.2C	1.2D	1.2E	1.2F	1.2G	1.2H	1.2J	1.2K	1.2L			10
1.3			1.3C			1.3F	1.3G	1.3H	1.3J	1.3K	1.3L			7
1.4		1.4B	1.4C	1.4D	1.4E	1.4F	1.4G						1.4S	7
1.5				1.5D										1
1.6												1.6N		1
Σ1.1～1.6	1	3	4	4	3	4	4	2	3	2	3	1	1	35

(1)第1类物质和物品；

(2)第2类气体；

(3)第3类液态退敏爆炸品；

(4)4.1项自反应物质和固态退敏爆炸品；

(5)4.2项发火物质；

(6)5.2项物质；

(7)具有Ⅰ类包装吸入毒性的6.1项物质；

(8)6.2项物质；

(9)第7类物质。

此外，具有多种危险性质的放射性物质始终必须划入第7类，同时，其次要危险性也必须确定。

危险性的先后顺序表 表 10-3

类或项和包装类别		4.2	4.3	5.1			6.1				8					
				Ⅰ	Ⅱ	Ⅲ	Ⅰ		Ⅱ	Ⅲ	Ⅰ		Ⅱ		Ⅲ	
							皮肤	口服			液体	固体	液体	固体	液体	固体
3	Ⅰ*……		4.3				3	3	3	3	3	—	3	—	3	—
	Ⅱ*……		4.3				3	3	3	3	8	—	3	—	3	—
	Ⅲ*……		4.3				6.1	6.1	6.1	3^b	8	—	8	—	3	—
4.1	Ⅱ*……	4.2	4.3	5.1	4.1	4.1	6.1	6.1	4.1	4.1	—	8	—	4.1	—	4.1
	Ⅲ*……	4.2	4.3	5.1	4.1	4.1	6.1	6.1	6.1	4.1	—	8	—	8	—	4.1
4.2	Ⅱ……		4.3	5.1	4.2	4.2	6.1	6.1	4.2	4.2	8	8	4.2	4.2	4.2	4.2
	Ⅲ……		4.3	5.1	5.1	4.2	6.1	6.1	6.1	4.2	8	8	8	8	4.2	4.2
4.3	Ⅰ……			5.1	4.3	4.3	6.1	4.3	4.3	4.3	4.3	4.3	4.3	4.3	4.3	4.3
	Ⅱ……			5.1	4.3	4.3	6.1	4.3	4.3	4.3	8	8	4.3	4.3	4.3	4.3
	Ⅲ……			5.1	5.1	4.3	6.1	6.1	6.1	4.3	8	8	8	8	4.3	4.3

续上表

类或项和包装类别	4.2	4.3	5.1			6.1				8					
			Ⅰ	Ⅱ	Ⅲ	Ⅰ		Ⅱ	Ⅲ	Ⅰ		Ⅱ		Ⅲ	
						皮肤	口服			液体	固体	液体	固体	液体	固体
5.1 Ⅰ……						5.1	5.1	5.1	5.1	5.1	5.1	5.1	5.1	5.1	5.1
5.1 Ⅱ……						6.1	5.1	5.1	5.1	8	8	5.1	5.1	5.1	5.1
5.1 Ⅲ……						6.1	6.1	6.1	5.1	8	8	8	8	5.1	5.1
6.1 Ⅰ 皮肤										8	6.1	6.1	6.1	6.1	6.1
6.1 Ⅰ 口服										8	6.1	6.1	6.1	6.1	6.1
6.1 Ⅱ 吸入										8	6.1	6.1	6.1	6.1	6.1
6.1 Ⅱ 皮肤										8	6.1	8	6.1	6.1	6.1
6.1 Ⅱ 口服										8	8	8	6.1	6.1	6.1
6.1 Ⅲ……										8	8	8	8	8	8

注:①自反应物质和固态退敏爆炸品以外的4.1项物质以及液态退敏爆炸品以外的第3类物质。

②农药为6.1。

—表示不可能组合。

每一危险货物指定一个编号,但对性质基本相同,运输条件和灭火、急救方法相同的危险货物,也可使用同一编号。例如,品名为煤气的编号为:GB No. 23023,表明该危险货物为第2类第3项有毒气体(顺序号为023)。

项目二 危险货物运输包装和积载、隔离、配装

教学要点

(1)掌握危险货物运输包装的作用、一般要求、类型及标志;

(2)了解危险货物运输的技术条件;

(3)了解爆炸品的配装、隔离与积载;

(4)掌握集装箱内危险货物的积载、装卸与保管和安全规程、安全要求;

(5)掌握危险品出口完整订舱出货流程。

教学方法

可采用讲授、情境教学和案例教学等方法。

一、包装的作用

危险品货物运输包装是保护产品质量不受损坏和数量完整、防止在正常运输过程中发生燃烧、爆炸、腐蚀、毒害、放射性核辐射等事故的重要条件之一,也是安全运输的基础。使用一些包装材料,将商品或产品组合成符合运输要求的单件,以适应运输、储存和销售等方面的要求,这些材料所构成的物体称为包装。包装有商品包装和运输包装两类。对于运输

装卸过程，主要着重检查货物的运输包装。

危险货物运输包装的作用在于：

(1)防止因接触雨雪、阳光、潮湿空气和杂质使产品变质或发生剧烈的化学反应而造成事故；

(2)减少货物在运输过程中所受的碰撞、滚动、摩擦和挤压，使其在包装的保护下处于完整和相对稳定状态，从而保证安全运输；

(3)防止因货物撒漏、挥发以及性质相互抵触的货物直接接触而发生事故或污染运输设备及其他货物；

(4)便于运输过程中的装卸、搬运和保管，做到及时运输。

二、包装的一般要求

1. 包装应与所装危险货物的性质相适应

由于危险货物的性质不同，对包装以及容器的材质有不同的要求。如浓硫酸和盐酸都属于强酸，都是腐蚀品，但包装容器材质的选择却不相同。浓硫酸可用铁质容器，而盐酸则需用玻璃容器，氢氟酸可用塑料、橡胶质容器装运，而不能用玻璃容器；硝酸是一种强酸，对大多数金属有强腐蚀性，并可引起有机材料如木材、棉花及其纤维产品的燃烧。因此，硝酸可用玻璃瓶、耐硝酸腐蚀的塑料瓶或金属制成的桶来盛装。

压缩气体和液化气体，因其处于较高压力的状态下，应使用耐压的钢瓶来装运。包装与所装物品直接接触的部分，不应受某些物品的化学或其他作用的影响，必要时，制造包装的材料可采用惰性的材料或涂有适当的内深层，以防止发生危险反应。

2. 包装应具有一定的强度

包装应有一定的强度，一般来说，性质比较危险、发生事故造成危害较大的危险货物，其包装强度要求就高。同一种危险货物，单位包装重量越大，危险性也就越大，因而包装强度的要求也越高。质量较差或用于瓶装液体的内容气包装强度要求应较高。同一种类包装，运输距离越大，倒载次数越多，包装强度要求也应越高。所以在设计危险货物运输包装时，应考虑其构造能否在正常运输条件下，不受温度、湿度和压力等方面变化的影响，而使包装不发生损坏和所装物品无任何渗漏。如盛装低沸点液体的包装强度，必须具有足够的安全系数，以承受住包装内部可能产生较高的蒸汽压力，因此这类包装强度要求较高。

船舶装运危险货物时，由于舱容大、船舱深，一般万吨级货船，舱深为 8m 左右，因此包装应有一定的强度，能经受住其上面货物重量的压力以及在航行途中风浪等海况引起货物的挤压、振动而不损坏。

3. 包装的封口应符合所装危险货物的性质

对于危险货物的包装，一般来讲，封口均应严密，特别是易挥发和腐蚀性强的各种气体，封口应更严密。但也有些危险货物其封口则不要求密封，而且还要求设有通气孔。因此，如何封口要根据所装危险货物的特性来确定。

根据包装性能的要求，封口可分为气密封口(不透蒸汽的封口)、液密封口(不透液体的封口)和牢固封口(关闭的程度应使所装的干燥物质在正常运输过程中不致漏出)三种。

4. 内、外包装之间应有适当的衬垫

内包装(容器)应装在外包装内，以防止内包装(容器)在正常运输的条件下发生破裂、戳穿或渗漏,而使内容器中所装物品进入外包装,特别是对于易破裂或戳穿的内包装(容器),如玻璃、陶瓷或某些塑料等制成的内包装(容器),应采用适当的减振衬垫材料固定在外包装内。属于防振、防摩擦的衬垫材料有瓦楞纸、泡沫塑料、塑料袋等。属于吸收性材料有矿土、陶土等。

5. 包装应便于装卸、运输和储存

每件包装的最大容积和最大净重均有规定。根据《国际危规》的规定,包装的最大容积为 450 L,最大净重为 400kg。我国的《水路危规》,目前也采用这一标准。由此看来,每个包装的最大容积和最大净重不得过大或过重。对于较重的包装件应设有便于提起的提手或吊装的吊扣,以便于搬运和装卸。同样,包装的外形尺寸应与船舱的容积、载重、装卸机具相配合,以利于装卸、积载、搬运和储存。

三、包装类型及标志

1. 包装类型

危险货物运输包装,除第 2 类、第 7 类危险货物所用的包装另有规定外,其他的各类危险货物包装,根据其危险程度不同,可分为三个等级:Ⅰ类包装物,适用于内装危险性较大的货物;Ⅱ类包装物,适用子内装危险性中等的货物;Ⅲ类包装物,适用于内装危险性较小的货物。

2. 包装标记

凡通过性能试验合格的包装,均应标注持久清晰的标记,以示证明。例如,X 是用于Ⅰ类包装;Y 是用于Ⅱ类包装;Z 是用于Ⅲ类包装。

3. 包装标志

(1)标志的种类及式样。

根据危险货物的危险性质和类别,危险货物运输包装标志可分为主标志和副标志。主标志为表示危险货物危险特性的图案、文字说明、底色和危险货物类别号四部分组成的菱形标志;副标志与主标志的区别在于没有危险货物类别号。当某一危险货物具有两种或两种以上危险性时,需同时采用主标志和副标志。

主标志和副标志的图案力求简单明了,并能准确地表示危险货物所具有的危险性质。危险货物包装标志的底色尽量与所表示货物的危险性相对应。我国危险货物包装标志中的文字一般采用中文。考虑到外贸运输的需要,也可采用中外文对照或外文形式,外文一般采用英文。

(2)标志的尺寸。

危险货物包装标志的尺寸一般不得小于 100mm × 100 mm;集装箱和可移动罐柜上危险货物包装标志的尺寸一般不得小于 250mm × 250 mm 。危险货物包装标志如图 10-2 所示。

(3)危险货物包装标志的材质和粘贴。

危险货物包装标志的材质和粘贴应满足运输的要求。根据国际海事组织的规定,危险货物包装标志要求在海水中浸泡三个月后不脱落,图案文字仍清晰。考虑到实际情况,作为最低标准,危险货物包装标志要求在储运期间不脱落、不褪色、图案文字清晰。

(4)危险货物包装标志的使用方法。

凡向运输部门托运的危险货物,每个包装件上都必须粘贴《国际危规》所规定的相应的

危险货物包装标志。危险货物包装标志粘贴的位置如下:

①箱状包装:应位于包装两端或两侧的明显处。

②袋状包装:应位于包装明显的一面。

③桶状包装:应位于桶盖或桶身。

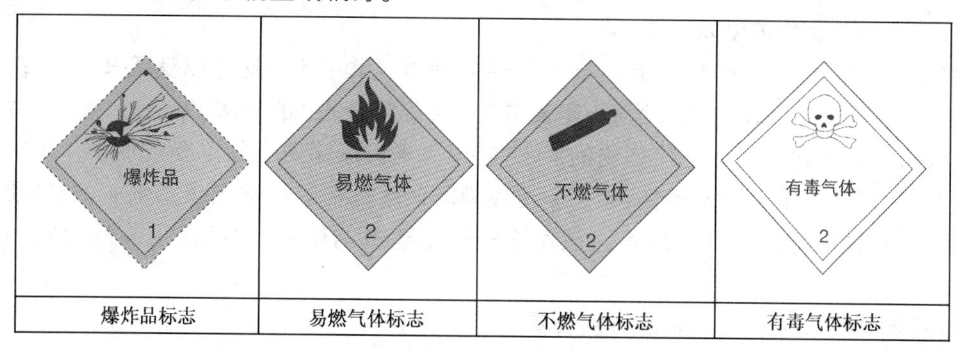

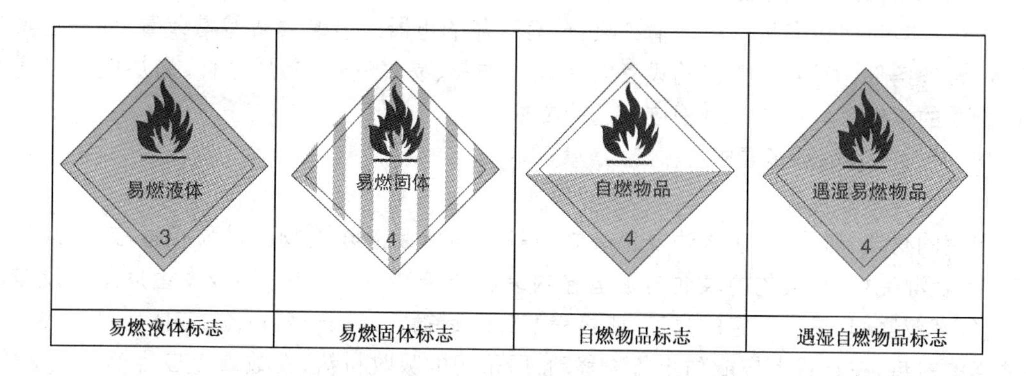

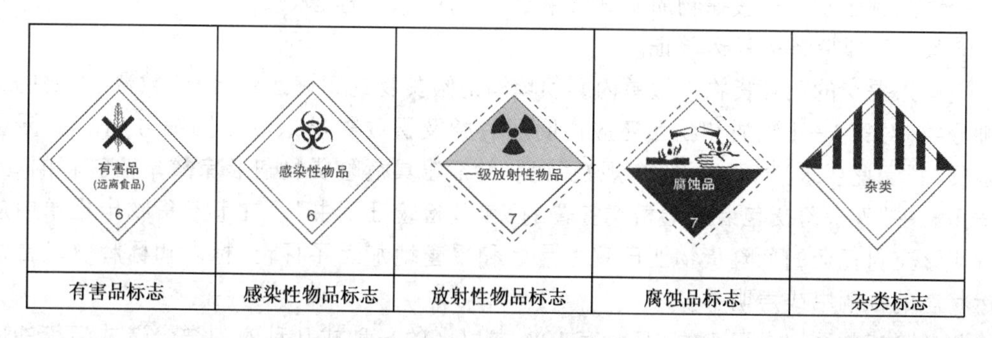

图 10-2 危险货物包装标志

④集装箱应位于箱的四侧。

四、危险货物运输的技术条件

1. 装运危险货物的基本要求

装运危险货物只要符合一定的技术条件并辅以谨慎操作，就可以达到安全运输的目的。若危险货物的包装、标志、积载、隔离均符合《国际危规》的要求，那么运输工具本身的构造、设备是否也达到装运危险货物的要求，就成为确保运输安全的重要条件了。运输工具既需要符合运输安全的基本条件，又必须适应装载危险货物的特殊要求。例如，船舶要满足建造规范、稳性规范和抗沉规范等。按照这些规范建造的船舶，能够满足装运货物的基本要求。

2. 危险货物的承运及其装运与积载要求

(1) 装运危险货物的运输工具条件。

装运危险货物应采用优质运输工具；应有可靠的电器连接装置或避雷装置；同时应具备相应的设备条件，如防火、救灾的设备。装运爆炸品、易燃气体、易燃液体、易燃固体及遇湿危险物质的运输工具都应符合相应的运输要求。

(2) 危险货物的承运要求。

①具有合格的包装。

包装的材质、形式、包装方法及包装封口等应与所装危险货物的性质相适应，包装制作恰当，且状况完好；包装的内表面与被运输内装物质接触时，应具有不致发生危险性反应的特性；包装应坚固，具有一定的强度，能经受装卸及运输方式的一般风险；液体包装容器内要有适当的衬垫，在布置上应能防止货物移动；所采用的吸收材料，在数量上应足够吸收液体，防止由于容器万一破裂时所造成的货物外漏。危险货物的包装应符合要求，并被主管部门确认，取得“包装适用证书”方可使用。装有危险货物的包装应经有关检验机关检验合格，取得“包装检验证明书”。

②具有正确的标记、标志及标牌。

每个装有危险货物的包件都应标有其内装物的正确运输名称的耐久标记。其标注方法应符合运输与包装的要求。标记在海水中至少浸泡3个月后仍然清晰。含有海洋污染物的包件还应标以耐久的海洋污染物标记。除另有规定者(第9类杂类危险物质，没有特殊的标志要求)外，一切盛装有危险货的包件应有适当的识别标志、图案标志或标牌，以表明货物的危险性质。同时具有两种以上危险货物的包件，应贴主标志和副标志。副标志下角无类别号，以示主、副区别。一般在物质明细表中都应注明主、副标志。

③具有正常完备的托运单证。

托运人提交的危险货物申报单内必须填写危险货物的正确运输名称、数量、货物的类别及细分类(对第1—4物质和物品还应说明配装类及积载需求)、联合国编号(托运“限量内危险货物”无此要求)以及《国际危规》页码。并需出具危险货物包装审核单位签署的。“包装适用证书”及危险货包装检验机构签署的“包装检验证明书”。在危险货物申报单中应附有说明该交付托运的危险货物业已妥善包装和妥善地加上了标记、标志和标牌以及合适的装运状态的证明书或声明书。

如危险货物系海洋污染物(凡含有10%或以上的一种成几种对海洋会造成污染的以及

含有1%以上对海洋会造成非常严重的潜在污染的溶液或混合物),应标明“海洋污染物”。托运《国际危规》中未列名的危险货物时,应填报“危险货物技术证明书”。对放射性物品还应提交有关核查单位签发的“放射性货物剂量检查证明书”。

采用集装箱运输的危险货物,必须在运输前取得装箱部门提供的、经有关法定机关或监装机关签发的“危险货物装箱证明”。采用水运方式,则装运危险货物的船舶,应具有列明船上所装危险货物及其位置的特殊清单或舱单。标明所有危险货物类别并注明其在船上位置的详细的货物积载图可以代普此种特殊清单或舱单。

3. 危险货物的装运与积载要求及注意事项

要认真核对货主托运的危险货物的正确运输名称、理化特性、所属类别、包装数量、积载要求、消防急救措施及对运输管理的要求等。对性质不清的货物,必须搞清其性质。对《国际危规》品名表中未列明的危险货物(即对运物中不常见的或国际贸易中的新产品,其性质属该类别定义范围内,并在各类中授予了联合国编号,但在该规则中未列出具体名称的物质或物品),应要求托运单位提交“危险货物技术证明书”。在装运前,须认真检查包装和标志,对具有多种危险性质的货物。应坚持标贴副标志。凡不符合规定或者质量不符合要求的,应一律不接受托运。

如运输设备有明显缺陷,应积极采取措施进行修复或改装。装运危险货物时,必须事先对运输设备、包装进行临时检验。在检查认可合格,并取得“合格装运危险品证书”后,方可接受承运。

五、爆炸品的配装、隔离与积载

1. 爆炸品的配装

第Ⅰ类爆炸品的积载方式及要求与其他各类危险货物有所不同,一般要求较高。第Ⅰ类爆炸品可按配装表进行积载。

2. 危险货物的隔离

各类危险货物相互之间的隔离,按照危险货物隔离表的要求,分为四级:隔离一至隔离四,即“远离”、“隔离”、“用整个舱室或货舱隔离”和“用几种间的整个舱室或货舱作纵向隔离”。鉴于每一类别中的物质或物品的特性差别很大,因此,应随时查阅明细表中对隔离的具体要求。

(1)隔离1指“远离”。

(2)隔离2指“隔离”。舱内积载时,应装在不同的货舱内。

(3)隔离3指“用整个舱室或货舱隔离”。

(4)隔离4指“用一个介于中间的整个舱室或货舱作纵向隔离”。

危险货物与食品的隔离应做到腐蚀性物质及有容物质《海洋污染物》与食品应“远离”;有毒物质及放射性物品与食品及其原料应“隔离”;所有感染性物质的积载应与食品“用一个整舱或货舱隔离”。

3. 装运危险货物集装箱的隔离要求

装运危险货物集装箱的隔离原则是严格按配装要求进行配箱;严格按隔离要求和积载类要求进行积载。除按隔离表积载外,集装箱还应按下列要求进行积载:

(1)装运危险货物集装箱在“隔离1”条件的积载。

封闭式集装箱的垂直积载；封闭式集装箱的水平积载；开敞式集装箱的水平积载。

(2)装运危险货物集装箱在"隔离2"条件下的积载。

封闭式集装箱的水平积载；开敞式集装箱的水平积载。开敞式集装箱不应装在同一个舱室内；隔离舱壁应为钢质；舱面积载应按封闭式集装箱的要求进行处理。

(3)装运危险货物集装箱在"隔离3"条件下的积载(垂直方向原则上不积载)。

封闭式集装箱不应装在同一舱室内，且两个舱室之间的舱壁应为优质；开敞式集装箱应隔开一个整舱，中间壁隔离两个钢质舱壁或甲板；可舱面积载。

(4)装运危险货物集装箱在"隔离4"条件下的积载(垂直方向不能积载)。

封闭式集装箱应隔开两个钢质舱壁或隔开一个钢质墙壁。但间隔至少24m，且距舱壁最近处的距离不少于6m；开敞式集装箱至少隔两个钢质舱壁。

六、集装箱内危险货物的积载

1. 危险货物在集装箱内积载的一般要求

(1)适箱货物：适箱货物是指适合装箱的危险货物。一般是指包装完好，符合运输条件的危险货物。

(2)配装要求：是指相容货物允许在同一箱内装配。危险货物的箱内配装应按配装表的要求进行配装。

(3)隔离要求：是指按隔离要求将危险货物用不容易与其发生反应的货物(危险货物、普通货物)进行有效隔离。

(4)安放与固定：箱内货物之间或货物与箱壁之间有空隙，在运输和航行途中会造成货物的移动或碰撞，这样不但会引起箱内货物的损坏、箱体的损坏，还会造成一定的危险性。为避免事故的发生，必须对箱内的危险货物进行固定。

2. 箱内危险货物的配装

(1)爆炸品的配装。

①爆炸品之间的配装。《国际危规》将第1类货物分成12个配装类，我国《水路危规》将第1类货物也分成12个配装类。爆炸品之间的配装，应严格按爆炸品配装类的规定进行配装。爆炸品之间的配装，一般将性质相似的、类划分为同一配装类，并根据不同的配装类提出相应的隔离要求，属于同一配装类组的爆炸品可以放在一起运物，属于不同配装组的爆炸品原则上不能放在一起运输。

例如：1.1A与1.1B的配装。1.1A为起爆物质，1.1B为含起爆药且不含二种有效保险装量的物品。根据爆炸品之间的配装要求1.1A与1.1B是不能配装，即不能同箱运输。

例如：1.1B与1.2B的配装。1.1B是具有整体爆炸危险的物品。1.2B是具有抛射危险，但无整体爆炸危险的物品。根据爆炸品之间的要求，1.1B与1.2B可以配装，即能同箱运输。

②爆炸品与压缩气体和液化气体的配装。这是第1类与第2类的配装。爆炸品发生爆炸或燃烧后，极易引起气体钢瓶的爆炸，故一般都不得与第2类配装。并且，易燃气体与爆炸品应按"隔离4"的要求进行隔离，不易燃气体与爆炸品应按"隔离1"的要求进行隔离(但可同舱)。

③爆炸品与第 3 类、第 4 类的配装。爆炸品与第 3 类、第 4 类均不能配装,第 3 类与第 1 类应按"隔离 4"的要求进行隔离。

④爆炸品与第 5 类的配装。第 6 类除具有较强的氧化性外,很多还具有易燃易爆的特性,故不能与第 1 类配装。

⑤爆炸品与第 6 类的配装。第 6 类具有较强的毒性和感染性,一旦发生事故,会使损害扩大,施救困难,故不能与第 1 类配装。

⑥爆炸品与第 8 类配装。很多腐蚀品易与爆炸品发生化学反应,很多还具有易燃性,故不能与爆炸品配装。

(2)第 2 类的配装。

①第 2 类与第 3 类。2.1 项与第 3 类第 4 类不得配装;2.2 项与自燃物品可同舱积载,但需按"隔离 1"隔离。

②第 2 类与第 5 类。2.1 项与 5.1 项不得配装;第 2 类与 5.2 项不得配装。

(3)第 3 类的配装。

第 3 类与第 4 类不得配装;第 3 类与第 5 类按隔离表装配。

(4)4.3 项的配装。

不得与酸性腐蚀品配装。

(5)第 5 类的配装。

5.1 项与 5.2 项不得配装;第 5 类与第 8 类不得配装。

(6)第 7 类的配装。

不得与除第 6 类以外的其他各类同舱积载。

3. 各类危险货物在箱内的积载与固定

危险品货物的积载涉及人身生命财产的安全,现将危险品货物装载的方法及注意事项概述如下,供鉴定人员参考。按照《国际危规》的积载要求,危险货物应该按其性质安全妥善地予以积载,性质不相容的货物应互相隔离。具有严重危险性的爆炸品(弹药除外),应积载于夜航中能保持严密封闭的弹药舱内。这类弹药应与雷管隔离,装载爆炸品的任何舱室内的电气设备及电缆,其设计与使用应能使火灾或爆炸的危险减至最小程度。会产生危险蒸汽的货物,应积载于有机械通风的处所或舱面,会产生危险蒸汽的散装固体危险货物,应积载于通风良好的处所。装运易燃液体或易燃气体的船舶,应采取必要的防火防爆的特殊预防措施。在未经采取足够的预防措施以前,不得装运易于自热或自燃的物质。危险货物须有标签,装卸时由专人监督,并注明在船上的积载位置。航行时按时测附件温度,记入航海日志。如有泄漏及其他意外,即应报告船长,采取处理措施。到达卸货港后,应详细检查,如有不妥应立刻处理及通知港方,下面按照具体类别及有关商品介绍装载方法。一般要求:

(1)积载:符合配装要求和隔离要求。

(2)固定:固定物体用的结构、装置、用具及材料应符合危险货物运输的要求;箱内固定的方法要合适恰当;各类危险货物在箱内积载均应有效地固定。

七、危险货物集装箱的装卸与保管

1. 装卸危险货物集装箱前的准备工作

(1)明确危险货物的性质,积载位置及应采取的安全措施,并申请监装,取得适装证书。

(2)应将审签的货物积载图交当地法定机关进行审定。

(3)保证舱室清洁、干燥和水密。

(4)在装卸货现场,备妥相应的消防设备,并使其处于随时可用状态。

(5)夜间作业应备好足够的照明设备;装卸易燃易爆危险货物必须使用防爆式或封闭式安全照明设备,严禁使用其他不安全灯具。

(6)起卸放射性物品或能放出易燃、易爆、有毒气体的危险货物前,应进行充分的通风。应有防止摩擦产生火花的措施,须经有关部门检测后才能开始卸货作业。

2. 装卸危险货物的注意事项

危险货物的装卸工作尽可能安排在专用作业场地,严格按货物积载图装货,执行装卸货注意事项,加强监装监卸,注意装卸货安全。

(1)装卸作业时,要悬挂显示规定的灯号或标志。

(2)装卸危险品时,应有专人值班,并进行监装监卸工作,坚守岗位,落实各项安全措施。

(3)装货时监装人员应逐件检查货物包装及标志,破、漏、渗的包装件应拒装。

(4)严格按积载图装卸及执行危险货物装卸货的注意事项。

(5)装卸危险货物时应使用适当的机器。在装卸易燃、易爆、剧毒、腐蚀及放射性危险货物时,装卸机具应按额定负荷降低25%使用;在装卸易燃或爆炸品时禁止使用易产生火花的工具。

(6)装卸危险货物时应采取正确的作业方法,小心谨慎地操作,平稳吊落货物,轻拿轻放。严禁撞击、摩擦、拖拉、滑跌、抛丢、坠落、翻滚、挖井等野蛮作业。保持包装完好,严禁超高堆装,堆码整齐牢固。桶盖、瓶口应朝上,禁止倒置、倒放。

(7)根据危险货物不同的性质,活用相应的铺垫隔衬材料进行衬垫、遮盖、绑扎和加固。

(8)起卸包装破漏的危险品现场严禁明火,有关人员应站在上风处,对包装破损严重的,要进行必要的修理和清洁工作,以避免危险品的大量渗漏。应根据"应急措施表"及"医疗急救指南"采取相应的措施。

(9)在装卸爆炸品或烈性易燃品时,不得进行能产生火花的检修工作和拷铲油漆作业。

(10)装卸危险货物过程中,遇有闪电、雷击、雨雪天或附近发生火警时,应立即停止装卸货作业。

(11)停装停卸时,应关闭照明及电源。

(12)装完货后应进行全面检查,应及时取得监装。

危险货物集装箱的保管应符合有关堆放、储存、转运的法令法规以及企业的规章制度。

八、装载危险货物积载时的安全要求

装载危险货物的处所应清洁、干燥、通风良好,舱内不得留有酸、碱、煤、棉、油脂及有机物地脚。装运爆炸品和放射性物品时应做到最后装,最先卸,装毕即开航。当危险货物在舱面积载时,应不影响腹腔的安全操作和船舶设施的正常使用,保持通道畅通。甲板货物应与消防栓、测深管道等设施保持一定的距离。货物要绑扎牢固,防止任何移动。

在舱内堆码时,应有与危险货物性质相适应的铺垫。如钢桶包装,每层之间应用木板衬垫,以防滑动。装运爆炸品、易燃液体、有机过氧化物时,应用木板与舱内铁器部位围栏衬垫,以防摩擦产生火花。装运易自燃物品,每层间应用木板、竹片隔垫,以便通风散热。塑料容器的堆码不应过高，每层间须用木板衬垫。因塑料容器的强度受外界温度影响较大，气温低时，易使材质变脆；气温高时，易使材质变软。在积载时应充分考虑这一因素，以防止压载过重使容器破裂。

九、关于 DCT 危险货物集装箱港区作业安全规程

为贯彻执行《安全生产法》，履行《危险化学品安全管理条例》、《港口危险货物管理规定》等国家及交通部相关法规，结合 DCT 的危险货物集装箱作业的实际情况，特制订本作业安全规程。

1. 适用范围及一般要求

（1）本作业安全规程的适用范围：凡在 DCT 堆场内进行危险货物集装箱装卸、储存、运输均适应本安全规程。

（2）本作业安全规程依据以下相关法律、法规参考制定。

①国际海事组织（IMO）《国际海运危险货物规则》（2004 年）；

②中华人民共和国国务院令第 344 号《危险化学品安全管理条例》（2002 年）；

③中华人民共和国交通部令第 10 号《港口危险货物管理规定》（2003 年）；

④中华人民共和国交通部令第 9 号《道路危险货物运输管理规定》（2005 年）；

⑤GB 6944—2005 集装箱港口装卸作业安全规程；

⑥GB 13392—2005 道路运输危险货物车辆标志；

⑦GB 190—1990 危险货物包装标志。

（3）术语和定义。

危险货物：凡具有爆炸、易燃、毒害、感染、污染、腐蚀、放射性等特性，在运输、装卸和储存过程中，容易造成人身伤亡和财产损毁或环境污染而需要特别防护的货物。

危险货物集装箱：从装入集装箱之时起，至该箱经拆箱、清扫干净前为止的集装箱。

危险货物包装：装危险货物用的容器及其为形成盛装功能所必需的任何构件或材料。

直取：进出口危险货物集装箱，直接从船上卸下装运出港或直接运进港装船而不在码头或堆场停放的作业过程。

可移动罐柜：主体是一容量为 450L 以上的罐柜，罐柜上配备有安全、减压、隔热、测量、通风、装卸等装置。罐柜主体的外部为一金属框架。有的金属框架的规格与集装箱完全一样，起到加强、紧固、保护和稳定的作用。

（4）一般要求。

危险货物的分类、分项：在国内运输、装卸、储存危险货物时的分类、品名及其编号应执行 GB 6944 和 GB 12268 的规定。在国际航线运输危险货物时，执行《国际海运危险货物规则》的规定。

危险货物的管理：在国内运输、装卸、储存危险货物时，执行《水路危险货物运输规则》的规定；在国际航线运输、装卸、储存危险货物时执行《国际海运危规》的规定；危险集装箱港口（运输）企业的资质认定；危险集装箱港口（运输）企业的资质认定应符合《危险化学品安全管理条例》第 35 条的要求；对危险集装箱港口（运输）企业从业人员的资质应符合《危险化学品安全管理条例》第 37 条的要求；托运人托运危险货物集装箱，应当向承运人说明运输的危险化学品的品名、数量、危害、应急措施等情况；托运人不得在托运的普通货物中夹带危险

化学品，不得将危险化学品匿报或者谎报为普通货物托运；从事危险货物集装箱港口作业的企业，在危险货物集装箱港口装卸、储存运输等作业开始24h前，应将作业委托人以及危险货物品名、数量、理化性质、作业地点和时间、安全防范措施等事项向所在地港口行政管理部门报告。港口行政管理部门应在接到报告后24h内做出是否同意作业的决定，通知报告人，并及时将有关信息通报海事管理机构。未经港口行政管理部门同意，不得进行危险货物港口作业。

2. 外拖危险货物集装箱进出港安全操作规定

危险货物运输企业（运输业户）港内作业基本条件：除具备普通货物运输条件外，还应具备如下条件：装运危险货物集装箱的车辆及有关设备，其技术性能和状况应符合JT 3130—88《汽车危险品运输规则》的要求。危险货物集装箱运输车辆必须装置危险货物运输标志；危险货物集装箱运输车辆驾驶员须安全驾驶2年以上或安全行车5万km以上，并持有危险货物运输岗位培训合格证。危险货物运输企业（运输业户）至少有一名具有初级职称的化工专业人员。危险货物运输企业（运输业户）的驾驶员还应经过DCT安全部门的港内安全须知的培训，合格后上岗。

外拖危险货物集装箱入港作业特殊注意事项：危险货物集装箱车辆驾驶员运行中应随身携带以下证件备查、行车执照、驾驶证、道路危险货物运输证、车辆二级维护记录卡。危险货物集装箱运输车辆应根据所载危险货物集装箱的特性，按规定配备相应的人员防护用品、灭火器具和清洗、消毒、急救等用品。

抵港前，危险货物集装箱车辆驾驶员应检查本车所载的危险货物集装箱是否按有关规定要求，在箱体两侧及两端粘贴或印刷符合GB 190或"国际海运危规"规定，且与箱内所装危险货物性质相一致的危险货物标志。未经允许，危险货物集装箱车辆驾驶员不得在港内进行车辆维修保养、拖拉等项作业事宜。

装载危险货物集装箱的运输车辆不得在港内随意停放，应听从港内危险品业务人员的指挥和调动，不得擅自离开驾驶室，严禁在场区内和车内吸烟或动火。装载危险货物集装箱的运输车辆在DCT检查桥、进入危险品场地的行驶速度应限制在5km以内，在DCT的主干道上行使不得超过20km。

装载危险货物集装箱的运输车辆平时应在周一至周日早8:00—下午18:00时入港；每年7月、8月入港时间应在上午7:00—10；下午16:00—18:30，对4.1类羊草、稻草危险货物集装箱全天候入港不受限制。

十、危险品出口完整订舱出货流程

1. 接单订舱

需要提前7~10个工作日将以下3份文件传真给船公司。

(1)海运托书。

(2)危包证（检验检疫局）—鉴定结果书（该资料在订舱阶段可以先使用以前出货的旧的危包证）。

(3)Material Safety Data Sheet（MSDS）产品安全技术说明书（发货单位技术部门制作）。

危险品出口完整订舱需注意以下两点：

①托书上注明中英文品名、箱型、危险品级别（CLASS NO.）、联合国危险品编码（UN

NO.)、货物包装以及打托(包括需要船公司代为打托的托盘种类、规格)等其他特殊要求,以方便申请舱位和危险品申报;

②危险品不同于其他普通货物订舱后在报关前数据可以随意更改,像 MAERSK 的大船公司订舱的,若更改个数据,便要重新申请舱位。所以件数毛重净重体积一旦定上舱位最好不要随意更改数据。如果时间充足,可以更改,否则遇到舱位紧张的时候本来可能已经放下来舱位,但是由于改这些数据导致重新申请舱位时候船公司爆舱那就影响了正常的出运。这点和普通货有比较大的区别。

2. 装箱拖卡

一般装箱时间为截关前 4 ~ 5d,可以由有专业危险品运输许可证的危险品车队来客户工厂现场装柜也可以由客户自行安排车辆托运至我司的危险品仓库。装箱过程中需要拍照片(海事申报用)。拍照要求如下:

(1)空箱附箱号一张;

(2)货装 1/2 一张;

(3)装满后一张;

(4)关上集装箱其中一扇门后(有箱号的那扇)一张;

(5)箱门关好,贴上危标后一张(注:危标需贴在其中一扇门,不能贴在中间)。

3. 申报

申报一般最好在截关前 2 ~ 3d,但前提是装完箱后,否则海事不予申报。该部分事项应安排有相关资格证书的海事申报员去办理。

申报需要准备的资料:申报单,危包证,集装箱装运危险货物装箱证明书(1 式 4 份)(以上都要正本)单位登记表、包装技术说明(可正可副)。

其中申报单为我司提供,其余材料由客人提供,危包证和订舱时候的不同,申报时候的危包证必须是这次出货的最新的危包证。

4. 报关

报关所需要的资料:申报单(蓝联跟红联),一张集装箱装运危险货物装箱证明书其他的资料就跟普通货物一样。

5. 车船交接

先解释下车船交接的意思,就是将箱子进到指定的危险品仓库等待港区通知进港(一般进港时间为船离港前 2h 左右)。

关于车船交接问题,首先要知道哪几类是可以直接进港的,哪几类是要车船交接的,一般来讲,2.1、2.2 的毫无疑问地,需车船交接。3 类、4 类、5 类、9 类、6 类、8 类的可不做车船交接。但不管是几类进港的,有一点是一样的,都必须用专业危险品车辆去进,同时还需要一张签过装箱人员名字的集装箱装运危险货物装箱证明书,否则都无法正常进港。

6. 签单

以下是补充:客人需要提供给我司的资料是:危包证(中华人民共和国出入境检验检疫出境货物运输包装使用鉴定结果单或者是中华人民共和国出入境检验检疫出境货物运输包装性能鉴定结果单这两者最为常见。还有种是特别用在灭火器上的浙江特种设备中心出的筒体报告)3 ~ 4 张集装箱装运危险货物装箱证明书(可以提供证明书范本,客户盖章即可)包装技术说明(可正、可副)。

如果客人的货物是液态的,还需提供 FLASH POINT(闪点)。危险品的拖卡一定要专门的危险品车队来做的，否则箱子进不了港，耽误时间。如果货物是打火机的话需要测气。从装箱到装船需要测气两次。具体怎么操作，操作会联系，业务员需知道流程即可。

思考练习

(1)简述《国际海上危险货物运输规则》对危险货物分类。

(2)装卸危险货物有哪些注意事项?

(3)简述危险货物品名编号。

(4)简述危险货物包装的作用。

(5)简述危险货物运输包装标志及式样。

(6)简述危险货物在集装箱内积载的一般要求有哪些。

(7)简述危险货物包装的一般要求。

任务十一 集装箱货运事故及处理

内容简介

运输中发生货运事故的原因有很多，其中大部分是由于承运人的原因所致。但是，实践中还有一些货运事故是由货主（托运人、收货人）、第三方（港口、机场、集装箱货运站），甚至由于不可抗力所致。不同原因所导致运输中的货物数量减少、质量变差的损失将由不同当事人所承担，这里的当事人可能是运输合同、买卖合同、保险合同等不同合同中的当事人。运输合同中的当事人是承运人和托运人。货运事故是指在各种不同运输方式下，承运人在交付货物时发生的货物质量变差，数量减少的事件。在国际海上货物运输中，主要指在运输中造成的货物灭失或损坏。

教学目标

1. 知识目标

（1）了解集装箱货运事故的产生；

（2）熟悉集装箱货运事故的责任划分。

2. 技能目标

（1）国际集装箱货运事故索赔的程序；

（2）实际集装箱货运事故的案例分析。

案例导入

集装箱租赁合同纠纷案例

2001 年 8 月，上海品圆贸易有限公司受科宁公司的委托，为科宁公司运输 24 只 20ft 的集装箱货物，从上海至汕头。因该货物装在原告的集装箱内，为桶装液体助剂，故上海品圆贸易有限公司向原告续租这 24 只集装箱，并约定：每只集装箱用箱费为人民币 500 元，还箱至上海洋泾码头，使用时间为 25 天，超期使用费为每只集装箱 3.50 美元/天。上海品圆贸易有限公司将 24 只集装箱装载在林通公司所有的“苏林立 18”轮上。同年 8 月 29 日，“苏林立 18”轮从上海港出发，开航当时船舶并无不适航的情况。次日 19 时 30 分，船舶航行至浙江温州洞头沿海海面，遇到了雷雨大风，19 时 50 分，船舶开始下沉，直至船舶及货物、集装箱一同沉没，其中包括涉案的 24 只集装箱。事故发生后，品圆公司将集装箱灭失的消息及时通知了原告，并称等海事报告出来之后再商处理意见。

2001 年 12 月 18 日，温州海事局制作《“苏林立 18”轮沉船事故调查报告书》，对事故原因作出了分析，认为造成本次事故的主要原因是天气海况恶劣。次要原因是船员应变能力差、操作不当。由于涉案的 24 只集装箱是原告向中集公司租赁的，2002 年 10 月 8 日，原告向中集公司赔付了集装箱（按照干货箱的标准）灭失损失 71700 美元及租金 247.80 美元。

经审理认为：原告与被告上海品圆贸易有限公司之间的集装箱租赁合同，双方均已确认，这是双方真实意思的表示，且合同形式要件符合规定，应认定为合法有效。原告与被告科宁公司、被告林通公司不存在租箱合同关系。

上海品圆贸易有限公司认为，温州海事局制作的《"苏林立18"轮沉船事故调查报告书》确认是不可抗力原因造成租赁物灭失，故集装箱租赁人可以免责。但是温州海事局的"事故调查报告书"认为造成本次事故的主要原因是天气海况恶劣；次要原因是船员应变能力差、操作不当。该报告已明确表述船员应变能力差，操作不当也是本次事故原因之一，同时对天气海况恶劣的程度未作结论，更未对是否属于不能克服、不能避免、不能预见的事由下判断，故品圆公司提出不可抗力的抗辩不能成立。

被告林通公司认为温州海事局已证明，"该事故是由于自然天气海况恶劣所引起，船长黄光铃及其他船员不承担本次事故的责任"，故本次事故属不可抗力。虽该份证据所述的事故原因与《"苏林立18"轮沉船事故调查报告书》不同，但是从证据目的性来看，出具该证明的主要目的是用以说明船长及船员在水路货物运输中无赔偿责任，并没有说明船东无责任；从证据效力上来看，该证据的落款是"中华人民共和国温州海事局海事专用章(1)"的印章，从效力上要低于温州海事局的公章；从证据的全面性来看，《"苏林立18"轮沉船事故调查报告书》详细地记载了事故发生时的情况，综合地分析了事故的原因，具完整性和可信性。故林通公司主张不可抗力的理由亦不能成立。

根据《"苏林立18"轮沉船事故调查报告书》中所确认的事实，在事故发生当时，"苏林立18"轮在海面上遇到7～9级大风，但是这无法推出"苏林立18"轮是突遇7～9级大风，不可抗拒，必定沉没的结论。故被告作不可抗力抗辩的理由不能成立。

被告上海品圆贸易有限公司称因其主观上无过错，故不承担民事责任。根据《中华人民共和国合同法》第一百二十一条规定，当事人一方因第三人的原因造成违约的，也应当向对方承担违约责任。租赁期间届满，承租人必须返还租赁物，不能返还的，需赔偿经济损失。

关于涉案的24只集装箱价值及箱龄，原告未能提供有效的证据加以证明，双方对涉案的24只集装箱价值事先又无约定，根据有关法律规定，应由负有举证责任的当事人承担不利后果。由于原告与被告品圆公司的租赁关系确实存在，且租赁物现已灭失也属事实，故根据《国际集装箱超期使用费计收办法》集装箱全损最低赔偿额标准计算，每只20ft的干货箱为1280.00美元，24只集装箱共计应赔偿30720.00美元。

上海品圆贸易有限公司辩称，由于"苏林立18"轮沉没导致集装箱灭失，使用收益无法实现，应根据《中华人民共和国合同法》第二百三十一条的规定，无须向原告支付用箱费及超期使用费。本院认为，"不可归责于承租人的事由"是指承租人已尽了妥善保管的义务。本案由于上海品圆贸易有限公司未提交相关的证据，证明其已经为租赁物选择了谨慎的占有人。故上海品圆贸易有限公司请求免付用箱费人民币12000.00元的理由亦不能成立。

因涉案集装箱灭失是在上海品圆贸易有限公司正常使用期间，且上海品圆贸易有限公司在集装箱灭失后，及时通知了原告，并未发生超期使用费；另原告向中集公司赔付时，也没有支付超期使用费，故原告诉讼请求中的超期使用费部分，本院不予支持。

原告还请求自租箱之日起至判决生效之日止的利息损失，利率为每日万分之二，本院认为没有事实和法律依据。但由于原告向中集公司赔付集装箱灭失损失之日起其利息损失实际发生，故品圆公司还应付原告30720.00美元和人民币12000.00元所产生的银行同期企业存款活期利息损失（自2002年5月31日起至判决生效之日止）。

综上，依照《中华人民共和国合同法》第一百零七条、第一百一十二条、第一百一十三条第一款的规定，判决如下：（1）被告上海品圆贸易有限公司应向原告上海中海物流有限公司支付集装箱灭失的赔偿金30720.00美元、用箱费人民币12000.00元及利息损失（自2002年5月31日起至本判决生效之日止，利率为银行同期企业活期存款利率）。该款项应在本判决生效之日起10日内一次性支付完毕，逾期履行应加倍承担迟延履行期间的债务利息。（2）对原告上海中海物流有限公司的其他诉讼请求不予支持。案件受理费人民币11574.74元、保全费人民币4520.00元，其他诉讼费人民币2000.00元，由原告负担人民币10735.94元，被告上海品圆贸易有限公司负担人民币7358.80元。被告上海品圆贸易有限公司负担之数应在本判决生效之日起七日内向原告支付，原告预交部分本院不再另退。如不服本判决，可在判决书送达之日起十五日内，向本院递交上诉状，并按对方当事人的人数提出副本，上诉于上海市高级人民法院。

引导思路

（1）造成本次事故的主要原因与合同形式要件是什么？是否存在租箱合同关系？

（2）属于不能克服、不能避免、不能预见的事，提出不可抗力的抗辩能否成立？

（3）集装箱灭失是在正常使用期间，在集装箱灭失后，若及时通知，是否发生超期使用费？

项目一　集装箱货运事故概述、责任划分及处理

教学要点

（1）了解集装箱货运事故基本概念和造成集装箱货运事故的不同原因；

（2）掌握集装箱货运事故的责任划分和处理方法，包括索赔、诉讼和仲裁；

（3）掌握集装箱货运事故的处理程序；

（4）重点掌握集装箱货运事故的责任划分和应用。

教学方法

可采用讲授、情境教学、案例教学和分组讨论等方法。

一、集装箱货运事故的概念

集装箱货运事故是指在各种不同运输方式下，承运人在交付货物时发生的货物质量变差、数量减少的事件。在国际海上货物运输中，主要指运输中造成的货物灭失或损坏，即货损货差事故。在国际航空货物运输中，包括了不正常运输中所有涉及货物的不正常情况。在国际陆路货物运输中，指货物中涉及货物质量、数量矛盾的情况。因此，狭义上的集装箱货运事故是指运输中发生的货损货差事故，广义上的集装箱货运事故还可以包括运输单证

差错、迟延交付货物、海运中的“无单放货”等情况。

国际贸易下的货物运输、仓储保管、交付货物等工作所涉及的时间长、空间跨度大、作业环节多、单证文件繁杂、环境条件多变。因此，在整个货物的运输、保管、接收和交付的过程中，经常会产生货物质量上的问题、货物数量上的问题、货主不及时提货的问题、承运人错误交付货物和迟延交付货物等问题。

目前集装箱运输因其高效、安全、快捷、便利的优越性已取代件杂货成为班轮运输的主流，集装箱运输的区段也已从传统的海运段延伸至内陆。但是集装箱并不是保险箱，随着箱运量的增长，集装箱货运事故也在不断增加，如何减少集装箱货运事故已经成为需要航运界研究的课题。根据实务经验和统计调查，我们发现这样一个现象：除了天气、自然灾害等人力不可控制的因素以外，大部分货运事故都存在人为错误（过失），尤其是在货运事故容易发生的海运阶段。所以现行的集装箱多式联运在无法界定货损发生区段时推定它发生在海运期间，适用海运赔偿责任体系。天灾等不可预见的事故在科技高度发达的今天毕竟是少数，而形形色色的人为错误（过失）应该是可以预见并防止的。

二、产生集装箱货运事故的主要原因

国际集装箱货运运输行业从业人员应该了解造成集装箱货运事故产生的主要原因，并根据这些原因采取相应的措施，以达到防止或减少集装箱货运事故发生的目的。另外，集装箱货运代理人了解造成集装箱货运事故产生的主要原因，可以在发生集装箱货运事故时，能够根据具体情况采取相应措施以减少损失；还可以在集装箱货运事故发生后，能够了解原因、明确责任方，以便及时、正确地解决争议。

1. 海上运输中产生集装箱货运事故的主要原因

由于从事国际海上货物运输的船舶经常远离海岸在海洋上航行，同时海洋环境气象多变，船舶随时可能遭遇到狂风巨浪、暴雨、雷电等袭击，因此船舶在海上运输中的环境相对比较恶劣。另外，工作上的差错也会造成集装箱货运事故的产生。

造成货差事故的原因主要是货物标志不清，误装、误卸，理货差错，中转处理错误。一捆多支的货物散捆后支数不变的“少捆多支”情况，实际上不属于货差事故，但实践中仍然按照实际情况予以记录。

由于载货船舶的沉没、触礁、火灾、抛货，政府法令禁运和没收、盗窃、海盗行为，船舶被拘捕、扣留和货物被扣留，战争行为等原因可能会造成货物的全部损失。

造成部分货物受损的主要原因和受损的结果如下：

（1）盗窃、抛货、遗失、落海等原因会造成这部分货物的灭失；

（2）包装不良或破损、盗窃、泄漏、蒸发等原因会造成货物的内容短缺；

（3）积载不当（超高或积载地点不当等）导致船舶航行中发生货物移动、倒垛，包装脆弱，装卸操作不当造成货物碰撞及坠毁，使用手钩等原因都会造成货物的破损；

（4）雨、雪中装卸，驳运过程中河水浸湿，消防救火过程中的水湿，舱内管系故障导致淡水浸湿等原因会造成货物的水湿；

（5）海上风暴、驳载过程中舱内海水管系故障、船体破损等导致海水浸入，消防救火过程中的海水水湿等原因会造成货物的海水湿；

（6）通风不良，衬垫、隔离不当，积载不当等原因会造成货物的汗湿；

（7）不适当的混载，衬垫、隔离不充分等原因会造成货物的污染；

（8）驱虫、灭鼠不充分，舱内清扫、消毒不充分，对货物检查不严致使虫、鼠被带入舱内等原因会造成货物被虫蛀、鼠咬；

（9）潮湿，海水溅湿，不适当的混载等原因会造成货物的锈蚀；

（10）易腐货物未按要求积载的位置装载，未按要求控制舱内温度，温、湿度过高，换气通风不充分，冷藏装置故障等原因会造成货物的腐烂、变质；

（11）标志不清，隔票不充分，倒垛，积载不当等原因会造成货物的混票；

（12）自燃、火灾、漏电等原因会造成货物烧焦；

（13）温度过高，换气通风过度，货物本身的性质等原因会造成货物的烧损；

（14）集装箱运输中，在集装箱的装箱过程中存在货物包装不良、积载不当、箱内不清洁等各种情况时，都同样会造成货物受损。

2. 航空运输中产生集装箱货运事故的主要原因

由于从事航空运输的飞机经常处于空中飞行状态，飞机飞行安全要求高，航空货物在飞机机舱中的积载要求也高，因此，货物在航空运输中的飞机飞行阶段遭受灭失、损坏的可能性大大减小。但是，在空运货物的交接、机场堆存、装机和卸机等过程中，仍然存在着工作差错而造成的集装箱货运事故。

航空运输中产生的集装箱货运事故主要是指由于承运人的原因，造成货物丢失、短缺、变质、污染、损坏的情况。发生这些情况的主要原因如下：

（1）货物在承运人掌管期间内发生盗窃、遗失等原因造成货物的丢失；

（2）承运人原因造成货物包装方法或容器质量不符合运输要求，使包装破损、货物泄漏等原因造成货物的内容短缺；

（3）承运人没有注意到货物本身性质所引起的变质、污染、损坏；

（4）不适当的积载造成货物的污染、损坏；

（5）承运人没有按照指示标志进行装卸作业造成货物的变质、污染、损坏；

（6）运输过程中保管货物不当造成货物的变质、污染、损坏。

3. 陆路运输中产生集装箱货运事故的主要原因

由于从事陆路运输的火车和汽车经常处于在路面上的状态，陆路运输环境对货物运输质量有很大影响，而且货物被偷盗的可能性也较大。因此，陆路运输中采用集装箱等封闭式方式对减少货物被偷盗和损坏将有很大帮助。另外，在陆路运输货物的交接、堆存、装车和卸车等过程中，还会存在因承运人工作差错所造成的集装箱货运事故。

陆路运输中产生的集装箱货运事故主要是指由于承运人的原因，造成货物发生灭失、混票、溢短、包装破损、货物毁损的情况。发生这些情况的主要原因如下：

（1）盗窃、遗失等原因造成货物的灭失；

（2）隔票不充分，倒垛，积载不当等原因造成货物的混票；

（3）误装、误卸等原因造成有货无票、有票无货的货物溢短；

（4）野蛮装卸，衬垫、积载不当等原因造成包装破损和货物毁损；

（5）运输过程中保管货物不当造成货物毁损。

4. 非集装箱货运事故

在国际货物运输中，除由于承运人的原因会造成集装箱货运事故外，还有一些情况也会使货物发生数量、质量变化，但是，这些情况的发生不属于运输合同下承运人所应承担的责任，而是要根据买卖合同等其他合同条款的规定才能确定由哪一方来承担责任。因此，此时货物虽然发生了数量、质量上的变化，但不能认为是发生了集装箱货运事故。以下情况就是典型例子：

如果在贸易合同中规定了货物买卖的数量，但卖方在货物包件内所装的货物数量不足，而承运人又无法知道包件内实际所装的货物数量，这就会造成所谓的"原装货物数量不足"。这种情况不属于集装箱货运事故，承运人只要在包件外表状况良好的情况下交付货物，就不承担任何责任。"原装货物数量不足"的问题应该由买卖双方在贸易合同中作出相应的规定才能解决。

如果在贸易合同中规定了买卖货物的品质，但卖方交付运输的货物与贸易合同中规定的货物品质不符，承运人显然无法确切知道所有货物的化学成分等情况，造成承运人在目的地向收货人交付的货物"品质与买卖合同不符"。这种情况不属于集装箱货运事故，除特别约定外，承运人只需在包件外表状况良好的情况下交付货物，就不承担任何责任。"货物品质与合同不符"的问题是贸易合同问题，所以也应该由买卖双方在贸易合同中作出相应的规定才能解决。

5. 其他情况造成的货物损失

在国际货物运输中，由于不可抗力等原因也会造成货物数量、质量上的损失，承运人在这种情况下通常可以免予承担赔偿损失的责任。由于货主对货物包装不良、不牢固而造成的货物损失，承运人通常也不承担赔偿责任。对于散装货物的水尺计量不准，则应根据具体情况对待。运输或者贸易上的欺诈行为等可能使有关的关系人遭受无法弥补的损失。

三、集装箱货运事故的责任划分

运输中发生集装箱货运事故的原因有很多，其中大部分是由于承运人的原因所致。但是，实践中还有一些集装箱货运事故是由货主（托运人、收货人）、第三方（如港口、机场、集装箱货运站等），甚至由于不可抗力所致。不同原因所导致运输中的货物数量减少、质量变差的损失将由不同当事人所承担，这里的当事人可能是运输合同、买卖合同、保险合同等不同合同中的当事人。运输合同中的当事人是承运人和托运人。只有了解集装箱货运合同下的责任分配问题，才能明确集装箱货运事故的责任划分。涉及承运人和托运人责任分配的主要问题包括承运人的责任期间等几个方面。

1. 承运人的责任

(1)承运人的责任期间。

货物在承运人监管过程中所发生的货损事故，除由于上述托运人的原因和不可抗力的原因外，原则上都由承运人承担责任。承运人的责任期间是指承运人对货物应负责任的期间。承运人在这段期间内，由于他不能免责的原因使货物受到灭失或者损坏，应当负赔偿责任。

在国际海上货物运输中，根据中国《海商法》第46条的规定，承运人对集装箱装运的货物的责任期间，是指从装货港接收货物时起至卸货港交付货物时止，货物处于承运人掌管之下的全部期间。承运人对非集装箱装运的货物的责任期间，是指从货物装上船时起至卸下船时止，货物处于承运人掌管之下的全部期间；但是，承运人与托运人可以就非集装箱货物运输下承运人的责任期间另作约定。在承运人的责任期间，货物发生灭失或者损坏，除另有规定外,承运人应当负赔偿责任。

中国《海商法》的这些规定与有关海上货物运输的国际公约中的规定是相似的。在航空运输中,根据我国《民航法》第125条的规定,航空运输期间,是指在机场内、民用航空器上或者机场外降落的任何地点,托运行李、货物处于承运人掌管之下的全部期间。航空运输期间,不包括机场外的任何陆路运输、海上运输、内河运输过程;但是,此种陆路运输、海上运输、内河运输是为了履行航空运输合同而装载、交付或者转运,在没有相反证据的情况下,所发生的损失视为在航空运输期间发生的损失。有关的《国际航空运输公约》对货物运输承运人的责任期间作了与我国《民航法》相同的规定。

在陆路运输中,我国的《铁路法》和《公路法》都作了相似的规定,即陆路承运人应当对承运的货物、包裹、行李自接受承运时起到交付时止发生的灭失、短少、变质、污染或者损坏,承担赔偿责任。该规定与有关陆路运输的国际公约或者协定中的规定是一致的。

(2)承运人运输货物的责任。

在适用于不同运输方式下的国际货物运输公约或者有关货物运输的国际公约中,都有承运人运输货物责任的规定。这些规定主要有运输工具、保管货物、合理速遣、迟延交付等几个方面。

在运输工具方面,各个国家和国际社会都对各种运输工具的技术要求作出了明确规定,只有符合技术要求的运输工具才能投入货物运输;运输公司作为承运人将运输工具投入营运还需要符合市场准入规定。在运输货物时,运输工具还应该符合适合特定运输风险和货物特性的总体要求。在国际海上货物运输中,对海上货物承运人提供船舶的规定是明确的。

在保管货物方面,在各种运输方式下都规定承运人应对货物的运输负责。在国际海上货物运输中,对承运人保管货物的规定是明确的;对其他运输方式下承运人保管货物的责任则作了比较原则性的规定。

承运人在货物运输过程中,应尽量合理地快速将货物运到目的地。特别是在国际海上货物运输中,对船舶绕航问题做了规定,如:"承运人应当按照约定的或者习惯的或者地理上的航线将货物运往卸货港。船舶在海上为救助或者企图救助人命或者财产而发生的绕航或者其他合理绕航,不违反前款规定的行为。"

货物运输合同是一种运输合同,一方应对违反合同造成的另一方损失进行赔偿。承运人违反合同时,货主因此而遭受的损失有两种主要形式,一种是实际损失,即货物发生实际灭失或者损坏;另一种是经济损失,即货物虽然没有发生灭失或者损坏,但是货主应该得到的利益没有得到,最典型的就是货物的迟延交付。此时,货物虽然完好运到目的地,但是超过了合同约定的时间,导致货物无法继续出售或者无法实现本应实现的利润。因此,国际货物运输中对承运人因迟延交付货物应承担的责任都做了规定。

(3)承运人的免责与责任限制。

承运人对于货物在其责任期间发生的灭失或者损坏应该承当责任。但是,国际公约和各国法律又都规定了一系列承运人对于货物在其责任期间发生的灭失或者损坏可以免于承担责任的事项。这些事项是法定的,承运人可以通过合同减少或者放弃,但不能增加。在各种运输方式和多式联运下,都规定有承运人的法定免责事项。

即使承运人根据合同或者法律应当对货损货差负责,在国际货物运输的有关公约和各国法律中,都赋予了承运人一项特殊的权利,即承运人可以将赔偿责任限制在一定数额以内。在各种运输方式和多式联运下,也都有承运人单位赔偿责任限制的规定。两种情况下不使用责任限制，一种情况是有特别的约定，如托运人在货物装运时已经申报货物性质和价值，并办理了相应手续；另一种情况是承运人丧失了享受赔偿责任限制的权利，如货物的灭失、损坏或迟延交付是承运人故意或明知可能造成损失而轻率地作为或者不作为造成，承运人就不得援引限制赔偿责任的规定。

2. 托运人的责任

(1) 正确提供集装箱货运资料。

托运人托运货物，应当将货物的品名、标志、件数、重量、体积等相关资料向承运人申报。托运人必须保证其申报的资料正确无误。托运人对申报不实所造成承运人的损失承担赔偿责任。如托运人为了少交运费，谎报货物重量，造成承运人起重设备的损坏，则托运人应对此承担赔偿责任。应当引起重视的是，各种运输方式下，对危险货物运输时托运人进行申报的问题都作了特别规定。

(2) 妥善包装货物。

包装货物是托运人的基本义务。良好的包装应该是正常的或者习惯的包装，在通常的照管和运输条件下，能够保护货物避免几乎大多数轻微的损害。托运人没有义务使用可能的最安全的包装而导致额外的费用。承运人应根据货物的包装情况进行适当的装卸和照料。但是，这种适当的装卸和照料不应该超过运输此类货物一般应负的谨慎责任。货损发生时，其原因是由于包装不良还是承运人照料货物不适当而造成的，有时难以判断。因此，对双方的要求都应该根据通常标准来确定。如果货物包装不良或者标志欠缺、不清，由此引起货物本身的灭失或损坏，承运人可免除对托运人的赔偿责任。

3. 集装箱货运事故的发现与责任判断

货物运输事故的发生可能在货物运输过程中的任何环节上。而发现货损、货差，则往往是在最终目的地收货人收货时或者收货后。当然，在运输途中发生的货损事故，也可能会被及时发现。

集装箱货运事故发生后，第一发现人具有报告的责任。如在船舶运输途中发生时，船长有责任发表海事声明。而当收货人提货时，发现了所提取的货物数量不足，或货物外表状况，或其品质与提单上记载的情况，或贸易合同的记载不符，则应根据提单条款的规定，将货损或货差的事实，以书面的形式通知承运人或承运人在卸货港的代理人。即使货损、货差不明显，也必须在提取货物后的规定时间内，向承运人或其代理人通报事故情况，作为以后索理赔的依据。

无论索理赔工作日后如何进行，记录和保留有关事故的原始记录都十分重要。提单、运单、收货单、过驳清单、卸货报告、货物溢短单、货物残损单、装箱单、积载图、商务事故记录等集装箱货运单证均是货损事故处理和明确责任方的依据。集装箱货运单证上的批注是区分或确定集装箱货运事故责任方的原始依据。单证上的批注既证明了承运人对货物的负责程度，也直接影响着货主的利益，如能否持提单结汇，能否提出索赔等。各方关系人为保护自己的利益和划清责任，应妥善保管这些书面文件。

对于已经发生的集装箱货运事故，如果收货人与承运人不能对事故的性质和损坏程度取得一致时，则应在彼此同意的条件下，双方共同指定检验人对所有应检验的项目进行检验，检验人签发的检验报告是日后确定货损责任的重要依据。

事故的处理和日后的赔偿均是以这些证据或依据为准来确定责任人及其责任程度的。不同事故当事人的责任可以通过实际情况和法律规定进行判断。

(1)托运人应承担的责任。

首先,不论是海上货物运输、航空货物运输,还是公路或者铁路货物运输;也不论是单一运输方式的货物运输,还是货物多式联运的组织方式,托运人根据运输合同将货物交付承运人或者多式联运经营人之前所发生的一切货损、货差均由托运人自己负责。

例如,在海上货物运输中,尽管货物运抵了港口,当租船合同使用了FI或类似条款时,在货物没有交付给承运人以前、在港期间发生的货物灭失或损坏,由托运人自己承担损失;此时还可能包括装货所造成的货物损坏或灭失。在集装箱货物运输情况下,拼箱货交至CFS前,或整箱货交至CY前,所发生的货物损坏或灭失,也属托运人的责任。

当货物交付承运人,货物处于承运人监管下时,也并不是说托运人就能百分之百地免除对货损发生的责任。例如,由于货物的包装不坚固、标志不清,或由于托运人隐瞒货物种类或其特性,或潜在缺陷等原因造成货损时,则由托运人负责。在航次租船合同订立FIOST条款的情况下,如果由于积载不当或绑扎不牢,从而造成了货损,根据租船合同的规定也可能由托运人负责。我国《海商法》第66条第1款规定:"托运人托运货物,应当妥善包装,并向承运人保证,货物装船时所提供的货物品名、标志、包装或者件数、重量或者体积的正确性;由于包装不良或者上述资料不正确,对承运人造成损失的,托运人应当负赔偿责任。"除海运方式外,在其他运输方式下也都有类似的规定,如在国际铁路货物运输中规定:"发货人应对无包装或包装不良的一切后果负责。特别是发货人应赔偿铁路由此而遭受的任何灭失或损害。如在运单内没有批注无包装或包装不良,则铁路应对此负举证责任。"

(2)承运人应承担的责任。

货物在承运人监管过程中所发生的货损、货差事故,除由于托运人的原因和不可抗力等原因外,原则上都由承运人承担责任。

承运人管理货物的时间不仅仅指货物装载在运输工具之上的阶段,也可能包括货物等待装运和等待提货阶段。这要由运输合同的条款约定来决定。

例如,在国际航空货物运输中规定,货物因毁灭、遗失或损坏而产生的损失,如果造成这种损失的事故是发生在航空运输期间,承运人应负责任。货物在承运人保管下的期间,不论是在航空站内、在航空器上或在航空站外降落的任何地点。航空运输的期间不包括在航空站以外的任何陆运、海运或河运。但是如果这种运输是为了履行空运合同,是为了装货、交货或转运,任何损失应该被认为是在航空运输期间发生事故的结果。

又如,在国际海上货物运输中,如果航次租船合同订立了FIO条款时,托运人负责装卸港的装卸货操作,包括装卸工人的雇佣,所以,承运人的责任仅限于货物在船积载阶段。在海上集装箱货物运输中,如果约定在CFS交付货物,则在拼箱作业过程中,或拆箱过程中出现的货损也应由承运人负责。而货物在船运输阶段,承运人则既有保证船舶适航的义务,还有对货物给予充分保管的义务。即承运人及其雇佣人员在货物的接受、装船、积载、运送、保管、卸船、交付等环节中,对因其疏忽而造成的货损、灭失等,负有损害赔偿责任。

承运人或者代其签发提单或者运单的人,知道或者有合理的根据怀疑提单或者运单记载的货物品名、标志、包数或者件数、重量或者体积与实际接受的货物不符,在签发已装船提单的情况下怀疑与已装船的货物不符,或者没有适当的方法核对提单或者运单记载的,可以在提单或者运单上批注,说明不符之处、怀疑的根据或者说明无法核对。对于承运人在提单或者运单作出保留的单证,承运人可以在作出保留批注的范围内对收货人免除责任。承运人或者代其签发提单或者运单的人未在单证上批注货物表面状况的,表示货物的表面状况良好。在提单或者运单上未作保留的情况下,承运人须向收货人交付与单证记载相符的、表面状况良好的货物,否则,承运人应承担赔偿责任。

在国际海上货物运输中还有一些特别的规定,如国际公约或者一些国家的《海商法》,包括我国的《海商法》都规定,对船长、船员、引航员或承运人的其他受雇人在驾驶船舶或管理船舶中的航行过失所引起的,或承运人的非故意行为所引起的火灾而带来的货损,承运人可以免责;且还规定了其他因海上固有危险所造成损害的免责事项。根据有关公约、法律和提单上通常记载的免责条款,承运人对以下原因造成的货损事故承担赔偿责任:

①船舶不适航造成的损害。

船舶的适航包括两个要件:其一,船舶的技术状态符合其确定的等级航区。这些技术状态既指船体、船机、属具等设备的状态,也包括船员、航行资料、船舶备品和必要消耗品等的配备状态。其二,船舶处于适于收受、载运和保管货物的状态。要使货舱及其他载货处适合积载货物,并使其处于良好的保管状态,保证货物安全运达目的港。保证船舶适航是承运人对货物及托运人应承担的义务。不过,《海牙规则》和一些国家的《海商法》中规定了"谨慎处理"的条款。条款规定,承运人对船舶的适航已尽了"谨慎处理",对仍不能发现的潜在缺陷所引起货物的损坏或灭失可以免责。中国《海商法》第50条对此作了相应的规定。但是,在由于没有对适航给予"谨慎处理",从而未使船舶保持能承受航次中"通常海上危险"的适航能力,而造成货损的情况下,承运人要承担其赔偿责任。在货损发生后,如果不能举证证明已经对船舶的适航性给予了"谨慎处理",承运人也要承担赔偿责任。

②对货物的故意或过失所造成的损害。

在货物处于承运人监管期间,包括货物在装船、积载、运输、保管、卸货等各个环节都应尽"谨慎处理"义务,并承担相应的责任。有关公约、法律或提单条款中的"疏忽条款",仅指承运人对船长、船员、引航员或承运人的受雇人员在驾驶或管理船舶上的行为或疏忽等航行过失所造成的货损可以免责。而对于商业过失,即有关货物的接受、装船、积载、运送、保管、照料、卸货和交付等方面的过失不能免责。因船员或承运人的受雇人员的故意行为所造成的货损,无论什么情况,承运人都负有赔偿责任。

(3)第三者应承担的责任。

严格地讲,在货物的运输过程中,货物仅处于承运人和托运人的监管之下。因此,对于货损事故,尽管可能确定是第三者的责任,承运人或托运人都不能免于承担责任。只不过是承运人与托运人根据运输合同解决了货损、货差的赔偿问题之后,再根据事故的责任追究第三方责任人。

在国际海上货物运输中,第三方责任人一般是港口装卸企业、陆路及水路运输企业、第三方船舶、车辆以及仓储企业等。在装卸作业过程中会由于装卸工人操作不当或疏忽致使货物损害;水路运输中会由于驳船方面的原因导致货物受损;陆路运输中也会由于交通事故、管理不善等原因而发生货物灭失。仓储过程中,不良的保管条件、储存环境会使货物变质、失窃;与其他船舶、车辆的碰撞事故也是导致货损的现象之一。理货失误等也会造成货差事故的出现。对于这些损害,承运人和托运人如何分担负责,如何向第三者索赔等事务处理,要根据货损、货差发生的时间和地点而定。

为了确定货损事故的责任方,重要的一点是要首先明确货损发生的阶段。前述的收货单、理货计数单、积载计划、积载检验报告、过驳清单或卸货报告、货物残损单和货物溢短单、检验证书、商务事故记录等都是划分承运人、托运方、其他第三方责任的必要证据。要根据事故的直接或间接原因确定责任。

总而言之，事故的责任划分，应以货物在谁的有效控制下为基准。而且，对于任何货损、货差事故，首先是托运人与承运人之间的赔偿问题的解决，然后才是承运人或托运人与第三方之间的追偿问题。

四、索　　赔

货物运输中发生了货损、货差等集装箱货运事故后，受到损害的一方向责任方索赔和责任方处理受损方提出的赔偿要求是集装箱货运事故处理的主要工作。货主对因集装箱货运事故造成的损失向承运人等责任人提出赔偿要求的行为称为索赔。承运人等处理货主提出赔偿要求的行为称为理赔。

1. 索赔提出的原则、对象的确定和条件

任何诉讼案件或者仲裁案件通常都是从索赔开始的。索赔时，索赔方应坚持实事求是、有根有据、合情合理、注重实效的原则。索赔方应该明白集装箱货运事故的索赔是根据运输合同的规定，其索赔对象是运输合同中的承运人。索赔人还应该清楚一项合理的索赔必须具备的条件。

(1)提出索赔的原则。

导致集装箱货运事故发生的原因多样，其规模和损失因事故不同而异。在客观上，认定损失的大小和原因往往就比较困难；而在主观上，由于托运人或收货人与承运人分别考虑各自的利益，对集装箱货运事故原因归结和损失大小更是认知不同，从而难以界定事故的责任，这也是法律诉讼的起因。所以，坚持提出索赔的原则更加重要。

①实事求是的原则。实事求是是双方沟通的基础，也是解决纠纷的关键。实事求是就是根据所发生的实际情况，分析其原因，确定责任人及其责任范围。

②有根有据的原则。在提出索赔时，应掌握造成货损事故的有力证据，并依据合同有关条款、国际公约和法律规定，以及国际惯例，有根有据地提出索赔。

③合情合理的原则。合情合理就是根据事故发生的事实，准确地确定损失程度和金额，合理地确定责任方应承担的责任。根据不同情况，采用不同的解决方式、方法，使事故合理、尽早得以处理。

④注重实效的原则。注重实效是指货损索赔中应注重实际效益。如果已不可能得到赔偿，而仍然长期纠缠在法律诉讼中，则只能是浪费时间和财力。如果能收回一部分损失，切不可因等待全额赔偿而放弃。

(2)索赔对象的确定。

发生货损、货差等集装箱货运事故后，通常应根据货物运输合同，由受损方向承运人提出赔偿损失的要求，即索赔对象是承运人。但是，在国际贸易实践中，货物到达收货人手里时，可能发生数量、质量等各种问题。

买方可根据货物买卖合同的规定，向卖方提出索赔的情况主要有：

①原装货物数量不符；

②货物的品质与合同规定不符；

③包装不牢致使货物受损；

④未在合同规定的装运期内交货等原因。

以上情况下，收货人（通常他是买卖合同中的买方）凭有关机构出具的鉴定证书，并根据买卖合同有关条款的规定，向托运人（通常他是买卖合同中的卖方）提出索赔。

收货人可根据货物运输合同的规定，向承运人提出索赔的情况主要有：

①承运人在目的地交付的货物数量少于提单、运单等运输单证中所记载的货物数量；

②承运人在运输单证上未对所运输的货物作出保留批注时，收货人提货时发现货物发生残损、缺少，且系承运人的过失；

③货物的灭失或损害是由于承运人免责范围以外的责任所致等原因。

以上情况下，收货人或其他有权提出索赔的人凭有关机构出具的鉴定资料，并根据货物运输合同有关条款的规定，向承运人提出索赔。

被保险人可根据货物保险合同的规定，向保险人提出索赔的情况主要有：

①承保责任范围内，保险人应予赔偿的损失；

②承保责任范围内，由于自然灾害或意外原因等事故使货物遭受损害等。

此时，受损方收货人作为被保险人，凭有关证书、文件向保险公司提出索赔。之后，保险公司可根据实际情况，在取得代位求偿权后，向有关责任人索赔。

除上述根据货物买卖合同、运输合同及保险合同可以向不同的责任方索赔外，货主还可能根据其他合同，如仓储合同等，要求责任方承担损失的索赔责任。

（3）索赔须具备的条件。

一项合理的索赔必须具备以下四个基本条件：

①索赔人具有索赔权。提出货物索赔的人原则上是货物所有人，或提单上记载的收货人或合法的提单持有人。但是，根据收货人提出的“权益转让书”，也可以由有代位求偿权的货物保险人或其他有关当事人提出索赔。集装箱货运代理人接受货主的委托，也可以办理集装箱货运事故的索赔事宜。在实践中，我国的某些部门和单位还通过委托关系，作为索赔人的代理人进行索赔。如在 CIF 或和 CFR 价格条件下，港口的外轮代理公司就可以受货主委托成为向国外航运公司提出集装箱货运事故赔偿的索赔人。

②责任方必须负有实际赔偿责任。收货人作为索赔方提出的索赔应属于承运人免责范围之外的，或属保险人承保责任内的，或买卖合同规定由卖方承担责任的货损、货差。

③赔偿的金额必须是合理的。合理的赔偿金额应以货损实际程度为基础。要注意在实际中责任人经常受到赔偿责任限额规定的保护。

④在规定的期限内提出索赔。索赔必须在规定的期限，即“索赔时效”内提出。否则，索赔人提出的索赔在时效过后难以得到赔偿。

2. 索赔的一般程序

各种运输方式下进行索赔的程序基本上是相同的，即由索赔方发出索赔通知、提交索赔函，进而解决争议。如果无法解决争议，则可能进入诉讼或仲裁程序。

（1）发出索赔通知。

①国际海上货物运输中的规定。我国《海商法》和有关的国际公约，如《海牙规则》、《维斯比规则》、《汉堡规则》以及各承运人的提单条款，一般都规定，货损事故发生后，根据运输合同或提单有权提货的人，应在承运人或承运人的代理人、雇佣人交付货物当时或规定的时间内，向承运人或其代理人提出书面通知，声明保留索赔的权利，否则承运人可免除责任。关于发出索赔通知的时限，我国《海商法》第 81 条第 1 款规定：“承运人向收货人交付货物时，收货人未将货物灭失或者损坏的情况书面通知承运人的，此项交付视为承运人已经按照

运输单证的记载交付以及货物状态良好的初步证据。”该条第 2 款又规定“货物灭失或者损坏的情况非显而易见的，在货物交付的次日起连续 7 日内，集装箱货物交付的次日起 15 日内，收货人未提交书面通知的，适用前款规定。”《海牙规则》则规定，“根据运输契约有权收货的人，除非在卸货港将货物灭失和损害的一般情况，于货物被移交他监督之前或者当时（如果灭失或损害不明显，则在 3 日内），已用书面通知承运人或其代理人，这种移交便应作为承运人已经按照提单规定交付货物的证据。”不过，根据法律、国际公约、提单条款以及航运习惯，一般都把交付货物当时是否提出货损书面通知视为按提单记载事项将货物交付给收货人的推定证据，或者是初步证据。也就是说，即使收货人在接受货物时未提出货损书面通知，以后，在许可的期限内仍可根据集装箱货运单证（过驳清单、卸货记录、货物溢短单或残损单等）的批注，或检验人的检验证书，作为证据提出索赔。同样，即使收货人在收货时提出了书面通知，在提出具体索赔时，也必须出具原始凭证，证明其所收到的货物不是清洁提单上所记载的外表良好的货物。因而，索赔方在提出书面索赔通知后，应尽快地备妥各种有关证明文件，在期限内向责任人正式提出索赔要求。另外，在某种条件下，索赔人在接受货物时可以不提出货损书面通知书。这种情况是，货物交付时，收货人已经会同承运人对货物进行了联合检查或检验的，无需就所查明的灭失或者损坏的情况提交书面通知。我国的《海商法》、国际公约和某些提单就有这样的规定。

②国际航空货物运输中的规定。在国际航空运输中，《海牙议定书》第 26 条规定：“关于损坏事件，收件人应于发现损坏后，立即向承运人提出异议，如系行李，最迟应在收到行李后 7 天内提出，如系货物，最迟应在收到货物后 14 天内提出。关于延误事件，最迟应在行李或货物交付收件人自由处置之日起 21 天内提出异议。”

③国际公路货物运输中的规定。在国际公路货物运输中，《国际公路货物运输合同公约》第 30 条规定：“a. 如果收货人接管货物时未与承运人及时检验货物状况或如有明显的灭失或损坏，在不迟于交货的时候，如灭失或损坏不明显，在交货后 7 日内（星期日和节假日除外）未向承运人提出保留说明灭失或损坏的一般性质，则接收货物的事实应作为他收到运单上所载明的货物的初步证据。如货物灭失或损坏不明显，则所述保留应用书面作出。b. 当货物的状况已经收货人和承运人及时检验，只有在灭失或损坏不明显而且收货人在检验之日起 7 日内（星期日和节假日除外）已向承运人及时提出书面保留的情况下，才允许提出与本检验结果相反的证据。c. 除非自货物置于收货人处置时起 21 天内已向承运人提出书面保留，否则交货延迟不予赔偿。d. 在计算本条规定的时效期限时，根据实际情况，交货日或检验日或将货物置于收货人处理之日，不应包括在时效期限内。e. 承运人和收货人应相互为进行必须的调查和检验提供各种合理的方便。”

④国际铁路货物运输中的规定。在国际铁路货物运输中，《国际铁路货物联运协定》第 28 条规定：发货人和收货人有权根据运输合同提出赔偿请求，赔偿请求应附有相应根据（商务记录）并注明款额，以书面方式由发货人向发送路，收货人向到达路提出。由全权代理人代表发货人提出赔偿请求时，应有发货人或收货人的委托书证明这种赔偿请求权。委托书应符合受理赔偿请求铁路所属国的法令和规章。第 30 条规定，根据运输合同向铁路提出的赔偿请求和诉讼，可在 9 个月期间内提出，关于货物毁损或部分灭失以及运到逾期的赔偿，自货物交付之日起算；关于货物全部灭失的赔偿，自货物运到期限期满后 30 日起算。

国际货物多式联运中也有相应的规定。

（2）提交索赔申请书或索赔清单。

索赔申请书、索赔函或索赔清单是索赔人向承运人正式要求赔偿的书面文件。索赔函的提出意味着索赔人正式向承运人提出了赔偿要求。因此，如果索赔方仅仅提出货损通知，而没有递交索赔申请书或索赔清单，或出具有关的集装箱货运单证，则可解释为没有提出正式索赔要求，承运人不会受理货损、货差的索赔，即承运人不会进行理赔。索赔申请书或索赔清单没有统一的格式和内容要求，主要内容应包括：

①文件名称及日期；

②承运人名称和地址；

③运输工具名称（如船名、航次，航班号），装/卸货地点（如港口、机场、车站），抵达日期，接货地点名称；

④货物名称，提单、运单号等有关情况；

⑤短卸或残损情况、数量；

⑥索赔日期，索赔金额，索赔理由；

⑦索赔人的名称和地址。

对于正式索赔，有一个时效问题。如果提出索赔超过了法律或合同规定的时效，就会丧失索赔的权利。确定时效时，应当考虑：

①检查提单、运单背面的条款，确定适用的法律或公约；

②根据适用的法律，确定时效的区间；

③索赔接近时效时，是否要求事故责任人以书面形式延长时效；

④注意协商延长的时效，是否为适用法律所承认。

（3）提起诉讼或仲裁。

因发生集装箱货运事故而产生的索赔可以通过当事人双方之间的协调、协商，或通过非法律机关的第三人的调停予以解决。但是，这种协商、调停工作并不能保证出现可预见的解决问题的结果。这样，双方最终可能只有通过法律手段解决争议，也就是要进入司法程序，提起诉讼。另外，双方还可以仲裁解决争议。

法律对涉及索赔的诉讼案件规定了诉讼时效。因此，无论向货损事故的责任人提出了索赔与否，在解决问题没有希望的前提下，索赔人应在规定的诉讼时效届满之前提起诉讼。否则，就失去了起诉的权利，往往也失去了索赔的权利和经济利益。

在国际海上货物运输中，《海牙规则》和《维斯比规则》关于诉讼时效，规定期限为1年。英国的判例表明，在1年内向有适当管辖权的法院提起诉讼，即可保护时效。但最好是向有最终管辖权的法院提出。我国《海商法》第257条规定："就海上货物运输向承运人要求赔偿的请求权，时效期为1年，自承运人交付或者应当交付货物之日起计算。"

国际航空货物运输中的规定是除非承运人方面有欺诈行为，如果在前面所述的规定期限内没有提出异议，就不能向承运人起诉。

有关的国际陆路货物运输公约中也对时效问题作了相应的规定。

除通过诉讼途径解决争议外，在当事人双方在合同中事先已经约定，或者事后同意的情况下，还可以通过仲裁的手段解决纠纷。仲裁的主要问题包括仲裁协议的有效性、仲裁程序的合法性、仲裁的司法监督等。目前，我国调整仲裁的法律主要是1995年颁布的《仲裁法》。我国海事仲裁的常设机构是中国海事仲裁委员会。

3. 索赔单证

索赔人具有证明其收到的货物并不是在提单或者运单所记载的货物状态下接收的举证

责任:作为举证的手段,索赔人要出具集装箱货运单证、检验证书、商业票据和有关记录等,以便证明货损的原因、种类、损失规模及程度,以及货损的责任。

(1)海运中主要的索赔单证。

①提单正本。提单既是承运人接受货物的收据,也是交付货物与收货人时的交货凭证,还是确定承运人与收货人之间责任的证明,是收货人提出索赔依据的主要单证。提单的货物收据作用,表明了承运人所收货物的外表状况和数量,交付货物时不能按其提交这一事实本身就说明了货损或货差的存在;提单作为运输合同(证明),规定了承运人的权利、义务、赔偿责任和免责项目、是处理承运人和货主之间争议的主要依据。

②卸货港理货单或货物溢短单、残损单等卸货单证。这些单证是证明货损或货差发生在船舶运输过程中的重要单证。如果这些卸货单证上批注了货损或货差情况,并经船舶大副签认,而在收货单上又未作出同样的批注,就证明了这些货损或货差是发生在运输途中。

③重理单。船方对所卸货物件数或数量有疑问时,一般要求复查或重新理货,并在证明货物溢短的单证上作出"复查"或"重理"的批注。这种情况下,索赔时,必须同时提供复查结果的证明文件或理货人签发的重理单,并以此为依据证明货物是否短缺。

④货物残损检验报告。在货物受损的原因不明显或不易区别,或无法判定货物的受损程度时,可以申请具有公证资格的检验人对货物进行检验。在这种情况下,索赔时必须提供检验入检验后出具的"货物残损检验证书"。

⑤商业发票。商业发票是贸易中由卖方开出的一般商业票据。它是计算索赔金额的主要依据。

⑥装箱单。装箱单(Packing List)也是一种商业票据,列明了每一箱内所装货物的名称、件数、规格等。用以确定损失程度。

⑦修理单。用来表明被损坏的仪器设备、机械等成套货物的修理所花费的费用。

⑧有关的文件。证明索赔的起因和索赔数目的计算依据。

⑨权益转让证书。所谓的权益转让,就是收货人根据货物保险合同从保险公司得到赔偿后,将自己的索赔权利转让给保险公司,由保险公司出面向事故责任人或其代理人提出索赔的行为。权益转让的证明文件就是"权益转让证书"。它表明收货人已将索赔权益转让给保险公司。保险公司根据"权益转让证书"取得向事故责任人提出索赔的索赔权,和以收货人名义向法院提出索赔诉讼的权利。在权益转让的情况下,通常正本由收货人将"权益转让证书"交给保险公司,同时,必须将其副本交给事故责任人或其代理人备查。"权益转让证书"的内容包括:收货人将有关其对该项货物的权利和利益转让给保险人;授权保险人可以以收货人的名义向有关政府、企业、公司或个人提出认为合理的赔偿要求或法律诉讼;保证随时提供进行索赔和诉讼所需要的单证和文件。这也约定了被保险人保证向保险人提供索赔中所需各种单证、文件的保证书的义务。

除了以上所述单证外,凡是能够证明集装箱货运事故的原因、损失程度、索赔金额、责任所在,以及索赔人具有索赔权利的单证都应提供。同时,还应该有索赔函。如有其他能够进一步说明责任人责任的证明,如船长或大副出具的货损报告,或其他书面资料也应提交。索赔案件的性质、内容不同,所需要的索赔单证和资料也就不同。至于提供何种索赔单证没有统一规定。

总之,索赔单证必须齐全、准确,内容衔接、一致,不能自相矛盾。

(2)空运中主要的索赔单证。

航空货物运输办理索赔时,索赔人也要提供能够证明集装箱货运事故的原因、损失程度、索赔金额、责任所在,以及索赔人具有索赔权利的单证,这些单证主要有:①索赔函;②集装箱货运单正本或副本;③货物商业发票、装箱清单和其他必要资料;④货物舱单(航空公司复印);⑤货物运输事故签证;⑥商检证明;⑦来往电传。

在陆路运输和多式联运的情况下,可以参照上述海运和空运下的原则提供单证。

4. 索赔权利的保全措施

为了保证索赔得以实现,需要通过一定的法律程序采取措施,使得货损事故责任人对仲裁机构的裁决或法院判决的执行履行责任,这种措施就称为索赔权利的保全措施。

实践中,货主作为索赔人采取的保全措施主要是留置承运人的运输工具,如扣船,以及要求承运人提供担保等两种方式。

(1)提供担保。

提供担保是指货损事故责任人对执行仲裁机构的裁决或法院的判决提供的担保。主要有现金担保和保函担保两种形式。

①现金担保。由货损事故责任人提供一定数额的现金,并以这笔现金作为保证支付赔偿金的担保。现金担保在一定期间内影响着责任人的资金使用,因此较少采用。在实际业务中通常都采用保函担保的形式。

②保函担保。保函担保是使用书面文件的担保形式,保函可由银行出具,也可由事故责任人的保赔协会等出具。银行担保的保函比较安全可靠。保函中一般应包括:受益人、担保金额、造成损失事故的运输工具、有效期、付款条件、付款时间和地点。

(2)留置运输工具。

在货损事故的责任比较明确地判定属于承运人,又不能得到可靠的担保时,索赔人或对货物保险的保险公司,可以按照法律程序,向法院提出留置运输工具的请求,如扣船请求,并由法院核准执行。

扣留运输工具,如船舶,其目的是通过对船舶的临时扣押,保证获得承运人对承运人责任的货损赔偿的担保:这样可避免货损赔偿得不到执行的风险。在承运人按照要求提供保证承担赔偿责任的担保后,应立即释放被扣船舶。同样,扣船也会带来风险。如果法院判决货损责任不在承运人,则因不正确的扣船而给承运人带来的经济损失,要由提出扣船要求的索赔人承担。同时也会产生其他不必要的纠纷和负面影响。

五、诉讼与仲裁

集装箱货运事故发生后,承运人和货主等因种种原因发生争议是在所难免的,一般均先采用由双方当事人和解的方式解决,但协商得不到解决时,则分别视情况而采取进行司法诉讼、提交仲裁机构仲裁或通过第三方调解等方式来处理。

1. 诉讼

诉讼是解决集装箱货运事故纠纷的重要手段之一,是指法院在当事人和全体诉讼参与人的参加下,依法审理和解决纠纷的活动,以及在该活动中产生的各种法律关系的总和。通常情况下,公民之间、法人之间、其他组织之间以及他们相互之间关系产生纠纷或矛盾时,可选择通过提起诉讼,由法院、当事人和全体诉讼参与人遵照相应的司法程序解决。

2. 仲裁

仲裁是解决争议的一种重要方式，是指当事双方达成协议，自愿将有关争议交给双方所同意的仲裁机构进行裁决，而这个裁决通常是终局的，对双方都有约束力，双方必须遵照执行。经过长期实践，包括我国在内的很多国家已通过立法，对仲裁及其相关制度作了明确规定，使之成为解决争议的一种有效途径。

世界上许多国家和一些国际组织都设有专门从事国际商事仲裁的常设机构，如国际商会仲裁院、英国伦敦仲裁院、英国仲裁协会、美国仲裁协会、瑞典斯德哥尔摩商会仲裁院、日本国际商事仲裁协会以及香港国际仲裁中心等。总部设在北京，在上海和深圳设有分会的中国国际经济贸易仲裁委员会，是我国最有影响力的涉外仲裁机构。而就集装箱货运事故争议的仲裁而言，中国海事仲裁委员会的作用则最为重要。

3. 诉讼与仲裁的比较

国际货物运输中存在大量争议，诉讼与仲裁是最为常见的解决方式。仲裁与诉讼是密切联系而又有差异的，这体现在许多方面。

(1)管辖权基础不同。诉讼是法定管辖，是国家司法行为；仲裁则具民间性，在仲裁协议的基础上进行。仲裁的前提是当事人双方达成仲裁协议，表明愿将争议提交仲裁机关；而诉讼不需要双方协商，只要一方的起诉符合法定条件法院就会受理。诉讼对一切因私权发生的纠纷均可受理；仲裁只能受理当事人有处分权的私权的争议。

(2)组织机构不同。仲裁机构一般都是民间性的组织，仲裁员不是由国家任命的，而是由仲裁设机构列出仲裁人员名单，由双方当事人在仲裁员名单中指定相关人员组成仲裁庭解决争议；法院是国家的审判机关，是国家机器的主要组成部分，法院的法官都是由国家任命或选举产生，争议双方当事人都没有选择法官的自由。因此，对双方当事人来说，仲裁比诉讼具有较大的灵活性，有较多的自由。

(3)审级原则不同。诉讼为二审终审，可上诉、申诉；仲裁是一裁终局，一般当事人不得就同一事实再次申请仲裁，也不能向人民法院再行起诉、上诉。而民事诉讼可经过一审、二审和再审三个阶段。

(4)审理方式不同。诉讼以公开为原则，没有特殊情况必须公开审理；仲裁则通常不公开审理，以保护当事人的秘密。

在国际货物运输实践中，当事人可以根据自己的实际需要选择恰当的争议解决方式。

项目二　集装箱货运事故案例分析

教学要点

掌握集装箱货运事故的案例分析：

(1) Canadian Highlander 轮航行过失免责案；

(2)整箱货交接下承运人责任案例；

(3)发货人责任案；

(4)无船承运人、船公司、收发货人关系案；

(5)货物被无单提走案；

(6)凭保函签发清洁提单纠纷案；

(7)承运人责任案；

(8)集装箱货运代理责任案;
(9)集装箱货物污损案;
(10)预借还是倒签提单;
(11)倒签提单的风险案;
(12)以保函换取清洁提单的法律性质与效力案;
(13)倒签提单的法律效果案;
(14)航空集装箱货运赔偿案;
(15)航空集装箱货运中未申明价值赔偿案;
(16)国际多式联运运输方式下的货损事故如何认定责任;
(17)集装箱运输时常见的小事故和避免方法。

教学方法

可采用讲授案例教学和分组讨论等方法。

案例导入

托承运人的货运站装载1000箱小五金,货运站在收到1000箱货物后出具仓库收据给货主,在装箱时,装箱单上记载980箱,货运抵进口国货运站,拆箱单上记载980箱,由于提单上记载1000箱,同时提单上有加注"由货主装箱、计数"收货人便向承运人提出索赔,但承运人拒赔。分析回答下列问题:(1)提单上类似"由货主装载,计数"的批注是否适用拼箱货,为什么?(2)承运人是否需要赔偿收货人的损失,为什么?(3)承运人如果承担赔偿责任,应当赔偿多少箱?

问题解答如下:

(1)不适用,因为是承运人的货运站代表承运人收货并装箱的,除非货运站代表货主装箱、计数。

(2)是,提单在承运人与收货人之间是绝对证据,收货人有权以承运人未按提单记载数量交货而提出赔偿要求。

(3)20箱。

一、无船承运人、船公司、收发货人关系案

1.案由

某国际集装箱货运代理企业经营国际集装箱拼箱业务,此时他是CONSOLIDATOR,由于他签发自己的提单,所以他是无船承运人(以下称为无船承运人)。2004年9月15日,该无船承运人在KOBE港自己的CFS将分别属于六个不同发货人的拼箱货装入一个20ft的集装箱,然后向某班轮公司托运。该集装箱于2004年9月18日装船,班轮公司签发给无船承运人CY/CY交接的FCL条款下的MASTER B/L一套;无船承运人然后向不同的发货人分别签发了CFS/CFS交接的LCL条款下的HOUSE B/L共六套,所有的提单都是清洁提单。2004年9月23日载货船舶抵达提单上记载的卸货港。第二天,无船承运人从班轮公司的

CY 提取了外表状况良好和铅封完整的集装箱(货物),并在卸货港自己的 CFS 拆箱,拆箱时发现两件货物损坏。2004 年 9 月 25 日收货人凭无船承运人签发的提单前来提货,发现货物损坏。

2. 问题

(1)收货人向无船承运人提出货物损坏赔偿的请求时,无船承运人是否要承担责任？为什么？

(2)如果无船承运人向班轮公司提出集装箱货物损坏的赔偿请求时,班轮公司是否要承担责任？为什么？

(3)无船承运人如何防范这种风险？

3. 案情分析和总结

(1)要承担责任。无船承运人收到货物时签发的提单为清洁提单,表明货物状况良好,因此要对货物的损失承担责任。

(2)不要承担责任。因为班轮公司是按照外表状况良好和铅封完整的集装箱(货物)在 CY 交给无船承运人的。

(3)投保责任险;在提单上作批注或货主保函换取清洁提单或其他方式。

二、发货人责任案

1. 案由

发货人中国土产畜产进出口公司浙江茶叶分公司委托浙江对外贸易运输公司将 750 箱红茶从上海出口运往西德汉堡港。该运输公司接受委托后,向广州远洋运输公司申请舱位、由后者指派了箱号为 HTMU-5005420 等 3 个集装箱。根据发货人与浙江对外贸运输公司的委托合同,由后者作为发货人的代理全权负责对货物的点数、积载,对集装箱的检查、铅封。广州远洋运输公司收到 3 个满载集装箱后签发了清洁提单。货物运抵汉堡,收货人拆箱后发现部分茶叶串味变质。检验表明,250 箱红茶受精萘(有刺激气味)污染。另又查明,该航次装运茶叶的集装箱其中一个箱号为 HTMU-5005420,在前一航次曾装载过精萘从法国的登克尔至上海,其前一次航次残留的精萘气味是本航次 250 箱红茶串味污染的唯一污染源。

2. 问题

如何确定本案的赔偿责任？

3. 案情分析和总结

根据国际惯例,集装箱应该清洁、干燥、无残留物以及前批货物留下的持久气味。按我国《海商法》的规定,承运人须在航次开始前和开始时履行应尽职责,以便使货舱、冷藏舱和该船装载货物的其他部分适于并能安全地接受、承运和保管货物。集装箱应属于“该船装载货物的其他部分”。远洋运输公司作为提供集装箱的承运人,明知发货人托运的是极易串味的茶叶,而将未能彻底清除残留有前一航次货物气味的不适载集装箱,交给发货人装箱,对本案茶叶的货损,犯有疏忽大意的过错,应该承担茶叶损失的赔偿。浙江对外贸易运输公司作为装箱、铅封的发货代理人,在装箱前没有尽到认真检查箱体的责任,由于过于自信或疏忽大意的过错,称装箱前未发现箱内有特殊气味,也应承担本案的赔偿责任。综上所述,远洋运输公司违背有关规定和国际惯例,疏忽大意,提供了不适载的集装箱,致使茶叶污染;浙江对外贸易运输公司未能按照常规认真检查箱体,使茶叶污染成为事实。远洋运输公司应承担较大的赔偿责任,浙江对外贸易运输公司相应承担一定的赔偿责任。

三、整箱货交接下承运人责任案例

1. 案由

东华公司按 CFR 条件、即期不可撤销信用证以集装箱装运出口成衣 350 箱,装运条件是 CY TO CY。货物交运后,东华公司取得"清洁已装船"提单,提单上表明:"Shipper's load and count."。在信用证规定的有效期内,东华公司及时办理了议付结汇手续。20 天后,接对方来函称:经有关船方、海关、保险公司、公证行会同对到货开箱检验,发现其中有 20 箱包装严重破损,每箱均有短少,共缺成衣 512 件。各有关方均证明集装箱外表完好无损,为此,对方要求东华公司赔偿其货物短缺的损失,并承担全部检验费共计 2500 美元。

2. 问题

对方的要求是否合理? 为什么?

3. 案情分析和总结

对于整箱货来说,CY TO CY 交接方式下,承运人(班轮船公司)承担在箱体完好和封志完整的状况下接受并在相同的状况下交付整箱货的责任。故承运人没有责任,货物短少是由于东华公司装箱短少,属于贸易合同纠纷。

四、Canadian Highlander 轮航行过失免责案

1. 案由

本案货主 Gosse 公司在 1925 年 2 月 6 日将 5808 箱铁皮装上承运人 Canadian 公司的 Canadian Highlander 轮,该船从英国的斯温席港出发,目的港加拿大温哥华。该船途经利物浦时在大雨中卸下了木材又转运了一些新的货物。随后该船又与德国 Brunswich 码头相撞,由于装铁皮的货舱受损,因此需修理。在修理过程中由于船员和修理人员的疏忽没能用防水帆布罩盖紧货舱,使雨水注入货舱。该轮最后到达温哥华时,货物因淡水而湿损惨重。因此货主根据英国 1924 年的《海上货物运输法》向船方提起赔偿诉讼,要求船方承担货物损失的责任。

货主认为根据《海上货物运输法》,承运人应当适当和谨慎地装载、操作、积载、运送、保管、照料和卸载所承运的货物,显然本案船方由于疏忽没有能够谨慎地保管和照顾货物,致使货物受到雨水的侵蚀,因此应当承担责任。船方则认为根据《海上货物运输法》的规定,"船长、船员、引水员或承运人的雇用人在驾驶或管理船舶中的行为、疏忽或者不履行职责,由此造成的货物的灭失或损害,承运人不负责任。"本案是由于船的修理打开了货舱的防水布而又由于船员的疏忽没能及时盖紧防水布,致使雨水进入货舱所导致的损失,因此船方可以根据航行过失免责。

2. 问题

(1)什么是航行过失免责?

(2)管船过失与管货过失的区别是什么? 你认为本案属于哪一种?

3. 案情分析和总结

航行过失免责即"船长、船员、引水员或承运人的雇用人在驾驶或管理船舶中的行为、疏

忽或者不履行职责，由此造成的货物的灭失或损害，承运人不负责任。"可见，航行过失免责包括驾驶船舶的过失和管船过失。"驾驶过失"指船舶开航后，船长、船员在船舶驾驶上的判断或操作上的错误，如船舶碰撞、触礁、搁浅等责任事故，均属于驾驶上的过失。"管船过失"，指在航行中，船长、船员对船舶缺少应有的注意，例如，听任污水管闭塞，阀门开启，以致海水进舱等均属管理船舶的过失。值得注意的是，"管理船舶的过失"与"管理货物的过失"容易混淆，其责任却不同。

"管船过失"与"管货过失"容易混淆，其责任却不同。前者承运人可免责，后者则不能。一般以行为的对象和目的作为区分两种过失的标准。如某一行为针对货物，其目的是管理货物，则该行为属于管理货物的行为；反之，则为管理船舶的行为。难以辨别时，法院倾向于认定为管理货物的过失而不允许免责。承运人享受免责的前提是已经尽到了"谨慎处理"使船舶适航的义务，如发现是不适航引起的，则不能免责。

本案经过三审，最后法院判决船方败诉。理由是：首先，因修理过程涉及人员复杂，包括船员、其雇用人员、码头的修理工、油漆工和其他人员，不能简单地引用航行过失免责；其次，防水布是否盖紧不会影响船舶安全问题，也不影响船舶正常运行，不应被认为是管船造成的货损，而本案中的船员没有做到谨慎地管理货物，应该承担货物损失的责任，不能免责。

五、货物被无单提走案

1. 案由

2006年5月3日，中国甲公司与乙公司订立木材买卖合同，7月25日，由D轮承运，卸货港上海港，承运人签发的五套清洁提单。甲公司支付了2/3的货款，尚欠1/3货款。6月17日，甲公司将该提单项下木材转卖给中国丙公司，签订一份"原木购销合同"，约定丙公司向甲公司购买木材，甲公司在上海港装卸区码头舱底交货；甲公司负责通知港区、理货等有关部门，明确丙公司为实际货主，便于丙公司参与接船及费用结算；甲公司提供担保确保丙公司获得正本提单等。丙公司在支付定金时，甲公司未提交正本提单，但甲公司保证，不管有无正本提单，丙公司都能提到货物。

D轮到达上海港后，甲公司和丙公司共同向D轮的船长出具保函称，因提单尚未收到，要求船方先将货物交给甲公司，并因该放货行为对船方造成的损失承担赔偿责任。其后，涉案货物由丙公司提取，丙公司陆续向甲公司付清了木材购销合同项下的全部货款。

但甲公司一直未付清欠款，也未取得正本提单。乙公司将甲、丙两公司诉至法院，请求法院判处两公司无提单提货侵权损害赔偿。

2. 问题

(1) 乙公司的请求是否合理？谁该承担责任？

(2) 如果你是法官，你会怎样判？并作出你的评析。

3. 案情分析和总结

(1) 乙公司的请求不合理，因为甲和丙公司和乙公司不存在提单提货、运输关系，应该由船公司承担责任，承担无单放货的责任。

(2) 如果我是法官，我将判定船公司承担法律责任，由船公司赔偿乙公司，当然船公司能凭担保向甲、丙公司要求补偿损失。

六、承运人责任案

1. 案由

2001 年 10 月，法国某公司（卖方）与中国某公司（买方）在上海订立了买卖 200 台电子计算机的合同，每台 CIF 上海 1000 美元，已不可撤销的信用证支付，2001 年 12 月马赛港交货。2001 年 11 月 15 日，中国银行上海分行（开证行）根据买方指示向买方开出了金额为 20 万美元的不可撤销的信用证，委托马赛的一家法国银行通知并议付此信用证。2001 年 12 月 20 日，卖方将 200 台计算机装船并获得信用证要求的提单、保险单、发票等单据后，即到该法国议付行议付。经审查，单证相符，银行即将 20 万美元支付给卖方。载货船离开马赛港 10 天后在航行途中由于船员航行操作过失，船舶触礁，救助无效，货船及货物全部沉入大海。此时开证行已收到了议付行寄来的全套单据，买方也已得知所购货物全部灭失的消息。因此，卖方举借支付货款，理由是其不能得到所期待的货物。

2. 问题

作为承运人的船公司是否要承担责任，为什么?

3. 案情分析和总结

承运人不须承担责任。中国海商法中规定承运人对“船长、船员、引航员或者承运人的其他受雇人在驾驶船舶或者管理船舶中的过失”不负责任。

七、集装箱货运代理责任案

1. 案由

我国 A 贸易公司委托同一城市的 B 集装箱货运代理公司办理一批从我国 C 港运至韩国 D 港的危险品货物。A 贸易公司向 B 集装箱货运代理公司提供了正确的货物名称和危险品货物的性质，B 集装箱货运代理公司为此前发起公司的 HOUSE B/L 给 A 公司。随后，B 集装箱货运代理公司以托运人的身份向船公司办理该批货物的订舱和出运手续。为了节省运费，同时因为 B 集装箱货运代理公司已投保责任险。因此 B 集装箱货运代理公司向船公司谎报货物的名称，亦未告知船公司该批货物为危险品货物。船公司按通常货物处理并装载于船舱内，结果在海上运输中，因为货物的危险性质导致火灾，造成船舶受损，该批货物全部灭失并给其他货主造成巨大损失。

2. 问题

请根据我国有关法律规定回答下列问题:

(1) A 贸易公司、B 集装箱货运代理公司、船公司在这次事故中的责任如何?

(2) 承运人是否应对其他货主的损失承担赔偿责任，为什么?

(3) 责任保险人是否承担责任，为什么?

3. 案情分析和总结

(1) A 贸易公司和船公司无责任。B 集装箱货运代理公司负全责。

(2) 承运人无需对其他货主的损失承担赔偿责任。由于 B 集装箱货运代理公司未向船公司告知该批货物为危险品货物，因此由此产生的货物灭失和对其他货物及船舶的损失均由 B 货代公司负责。我国海商法规定，运输危险品时“托运人未通知或者通知有误的，承运人可以在任何时间、任何地点根据情况需要将货物卸下、销毁或者使之不能为害，而不负赔偿责任。托运人对承运人因运输此类货物所受到的损害，应当负赔偿责任”。

(3)责任保险人不承担责任。因为投保人隐瞒了货物的真相，属于欺骗性质，保险公司免责。

八、集装箱货物污损案

1. 案由

某货代公司接受货主委托，安排一批茶叶海运出口。货代公司在提取了船公司提供的集装箱并装箱后，将整箱货交给船公司。同时，货主自行办理了货物运输保险。收货人在目的港拆箱提货时发现集装箱内异味浓重，经查明该集装箱前一航次所载货物为精萘，致使茶叶受精萘污染。请问：

2. 问题

(1)收货人可以向谁索赔？为什么？

(2)最终应由谁对茶叶受污染事故承担赔偿责任？

3. 案情分析和总结

(1)可向保险人或承运人索赔。因为根据保险合同，在保险人承保期间和责任范围内，保险人应承担赔付责任。因为根据运输合同，承运人应提供“适载”的COC，由于COC存在问题，承运人应承担赔偿责任。

(2)由于承运人没有提供“适载”的COC，而货代在提空箱时没有履行其义务，即检查箱子的义务，并且在目的港拆箱时异味还很浓重，因此，承运人和货代应按各自过失比例承担赔偿责任，如承运人承担60%，货代承担40%的责任。

九、预借还是倒签提单

1. 案由

我国某出口公司先后与伦敦B公司和瑞士S公司签订两个出售农产品合同，共计3500长吨，价值8.275万英镑。装运期为当年12月至次年1月。但由于原定的装货船舶出故障，只能改装另一艘外轮，致使货物到2月11日才装船完毕。在我公司的请求下，外轮代理公司将提单的日期改为1月31日，货物到达鹿特丹后，买方对装货日期提出异议，要求我公司提供1月份装船证明。我公司坚持提单是正常的，无需提供证明。结果买方聘请律师上货船查阅船长的船行日志，证明提单日期是伪造的，立即凭律师拍摄的证据，向当地法法院控告并由法院发出通知扣留该船，经过4个月的协商，最后，我方赔款2.09万英镑；买方才肯撤回上诉而结案。

2. 问题

(1)请问上述行为是倒签还是预借提单？

(2)上述行为有何危害？有何方法可以发现？

3. 案情分析和总结

倒签提单是一种违法行为，一旦被识破，产生的后果是严重的。但是在国际贸易中，倒签提单的情况还是相当普遍。尤其是当延期时间不多的情况下，还是有许多出口商会铤而走险。当倒签的日子较长的情况出现，就容易引起买方怀疑，最终可以通过查阅船长的航行日志或者班轮时刻表等途径加以识破。

十、倒签提单的风险案

1. 案由

我国A公司与某国B公司于2001年10月20日签订购买52500吨化肥的CFR合同。A公司开出信用证规定，装船期限为2002年1月1日至1月10日，由于B公司租来运货的"顺风号"轮在开往某外国港口途中遇到飓风，结果装至2002年1月20日才完成。承运人在取得B公司出具的保函的情况下签发了与信用证条款一致的提单。"顺风号"轮于1月21日驶离装运港。A公司为这批货物投保了水渍险。2002年1月30日"顺风号"轮途经巴拿马运河时起火，造成部分化肥烧毁。船长在命令救火过程中又造成部分化肥湿毁。由于船在装货港口的延迟，使该船到达目的地时正遇上了化肥价格下跌，A公司在出售余下的化肥时价格不得不大幅度下降，给A公司造成很大损失。请根据上述事例，案情分析和总结以下问题：

2. 问题

公司的各类损失应该向谁索赔？为什么？

3. 案情分析和总结

（1）途中烧毁的化肥损失属单独海损，应由保险公司承担损失。途中烧毁的化肥属于单独海损，依CFR术语，风险由A公司即买方承担；而A公司购买了水渍险，赔偿范围包含单独海损，因此由保险公司承担。

（2）途中湿毁的化肥属共同海损，应由A公司与船公司分别承担。因船舶和货物遭到了共同危险，船长为了共同安全，有意又合理地造成了化肥的湿毁。

（3）由于化肥价格下跌造成的损失可以向承运人追偿。因为承运人迟延装船，又倒签提单，须对迟延交付负责。

十一、以保函换取清洁提单的法律性质与效力案

1. 案由

河北省A贸易公司委托天津B海运公司运输一批大枣。1995年5月14日，B海运公司的H轮在天津新港装载了A贸易公司的5000包大枣，后发现这批大枣有10%霉烂变质。5月25日，H轮大副在收货单上对此作了批注。6月5日，因信用证即将过期，A贸易公司为能及时出口货物及结汇货款，就出具保函要求开出清洁提单。保函言明，"如果收货人有异议，其一切后果均由发货人承担，船方概不负责。"B海运公司接受了保函，并签发了清洁提单。H轮于7月2日到达悉尼。收货人以大枣有霉烂为由，向当地高等法院申请裁定对H轮进行扣押，致使H轮被扣达15天。1996年8月3日，天津海运公司赔付收货人2万美元，收货人遂撤回起诉。1996年8月3日，天津B海运公司向河北省A贸易公司提出赔偿因其货轮被扣造成的经济损失的请求。

2. 问题

(1)提单的法律性质如何?

(2)什么是清洁提单和不清洁提单?

(3)本案保函是否有效?

3. 案情分析和总结

提单是承运人接受托运人交付运输的货物时签发给托运人的一种书面凭证。国际惯例一般认为提单的法律性质有以下三点:(1)提单是海上货物运输合同的证明;(2)提单是承运人对货物出具的收据;(3)提单是货物的物权凭证。

提单按有无批注区分为清洁提单和不清洁提单。在接受托运人提供的货物时,如外表状态不良,大副在签发大副收据时,就此作出记载,称为批注。清洁提单是指提单上没有任何有关货物外表状态不良批注的提单。反之,有货物外表状态不良批注的提单就是不清洁提单。不清洁提单使收货人的利益得不到应有的保护,因此在国际贸易中,国际货物买卖合同和信用证一般都要求卖方提供清洁提单。因为不清洁提单是货物内在质地不确定的表示,难以转让。在航运业中,因为不清洁提单不受欢迎,当卖方(或托运人)提供的货物外表不良,又无法更换包装或修复货物的情况下,往往采取向承运人出具保函的办法,要求承运人签发清洁提单。托运人这样用保函换取清洁提单的做法,是航运业的习惯做法,但也常引起争议。根据民法原理,诚实信用是一切民事活动的基本原则,托运人应保持货物的完好状态交付承运人收受、装船。

承运人亦应按照货物的真实情况,在提单上签署意见,以分清承运人和托运人的责任。一旦承运人接受保函,签发清洁提单,很可能构成与托运人串通而对善意收货人进行欺诈,损害收货人的利益。但是在实践中,货物的外表状态不良常常表现为货物包装有轻微的缺陷而不影响货物质量。托运人在有充分理由认为货物的数量和质量符合买卖合同的要求,不会导致收货人拒收和索赔的情况下装船,而承运人因持有异议意欲在提单上批注,但若坚持重新验装或要求托运人更换包装或调换货物已不可能,且时间的拖延将影响合同的履行。此时,托运人可向承运人出具保函,要求承运人签发清洁提单,并允诺赔偿承运人因签发清洁提单而引起的损失。这种做法对买卖合同的履行、船期延误的避免都起到积极的作用,也不会损害或严重损害收货人的利益。

因此,国际上趋向于承运人接受保函并签发清洁提单,只要不是对收货人进行欺诈,在托运人与承运人之间有效,但对收货人不发生法律效力,因为自始至终收货人不知保函的起因与经过,未参与相关活动,发货人也并非对其而出具,故承运人不得以保函对抗收货人。但是,如果有欺诈的意图,承运人对第三人承担无限赔偿责任。《1978 年联合国海上货物运输公约》即《汉堡规则》对国际航运中所使用的保函效力作了具体规定:保函对受让提单的包括收货人在内的任何第三人不发生法律效力,但对托运人是有效的。若承运人接受保函而签发提单属有意欺诈,则保函对托运人无效,承运人不仅无权从托运人处取得赔偿,且要负对包括收货人在内的第三方的损失,承担无限赔偿责任。此处特别强调了主观善意或是主观恶意,以此决定托运人与承运人在此中的责任状态和责任程度。实质上,仍是诚实信用原则的延伸。本案中,承运人的船舶大副为避免承担责任,欲在提单上批注开出不清洁提单,以对抗收货人可能提出的索赔,这是承运人的正当权利。A 贸易公司向 B 海运公司出具保函换取清洁提单,并非为了隐瞒货物本身的缺陷,而是为了避免货物发生变质。B 海运公司接收 A 贸易公司的保函而签发清洁提单,也无欺诈收货人的意图。只是为了解决由于货物包装产生的争议,承托双方均出于善意,不具有对第三人欺诈的故意。

因此可以认定双方之间的保函具有效力,将保函视为托运人与承运人之间达成的一项保证赔偿协议,对承托双方具有法律约束力。承运人因保函事项遭受的经济损失,应通过保函从托运人处得到补偿,托运人也应当履行保函中约定的义务。最后,在法院的调解下,双方达成了协议。

保函,实质上是托运人和承运人之间达成的一项保证赔偿协议。托运人为取得清洁提单,向承运人出具保函,保证由此造成的损失将由托运人承担,承托双方的行为均出于善意,没有欺诈的故意,因此可以认定双方之间的保函具有效力,在承运人与托运人之间具有法律约束力。若承运人接受保函而签发提单属恶意欺诈,则保函对托运人无效。

十二、倒签提单的法律效果案

1. 案由

1993 年 8 月 7 日,原告日本 A 公司与中国 B 公司签订了购买 2000t 蘑菇的合同。价格条件为 CIF 大阪,总价款 105 万美元,起运港为大连。合同约定:中国 B 公司负责订舱,原告则向大阪银行申请开立以中国 B 公司为受益人,有效期为 1993 年 11 月 15 日的不可撤销的即期信用证,装船日期不迟于 1993 年 10 月 30 日。

1993 年 11 月 15 日承运货物的 V 轮抵大阪港,原告日本 A 公司收到的提单上载明装船日期为 10 月 31 日,根据该轮到港时间,原告初步确认 V 轮倒签了提单,后查明该轮 10 月 30 日从大阪运回大连,11 月 6 日抵达装运港,11 月 7 日装货完毕后起航。原告随后两次电告中国 B 公司,指出不能接受倒签的提单,要求其根据市场行情将货物每吨降价 40 美元,否则拒收货物,中国 B 公司对原告的要求迟迟不复,于 1993 年 11 月 15 日向议付行提交了信用证项下的全部单据,取得了货款。货物一直存放于港口仓库,为避免更大的损失,无奈之下,原告于 1994 年 4 月 15 日付款赎单并销售了货物。

1994 年 4 月 10 日,原告诉至大阪法院请求判决被告 V 轮赔付其各种损失共计 30 万美元。被告辩称,认为原告对其没有权起诉,因“本案完全是买卖双方间的纠纷,与船东无关”。

2. 问题

(1) 什么是倒签提单? 其法律效果如何?

(2) 原告对被告有无诉权? 中国 B 公司能否成为被告?

3. 案情分析和总结

在国际贸易中,倒签提单就是倒填提单中的装船日期,它指卖方为了掩盖真实的装船日期或为了符合信用证关于装船日期的规定,要求承运人(即船方)不按真实的装船日期签发提单。倒签提单属于卖方与承运人(船方)合谋欺骗买方的欺诈行为,按照国际贸易惯例,这种违法行为引起的法律后果无论对买方还是对船方都是十分严重的。买方一旦有证据证明提单的装船日期是伪造的,就有权拒绝接受单据和拒收货物、拒付货款,即使货款已支付,买方亦有权要求卖方退还,买方也有权要求赔偿因倒签提单而造成的损失。原告对被告有起诉权。

首先,根据国际班轮运输的法律关系,提单是承运人和托运人订立运输合同的证据。当该托运人同时是货物的卖方时,卖方根据国际货物销售合同将提单背书转让给收货人。这样，提单就成为承运人和收货人（买方）之间的运输合同了。无论实际上收货人是在货物到港之前，还是到港之后收到提单，都不影响收货人基于提单而与承运人之间业已确立的运输合同关系，一旦承运人违反提单的义务，收货人就有权依其与承运人之间的运输合同关系提起违约之诉。本案中中国B公司既是托运人，也是卖方，原告既是收货人，又是买方，原告与承运人之间的法律关系就比较清楚了，原告当然有权向被告行使起诉权。

其次，倒签提单是承运人与托运人串通而损害收货人利益的欺诈行为，在民法理论上属侵权行为，而侵权之诉的成立无需依附于合同。收货人如果提起侵权之诉，则承运人和托运人都属侵权行为人，收货人当然对其中共同或其一享有起诉权。本案中，被告接受中国B公司的保函，倒签提单，其法律后果是帮助B公司掩盖了逾期装船的事实，使其在违约的情况下获取了本不应获取的原告所付的全部货款。因此，被告的行为直接侵害了原告的合法权益，原告的起诉权不容置疑。

卖方（托运人）与船方（承运人）合谋倒签提单，既是欺诈性质的侵权行为也是违反合同义务的违约行为。倒签提单后，原告向承运人、托运人共同或其一行使起诉权，都是合法成立的。

十三、航空集装箱货运赔偿案

1. 案由

青岛某货主将一批价值USD10000，计10箱的丝织品通过A航空公司办理空运经北京出口至法国巴黎。货物交付后，由B航空公司的代理人A航空公司于2003年1月1日出具了航空集装箱货运单一份。该集装箱货运单注明：第一承运人为B航空公司，第二承运人是C航空公司，货物共10箱，重250千克。货物未声明价值。B航空公司将货物由青岛运抵北京，1月3日准备按约将货物转交C航空公司时，发现货物灭失。为此，B航空公司于当日即通过A航空公司向货主通知了货物已灭失。为此，货主向A航空公司提出书面索赔要求，要求A航空公司全额赔偿。

2. 问题

根据以上案情，请回答以下问题：

（1）本案中，A、B、C航空公司的法律地位是什么？

（2）谁应当对货物的灭失承担责任？

（3）本案是否适用于《华沙公约》？

（4）货主要求全额赔偿有无依据？

（5）航空公司应该赔偿的数额是多少？

3. 案情分析和总结

（1）A是B航空公司的代理人；B既是缔约承运人，也是第一区段的实际承运人；C是第二区段的实际承运人。

（2）B航空公司应当承担责任，因为货物灭失发生在转交C航空公司之前，责任在B航空公司。

（3）适用。此案始发站是青岛，中转站为北京，目的站为巴黎。根据《华沙公约》的规定，由几个连续的航空承运人所办理的运输，如经合同当事人认为是一个单一的运输业务，则无论他以一个合同或一系列合同的形式约定，在本公约的意义上，应视为一个不可分割的运输，并不因其中一个合同或一系列的合同完全在同一国家的领土内履行而丧失其国际性质。因此，即便青岛至北京段是中国境内，也是国际航空货物运输合同。

(4)无依据。

(5)由于此批货物没有声明价值，因此，实际赔偿数额不应超过法定限额，即应赔偿的数额为 250 × 20 = USD5000。

十四、航空集装箱货运中未申明价值赔偿案

1. 案由

一票从上海运往伊朗德黑兰的名牌服装，共 290 箱。配荷兰皇家航空公司航班出运，运单号 074－57378613。货物毛重 3625kg，货值 USD34800.00，未办理申明价值。在德黑兰机场荷兰皇家航空公司仓库里，该批服装不慎被盗，被盗部分共 135 箱。经核对货主提供的随机装箱清单和发票，该 135 箱货值约为 USD16200.00。

2. 问题

问航空公司应如何赔偿?

3. 案情分析和总结

(1)该票货物属于国际运输。根据《华沙公约》，货物在承运人保管期间，因毁灭、遗失或损坏而产生的损失，承运人应负责任，因此，航空公司应在收到赔偿文件和资料并审核无误后接受赔偿。

(2)货物没有办理申明价值，则承运人按照实际损失的价值进行赔偿。赔偿的最高限额为每公斤 20 美元。货物一部分受损(被盗)，承运人的责任限额仅为该件总质量。

(3)据该货物的情况，该票货物的损失为部分损失，损失部分货值为 USD16200.00。

航空公司的赔偿最高限额为：

$$[(3625/290) \times 135]\text{kg} \times \text{USD}20.00 = \text{USD}33750.00$$

因此，航空公司的赔偿限额应为 USD16200.00。

(4)索赔人在收到索赔款时签署责任解除协议书。

十五、国际多式联运运输方式下的货损事故如何认定责任

1. 案由

广州东莞一家公司(以下称发货人)将装载服装的三个集装箱委托一家国际物流公司(以下称物流公司)由广州东莞通过公路拖运到香港装船去孟买港，集装箱在孟买港卸船后再通过铁路运抵交货地(新德里)。该批出口服装由物流公司出具全程提单，提单记载：装船港香港、卸船港孟买、交货地新德里，运输条款 CY-CY，提单同时记载“由货主装载、计数”的批注。集装箱在香港装船后，船公司又签发了以物流公司为托运人的海运提单，提单记载装船港香港、卸船港孟买，运输条款 CY-CY。集装箱在孟买港卸船时，三个集装箱其中有两个外表状况有较严重破损，物流公司在孟买港的代理与船方代理对此破损做了记录，并由双方在破损记录上共同签署。三个集装箱在运抵新德里后收货人开箱时发现，两个外表有破损的集装箱箱内服装已严重受损，另一集装箱尽管箱子外表状况良好，但箱内服装也有不同程度受损，收货人根据提单上由货主装载，计数的批注向发货人提出赔偿要求，但发货人拒赔，

理由是服装在出运后物流公司签发的是清洁提单，这证明发货人是完好地将货物交给物流公司委托的公路承运人，而且，由外理证明的装箱单上也没有对服装在装箱时的状况做出任何批注。于是收货人向物流公司提出赔偿要求，理由是物流公司出具了全程集装箱货运提单，理应对全程运输承担责任，但同样遭到物流公司拒赔，物流公司的理由是尽管物流公司出具了全程集装箱货运提单，但造成箱子破损并非物流公司过失，而是船公司的行为。

在无法从发货人、物流公司那里得到赔偿的情况下，收货人委托律师对物流公司、发货人提出诉讼，法院在受理该案后判定：物流公司、发货人不承担任何赔偿责任。事实上，法院在认定该案当事人的过失责任上有"误区"。

2. 问题

请从发货人、船公司、物流公司、保险公司等不同角度分析是否应当承担赔偿责任?

3. 案情分析和总结

(1)本案发货人不应承担赔偿责任。

①当发货人将装载的集装箱交由货代公司，并由物流公司安排集卡拖运至香港装船时，无论是物流公司，还是集卡司机均未对集装箱的外表状况提出异议，因而可认定交接时箱子外表状况良好。

②物流公司在接受集装箱后，提单并没有对箱子外表状况作出任何批注。因此，该提单属于清洁提单。

③银行接受提单并给予办理结汇，这在一定程度上说明银行也认定该提单是清洁的。

④尽管提单上注明"由货主装载、计数"，但并不能证明发货人装载的服装是损害的，因为整箱提单上的批注仅是提单签发人为保护自己的利益的说明。

⑤集装箱运输下，对承运人责任期限的规定是："从接受货物时起，至交付货物时止"。提单记载的运输条款是 CY-CY，则说明发货人与承运人对集装箱的交接责任以出口国 CY 大门为界，既然三个集装箱进 CY 大门时，对外表状况未作任何批注，则可认定，发货人是完好交货，其责任即告终止。

⑥由外理证明的装箱单并没有对装箱的服装有任何批注，这说明装箱时服装是完好的。

(2)船公司应承担赔偿责任，但并非是三个集装箱的服装损害，而是其中两个集装箱内的服装损害赔偿，其理由是三个集装箱在香港装船时，船公司对三个集装箱的外表状况并没有作任何批注，则可以认定是在完好的状态下接货，但孟买港卸船交货时，却发现其中两箱已造成箱损，这在一定程度上可认定箱损发生在海上运输区段。船公司签发的是海运提单，而物流公司签发的是全程提单，因此船公司的地位可以这样确定：

①船公司是物流公司的实际承运人，是按物流公司要求完成海上运输；

②但船公司对物流公司又是承运人，因船公司签发了以物流公司为托运人的海运提单；

③船公司与收货人不直接发生赔偿关系，因收货人持有的是货代提单，只有在物流公司赔付给收货人后，再由物流公司向船公司行事追偿权；

④由于箱损发生在海上运输区段，因而船公司即使承担赔偿责任，也是适用海上法规。但赔偿标准则依据是属船公司管货过失，还是其他原因，因为管货过失可按提单责任限制，而并非管货过失则可能按实际损失。但这一赔偿标准是依据物流公司已赔偿给收货人的基础上，即"背对背"赔偿平衡。

(3)物流公司应承担赔偿责任，其理由：

①物流公司应承担赔偿责任，但并非是三个集装箱的服装损害，而是其中外表状况良

好，但箱内服装有损害的一个集装箱，这属集装箱整箱运输下的"隐藏损害"赔偿，即箱子外表状况良好，海关关封完整，但箱内货已造成损害，但无法确定责任方、货损原因、货损区段。集装箱"隐藏损害"赔偿原则是依据提单责任形式，由于物流公司提单的责任形式是网状责任制，因而，物流公司对这一集装箱服装承担的赔偿责任是肯定的。因为网状责任制规定："提单签发人应对全程运输承担责任，如无法确定货损原因、货损区段时，此项赔偿可依据法律规定"。②物流公司作为全程提单签发人在赔付给收货人后，并非是自己一人承担，而是将这一隐藏损害赔偿在参加全程运输的各承运人之间进行分摊，但是否进行分摊则依据物流公司的意愿。

(4)从保险理论讲，保险公司应承担赔偿责任，但保险公司赔偿的条件是：①集装箱内服装损害是在保单承保的责任期限内，如保单记载 CY-CY，保险公司对 CY-CY 期间内的货损承担责任。②集装箱内服装的损害是属于保单规定的承保范围内的，因为保险公司也有一定除外责任。③即使服装已造成损害，但保险公司在赔偿之前要求由收货人举证造成服装损害的原因、责任方，因为保险公司在赔付后依据这一举证行使追偿权，因为货物保险并不意味着保险公司只承担赔偿责任，而没有行使追偿的权利。因而，收货人能否对保险公司提出赔偿，以及能否得到赔偿，上述条件是根本。

十六、集装箱运输时常见的小事故和避免方法

据调查了解，国际货运码头集装箱运输时应该注意的事项，以免发生一些事故。一系列牵涉船员和码头工人致命事故都发生在集装箱顶部加固和拆固操作中。虽然每次在集装箱顶部工作时都采取了一些防塌保护和避免塌落的设施，但这些措施都很麻烦，而且还减缓了船舶装卸速度，影响了使用效率。

对非分格式甲板箱位的集装箱进行常规的加固方式，操作起来笨重而且困难，容易导致事故发生和非致命人身伤害。新发展的设备，诸如半自动和双功能扭锁在消除危险性上，只能起到部分保护作用。因此，甲板上集装箱堆高不能超过四层，并要求在码头边有个安全的工作场地，以供他们使用和移动。

船东和船舶设计者可以在造船初期阶段保障从事集装箱加固人员的安全，但是初期阶段必须对集装箱加固安全给予重视，而不是在造好船后依赖安全的操作方法。当前这种成功的设想有以下几方面：

(1)无舱盖货舱。这些集装箱船的设计通常有通向满载堆装的箱格导柱，而且一般不要求在集装箱顶部作业。

(2)集装箱安排的灵活性。这些设计涉及甲板上箱格导柱，这些箱格导柱可以变更长度，以适应当前使用的 20ft、40ft 或 40ft 不同长度的集装箱。

(3)甲板箱格导柱。甲板箱格导柱意味着要么是无舱盖货舱，要么是无舱盖船舶，但甲板设计仍有箱格导柱而且还带有舱盖。尽管甲板箱格导柱有良好的安全和加固记录，在装经常使用的不同长度的集装箱过程当中，它们还会造成操作上的一些不便。

(4)这些是可移动的人员载具，供绑扎人员抓到集装箱顶部上扭锁。这些常用于集装箱龙门在不依赖于岸上龙门吊时，操作起来很方便，所以绑扎或解扎时可继续进行装卸而不受影响或造成延误。

(5)捆绑台架。这些都是永久性的或部分性的捆绑台架，从而无须爬到集装箱顶部便可

接近甲板扭锁。

除了这些可替代性的安排之外，如果在船舶设计阶段对达到集装箱加固多加重视而不依赖于操作方法的话，就要推行新的观念。如果在加固过程中使得人身更加安全和更加有效的话，减少箱子落水的损失，会提供财政上和环境上的好处。所以集装箱船船东和设计者需注意箱子加固操作中的危险性，并要加紧使用和发展集装箱设计安全的加固系统，旨在消除在集装箱顶部或其他类似的危险处，船员或码头工人来操作沉重和庞大的加固设施的必要。

十七、凭保函签发清洁提单纠纷案

1. 案由

1997 年 4 月，我国 T 公司向荷兰 M 公司出售一批纸箱装货物，以 FOB 条件成交，目的港为鹿特丹港，由 M 公司租用 H 远洋运输公司的货轮承运该批货物。同年 5 月 15 日，该合同货物在青岛港装船。当船方接收货物时，发现其中有 28 箱货外表有不同程度的破碎，于是大副在收货单上批注“该货有 28 箱货外表破碎”。当船方签发提单，欲将该批注转提单时，卖方 T 公司反复向船方解释说买方是老客户，不会因一点包装问题提出索赔，要求船方不要专注收货单上的批注，同时向船方出具了下列保函：“若收货人因包装破碎货物受损为由向承运人索赔时，由我方承担责任。”

船方接受了上述保函，签发清洁提单。该货船起航后不久，接到买方 M 公司的指示，要求其将卸货港改为法国的马赛港，收货人变更为法国的 F 公司。经过一个多月的航行载货船到达马赛港，船舶卸货时法国收货人 F 公司发现该批货物有 40 多箱包装严重破碎，内部货物不同程度受损，于是以货物与清洁提单不符为由，向承运人提出索赔。后经裁定，向法国收货人赔偿 20 多万美元。此后，承运人凭保函向卖方 T 公司要求偿还该 20 多万美元的损失，但 T 公司以装船时仅有 28 箱包破碎为由，拒绝偿还其他的十几箱的损失。于是承运人与卖方之间又发生了争执。

2. 问题

我国 T 公司、荷兰 M 公司、承运人之间的利益损失纠纷该如何处理？

3. 案情分析和总结

三者之间的货损货差纠纷均由船公司凭保函签发清洁提单这一违规行为引起，故先由承运人向荷兰 M 公司赔偿损失，再凭保函向我国 T 公司索赔。

思考练习

(1) 简述集装箱货运事故的处理程序。

(2) 简述索赔的一般程序。

(3) 诉讼和仲裁有何区别？

任务十二 物联网在集装箱运输中的应用

内容简介

物联网是一种通过信息传感设备，按照约定的协议，把物品与互联网连接起来，进行信息交换和通信，以实现智能化识别、定位、跟踪、监控和管理的新型网络。本章主要介绍最新的物流信息技术的物联网的概念、发展、特征及其在物流的各系统中的应用。

教学目标

1. 知识目标

(1) 了解物联网的概念和应用的范围；

(2) 掌握物联网在国际集装箱运输中的应用；

(3) 掌握铁路运输、公路运输和海上运输，以及港口场站的物联网应用。

2. 技能目标

(1) 铁路运输在物联网的应用；

(2) 港口物流在物联网的应用；

(3) 公路运输在物联网的应用；

(4) 航运物联网的应用。

案例导入

深圳港集装箱吞吐量物联网"智能管理"

随着全球经济的回暖，去年低迷的港口货运生意在2010年上半年已经明显转好。2010年初止跌回升后，深圳港货物吞吐量持续上涨。深圳市交通运输委员会的最新统计快报显示，2010年上半年深圳港集装箱吞吐量1045.78万标箱，同比增长29.42%，升幅达3成。其中，深圳三大港口盐田港、赤湾港、招商局蛇口港的集装箱吞吐量均出现较大升幅。

1. 旺季推动运费上涨

2011年上半年，深圳港货运吞吐量达到1.07亿吨，同比增长22.03%，其中外贸货物吞吐量为8151.2万t，同比上升26.4%。"旺起来"的不只是深圳港。2011年上半年，宁波港的港口货物吞吐量完成1.59亿t，同比增长27.7%；集装箱吞吐量完成638.3万标箱，同比增长38.6%，增幅位居内地前六位集装箱港口首位。随着我国出口集装箱运输市场进入旺季，处于外贸大省广东的深圳港上半年集装箱吞吐量实现了30%的增幅。其中，盐田国际集装箱码头459.8万标箱，同比上升21.3%；招商局蛇口港区263.4万标箱，同比上升26.8%；赤湾港293.5万标箱，同比上升36.3%。这三个码头均是深圳港专用的集装箱码头。

在这样的情况下，深圳港口开始出现"一柜难求"的现象，集运市场的运价也随之继续上涨。从《每日经济新闻》了解到，中海集装箱运输股份有限公司已从7月1日起对每大箱加收用箱费400美元。此外，马士基从7月15日起，在亚洲至北欧的西向航线上增收每标箱

750 美元、每大箱 1000 美元、每特种箱 1200 美元的旺季附加费；地中海航运从 8 月 1 日起对亚欧东运货物每标箱加收 400 美元。集装箱市场的兴旺也给相关公司带来了“翻身之机”。据悉，去年亏损高达 75.4 亿元的中国远洋 2011 年一季度已经成功实现扭亏。而 2010 年亏损达 65 亿元的中海集运在 2011 年一季度仅亏损 1.92 亿元。

2.“箱子”都到哪里去了

当深圳港焦灼于“一柜难求”时，却有调查显示，目前市场上还有不少闲置集装箱船，运力明显供大于求。那么，集装箱到底去了哪里？广东省物流行业协会会长马仁洪认为，现在看起来的“缺箱”其实只是个别集装箱运输公司周转存在一些问题，目前市场上的空箱率很高，集装箱的利用率并不是很高。比如，一艘货轮将满载的集装箱从深圳港卸下运往东莞之后，在东莞没有货物运输的情况下，货轮常常运着空空的集装箱回到深圳。然而，在旺季的时候，常常有与东莞更临近的港口正“缺箱”，却不知道东莞有空箱，而东莞也由于不知道附近有人需要交货而只好空箱返回。用“更好更高科技的手段”——物联网可以解决这个问题。通过物联网，“一方面对集装箱进行跟踪，知道哪些箱是空的，另一方面跟企业联系起来，知道哪些企业需要箱”，将信息集中起来，以达到集装箱的高效利用。据悉，目前深圳的蛇口工业区已拟建立深圳首个物联网应用示范产业园区，以期实现集装箱“智能管理”。

引导思路

(1)目前港口与船公司之间通过集装箱物联网所带来的经济效益和社会效益有哪些？

(2)集装箱物联网技术可以应用于哪些领域？

项目一　集装箱物联网概述及其应用

教学要点

(1)了解仓库选址的原则、程序和方法；

(2)结合实际案例，熟练掌握仓库内部布局设计以及堆场设计。

教学方法

可采用讲授、情境教学、案例教学和分组讨论等方法。

随着物联网在行业内的进一步应用，物流也顺便搭上了物联网的顺风车，欲通过新应用提高物流配送的效率。物联网对物流业最大的意义就在于更好地整合供应链体系，把采购、仓储、运输、信息系统等通过物联网进行整合。

当下，物流行业不断遭遇消费者诟病：物品丢失、破损，投递不当等。物联网能够使物流供应链的透明度大大提高，通过技术应用，可以使得产品在供应链的任何地方都被实时跟踪，自动记录物品在整个供应链的流动，并且可以把终端信息反馈给销售及生产商，上游生产者可以据此改善供应链体系，提高仓储、运输效率及销售环节的服务水平。

尽管物联网在物流业可以发挥重大作用，但由于物联网技术研发和应用都处于初级阶段，难以实现规模化，物流与物联网的结合在短期内似乎难以实现。物联网在物流内投入成本较高，未形成成熟的商业模式和推广应用体系，这是制约物联网应用的主要“瓶颈”。同时，国家对物联网行业政策、标准的制定，企业能否加快探索成熟的商业模式，均是影响物联网与物流发展的主要因素。

对我国物联网企业而言，最主要的是掌握核心技术，而目前来看，从传感器芯片到制造工艺，我国均落后于美国等发达国家，在应用层面我国物联网企业需要更为漫长的探索。对物联网企业而言，要改变现状需要在技术与应用的结合层面做更大的努力。同时，中国物流业发展的困扰并不在技术层面，更多地在于行政监管及产业格局层面。在监管层面，中国物流行业仍具有较强的计划经济色彩，公路运输、水路运输、铁路运输、航空运输等仍由不同的职能部门进行监管，相互之间缺乏有效衔接，因此导致物流行业缺乏统一的监管体系。

一、物联网概述

物联网是一种通过信息传感设备，按照约定的协议，把物品与互联网连接起来，进行信息交换和通信，以实现智能化识别、定位、跟踪、监控和管理的新型网络。物联网的研发应用，是信息产业发展的重大飞跃。加快发展物联网，是培育战略性新兴产业、构建现代产业体系的重要内容。

1. 物联网的基本定义

这里的“物”要满足以下条件才能够被纳入“物联网”的范围：要有数据传输通路；要有一定的存储功能；要有 CPU；要有操作系统；要有专门的应用程序遵循物联网的通信协议；在世界网络中有可被识别的唯一编号。

物联网是新一代信息技术的重要组成部分。其英文名称是“The Internet of things”。由此，顾名思义，“物联网就是物物相连的互联网”。这有两层意思：第一，物联网的核心和基础仍然是互联网，是在互联网基础上的延伸和扩展的网络；第二，其用户端延伸和扩展到了任何物品与物品之间，进行信息交换和通信。因此，物联网的定义是通过射频识别（RFID）、红外感应器、全球定位系统、激光扫描器等信息传感设备，按约定的协议，把任何物品与互联网相连接，进行信息交换和通信，以实现对物品的智能化识别、定位、跟踪、监控和管理的一种网络。

物联网是一个基于互联网、传统电信网等信息承载体，让所有能够被独立寻址的普通物理对象实现互联互通的网络。它具有普通对象设备化、自治终端互联化和普适服务智能化 3 个重要特征。

物联网（Internet of Things）指的是将无处不在（Ubiquitous）的末端设备（Devices）和设施（Facilities），包括具备“内在智能”的传感器、移动终端、工业系统、楼控系统、家庭智能设施、视频监控系统等和“外在使能”（Enabled）的，如贴上 RFID 的各种资产（Assets）、携带无线终端的个人与车辆等“智能化物件或动物”或“智能尘埃”（Mote），通过各种无线/有线的长距离/短距离通信网络实现互联互通（M2M）、应用大集成（Grand Integration）以及基于云计算的 SaaS 营运等模式，提供安全可控乃至个性化的实时在线监测、定位追溯、报警联动、调度指挥、预案管理、远程控制、安全防范、远程维保、在线升级、统计报表、决策支持、领导桌面（集中展示的 Cockpit Dashboard）等管理和服务功能，实现对“万物”的“高效、节能、安全、环保”的“管、控、营”一体化。

2009 年 9 月，在北京举办的“物联网与企业环境中欧研讨会”上，欧盟委员会信息和社会媒体司 RFID 部门负责人 Lorent Ferderix 博士给出了欧盟对物联网的定义:物联网是一个动态的全球网络基础设施,它具有基于标准和互操作通信协议的自组织能力,其中物理的和虚拟的“物”具有身份标志、物理属性、虚拟的特性和智能的接口,并与信息网络无缝整合。物联网将与媒体互联网、服务互联网和企业互联网一道,构成未来互联网,如图 12-1 所示。

2. 产生背景

图 12-1 物联网示意图

1999 年物联网的实践最早可以追溯到 1990 年施乐公司的网络可乐贩售机——Networked Coke Machine。

1999 年在美国召开的移动计算和网络国际会议首先提出物联网(Internet of Things)这个概念;是 1999 年 MIT Auto-ID 中心的 Ashton 教授在研究 RFID 时最早提出来的。提出了结合物品编码、RFID 和互联网技术的解决方案。当时基于互联网、RFID 技术、EPC 标准,在计算机互联网的基础上,利用射频识别技术、无线数据通信技术等,构造了一个实现全球物品信息实时共享的实物互联网“Internet of things”(简称物联网),这也是在 2003 年掀起第一轮华夏物联网热潮的基础。1999 年,在美国召开的移动计算和网络国际会议提出了“传感网是下一个世纪人类面临的又一个发展机遇”。2003 年,美国《技术评论》提出传感网络技术将是未来改变人们生活的十大技术之首。

2005 年 11 月 17 日,在突尼斯举行的信息社会世界峰会(WSIS)上,国际电信联盟(ITU)发布《ITU 互联网报告 2005:物联网》,引用了“物联网”的概念。物联网的定义和范围已经发生了变化,覆盖范围有了较大的拓展,不再只是指基于 RFID 技术的物联网。

报告指出,无所不在的“物联网”通信时代即将来临,世界上所有的物体从轮胎到牙刷、从房屋到纸巾都可以通过因特网主动进行交换。射频识别技术(RFID)、传感器技术、纳米技术、智能嵌入技术将得到更加广泛的应用。根据 ITU 的描述,在物联网时代,通过在各种各样的日常用品上嵌入一种短距离的移动收发器,人类在信息与通信世界里将获得一个新的沟通维度,从任何时间、任何地点的人与人之间的沟通连接扩展到人与物和物与物之间的沟通连接。物联网概念的兴起,很大程度上得益于国际电信联盟 2005 年以物联网为标题的年度互联网报告。然而,ITU 的报告对物联网缺乏一个清晰的定义。

虽然目前国内对物联网也还没有一个统一的标准定义,但从物联网本质上看,物联网是现代信息技术发展到一定阶段后出现的一种聚合性应用与技术提升,将各种感知技术、现代网络技术和人工智能与自动化技术聚合与集成应用,使人与物智慧对话,创造一个智慧的世界。物联网技术被称为是信息产业的第三次革命性创新。物联网的本质概括起来主要体现在三个方面:一是互联网特征,即对需要联网的物一定要能够实现互联互通的互联网络;二是识别与通信特征,即纳入物联网的“物”一定要具备自动识别与物物通信(M2M)的功能;三是智能化特征,即网络系统应具有自动化、自我反馈与智能控制的特点。

2008 年后,为了促进科技发展,寻找经济新的增长点,各国政府开始重视下一代的技术规划,将目光放在了物联网上。在中国,同年 11 月在北京大学举行的第二届中国移动政务研讨会“知识社会与创新 2.0”提出移动技术、物联网技术的发展代表着新一代信息技术的形成,并带动了经济社会形态、创新形态的变革,推动了面向知识社会的以用户体验为核心的下一代创新(创新 2.0)形态的形成,创新与发展更加关注用户、注重以人为本。而创新

2.0形态的形成又进一步推动新一代信息技术的健康发展。

2009年1月28日，奥巴马就任美国总统后，与美国工商业领袖举行了一次“圆桌会议”，作为仅有的两名代表之一，IBM首席执行官彭明盛首次提出“智慧地球”这一概念，建议新政府投资新一代的智慧型基础设施。当年，美国将新能源和物联网列为振兴经济的两大重点。2009年2月24日2009IBM论坛上，IBM大中华区首席执行官钱大群，公布了名为“智慧的地球”的最新策略。此概念一经提出，即得到美国各界的高度关注，甚至有分析认为IBM公司的这一构想极有可能上升至美国的国家战略，并在世界范围内引起轰动。IBM认为，IT产业下一阶段的任务是把新一代IT技术充分运用在各行各业之中，具体地说，就是把感应器嵌入和装备到电网、铁路、桥梁、隧道、公路、建筑、供水系统、大坝、油气管道等各种物体中，并且被普遍连接，形成物联网。在策略发布会上，IBM还提出，如果在基础建设的执行中，植入“智慧”的理念，不仅仅能够在短期内有力地刺激经济、促进就业，而且能够在短时间内为中国打造一个成熟的智慧基础设施平台。IBM希望“智慧的地球”策略能掀起“互联网”浪潮之后的又一次科技产业革命。而今天，“智慧地球”战略被不少美国人认为与当年的“信息高速公路”有许多相似之处，同样被他们认为是振兴经济、确立竞争优势的关键战略。该战略能否掀起如当年互联网革命一样的科技和经济浪潮，不仅为美国关注，更为世界所关注。2009年8月温家宝总理在视察中科院无锡物联网产业研究所时，对于物联网应用也提出了一些看法和要求。自温总理提出“感知中国”以来，物联网被正式列为国家五大新兴战略性产业之一，写入“政府工作报告”，物联网在中国受到了全社会极大的关注，其受关注程度是美国、欧盟以及其他各国不可比拟的。

物联网的概念与其说是一个外来概念，不如说它已经是一个“中国制造”的概念，它的覆盖范围与时俱进，已经超越了1999年Ashton教授和2005年ITU报告所指的范围，物联网已被贴上“中国式”标签。截至2010年，发改委、工信部等部委正在会同有关部门，在新一代信息技术方面开展研究，以形成支持新一代信息技术的一些新政策措施，从而推动我国经济的发展。

3.基本内涵

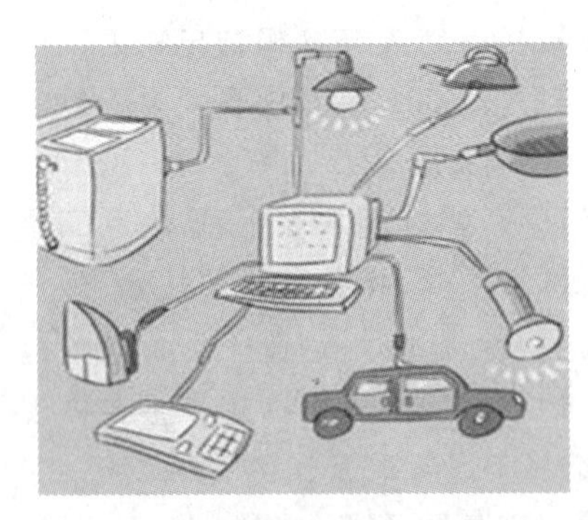

图12-2　物联内涵

物联网被视为互联网的应用扩展，应用创新是物联网发展的核心，以用户体验为核心的创新是物联网发展的灵魂。英文名：Internet of Things(IOT)，也称为Web of Things，如图12-2所示。

物联网是指通过各种信息传感设备，如传感器、射频识别(RFID)技术、全球定位系统、红外感应器、激光扫描器、气体感应器等各种装置与技术，实时采集任何需要监控、连接、互动的物体或过程，采集其声、光、热、电、力学、化学、生物、位置等各种需要的信息，与互联网结合形成的一个巨大网络。其目的是实现物与物、物与人，所有的物品与网络的连接，方便识别、管理和控制。

4.物联网的鲜明特征

和传统的互联网相比，物联网有其鲜明的特征。

首先，它是各种感知技术的广泛应用。物联网上部署了海量的多种类型传感器，每个传感器都是一个信息源，不同类别的传感器所捕获的信息内容和信息格式不同。传感器获得的数据具有实时性，按一定的频率周期性地采集环境信息，不断更新数据。

其次，它是一种建立在互联网上的泛在网络。物联网技术的重要基础和核心仍旧是互联网，通过各种有线和无线网络与互联网融合，将物体的信息实时准确地传递出去。在物联网上的传感器定时采集的信息需要通过网络传输，由于其数量极其庞大，形成了海量信息，在传输过程中，为了保障数据的正确性和及时性，必须适应各种异构网络和协议。

还有，物联网不仅仅提供了传感器的连接，其本身也具有智能处理的能力，能够对物体实施智能控制。物联网将传感器和智能处理相结合，利用云计算、模式识别等各种智能技术，扩充其应用领域。从传感器获得的海量信息中分析、加工和处理出有意义的数据，以适应不同用户的不同需求，发现新的应用领域和应用模式。

从技术架构上来看，物联网可分为三层：感知层、网络层和应用层。感知层由各种传感器以及传感器网关构成，包括二氧化碳浓度传感器、温度传感器、湿度传感器、二维码标签、RFID 标签和读写器、摄像头、GPS 等感知终端。感知层的作用相当于人的眼耳鼻喉和皮肤等神经末梢，它是物联网获识别物体，采集信息的来源，其主要功能是识别物体，采集信息。网络层由各种私有网络、互联网、有线和无线通信网、网络管理系统和云计算平台等组成，相当于人的神经中枢和大脑，负责传递和处理感知层获取的信息。应用层是物联网和用户（包括人、组织和其他系统）的接口，它与行业需求结合，实现物联网的智能应用，如图 12-3 所示。

物联网的行业特性主要体现在其应用领域内，目前绿色农业、工业监控、公共安全、城市管理、远程医疗、智能家居、智能交通和环境监测等各个行业均有物联网应用的尝试，某些行业已经积累一些成功的案例。

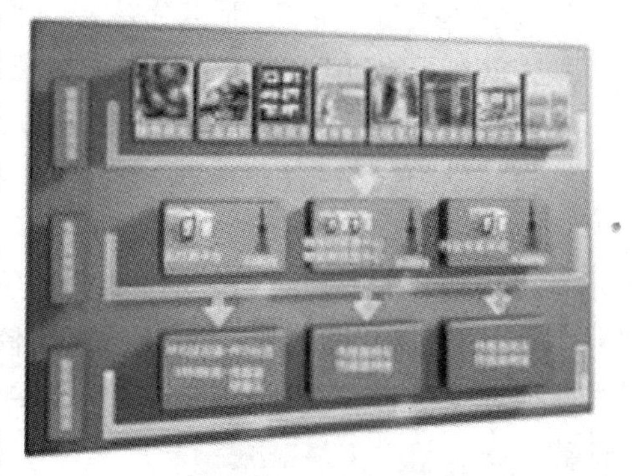
图 12-3　技术架构图示

作为物联网发展的排头兵，射频识别技术（Radio Frequency Identification，RFID）成为市场最为关注的技术。RFID 是 20 世纪 90 年代开始兴起的一种自动识别技术，是目前比较先进的一种非接触识别技术。以简单 RFID 系统为基础，结合已有的网络技术、数据库技术、中间件技术等，构筑一个由大量联网的阅读器和无数移动的标签组成的，比 Internet 更为庞大的物联网成为 RFID 技术发展的趋势。

RFID 是能够让物品“开口说话”的一种技术。在“物联网”的构想中，RFID 标签中存储着规范而具有互用性的信息，通过无线数据通信网络把它们自动采集到中央信息系统，实现物品（商品）的识别，进而通过开放性的计算机网络实现信息交换和共享，实现对物品的“透明”管理。数据显示，2008 年全球 RFID 市场规模已从 2007 年的 49.3 亿美元上升到 52.9 亿美元，这个数字覆盖了 RFID 市场包括标签、阅读器、其他基础设施、软件和服务等的方方面面。RFID 卡和卡相关基础设施将占市场的 57.3%，达 30.3 亿美元。来自金融、安防行业的应用将推动 RFID 卡类市场的增长。

根据其实质用途可以归结为三种基本应用模式：对象的智能标签。通过二维码，RFID 等技术标志特定的对象，用于区分对象个体，例如在生活中我们使用的各种智能卡，条码标签的基本用途就是用来获得对象的识别信息；此外通过智能标签还可以用于获得对象物品所包含的扩展信息，例如智能卡上的金额余额，二维码中所包含的网址和名称等，如图 12-4 所示。

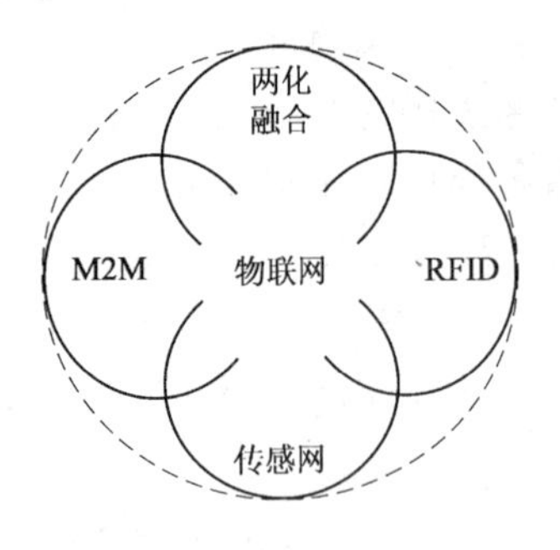

图 12-4　物联网四大关键领域

环境监控和对象跟踪。利用多种类型的传感器和分布广泛的传感器网络，可以实现对某个对象的实时状态的获取和特定对象行为的监控，如使用分布在市区的各个噪声探头监测噪声污染，通过二氧化碳传感器监控大气中二氧化碳的浓度，通过 GPS 标签跟踪车辆位置，通过交通路口的摄像头捕捉实时交通流程等。

对象的智能控制。物联网基于云计算平台和智能网络，可以依据传感器网络用获取的数据进行决策，改变对象的行为进行控制和反馈。例如根据光线的强弱调整路灯的亮度，根据车辆的流量自动调整红绿灯间隔等。

5. 物联网的发展趋势

物联网在实际应用上的开展需要各行各业的参与，并且需要国家政府的主导以及相关法规政策上的扶助，物联网的开展具有规模性、广泛参与性、管理性、技术性、物的属性等特征，其中，技术上的问题是物联网最为关键的问题。物联网技术是一项综合性的技术，是一项系统，目前国内还没有哪家公司可以全面负责物联网的整个系统规划和建设，理论上的研究已经在各行各业展开，而实际应用还仅局限于行业内部。关于物联网的规划和设计以及研发关键在于 RFID、传感器、嵌入式软件以及传输数据计算等领域的研究。

一般来讲，物联网的开展步骤主要如下：

(1) 对物体属性进行标志，属性包括静态和动态的属性，静态属性可以直接存储在标签中，动态属性需要先由传感器实时探测；

(2) 需要识别设备完成对物体属性的读取，并将信息转换为适合网络传输的数据格式；

(3) 将物体的信息通过网络传输到信息处理中心(处理中心可能是分布式的，如家里的电脑或者手机，也可能是集中式的，如中国移动的 IDC)，由处理中心完成物体通信的相关计算。

物联网一方面可以提高经济效益，大大节约成本；另一方面可以为全球经济的复苏提供技术动力。目前，美国、欧盟等都在投入巨资深入研究探索物联网。我国也正在高度关注、重视物联网的研究，工业和信息化部会同有关部门，在新一代信息技术方面正在开展研究，以形成支持新一代信息技术发展的政策措施。

物联网将会成为中国移动未来的发展重点，生产 RFID、传感器和条形码的厂商和中国移动合作。运用物联网技术，为多个行业客户度身打造了集数据采集、传输、处理和业务管理于一体的整套无线综合应用解决方案。最新数据显示，目前已将超过 10 万个芯片装载在出租车、公交车上，形式多样的物联网应用在各行各业大显神通，确保城市的有序运作。在世博会期间，“车务通”全面运用于上海公共交通系统，以最先进的技术保障世博园区周边大流量交通的顺畅；面向物流企业运输管理的“e 物流”，将为用户提供实时准确的货况信息、车辆跟踪定位、运输路径选择、物流网络设计与优化等服务，大大提升物流企业综合竞争能力。

此外，普及以后，用于动物、植物和机器、物品的传感器与电子标签及配套的接口装置的数量将大大超过手机的数量。物联网的推广将会成为推进经济发展的又一个驱动器，为产业开拓了又一个潜力无穷的发展机会。按照目前对物联网的需求，在近年内就需要按亿计的传感器和电子标签，这将大大推进信息技术元件的生产，同时增加大量的就业机会。

要真正建立一个有效的物联网，有两个重要因素。一是规模性，只有具备了规模，才能使物品的智能发挥作用。二是流动性，物品通常都不是静止的，而是处于运动的状态，必须保持物品在运动状态，甚至高速运动状态下都能随时实现对话。美国权威咨询机构 FORRESTER 预测，到 2020 年，世界上物物互联的业务，跟人与人通信的业务相比，将达到 30:1，因此，"物联网"被称为是下一个万亿级的通信业务。

二、物联网在物流产业领域的应用

1. 物流网与物流信息化的关系

物流行业不仅是国家十大产业振兴规划的其中一个，也是信息化及物联网应用的重要领域。它的信息化和综合化的物流管理、流程监控不仅能为企业带来物流效率提升、物流成本控制等效益，也从整体上提高了企业以及相关领域的信息化水平，从而达到带动整个产业发展的目的。

2. 物联网在物流产业领域的应用

物联网在物流业的应用落地，这对亟待振兴的物流业来说，是一次绝好的机会，物联网使信息网络产业成为推动物流产业升级、迈向信息社会的"发动机"。在物流业中物联网主要应用于如下五大领域：

(1) 基于 RFID 等技术建立的产品的智能可追溯网络系统，如食品的可追溯系统、药品的可追溯系统等；

(2) 智能配送的可视化管理网络，这是基于 GPS 卫星导航定位，对物流车辆配送进行实时的、可视化的在线调度与管理的系统；

(3) 基于声、光、机、电、移动计算等各项先进技术，建立全自动化的物流配送中心，实现局域内的物流作业的智能控制、自动化操作的网络；

(4) 基于智能配货的物流网络化公共信息平台；

(5) 物流物联网手机，物联网手机不失为物联网应用的最佳尝试，也是未来的新兴市场。

3. 物流物联网发展现状

在物流管理方面，物联网将带来物流配送网络的智能化，带来敏捷智能的供应链变革，带来物流系统中物品的透明化与实时化管理，实现重要物品的物流可追踪管理。物联网概念虽好，但是有效实施却存在不小困难。

(1) 无典型成熟企业经验作借鉴。

一些专家预测，10 年内物联网就可能大规模普及，2020 年之前全球接入物联网的终端将达到 500 亿，发展成为一个上万亿元规模的新兴产业，是继计算机、互联网与移动通信网之后的又一次信息产业浪潮。物联网的概念提出之后，立即引起了政府、经济界和电子信息业界的广泛关注。但是，物联网实际应用的推进却比较缓慢。目前，在中国大中型企业中物联网尚未与实物产品的有序高效流动连在一起。物流是指原材料、产成品及相关信息从起点至终点有效流动的过程，它将运输、仓储、装卸、加工、整理、配送等环节有机结合起来，形成一个完整的供应链，为用户提供多功能、一体化的综合性服务。而我国大多数企业只应用到了物联网中的运输、仓储环节。

(2)中小企业推广力度不够。

物联网的发展,主要还是看物流管理所和零售商这些真正运用物联网技术的企业,看他们是否有意引进物联网技术进行发展,物联网潜力很大,但近期来看,很难有大的发展。因为物联网在中小企业推广困难,目前在积极引入物联网技术的企业很少,物联网产业里也很难有能打通整个产业链的企业出现。物联网研发需要巨额的资金,科研方面的研发资金,动辄上百万亿,不是一个企业能承受得了的,必须依靠国家支持。

(3)国内物联网研究投入少。

物联网概念1999年提出之后,我国就已经建立研究项目,但是那时的科研经费往往只有几十万元。而在美国国防部在2000年的时候就把传感网定为五大国防建设领域之一,仅在美墨边境防入侵传感网就计划投入470亿美元。同时物联网的概念涉及产业大而全,而在我国专项研究机构却寥寥无几,长期以来国内在研发能力方面完全不占优势,远远落后于国际先进水平。随着物联网理念的引入、技术的提升、政策的支持,相信未来物联网将给中国物流业带来革命性的变化,中国智慧物流将迎来大发展的时代。

(4)统一标准,共享物流的物联信息。

目前,尽管物联网在物流业具有很多应用,但是大部分的应用还是局部的、局域网络的应用,不同的系统难以融合,各自的网络有各自的标准体系,形成的是一个个物联网信息孤岛。

(5)利好政策促经济增长主式转变,物联网机遇突显。

目前我国物流业逐步向市场化、专业化、多元化发展,利好规划不仅为物流业注入新的动力,物联网也将因此受益。首先,在物流业相关环节逐步完善的过程中,交通、通信等基础设施建设将因此大力推进。近几年我国水路、公路、铁路、航空运输都稳步增长,这些基础设施的建设不仅利好物流业,更为经济社会发展和人民生活的改善提供了坚实的支撑。

三、物联网在物流行业应用中存在的主要问题

目前,我国物流行业的信息化水平仍不高,对内而言,企业缺乏系统的IT信息解决方案,不能借助功能丰富的平台,快速定制解决方案,保证订单履约的准确性,满足客户的具体需求。对外,各个地区的物流企业分别拥有各自的平台及管理系统,信息共享水平低,地方壁垒较高。物联网产业链涵盖了当代信息技术的所有方面,并随着物流行业应用的发展还会创造出更多的技术和产品,但是,我国物联网发展正处于初级阶段,主要存在以下几个问题:

1. 物联网的应用处于较低层次

目前国内以物为互联的应用需求还是低层次的,难以激发物流产业链各环节参与和投入热情。物联网发展需要社会及行业具备良好的信息化基础,而我国社会整体信息化水平还较低,以物联网最相关的物流行业应用为例,近年来的RFID始终没有预期的那样得到快速发展。因此,要想推进物联网的发展还需较长一段时期。

2. 物联网核心技术研发能力不高

我国物联网核心技术研发能力不高,不能够完全满足企业应用需求。相对于互联网,物

联网的应用要复杂很多，千变万化。例如，作为物联网的传感器，组成的系统千变万化，要适应各种环境应用的特点，就要针对多种个性化的需求生产器件和产品。在面对复杂的需求环境时，我们在芯片技术、敏感器件等基础技术、高精度技术方面与国际先进水平还存在着一定的差距。

3. 物联网物流发展缺乏标准

物联网的发展与应用，向上关系到众多物联网技术装备企业，中间关系着电信等网络层的基础通信运营商，向下关联着众多应用企业与行业。物流行业仅仅是应用行业之一，物联网将是一个多设备、多网络、多应用、互联互通、互相融合的一个大网。在这种情况下，物联网发展迫切需要统一标准、统一规划，切忌各自为战。

4. 物联网物流发展需要切实落地

物联网绝不是互联网的简单延伸，更不可能成为一个物物相联的大网络。物联网在未来世界更多地将以专业网络、局域网络存在，物联网在物流行业应用应该实实在在，既不要把物联网神秘化，更不能把物联网网络虚拟化，物流企业要认识物联网的真实属性和本质，在此基础上大力推进智慧物流的发展。

物流业对工业生产、固定资产投资、进出口贸易的支撑作用亦十分明显。随着物流业与制造业、商贸流通业实现无缝对接和一体化服务，物流作为服务业，还可以扩大就业，推动第二、三产业升级。如今，物流产业的发展程度已成为衡量一国综合国力和现代化水平的重要指标之一。从产业本身来说，信息化是物流现代化的重要标志和主流，利用现代信息技术，可以对物流的各个环节进行整合。

为了更好地追踪物品，现代物流也为物联网落地发展提供了空间。在物流管理方面，物联网将带来物流配送网络的智能化，运用云计算模式构建的公共物流信息平台将为中小企业提供从制造、运输、装卸、包装、仓储、拆并、配送等各个环节中产生的各种信息。随着物流企业日益重视信息化和供应链的核心技术，将带动物流物联网产业的快速发展。

四、交通运输行业物联网应用

2008年的金融危机对实体经济造成了比较大的影响，各国都在讨论用技术来改变现在的情况，其中专门提到了物联网。把物联网和绿色能源并列作为未来的发展战略，把物联网作为未来发展的五大新兴战略产业把物联网提的位置非常高。

每个人对物联网看到的情况都不同，就跟盲人摸象一样，每个人只是摸到它的一部分，对于它的整体到底是怎样的我们也不知道，我们站在自己的角度，做了很长时间的跟踪研究，给出来的定义还是以物为中心的遍布全球的神经系统，建立起了依托物的信息生命形态的动态虚拟世界，把虚拟世界和现实世界结合起来，我们通过对虚拟世界的管理来实现对现实世界的管理以及协调。首先要做的是要为被感知的物体建立起电子景象，形成动态的虚拟世界，其中最核心的技术就是RFID技术，现实和虚拟世界要结合起来身份就显得非常关键，RFID技术解决了这样的问题。

物联网包括很多网络的融合，它是在互联网基础上的延伸和拓展，互联网连接的是计算机、人，物联网是把其他的智能的物品连接起来。我们要采用智能计算的技术对信息进行分析和处理，提升对物质世界的感知能力，实现决策和控制。对物理世界和虚拟世界进行建立，通过以RFID为主的最关键的技术，传感器在里面也扮演一定的角色，传感器主要是获取物体接入的智能的状态信息。有了虚拟世界以后可以通过实时数据的采集，可以经过大量的网络智能化的计算形成物和物相连，最后形成整个协同的运作，这是我们对立面物联网的理解。

物联网是西方发达国家在工业化和信息化高速发展的前提下提出来的，不是简单的信息化的延伸，我们一直将它定义成工业化和信息化量变发展到一定阶段的质变。物联网的核心是实现人类社会可持续发展，人与自然的和谐，也是我们国家产业升级、转型的一次机会。它是一个概念，一种理念，更是一种应用。物联网的出现使得政府对社会的掌控能力得到极大的强化。

在物联网方面我们注重基础设施建设以及运输的管理和服务，这就非常的关键，要为社会提供基础设施的网络，而是要为社会提供舒适、高效、便捷的安全运输服务，这是长远的话题。在运输服务里面非常重要的方面是信息化。我们面临的形势和任务：国民经济快速增长以及城市化进程加快带来的道路运输的压力；大部制改革强化道路运输管理职能并增加指导城市客运职责参与制定物流业发展战略和规划、资源节约，建立低碳型社会；提高运输效率的压力，运输安全监管面临挑战；我们在交通运输的效率上提高降低成本，我们的物流成本就可以得到有效的下降，交通运输包括铁路、航空、水上运输，我们消耗了整个石油的40%，排放出来的污染物占到了10%；我们国家的单车周转量是非常小的，将近别的国家十分之一；我们的汽车保有量已经到了七千多万，城市的交通压力变得越来越强。这些都是行业面临的问题。

1. 物联网的出现为我们带来了很好的机遇，也是一个挑战

它首先是中国交通运输领域领先世界的创新机遇，因为物联网是一个概念是设计阶段，都是白纸的情况下我们如何从我们的角度去进行设计，我们如何来发展交通行业很重要。

(1) 机遇。

一次中国交通运输领域领先世界的创新机遇，一个新兴产业的诞生，全面、精准、详细的信息采集，社会管理与服务的全面提升，精准物流的全面实现，运输效率的大规模提升。

(2) 挑战。

物联网是概念设计的深化阶段、物联网关键基础技术及应用技术的研究、如何应用物联网技术来提高社会管理与服务水平、现代物流如何利用物联网技术提升服务和美国意图通过物联网继续取得未来网络的控制权。

2. 问题和建议

物联网处于概念设计阶段希望政府研究机构高校和企业重视对这项技术的研究，RFID技术是物联网得以实现最为重要的基础技术之一，物流行业应用潜力非常巨大。

交通应用要变成引领技术创新，改变被动应用成熟的局面；车联网将率先建成并发挥社会经济效益；在涉车应用逐步成熟的基础上，逐步扩张到一些重要的物品的互联互通上，如集装箱、无限物品等。国家重大工程应用应选用具有自主知识产权的技术和产品，以带动我国相关产业的发展。

物联网的技术特征发展理念以及国家推动物联网发展的一系列重大战略部署，为交通运输行业推动感知，智能交通发展，交通运输行业是流动性强的行业，面对的不仅仅是巨大规模的公路、桥梁、港口、航道、场站等基础设施，以及庞大的运营车辆、船舶、运输企业和从业人员的管理，更需要保障好13亿百姓的安全出行和数百亿吨的货物的高效流转。

交通运输行业管理难度逐渐增强，运输服务的需求层次和能力要求不断提高，这就要求

掌握准确实时的信息，把握住行业的脉络，聆听到社会的呼声，从而保障行业决策、监管、运营、服务更加有的放矢行之有效。

交通对信息的日渐依赖，信息感知技术的多元化和高端化、个性化，网络覆盖范围和传输能力的提升，以及信息系统处理和计算能力的提升，可以说物联网在智能交通中融合的基础条件和实际已经成熟，物联网的引入能够更为直接快速地从海量数据中感知和可读精准信息，使决策更加及时、科学不再单纯依赖统计信息，运输服务更加丰富有效，服务更加人性化、多样化，从而实现交通运输行业的革新性发展。其次从智能交通发展的理念看，通过技术手段促进交通自动控制和协调就成为交通管理领域的追求，可以说每一次人类科学技术的进步都会及时地反映到交通系统的建设中来，智能交通已不仅仅是解决交通自身的问题，更重要的是与人类经济社会发展紧密联系。

可以看到智能交通的目标已经不仅仅是关注交通自身的问题，更多地与安全、舒适、可选择以及节能环保等目标联系在一起。物联网将交通运输与经济社会环境紧密联系在一起，通过一个泛在可信的智能交通体系的创建，可以预见的是在物联网的背景下，交通运输系统的整个组织管理形态将发生质的变化，各个交通参与方都将能够通过物联网对等地连接为一体，各个参与方都将成为庞大的交通物联网络的智能节点。

努力提高交通运输设施、设备的技术水平和信息化水平。“十二五”期间智能交通发展的现代交通运输行业的目标导向主要三个领域七个方面：

第一是基础设施建设和管理服务领域要实现对国家高速公路国省大型桥梁、长大隧道等的感知和监控。逐步实现全国90%以上的路网中心的接入，省级的路网中心的接入，能够提供出行者满意的国家高速公路网出行信息服务，50%的省市能够提供比较全面的国省干道出行服务信息。

第二是实现内河水域国家高等级航道全天候安全畅通航行。综合运输体系实现对集装箱运输体系智能化、可视化监管，大力推进甩挂运输，要推进这项工程。到2015年甩挂运输周转量占道路运输周转量的70%。实现全国大中城市市民获取可需的出行计划提高公交的吸引力和分担力，方便人民出行。

第三是交通安全监管和应急领域实现“十二五”国家重点公路水运基础设施建设项目的质量安全过程全方位的安全管理，我们也在做研究的项目的推进。实现对危险品运输车辆、船舶、长途客运、出租车和轨道交通的全过程监控；实现智能海事。

在我们推进工作的方面也形成了基本的思路，特别是对物联网现在大家非常关注，交通行业如何推进，我们也有这么几方面的基本思路，即：进一步强化抓住机遇的意识；发挥好部统筹协调方面的职能，咨询试点引入，谨慎前行，统一标准，有序推进的方针；加快建立健全基础支撑保障环境；完善相关规划，强化基础研究；选准应用研究和示范工程的切入点；加强组织领导和资源整合。

交通行业智能交通的发展，物联网方面智能交通是非常重要的应用领域，让我们共同携手开创智能交通发展的新局面，推动畅通、安全、高效、绿色的交通运输业的发展。

五、物联网在集装箱运输中的应用

在集装箱运输中，作为物联网初级阶段的RFID技术显著提高了运输过程中的透明度和安全性，进而实现整个供应链的透明化、流程简约化和运输高效化。集装箱运输作为现代主流运输方式，占据着国际货运90%的份额。整个过程以集装箱为载体，将货物集合组装成单元，以便在现代流通领域内运用大型装卸机械和大型载运车辆进行装卸、搬运作业和完成运输任务。

在集装箱运输中，作为物联网初级阶段的RFID技术显著提高了运输过程中的透明度和安全性，进而实现整个供应链的透明化、流程简约化和运输高效化。物联网的逐步完善对集装箱运输效率的提高将具有极其重要的意义。

1. 分析与方案

(1)需求分析。

据中国物流与采购联合会研究，现代物流信息化存在的瓶颈，一个是基础信息的采集，大量的信息还是要手工录入，效率低、差错率高、不及时，影响了后期的传输和应用；再一个是信息的共享和交换，越来越多的应用主体已经提出要加强信息数据共享，建立信息平台。集装箱运输信息化除存在以上问题外，还存在一些特殊问题：

货物失窃严重。随着集装箱运输快速发展，集装箱货物被盗问题越来越严重。据统计，全球因集装箱失窃造成的损失达300亿～500亿美元，算上因此导致的间接损失，全球每年损失2000亿美元。为解决这个问题，可提高港口的抽检率。港口运输模拟实验表明，当对集装箱的随机抽检率达到5%时，港口就会陷入瘫痪；如果降低抽查率，又无法有效防止犯罪分子用集装箱走私或者运输违禁物品。大型的集装箱X光机虽能透视箱内货物，但透检一只集装箱就需要5min，每天满负荷也只能透检240只，而且X光机辨别违禁品仍要靠人的肉眼，同样降低了可靠性。

集装箱识别精度低。在运输过程中，集装箱是通过它的唯一标志——箱号来识别的；集装箱交接同样也是以箱号为准。但人工采集数据有35%是不准确或不实时的，而采用图像识别方式进行监管，则需要用4～5台摄像头同时拍摄，成本较高，识别率仅达80%～90%，雨雾中识别率还要低，影响到整个供应链的效率。

而物联网中的RFID等技术作为前端的自动识别与数据采集技术在物流的各主要作业环节中应用，可以实现物品跟踪与信息共享，极大地提高物流企业的运行效率，实现可视化供应链管理，在物流行业有着巨大的应用空间和发展潜力，在物流信息化中占有举足轻重的地位。

通过以上分析，应用物联网中的RFID等技术来构建一个集装箱管理系统，能够对集装箱运输的物流和信息流进行实时跟踪，从而消除集装箱在运输过程中可能产生的错箱、漏箱事故，加快通关速度，提高运输安全性和可靠性，从而全面提升集装箱运输的服务水平。

(2)系统设计。

典型的基于RFID技术的物联网应用方案应该包括硬件系统和软件系统两个方面，硬件系统由RFID自动识别系统、全球定位系统、激光扫描系统和通信系统等组成，软件系统包括RFID信息管理系统和与之整合的港口集装箱管理系统。集装箱上的电子标签可以记录固定信息，包括序列号、箱号、持箱人、箱型、尺寸等；还可以记录可改写信息，如货品信息、运单号、起运港、目的港、船名航次等。

整个物联网应用可以分为三层：第一层是传感网络，即以二维码、RFID、传感器为主，实现对集装箱等物品的识别；第二层是传输网络，即使通过现有的互联网、广电网络、通信网络等实现数据的传输与计算；第三层是应用网络，即输入输出控制终端，可基于现有的手机、个人电脑等终端进行。

①EPC 系统的构成。

EPC 系统是一个非常先进的、综合性的和复杂的系统。其最终目标是为每一集装箱等物品建立全球的、开放的标志标准。它由 EPC 编码体系、射频识别系统及信息网络系统三部分组成,主要包括如下几个方面:

EPC 编码标准。EPC 编码是 EPC 系统的重要组成部分,它是对实体及实体的相关信息进行代码化,通过统一规范化的编码建立全球通用的信息交换语言。EPC 编码是 EAN. UCC 在原有全球统一编码体系基础上提出的新一代的全球统一标志的编码体系,是对现行编码体系的一个补充。

EPC 标签:EPC 标签由天线、集成电路、连接集成电路与天线的部分、天线所在的底层四部分构成。EPC 码是存储在 RFID 标签中的唯一信息。

射频读写器。在射频识别系统中,射频读写器是将标签中的信息读出,或将标签所需要存储的信息写入标签的装置。射频读写器是利用射频技术读取标签信息,或将信息写入标签的设备。读写器读出的标签的信息通过计算机及网络系统进行管理和信息传输。

EPC 中间件(Savant):每件产品都加上 RFID 标签之后,在产品的生产、运输和销售过程中,读写器将不断收到一连串的产品电子编码。整个过程中最为重要,同时也是最困难的环节就是传送和管理这些数据。Auto-ID 中心提出一种名叫 Savant 的软件中间件技术,相当于该新式网络的神经系统,负责处理各种不同应用的数据读取和传输。

对象名解析服务(Object Name Service,ONS),类似于互联网中的 DNS。EPC 标签对于一个开放式的、全球性的追踪物品的网络需要一些特殊的网络结构。因为标签中只存储了产品电子代码,计算机还需要一些将产品电子代码匹配到相应商品信息的方法。这个角色就由对象名称解析服务担当,它是一个自动的网络服务系统。

实体标记语言(Physical Markup Language,PML),类似于互联网中的标记语言。EPC 识别单品,但是所有关于产品有用的信息都用 PML 所书写,PML 是基于为人们广为接受的可扩展标识语言(XML)发展而来。PML 提供了一个描述自然物体,过程和环境的标准,并可供工业和商业中的软件开发、数据存储和分析工具之用。它将提供一种动态的环境,使与物体相关的静态的、暂时的、动态的和统计加工过的数据可以互相交换。因为它将会成为描述所有自然物体、过程和环境的统一标准,PML 的应用将会非常广泛,并且进入到所有行业。

②物联网的信息流程。

EPC 系统在工作时,先由读写器通过天线发送一定频率的射频信号,当 EPC 标签进入读写器的工作范围时,其天线产生无线电波,从而使 EPC 标签获得能量被激活并向读写器发送自身的编码等 EPC 信息;读写器在接收到来自 EPC 标签的载波信息,并对接收信号进行解调和解码后,会将其信息送至中间件 Savant 系统进行处理;通过互联网,处理后的信息被传送到 ONS 服务器,找到数据库中信息所对应的 IP 地址;EPC 中间件按着所对应的 IP 地址,到保存着产品信息的 EPC IS 查找,得到的产品信息再通过互联网传送到用户手中。

③物联网总体体系结构。

整个物联网流程集前端数据采集,中间层数据处理、物理设备管理监控,后端安全认证、通关业务应用于一体。涉及 RFID 软硬件集成中间件,物流通关信息服务基础平台,物流通关应用系统等关键技术。可以让现代物流通过挖掘、分析采集业务信息,提供多样化的报表展现,譬如在物流过程中的物品停留时间统计,物品运输异常统计,当前库存状况统计等。通过数据库与 RFID 技术的结合,实现各种应用设备集成业务系统融合,解决物流通关系统

RFID 软硬件集成、各物流和通关业务系统的互连、互通等迫切问题。

2. 应用案例

(1) 案例背景。

台湾经济以贸易为主轴，进出口货物 99% 依靠货柜运送，部分货柜在转口程序中，须经市区道路运送，或暂存于内陆货柜场，易产生控管风险，海关为防止转口柜在运送途中遭调包走私，多年来均采用人工方式押运，不仅增加人力及航商成本，也造成相关业者诸多不便。

其中，高雄港作为台湾最大港口，颇具代表性。整个港区有五个货柜中心，转口柜卸船进口或装船出口须运出港警查验登记站时，然后从课税区分别运往这五个货柜中心。在导入 EPC/RFID 应用前，是由其货柜动态查核系统自动执行抽押。每年在高雄港停留的转口柜达 120 万只以上，其中必须抽 4 万 ~5 万只货柜进行检查，由运输企业向海关申请派员押运，押运费用由航商自行负担，同时，押运一只货柜所耗费的时间和人力也相当可观，转运时间甚长，达 4 ~ 10h，高雄港务局以滴水不漏的方式严格控制货柜进出的时间，目的即是降低非法走私的情形发生，无疑加大了海关人员的工作量。具体问题如下：

10 大航商每天约 20000 车次货柜车通行跨 5 个货柜中心与市区，安全监控十分关键；高雄港每年 1000 万只货柜进出港区，约 50% 为转口柜；每年海关在转口柜中抽中 5% 进行人工押运，影响航商作业效率及增加营运成本。

鉴于 RFID 技术导入货运作业流程的国际成功应用案例，及改善转口货柜处理效能，台湾各部门积极推动"高雄港转口柜免押运计划"，以 EPC/RFID 的科技设施取代人工押运，建设"电子封条监控系统"。

(2) 案例分析。

应国际发展趋势，货柜封条的设计从传统机械式封条演进至电子封条（电子印章）。电子封条的构想起源于在机械式封条的设计里增加的 RFID 标签，两者合二为一即为所谓的电子印章电子封条标签。目前国际上不管是主动式还是被动式的电子标签，所采用在机械式封条部分皆是遵循标准 17712 封条机械锁的标准。电子封条与传统机械式封条不同处在于封条内晶片存有记忆体，可记录相关货柜资料，且被动式的电子封条一旦解开便遭破坏无法再加封与读取。因此，透过电子封条加封在货柜上，可完整记录起点至目的地间，点与点间货柜运送资讯，且电子封条安全无损表示货柜安全抵达，中途没有遭到破坏。货柜能够被监控，定位，确认状况，甚至可以进行分析全球供应链中的运输状况，这些资料透过 RFID 技术的网络进行搜集，储存并分享。

另外，也有助于供应链中验证程序自动化发展的趋势，其中在绿色通道清关时，电子印章即发挥其效用，简化检查程序。为与国际接轨和解决转口柜押运海关人力不足的问题，海关决议以 EPC/RFID 应用取代人工押运，使用 ISO17712 机械封条锁和 EPC 二代标签结合而成被动式电子封条，在货柜运送前加装，属于一次性使用的封条锁，不管供应链中不同的角色经手以及多个地点的停留，货柜卸货时，都可立即判别货柜的完整性，承运方即可办理交运手续完成业务。

为实施基于 RFID 技术的物联网的系统目标，可以降低航商成本，包括押运成本降低和通关时间缩短；可以促进运输安全，包括与国际上加强货柜安全相关做法接轨；可以提高通关效率，包括免停车、自动通关、电子化处理，减少人工作业、减少人工押运、简化作业流程、免人工押运等。

(3)解决方案。

以远距离超高频的 RFID 技术结合影像识别与报关资料库,对高雄港 20 个自动化车道及 10 家航商的转口柜货柜车进行移动安全侦测与管理。

港口中与集装箱有关的重要节点是储运中心、集装箱堆场、码头前沿及海关等。这些重要的节点应共同联合起来试点实施集装箱电子化管理,形成区域范围内对集装箱信息的协作化管理。例如在集装箱储运中心设置一组 RFID 读写器,当带有电子标签的集装箱离场时,REID 读写器将读取的集装箱信息通过网络通讯系统传给现场的服务器。

在集装箱堆场设置两组 RFID 阅读器,分别是控制 RFID 进场读取器,以及堆场内 RFID 监控阅读器。港口控制中心设置的 RFID 进场读取器,主动读取装有电子标签的集装箱进场信息,场内的 RFID 监控阅读器可配合跨运机对场内的集装箱实施安全监控。在海关卡口设置阅读器,卡口主机对装有电子标签的集装箱读取电子车牌、驾驶员卡、前箱电子箱号标签的数据、后箱的电子关锁数据;通过电子地磅仪表获取重量数据;通过箱号识别模块获得集装箱图像信息并进行箱号识别。这些数据由卡口主机通过网络传输至海关物流监控平台。在港口范围内实施电子化集装箱管理,可提高集装箱物流信息采集的准确性、便利性,提高海关通关的效率;为提高港口作业自动化水平提供有利条件;也为提高集装箱物流供应链信息化、透明化提供了基础。

3.效果评价

(1)系统特色。

系统特色,包括:①即时监控功能,可远端即时监控各检查站的工作情况;②RFID 在维持具有全球唯一识别码的安全防伪前提下,采用 EPC 第二代规格,除可降低后续采购成本外,重要的是有利于国际接轨,对船公司全球经营成本降低产生实质效益;③以磁感应触发系统取代红外线系统,较不受气候影响,适合高雄港环境,进一步提高了系统的可靠性;④RFID标签的安装位置并不影响系统的读取结果;⑤40ft 拖车前后装载 2 只货柜测试读取率达 100%。

(2)系统初步效益。

系统初步效益,包括:平均读取率为 97.42%(读取距离超过 7m),全自动化高安全性作业,货柜走私率明显下降,提高了货柜运输安全;每年可节省约 3300h 的通关时间及 1000 万元以上的押运费,降低了航商成本;每年可节省约一万人次的押运人力,提高了海关行政效率和服务质量;减少了押运柜的通关流程,平均每车缩短约 0.8d,提高了高雄港的竞争力。

被动式的 RFID 电子封条是全球唯一而无法伪造的晶片码,可分别由 RFID 的手持机读取及在货柜车不停等情况下通过港区自动化车道,被已安装在门闸的固定式 RFID 技术读取器读取及自动辨识,而达到自动化安全押运效益,一旦货柜车的被动式的 RFID 电子封条被破坏或未封妥或剪断即无法读取,为安全性极高的货柜运输押运方式,符合全球货柜运输的发展趋势。故不仅可利于货柜运输的管理,提供安全性和追踪的功能并具有防伪机制,大量降低人为操纵的失误。

RFID 技术、传感技术等作为物联网的基础,在交通运输行业有着广泛的应用,主要包括电子政务领域、智能交通领域、运输/物流领域等。对进出港区的集装箱车辆进行自动识别,提高闸口通过速度,减少集疏港作业的拥堵现象,体现了管理智能化、物流可视化、信息透明化的理念和发展趋势。

物联网虽然尚属起步阶段，但是可以看到，基于EPC/RFID技术的物联网已经深深地融入到供应链管理的各个环节中。随着物联网在集装箱运输中的运用，必将导致集装箱的智能化。而集装箱智能化所带来的变革可以体现在航运供应链的所有节点上，为所有供应链的参与者创造更多的价值。对于供应链中的货主、托运人和承运人来说，他们不用付出任何成本，通过可接入互联网的各种终端，就可随时随地获知货物状况，享受智能集装箱系统带来的安全性和及时性等方面的变革；对于供应链中的港口和货运站来说，智能集装箱系统的使用可以减少因劳动力雇佣所带来的人力成本，同时节约了大量的港口和货运站监控成本。

随着政府的对物联网的高度重视和RFID等技术的不断成熟以及理论研究的不断深入，物联网必将对供应链的未来发展发挥积极的作用，在供应链管理中应用领域也会越来越广阔。

项目二　物联网技术对铁路集装箱物流影响分析

教学要点

(1)作为物联网初级阶段的RFID技术能显著提高铁路集装箱物流运输高效化；

(2)物联网技术的应用对铁路集装箱物流效率的提高将具有极其重要的意义。

教学方法

可采用讲授、情境教学、案例教学和分组讨论等方法。

作为物联网初级阶段的RFID技术能显著提高铁路集装箱物流运输过程中的透明度和安全性，促进多式联运的发展，实现整个供应链的透明化、流程简约化和运输高效化。物联网技术的应用对铁路集装箱物流效率的提高将具有极其重要的意义。未来10多年是铁路快速发展的黄金机遇期。在扩大内需的大背景下，外向型出口贸易的物流链向内陆的延伸，国内沿海经济和内陆经济的结构性差异所需要的物流通道。在这种经济背景下，改善铁路系统多式联运能力对中国国内市场的进一步发展是至关重要的。铁路具有全天候、运量大、运距长、运价低的优势，作为物流链的重要环节，在现代物流和国际集装箱多式联运体系中地位重要，作用不可替代。铁路集装箱大发展的时代正在来临。

物联网是在计算机互联网的基础上，利用RFID、无线数据通信等技术，构造一个覆盖世界上万事万物的网络。在这个网络中，物品(商品)能够彼此进行"交流"，而无需人为干预。其实质是利用射频自动识别(RFID)技术，通过计算机互联网实现物品(商品)的自动识别和信息的互联与共享。而RFID，正是能够让物品"开口说话"的一种技术。在"物联网"的构想中，RFID标签中存储着规范而具有互用性的信息，通过无线数据通信网络把它们自动采集到中央信息系统，实现物品(商品)的识别，进而通过开放性的计算机网络实现信息交换和共享，实现对物品的"透明"管理。

物联网作为继互联网和移动通信网之后另一个万亿级产业，其中非常重要的就是RFID技术。在物联网的构想中，RFID标签通过无线数据通信网络把它们自动采集到中央信息系统，实现对物品的识别。运用到铁路集装箱运输中，可实现对集装箱物流的全程跟踪和追溯。物联网的组建可以实现与铁路系统现有网络系统进行信息整合,优化整个物流供应链和流通网络,实现高效率的铁路集装箱运输。

2005 年 8 月铁道部和中铁集装箱公司对全路现有铁路箱进行了清查。结果为全路拥有 1t、10t 集装箱,20ft、40ft 国际通用箱和折叠式台架箱、板架式箱、双层汽车箱、罐式箱、散装水泥箱、干散货箱等种类专用集装箱共计 20.3 万 TEU。据测算,2010 年铁路集装箱保有量需达到 27.5 万余 TEU。按每个集装箱上安装 2 只电子标签计算,若每只标签 200 元,则市场需求约 8120 万元。若按多式联运来计算,我国每年生产的集装箱约 300 多万标箱,每年检修的集装箱约 100 万标箱。按每个集装箱上安装 2 只电子标签计算,则每年需求的集装箱电子标签约 800 万只;若每只标签 50 元,则每年市场需求约 4 亿元。

全路现有北京东、杨浦、大朗、成都东、重庆东和昆明东 6 个直属站和北京、上海等 18 个集装箱中心站。609 个集装箱办理站,6000 多个站段,约 12000 多个通道,每个通道需安装 1 套卡口信息采集系统(包括 2 套固定物联网 RFID 读写设备、2 套电子封条读写设备、图像采集设备、IC 设备、车辆及集装箱状态检测设备、地磅、挡杆、主控计算机等),每个通道的投资约 10 万元,市场前景可达 12 亿元。由此可见,“基于物联网的铁路集装箱物流管理系统”产业化市场潜力巨大,一旦实现产业化则必将带来可观的社会效益与经济效益。且铁道部铁路车号自动识别系统(ATIS)是我国最早应用物联网 RFID 的系统,也是应用 RFID 范围最广的系统。早在 20 世纪 90 年代中期,铁道部在中国铁路车号自动识别系统建设中,就最终确定 RFID 技术为解决“货车自动抄车号”的最佳方案。采用 RFID 技术以后,铁路车辆管理系统实现了统计的实时化、自动化,降低了管理成本。据相关报道,自动抄号后,货运物流每年的直接经济效益达到 3 亿多元。这也为“基于物联网的铁路集装箱物流管理系统”实现产业化提供了成功例证。

一、集装箱物流行业应用物联网技术现状

1. 集装箱物联网 RFID 技术研发进展

射频识别技术(Radio Frequency Identification,RFID)是从 20 世纪 80 年代走向成熟的一种自动识别技术,它利用射频方式进行非接触式双向通信交换数据以达到识别目的。射频识别技术可以实现运动中的多目标识别。它不受雨、雪、雾和噪声、振动等的影响,抗污染性强,不易损坏,已被公认可以广泛运用于车辆和集装箱的自动识别系统。

集装箱物联网 RFID 电子标签的设计与制造技术包括 3 方面内容:电子标签芯片的设计与制造技术、电子标签天线设计与制造技术、电子标签封装技术。就开发技术而言,应用于各行业与领域的物联网 RFID 电子标签研发工作存有共性,但应用于集装箱行业的电子标签有其特殊要求。国内外在集装箱电子标签方面进行了一定的探索和研究,但离产业化和大规模应用还需要一定时间。制约集装箱电子标签大规模应用进程的因素有很多,其中包括芯片设计、天线设计和封装工艺等。各国物联网 RFID 电子产品研究机构在以上方面做了大量先期探索和科研工作。

2. 物联网 RFID 技术与集装箱信息管理系统发展概况

物联网 RFID 技术在物流追踪和管理方面的应用个案早已屡见不鲜,但在铁路集装箱供应链方面的应用却甚少。自从美国“9·11”事件后,美国率先提出“智能集装箱”和“绿色通道”概念,并联合著名企业开展相关研究。由此,物联网 RFID 技术在集装箱供应链方面的

应用研究得到空前高度重视。美国两大公司 GE 和 SAVI 分别推出了自己的方案,并进行了相关测试。物联网 RFID 技术在集装箱领域的应用将势不可挡。亚太经济合作组织(APEC)在 2002 年初推行了一项计划。其中主要包括 APEC 地区安全贸易计划(STAR)与促进跨边境高效安全运输的计划。作为 STAR 的第一步,曼谷林查班港 LaemChabang 港口高效安全贸易项目(STAR-BEST)是一个对供应链安全系统运行理念与技术进行检验的证明方案。为落实这个横贯太平洋的船运计划,泰国的林查班港 Laem Chabang 港口以及华盛顿的西雅图港口分别被指定为起点与目的地。按照计划,从 2003 年 9 月到 10 月,在标准 40ft 集装箱的传统插销上附设了物联网 RFID 传感器封条,即电子封条。集装箱按照原定路线从林查班港 Laem Chabang 港口途经台湾和韩国被运往西雅图港。沿途监管和记录下集装箱信息,并在集装箱到达目的地后检测集装箱是否存在因素等。

2004 年,韩国政府策划"智能集装箱"项目,并于 12 月正式推出并资助了"RFID 海运物流"(RFID – enabled Maritime Logistics)项目。此项目的目标是想通过物联网 RFID 技术和解决方案来加强和韩国之间进行的国际贸易的高效性和安全性。

物联网 RFID 技术在室外开阔地域跟踪货物方面也有极大价值。在美国佐治亚的萨瓦纳港口每天有 3 万个集装箱通过海运或陆运到达。为能监控 853 英亩的港口货场,佐治亚港监部门安装了短波无线数据通信系统。无线终端安装在所有顶部起吊设备、堆场卡车和监控车辆上,并由港口工作人员使用物联网 RFID 手持设备配合。这些无线终端直接同主机系统通信即时确认并记录港口的所有活动。利用这项技术,佐治亚港监管部门减少了装载时的集装箱查找时间,提高了作业效率。同时生产率提高,劳动成本降低,客户也可以获得及时的集装箱移动信息。

在我国,上海港亦希望运用物联网 RFID 无线射频技术,建设完整的港口到港口的安全通道,能够以最快的脚步加入集装箱安全计划(CSI)的国际港口之一。据统计,目前全球共计有 18 个国家 38 个港口参与集装箱安全计划。可见,国际反恐、贸易安全和供应链透明的集装箱运输要求促成了国际大环境下利用物联网 RFID 技术保证集装箱供应链安全。我国政府和企业应看到这种发展趋势和潮流,紧跟国际发展步伐,在集装箱供应链安全方面下大工夫。基于国内外形势考虑,一方面,集装箱供应链上将需要大量的物联网 RFID 电子产品(电子标签、阅读器、电子封条、封条阅读器等);另一方面,安装有物联网 RFID 产品的信息化集装箱将逐渐代替旧式集装箱,成为主要货物载体。

物联网 RFID 技术是未来集装箱跟踪管理的关键核心技术,也是实现现代物流的物质流、信息流和资金流中信息流的基础。有效的集装箱跟踪管理,物联网 RFID 技术的把握和应用,现代物流业务的拓展是一个有机整体。物联网 RFID 标签及其相关的数据读取和处理系统是物流信息化的核心。在现代物流中,物联网 RFID 无线识别技术是提升物流效率,突破物流瓶颈的关键技术。

在信息和网络技术如此发达和普及的今天,作为货物运输主要载体的铁路集装箱运输,却没有实现任何的信息化,这与现代物流所要求的信息透明化、实时化是极其不吻合的。通过物联网 RFID 技术的应用,实现集装箱信息化将彻底提升铁路集装箱运输的管理水平,将彻底改变铁路物流中信息流的现状,是一件影响铁路集装箱行业的革命性大事。物联网 RFID 技术在铁路集装箱上的应用,铁路集装箱的信息化,是实现全球供应链信息透明化是一个必然趋势。

二、铁路集装箱物流行业应用物联网 RFID 技术是发展趋势

集装箱运输是现代物流业的发展方向；集装箱是铁路货物运输的发展方向，集装箱运输是铁路提高服务质量非常有效的运输方式，蕴藏巨大的增长空间，具备很强的发展优势。目前全国铁路箱总量号称约在 60 万只左右，种类比较多，但总数具体是多少、类别又是多少、全路分布怎么样、使用情况如何等底数并不清楚，这实际上反映了铁路箱管理工作的滞后与失控。

目前全球集装箱采用的箱号识别技术基本都是使用箱号图像识别，即通过摄像头识别集装箱表面的印刷箱号，通过图像处理形成数字箱号采集到计算机中，这种方法识别率较低，而且受天气及集装箱破损的影响较大。此时将物联网 RFID 技术应用到铁路集装箱，开发出信息化集装箱是非常迫切的，能大大提高铁路集装箱运输的效率和效益。

三、研究基于物联网的铁路集装箱物流管理系统的意义

随着现代物流的快速发展，集装箱运输已成为铁路货运发展全方面物流服务的重要途径。但我国铁路集装箱运输与国外相比，存在着很大的差距。例如我国铁路集装箱运输信息化程度低、业务流程不统一、重复作业多、流程效率低下；组织结构复杂导致货主办理运输业务手续繁多。这些不足之处大大抑制了铁路货运物流以及铁路集装箱运输自身的发展，使其运量增长缓慢，所占份额逐渐减少。因此，应用现代物流技术与理念，优化铁路集装箱运输业务流程以及组织结构，加快铁路集装箱运输系统发展已经刻不容缓。集装箱运输是铁路提高服务质量非常有效的运输方式，它蕴藏着巨大的增长空间，具备很强的发展优势。使用物联网 RFID 技术将极大地改善铁路物流信息环境，从信息采集、传递、存储到处理，一切以数字信息的形式运转，信息对称程度得到加强。实时的、分布的信息在物联网 RFID 和互联网技术的支持下，整个流通过程的通道透明性和流程能见度得到提升。以数字形式出现的物联网 RFID 智能标签、无线网络、高速局域网、互联网等使得信息传递速度加快。铁路部门从接货、验货、运输跟踪、出货、运单传递、信用证管理以及货差货损的事后追查等环节都将因为数字化、无障碍物联网 RFID 技术的使用而特别的快捷和方便。铁路物流在自动化、实时性方面将较传统的物流运作更准确、更智能，不仅提高了工作效率，而且节约了人力、物力。铁路物流运作也将因为“一签到底”的智能标签而更加统一、连续，便于后续的管理和应用的延伸。因此，开发“基于物联网 RFID 的铁路集装箱物流管理系统”意义重大。

1. 有利于解决铁路集装箱运输发展缓慢的问题

从经济学上来说，完善物流体系的构建和经济发展是相互加强的过程。因此，沿海经济向内陆延伸，将促进铁路集装箱的发展；而铁路集装箱物流体系的构建也将推动我国内陆经济发展。因此，铁路集装箱通道的建设已经在我国的“十一五计划”和“铁路中长期发展规划”中提到了战略高度，铁路集装箱物流大通道的发展已经刻不容缓。铁路集装箱已是我国铁路的优先发展部分。行业将呈加速增长态势。

进入 20 世纪 90 年代，中国水路、公路等集装箱运输有了快速发展，特别是水路国际集装箱运量和港口吞吐量大幅度增长，港口集装箱化比重有了很大提高。上海、青岛、深圳、天

津、广州港已跻身于世界五十大集装箱港口之列。在水路、公路集装箱运输快速发展的同时，也暴露出中国铁路集装箱运输发展缓慢这一缺陷，铁路集装箱运量与同行业（譬如海运业）有较大差距，特别是在以国际集装箱为主导的集装箱多式联运业务中，其所占比重更是偏低。近年来，虽然在绝对运量上有所增加，但增长速度仍缓慢。2004年是中铁集装箱实施公司化运作的开局之年，全年共发送集装箱311.2万TEU，发送货物5952万t，运量虽然谈不上宏大，但这已表明中国铁路集装箱运输行业进入了一个新的发展阶段。2005年中铁集装箱公司又在铁道部的直接领导下，在全路实行集装箱运输集中办理，拉开了铁路集装箱运输“跨越式”发展的序幕。集装箱运输集中办理就是要在单一的铁路集装箱运输向以铁路为依托的集装箱物流运输方式转变上创新。铁路集装箱的发展不能只靠单一的集装箱运输来完成，而要充分利用铁路集装箱运输网络资源、仓储资源、信息资源、客户资源来拓展生产经营规模和市场占有率，由单一的集装箱运输向全面的集装箱物流运输方向发展，以提高集装箱运输经营的综合效益，使铁路集装箱运输与市场接轨，适应不断发展的运输市场的需求。随着中国制造能力的进一步增强，大宗货物和制成品的大进大出及集装箱适箱率的提升，给港口集装箱运输的发展带来了良好的机遇。据测算，扣除空箱、中转、内贸箱和短途运量，铁路应接运港口总吞吐量的15%左右，而目前中国铁路接运的量不足2%，这也给铁路集装箱运输提出了巨大的挑战。铁路集装箱运输只有加快发展、改善服务，才能在集装箱运输市场中发挥应有的作用。

2000~2004年，中国集装箱运量以年均18.5%左右的速度增长，而同期铁路集装箱运量增长速度仅11.6%左右，落后于公路23.0%和海运15.6%的增长速度。2000~2004年，公路集装箱运输市场占有率由44.7%上升到51.9%，而铁路集装箱运输市场占有率由16.6%下降至13.1%。2004年铁路集装箱运量仅占全路货物发送总量的2.4%，远低于国外铁路的水平。为了改变这一现状，必须加快铁路集装箱运输的发展，用活现有铁路集装箱，提高适箱货物的装箱率，加大铁路集装箱运输在铁路总货运量的比例。在这一形势下，如何加强和完善铁路集装箱管理就成为当务之急。

2. 有利于解决铁路集装箱管理工作的滞后与失控的问题

目前全国铁路集装箱总量号称约在60万只左右，种类比较多，特别是20ft及以上的大型箱和特种箱近年来增加较多，但总数具体是多少、种类又是多少、全路分布怎么样、使用情况如何等底数不清。这实际上反映了铁路箱管理工作的滞后与失控。

由于大量铁路箱在沿海地区的各个车站堆存，缺乏统一的管理和必要的监督，汽车运输部门与车站的铁路箱交接手续不完善，没有形成规范的制度，因而造成了铁路箱流失、挪做他用的情况比比皆是。在一些建筑工地和厂矿企业中经常可见由10t及20ft铁路箱改装的简易工棚、移动仓库，铁路箱的灭失情况较为严重。

完善集装箱车站报告管理信息系统。现有的TMIS（Transportation Management Information System）集装箱追踪系统和集装箱车站报告管理信息系统（CSRIMIS）是铁路集装箱运输的信息枢纽，进一步加强和完善集装箱车站报告管理信息系统是确保管理好铁路集装箱的信息基础。

3. 有利于更好地为客户服务，向管理要效益

在集装箱运输日常工作中，信息管理是重中之重。一方面可以直接为客户服务，对集装箱运输进行全程追踪；另一方面又可以对铁路箱进行全程管理，监控每一个铁路箱的运行轨迹。目前集装箱装、卸车清单入库率只有60%左右，这对掌握集装箱运用轨迹不利，对铁路

箱的管理也不利。"基于物联网 RFID 的铁路集装箱物流管理系统",能自动规范填记各集装箱办理站的集装箱装卸车清单,保证及时入库,为中铁集装箱信息中心提供真实、完整的数据。建立健全运用和维护管理机制,强化铁路箱使用、修理工作,提高周转率。

4. 有利于实现多式联运,延伸服务范围,创造更多产值

信息共享能力的增强,加速了物流网络内外的融合,对于铁路系统本身也将获得物联网 RFID 技术带来的增值利润。铁路集装箱运输不仅仅是国际集装箱多式联运的短板,在整个铁路货运方式里面长期都是薄弱环节,扩大铁路箱与海运箱和公路箱的互用运输,使中国铁路集装箱真正走出国门,实现集装箱海铁国际联运的重大突破,让铁路箱的运用进入市场化体系。让铁路箱不能离开铁路系统,无法完成国际运输,必须在港口和中转站进行拆装箱作业,无法满足货主要求的现状成为历史。

同时通过调整运输政策、运价政策和改善组织方式,建立能够适应市场需求的运价、时效和服务运作体系,进一步强化运输组织,严肃调度纪律,对运输能力和效率进行整合,科学合理地调配箱、车,尽量做到箱、货匹配,压缩集装箱排空数量和排空运距,积极组织回空捎货运输,从而提升运输能力,提高运输效率和经济效益,增强铁路集装箱的市场竞争能力。

5. 有利于解决铁路集装箱运输中存在的问题

(1)目前集装箱运输中存在的问题。

货物盗窃严重。随着集装箱运输快速发展,集装箱货物被盗问题越来越严重。据统计,全球因集装箱失窃造成的损失达 300 亿 ~500 亿美元,包括间接损失在内,全球每年损失 2000 亿美元。

集装箱识别精度低。在运输过程中,集装箱是通过它的唯一标志——箱号来识别的;集装箱交接同样也是以箱号为准。但人工采集数据有 35% 是不准确或不实时的,而采用图像识别方式进行监管,则需要用 4 ~5 台摄像头同时拍摄,成本较高,识别率仅达 80% ~90%,雨雾中识别率还要低,影响到整个供应链的效率。

安全和效率之间的冲突。港口运输模拟实验表明,当对集装箱的随机抽检率达到 5% 时,港口就会陷入瘫痪;如果降低抽查率,又无法有效防止犯罪分子用集装箱走私或者运输违禁物品。大型的集装箱 X 光机虽能透视箱内货物,但透检一只集装箱就需要 5min,每天满负荷也只能透检 240 只,而且 X 光机辨别违禁品仍要靠人的肉眼,这又降低了可靠性。

(2)物联网技术能解决这些难题。

显然,物联网 RFID 技术和现代信息技术的结合将是集装箱运输行业的一个发展契机。基于物联网 RFID 的集装箱管理系统能够对集装箱运输的物流和信息流进行实时跟踪,从而消除集装箱在运输过程中可能产生的错箱、漏箱事故,加快通关速度,提高运输安全性和可靠性,从而全面提升集装箱运输的服务水平。

铁路集装箱运输企业在提高内部运作效率、加强客户服务、进行资源整合以及业务拓展等方面必须依靠信息系统。而且利用信息系统平台也是开发新利润增长点的有效途径。

集装箱运输因其本身具有其他交通运输方式不可替代的优势和特点(私密性好、运输成本低、环境适应性强),其发展前景极其广阔。我国铁路始终将集装箱运输作为重点开拓、大力发展的工作重心。然而,在铁路集装箱运输作业中还存在诸多问题:①工作方式落后,工作效率低下。在整个运输流程中,集装箱箱号全部采用人工抄写记录。工作量大、差错率高、信息传递不及时。②作业流程不精炼,重复性工作较多。据统计,每个集装箱从进站到离站的全部流程中,需要人工抄写记录集装箱箱号达 7 次。这些都极大地影响了铁路集装

箱运输的效率，因而利用先进的技术手段有效地对集装箱进行追踪和管理就显得极为迫切。物联网 RFID 作为一自动识别技术，以其识别速度快，可在恶劣条件下工作等优点，在商业自动化、动态跟踪系统、自动收费系统等方面都有了一定的应用，并取得了很好的效果，因而也成为解决集装箱追踪和管理问题的有效手段。物联网 RFID 在关键节点处对集装箱箱号的自动识别，可取代人工抄取箱号的方式，改变集装箱运输中现场操作落后的局面；减少重复性的人工操作，精炼工作流程；改变现有管理方法，加快集装箱周转速度，提高运输效率，实现相关信息的自动记录。

在国家“十一五”规划纲要第四篇第十六章第二节“大力发展现代物流业”中，有史以来第一次专门对现代物流业提出了规划和目标：“推广现代物流管理技术，促进企业内部物流社会化，实现企业物资采购、生产组织、产品销售和再生资源回收的系列化运作。培育专业化物流企业，积极发展第三方物流。建立物流标准化体系，加强物流新技术开发利用，推进物流信息化。加强物流基础设施整合，建设大型物流枢纽，发展区域性物流中心。”这标志着“十一五”时期，我国物流业发展将进入一个新的阶段，是中国物流业发展的里程碑。我们都知道射频识别技术是一个新兴的技术，它的出现势必带动和加速物流、仓储、交通等行业的信息化进程。相信随着中国市场开放力度的不断加强，国内经济在不同方面都将体现巨大的国际竞争力。实现铁路集装箱运输信息化是发展经济和加速物流业发展的必然趋势和必要条件，它体现了当代最先进的管理思想和管理理念，是衡量市场竞争力、现代化程度、综合实力和经济增长能力的重要标志。重视铁路集装箱信息化建设，注重应用信息技术已成为全世界的共识。只有加快研究和应用集装箱智能标签，才能缩小我国与世界先进水平之间的差距，为打造信息化、智能化的我国铁路集装箱物流业提供坚实的技术基础，使得我们能够从容面对急速发展的铁路集装箱物流业的挑战。

6. 建立物联网铁路集装箱物流系统社会、经济效益巨大

由于物联网 RFID 技术免除了铁路集装箱跟踪过程中的人工干预，在节省大量人力的同时可极大地提高工作效率。物联网 RFID 技术同计算机技术、网络技术、数据库技术等的结合，可以在铁路集装箱物流的各个环节上跟踪货物，实时掌握商品的动态信息。应用该技术，可以实现如下目标，获得预期的效益：缩短作业时间，改善盘点作业质量，增大配送中心的吞吐量，降低运转费用，实现可视化管理，信息的传送更加迅速、准确。管理层能及时掌握经营状况，提高服务质量提升企业核心竞争力。

以上分析可以看出物联网 RFID 在铁路集装箱运输中的应用具有切实的可行性。物联网 RFID 为铁路集装箱运输管理提供了有效的手段，物联网 RFID 在整个运输流程的应用可实现铁路集装箱运输的全流程监控，确保铁路集装箱运输的效益和安全。物联网 RFID 在全路集装箱中的应用必将带来现有工作流程的变革，工作强度的降低、工作效率的提高及更有效跟踪管理，从而带来巨大的经济及社会效益。

项目三　集装箱港口和航运 RFID 集装箱管理系统

教学要点

(1) 了解集装箱管理系统简介、组成和工作流程；

(2) 掌握港口集装箱口岸物联网、结构体系规划和 RFID 集装箱电子闸口系统；

(3)航运集装箱物联网动因和电子数据交换报文传递和进出口业务流程规定。

教学方法

可采用讲授、情境教学、案例教学和分组讨论等方法。

一、集装箱管理系统简介

全球货物流通以集装箱为载体,尤其是海运集装箱。全球每年集装箱产量约有200多万个,在中国生产的占50%以上,2004年全球集装箱保有量约2187万。集装箱制造商和集装箱运输管理企业承担了大量的生产运输、成品运输和堆放存储等繁重的统计管理工作。在集装箱出厂后,不能实时知道集装箱的位置和状态,是否安全到达堆场,由于出入堆场的繁杂手续导致托运车辆排长队现象,除此之外在面积庞大的堆场上找出指定集装箱非常困难,不仅浪费时间而且容易出错。由于无法实时了解堆场上的集装箱的数量和位置空缺,无形中造成堆场利用率低,浪费了企业资源。超高频RFID技术能适应集装箱生产线和堆场的金属箱群的恶劣环境,在产成品下线、运输环节中对集装箱、托运车辆进行实时追踪,实现对集装箱(集装箱生产管理)、托运车辆(运费自动结算)和堆场自动管理(集装箱存放状态)的管理。

二、集装箱管理系统组成

发卡器、读写器、电子标签(集装箱电子标签和拖车电子标签)、天线,车载阅读器系统,工厂出口监测子系统、堆场自动管理子系统,中央监控子系统。

(1)中央监控中心子系统:监控其他子系统运作,与其他子系统进行信息交互。进行集装箱信息管理和托运车辆信息管理,数据统计与分析,进行运费结算,向客户提供集装箱信息查询服务。

(2)出厂监控子系统:监测、记录出厂集装箱的信息、托运车辆的信息、发生时间、操作人员等。统计分析各种集装箱的出厂情况。

(3)堆场集装箱管理系统:监测,记录经过闸口的集装箱信息、对应的拖运车辆信息、事件发生时间、操作人员等信息,对堆场集装箱堆放位置信息进行管理,迅速准确查找集装箱状态;具有形象的2D集装箱堆场地图和放箱、找箱功能。

三、集装箱管理系统工作流程

1. 集装箱车间写卡

当制造好的成品集装箱下生产线时,通过系统软件和写卡器把对应的集装箱信息如集装箱代码写入空白电子标签,将写好代码的标签吸附到集装箱上,由生产厂的堆高车阅读器系统确认集装箱箱号后出厂。

2. 集装箱出厂识读

确认出厂集装箱将由拖车运出生产厂前往堆场,安装在工厂出口的阅读器读取集装箱标签信息和拖车信息(如果标签读取失败,可由出口监控点工作人员手工输入箱号),传输到出厂监控子系统中，再由该系统通过 Internet 网络上传到中央监控子系统中。

3. 堆场闸口入口识读

在集装箱进入堆场闸口时，堆场入口闸口上的阅读器读取集装箱和车辆标签，将车辆信息、集装箱信息及其匹配关系、到达时间等保存到堆场管理子系统中，同时上传到中央子系统，如图 12-5 所示。

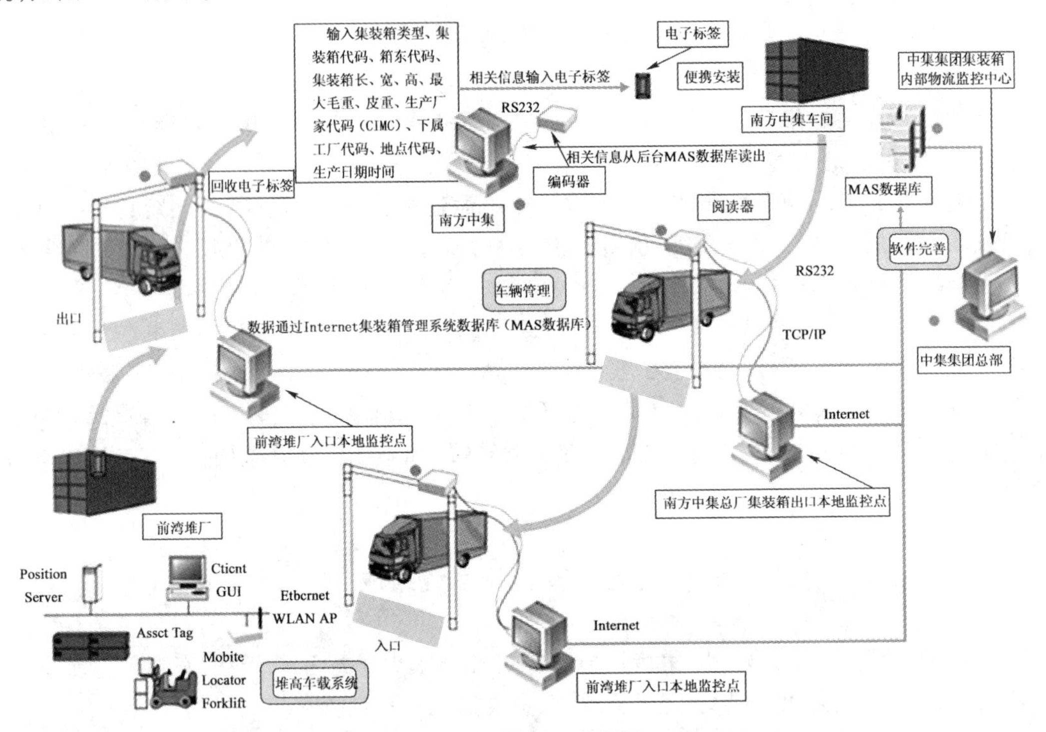

图 12-5　集装箱出入堆场闸口

4. 堆场放置/提取集装箱

集装箱入堆场后，由堆高车系统按照中央子系统分配的堆放位置放置集装箱。车载阅读器对抓取的集装箱的信息进行自动读取，数据通过无线数据传输与控制室中央数据库进行交互，验证后将集装箱堆放到系统图形所指示的位置。提取集装箱时，堆高车系统根据图形指示找到相应的集装箱，阅读器读取集装箱上的电子标签，验证为应提箱后将集装箱取下。

5. 集装箱运出堆场时

堆场出口的阅读器系统读取出场的集装箱和车辆标签，判断所运箱是否为应出场箱，确认后将车辆信息和箱信息匹配，保存信息和出闸时间于本地数据库和中央数据库（MAS 数据库）。如果集装箱信息读取成功，工作人员将标签取下回收，进入下一轮应用。

集装箱管理系统特点包括：所有设备符合防尘、防振、高温按工业级标准。无源 UHF 电子标签，读写稳定，读取距离远，适用于金属物品的识别。标签带有磁铁，可直接吸附在集装箱上，易于安装和拆卸，此外，标签可回收重复利用，节约企业成本。在集装箱厂门口、堆场出入口等关键点装有阅读器，实现不停车动态读取标签，加快了下线产品的出厂、运输、堆场存储速度，提高信息采集的准确率，减少了工作人员在恶劣环境下的手工作业。该解决方案同样适用于各大港口码头的集装箱管理，并可以拓展到集装箱的跨省市长距离陆运和海运追踪管理和集装箱运输车辆管理上。

四、港口集装箱口岸物联网

1. 港口集装箱口岸物联网的概念与意义

2010 年 3 月 5 日在十一届全国人大三次会议上作政府工作报告时，国务院总理温家宝指出要大力培育战略性新兴产业，积极推进“三网”融合取得实质性进展，加快物联网的研发应用。物联网自提出以来就发展迅速，被称为继计算机、互联网之后世界信息产业的第三次浪潮。而港口作为现代综合物流的中心，汇集了各类物流信息，迫切要求物联网能为其物与物的传感提供无限的上穿与下行的延伸空间。这就诞生了港口集装箱口岸物联网。

(1) 港口集装箱口岸物联网的概念。

物联网是通过射频识别(RFID)、红外感应器、全球定位系统、激光扫描器等信息传感设备，按约定的协议，把任何物品与互联网连接起来，进行信息交换和通信，以实现智能化识别、定位、跟踪、监控和管理的一种网络。结合对物联网概念和港口物流信息特点的解读，本文认为：港口集装箱口岸物联网是物联网的一个子系统，它利用各类传感、GPS 定位、视频监控等技术采集港口物流的信息，并通过互联网把陆路客货运输、港口码头作业、堆场(园区)仓储作业、物流装备等港口物流系统有机整合起来，为集装箱口岸管理部门和港航企业提供各类监管和生产信息。它是港口公用物流信息平台的重要数据源。

(2) 港口集装箱口岸物联网的意义。

首先，港口物联网依托港口、物流行业的特殊性为物与物的传感提供无限的上穿与下行的延伸空间，为物联网的商业化发展作出一定的尝试。

其次，港口物联网能实现地方产业结构的调整，并为当地物联网技术研发中心提供一个技术落地的应用平台，同时为各级政府职能部门对物流行业的规划、管理与控制提供辅助决策依据。

再次，港口物联网为地方物流企业提供各种远程管理、信息交流的手段及个性化服务。从而提升企业管理水平，推进物流供应链管理，降低管理运营成本，为企业向规模化、集约化发展提供全方位的技术支撑，为区域物流的发展提供物联网功能支撑。

最后，港口物联网为公众感知物流、了解物流、进入物流提供了一个广阔的技术平台。

2. 港口集装箱口岸物联网结构体系规划

(1) 物联网的体系结构。

如图 12-6 所示，物联网自身有 5 个层次的结构，自下而上分别是：传感层、机器通信层、电信网络层、管理层、应用层。传感器层把信号包括探知未来物体所有的活动情况通过传感器网络探知出来，转化为数字信号。机器通信层通过有线和无线的方式把传感器收集上来的信息汇聚起来，到第三层电信网络和 IT 网络进行传送和承载。电信网络层传送和承载各类信息。管理层对计费、业务网关进行管理，目的是基于运营者需要的是要能盈利，要能管理。最后一层是应用层，是面向客户和终端使用者的。

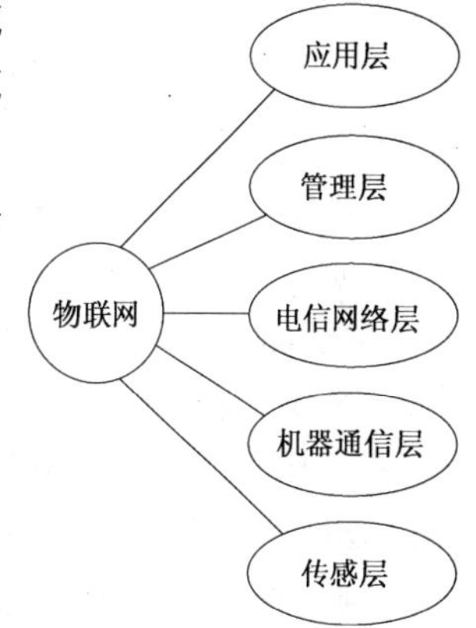

图 12-6　物联网的体系结构

(2) 港口集装箱口岸物联网的体系结构。

规划港口集装箱口岸物联网的整体结构设想，如图 12-7 所示。根据不同的港区或者港口生产企业分成若干个园区，每个园区都由陆路客货运输体系、港口码头作业体系、堆场（园区）仓储作业体系、物流装备等系统组成。基于不同的体系（系统）有各自的特点，需要用到不同的技术设备和记录不同的运输信息。这些体系（系统）包含了港口物流的主要流程和环节，能为集装箱口岸监管和企业生产提供细致、全面的信息。

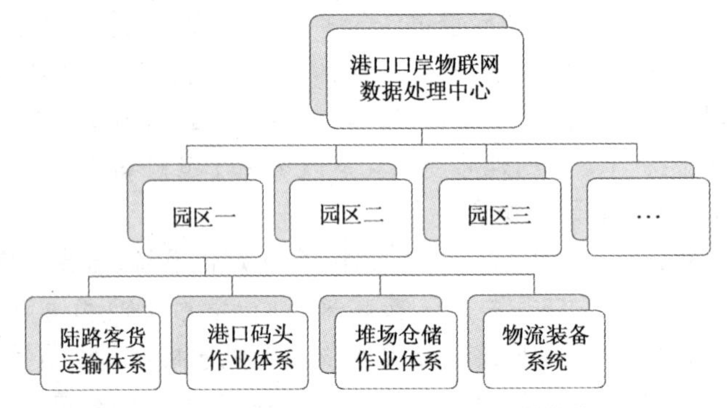

图 12-7 港口集装箱口岸物联网的整体结构

陆路客货运输体系陆路客货运输体系主要收集运输车辆的信息，主要采用车辆识别传感、压力速度传感、GPS 跟踪、视频监控等技术。车辆识别传感识别和记录运输车辆的类型、车牌、所属公司等相关信息，方便管理部门和货主监管和查询。压力速度传感，记录和传输车辆货载和运行数据，车辆有没有超重超速或者非正常停泊一眼就可以看出来。GPS 跟踪主要是车辆的定位，一般情况下，在陆上运输阶段车辆定位和箱子定位是统一的。视频监控主要是方便相关人员的检查，特别是处于海关监管下的箱子，有视频监控可以方便海关的查验。

港口码头作业体系港口码头作业体系主要收集码头前沿作业的相关信息，主要采用视频监控、识别传感、GPS + GIS 跟踪、自动分拣等技术。视频监控同时为海关等集装箱口岸部门和港口企业提供前沿的生产情况，实现海关全区无盲区监管，并可为港口企业中控室提供生产现场情况。识别传感是识别箱子相关信息的，根据港口昼夜生产计划，对具体每个箱子是否需要卸，在船舶的什么位置，是直取还是进库等信息进行识别，并反馈给中控和桥吊、集卡司机。GPS + GIS 跟踪实现动态的箱子跟踪，方便货主查询和安排拖车出港。自动分拣，基于识别传感的信息，电脑自动给箱子加上某些属性，提高生产效率和准确性。

堆场（园区）仓储作业体系堆场（园区）仓储作业体系主要收集港口库场和物流园区仓库里的相关信息，主要采用视频监控、湿度、热敏、烟感传感、气体传感、定位传感等技术。视频监控方便货主和库场管理人员了解货物所处状态，特别是方便物流企业进行管理。湿度、热敏、烟感传感主要是出于消防的考虑，保证库场的安全，实现全天候自动检测仓库环境。气体传感，有些货种对于空气环境要求很高，气体传感可以报告仓库空气的一些指标，辅助物流企业的管理。定位传感放在物品内，报告物品（箱子）所处货架或者堆场的位置，方便查找。

物流装备系统堆场（园区）仓储作业体系主要收集港区里各类装卸设备的相关信息，主要采用扭矩传感、视频监控、识别传感等技术。扭矩传感安装在装卸设备内，方便了解货物重量和装卸设备的工作状态，保证生产的安全。视频监控与码头前沿生产体系中的视频监控作用大致相同。识别传感主要是方便装卸机械正确识别需要操作的货物，提高生产效率和准确性。

3. 港口集装箱口岸物联网和港口公用物流信息平台的互联

(1)港口公用物流信息平台主体结构。

港口公用物流信息平台是为了解决信息化集成性差和应用范围狭窄的问题而产生的,首先是从电子集装箱口岸开始的。根据国务院办公厅《关于加强电子集装箱口岸建设的通知》,要求各地在2010年左右,把电子集装箱口岸建设成为具有一个“门户”入网、一次认证登录和“一站式”服务等功能,集集装箱口岸通关执法管理及相关物流商务服务为一体的大通关统一信息平台。在实践中发现,电子集装箱口岸建设过程中除了需要大量通关信息,还需要很多港航信息,于是原先的港航EDI也被纳入电子集装箱口岸的建设中来,逐步形成了港口公用物流信息平台。

该平台为集装箱口岸部门实现“一单多报”的功能,简化规范集装箱口岸执法流程,加快通关速度,提供无偿信息;并为港航企业生产和物流企业经营提供有偿信息。基于以上分析,本文认为,按业务功能分成集装箱口岸电子政务平台和港航电子商务平台,由各个主管机构经营。港口物流信息公用平台——在一点介入和身份认证的前提下,开发集装箱口岸电子政务平台和港航电子商务平台。

集装箱口岸电子政务平台的核心是电子集装箱口岸系统。以地方港口进出口业务和应用需求为导向,利用现代信息技术和Internet公共数据网,将集装箱口岸查验单位、服务单位和进出口企业的货物流、资金流和单证流的电子底账数据,进行统一数据标准、规范应用模式、业务规范和技术整合后,集中存放在公共数据中心,实现信息的集中存储、集中使用和充分共享,实现跨部门、跨行业、跨地区的功能性和技术性系统整合。集装箱口岸电子政务平台最终实现“一卡通”和“一站式”服务,简化办事程序,提供优质高效的集装箱口岸通关服务。港航电子商务平台的核心是港航EDI系统。以运输、物流仓储、金融保险等信息为基础,以入网的进出口企业为用户,以网上订单交易为手段的综合型信息服务平台。

(2)港口集装箱口岸物联网和港口公用物流信息平台的互联。

物联网的核心技术是RFID和传感器,但这只是感知,物联网的真正价值在于网而不在于物。传感是容易的,但是感知的信息如果没有一个庞大的网络体系,不能进行管理和整合,那这个网络就没有意义。因此,建立一个综合的业务管理平台,把各种传感信息进行收集,进行分门别类的管理,进行有指向性的传输,这就是一个大问题。一个小企业甚至都可以开发出传感技术和传感应用,但是它没有办法建立起一个全国性高效率的网络。没有这个平台,各自为政的结果一定是效率低、成本高,很难发展起来,也很难起到作用。因此,港口集装箱口岸物联网必须和港口公用物流信息平台互联。

互联的关键是要在应用层传输的时候有统一的数据格式,这就要求物联网数据处理中心在建设的时候对公用物流信息平台保留接口。同时,在实际应用的时候,要将各类传感器收集上来的数据处理成标准格式传给海关、国检等集装箱口岸部门或者各港航企业。

4. 港口集装箱口岸物联网试点建设建议

(1)充分发挥市场配置资源的作用,调动企业的积极性,从满足物流需求的实际出发,注重投资的经济效益。政府要为前期港口集装箱口岸物流网的建设投资,并为其发展营造良好的政策环境,扶持重点项目建设。

(2)物流网所用数据传输格式应当与集装箱口岸电子政务平台和港航电子商务平台保持一致,以实现数据共享,更好地为港口公用物流信息平台服务。

(3)要充分利用整合现有资源,例如,视频监控可利用集装箱口岸远程监控和计算机联网系统,集装箱口岸信息要充分利用海关 H2000 系统、国检 CIQ2000 系统等,并在此基础上逐步开展各类细分的应用项目。

(4)采取大企业试点,然后逐步推广的方式。即首先让地方港口集团、物流仓储等大企业做试点工作,再逐步推广。

五、RFID 集装箱电子闸口系统

快速增长的港口码头业务量对港口码头管理系统的要求越来越高,摩佰尔(天津)电子科技有限公司将 RFID 无线射频识别技术、自动控制等技术紧密结合,研发出基于 RFID 技术的港口 RFID 集装箱码头电子闸口系统和物流管理系统,大大提高了港口码头的管理效率与服务水平。快速增长的港口码头业务量对港口码头管理系统的要求越来越高,摩佰尔(天津)电子科技有限公司将 RFID 无线射频识别技术、集装箱号自动识别技术、电子地磅技术、计算机技术、自动控制等技术紧密结合,研发出基于 RFID 技术的港口 RFID 集装箱码头电子闸口系统和物流管理系统,大大提高了港口码头的管理效率与服务水平,在 RFID 无线射频识别技术的帮助下,货运车辆进出码头的自动化将成为现实。RFID 集装箱码头电子闸口系统的应用使港口码头发挥出更大的潜力。

1. RFID 集装箱电子闸口系统简介

RFID 集装箱电子闸口系统由 RFID 电子车牌自动识别系统、集装箱号自动识别系统、电子地磅系统、车道自助办单系统、集中监控系统、LED 显示屏、海关接口等部分组成,满足海关要求及港口码头实际作业要求。

(1)当车辆进入智能 RFID 闸口工作区后,系统通过硬件触发(地感线圈、红外感应),捕获车辆电子车牌信息和集装箱图片,经过电子车牌系统识别和集装箱号识别系统之后,得到相应的车辆车牌号和集装箱箱号、箱型的数据资料,电子地磅系统自动获取重量。

(2)对于进场车辆:RFID 集装箱电子闸口系统会自动识别车辆 RFID 电子车牌内的相关预约信息,系统判断预约资料是否齐全,如果资料齐备,系统根据堆场计划自动提供场地位置,打印进场小票,提示进场须知,系统控制闸口起落杆设备自动打开,车辆进场。

(3)对于出场车辆:系统自动核对车牌号码、集装箱号、重量等信息后控制闸口起落杆设备自动打开,车辆出场。

2. RFID 集装箱电子闸口系统优势

(1)提高港口码头进出通道的过车效率,车辆办单时间由以前的 4min 减少为现在的少于 30s(包括人工验箱业务)。

(2)降低港口码头入口的车辆拥堵,以前码头入口道路车辆排队超过 300m,智能闸口建成后实现到港即入港。

(3)RFID 集装箱电子闸口系统为港口码头节省人力成本,以前每个通道需要至少一个工作人员办理单据,智能电子闸口建成后无需工作人员值守。

(4)RFID 集装箱电子闸口系统减少了车辆进出港等待时间,为驾驶员和运输公司节省了成本,从而减少了物流成本。

3. RFID 集装箱电子闸口系统模块

本系统共有以下功能模块:

(1)自动识别车辆电子车牌,从而快速、准确获取车辆车牌号码。

(2)自动识别集装箱号码,自动获得箱型、集装箱数量等信息。

(3)集成电子地磅,自动获得车辆重量数据。

(4)根据港口码头的业务逻辑自动实现车辆入港或出港的放行。RFID 集装箱电子闸口系统解决方案由摩佰尔(天津)电子科技有限公司提供。

六、RFID 技术在台湾高雄港集装箱运输中的应用

RFID 技术导入货运作业流程的国际成功应用案例,及改善转口货柜处理效能,台湾各部门积极推动“高雄港转口柜免押运计划”,以 EPC/RFID 的科技设施取代人工押运,建设“电子封条监控系统”。

台湾经济以贸易为主轴,进出口货物 99% 依靠货柜运送,部分货柜在转口程序中,须经市区道路运送,或暂存于内陆货柜场,易产生控管风险,海关为防止转口柜在运送途中遭调包走私,多年来均采用人工方式押运,不仅增加人力及航商成本,也造成相关业者诸多不便。其中,高雄港作为台湾最大港口,颇具代表性。整个港区有五个货柜中心,转口柜卸船进口或装船出口须运出港警查验登记站时,然后从课税区分别运往这五个货柜中心。在导入 EPC/RFID 应用前,是由其转口货柜所耗费的时间和人力也相当可观,转运时间甚长,达 4 ~ 10h,高雄港务局以滴水不漏的方式严格控制货柜进出的时间,目的即是降低非法走私的情形发生,无疑加大了海关人员的工作量。具体问题如下:

10 大航商每天约 20000 车次货柜车通行跨 5 个货柜中心与市区,安全监控十分关键高雄港每年 1000 万只货柜进出港区,约 50% 为转口柜,每年海关在转口柜中抽中 5% 进行人工押运,影响航商作业效率及增加营运成本,鉴于 RFID 技术导入货运作业流程的国际成功应用案例,及改善转口货柜处理效能,台湾各部门积极推动“高雄港转口柜免押运计划”,以 EPC/RFID 的科技设施取代人工押运,建设“电子封条监控系统”。

应国际发展趋势,货柜封条的设计从传统机械式封条演进至电子封条(电子印章)。电子封条的构想起源于在机械式封条的设计里增加的 RFID 标签,两者合二为一即为所谓的电子印章电子封条标签。目前国际上不管是主动式或被动式的电子标签,所采用在机械式封条部分皆是遵循标准 17712 封条机械锁的标准。电子封条与传统机械式封条不同处在于封条内晶片存有记忆体,可记录相关货柜资料,且被动式的电子封条一旦解开便遭破坏无法再加封与读取。因此,透过电子封条加封在货柜上,可完整记录起点至目的地间,点与点间货柜运送资讯,且电子封条安全无损表示货柜安全抵达,中途没有遭到破坏。货柜能够被监控,定位,确认状况,甚至可以进行分析全球供应链中的运输状况,这些资料透过 RFID 技术的网络进行搜集,储存并分享。另外,也有助于供应链中验证程序自动化发展的趋势,其中在绿色通道清关时,电子印章即发挥其效用,简化检查程序。

为与国际接轨和解决转口柜押运海关人力不足的问题,海关决议以 EPC/RFID 应用取代人工押运,使用 ISO17712 机械封条锁和 EPC 二代标签结合而成被动式电子封条,在货柜运送前加装,属于一次性使用的封条锁,不管供应链中不同的角色经手以及多个地点的停留,货柜卸货时,都可立即判别货柜的完整性,承运方即可办理交运手续完成业务。实施基于 RFID 技术的物联网的系统目标如下:

(1)降低航商成本:押运成本降低和通关时间缩短。

(2)促进运输安全:与国际上加强货柜安全相关做法接轨。

(3)提高通关效率:免停车,自动通关;电子化处理,减少人工作业。

(4)减少人工押运:简化作业流程和免人工押运。

七、RFID 技术在台湾高雄港集装箱运输中解决方案

以远距离超高频的 RFID 技术结合影像识别与报关资料库,对高雄港 20 个自动化车道及 10 家航商的转口柜货柜车进行移动安全侦测与管理。

港口中与集装箱有关的重要节点是储运中心、集装箱堆场、码头前沿及海关等。这些重要的节点应共同联合起来试点实施集装箱电子化管理,形成区域范围内对集装箱信息的协作化管理。例如在集装箱储运中心设置一组 RFID 读写器,当带有电子标签的集装箱离场时,REID 读写器将读取的集装箱信息通过网络通讯系统传给现场的服务器。

在集装箱堆场设置两组 RFID 阅读器,分别是控制 RFID 进场读取器,以及堆场内 RFID 监控阅读器。港口控制中心设置的 RFID 进场读取器,主动读取装有电子标签的集装箱进场信息,场内的 RFID 监控阅读器可配合跨运机对场内的集装箱实施安全监控。在海关卡口设置阅读器,卡口主机对装有电子标签的集装箱读取电子车牌、驾驶员卡、前箱电子箱号标签的数据、后箱的电子关锁数据;通过电子地磅仪表获取重量数据;通过箱号识别模块获得集装箱图像信息并进行箱号识别。这些数据由卡口主机通过网络传输至海关物流监控平台。在港口范围内实施电子化集装箱管理,可提高集装箱物流信息采集的准确性、便利性,提高海关通关的效率;为提高港口作业自动化水平提供有利条件;也为提高集装箱物流供应链信息化、透明化提供了基础。

八、RFID 技术在台湾高雄港集装箱运输中效果评价

1. 系统特色

即时监控功能,可远端即时监控各检查站的工作情况。RFID 在维持具有全球唯一识别码的安全防伪前提下,采用 EPC 第二代规格,除可降低后续采购成本外,重要的是有利于国际接轨,对航商全球经营成本降低产生实质效益。以磁感应触发系统取代红外线系统,较不受气候影响,适合高雄港环境,进一步提高了系统的可靠性。RFID 标签的安装位置并不影响系统的读取结果。40ft 拖车前后装载 2 只货柜测试读取率达 100%。

2. 系统初步效益

平均读取率为 97.42%(读取距离超过 7m),全自动化高安全性作业,货柜走私率明显下降,提高了货柜运输安全。每年可节省约 3300h 的通关时间及 1000 万元以上的押运费,降低了航商成本。每年可节省约一万人次的押运人力,提高了海关行政效率和服务质量。减少了押运柜的通关流程,平均每车缩短约 0.8d,提高了高雄港的竞争力。

由被动式的 RFID 电子封条内全球唯一而无法伪造的晶片码,可分别由 RFID 的手持机读取及在货柜车不停等情况下通过港区自动化车道,被已安装在门哨的固定式 RFID 技术读取器读取及自动辨识,而达到自动化安全押运效益,一旦货柜车的被动式的 RFID 电子封条被破坏或未封妥或剪断即无法读取,为安全性极高的货柜运输押运方式,符合全球货柜运输

的发展趋势。故不仅可利于货柜运输的管理,提供安全性和追踪的功能并具有防伪机制,大量降低人为操纵的失误。

RFID 技术、传感技术等作为物联网的基础,在交通运输行业有着广泛的应用,主要包括电子政务领域、智能交通领域、运输/物流领域等。对进出港区的集装箱车辆进行自动识别,提高闸口通过速度,减少集疏港作业的拥堵现象,体现了管理智能化、物流可视化、信息透明化的理念和发展趋势。

物联网虽然尚属起步阶段,但是可以看到,基于 EPC/RFID 技术的物联网已经深深地融入到供应链管理的各个环节中。随着物联网在集装箱运输中的运用,必将导致集装箱的智能化。而集装箱智能化所带来的变革可以体现在航运供应链的所有节点上,为所有供应链的参与者创造更多的价值。对于供应链中的货主、托运人和承运人来说,他们不用付出任何成本,通过可接入互联网的各种终端,就可随时随地获知货物状况,享受智能集装箱系统带来的安全性和及时性等方面的变革;对于供应链中的港口和货运站来说,智能集装箱系统的使用可以减少因劳动力雇佣所带来的人力成本,同时节约了大量的港口和货运站监控成本。随着政府的对物联网的高度重视和 RFID 等技术的不断成熟以及理论研究的不断深入,物联网必将对供应链的未来发展发挥积极的作用,在供应链管理中应用领域也会越来越广阔。

九、航运集装箱物联网

中国航运物流集装箱运输日新月异发展,物联网时代在总结推广航运物流信息化发展经验的基础上,加速推进航运物流集装箱运输与现代物流的融合,加快航运物流集装箱运输的航运物流电子信息、航运物流港口码头建设,不断提高中国航运物流信息化现代化水平。

1. 航运物流集装箱码头加速信息化建设的动因

(1)全球航运物流集装箱码头信息化趋势。

随着世界经济一体化和外贸经济的迅速发展,集装箱运输逐渐成为当今航运的发展方向,集装箱业务在港口业务中增长最快、利润率最高。同时集装箱装卸、堆存业务日趋标准化,集装箱业务正朝着类似流水线方向发展。在这种环境下,集装箱码头操作必然采用一切可以利用的信息技术提高码头的信息处理能力、提高装卸效率、合理利用堆场。因此,全球集装箱码头已经成为各种尖端信息技术的应用舞台。集装箱总量稳居世界第一的中国集装箱码头作为整个世界航运界网络的一个举足轻重的环节对信息技术有着同样的渴求。

(2)庞大数据处理量和追求航运物流效率驱动。

大规模航运物流集装箱码头处理的庞大数据量用传统的手工或简单的电算化程序已经无法及时处理,必须采用融合了优化算法和人工智能性质的实时交互式作业航运物流计算机管理系统,才能满足大规模航运物流集装箱码头的装卸、堆存、收发箱及受理等各方面的要求。因此,新建集装箱码头初期便确定采用什么样的信息系统,并保证航运物流信息系统实施和码头建设同步进行。

(3)合资航运物流码头为引进技术提供渠道。

航运物流集装箱码头合资为引进先进信息技术打开方便之门。航运物流合资码头的合资方多为国际航运物流集装箱码头和船公司巨头,他们积累了多年码头和船公司的管理经验,容易为合资码头所接受,他们也积极将优秀的航运物流计算机管理系统引入合资公司。对于合资公司可以采用“拿来主义”直接使用,实施周期极短,没有开发成本和投资风险。这些航运物流系统本身已经融合了世界先进航运物流集装箱码头的先进航运物流管理理念和业务流程，是迅速提高中国航运物流集装箱码头管理、实现与国际航运物流集装箱码头接轨的推进器。

(4)争做世界级航运物流集装箱码头的雄心。

中国航运物流集装箱吞吐量雄踞世界第一的霸主地位和密切的国际交流，决定了中国集装箱码头经营者们已经揭开了国外码头的神秘面纱，已经走过了航运物流模仿阶段，在世界范围内寻找并探索更先进的航运物流信息技术解决自己的新问题，力争在航运物流信息技术上高出一筹，已初露世界航运物流集装箱码头领头羊的端倪。

2. 物联网为中国航运带来了春天

(1)航运物流信息化带来管理现代化。

随着航运物流信息技术的广泛使用，航运物流码头管理人员普遍认识到，如果航运物流管理到位，航运物流信息技术方面的投资效益将更加明显。最简单的例子如由于人员素质和培训欠缺，很多计算机系统的功能用不上；职工仍习惯于纸面航运物流信息传递；有些完全可以根据系统指令执行的工作，却任凭员工根据自己的习惯执行；同样的航运物流系统，同样的船，配载合理性却大相径庭等。因此，航运物流信息化需要经营管理的航运物流现代化和航运物流规范化。从长远看，航运物流码头的硬件投资和航运物流信息投资都是有限的，需要航运物流码头经营者向资源管理要效益、向航运物流人员管理要潜力。

(2)航运物流自动计费管理。

航运物流集装箱涉及很多收费点，包括——航运物流过路费：航运物流港口过路费、航运物流还箱过路费、航运物流门点过路费、桥境费、提箱过路费等；集装箱相关费用：修箱费、洗箱/罐费、污箱费、落箱费、喷淋费等；仓库服务相关费用：材料费、包仓费、标签费、仓储费、打托费、防火费、加固费、加热费、理货费、唛头费等；其他费用：交通费、快递费、保险费、驳运费、订箱费、制冷费、制提费等。针对航运物流客户的计费方式复杂多变，单纯依靠人工计费比较费时和费力，并且容易出现差错，借助航运物流自动计费管理系统，可以精确控制航运物流成本，实现航运物流费用明细化管理。

(3)口岸单位加强航运物流信息合作。

航运物流集装箱码头信息化顺利发展需要有口岸环境的同步发展来支持。随着航运物流 EDI 在航运界的普及，全球船公司和码头公司已经实现了航运物流信息共享，缩短了运输周期。但码头公司和海关、检验检疫、海事等口岸部门信息共享仍然欠缺。尽管每个口岸部门都有适合于本部门的航运物流计算机系统，但面向客户的信息各有各的规范，没有统一标准，影响了口岸航运物流信息处理效率，大大影响航运物流航运集装箱货物流转速度。若能实现航运集装箱船公司、航运集装箱码头、海关、检验检疫各单位之间的数据标准化和航运集装箱信息共享，可以想象，即使在没有新增投资情况下，整个口岸环境和码头效率将得到极大的改善。

(4)物联网 EDI 在航运集装箱应用将更加广泛。

目前，物联网 EDI 标准作为联合国与国际标准化组织联合制定的国际标准正在为越来越多的国家所接受。随着航运集装箱物流业流通加快，货代、船公司、码头、箱站等物联网 EDI 使用内容将更全面、应用也将更加广泛，逐渐辐射到航运集装箱费收、结算等。EDI 传输形式也正由点到点的专线模式发展为 Internet 模式，具体是指利用先进的国际互联网、服务器等电子系统和电子航运集装箱商业软件运作的全部航运集装箱商业活动，包括利用电子邮件提供的通信手段航运集装箱在网上进行的交易。

中国航运物流集装箱运输日新月异发展,物联网时代在总结推广航运物流信息化发展经验的基础上,加速推进航运物流集装箱运输与现代物流的融合,加快航运物流集装箱运输的航运物流电子信息、航运物流港口码头建设,不断提高中国航运物流信息化现代化水平。

3. 海上国际集装箱运输电子数据交换报文传递和进出口业务流程规定规定

为了规范海上国际集装箱运输电子数据交换(以下简称 EDI)报文传递和进出口业务流程,保障海上国际集装箱运输 EDI 的正常运作,制定海上国际集装箱运输 EDI 报文传递和进出口业务流程规定。

海上国际集装箱运输 EDI 报文传递和进出口业务流程是指海上国际集装箱运输电子报文的传递程序,包括进口电子报文和出口电子报文的流转程序。

(1)海上国际集装箱运输 EDI 报文传递和进出口业务流程应遵循以下原则:

电子报文的传递和进出口业务流程应当减少环节、简化手续、高速有效;进口和出口电子报文传递程序在业务流程中不得互为交错,互为通用;电子报文传递的信息必须准确、及时、可靠、完整;电子报文的处理必须安全、保密;电子报文必须按双方协议规定的方式传递;除根据协议规定必须有电子签名外,电子报文在传递时,收端人必须将接收回执传给发端人方为有效。

(2)海上国际集装箱运输 EDI 报文传递规则如下:

船期表报文由船公司(承运人)或其船舶代理传递给港口调度、集装箱码头、外轮理货、货运代理或其货主。挂靠信息报文由船公司(承运人)或其船舶代理传递给港口调度、引航站、外轮理货、集装箱码头;同时传递给海关、商检、卫检、动植物检、港监、边防。船舶离港报文由集装箱码头传递给港口调度、外轮理货、船公司(承运人)或其船舶代理;同时传递给海关、港监、卫检、边防。舱单(进口)报文由船公司(承运人)或其船舶代理传递给集装箱码头、港口调度、外轮理货、港监;同时传递给海关、商检、卫检、动植物检。舱单(出口)报文由船公司(承运人)或其船舶代理传递给海关、外轮理货,集装箱码头。船图(进口)报文由船公司(承运人)或其船舶代理传递给港口调度、集装箱码头、外轮理货、商检;船图(出口)报文由外轮理货传递给船公司(承运人)或其船舶代理。

集装箱装/卸报文由外轮理货传递给船公司(承运人)或其船舶代理、港口调度、集装箱码头。集装箱残损报文由外轮理货传递给船公司(承运人)或其船舶代理、集装箱码头、海关、商检、保险。集装箱溢卸报文由外轮理货传递给船公司(承运人)或其船舶代理、集装箱码头、海关、商检、保险。集装箱短卸报文由外轮理货传递给船公司(承运人)或其船舶代理、集装箱码头、海关、商检、保险。危险品通知报文由船公司(承运人)或其船舶代理传递给港口调度、港监、集装箱码头、外轮理货、货主或其货运代理。危险品(进口)清单报文由船公司(承运人)或其船舶代理传递给港口调度、集装箱码头、外理、港监;危险品(出口)清单报文由外轮理货传递给船公司(承运人)或其船舶代理、港口调度、集装箱码头、港监。装箱单报文由外轮理货、场站传递给海关、商检、集装箱码头、货主或其货运代理、船公司(承运人)或其船舶代理。

集装箱进/出门报文由集装箱码头、场站传递给船公司(承运人)或其船舶代理、箱管中心。集装箱堆存报文由集装箱码头、场站传递给船公司(承运人)或其船舶代理、港口调度、海关、商检、卫检、动植物检。正式订舱报文由货主或其货运代理传递给船公司(承运人)或其船舶代理。订舱确认报文由船公司(承运人)或其船舶代理传递给货主或其货运代理、海关、商检、卫检、动植物检。装箱指示报文由货主或其货运代理传递给海关、商检、卫检、动植物检、船公司(承运人)或其船舶代理、集装箱码头、外轮理货、场站、运输代理公司。装船指示报文由船公司(承运人)或其船舶代理传递给港口调度、集装箱码头、外轮理货、海关、商检、卫检、动植物检。海关、商检、卫检、动植物检申报单报文由货主或其货运代理、报关行、传递给海关、商检、卫检、动植物检。

海关、商检、卫检、动植物检答复报文由海关、卫检、动植物检、商检传递给货主或其货运代理、报关行、集装箱码头。货物报告报文由船公司(承运人)或其船舶代理传递给海关、卫检、动植物检、商检。申请作业计划报文由货主或其货运代理、场站、运输公司传递给集装箱码头。作业计划答复报文由集装箱码头传递给货主或其货运代理、场站、运输公司。

(3)进口类电子报文的业务流转按以下程序进行:

①船公司(承运人)或其船舶代理通过 EDI 中心,向港口调度、集装箱码头、外轮理货、货运代理或其代理传递船期表报文。

②船公司(承运人)或其船舶代理通过 EDI 中心,向港口调度、集装箱码头、外轮理货、引航站、海关、港监、卫生检疫、边防传递挂靠信息报文。

③船公司(承运人)或其船舶代理通过 EDI 中心,向港口调度、集装箱码头、外轮理货、港监、海关、商检、卫检、动植物检传递进口舱单报文、货物报验报告报文。

④船公司(承运人)或其船舶代理通过 EDI 中心,向港口调度、集装箱码头、外轮理货、商检传递进口船图报文。

⑤船公司(承运人)或其船舶代理通过 EDI 中心,向港口调度、集装箱码头、外轮理货、港监、货主或其货运代理传递危险品通知报文和进口危险品清单报文。

⑥外轮理货通过 EDI 中心,向港口调度、集装箱码头、船公司(承运人)或其船舶代理、传递集装箱装/卸报文。

⑦外轮理货通过 EDI 中心,向船公司(承运人)或其船舶代理、海关、集装箱码头、商品检验、保险传递集装箱残损报文、溢卸报文、短卸报文。

⑧集装箱码头通过 EDI 中心,向港口调度、船公司(承运人)或其船舶代理、外轮理货、海关、港监、边防传递船舶离港报文。

⑨集装箱码头、场站通过 EDI 中心,向船公司(承运人)或其船舶代理、港口调度、海关、商检、卫检、动植物检传递集装箱堆存报文。

⑩货主或其货运代理、报关行通过 EDI 中心,向一关三检传递集装箱海关、商检、卫检、动植物检申报单报文。

⑪海关、商检、卫检、动植物检通过 EDI 中心,向货主或其货运代理、报关行、集装箱码头传递集装箱海关、商检、卫检、动植物检答复报文。

⑫货主或其货运代理、场站、运输公司通过 EDI 中心向集装箱码头传递申请作业计划报文。

⑬集装箱码头通过 EDI 中心,向货主或其货运代理、场站、运输公司传递作业计划答复报文。

⑭集装箱码头通过 EDI 中心,向船公司(承运人)或其代理、箱管中心传递集装箱进/出门报文。

(4)出口类电子报文的业务流转按以下程序进行:

①船公司(承运人)或其船舶代理通过EDI中心,向港口调度、集装箱码头、外轮理货、货运代理或其货主传递船期表报文。

②船公司(承运人)或其船舶代理通过EDI中心,向港口调度、集装箱码头、外轮理货、引航站、海关、港监、边防传递挂靠信息报文。

③货主或其货运代理通过EDI中心,向船公司(承运人)或其船舶代理传递正式订舱报文。

④船公司(承运人)或其船舶代理通过EDI中心,向货主或其货运代理传递订舱确认报文。

⑤货主或其货运代理、报关行通过EDI中心,向海关、卫生检疫、动植物检疫、商品检验传递海关、商检、卫检、动植物检申报单报文。

⑥海关、商检、卫检、动植物检通过EDI中心,向货主或其货运代理、报关行、集装箱码头传递海关、商检、卫检、动植物检答复报文。

⑦船公司(承运人)或其船舶代理通过EDI中心,向港口调度、集装箱码头、外轮理货、港监传递危险品清单报文。

⑧货主或其货运代理通过EDI中心,向海关、商检、船公司(承运人)或其船舶代理、卫生检疫、动植物检疫、集装箱码头、场站、运输公司传递集装箱装箱指示报文。

⑨外轮理货、场站通过EDI中心向海关、商检、卫检、动植物检、集装箱码头场货主或其货运代理船公司(承运人)或其船舶代理传递集装箱单报文。

⑩船公司(承运人)或其船舶代理通过EDI中心,向港口调度、集装箱码头、外轮理货、海关、商检、卫检、边防传递集装箱装船指示报文。

⑪货主或其货运代理、场站通过EDI中心向集装箱码头传递申请作业计划报文。

⑫集装箱码头通过EDI中心,向货主或其货运代理、场站传递作业计划答复报文。

⑬外轮理货通过EDI中心,向船公司(承运人)或其船舶代理、海关、商品检验、保险传递集装箱残损报文、集装箱短装报文。

⑭集装箱码头通过EDI中心,向船公司(承运人)或其船舶代理、港口调度、海关、卫检、港监、边防传递船舶离港报文。

⑮集装箱码头、场站通过EDI中心,向船公司(承运人)或其船舶代理、箱管中心传递集装箱进/出门报文。

⑯外轮理货通过EDI中心,向船公司(承运人)或其船舶代理传递出口船图报文。

⑰外轮理货通过EDI中心,向船公司(承运人)或其船舶代理传递出口舱单报文。

⑱船公司(承运人)或其船舶代理通过EDI中心,向海关、商检、下一港传递出口清洁舱单报文。

⑲海上国际集装箱运输EDI的有关当事方在业务交往过程中传递电子报文时,必须互相配合,共同遵守本规定第3条、第4条所规定的进出口电子报文传递程序。

思考练习

(1)简述物流网的定义及其产生背景。

(2)简述物联网有其鲜明的特征及物联网的发展趋势。

(3)分析物联网在物流产业领域的应用。

(4)试述物联网在物流行业应用中存在的主要问题。

(5)试述物联网应用于信息化控制港口物流。

(6)试述 RFID 技术应用于物流配送中心管理。

(7)简述交通运输行业物联网应用。

(8)试述物联网在集装箱运输中的应用。

(9)试述物联网引导下的物流园区信息化建设。

(10)简述物联网技术对铁路集装箱物流影响分析。

参考文献

[1] 吴永富.国际集装箱运输与多式联运[M].北京:人民交通出版社,1998.

[2] 荣朝和.集装箱多式联运与综合物流[M].北京:中国铁道出版社,2001.

[3] 季永青.运输管理实务[M].北京:高等教育出版社,2000.

[4] 孙军.我国集装箱运输发展政策的思考[J].世界海运,2005.

[5] 王为.国际多式联运中的过境铁路运输[J].大陆桥视野,2008.

[6] 陈长飞.浅议我国铁路集装箱运输的发展思路[J].铁道勘测与设计,2004.

[7] GB/T12419—2005 集装箱公路中转站级别划分、设备配备及建设要求规范[S].北京:中国标准出版社,2005.

[8] GB50214—2001 集装箱公路中转站的设置及管理[S].北京:中国计划出版社,2001.

[9] 胡鸿飞.建筑工程施工质量验收统一标准[M].北京:人民交通出版社,1994.

[10] 杨清波.集装箱铁路多式联运箱型及办理站[M].北京:中国铁道出版社,2008.

[11] 苏顺虎.中国铁路集装箱运输发展研究与实践[M].北京:中国铁道出版社,2010.

[12] 陈广.集装箱运输实务[M].北京:机械工业出版社,2010.

[13] 罗颖.集装箱运输实务[M].北京:北京师范大学出版社,2011.

[14] 申习身.集装箱运输实务[M].对外贸易大学出版社,2011.

[15] 陈心德,姚红光,李程.集装箱运输与国际多式联运管理[M].北京:清华大学出版社,2008.

[16] 顾丽亚.国际多式联运实务[M].北京:人民交通出版社,2008.

[17] 陈戊源.集装箱码头业务管理[M].大连:大连海事大学出版社,2006.

[18] 宗葆华.港口装卸工艺学[M].北京:人民交通出版社,2003.

[19] 孙肇庆.外轮理货业务[M].北京:人民交通出版社,1996.

[20] 刘敏文.危险货物运输管理[M].北京:人民交通出版社,2002.

[21] 蒋正雄.集装箱运输学[M].北京:人民交通出版社,1997.

[22] 真虹.港口管理[M].北京:人民交通出版社,2003.

[23] 陈家源.港口企业管理学[M].大连:大连海事大学出版社,2002.

[24] 王义源.远洋运输业务[M].北京:人民交通出版社,2000.

[25] 贺胜保.货物学[M].大连:大连海事大学出版社,1997.

[26] 王常勇.国际航运经济地理[M].大连:大连海事大学出版社,1999.

[27] 谢娟娟.对外贸易单证实务[M].南京:南开大学出版社,2004.

[28] 杨志刚.国际集装箱多式联运实务与法规[M].北京:人民交通出版社,2001.